Hardy Grüne

Mit dem Ring auf der Brust

Die Geschichte des VfB Stuttgart

Hardy Grüne

Mit dem Ring auf der Brust

Die Geschichte des VfB Stuttgart

In Zusammenarbeit mit der Historischen Abteilung des VfB Stuttgart

VERLAG DIE WERKSTATT

INHALT

VfB Stuttgart
VfB Stuttgart

Impressum

Lotzestraße 24a, D-37083 Göttingen

Fotos: Baumann Foto, Herbert Rudel,
Agentur Horst Müller, Archiv Hardy Grüne
Satz und Gestaltung: Bürte Hoppe, Weißenborn
Lektorat: Norman Seibert, Göttingen
Druck und Bindung: Westermann Druck, Zwickau

ISBN-10: 3-89533-533-9
ISBN-13: 978-3-89533-533-4

www.werkstatt-verlag.de

Bibliografische Informationen der Deutschen Bibliothek:
Die Deutsche Bibliothek verzeichnet diese Publikation in dre Deutschen Nationalbibliografie; detaillierte bibliografische Daten sind im Internet über http://dnb.ddb.de abrufbar.

Vorwort

Seit mehr als 113 Jahren bindet und bündelt der VfB Stuttgart die Emotionen vieler Fußballfans in Württemberg.

Lediglich drei Spielzeiten musste der Klub in der Zweitklassigkeit verbringen: 1923/24 und von 1975-77. Damit gehört er zu den erfolgreichsten und konstantesten Fußballvereinen in Deutschland. Vier Deutsche Meisterschaften (1950, 1952, 1984, 1992), drei DFB-Pokalsiege (1954, 1958, 1997) und zwei Europapokalfinals (1989 gegen den SSC Neapel und 1997 gegen Chelsea London) ragen aus seiner eindrucksvollen Erfolgsbilanz heraus.

Dort sind zudem neun Deutsche A-Jugendmeisterschaften verzeichnet, die den vorzüglichen Ruf des VfB Stuttgart als eines der besten Nachwuchszentren der Republik widerspiegeln. Der VfB war schon früh „Ausbildungsverein". Als er nach dem Ersten Weltkrieg den Ligaspielbetrieb wieder aufnahm, tat er dies mit einer blutjungen Mannschaft um die Stuttgarter Legende „Molly" Schauffele. Als er Ende der 1920er Jahre in eine Affäre um illegal bezahlte Fußballer geriet, war es der von Dr. Gustav Schumm aufgebaute vereinseigene Nachwuchs, der den Absturz in die Zweitklassigkeit verhinderte.

Nach dem Zweiten Weltkrieg schuf „Schorsch" Wurzer dann eine Mannschaft, die mit zwei Ausnahmen ausschließlich aus Einheimischen bestand und in den 1950er Jahren gemeinsam mit der Walter-Elf aus Kaiserslautern zur erfolgreichsten Fußballmannschaft Deutschlands wurde. Bis heute sind Spieler wie Robert Schlienz, Karl Barufka, Richard Steimle und „Gummi-Schmid" verehrte Fußballlegenden und stehen zugleich für schwäbische Mentalität, die entgegen der anderswo gehegten Ansicht eben nicht nur aus „schaffe, schaffe" und „Kehrwoche" besteht.

Der VfB war stets ein Muster an Beständigkeit. Wechsel auf der Führungsebene gab es nur selten, und wenn, dann waren sie zumeist dem Alter des Ausscheidenden geschuldet. Als Dr. Fritz Walter 1969 dem Verleger Hans Weitpert die Führung übergab, hatte er 25 Amtsjahre auf dem Buckel. Nach Ablauf der unsäglich verlaufenen „Ära Weitpert" übernahm mit Gerhard Mayer-Vorfelder ein Mann die Führung, der ebenfalls 25 Jahre im Amt verblieb und den VfB zu zahlreichen Erfolgen führte. Eine derartige Kontinuität ist deutschlandweit einzigartig und hat gewiss dazu beigetragen, dass sich der VfB durch alle Höhen und Tiefen „oben" halten konnte.

Das Stuttgarter Publikum gilt als kritisch. Man meckert gerne, wenn die Leistung nicht stimmt, und bleibt daheim, wenn in der Tabelle eine zweistellige Ziffer vor dem VfB auftaucht. Auf der anderen Seite war der VfB in 18 Jahren Oberliga bzw. 44 Jahren 1. Bundesliga häufig eine der heimstärksten Mannschaften der Liga. Das kam nicht von ungefähr, denn das Stuttgarter Publikum ist sehr wohl in der Lage, das Gottlieb-Daimler-Stadion in eine „Festung" zu verwandeln. Zu gerne würden die VfB-Fans dies in möglichst naher Zukunft in einer reinen Fußballarena unter Beweis stellen, die die stimmungstötende Mehrzweckanlage Gottlieb-Daimler-Stadion ablösen soll.

Auch die Mär vom „leidenschaftslosen" VfB-Fan wird alle zwei Wochen eindrucksvoll widerlegt. Sicher, Stuttgart ist nicht Dortmund und auch der Betzenberg strahlt(e) eine andere Atmosphäre aus. Doch die Cannstatter Kurve erfreut sich seit vielen Jahren einer enormen Hochachtung in der bundesweiten „Szene" und war Vorreiter bei vielen Aktionen.

>

DANKE!

Ein Buch ist ohne die Hilfe und Unterstützung anderer nicht möglich. Ich möchte mich zunächst bei meinem „Stuttgart-Team" bedanken, das die Arbeit an diesem Buch mit Wohlwollen, Engagement und Tatkraft entscheidend gefördert hat.

Zusammengestellt wurde das Team dankenswerterweise von Hermann Traub, der sich als unermüdlicher Vermittler und elementare Schaltstelle erwies und ohne den ich niemals einen so erfrischenden Einblick in die schwäbische Seele bekommen hätte.

Harald Jordan war als Leiter der Historischen Abteilung des VfB Stuttgart ein höchst willkommener und ständiger Wegbegleiter des Buches. Seine kritischen Anmerkungen und Anregungen haben sich auf vielen Seiten niedergeschlagen. Ich erinnere mich gerne an die vielen Diskussionen über kleine bis kleinste Facetten der VfB-Geschichte, die uns zu wichtig erschienen, als dass wir sie „unter den Tisch" fallen lassen wollten. Ich drücke kräftig Daumen, dass der Traum vom VfB-Museum bald wahr wird und die Arbeit der Historischen Abteilung ihre verdiente Würdigung erfährt.

Michael Badjon hat sich in herausragender Form um die Prüfung sämtlicher Aspekte der VfB-Bundesligageschichte gekümmert und dabei an unzähligen Stellen seine Spuren hinterlassen. Das betrifft keinesfalls nur den Statistikbereich, der nur durch seine engagierte Unterstützung so umfangreich ausfallen konnte, sondern vor allem den Lesestoff, der enorm von seinen fachkundigen Eingriffen profitierte. Neben der inhaltlichen Unterstützung genoss ich den herzlichen Kontakt, der mich in arbeitsreichen Tagen erfreut und aufgebaut hat. Dass ich dabei wochenlang seine Freizeitplanung blockierte, bringt mich zu seiner Ehefrau Sabine, bei der ich mich herzlich für die aufgebrachte Geduld bedanken möchte. Nicht vergessen werden sollen natürlich Anne und Sonja Bayha, die hoffentlich noch viel Freude mit „ihrem" Fernando Meira beim VfB haben werden, sowie Michaels akribischer Statistikpartner Michael „Micky" Müller, dem „Mastermind" einer Datenbank, die ihresgleichen sucht.

Marcel Dussling lieferte die Programmhefte, die die Spielberichte im vorliegenden Buch optisch begleiten. Seine umfangreiche Sammlung an VfB-Programmen war eine unerschöpfliche Quelle bei dem Versuch, „Zeitgeschichte" anschaulich darzustellen.

Torsten Subek versorgte mich mit hilfreichen Anmerkungen und kostbaren Scans, war mir aber vor allem eine wichtige Unterstützung bei der Suche nach der „Seele des VfB-Fans". Ich hoffe, lieber Torsten, du musst nicht mehr so viel leiden mit dem VfB, weiß aber, dass du es, wenn es sein muss, trotzdem tun wirst!

Michael Schnell danke ich für viele Erfahrungen aus den über 700 VfB-Partien, die er bislang gesehen hat (mach die 1.000 bald voll!).

Michael Holzschuh leistete Unterstützung vielfältiger Art und stellte mit seiner grandiosen Internetseite „www.hefleswetzkick.de" eine unzählige Male von mir besuchte Daten- und Informationsquelle.

Thomas Holl vom Fanzine „Im Zeichen des Brustrings" danke ich ebenfalls für seine Unterstützung.

Rudi Schönauer gilt Dank für seine herausragenden Oberligastatistiken, die in dieses Buch einflossen, und Werner Skrentny für Hilfestellung in vielfältiger Form.

Den Mitarbeiterinnen und Mitarbeitern der Landesbibliothek Baden-Württemberg sowie des Stadtarchivs Stuttgart gebührt Dank für ganz viel Geduld mit meinen zahlreichen Fragen. Ebensolcher an Ulrich Matheja für seinen „Tipp", mit dem alles anfing.

Das Lektorat oblag Norman Seibert, der sich beim Sprung ins „kalte Wasser" prächtig schlug und mit dem sich die Zusammenarbeit sehr positiv und fruchtbar gestaltete. Ich freue ich mich schon auf unser nächstes Projekt und sende liebe Grüße an Astrid!

Last but not least möchte ich mich ganz herzlich bei Bernd, Bernd und Erich für die wohltuende Wärme im „neuen Lager" bedanken.

„Ohne Seele kein Geist." Damit komme ich zu Bürte Hoppe, die mir mit ihrem grenzenlosen Enthusiasmus und ihrer schier unendlichen Liebe einmal mehr ein unerschöpfliches Kraftpotenzial war. Ich genieße jede Stunde mit dir und freue mich auf jede, die hinzukommt.

Ein letztes „Tschüss" geht an den Brausebären. Ich vermiss dich!

Hardy Grüne

Erläuterungen

Der Aufbau des Buches ergibt sich von selbst: Die Ereignisse werden Saison für Saison abgehandelt. Das betrifft auch den Statistikbereich. Dort finden sich neben den Spielpaarungen und Abschlusstabellen noch weitere Informationen: Zuschauerzahlen (im Spielpaarungsblock hinter dem Ergebnis) sowie, soweit eruierbar, die Namen und Einsätze des jeweiligen Saisonkaders.

Dabei wurden folgende Abkürzungen verwandt: „Am" = Amateur, „Jug" = Jugend und „VA" = Vertragsamateur. Auch wenn in heutiger Zeit Amateurspieler in der Regel immer Vertragsamateure sind, wurde in diesem Buch eine Unterscheidung getroffen. Ein Spieler wird dabei als „Amateur" bezeichnet, wenn er ursprünglich nicht zum Bundesligakader gehört hat und nur sporadisch in der Bundesligamannschaft eingesetzt wurde. Als „Vertragsamateur" hingegen werden die Amateurspieler bezeichnet, die dem Bundesligakader vollständig zugehörig waren. Die Zahl der erfassten Spiele bzw. Tore beschränkt sich auf die Bundesligaspiele. Einsätze im DFB-Pokal und Europapokal etc. sind dem statistischen Anhang zu entnehmen.

Ein Hinweis noch zu den Zuschauerzahlen. Die bei den einzelnen Spielen angegebene Zahl wurde dem »kicker« entnommen. Die beim Zuschauerschnitt angegebene Zahl hingegen ist die vom DFB bzw. der DFL später veröffentlichte „offizielle". Bedauerlicherweise kommt es dabei zu Abweichungen.

Vorwort

>

Dieses Buch erzählt die Geschichte des VfB Stuttgart von der Gründung des Vorläufervereins FV 1893 Stuttgart bis zum Ende der Spielzeit 2005/06. Genauer gesagt, erzählt es die Geschichte der 1. Fußballmannschaft des VfB Stuttgart, die stets Aushängeschild des Vereins war und häufig synonym für ihn steht. Natürlich ist der VfB mehr als nur seine Bundesligamannschaft. Die Erfolge in der Jugendarbeit wurden schon erwähnt. Die so genannten Amateure (seit 2005/06 „II. Mannschaft“) zählen seit Jahrzehnten zu den spielstärksten Mannschaften im baden-württembergischen Amateurfußball, und auch im Breitensport hat man viele Erfolge vorzuweisen.

Die Emotionen aber bedient vornehmlich die Ligamannschaft. Das war schon 1912 so, als sich der FV 1893 Stuttgart und der FC Krone Cannstatt zum VfB verbanden. Das erste Spiel des gemeinsamen Klubs endete mit der Qualifikation zur seinerzeit höchsten Spielklasse in Württemberg-Baden und wurde mit einem Pferdekutschenkorso durch Bad Cannstatt gefeiert – besser hätte der Start nicht ausfallen können.

In den 1920er Jahren wurde der VfB zum Stuttgarter Aushängeschild und Herausforderer für die bis dahin dominierenden Stuttgarter Kickers. Die Rivalität zwischen den „Roten“ und den „Blauen“ war eine besondere. In Stuttgart standen sich nicht, wie beispielsweise in München mit 1860 und den Bayern, „Arbeiter“ und „Angestellte“ gegenüber, sondern Klubs aus gemeinsamen sozialen Lagern. Die Degerlocher hatten tiefe Verbindungen zur Kaufmannsgilde und erfreuten sich auch jüdischer Unterstützung. Der VfB indes stand militärischen Kreisen nahe, war aber ebenfalls im kaufmännischen Bürgertum verankert. Für die Fans in Stuttgart wurde es schon bald zur Glaubensfrage, ob man hinauf nach Degerloch oder hinüber auf den Wasen marschierte, um „seiner“ Elf die Daumen zu drücken.

Heute ist es der VfB, der Stuttgarts Fußball dominiert. Zwei vergebliche Anläufe haben die Kickers in Richtung Bundesliga unternommen: 1988/89 und 1990/91. Die „Blauen“ scheiterten dabei nicht nur sportlich, sondern vor allem wirtschaftlich. Ihre bittere Erkenntnis: Am VfB und dessen breiter Fanbasis gibt es kein Vorbeikommen mehr.

Im Erfolgsfall fliegen den Weiß-Roten die Fanherzen aus ganz Schwaben zu. 1950 feierten mehr als 300.000 Menschen die aus Berlin zurückkehrende Meisterelf um Robert Schlienz. 300.000 – das waren damals mehr als zwei Drittel aller Einwohner! Und 2003 hätte der VfB gut und gerne 150.000 Karten für sein Champions-League-Spiel gegen Manchester United verkaufen können. Wie viele Millionen Fans neben den exakt 50.348 im bis auf den letzten Platz besetzten Gottlieb-Daimler-Stadion schließlich vor den TV-Bildschirmen saßen oder die Partie am Radio verfolgten, um den unvergessenen 2:1-Erfolg zu bejubeln, ist nicht überliefert. Sicher ist nur, dass das Ländle am 1. Oktober 2003 nahezu kollektiv stolz auf „seinen“ VfB war.

Neben den Vereinsfarben Weiß-Rot und dem Logo mit den drei württembergischen Hirschangeln verfügt der VfB Stuttgart noch über ein drittes, ein einzigartiges Markenzeichen: den Brustring. Eingeführt im Jahre 1925, ist er bis heute unverzichtbarer Bestandteil des Trikots. Dass er ausgerechnet in der schlechtesten VfB-Saison der Geschichte (1975/76) fehlte, hat mehr als nur eine symbolische Aussagekraft. In den letzten Jahren litt er allerdings stark unter den Vermarktungszwängen des „modernen Fußballs“. Mitunter verkam er zum „Bauchring“, und seit einiger Zeit soll er das Logo des jeweiligen Sponsors betonen, der die VfB-Kasse dafür mit einem beträchtlichen Zuschuss füllt. Dennoch: Der Brustring ist elementar, „ist“ der VfB Stuttgart.

Nicht umsonst heißt es in einem Fansong:

„Einen Brustring tragen wir
auf dem Trikot, in den Herzen
VfB – du bist in mir
Stuttgart kämpfen, Stuttgart kämpfen
bis der Brustring wieder siegt.“

In diesem Sinne: Viel Vergnügen auf den folgenden 250 Seiten!

1893-1919

Es begann mit Rugby

Am Anfang war das Ei. Bis der VfB zu einem Fußballverein wurde, vergingen viele Jahre. Erfolge wurden vor allem im Rugby gefeiert. 1909 erreichte VfB-Vorläufer FV 93 sogar das Endspiel um die deutsche Rugbymeisterschaft, das allerdings mit 3:6 gegen den FC Hannover 97 verloren ging. Stuttgart war seinerzeit Hochburg des Rugbysports in Süddeutschland. Vor allem der renommierte Sportjournalist Philipp Heineken hatte den noblen Gentlemansport gefördert, und mit dem Cannstatter FC 1890 (Foto rechts) residierte sogar der zweitälteste Rugbyklub nach dem FC Frankfurt 1880 am Neckar!

Fußball fristet Schattendasein

Der Fußball führt anfänglich ein Schattendasein. Erst in den ausklingenden 1890er Jahren kamen die Vertreter des heutigen Volkssports Fußball, der damals noch „Association Football" genannt wurde, auf ihre Kosten. Unterstützend wirkte die Wandlung der Residenzstadt Stuttgart in eine moderne Industriemetropole. Unternehmen wie Daimler und Bosch schufen mit ihrem Mitarbeiterstab quasi „nebenbei" die Grundlagen für eine prächtige Fußballsaat, die aber erst in den 1920er Jahren vollends aufging. 1894 entstand mit dem Stuttgarter FC der erste „echte" Fußballverein, der sich aber schon 1904 wieder auflöste. 1896 folgte der Süddeutsche FC, ehe sich 1897 mit dem FC Krone die zweite VfB-Urzelle konstituierte. Der von einheimischen Gymnasiasten gebildete Klub residierte in Cannstatt und spielte zunächst sowohl Fußball als auch Rugby, ehe er sich auf den Fußball konzentrierte. Auch Zuffenhausen und Feuerbach gründeten in jenen Tagen erste Fußballklubs. Schließlich riefen am 21. September 1899 ehemalige CFC-Mitglieder die Kickers ins Leben, die sich schon bald als fußballerische Nummer eins in Stuttgart etablierten.

Bessere Organisiation hilft

Bis es im späteren VfB-Lager zu fußballerischer Klasse reichte, vergingen noch viele Jahre. Die Wende kam, als sich der am Stöckachplatz ansässige FV 93 ab 1907 allmählich dem Fußball zuwandte. Grund war seine Einzelstellung, denn seitdem sich Pionierklub Cannstatter FC dem Tennis verschrieben hatte, waren die 93er Württembergs einziger Rugbyklub und suchten folglich ständig nach Gegnern. Im Fußball waren jene indes zuhauf vorhanden. 1897 hatte sich der Verband Süddeutscher Fußball-Vereine konstituiert, unter dessen Ägide sich gerade eine durchstrukturierte Landesmeisterschaft entwickelte. Und 1900 war der Deutsche Fußball-Bund entstanden, der bereits 1903 eine Deutsche Meisterschaft ausgeschrieben hatte. Nicht nur wegen der besseren Zukunftsperspektiven preschten die Fußballer an den Rugby-Spielern regelrecht vorbei, denn deren Regelwerk war vielen Sportfreunden schlicht zu kompliziert. In manchen Kreisen galten die Rugbyverfechter darüber hinaus als zu „versnobt".

Der VfB entsteht

Die Vereinsführung des FV 93 trauerte nicht lange um den Rugbysport, sondern setzte nach ihrem 1908 erfolgten Beitritt zum Süddeutschen Fußballverband alles daran, nun auch im Fußball zu den besten Teams aufzuschließen. Das Vorhaben gelang mit beeindruckender Geschwindigkeit, denn schon 1910 klopfte man erstmals ans Tor zur

Stolze Pioniere:
Der Cannstatter FC 1890.

höchsten Spielklasse! Der sportliche Erfolg wurde allerdings getrübt von der ungeklärten Spielplatzfrage sowie personellen Problemen. Es kam daraufhin zu Fusionsgesprächen mit dem FC Krone, der nicht nur über ein großes Spielerpotenzial verfügte, sondern in Münster auch einen eigenen Platz besaß. Rasch wurde man sich einig und beschloss, im Anschluss an die Saison 1911/12 die Kräfte zu bündeln. Als am 2. April 1912 der Fusionsvertrag unterzeichnet wurde, entstand der „Verein für Bewegungsspiele 1893 Stuttgart".

Aufstieg als Fusionsgeschenk

Sein sportliches Debüt hätte kaum günstiger ausfallen können, denn am 1. September 1912 erzielte Copé Wendland beim 1:0-Sieg über den FC Mühlburg das Tor des Tages und schoss den VfB nur wenige Monate nach seiner Gründung in die höchste Spielklasse. Der beeindruckende Aufstieg des Klubs setzte sich bis zum Beginn des 1. Weltkriegs fort. Langjährige Rugbyrecken vollbrachten plötzlich auch auf dem Fußballfeld Glanzleistungen, etablierten den VfB im Oberhaus und schlossen mit ihm zu den lokalen Größen Kickers bzw. Union auf.

Krieg stoppt Spielbetrieb

Der 1. Weltkrieg sorgte für einen tiefen Einschnitt. Der Spielbetrieb musste abgebrochen werden und viele Mitglieder eilten an die Front, von der sie nicht immer zurückkehrten. Mühsam versuchten die in der Heimat verbliebenen „Vater" Ernst Grimm und Erwin Gechter, den VfB über die Runden zu bringen. Zunächst musste man eine Spielgemeinschaft mit dem „FV Die Blauen Elf" eingehen, ehe es dank vorzüglicher Nachwuchsarbeit wieder eigenständig weiterging. Als der Krieg 1918 endete und die deutsche Monarchie von revolutionären Prozessen gestürzt wurde, stand der VfB wie so viele Vereine betreten vor den Gräbern jener Mitglieder, die ihr Leben für „Volk und Kaiser" gelassen hatten.

Graf von Beroldingen kommt

Berührungsängste zum Militär ergaben sich dadurch aber nicht, denn schon bald begrüßte der VfB einen ebenso prominenten wie einflussreichen Neuzugang: Graf von Beroldingen. Der renommierte Fliegerkommandeur übernahm 1921 den Vereinsvorsitz und führte die Bewegungsspieler zu nie erwarteter Blüte. Sein größtes Geschenk war zweifelsohne die bereits 1919 erfolgte Eröffnung des neuen Sportplatzes bei den drei Pappeln. Damit konnten die Weiß-Roten nicht nur nach Cannstatt heimkehren, sie erhielten erstmals sogar eine echte Heimat, die den sportlichen Aufschwung flankieren sollte. ■

Elf der Epoche

1893-1919

Buggle

Giersch — Schaich

Schweizer — Friz — Eisenhart

Keppel — Wendling — Kirsch — Schumm — Katzenmaier

Geburtsstätte des Fußballs

Wie überall in Deutschland begann die Geschichte des Fußballs auch in Stuttgart mit Rugby. Vor allem unter den britischen Bewohnern war das Spiel mit dem Rugbyei beliebt. Es galt als nobel und für die Entwicklung einer starken Persönlichkeit förderlich.
William Cail, von 1892-94 Präsident der English Rugby Football Union, wusste später zu berichten, dass er bereits 1865 als Schüler der „Klose'schen Anstalten" im Neckartal sowie auf dem Cannstatter Wasen Rugby gespielt hatte. Und mit Philipp Heineken behauptete einer der ersten Sportjournalisten Deutschlands: „Um die Ehre, Fußball in Deutschland zuerst gespielt zu haben, streiten sich Hannover, Heidelberg, Frankfurt und Cannstatt. Wie die Sache heute steht, geht wahrscheinlich Cannstatt als Sieger aus diesem Wettstreit hervor."
Auf der anderen Seite kam es erst am 25. März 1890 zur Gründung des Cannstatter Fußball-Clubs, der sich ungeachtet seines Namens vornehmlich dem Rugby verschrieb. Nach dem zehn Jahre zuvor gebildeten Frankfurter FC 1880 war der CFC der älteste Rugbyklub in Süddeutschland. Gegründet von Pennälern des Gymnasiums sowie der Cannstatter Realanstalt, erfuhr der Verein einen stetigen Aufschwung und betrieb nur sporadisch den heutigen Fußball, der seinerzeit „Association Football" genannt wurde. Das Spiel „ohne Aufnahme des Balles durch die Hand" stieß jedoch auf wenig Gegenliebe und wurde bald eingestellt.
Dem CFC war keine glorreiche Zukunft vergönnt. „Durch jahrelange Zwistigkeiten mit Stuttgart und Frankfurt wurde nicht nur die Ausbreitung des Rugbysports in Stuttgart hintangehalten, sondern auch die Fußball-Mannschaft des Clubs ihrer Auflösung entgegengeführt", klagte der DFB anno 1903 in seinem Jahrbuch. In die Fußstapfen des zum Tennis konvertierten Pionierklubs trat mit dem am 17. September 1893 gebildeten Fußball-Verein Stuttgart 1893 einer der VfB-Vorläufer. Der beschränkte sich zunächst ebenfalls auf Rugby und wurde jenseits des Neckars auf dem Stöckachplatz heimisch.

Rugbyspiel auf dem Cannstatter Wasen – ein Zeichnung aus dem Jahre 1891.

[SCHAUPLATZ]

Mondäner Badeort

Vielseitiges Cannstatt

Im ausklingenden 19. Jahrhundert verwandelte sich Bad Cannstatt allmählich von einem weithin geschätzen Badeort in eine Stätte der Industriellen Revolution. In erster Linie steht dafür der Name Gottfried Daimler. Gemeinsam mit Wilhelm Maybach entwickelte der aus Schorndorf stammende Erfinder im Gewächshaus des Cannstatter Kurparks einen schnelllaufenden Verbrennungsmotor, der die Welt verändern sollte. 1885 sauste Maybach erstmals mit einem abenteuerlich ausschauenden „Reitwagen" durch die Straßen der beschaulichen Kurstadt, und zwei Jahre später schuf das Duo mit der zwischen Kursaal und Wilhelmsplatz verkehrenden Straßenbahn ein erstes motorisiertes und öffentliches Verkehrsmittel. Am 10. August 1888 war Cannstatt erneut Schauplatz einer Premiere, als ein motorisiertes Luftschiff in Richtung Kornwestheim abhob.
Wesentlich bekannter war das 1905 Stuttgart eingegliederte Cannstatt als mondäner Kurort. Gegründet bereits zu römischen Zeiten („Clarenna"), hatte sich ein feudales Modebad entwickelt, das die benachbarte Residenzstadt Stuttgart mühelos in den Schatten stellte. Selbst berühmte Zeitgenossen wie Honoré de Balzac erholten sich im gemütlichen Kurpark, während renommierte Schulen Lehrwillige aus aller Welt anlockten.
Die Industrielle Revolution sollte das kleinbürgerlich geprägte Cannstatt ab den 1870er Jahren tief verändern. Neben der bereits 1862 eröffneten Textilmaschinenfabrik „Terrot" sorgten vor allem die „ASTO" und Daimlers Werkstätten für Arbeitsplätze sowie das Entstehen eines Proletariats. Ein idealer Nährboden für den Fußball…

■ Wenn heute vom **Cannstatter Wasen** die Rede ist, geht es gemeinhin um das gleichnamige Volksfest. Alljährlich im September lockt das nach dem Münchner Oktoberfest berühmteste Volksvergnügen Deutschlands Menschen aus aller Welt nach Bad Cannstatt. Dem Wasen kommt auch die Ehre der Geburtsstätte des Stuttgarter Fußballs zu. Die über weite Strecken des Jahres brachliegende Überflutungsfläche am rechten Neckarufer war bestens geeignet für die Fußballpioniere. Dennoch waren die Balltreter dort nicht sonderlich wohlgelitten. Vor allem die Militärverwaltung nahm daran Anstoß. Der Wasen diente schließlich mehreren Garnisonen als Exerzierplatz und war zudem in Teilen für teures Geld an mehrere Schäfer verpachtet, die sich über Essstörungen ihrer Tiere aufgrund des Geschreies der Sportler echauffierten. 1897 kam es zum Eklat, als sich einige Generalstöchter von den nackten Fußballerbeinen (bzw. dem umherfliegenden Ball, die Quellen widersprechen sich da) gestört fühlten und der Wasen für jeglichen Sport gesperrt wurde. Die Mitglieder des Cannstatter FC reagierten darauf mit der Umwandlung ihres Klubs in einen Tennisverein, der zunächst „Football und Lawn Tennis Club" hieß und heute im Cannstatter TC fortlebt. Erst 1919 sollte der Fußball auf den Wasen zurückkehren.

Fußball gewinnt die Oberhand

Kurz vor der Jahrhundertwende hatte Rugby landesweit spürbar an Popularität eingebüßt und war vielerorts bereits vom Associationsfußball verdrängt worden. Stuttgart machte da keine Ausnahme, obwohl Rugby vor allem im VfB-Vorläufer FV 1893 noch immer verhältnismäßig lebendig war.

Der Boom erfolgte parallel zur Verwandlung Stuttgarts von einer Residenzstadt in eine tolerante und zukunftsorientierte Industriemetropole. Wenngleich Fußball seinerzeit noch ein vornehmlich bürgerliches Vergnügen war, profitierte er von diesen günstigen Bedingungen. Im gesamten heutigen Stadtgebiet sprossen Fußballvereine förmlich aus dem Boden.

1894 hatte sich mit dem Stuttgarter FC der erste reine Fußballklub gebildet, der allerdings schon 1904 wieder aufgelöst wurde. Die Ehre des „ältesten" Stuttgarter Fußballklubs gebürt damit dem Süddeutschen FC (heute FV 1896), der am 15. März 1896 ins Leben gerufen wurde und auf dem Exerzierplatz bei Degerloch spielte. Dort trat auch der am 20. Juni 1896 gebildete FC Karlsvorstadt an, dessen Erbe heute in den Sportfreunden fortlebt. 1897 gründeten sich neben VfB-Vorläufer FC Krone Cannstatt auch der FC Germania Karlsvorstadt (Heslach), der FC Stern Cannstatt (heute SV Cannstatt) sowie der Degerlocher FV Schwaben, der sich nach dem 1. Weltkrieg mit dem „FV Die Blauen Elf" zum SV Eintracht vereinte.

In den Folgejahren entstanden weitere Vereine, die mitunter bis heute aktiv sind. So konstituierte sich am 6. Juli 1898 FV-Zuffenhausen-Vorläufer FC Teutonia, riefen am 21. September 1899 mit der Entwicklung im Cannstatter FC unzufriedene Mitglieder die Kickers ins Leben, erhielt am 8. November 1898 auch Feuerbach mit dem FC Viktoria seinen Fußballpionier. Als 1900 mit der Gaisburger Union einer der beiden SSC-Vorläufer gegründet wurde, war Fußball im gesamten Stadtgebiet endgültig verankert.

[LEGENDEN]

PHILIPP HEINEKEN

Dass Stuttgart zu den Pionierstädten in Sachen Rugby bzw. Fußball zählt, verdankt man nicht zuletzt Philipp Heineken.

Es handelt sich bei ihm um eine der bemerkenswertesten Figuren und einflussreichsten Männer im deutschen Sport des ausklingenden 19. Jahrhunderts. 19-jährig schrieb Heineken anno 1893 das 360-Seiten-Werk „Die beliebtesten Rasenspiele" und gab ab 1894 regelmäßig die „Allgemeine Deutsche Sportzeitung" heraus, die enorm zur Verbreitung der Rasenspiele beitrug. 1898 verfasste der gebürtige Stuttgarter mit dem Buch „Das Fußballspiel" ein viele Jahre rezipiertes Standardwerk über das Spiel und dessen Geschichte. Zwei Jahre später zählte Heineken auch zu den Mitgründern des DFB, für den er zeitweilig als 2. Vorsitzender agierte, ehe er 1910 nach New York auswanderte.

Vom 1894 zum VfB-Vorläufer FV 93 überwechselnden CFC-Mitgründer sind die frühesten Eindrücke über Rugby in Stuttgart überliefert. Darin heißt es: „Das Spiel selbst wurde mit einem homerischen Gebrüll begleitet, bei günstigem Wind konnte der Lärm bis weit in die Stadt gehört werden, und ich glaube, dieses Geschrei war mit einer der Gründe unserer Begeisterung für das Fußballspiel".

[EREIGNIS]

Wurzeln im Rugby

Die Gründervereine des VfB

Stuttgarter FV 93

Angeregt von den Aktivitäten des Cannstatter FC versammelten sich im Laufe des Jahres 1893 eine von Mittelschullehrer Carl Kaufmann angeführte Gruppe Heranwachsender aus dem Umfeld des Stöckach, um auf der nahegelegenen Eisbahn Fußball zu spielen. Die Gruppe betrieb allerdings nicht wie der CFC die Variante „mit Aufnahmen des Balles durch die Hand", sondern den gerade erst aus England importierten „Association Football".

Der alteingesessene CFC betrachtete die Aktiviäten rechts des Neckars dennoch mit Wohlwollen und lud die Gruppe sogar zu einem Gespräch über eine mögliche Zusammenarbeit ein. Nachdem dieses ergebnislos gescheitert war, trafen sich die Stöckach-Kicker am 9. September 1893 in der Gaststätte „Zum Becher" und riefen den Fußball-Verein Stuttgart 1893 ins Leben. Die 93er spielten zunächst sowohl Fußball als auch Rugby und verloren das erste Spiel ihrer Geschichte mit 0:5 gegen den CFC. Nur ein Jahr später war Fußball intern plötzlich verdrängt. Grund war der Beitritt von Stuttgarts Rugbypionier Philipp Heineken, der sich mit dem Cannstatter FC verkracht hatte und bei den Schwarz-Gelben eine neue Heimat fand. Unter seiner Ägide erwarben sich die 93er einen geachteten Ruf im deutschen Rugby und begrüßten 1895 mit dem Frankfurter FC 80 sogar den renommiertesten Rugbyklub des Landes in Stuttgart. Fußball indes geriet in Vergessenheit und sollte erst 1907 aus seinem Dornröschenschlaf erwachen.

FC Krone Cannstatt

Die Hinwendung des Cannstatter FC zum Tennis hinterließ in Cannstatt ein Vakuum in Sachen Rugby/Fußball. 1897 gründete eine von Hermann Schmid angeführte Gruppe ehemaliger Schüler der Oberrealschule bzw. des Gymnasiums daher den FC Krone Cannstatt. Der ungewöhnliche Name sollte keinesfalls eine besondere Treue zur Monarchie ausdrücken, sondern war abgeleitet von einer Cannstatter Gaststätte, in der sich die Heranwachsenden gerne aufhielten.

Vom Volksmund ohnehin bald nur noch „Kronenclub" genannt, bezogen die Grün-Weiß-Roten eine Brachfläche nahe der König-Karls-Brücke und betrieben vornehmlich Associationsfußball. Sportlich kam der Kronenclub nie über eine Mitläuferrolle hinaus und blieb über viele Jahre so etwas wie ein Schülerverein, bei dem Geselligkeit höher angesehen war als sportliche Erfolge. So waren die „Tanzstündler des Kronenclubs" schon bald stadtbekannt, während die Kicker im Schatten des erfolgreicheren Lokalrivalen FC Stern Cannstatt standen. Nichtsdestotrotz erwies sich der FC Krone als ungemein rühriger Vertreter, dem bei der Fusion zum VfB ein wichtiger Part zukam.

FV 93 dringt in Spitze vor

Aus VfB-Sicht fielen die ersten Jahre im neuen Jahrhundert unterschiedlich aus. Während der FC Krone Cannstatt nicht über die Rolle eines Mitläufers in Stuttgart hinaus kam, etablierte sich der FV 93 unter den Spitzenvereinen im deutschen Rugby. Grund war vor allem ein bedeutender personeller Zuwachs. So schloss sich vom zerfallenden CFC Karl Schickler an, kamen vom Stöckach-Rivalen FC Arminia Talente wie Zehender, Dempf und Jentsch, traten schließlich die Mitglieder des Schülerklubs „FC Wagenburg" 1899 geschlossen zu den Schwarz-Gelben über. Männer wie Hermann Bürkle, Paul Breckle, Max Kurtz, Hugo Betting, Hugo Krämer und Heinrich Maulick verbreiteten daraufhin Stuttgarts guten Rugbyruf im ganzen Reich, während Gustel Schumm unter den Schülern der Wilhelmsrealschule erfolgreich um weitere Mitglieder warb. Angeführt von Alexander Gläser avancierte der FV 93 allmählich zum einflussreichsten Rugbyklub in Süddeutschland nach dem FC Frankfurt 1880. Gastspiele renommierter Mannschaften am Neckar festigten diese Position, und als die Frankfurter anno 1900 anlässlich der Weltausstellung zu einem internationalen Freundschaftsspiel nach Paris reisten, nahmen sie sogar den Stuttgarter Hugo Betting als Gastspieler mit!
Der heimliche Gewinner jener Tage war der Fußball. Vor allem der ebenfalls auf dem Stöckachspielplatz agierende FC Kickers befand sich auf dem Vormarsch und löste Zukunftsängste in der Stuttgarter Rugbygemeinde aus.
1901 rangen die „Blauen" erstmals im Rahmen der Süddeutschen Meisterschaft um Punkte und fachten die Fußballbegeisterung unter Stuttgarts Jugendlichen trotz ihrer deklassierenden 0:9-Niederlage gegen den Karlsruher FV weiter an. Nachdem später Siege über den 1. FC Pforzheim (1902, 4:1) und Bayern München (1903, 4:1) gelangen, übernahm Fußball vollends die Führungsrolle, verdrängten die „Blauen" selbst Aushängeschild FV 93 aus den Schlagzeilen und eröffneten 1905 auf Degerlochs Höhen einen eigenen Platz.

[EREIGNIS]

Auf der Eisbahn

Sängerfest rettet Stuttgarts Sportler

Neben dem Cannstatter Wasen und der Feuerbacher Heide fungierte vor allem der Stöckachplatz als Bühne der frühen fußballerischen Aktivitäten in Stuttgart. Dort, wo heute das Arbeitsamt steht, lockte seit 1884 eine vom „Verschönerungsverein Stuttgart" angelegte Eisbahn die Menschen an. Nachdem diese 1889 in städtischen Besitz gelangt war, stand das Areal außer im Winter auch den Sportlern zur Verfügung. Doch das Gelände war nur bedingt geeignet, denn ein Hydrant störte das Spiel, und so zogen sich die Sportler bald auf andere Plätze zurück. Die Wende kam 1896. Anlässlich des Deutschen Sängerfestes ließ die Stadtverwaltung ein benachbartes Kartoffelfeld einebnen und errichte eine provisorische Sängerhalle. Nach Ende des Festes wurde sie wieder abgetragen und die Brache für rund 13.000 Mark in den „Stöckachspielplatz" verwandelt.
Am 22. März 1897 mit einer Turnfeier der örtlichen Schulen eingeweiht, traf die Anlage perfekt den Zeitgeist. Schon 1897 entstand ein Unterkunftshaus, und nachdem die Cannstatter Wasen für Spiel und Sport gesperrt worden waren, avancierte der Stöckachspielplatz zum Nabel des Stuttgarter Sports.
Auch VfB-Vorläufer Stuttgarter FV 93 fand dort eine vorübergehende Heimat. Die aufstrebenden Rugbypioniere wurden jedoch nie wirklich froh mit dem Gelände, auf dem sich viel zu viele Sportler auf viel zu engem Raum tummelten. Händeringend suchten sie nach einer Alternative, die sich schließlich 1907 einen Steinwurf entfernt am Karl-Olga-Krankenhaus ergab. Mit dem Umzug des FV 1893 geriet der Stöckachspielplatz allmählich in Vergessenheit und wurde später überbaut.

Sport auf dem Stöckachspielplatz – im Hintergrund das charakteristische Umkleidegebäude.

■ Mit dem Cannstatter FC, dem FV Stuttgart 1893 sowie dem FC Stuttgart 1894 befanden sich gleich drei Stuttgarter Vereine unter den Teilnehmern des **1. Süddeutschen Rugby-Tages**, der am 13. Februar 1898 in Heidelberg durchgeführt wurde. Initiiert worden war die Veranstaltung u. a. von FV-93-Mitglied Paul „Paule" Breckle. Darüber hinaus nahmen der FC Frankfurt 1880, das Heidelberg College sowie die Mannheimer FG 1897 an dem Rugbytag teil, der zur Initialzündung für die allerdings erst 1909 erfolgte Gründung des „Süddeutschen Rugbyverbandes" wurde.

■ Im Fußball hingegen hatte man verbandstechnisch bereits ein Jahr zuvor den Durchbruch erreicht. Am 17. Oktober 1897 waren in Karlsruhe Vertreter der Vereine Karlsruher FV, Phönix Karlsruhe, Fidelitas Karlsruhe, 1. FC Pforzheim, FC Heilbronn, Mannheimer FG, Hanau 93 und Germania Frankfurt zur Gründung des „**Verbandes Süddeutscher Fußball-Vereine**" zusammengekommen. Schon 1899 konnte erstmals die Süddeutsche Meisterschaft ausgespielt werden (Sieger: Freiburger FC). Seit 1903 war nahezu das gesamte Verbandsgebiet mit Spielklassen versorgt.

Kronenklub im Pech

Die Mannschaft des FV Stuttgart 1893 nach einem Spiel auf dem Stöckachspielplatz 1906.

[EREIGNIS]

Wer in den ersten Jahren des 20. Jahrhunderts Rasensport betrieb, musste eine gehörige Portion Mut und Abenteuergeist mitbringen.

Geselligkeit

Der Alltag im FV 93 und FC Krone

Nicht nur, dass die alteingesessene Turnbewegung die Sportler bei jeder Gelegenheit verunglimpfte (Höhepunkt war die berühmte Hetzschrift des Stuttgarter Turnlehrers Karl Planck über „Fußlümmelei"), auch die Organisation lag komplett in den Händen der Aktiven. Für Spielkleidung beispielsweise gab es reichsweit lediglich eine Adresse – das Sporthaus Steidel in Berlin. Nur dort konnte man „original englische Sweater" beziehen, deren Erwerb nicht ganz billig war.
Der sportliche Alltag war hart: Für jedes Spiel bzw. Training musste die Spielfläche aufs neue vorbereitet werden. Dazu trug man die in einem Schuppen eingelagerten Torpfosten bzw. Bälle zum Sportplatz, dessen Benutzung zuvor polizeilich anzumelden war.
Neben dem Fußball bzw. Rugby spielte die Geselligkeit eine wichtige Rolle, wobei der Besuch der Vereinsgaststätte (FV 93: „Schwarzer Ochse", FC Krone: „Schwal") an die Gepflogenheiten studentischer Verbindungen erinnerte: Es wurde nach Herzenslust gezecht und gesungen…

Unglückliche Gewinner – der FC Krone nach dem später annullierten 6:1 über die Kickers-Reserve.

Obwohl Fußball in der ganzen Stadt auf dem Vormarsch war, zeigte man sich beim FV 93 resistent. Von dem banalen Spiel „ohne Aufnehmen des Balles" wollte man bei den Schwarz-Gelben nichts wissen und hielt treu am Rugby fest, bei dem der Ball auch mit den Händen gespielt werden durfte. Doch nach der endgültigen Verwandlung des Cannstatter FC in einen Tennis-Club standen die 93er vor unübersehbaren Problemen: Sie waren nicht nur letzter Rugbyklub im gesamten Ländle, es war auch noch immer nicht gelungen, einen Süddeutschen Rugbyverband zu gründen. Vorstandschef Alexander Gläser und seine Mannen machten aus dieser Not eine Tugend und focussierten ihr Interesse über die Grenzen Württembergs hinaus. 1907 erreichte dieser Prozess seinen Höhepunkt, als die 93er zu zwei Spielen bis nach Paris reisten! Die Begegnung mit dem Spitzenklub Stade Français endete zwar mit einer 3:39-Niederlage, doch gegen Universitaire de France erreichte man ein achtbares 3:3-Unentschieden, bei dem vor allem der 19-jährige Gustel Schumm sowie der spätere VfB-Präsident Adolf Deubler das Publikum überzeugten.
Der spätere Fusionspartner FC Krone indes tummelte sich seit 1903/04 im geregelten Fußballspielbetrieb. Unter Vorsitz von Karl Hahn („der rote Hahn") war ein tüchtiges Team entstanden, das im Winter 1904 sogar vor dem Aufstieg in die höchste Spielklasse stand. Doch die Cannstatter hatten Pech. Zwar feierten sie in der Formation Hagenmayer, Hermann Kärcher, Gust Laderer, Eugen Salomon, Hermann Schmid, Heinrich Schmid, Otto Morlock, Ferdinand Rothschild, Paul Miller, Geiger und Hanns Bittner einen 6:1-Sieg über die Reserve der Kickers, der jedoch annulliert wurde, weil der Schiedsrichter nicht erschienen war. Als man acht Tage später erneut aufeinandertraf, standen mehrere Krone-Spieler nicht zur Verfügung, und die Blauen setzte sich mit 4:2 durch… In der Folgesaison konnte der Erfolg nicht wiederholt werden. Lediglich Paul Miller schrieb Schlagzeilen, als er beim 25:0 über den Gaisburger FK gleich 15 Tore erzielte!

93er konvertieren zum Fußball

Nach vielen Jahren vergeblichen Verhandelns war es 1909 endlich zur Einrichtung einer Deutschen Rugbymeisterschaft gekommen. Der FV 93 schwang sich daraufhin noch einmal zu Höchstleistung auf und drang bis ins Endspiel vor, in dem er allerdings seinen Meister fand: Der FC Hannover 97 sicherte sich mit einem 6:3-Erfolg die erste Deutsche Meisterschaft. Der letzte Höhepunkt in der Rugbygeschichte der 93er sollte das Gastspiel des französischen Meisters Stade Bordelais im Jahre 1910 sein. Max Kurtz, der einige Zeit als Schlussmann in Bordeaux spielte, hatte den Kontakt zu den Südfranzosen hergestellt.

Zu jenem Zeitpunkt brodelte es vereinsintern. Eine zuvor von Gustel Schumm zum Beitritt bewogene Gruppe Schüler der Wilhelms-Realschule hatte 1907 die Wiedereinführung einer Fußballsparte durchgesetzt, woraufhin der Klub 1908 dem Verband Süddeutscher Fußballvereine beigetreten war und seine Rugbyambitionen aufgegeben hatte. „Ob es ein weiser Schritt war, bleibe dahingestellt", mäkelte Rugbypionier Philipp Heineken, doch im Verbund mit alten Rugby-Haudegen wie Zehender, Braunstein, Moser, Müller, Keppel und Schumm eilten die 93er nunmehr im Fußball von Erfolg zu Erfolg.

Aufgrund seiner guten Ergebnisse durfte der Klub sogar in der B- statt in der C-Klasse starten, wo er unter anderem auf den späteren Fusionspartner FC Krone traf. Während sich die Cannstatter bei dieser Gelegenheit noch durchsetzten und die Endrunde um die schwäbische B-Meisterschaft erreichten (bei der sie allerdings nicht antraten), lieferten sich FV 93 und FC Krone bereits 1910/11 ein packendes Titelrennen, das die 93er knapp für sich entschieden. Der Traum vom Durchmarsch in die höchste Spielklasse zerplatzte im fälligen Aufstiegsspiel, in dem sich die Schwarz-Gelben dem gefürchteten FV Zuffenhausen beugen mussten. Dennoch: Die Leistung des Rugbypioniers im „modernen" Spiel mit dem runden Ball nötigte Respekt ab.

Schon mit überdachter Tribüne – der im Frühjahr 1907 eingeweihte „Rugbyplatz" am Karl-Olga-Krankenhaus nach dem Wechsel des FV 93 zum Assoziationsfußball.

[EREIGNIS]

Neue Sportplätze

FV 93 und FC Krone ziehen um

Nach einigen Jahren der relativen Ruhe rückte die Sportplatzfrage um 1907 erneut ins Blickfeld. Auf dem Stöckachspielplatz standen sich die Sportwilligen inzwischen regelrecht auf den Füßen. An der König-Karls-Brücke gab es regelmäßig Ärger mit den Schäfern, die sich über das Gebrüll der Kicker beschwerten.

Die Kickers waren die ersten, die der Not gehorchten und 1905 auf dem Exerzierplatz in Degerloch eine eigene Heimstatt eröffneten.

Zwei Jahre später zog auch der FV 93 vom überfüllten Stöckachspielplatz fort. Unweit des Karl-Olga-Krankenhauses an der Hackstraße hatte man ein städtisches Gelände pachten können, auf dem eine moderne Sportanlage mitsamt überdachter Tribüne entstanden war. Fortan stritt die Rugby-15 der Schwarz-Gelben im Schatten der benachbarten Färberei Büsing um Punkte. Der neue Platz brachte Glück, denn 1909 erreichten die 93er das erstmals ausgeschriebene Endspiel um die deutsche Rugbymeisterschaft. Das vom Volksmund stets „Rugby-Platz" genannte 93-Terrain musste aber schon 1914 wieder geschlossen werden, weil das Gelände im Zuge der Kriegsereignisse in ein Lazaret umgewandelt wurde.

Auch der spätere Fusionspartner FC Krone sah sich mit Platzproblemen konfrontiert. Auf dem Cannstatter Wasen waren die Verhältnisse inzwischen untragbar geworden und man begab sich auf die Suche nach einem Ersatzgelände. 1908 wurde die neue Vereinsführung um den aus Gotha stammenden Hanns Bittner schließlich in Münster fündig. Am dortigen Viadukt pachtete man ein Brachgelände und verwandelte es in einen eingezäunten Sportplatz. Dadurch waren die Grün-Weiß-Roten sogar erstmals in der Lage, Eintrittsgelder zu verlangen, und konnten sich weiter etablieren.

Der „Münster-Platz" diente über die Fusion zum VfB hinaus als Spielstätte und wurde erst 1919 mit Eröffnung des Sportplatzes an den drei Pappeln aufgegeben.

Idylle pur – der „Münster-Platz" am Viadukt, den der FC Krone am 27. Juni 1908 mit einem 0:5 gegen Concordia Nürnberg einweihte.

[EREIGNIS]

Mit dem imposanten Aufschwung des FV 93 nach dessen Wandel von einem Rugby- in einen Fußballverein geriet Stuttgarts Fußball völlig durcheinander. Plötzlich gab es neben den Kickers, den Sportfreunden sowie dem FC Union einen weiteren Verein, der sich unter den besten Klubs in Süddeutschland festzusetzen versuchte.
Die Schwarz-Gelben waren drauf und dran, dieses Ziel zu erreichen, als sie auf Widerstände stießen. Der erste war sportlicher Natur und hieß FV Zuffenhausen – 1910 hatten die Männer von der Schlotwiese im Aufstiegsspiel zur A-Klasse glücklich die Nase vorn. Der zweite verband sich mit dem Sportplatz am Karl-Olga-Krankenhaus, dessen Zukunft höchst ungewiss war. Und als dritter Grund spielte eine bedrohlich dünne Personaldecke eine Rolle, die die sportliche Zukunft der 93er ungewiss erscheinen ließ.
Während der packenden Saison 1910/11, als sich der FV 93 und der Kronenclub Cannstatt ein dramatisches Rennen um den Staffelsieg geliefert hatten, war es zu engeren Kontakten zwischen Akteuren beider Vereine gekommen. Gemeinsame gesellige Veranstaltungen festigten das Verhältnis, und so war eines Tages das Thema Fusion aufgetaucht, dem beide Seiten durchaus offen gegenüber standen. Auch der im gesellschaftlichen Leben Cannstatts eine wichtige Rolle spielende FC Krone war nämlich ein wenig an seine Grenzen gestoßen. Vor allem sportlich. Erst 1908 verwandelten sich die Grün-Weiß-Roten offiziell von einem Schülerklub in einen „echten" Sportverein, dessen Mittel jedoch begrenzt waren.
Unter Vorsitz von Eugen Imberger sowie FV-93-Vertreter Karl Rupp kam es 1911 zu ersten Gesprächen über einen möglichen Zusammenschluss, der zahlreiche Vorteile bot:

Die Fusion

Der VfB Stuttgart entsteht

Während der FC Krone neben seinem Sportplatz am Fuße der Münsterer Kirche mit Copé Wendling, Willy Giersch und Fritz Stiefel drei Ausnahmefußballer vorweisen konnte, bestach der FV 93 durch langjährige Erfahrungen im Vereinswesen und wies einen innovativen Geist auf.
Im Spätsommer 1911 kam es im Hotel Concordia zu einer gemeinsamen Versammlung, bei der der Durchbruch erzielt wurde. Wenigen Skeptikern stand die überwältigende Mehrheit an Befürwortern gegenüber, und so wurde beschlossen, die Fusion nach Ende der laufenden Spielzeit im Spätsommer 1912 durchzuführen.
Von diesem Moment wirkten Kronenclub und FV 93 Hand in Hand, denn als die Schwarz-Gelben Weihnachten 1911 zu einem Freundschaftsspiel zu Inter Mailand reisten, waren mit Giersch, Stiefel und Wendling sogar drei Kronenklübler dabei. Das brachte den Akteuren zwar eine Sperre durch den Verband ein (sie hätten nicht für einen anderen Verein spielen dürfen), festigte aber die Bindung zwischen den Fusionswilligen.
Dass der am 2. April 1912 mit der Eintragung ins Vereinsregister vollzogenen Fusion zum VfB Stuttgart eine glückliche Zukunft beschieden war, verdankte man nicht zuletzt seinem sportlichen Traumstart mit dem Aufstieg in die Südkreisliga. Nicht nur der Erfolg schweißte den von Wilhelm Hinzmann angeführten Klub zusammen – schließlich stammten beide Ursprungsvereine aus schulischem Umfeld, war man vergleichbaren sozialen Milieus entsprungen und verfügte über diverse vereinsübergreifende „zarte Bande".
Die Harmonie bestätigte sich bei Fragen nach den neuen Vereinsfarben bzw. dem Wappen. Für das erste wurde weder das Schwarz-Gelb des FV 93 noch das Grün-Weiß-Rot des FC Krone gewählt, sondern das verbindende Weiß-Rot Cannstatts, während die als Logo fungierenden drei Hirschangeln des württembergischen Hauses den Anspruch des VfB dokumentierten, Nummer eins von Württemberg zu werden!

[SAISON]

Ein schönes Fusionsgeschenk

Die Saison hatte gerade erst begonnen, da zeichneten sich bereits umwälzende Ereignisse am Horizont ab: Der FV 93 und der FC Krone planten ihre Fusion! Ein totaler Triumph beendete die letzte Spielzeit als getrennte Vereine. Die von Kapitän Robert „Isy" Eisenhart geformte 93-Mannschaft sicherte sich souverän den Staffelsieg und besiegelte anschließend auch den lang ersehnten Aufstieg in die A-Klasse. Doch der Verband machte den Schwarz-Gelben zunächst einen Strich durch die Rechnung. Die kurzfristige Einführung der großräumigen Südkreisliga führte zu einer Entscheidungsrunde zwischen den A-Klassisten Mühlburg und Beiertheim sowie dem zwischenzeitlich gebildeten Zweitligisten VfB, in der die Weiß-Roten ihren Triumph endgültig perfekt machten. Nur wenige Monate nach seiner Gründung hatte der Klub damit den Cannstatter Erstligatraum verwirklicht – wahrlich ein Traumstart!

B-Klasse Schwaben, Bezirk I

8.10.1911	FV 93 - Ulmer FV 1894	0:3
15.10.1911	FV 93 - Krone Cannstatt	2:1
22.10.1911	Privater TV Ulm - FV 93	2:11
5.11.1911	FV 93 - FV Zuffenhausen (Sieg für 93)	
12.11.1911	Krone Cannstatt - FV 93	2:2
19.11.1911	FV 93 - Privater TV Ulm	15:1
26.11.1911	FV Zuffenhausen - FV 93	0:1
17.12.1911	FV 93 - Ulmer FV 1894	5:1

Abschlusstabelle

1. FV STUTTGART 93	8	6	1	1	13-3
2. FV Zuffenhausen	8				10-6
3. Ulmer FV 1894	8				8-8
4. KRONE CANNSTATT	8	2	2	4	8-8
5. Privater TV Ulm	8				2-14

Ergebnisse FC Krone: FC Krone - Privater-TV Ulm (unentschieden), FV 93 - FC Krone 2:1, Ulmer FV 1894 - FC Krone 2:0, FV Zuffenhausen - FC Krone 4:1, FC Krone - Ulmer FV 1894 2:1, FC Krone - FV 93 2:2, Privater-TV Ulm - FC Krone 0:3, FC Krone - FV Zuffenhausen 1:3

B-Meisterschaft von Schwaben

7.1.1912	Stern Cannstatt - FV 93	1:1
14.1.1912	FV 93 - Süddt. FC Stuttg.	9:1
21.1.1912	FV 93 - Schwaben Stuttg.	2:0
28.1.1912	FV 93 - Stern Cannstatt	3:1
4.2.1912	Süddt. FC Stuttg. - FV 93	4:7
25.2.1912	Schwaben Stuttg. - FV 93	9:2

Südkreismeisterschaft der B-Klasse

3.3.1912	Pforzheimer BC - FV 93	1:1
17.3.1912	FV 93 - Donar Straßburg	2:1
24.3.1912	FV 93 - Pforzheimer BC	3:2
31.3.1912	Donar Straßburg - FV 93	1:2

Aufstiegsrunde zur Südkreisliga

zuvor Fusion FV 93 und FC Krone zum VfB Stuttgart

25.8.1912	VfB - FV Beiertheim	4:3
1.9.1912	VfB - FC Mühlburg	1:0

Die stolze Aufstiegself. Stehend v. l.: Schmid, Kirsch, Schweizer, Wendling, Friz, Buggle, Katzenmaier, Schumm, Schaich. Vorn: Endreß, Eisenhart.

[LEGENDEN]

COPÉ WENDLING

Er wurde der erste Held der jungen VfB-Geschichte: Copé Wendling, Gründungsmitglied des FC Krone Cannstatt und Schütze des goldenen Tores im Aufstiegsspiel gegen den FC Mühlburg.
Wendling erwies sich nicht nur im Aufstiegsthriller als wichtiger Förderer des VfB. Als Mannschaftskapitän des FC Krone war er einer der entscheidenden Befürworter der Fusion mit dem FV 93 und hatte im Dezember 1911 gemeinsam mit seinen Klubkameraden Willy Giersch und Fritz Stiefel auch an der Italienreise des FV Stuttgart 93 teilgenommen.
Der Aufstieg in die Südkreisliga war zugleich Höhepunkt in Wendlings Karriere als Fußballspieler. Bis zum Ende des 1. Weltkriegs stand der Innenstürmer noch im Spielbetrieb seinen Mann, ehe er administrative Aufgaben im Verein übernahm und es Jüngeren überließ, den Ruhm des VfB zu mehren.

Attraktion beim Aufstiegsspiel:
ein Zeppelin über Karlsruhe-Durlach.

[SPIEL]

VfB 1:0 FC Mühlburg

Nervenschlacht

Aufstieg in 1. Liga gelingt

Eine stattliche Schar VfB-Anhänger ist mit nach Karlsruhe-Durlach gereist, um ihrer Mannschaft im wichtigsten Spiel der noch jungen Vereinsgeschichte den Rücken zu stärken. Es geht um die Qualifikation zur erst zwei Wochen zuvor gegründeten Südkreisliga, die höchste nunmehr erreichbare Spielklasse im Süddeutschen Fußball-Verband!
Der VfB geht als krasser Außenseiter in die Begegnung. Gegner FC Mühlburg (dessen Nachfolger heute Karlsruher SC heißt) hat in der abgelaufenen Saison schließlich in der A-Klasse gespielt und ist Zweitligist VfB damit deutlich überlegen. Doch die Weiß-Roten haben ein starkes Team beieinander. Torsteher Buggle und seine Vorderleute Willi Giersch und Schaich bilden eine stabile Abwehr. Im Sturm ist das technisch beschlagene Innentrio Wendling-Kirsch-Schumm stadtweit gefürchtet.
Es entwickelt sich eine wahre Nervenschlacht, deren außersportlicher Höhepunkt die Überquerung eines Zeppelin-Luftschiffes ist. Unbeeindruckt von diesem seltenen Ereignis zeigen sich die VfB-Akteure fest entschlossen, ihr Ziel zu erreichen, und werden kurz nach dem Seitenwechsel belohnt, als Copé Wendling eine Rechtsflanke per Kopf zum 1:0 im Mühlburger Tor unterbringt!
Fünf Minuten vor dem Schlusspfiff überschlagen sich die Ereignisse. Mühlburg wird ein Strafstoß zugesprochen, doch VfB-Keeper Buggle hat Glück: Mühlburgs gefürchteter Linksaußen Decker drischt das Leder gegen die Latte. Aufatmen beim VfB, der wenig später mit einem ansehnlichen Freistoß selbst noch für Gefahr sorgt, ehe der Schlusspfiff ertönt und die Erstklassigkeit gewonnen ist!
„Bei der nahezu gleichwertigen Spielstärke der beiden Vereine war ein scharfes Treffen zu erwarten und in der Tat gestaltete sich der Kampf interessant und äußerst abwechslungsreich", resümierte die Stuttgarter Presse zufrieden.

■ Stuttgarter Spitzenfußball vor dem 1. Weltkrieg – das waren in erster Linie die **Stuttgarter Kickers.** Seit 1907 unter dem Protektorat von Herzog Ulrich von Württemberg stehend, waren die „Blauen“ von Degerlochs Höhen sowohl sportliches als auch gesellschaftliches Aushängeschild der Residenzstadt. 1913 errangen sie zum zweiten Mal nach 1908 den Titel des Süddeutschen Meisters und stellten mit Eugen Kipp, Paul Kühnle, Otto Löble und Christian Schmidt gleich vier Nationalspieler. Auf Reichsebene klappte es allerdings nicht ganz so gut. 1908 im ersten Anlauf immerhin bis ins Endspiel um die Deutsche Meisterschaft vorgedrungen (1:3 gegen Viktoria 89 Berlin), verloren die seit 1912 vom Engländer Griffiths trainierten „Blauen“ 1913 bereits im ersten Spiel gegen Westmeister Duisburger Spielverein und schieden aus.

[SPIEL]

VfB 3:2 Kickers

Erster Derbysieg

VfB überrascht Kickers

Es ist erst das zweite Mal, dass sich VfB und Kickers im Pflichtspiel gegenüber stehen – und doch steht Stuttgart Kopf. „Eine riesige Zuschauermenge, wie sie der VfB-Platz in Münster noch nie zu verzeichnen hatte, stellte sich ein, um diesem Treffen beizuwohnen“, berichtet die Lokalpresse und staunt über den aufopferungsvoll und energiegeladen aufspielenden VfB, der die Kickers-Abwehr wiederholt zu Fehlern zwingt. Held des Tages ist Außenstürmer Katzenmaier, der acht Minuten vor Schluss den umjubelten 3:2-Siegtreffer erzielt – zuvor hatten die Kickers zweimal in Führung gelegen. Hoch gelobt wird anschließend Torsteher Buggle und Mittelläufer Emil Friz.

Südkreisliga 1912/13

15.9.1912	Stuttgarter Kickers - VfB	6:2	
22.9.1912	VfB - Phönix Karlsruhe	3:1	
29.9.1912	VfB - 1. FC Pforzheim	1:4	
20.10.1912	VfB - Spfr. Stuttgart	5:1	
27.10.1912	Union Stuttgart - VfB	3:0	
3.11.1912	Freiburger FC - VfB	1:2	
10.11.1912	VfB - Stuttgarter Kickers	3:2	
17.11.1912	VfB - Freiburger FC	0:4	
1.12.1912	Phönix Karlsruhe - VfB	0:0	
8.12.1912	1. FC Pforzheim - VfB	2:1	
22.12.1912	VfB - Union Stuttgart	3:1	
29.12.1912	Spfr. Stuttgart - VfB	1:1	
19.1.1913	Karlsruher FV - VfB	5:0	1.000
26.1.1913	VfB - Karlsruher FV	2:1*	

*als Sieg für KFV gewertet

Abschlusstabelle

1.	Stuttgarter Kickers	14	7	4	3	24:11	18-10
2.	1. FC Pforzheim	14	8	2	4	37:28	18-10
3.	FC Union Stuttgart	14	6	4	4	22:19	16-12
4.	Karlsruher FV	14	6	3	5	27:18	15-13
5.	Freiburger FC	14	5	2	7	27:25	12-16
6.	VFB STUTTGART	14	5	2	7	23:32	12-16
7.	Phönix Karlsruhe	14	3	5	6	13:25	11-17
8.	Spfr. Stuttgart ▽	14	3	4	7	15:30	10-18

Spielerkader

Tor: Max Buggle
Feld: Hans Bermanseder, Robert Eisenhardt, Max Efinger, Robert Endreß, Emil Friz, Willi Giersch, Kurt Hecht, E. Katzenmaier, Fritz Keppel, Kirsch, Maher, Schaich, Eugen Schmid, Gustav Schumm, Wegele, Copé Wendling

Südkreisliga 1913/14

14.9.1913	1. FC Pforzheim - VfB	4:3
21.9.1913	FC Mühlburg - VfB	3:1
28.9.1913	VfB - Stuttgarter Kickers	1:1
5.10.1913	Freiburger FC - VfB	4:0
26.10.1913	VfB - Union Stuttgart	0:3
9.11.1913	VfB - FC Mühlburg	2:1
14.12.1913	VfB - Karlsruher FV	2:1
21.12.1913	VfB - Freiburger FC	1:2
4.1.1914	Phönix Karlsruhe - VfB	2:1
18.1.1914	Karlsruher FV - VfB	1:1
25.1.1914	VfB - Phönix Karlsruhe	2:0
1.2.1914	VfB - 1. FC Pforzheim	1:2
7.2.1914	Stuttgarter Kickers - VfB	3:0
8.3.1914	Union Stuttgart - VfB	0:2

Abschlusstabelle

1.	Stuttg. Kickers (M)	14	10	3	1	25:6	23-5
2.	1. FC Pforzheim	14	11	1	2	40:14	23-5
3.	Freiburger FC	14	7	4	3	20:14	18-10
4.	Union Stuttgart	14	5	2	7	18:22	12-16
5.	FC Mühlburg (N)	14	3	5	6	16:21	11-17
6.	Phönix Karlsruhe	14	3	4	7	11:23	10-18
7.	VFB STUTTGART	14	3	2	9	18:33	8-20
8.	Karlsruher FV	14	2	3	9	16:31	7-21

Entscheidungsspiel um Platz 1: Kickers - Pforzheim 4:0

Spielerkader

Tor: Max Buggle, Dr. Eugen Heinz
Feld: Aeckerle, Bechtle, Robert Eisenhardt, Robert Endreß, Emil Friz, Imberger, E. Katzenmaier, Keim, Kirsch, Knödler, Max Sautter, Reim, Gustav Schumm, Copé Wendling

[SAISON]

In der Südkreisliga etabliert

Das Erstligadebüt des VfB ging gründlich daneben. Mit 2:6 geschlagen verließ der Neuling am 15. September 1912 den Kickersplatz auf Degerlochs Höhen – es konnte also nur besser werden. Und es wurde besser! Schon im Rückspiel triumphierte die Elf um den 1912 als Diskuswerfer zum deutschen Olympiakader in Stockholm zählenden Torsteher Max Buggle sensationell mit 3:2 und fügte den „Blauen“ damit die erste Saisonniederlage zu.

Rund sechs Wochen später konnte die Lokalpresse nach einem 3:1 über Union Stuttgart bereits zufrieden resümieren: „Mit seiner jetzigen Position dürfte der VfB vor einem Ausscheiden aus der Ligaklasse gesichert sein“. Am Saisonende gab es sogar einen vorzüglichen sechsten Platz, der aus dem Erstligaabenteuer des VfB einen Daueraufenthalt machte.

Das zweite Erstligajahr war ungleich schwieriger. Erst im siebten Saisonspiel gelang beim 2:1 über den Karlsruher FV endlich der erste Sieg, bei dem Ersatzkeeper Dr. Eugen Heinz überragte. Mit diesem Sieg übergab man zugleich die „Rote Laterne“ an den KFV.

Trotz deftiger Niederlagen hatte der VfB zuvor keinesfalls enttäuscht. Nach dem 0:4 in Freiburg war die badische Presse sogar voll des Lobes gewesen: „Die Bewegungsspieler haben im Gegensatz zu Union einen äußerst angenehmen Eindruck in Freiburg hinterlassen. Nicht nur, dass die Leistungen gut waren, nein, auch das Benehmen war ein feines und das Freiburger Publikum hat das durch lebhaften Beifall anerkannt und dafür gedankt“.

Die schwarze Niederlagenserie war eklatanten Verletzungssorgen zuzuschreiben, die vor allem im Sturm für erhebliche Aufstellungsprobleme sorgten. So konnte Gustel Schumm erst im Januar 1914 erstmals eingesetzt werden und sorgte beim hart erkämpften 2:0 über Phönix Karlsruhe auf Schneeboden prompt für den zweiten Saisonsieg – mit dem der Klassenerhalt vollends gesichert werden konnte.

Krieg stoppt den Spielbetrieb

Als die VfB-Elf im Juli 1914 begann, sich auf ihre dritte Saison in der Südkreisliga vorzubereiten, war bereits abzusehen, dass statt fröhlichen Spielen bald tödlicher Ernst herrschen sollte.
Dennoch eilten auch zahlreiche VfB-Mitglieder geradezu enthusiastisch zu den Waffen, als Kaiser Wilhelm II. am 1. August 1914 verkündete, er „kenne keine Parteien mehr", sondern „nur Deutsche", und schwadronierte, „uns treibt nicht Eroberungslust, uns beseelt der unbeugsame Wille, den Platz zu bewahren, auf den uns Gott gestellt hat."
Für die in der Heimat verbliebenen Sportler brachen stille Tage an. Der „Rugbyplatz" am Karl-Olga-Krankenhaus wurde dem Roten Kreuz zur Verfügung gestellt, das dort ein Lazarett errichtete. Auch auf dem Münster-Platz ruhte zunächst der Ball – Deutschland schwelgte im kollektiven Kriegestaumel und niemand dachte an Fußball. Erst als sich im Herbst 1914 allmählich abzeichnete, dass aus „Weihnachten in Paris" nichts werden würde, sah man im Fußball ein geeignetes Mittel für die Beschäftigung (und Besänftigung...) des Volkes.
Doch viele Klubs standen vor personellen Problemen. Als der Süddeutsche Fußball-Verband im Oktober eine Pflichtrunde um den „Eisernen Fußball" einführte, war die VfB-Führung um Julius Lintz und Ernst Grimm nicht in der Lage, eine Mannschaft zu stellen. Sie bildete daraufhin eine „Kriegsspielgemeinschaft" mit dem 1909 gegründeten Degerlocher Klub „FV Die Blauen Elf", die immerhin Rang drei belegte. Nachdem im Sommer 1916 einige Schüler verärgert aus dem TV Cannstatt ausgetreten waren und sich dem VfB angeschlossen hatten, konnten die Weiß-Roten schließlich wieder eine eigene Mannschaft stellen. In der Folgezeit wuchsen sogar gleich drei spielfähige Teams heran!
Sportlich hatte der Spielbetrieb allerdings nur wenig Wert. Die Besetzungen der Mannschaften wechselten im Wochentakt, und wann immer es die Verhältnisse erforderten (wie im „Steckrübenwinter" 1916/17), wurden Begegnungen einfach abgesagt.
Dennoch erfüllte alles seinen Zweck. Das wiederbelebte Vereinsleben war Balsam auf die Seelen der mit schrecklichen Fronterfahrungen heimgekehrten Soldaten, und für die VfB-Familie waren die Spiele auf dem Münsterplatz willkommener Anlass, Berichte über die eigenen Schicksale auszutauschen.

„Vater" Ernst Grimm (ganz links) und Erwin Gechter (ganz rechts) halfen erfolgreich mit, den VfB durch den Krieg zu bekommen. 1917 lief folgende Mannschaft auf (stehend v. l.): Vogt, Barth, Keim, Friz, Weiler, Klenk, Kodweiß, Dennhardt. Vorn: Glaser, Veigel, Ilg.

■ Es herrschte eine geradezu euphorische Stimmung, als sich die VfB-Mitglieder nach **Kriegsbeginn** ein letztes Mal in der „Altdeutschen Bierstube" versammelten. Vor allem bereits einberufene Mitglieder wie Paul Breckle, Hermann Bürkle und Otto Mack standen im Mittelpunkt – ihnen wurden allerlei gute Wünsche mit auf den Weg gegeben. Für Bürkle und Breckle erfüllten sie sich – Mack indes sollte ebenso wie Buggle, Giersch, Katzenmeier und Keppel, die den VfB 1912 in die Südkreisliga gebracht hatten, nicht aus dem Krieg heimkehren...
Der spätere VfB-Vorsitzende Adolf Deubler indes war froh, an der Front auf seine Erfahrung als Sportler zurückgreifen zu können: „Niemals hätte ich die Strapazen des Kriegs mit meinen schweren Verwundungen so durchgehalten, wenn ich mir nicht Kraft und Abhärtung beim Rugbyspiel gesammelt hätte."
1917 meldete der VfB, dass von seinen 357 Mitgliedern „drei Viertel zum Heeresdienst einberufen" seien: „Zwei Drittel davon stehen im Felde."

1914/15

kein Ligaspielbetrieb

Bezirksliga Schwaben II, 1915/16

		Abschlusstabelle	
1. Schwaben Stuttgart	16	70:21	15-7
2. Union Stuttgart	16	60:17	23-9
3. VFB/BLAUEN ELF	16	53:20	23-9
4. FV Kornwestheim	16	32:22	18-14
5. Pfeil Gaisburg	16	28:20	17-15
6. Stern Cannstatt	16	22:15	17-15
7. Athl. Stuttgart	16	16:65	10-22
8. VfR Esslingen	16	19:61	7-25
9. Viktoria Feuerbach	16	20:79	4-28
10. FV Zuffenhausen	zurückgezogen		

Bezirksliga Schwaben I, 1916/17

		Abschlusstabelle
1. Stuttgarter Kickers	10	18-2
2. Schwaben Stuttgart	10	18-2
3. VFB STUTTGART	10	10-10
4. FV Blauen Elf Stg.	10	6-14
5. Stern Cannstatt	10	4-16
6. Viktoria Feuerbach	10	4-16

Entscheidungsspiel um Platz 1: Kickers - Schwaben 2:0

1917/18

kein Ligaspielbetrieb

1918/19

Ligaspiele nicht eruierbar

Spielerkreis der Kriegsjahre

Tor: Veigel
Feld: Barth, Bechtle I, Burkhardt, Dennhardt, Dörtenbach, Hans Förstner, Emil Friz, Glaser, Hägele, Ihle, Ilg, Keim, Kirsch, Klenk I, Kodweiß, Löhle, Maier, Ruf, Robert Rupp, Max Sautter, Eugen Schmid, Gustav Schumm, Vogt, Weiler

Im September 1925 wurde die von Vereinsmitglied Siemienski gestaltete Ehrentafel für die 90 Weltkriegsopfer des VfB auf dem Wasen-Platz enthüllt.

[LEGENDEN]

GRAF VON BEROLDINGEN

Mitten im tiefsten Dunkel des Krieges ging für den VfB ein strahlendes Licht auf: In mühsamer Überzeugungsarbeit war es Wilhelm Moser und „Jule" Dempf gelungen, den berühmten Fliegerkommandeur Egon Reichsgraf von Beroldingen für den Verein zu gewinnen. Von Beroldingen hatte im letzten Kriegsjahr eine als „Böblinger Flieger" bekannte spielstarke Soldatenelf aufgezogen und sich dabei große Meriten um den Fußball in Württemberg erworben. Mit enormem persönlichen Aufwand setzte sich der „Herr Graf", wie man ihn nannte, fortan für den VfB ein und übernahm 1921 sogar den Vereinsvorsitz. „Durch seine kluge Einsicht in Menschen und Dinge, durch seine überragende Persönlichkeit und seine Liebe zum Sport gewann der Graf in Kürze die Herzen aller VfBler. Seiner Tatkraft war es zu danken, dass sich der Mitgliederstand in kurzer Zeit bedeutend erhöhte", schwärmte Hans Kiener 1933 bei der Trauerfeier für den überraschend verstorbenen Grafen. Mit dessen Engagement wurde die traditionell ausgeprägt nationalkonservative Linie innerhalb des VfB gestärkt. Die Presse schrieb inzwischen gar vom „Säbeleclub", der da auf dem Wasen residiere. Im Gefolge des Grafens schlossen sich weitere Soldaten dem Klub an.

Schwerer Neustart

Ende 1917 drohte dem VfB plötzlich Ärger. Auch in Stuttgart herschte der von einer verheerenden Kartoffelernte ausgelöste „Steckrübenwinter". Einige Stadtväter hätten den Münster-Sportplatz am liebsten in ein Kartoffelfeld verwandelt. Doch da spielte die Vereinsführung nicht mit – schließlich standen inzwischen wieder fünf Mannschaften im Spielbetrieb, war der VfB ein wichtiger Bestandteil der „Normalität" des Kriegsalltages.

Für den Klub war es zum Glücksfall geworden, dass zwischenzeitlich mit Erwin Gechter ein Schwerverwundeter aus dem Krieg heimkehrte, der sich nach seiner Genesung rührend um die Fortsetzung des Vereinslebens kümmerte. Und noch eine wichtige Personalie entwickelte sich: Über Wilhelm Moser, der zeitweise bei den Böblinger Fliegern als Mittelläufer spielte, kam der VfB in Kontakt mit Fliegerkommandeur Egon Reichsgraf von Beroldingen. Der Adelige erwärmte sich rasch für die Cannstatter und sollte zu einem ihrer engagiertesten Förderer werden.

Mit zunehmender Kriegsdauer litt der Spielbetrieb jedoch unter den zunehmenden Unwägsamkeiten. Reisen zu Auswärtsspielen waren kaum noch möglich, Bälle und Schuhe rar, und angesichts der verheerenden Zustände im Zivilleben war es nur schwer vermittelbar, wenn kostbare Nahrungsreserven gedankenlos beim unsinnigen Fußballspiel verbraucht wurden. So kam es nur noch sporadisch zu Wettspielen, geriet der Spielbetrieb zusehends zur Farce.

Selbst als der Krieg schließlich am 9. November 1918 endete und in eine Revolution überging, die auch Württembergs geachteten König Wilhelm II. stürzte, ruhte der Ball zunächst weiter. Das Land musste sich erst wieder „ordnen". Bis ein geregelter Spielbetrieb in Gang kam, sollten noch viele Monate vergehen. Erst im April 1919 traf sich der DFB in Eisenach zu seinem ersten Nachkriegskongress und stellte die Weichen für die Wiederbelebung der Wettbewerbe und Verbandsstrukturen.

1919-33

Aufstieg zur süddeutschen Spitze

Nach Ende des 1. Weltkriegs verwandelte sich Fußball in Deutschland binnen kurzem in eine Massenbewegung und avancierte zum Volkssport. Vor allem das Eindringen der Arbeiterschaft in die ursprünglich bürgerlich dominierte Fußballgemeinde veränderte die Situation grundlegend und schuf eine breite soziale Basis, auf der das Spiel bis heute ruht. Stuttgart war mit seiner boomenden Industrie und als Hochburg der Arbeiterbewegung natürlich prädestiniert für eine führende Rolle im deutschen Fußball. Tatsächlich entwickelte sich die Stadt in den 1920er Jahren sogar zur süddeutschen Nummer zwei nach München. Getragen wurde der Stuttgarter Spitzenfußball vor allem von den alteingesessenen Kickers und dem aufstrebenden VfB.

Absturz in die Zweitklassigkeit

Der Start des VfB in die neue Ära verlief unglücklich. Zwar stellte man im April 1922 mit dem aus Feuerbach gekommenen Torhüter Paul Mauch erstmals einen Nationalspieler, fiel aber kurz darauf einer Ligareform zum Opfer und verbrachte die Saison 1923/24 in der Zweitklassigkeit. Nachdem dank der vorzüglichen Nachwuchsarbeit von „Gustel" Schumm die sofortige Rückkehr ins Oberhaus gelang, bemühte sich die Vereinsführung mit Dr. Adolf Deubler an der Spitze um eine weitere Stabilisierung. Zum 1. Juli 1924 übernahm daraufhin mit dem Engländer Edward Hanney ein renommierter Berufstrainer die Übungsleitung, der dem mit Talenten wie „Knölle" Rutz bestückten Team vor allem in konditioneller Hinsicht weiterhalf. Unter Hanney entwickelte der VfB ein kampfbetontes Angriffsspiel, das ihn 1926 bis ins Süddeutsche Pokalfinale führte (2:3-Verlängerungsniederlage gegen den Deutschen Meister SpVgg Fürth). Als stärkster Mannschaftsteil galt die Abwehr um Torhüter Werner Gabriel sowie die Verteidiger Otto Vollmer und Otto Dörtenbach.

Erstmals württembergischer Meister

Die Erfolgsserie setzte sich 1926/27 durch den Gewinn der Landesmeisterschaft von Württemberg-Baden fort. Mehr als 18.000 Fans kamen anschließend zum Süd-Gipfel gegen den 1. FC Nürnberg – auch in punkto Zuschauerattraktivität waren die Cannstatter inzwischen ein Magnet. Größtes Plus war die Jugend – Ex-Sportfreunde-Nationalspieler Fritz Retter mit 29 sowie Hermann „Männe" Heß mit 30 Jahren waren die Ältesten in einer Mannschaft aus lauter ehrgeizigen Jungspunden. Linksaußen Becker, Mittelläufer Blum sowie der vielseitig einsetzbare Rutz schafften es sogar bis in die Nationalmannschaft. Nachdem Trainer Hanney 1927 aus finanziellen Gründen zu Wacker München gewechselt war, stagnierte die Entwicklung des VfB allerdings wieder.

Lajos Kovacs schafft Wende

Als der Klub 1927/28 in Abstiegsgefahr geriet, wurde mit dem Ungarn Lajos Kovacs erneut ein Berufstrainer engagiert. Kovacs integrierte frische Nachwuchskräfte wie Rebmann, Haaga und Seybold und erhielt mit Wieczorek sowie „Fifi" Koch darüber hinaus wertvolle Verstärkung aus Breslau. Unter dem Ungarn sollte der VfB in die damaligen Auseinandersetzungen um den bezahlten Fußball geraten. Die vereinsinternen Dissonanzen eskalierten mit dem Rauswurf von „schwarz" bezahlten Leis-

tungsträgern wie Rutz und Blum sowie in einer Selbstanzeige beim Verband wegen des Verstoßes gegen die Amateurbestimmungen. Zwar vermochte der VfB dem daraufhin drohenden sportlichen Absturz dank bereitstehender Talente zu entgehen, der Klub war aber dennoch bis in seine Grundfeste erschüttert.

Zum zweiten Mal Landesmeister

1929/30 führte Trainer Kovacs seine sichtlich stabilisierte Elf durch hoch gelobten Kombinations- und Passfußball noch einmal zur Bezirksmeisterschaft. Es war der vorerst letzte Erfolg, denn nur wenige Monate später stürzte der Stern des VfB erneut ab. Aus finanziellen Gründen war der Vertrag mit Erfolgstrainer Kovacs nicht verlängert worden, woraufhin die Weiß-Roten ohne ihren Trainer in der Endrunde um die Süddeutsche Meisterschaft tüchtig Lehrgeld zahlen mussten. Zudem drohte dem Verein eine Spielsperre als späte Folge der erwähnten Selbstanzeige. Erst in letzter Sekunde gab sich der Verband mit einer Geldstrafe zufrieden.

Tiefe Identitätskrise

Die Folgen der turbulenten Entwicklung wurden ab 1930/31 deutlich. Der im Vorjahr noch so schwungvolle VfB stolperte plötzlich orientierungslos über die Plätze und verpasste erstmals seit fünf Jahren die Endrunde um die Süddeutsche Meisterschaft. Den Weiß-Roten mangelte es nicht nur an Führungsspielern, sie litten schlicht unter enormen Verletzungspech. Allerdings war der VfB nicht der einzige Stuttgarter Verein in der Krise – der Staffelsieg der Saison ging an den Heilbronner Vorortklub Union Böckingen, und mit den Sportfreunden sowie dem SSC dümpelten zwei Stuttgarter Traditionsklubs in der Zweitklassigkeit! Auf dem Wasen herrschte in jenen Tagen eine regelrechte Identitätskrise. Die neue Vereinsführung um Hans Kiener wollte vom bezahlten Fußball nichts mehr wissen, und dem VfB drohte die Konkurrenz davonzuziehen.

1933 Südpokalsieger

1932/33 gelang mit dem Gewinn des Süddeutschen Pokals (2:1-Finalsieg über Schweinfurt 05) ein überraschender Erfolg, der jedoch nicht darüber hinwegtäuschen konnte, dass sich der VfB unverändert in der Krise befand. Immerhin waren mit „Wenzel" Blum und „Knölle" Rutz zwischenzeitlich zwei der „Profisünder" zurückgekehrt, wobei sich Rutz aufgrund einer Sperre nur um das Training der Wasenelf kümmern konnte. Am Vorabend des „Dritten Reiches" war das Schicksal des VfB ungewiss. Es gab wohl niemanden, der ahnte, dass man schon zwei Jahre später Deutscher Vizemeister sein würde... ■

Elf der Epoche 1919-33

Gabriel

Vollmer Dörtenbach

Böcklen Blum Strehle

Retter Rutz Koch Heß Becker

[SAISON]

Fehlstart im neuen Heim

Die erste Spielzeit in der neuen Heimat auf dem Wasen hatte man sich wahrlich schöner vorgestellt: Zwar war der VfB unter den Gründungsmitgliedern der Kreisliga Württemberg zu finden, zum erhofften Platz in der Spitzengruppe reichte es jedoch nicht. Bei insgesamt acht Niederlagen in 18 Spielen sprang ein schlussendlich enttäuschender fünfter Platz heraus. Weder regional noch auf lokaler Ebene spielte der VfB damit eine seinen Ansprüchen angemessene Rolle. Während die SSC-Elf vom Gaskessel den Meistertitel nach Gaisburg holte, konnte der VfB im innerstädtischen Vergleich nur den FV Zuffenhausen hinter sich lassen.

Die Hoffnungen ruhten auf der Jugend. Als das »Neue Tageblatt« 1920 einen Jugendpokal auslobte, drang der VfB-Nachwuchs um Richard „Molly" Schaufele bis ins Finale vor, in dem Ulm 94 gleich mit 5:0 bezwungen wurde. Es war quasi die erste Auflage der „jungen Wilden".

Kreisliga Württemberg

28.9.1919	Stuttgarter Kickers - VfB	3:1
5.10.1919	VfR Heilbronn - VfB	0:0
12.10.1919	VfB - FV Zuffenhausen	3:0
19.10.1919	VfB - FV Kornwestheim	3:0
26.10.1919	SpVgg Tübingen 03 - VfB	2:4
9.11.1919	SV Feuerbach - VfB	2:1
16.11.1919	VfB - Stuttgarter SC	2:3
12.1.1920	VfB - SV Feuerbach	0:0
25.1.1920	VfB - VfR Heilbronn	3:2
1.2.1920	Spfr. Stuttgart - VfB	2:1
8.2.1920	VfB - SpVgg Tübingen 03	4:2
15.2.1920	VfB - Ulmer FV 1894	0:3
22.2.1920	Stuttgarter SC - VfB	2:0
29.2.1920	Ulmer FV 1894 - VfB	1:0
7.3.1920	VfB - Stuttgarter Kickers	1:2
14.3.1920	VfB - Spfr. Stuttgart	0:0
11.4.1920	FV Zuffenhausen - VfB	2:3
2.5.1920	FV Kornwestheim - VfB	0:2

Abschlusstabelle

1. Stuttgarter SC*	17	14	2	1	66:17	30-4
2. Stuttgarter Kickers	18	14	1	3	63:16	29-7
3. Spfr. Stuttgart	18	10	4	4	39:18	24-12
4. SV Feuerbach	18	8	3	7	31:34	19-17
5. VFB STUTTGART	18	7	3	8	28:26	17-19
6. Ulmer FV 1894	18	7	2	9	22:36	16-20
7. FV Zuffenhausen	18	6	3	9	28:42	15-21
8. VfR Heilbronn*	17	6	2	9	31:29	14-20
9. Tübingen 03* ▽	16	4	0	12	28:65	8-24
10. FV Kornwestheim ▽	18	1	2	15	16:69	4-32

*Tübingen - SSC u. Tübingen - Heilbronn nicht ausgetragen

Spielerkader

Tor: Bethmann

Feld: Max Efinger, Feßler, Hermann Heß, Paul Heß, Kirsch, August Krämer, Rudolf Mack, Richard Schauffele, Josef Schmid, Dr. Gustav Schumm, Wäckerle

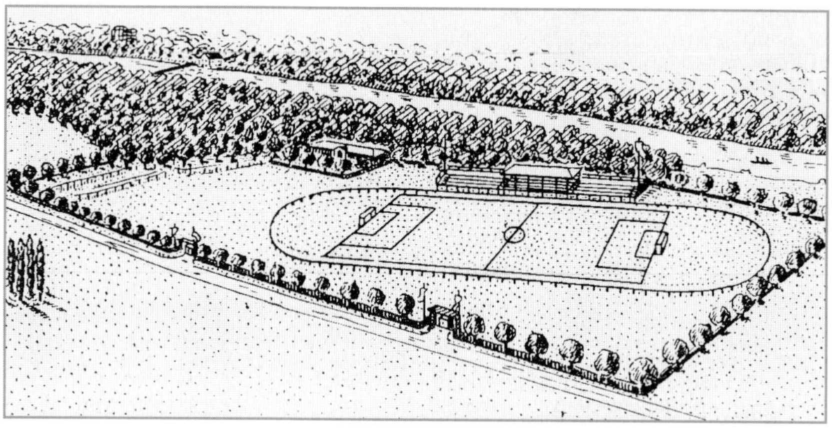

Am rechten Strafraumeck beginnt heute der Campingplatz: der VfB-Platz bei den drei Pappeln.

[EREIGNIS]

Die Sportplatzfrage bereitete der VfB-Führung schon seit geraumer Zeit Kopfzerbrechen. Der „Rugbyplatz" am Karl-Olga-Krankenhaus war den Kriegsereignissen zum Opfer gefallen und mit dem einst vom Kronenclub geschaffenen „Münster-Platz" war niemand wirklich glücklich. Das Areal war viel zu abgelegen für einen ambitionierten Klub wie den VfB Stuttgart. 1919 erfüllte man sich einen Traum und kehrte nach Cannstatt zurück. Unweit des heutigen Campingplatzes war dem VfB von städtischer Seite ein zum Wasen gehörendes Brachgelände zur Verfügung gestellt worden, auf dem in mühsamer Eigenarbeit ein modernes Stadion entstand, das am 21. Dezember 1919 mit einem freundschaftlichen 0:5 gegen die Kickers eingeweiht wurde. Weil sich in unmittelbarer Nähe drei solide Pappeln befanden, sprach der Volksmund bald vom „VfB-Platz bei den drei Pappeln".

Das Sportverbot auf dem Wasen war im Übrigen 1914 aufgehoben worden.

Die Heimkehr

Auf dem Wasen entsteht Stadion

Seinerzeit hatte man für eine Gesundheitsausstellung das am 24. Mai 1914 eingeweihte und 20.000 Plätze bietende „Holzstadion" mitsamt Holztribüne errichtet, das nur drei Monate später in Flammen aufging.

Unermüdlicher Initiator des neuen VfB-Platzes war Vorsitzender Graf von Beroldingen, der die Verhandlungen leitete und Architekt Pfeiffer mit dem Bau beauftragte. Finanziert wurde der 80.000 RM teure Bau durch honorige Vereinsmitglieder, wobei sich insbesondere Gotthilf Heeb als Förderer erwies. Das neue Areal konnte sich wahrlich sehen lassen. Größter Stolz war die überdachte Sitzplatztribüne auf der Neckarseite, wodurch die betuchten VfB-Fans trockenen Hauptes den Spielen beiwohnen konnten. Das Fassungsvermögen wurde auf insgesamt 15.000 Plätze beziffert. Zum Gelände gehörte zudem ein gemütliches Klubhaus. Eine lange Lebenszeit war dem Stadion allerdings nicht beschieden. Schon 1937 wurde es wieder abgerissen, weil die Stadt das Areal für die Erweiterung des Volksfestplatzes bzw. dem Bau der Schwabenhalle benötigte.

Die Tribüne des neuen VfB-Platzes bei den drei Pappeln war schon bald zu klein.

Nachwuchsspieler „Molly" Schaufele überragte seine Teamkollegen in der Saison 1920/21 um fast eine Haupteslänge. V. l.: Dr. Schumm, Mack, August Krämer, Bonne, Rieger, Frank, Schauffele, Keim, Efinger, Kocher, Dörtenbach.

[SPIEL]

Kickers 3:0 VfB

Langeweile im Derby

VfB chancenlos gegen Kickers

Als Schiedsrichter Dr. Glaser aus Freiburg abpfeift, sinken die VfB-Spieler enttäuscht zu Boden. Ausgerechnet im Derby haben sie versagt, sind gegen die „Blauen" aus Degerloch chancenlos geblieben.
Die vom berühmten Dori Kürschner trainierten Kickers mussten noch nicht einmal ihr berühmtes Kombinationsspiel auspacken, um den Ortsrivalen souverän mit 3:0 in die Schranken zu weisen.

Die Wasenelf ist ein Schatten ihrer selbst. Der Sturm ohne jegliche Durchschlagskraft. Die Außenläufer zwar bemüht, technisch ihren Gegenspielern aber hoffnungslos unterlegen. Lediglich die Verteidigung vermag einigermaßen zu überzeugen, doch Mittelläufer Paul Heß ist trotz ansprechender eigener Leistung viel zu häufig auf sich allein gestellt und verzweifelt mit zunehmender Spieldauer an seinen zaudernden Spielkameraden.

Den Kickers genügt somit eine durchschnittliche Vorstellung zum Sieg. Sie überzeugen vor allem in kämpferischer Hinsicht und erspielen sich eine zeitweise erdrückende Überlegenheit, die für das vieltausendköpfig erschienene Publikum freilich eine einzige Enttäuschung darstellt.
Voller Hoffnung auf ein rassiges Derby mitsamt einer möglichen Überraschung war man nach Degerloch hinausmarschiert – und macht sich nun von neunzig einseitigen Minuten gelangweilt auf den Rückweg...

Kreisliga Württemberg

12.9.1920	Union Böckingen - VfB	0:2
19.9.1920	VfB - FV Zuffenhausen	7:0
26.9.1920	Stuttgarter SC - VfB	4:0
3.10.1920	VfB - SpVgg Cannstatt	0:1
17.10.1920	VfB - Spfr. Stuttgart	1:2
24.10.1920	VfR Heilbronn - VfB	0:1
31.10.1920	SV Feuerbach - VfB	2:1
7.11.1920	Ulmer FV 1894 - VfB	1:1
14.11.1920	VfB - Stuttgarter Kickers	0:2
21.11.1920	VfB - Union Böckingen	11:0
5.12.1920	VfB - Stuttgarter SC	2:2
19.12.1920	FV Zuffenhausen - VfB	6:1
1.1.1921	Spfr. Stuttgarter - VfB	2:1
16.1.1921	Stuttgarter Kickers - VfB	3:0
30.1.1921	SpVgg Cannstatt - VfB	1:0
6.2.1921	VfB - VfR Heilbronn	1:0
13.2.1921	VfB - SV Feuerbach	1:0
27.2.1921	VfB - Ulmer FV 1894	3:2

Abschlusstabelle

1. Stuttgarter Kickers	18	15	1	2	46:9	31-5
2. Stuttgarter SC (M)	18	11	4	3	37:22	26-10
3. SV Feuerbach	18	10	5	3	39:20	25-11
4. Spfr. Stuttgart	18	10	4	4	44:31	24-12
5. VFB STUTTGART	18	9	2	7	38:21	20-16
6. SpVgg Cannstatt (N)	18	8	2	8	24:37	18-18
7. Ulmer FV 1894	18	5	2	11	27:40	12-24
8. FV Zuffenhausen	18	4	2	12	13:47	10-26
9. VfR Heilbronn* ▽	18	4	1	13	26:28	9-27
10. U. Böckingen (N) ▽	18	2	1	15	10:49	5-31

*Heilbronn wurden sieben Punkte aberkannt

Süddeutscher Pokal

20.2.1921	VfB - Adler Heilbronn	6:0
5.3.1921	VfB - Spfr. Stuttgart	0:2

Spielerkader

Zugänge: Krämer (Stuttgarter SC)
Trainer: Grünwald
Tor: Frank, Löhle
Feld: Otto Dörtenbach, Max Efinger, Frank, Otto Happold, Hermann Heß, Paul Heß, Otto Keim, Kirsch, Kocher, August Krämer, Eugen Krämer, Löhle, Rudolf Mack, Rieger, Richard Schauffele, Josef Schmid, Dr. Gustav Schumm, Zetsche

[SAISON]

Hilfe aus Ungarn

Eine durchwachsene Hinrunde verdarb dem VfB eine mögliche Platzierung in der Spitzengruppe. Ganze sieben Zähler standen nach der Hinrunde auf dem Konto – die Kickers waren zu jenem Zeitpunkt mit 16 Punkten bereits weit enteilt. Dabei hatte der VfB mit dem Ungarn Grünwald sogar erstmals einen Berufstrainer verpflichtet, dessen Arbeit sich zunächst auch auszuzahlen schien. „In den Angriffen des VfB-Sturmes war mehr System und die Tätigkeit ihres ungarischen Trainers unverkennbar", lobte die »Sportzeitung« nach einem 2:0 im Freundschaftsspiel über Zuffenhausen im August 1920.
Der Rückrundenauftakt gelang mit einem 11:0 über Aufsteiger Böckingen und ließ nach einem 2:2 beim SSC noch einmal Hoffnung auf dem Wasen aufkommen. Doch ein ernüchterndes 0:3 auf Degerlochs Höhen sowie das anschließende 0:1 in Cannstatt zerstörten die schönen Träume vom vierten Platz endgültig.
Im Dezember 1920 stärkte eine Gastspielreise nach Nordhessen den internen Zusammenhalt, und mit einem 2:1 beim TSV 1848 Kassel (heute CSC 03) sowie einem 4:1 in Gießen brachte der VfB schöne Erfolge nach Hause. Die Hoffnung ruhte anschließend auf dem zwischenzeitlich promovierten Jugendleiter Gustav „Gustel" Schumm, der dem VfB wettbewerbsfähigen Nachwuchs zuführen sollte.

[SAISON]

Neue Hoffnungsträger

Dass es nur mit eigenen Kräften nicht zum Durchbruch reichen würde, hatte man 1921/22 schmerzlich erfahren. Zur neuen Spielzeit wurden daher erfahrene Neuzugänge auf dem Wasen begrüßt, wo sich entsprechender Optimismus ausbreitete. Vor allem der aus Feuerbach gekommene Torsteher Paul Mauch sollte helfen, die Weiß-Roten endlich auf die Erfolgsspur zu führen und die Dominanz der „Blauen" zu brechen.

Die Generalprobe ging allerdings daneben. Im August 1921 setzte es bei einer zehntägigen Gastspielreise durch den Norden und Osten des Deutschen Reiches tüchtig Hiebe: 1:1 bei Hertha BSC Berlin, 1:4 beim Hamburger SV, 1:3 bei den Sportfreunden Halle und 2:2 bei einer Reserveelf des VfB Leipzig – der VfB enttäuschte bitterlich. Zurück in der Heimat kamen die Bewegungsspieler auch in der Liga nur mühsam in Fahrt. Einem schmeichelhaften 3:2-Auftaktsieg gegen den Aufsteiger Pfeil Gaisburg folgte ein 1:1 gegen die Kickers, bei dem beide Teams das Publikum durch ausgesprochen raubeiniges Einsteigen verärgerten. Ausgerechnet als der zunächst gesperrte Hoffnungsträger Paul Mauch im November erstmals eingesetzt werden konnte, gerieten die Weiß-Roten sogar in eine veritable Krise und mussten sich gegen Zuffenhausen und Tübingen jeweils mit torlosen Unentschieden begnügen. Größtes Manko war der Sturm, der zu verspielt agierte und vor allem im Abschluss regelmäßig versagte.

In der Rückrunde erreichte das vom leichtfüßigen Mittelläufer Rieger angeführte VfB-Team dann allmählich Betriebstemperatur. Vor allem beim 3:0 in Zuffenhausen heimste das Team großen Beifall ein. Größter Tag war jedoch der 8. Januar 1922, als man einen 1:0-Derbysieg gegen die Kickers auf tückischem Schneeboden errang. Der »Schwäbische Merkur« lobte: „VfB hat in dieser Spielsaison sehr an Spielstärke gewonnen." Die einzige Saisonniederlage der „Blauen" änderte freilich nichts an der Schlussrangfolge: Kickers 1, VfB 2.

[SPIEL]

Feuerbach 4:2 VfB

Titelaus in Feuerbach

VfB-Niederlage bei Thriller im Föhrich

Voller Optimismus geht der noch immer unbezwungene VfB in das „Spiel der Saison". Gerade hat er die Kickers besiegt und könnte mit einem Sieg im Feuerbacher Föhrich zu den „Blauen" aufschließen.

Doch Wettergott Petrus meint es nicht gut mit dem VfB. Tagelange Niederschläge haben für einen tiefen Boden gesorgt – Gift für das VfB-Kombinationsspiel.

Die stattliche Kulisse bekommt dennoch eine unvergessene Fußballgala geboten. Beide Teams liefern sich einen offenen Schlagabtausch, bei dem der Gastgeber zum Leidwesen der zahlreichen VfB-Fans allerdings das bessere Zielwasser getrunken hat. Insbesondere SVF-Läufer Oeder ist in Galaform und von der VfB-Deckung einfach nicht zu stoppen. Nach einer Viertelstunde bedient er Feuerbachs Halbrechten, der mühelos das 1:0 erzielt, dem nur wenige Minuten später das 2:0 folgt.

Während der VfB anschließend mit dem Mute der Verzweiflung das gegnerische Tor bestürmt, nutzen die Vorstädter unmittelbar vor dem Halbzeitpfiff eiskalt eine ihrer zahlreichen Konterchancen und erhöhen auf 3:0.

Ist die Messe für den VfB damit bereits gelesen? Nein, denn als die Bewegungsspieler nach dem Seitenwechsel binnen weniger Minuten auf 2:3 verkürzen, liegt plötzlich der Ausgleich in der Luft. Statt des dritten VfB-Treffers fällt jedoch das 4:2 für Feuerbach und besiegelt endgültig die erste Saisonniederlage des VfB, nach der die Kickers unerreichbar enteilt sind.

▪ Wuchs da ein neuer Konkurrent auf Degerlochs Höhen heran? Zum 6. August 1921 vereinten der FV Schwaben und der einstige VfB-Kriegsspielpartner „FV Die Blauen Elf" die Kräfte zum SV **Eintracht Stuttgart**. Der Klub wollte sich als Degerlocher Nummer drei hinter den Kickers und den Sportfreunden etablieren.

▪ Am 8. Juli 1921 bestätigten die VfB-Mitglieder **Graf von Beroldingen** als Vereinsvorsitzenden und sprachen ihm einmütig das Vertrauen aus. Max Wild übernahm die Position des 2. Vorsitzenden, während „Schuster" Weng fortan die Kassengeschäfte führte und die Jugend wie schon seit Kriegsende von Gustel Schumm gelenkt wurde. Das gute Auge des als Physiklehrer an der Wilhelmsrealschule wirkenden alten Rugby-Haudegen für fußballerische Ausnahmetalente sollte sich schon bald auszahlen. Zehn Jahre nach der Fusion zwischen Kronenklub und FV 93 herrschte beim VfB pure Harmonie.

Verein für Bewegungsspiele e. V., Stuttgart. Die Generalversammlung am 8. Juli brachte folgende Neuwahlen: 1. Vorsitzender Graf v. Beroldingen, 2. Vorsitzender Wild, Finanzausschuß Weng, Schriftführer Schabel, Spielausschuß Gächter, Jugendausschuß Dr. Schumm, Leichtathletikabteilung Knorpp, Rugbyabteilung Dr. Deubler, Vergnügungsausschuß Wiedmaier, Damenabteilung Frl. Klein. Geschäftsstelle: Neckarstraße 56, Restaurant Wulle.

Kreisliga Württemberg, Abteilung 1

17.9.1921	VfB - Pfeil Gaisburg	3:2	
24.9.1921	Stuttgarter Kickers - VfB	1:1	
2.10.1921	TB 1846 Ulm - VfB	1:2	
23.10.1921	VfB - FV Zuffenhausen	0:0	
30.10.1921	VfB - SpVgg Tübingen 03	0:0	
20.11.1921	VfB - Ulmer FV 1894	3:1	
27.11.1921	FV Zuffenhausen - VfB	0:3	
11.12.1921	SpVgg Tübingen 03 - VfB	1:5	
25.12.1921	VfB - TB 1846 Ulm	2:1	
1.1.1922	Pfeil Gaisburg - VfB	0:2	
8.1.1922	VfB - Stuttgarter Kickers	1:0	2.000
15.1.1922	SV Feuerbach - VfB	4:2	
22.1.1922	Ulmer FV 1894 - VfB	0:3	
29.1.1922	VfB - SV Feuerbach	1:1	

Abschlusstabelle

1. Stuttg. Kickers (M)	14	12	1	1	49:8	25-3
2. VFB STUTTGART	14	9	4	1	29:13	22-6
3. Ulmer FV 1894	14	8	2	4	32:21	18-10
4. SV Feuerbach	14	7	3	4	30:24	17-11
5. TB 1846 Ulm (N) ▽	14	5	0	9	27:35	10-18
6. Tübingen 03 (N) ▽	14	4	2	8	16:34	10-18
7. Pfeil Gaisburg (N) ▽	14	3	0	11	13:35	6-22
8. FV Zuffenhausen ▽	14	1	2	11	11:37	4-24

Süddeutscher Pokal

13.11.1921	VfB - FV Kornwestheim	3:0
18.12.1921	VfB - RSV Wacker Stuttgart	8:0
	weiterer Verlauf nicht eruierbar	

Spielerkader

Zugänge: Burger, Mauch (SV Feuerbach)
Tor: Paul Mauch
Feld: Burger, Otto Dörtenbach, Max Efinger, Hermann Heß, August Krämer, Eugen Krämer, Rudolf Mack, Rieger, Richard Schauffele

[SAISON]

Absturz in die Zweitklassigkeit

Darauf hatte man schon lange gewartet: Der in Darmstadt tagende Süddeutsche Fußballverband beschloss eine zur Spielzeit 1923/24 wirksame Ligareform, mit der die Zahl der insgesamt 160 Erstligisten im Verbandsgebiet um die Hälfte reduziert werden sollte.

Der VfB wollte in der geplanten Bezirksliga Baden-Württemberg natürlich dabei sein, musste jedoch mit zahlreichen personellen Problemen kämpfen. Zwar rückten hoffnungsvolle Nachwuchsakteure wie Verteidiger Otto Vollmer nach, denen jedoch noch die Wettspielreife fehlte. Das ließ die Weiß-Roten in der Hinrunde böse ins Straucheln geraten. Nach einem hoffnungsvollen 1:1-Auftakt bei Titelverteidiger Sportfreunde Stuttgart ging plötzlich gar nichts mehr, und nach einem 0:2 gegen Feuerbach sowie einem 1:2 beim Abstiegskandidaten Ulm 94 machte sich Verzweiflung breit. Wie in den drei vorangegangenen Spielzeiten zeigte sich der VfB erst in der Rückrunde gefestigt und belebte am Silvestertag 1922 mit einem 2:1 über den SSC noch einmal seine Hoffnungen auf Platz vier – und damit auf die Bezirksliga. Niederlagen in Feuerbach und Heilbronn warfen die Elf anschließend erneut zurück, so dass man am Saisonende erstmals in der Vereinsgeschichte den bitteren Gang in die Zweitklassigkeit antreten musste. Weiterer Tiefpunkt war das 1:8-Pokaldebakel im ersten Aufeinandertreffen mit Bayern München.

Zu allem Unglück verlor der Klub wenig später auch noch seinen Vorsitzenden Graf von Beroldingen, den es nach Frankfurt zog, wo er die Leitung des Flughafens übernahm. Sein Nachfolger wurde der angesehene Rechtsanwalt Dr. Adolf Deubler, der bereits 1902 dem damaligen FV 93 beigetreten und für den Klub als Rugbyspieler aktiv gewesen war.

Kreisliga Württemberg

3.9.1922	Spfr. Stuttgart - VfB	1:1
10.9.1922	VfB - SV Feuerbach	0:2
18.9.1922	VfB - Stuttgarter SC	2:1
24.9.1922	Ulmer FV 1894 - VfB	2:1
15.10.1922	Stuttgarter Kickers - VfB	2:1
29.10.1922	VfB - VfR Heilbronn	1:2
27.11.1922	Eintracht Stuttgart - VfB	0:1
3.12.1922	VfB - Ulmer FV 1894	2:0
10.12.1922	VfB - Stuttgarter Kickers	0:0
31.12.1922	VfB - Stuttgarter SC	2:1
7.1.1923	VfB - Eintracht Stuttgart	4:0
21.1.1923	SV Feuerbach - VfB	3:1
28.1.1923	VfR Heilbronn - VfB	2:0
25.2.1923	VfB - Spfr. Stuttgart	2:2

Abschlusstabelle

1. Stuttgarter Kickers	14	10	1	3	40:13	21-7
2. SV Feuerbach	14	8	1	5	22:20	17-11
3. VfR Heilbronn	14	7	2	5	32:20	16-12
4. Stuttgarter SC	14	7	2	5	24:21	16-12
5. Spfr. Stuttgart (M) ▽	14	5	5	4	20:18	15-13
6. VFB STUTTGART ▽	14	5	4	5	19:17	14-14
7. Ulmer FV 1894 ▽	14	3	2	9	19:39	8-20
8. Eintracht Stuttgart ▽	14	2	1	11	15:43	5-23

Süddeutscher Pokal

18.3.1923	TV 1860 Pforzheim - VfB	unbekannt	
25.3.1923	VfB - TV 1860 Pforzheim	1:0	
23.4.1923	VfB - Stuttgarter Kickers	3:2	
30.4.1923	VfB - Bayern München	1:8	4000

Spielerkader

Zugänge: Vollmer (VfB-Jugend)
Tor: Paul Mauch
Feld: Blessing, Ernst Blum, Max Efinger, Hermann Heß, August Krämer, Rudolf Mack, Rieger, Richard Schauffele, Otto Vollmer, Weiler

[LEGENDEN]

PAUL MAUCH

Der 23. April 1922 war ein stolzer Tag für den VfB. Mit Torhüter Paul Mauch stand erstmals ein Spieler des Vereins in den Reihen der deutschen Nationalmannschaft und überzeugte beim 2:0 in Österreich mit einer vorzüglichen Leistung. 1921 aus Feuerbach zum Wasen gekommen, hatte sich Mauch auf Anhieb als Erfolgsgarant zwischen den VfB-Pfosten erwiesen und war ins Blickfeld der Nationalmannschafts-Auswahlkommission gerückt. Seinen Einsatz im brisanten Nachbarschaftsduell gegen Österreich verdankte er der Personalnot: Stammkeeper Heiner Stuhlfauth war verletzt und Vertreter Lohrmann befand sich mit Fürth auf einer Freundschaftsspielreise. So ging der verantwortliche DFB-Spielausschussobmann Dreyer das „Wagnis Mauch" ein und musste es nicht bereuen. „Mauch erledigte sein Pensum fehlerlos", stellte die »Neue Freie Presse« fest, während »Der Morgen« lobte: „Die deutsche Mannschaft hatte im Tormann Mauch, Centerhalf Kalb sowie in den Verteidigern Edy und Müller ihre besten Leute." Mauchs weitere Karriere verlief tragisch. Nach dem Abstieg des VfB wechselte er im April 1923 Hals über Kopf zu den Kickers und erlag am 15. Juli 1924 im Alter von nur 27 Jahren einer unheilbaren Krankheit. Sein letztes Spiel hatte der erste Nationalspieler in der VfB-Geschichte am 29. Juni 1924 beim süddeutschen Pokalfinale zwischen dem 1. FC Nürnberg und den Kickers bestritten.

Paul Mauch bei seinem einzigen Länderspiel am 23. April 1922 beim 2:0 in Österreich. V. l.: Roller, Riegel, Müller, Weißenbacher, Kalb, Mauch, Edy, Wetzel, Jäger, Sutor, Strobel, Träg.

[SAISON]

Rückkehr in Liga 1

Verhalten optimistisch ging man auf dem Wasen in die erste Zweitligasaison der Vereinsgeschichte. Ziel war natürlich der direkte Wiederaufstieg. Ermöglichen sollte dies eine dramatisch verjüngte Mannschaft. Aus dem VfB-Nachwuchspool waren mit Blum, Schopf, Glenk, Böklen, Schwarz und Mack gleich sechs Jugendspieler aufgerückt, die die verbliebenen Kräfte Otto und Wilhelm Vollmer, Karl Becker, Eugen Krämer, „Männe" Heß, Max Efinger, „Molly" Schauffele sowie „Käpt'n Benges" Krämer wieder auf die Erfolgsspur führen sollten.
Gestärkt von einer aufregenden Gastspielreise nach Berlin und Königsberg sowie den Feierlichkeiten zum 30. Jubiläum, nahm der VfB im September das von der grassierenden Inflation in Deutschland immens erschwerte Rennen um Kreisligapunkte auf. Wie so häufig missriet den Cannstattern die Hinrunde. Zwar begann die Saison mit einem 2:1-Sieg in Göppingen, dem aber prompt die Ernüchterung folgte, als der Aufsteiger Süddeutscher FC völlig zu Recht einen Zähler vom Wasen entführte. Im weiteren Verlauf zeigte sich die Elf zwar spürbar verbessert, doch erst der 8:0-Triumph beim Cannstatter Rivalen SpVgg leitete im November die endgültige Wende ein. Am Ende sorgte nur noch Wettergott Petrus für Spannung, weil das Gipfeltreffen gegen Verfolger Gaisburg wegen Regens abgebrochen und wiederholt werden musste. Ein imposanter 5:0-Erfolg machte den VfB mit Verzögerung endgültig zum Meister.
Die Aufstiegsrunde begann mit einem 2:1-Sieg beim Favoriten Eintracht Stuttgart und sah die Weiß-Roten souverän auf dem Aufstiegskurs. Selbst als sich Kapitän August Krämer gegen Birkenfeld einen Wadenbeinbruch zuzog und man gegen Altmeister Karlsruher FV eine 0:1-Heimniederlage kassierte, brannte nichts mehr an. Am 1. Juni 1924 besiegelte der VfB mit einem 5:3 im Abschlussspiel gegen den SC Freiburg die Rückkehr in Liga 1 und beendete sein einjähriges Zweitligadasein!

[SPIEL]

VfB 5:3 SC Freiburg

Hitzeschlacht

5:3-Sieg über Freiburg bringt Aufstieg

Die Sonne brennt unbarmherzig vom Himmel, als der VfB und der Sport-Club Freiburg das Spielfeld auf dem Wasen betreten. Die Ausgangslage ist brisant: Während der VfB einen Sieg benötigt, um sich endgültig den Aufstieg zu sichern, steht Freiburg längst als Aufsteiger fest, will aber Nachbar Karlsruher FV mit einem Sieg ebenfalls in die Bezirksliga hieven. Die VfB-Fans unter der stattlichen Zuschauerkulisse hadern schon nach wenigen Minuten mit ihrem Team, das frühzeitig mit 0:1 in Rückstand gerät. Schmerzlich wird Routiner August Krämer vermisst, der mit gebrochenem Wadenbein am Spielfeldrand hockt. Doch die junge VfB-Elf überzeugt durch unbändigen Kampfgeist. „Ihr müsst", hat Spielausschussvorsitzender Erwin Gechtler den Spielern vor dem Anpfiff eingebläut – und das „ihr müsst" zahlt sich nun aus. Als der VfB plötzlich mit 2:1 in Führung liegt, wird das Spiel zu einer atemraubenden Nervenschlacht. Kurz vor der Halbzeit egalisiert Freiburg und geht nach dem Seitenwechsel abermals in Führung. Der VfB benötigt einen von Schauffele verwandelten Handelfmeter, um erneut zum Ausgleich zu kommen. Bei den Badenern machen sich anschließend Ermüdungserscheinungen bemerkbar und der VfB kann in den letzten 25 Minuten noch einen 5:3-Sieg herausschießen. Die Matchwinner auf VfB-Seite sind Mittelläuferersatz Ernst Blum und Routinier Karl Becker. Lob erhalten aber auch die VfB-Fans: „Gegner und Schiedsrichter blieben unbelästigt, trotzdem das Spiel zweimal ungünstig für die Stuttgarter Mannschaft stand", stellt der »Fußball« diesbezüglich fest. Und noch einer ist glücklich: August Vollmer. Der verletzte Kapitän wird nach dem Schlusspfiff zum Ehrenspielführer des VfB ausgezeichnet.

■ Ausgerechnet zum 30. **Jubiläum** hatte den VfB das Missgeschick des Abstiegs ereilt. Man ließ sich die Feierlaune jedoch nicht verderben, sondern nahm vom 28. Juli bis zum 5. August 1923 bereitwillig die Glückwünsche der Konkurrenz entgegen. Eröffnet wurden die Feierlichkeiten mit einem Sommernachtsfest im Cannstatter Kurgarten. Höhepunkt war ein freundschaftliches Kräftemessen mit den Kickers, die dem VfB allerdings kein Geschenk machten, sondern mit 1:0 gewannen.

■ Durchwachsenes Lob erhielt **„Molly" Schauffele** nach dem 3:0 über Birkenfeld im April 1924. „Schauffele kann Fußball spielen. Er ist der Mann der Anderthalbzeiten. Fuß und Kopf, alles lebt und arbeitet, kein Ball ist vor ihm sicher und er dirigiert prächtig. Dann schwache zehn Minuten, wo er Ball und Freunde übersieht."

Kreisliga Cannstatt

9.9.1923	Göppinger SV - VfB	1:2
16.9.1923	VfB - Süddt. FC Stuttgart	1:1
23.9.1923	Normannia Gmünd - VfB	1:2
7.10.1923	Pfeil Gaisburg - VfB	1:1
21.10.1923	VfB - VfL Stuttgart	9:1
28.10.1923	VfB - SpVgg Cannstatt	0:1
4.11.1923	Süddt. FC Stuttgart - VfB	1:2
11.11.1923	VfB - Normannia Gmünd	0:2
18.11.1923	SpVgg Cannstatt - VfB	0:8
25.11.1923	VfB - Göppinger SV	1:1
16.12.1923	VfL Stuttgart - VfB	0:3
27.1.1923	VfB - Pfeil Gaisburg	5:0

Abschlusstabelle

1. VFB STUTTGART	12	7	3	2	34:10	17-7
2. FC Pfeil Gaisburg	12	7	2	3	18:12	16-8
3. Göppinger SV	12	7	2	3	18:13	16-8
4. Normannia Gmünd	12	6	2	4	19:12	14-10
5. SpVgg Cannstatt	12	4	3	5	12:21	11-13
6. Süddt. FC Stuttg. ▽	12	2	3	7	15:22	7-17
7. VfL Stuttgart ▽	12	0	3	9	7:33	3-31

Aufstiegsrunde zur Bezirksliga

2.3.1924	Eintracht Stuttgart - VfB	1:2
16.3.1924	Karlsruher FV - VfB	1:1
6.4.1924	SC Freiburg - VfB	3:0
13.4.1924	VfB - 1. FC Birkenfeld	3:0
27.4.1924	VfB - Eintracht Stuttgart	2:1
4.5.1924	1. FC Birkenfeld - VfB	1:2
11.5.1924	VfB - Karlsruher FV	0:1
1.6.1924	VfB - SC Freiburg	5:3

Abschlusstabelle

1. SC Freiburg △	8	5	1	2	20:11	11-5
2. VFB STUTTGART △	8	5	1	2	15:11	11-5
3. Karlsruher FV	8	3	3	2	11:8	9-7
4. 1. FC Birkenfeld	8	2	1	5	12:22	5-11
5. Eintracht Stuttgart	8	1	2	5	11:17	4-12

Süddeutscher Pokal

9.12.1923	TSV Esslingen - VfB	0:5
20.1.1924	VfB - Süddt. FC Stuttgart	6:0
3.2.1924	SV Feuerbach - VfB	0:1
23.3.1924	1. FC Pforzheim - VfB	3:2

Spielerkader

Zugänge: Blum, Schopf, Glenk, Böklen, Schwarz, Mack (alle VfB-Jugend)
Tor: Wilhelm Vollmer
Feld: Karl Becker, Ernst Blum, Böckler, Max Böklen, Max Efinger, Rolf Glenk, Hermann Heß, August Krämer, Eugen Krämer, Rudolf Mack, Richard Schauffele, „Wiener" Schopf, Paul Schwarz, Otto Vollmer, Ziegler

Unwiderstehlich bringt „Männe" Heß den VfB am 13. September 1924 vor 3.500 Zuschauern im Freundschaftsspiel gegen Slavia Prag mit 1:0 in Führung – eine Sensation bahnt sich an!

[SPIEL]

VfB 3:1 Freiburger FC

Kickers sagen „Danke"

VfB-Sieg bringt Blauen Titel

Ganz Stuttgart steht hinter dem VfB, als der Freiburger FC anreist. Ganz Stuttgart – also auch die „blaue Hälfte", die auf eine FFC-Niederlage hofft, damit die eigenen Titelträume erhalten bleiben. Der VfB tut dem Lokalrivalen den Gefallen und bezwingt den Titelfavoriten aus dem Breisgau in einer mitreißenden Partie sensationell mit 3:1. Nichts ist mehr zu sehen von jenem Klassenunterschied, der Aufsteiger VfB im Hinspiel noch mit 1:7 untergehen ließ. Die Bewegungsspieler überzeugen vor allem durch ihr von Becker und Hack vorgetragenes Flügelspiel und liegen schon zur Halbzeit mit 2:0 in Führung. Mann des Tages ist der kleine Blum, der die junge Elf immer wieder engagiert nach vorne treibt sowie Torhüter Maier, der mehrfach prächtig reagiert. Selbst das Fachblatt »Fußball« schwärmt anschließend vom VfB und dessen „Kraft und Schnelligkeit, gepaart mit Taktik und allerdings noch nicht ganz ausgebildeter Technik". Die Kickers dankten auch schön!

■ Am 1. Juli 1924 kam der Profifußball endlich auch zum VfB. Mit dem Engländer **Edward Terrance Hanney** übernahm erstmals ein Berufstrainer die sportliche Leitung. Empfohlen worden war der ehemalige Manchester-City-Spieler und Olympia-1912-Teilnehmer von »kicker«-Herausgeber Walther Bensemann. Finanziert wurde er durch Spenden.

Bezirksliga Württemberg-Baden

7.9.1924	Freiburger FC - VfB	7:1	
21.9.1924	VfB - Stuttgarter Kickers	1:0	8000
28.9.1924	1. FC Pforzheim - VfB	2:1	3000
5.10.1924	VfB - SC Freiburg	2:2	
12.10.1924	VfR Heilbronn - VfB	3:1	2000
26.10.1924	VfB - Stuttgarter SC	1:1	
9.11.1924	VfB - Freiburger FC	3:1	
16.11.1924	FC Mühlburg - VfB	0:1	
23.11.1924	SC Freiburg - VfB	2:1	
30.11.1924	Stuttgarter SC - VfB	0:4	
7.12.1924	VfB - VfR Heilbronn	1:1	1500
21.12.1924	VfB - 1. FC Pforzheim	0:1	
28.12.1924	VfB - FC Mühlburg	2:1	
4.1.1925	Stuttgarter Kickers - VfB	4:0	8000

Abschlusstabelle

1. Stuttg. Kickers (M)	14	10	2	2	37:13	22-6
2. Freiburger FC	14	8	2	4	40:18	18-10
3. 1. FC Pforzheim	14	7	4	3	29:17	18-10
4. VfR Heilbronn	14	8	2	4	21:18	18-10
5. VFB STUTTGART (N)	14	5	3	6	19:25	13-15
6. Stuttgarter SC	14	2	5	7	13:33	9-19
7. SC Freiburg (N) ▽	14	2	4	8	13:31	8-20
8. FC Mühlburg ▽	14	2	2	10	10:27	6-22

Süddeutscher Pokal

11.1.1925	VfR Gaisburg - VfB	0:2
24.1.1925	VfB - Schramberg 08	2:1 n.V.
22.2.1925	VfR Heilbronn - VfB	1:1 n.V.
8.3.1925	VfB - VfR Heilbronn	2:1
10.5.1925	VfB - SpVgg Fürth	0:1

Spielerkader

Zugänge: Aeckerle, Dörtenbach (beides Rückkehrer), Maier (Pfeil Gaisburg), Molsch
Trainer: Edward T. Hanney (ab 1. Juli 1924)
Tor: Heinrich Maier, Wilhelm Vollmer
Feld: Aeckerle, Karl Becker, Ernst Blum, Max Böklen, Otto Dörtenbach, Glenk, Hermann Heß, August Krämer, Kronmüller, Rudolf Mack, Merz, Molsch, Richard Schauffele, „Wiener" Schopf, K. Schwarz, Paul Schwarz II, Stelzenmüller, Otto Vollmer, Weber

[SAISON]

Edward Hanney erster Trainer

Das lange Zittern blieb aus. Souveräner als erwartet sicherte sich Aufsteiger VfB den Klassenerhalt und schwamm mit seiner jungen Elf sogar auf einer regelrechten Erfolgswelle. Am vorletzten Spieltag baute ein 4:0 beim Gaisburger SSC den Vorsprung auf die Abstiegsränge auf drei Zähler aus und im VfB-Lager konnte vorzeitig gefeiert werden.

Schon in der Vorbereitung sorgten die Bewegungsspieler für Furore und versetzten insbesondere bei ihrer knappen 2:3-Niederlage gegen die europäische Spitzenelf von Slavia Prag (nach 1:0-Führung!) rund 3.500 Fans in Begeisterung. „Das Spiel war eine Offenbarung aufwärtsstrebenden Könnens unserer Leute", schwärmte die Vereinszeitung danach. Erster Saisonhöhepunkt war der 1:0-Derbysieg über die Kickers am zweiten Spieltag.

Als Vater des Erfolges galt Edward T. Hanney, der im Juli 1924 das Training auf dem Wasen übernommen hatte. Seit dem Abgang des Ungarn Grünwald waren die Übungseinheiten vom Spielausschussvorsitzenden Gechtler und Kapitän August Krämer geleitet worden. Hanney legte großen Wert auf Kondition sowie taktische Schulung. Er verwandelte den klassischen VfB-„Hurrastil" in ein erfolgreiches System aus Flachpasskombinationen, bei dem vor allem die Flügelspieler überzeugten.

[SAISON]

Der Brustring kommt

Ein Blick auf die Neuzugänge belegt, dass der VfB auf dem Vormarsch war: Mit Willi „Knölle" Rutz, Ex-Sportfreunde-Nationalspieler Fritz Retter und dem Ravensburger Karl Strehle schlossen sich gleich drei stark umworbene Talente an. Die Bewegungsspieler waren zweifelsohne zu einer attraktiven Adresse in Stuttgart geworden.

Während der Saison ließen es die verstärkten Hanney-Schützlinge allerdings an Beständigkeit missen. Nach einem Traumstart mit neun Punkten aus fünf Spielen hatten sie gerade die Tabellenführung übernommen, als es im Gipfeltreffen beim Karlsruher FV mit 0:5 den ersten Rückschlag gab. Kaum waren die Cannstatter mit einem sensationellen 6:0 über die Kickers (überragend: der 19-jährige Willy Rutz!) wieder auf die Erfolgsspur zurückgekehrt, sorgte ausgerechnet Underdog Heilbronn für abermalige Enttäuschung und das endgültige Aus im Titelrennen.

Deutlich beständiger als in der Meisterschaft präsentierte sich die Mannschaft im Süddeutschen Pokal, dessen Finale der VfB erstmals erreichte.

Das im Frankfurter Stadion ausgetragene Endspiel gegen den frisch gebackenen Deutschen Meister SpVgg Fürth ging in die Vereinsannalen ein. Mittelstürmer Gerlinger brachte den VfB mit 1:0 bzw. 2:1 jeweils in Führung, doch Schiedsrichter Bernhard Franz schenkte den favorisierten Kleeblättern einen umstrittenen Handelfmeter, den Andreas Franz zum 2:2-Ausgleich nutzte. In der Verlängerung setzte sich die größere Routine der Franken durch, und dem VfB blieb nur die Rolle als zweiter Sieger.

Der VfB Stuttgart vor dem Pokalfinale gegen die SpVgg Fürth. Die Bewegungsspieler stellten eine Mannschaft, die vor allem aus Studenten und Angehörigen bürgerlicher Berufe bestand. Stehend v. l.: Böcklen (22 Jahre, Student), Dörtenbach (26, Mechaniker), Strehle (22, Mechaniker), Blum (21, Student), Otto Vollmer (22, Modellschreiner). Mitte: Retter (29, Kaufmann), Rutz (19, Kaufmann), Gerlinger (20, Kaufmann), „Männe" Heß (30, Kaufmann). Vorn: Gabriel (19, Student).

■ Seit 1925 gehört er untrennbar zum Erscheinungsbild des VfB: Der rote **Brustring** auf weißem Trikot, der bis heute einzigartiges Markenzeichen des Klubs ist. Vorbild war vermutlich die deutsche Leichtathletik-Nationalmannschaft, die in den 1920er ebenfalls mit „Ring" zu ihren Wettkämpfen antrat.

Bezirksliga Württemberg-Baden

13.9.1924	VfB - 1. FC Pforzheim	5:1	5.000
27.9.1925	Stuttgarter Kickers - VfB	3:3	7.000
4.10.1925	VfB - Freiburger FC	3:2	7.000
11.10.1925	1. FC Birkenfeld - VfB	0:5	
25.10.1925	VfB - VfR Heilbronn	1:0	9.000
1.11.1925	Karlsruher FV - VfB	5:1	6.000
15.11.1925	VfB - Stuttgarter SC	2:2	8.000
22.11.1925	VfB - 1. FC Birkenfeld	5:0	
29.11.1925	VfB - Stuttgarter Kickers	6:0	
6.12.1925	VfR Heilbronn - VfB	2:1	
13.12.1925	Stuttgarter SC - VfB	1:0	6.000
20.12.1925	Freiburger FC - VfB	2:0	1.500
27.12.1925	VfB - Karlsruher FV	3:1	8.000
3.1.1926	1. FC Pforzheim - VfB	0:0	3.000

Abschlusstabelle

1. Karlsruher FV (N)	14	10	2	2	52:22	22-6
2. VFB STUTTGART	14	7	3	4	34:19	17-11
3. Freiburger FC	14	8	0	6	52:35	16-12
4. Stuttg. Kickers (M)	14	7	2	5	30:29	16-12
5. VfR Heilbronn	14	8	0	6	29:29	16-12
6. Stuttgarter SC	14	5	5	4	26:25	15-13
7. 1. FC Pforzheim▽	14	4	2	8	29:45	10-18
8. 1. FC Birkenfeld (N)▽	14	0	0	14	10:58	0-28

Süddeutscher Pokal

1. R	10.1.26	Spfr. Esslingen - VfB	0:6	
2. R	24.1.26	VfB - Stuttgarter SC	1:0	6.000
3. R	21.2.26	Schwaben Augsb. - VfB	1:4	2.500
4. R	21.3.26	VfB - VfR Mannheim	2:1	6.000
VF	23.5.26	VfB - FV Saarbrücken	1:0	8.000
HF	9.5.26	München 1860 - VfB	2:3 n.V.	3.000
F	1.8.26	SpVgg Fürth - VfB	3:2 n.V.	20.000

Bezirksligakader

Zugänge: Gabriel (VfB-Jugend), Retter (Spfr. Stuttgart), Rutz (SpVgg Cannstatt), Strehle (FV Ravensburg)
Trainer: Edward T. Hanney

Tor		Willi Rutz	14
Heinrich Maier	13	Otto Vollmer	13
Werner Gabriel	1	Erwin Gerlinger	12
Feld		Max Böklen	11
Karl Becker	14	Karl Strehle	8
Ernst Blum	14	Rolf Glenk	5
Otto Dörtenbach	14	Rudolf Mack	4
Hermann Heß	14	Paul Schwarz	3
Fritz Retter	14	Torschützen nicht eruierbar	

[SPIEL]

Kickers 3:3 VfB

Packendes Derby

VfB hat an Spielstärke gewonnen

Endlich wieder Derbystimmung in Schwaben! Nach Einschätzungen neutraler Beobachter hat der VfB spieltechnisch zum lange Zeit dominierenden Rivalen aus Degerloch aufgeschlossen.

So fiebert ganz Stuttgart dem ersten Lokalderby der Saison aufgeregt entgegen und strömt in Scharen hinaus nach Degerloch.

Die rund 7.000 Besucher werden nicht enttäuscht. In einem ungewöhnlich intensiven Spiel spricht die Torfolge für sich: 1:0 für die Kickers, 2:1 und 3:2 für den VfB, Schlussstand 3:3.

Vor allem der VfB-Sturm wird nach dem Schlusspfiff durch Schiedsrichter Sackenreuther (Nürnberg) allenthalben gelobt. Retter hat zwar mehrfach aussichtsreiche Bälle leichtfertig vertändelt, konnte aber mit herzerfrischenden Flügelläufen aufwarten, der Cannstatter Neuzugang Willi „Knölle" Rutz überzeugte in der Sturmmitte, und Hermann „Männe" Heß verteilte mit großem Erfolg die Bälle auf die Außen der Cannstatter.

Fazit: Mit dem 3:3 können beide Seiten zufrieden sein – vor allem aber der VfB, der tatsächlich zum Rivalen aufgeschlossen hatte.

Zum ersten Mal Bezirksmeister von Württemberg-Baden! V. l.: Retter, Strehle, Rutz, Blum, Vallendor, Dörtenbach, Böcklen, Vollmar, Reinhardt, Wieczorek, Trainer Hanney. Vorn: Maier.

[SPIEL]

VfB 0:3 1. FC Nürnberg

Stuttgart steht Kopf – der ruhmreiche Club mit all seinen Nationalspielergrößen kommt! Für das Schlagerspiel um die Süddeutsche Meisterschaft haben die Verantwortlichen die Ränge des VfB-Platzes schnell noch auf ein Fassungsvermögen von 25.000 Plätzen aufstocken lassen, die allerdings nicht alle besetzt sind: Regen lässt „nur" 18.000 auf den Wasen kommen – dennoch eine neue Rekordkulisse in der VfB-Geschichte. Die Bewegungsspieler müssen auf Strehle, Retter und Heß verzichten, während der grippekranke Rutz auflaufen kann.

Lampenfieber

18.000 auf dem Wasen

Der Gastgeber beginnt überraschend offensiv und drängt den hohen Favoriten frech in dessen eigene Hälfte. Doch der VfB-Sturm agiert nervös. Allen voran „Fifi" Koch. Die Cannstatter Angreifer vergeben mehrfach in aussichtsreicher Position vor Club-Zerberus Stuhlfauth. „Die Erfolglosigkeit des VfB dürfte wohl in erster Linie auf das Lampenfieber zurückzuführen sein", schreibt der »Fußball« tags darauf, denn Nürnberg nutzt die Stuttgarter Abschlussschwäche und geht nach 32 Minuten durch „Heiner" Träg mit 1:0 die Führung. Nach dem Seitenwechsel dasselbe Bild: Der VfB drängt vergeblich auf den Ausgleich, und Nürnberg erzielt die Tore zum glatten 3:0-Erfolg.

Bezirksliga Württemberg-Baden

4.9.1926	VfB - Spfr. Stuttgart	2:1	5.000
12.9.1926	Freiburger FC - VfB	4:5	2.200
19.9.1926	VfB - Stuttgarter Kickers	4:1	10.000
26.9.1926	VfB - Stuttgarter SC	2:2	7.000
3.10.1926	VfB - SC Freiburg	3:1	4.000
17.10.1926	Union Böckingen - VfB	0:2	2.000
24.10.1926	Karlsruher FV - VfB	1:0	7.000
31.10.1926	VfB - Phönix Karlsruhe	3:1	
7.11.1926	VfR Heilbronn - VfB	1:1	3.000
14.11.1926	Spfr. Stuttgart - VfB	0:4	4.000
28.11.1926	VfB - Freiburger FC	3:0	11.000
5.12.1926	Stuttgarter Kickers - VfB	4:1	10.000
12.12.1926	VfB - VfR Heilbronn	3:2	
19.12.1926	SC Freiburg - VfB	2:3	
2.1.1927	VfB - Union Böckingen	4:0	
9.1.1927	VfB - Karlsruher FV	1:1	15.000
16.1.1927	Phönix Karlsruhe - VfB	1:2	8.000
23.1.1927	Stuttgarter SC - VfB	1:3	

Abschlusstabelle

1. VFB STUTTGART	18	14	3	1	49:20	31-5
2. Karlsruher FV	18	14	1	3	69:22	29-7
3. Stuttgarter Kickers	18	13	0	5	52:29	26-10
4. Stuttgarter SC (M)	18	6	6	6	30:32	18-18
5. SC Freiburg (N)	18	8	1	9	49:44	17-19
6. Phönix Karlsruhe (N)	18	6	4	8	29:40	16-20
7. VfR Heilbronn	18	5	5	8	29:35	15-21
8. Freiburger FC	18	4	6	8	36:52	14-22
9. U. Böckingen (N)▽	18	3	4	11	24:44	10-26
10. Spfr. Stuttgart (N)▽	18	1	2	15	24:73	4-32

Süddeutscher Endrunde

6.2.1927	VfB - 1. FC Nürnberg	0:3	18.000
13.2.1927	FSV Frankfurt - VfB	4:3	10.000
20.2.1927	VfB - SpVgg Fürth	3:3	18.000
27.2.1927	VfB - VfL Neckarau	6:0	
13.3.1927	Mainz 05 - VfB	2:1	9.000
20.3.1927	VfB - FSV Frankfurt	4:1	
27.3.1927	1. FC Nürnberg - VfB	5:1	10.000
3.4.1927	VfL Neckarau - VfB	6:1	
10.4.1927	VfB - Mainz 05	5:0	
17.4.1927	SpVgg Fürth - VfB	4:0	5.000

Abschlusstabelle

1. 1. FC Nürnberg	10	7	2	1	28:14	16-4
2. SpVgg Fürth	10	7	1	2	41:14	15-5
3. FSV Frankfurt	10	4	1	5	22:30	9-11
4. VfL Neckarau	10	4	0	6	23:28	8-12
5. VFB STUTTGART	10	3	1	6	24:28	7-13
6. Mainz 05	10	2	1	7	13:37	5-15

Süddeutscher Pokal

1.5.1927	VfB - ASN Nürnberg	5:1	2.000
15.5.1927	1. FC Nürnberg - VfB	7:1	6.000

Bezirksliga- und Endrundenkader

Zugänge: Koch (Breslau), Vallendor (Normannia Gmünd), Wieczorek (Breslau)
Trainer: Edward T. Hanney (bis Januar 1927)

Tor		Karl Strehle	18/2
Heinrich Maier	27/0	Rolf Glenk	17/1
Werner Gabriel	1/0	Karl Becker	15/7
Feld		Willi Reinhardt	15/1
Otto Vollmer	28	Max Böklen	6/1
Ernst Blum	26/2	Paul Schwarz	6/1
Max Vallendor	26/17	Erwin Gerlinger	5/1
Willi Rutz	25/17	Erich Koch	3/1
Otto Dörtenbach	23/0	Rudolf Mack	2/0
Walter Wieczorek	22/0	Häusler	1/0
Fritz Retter	21/4	Richard Schauffele	1/0
Hermann Heß	20/11	2 ET, 5 Torschützen unb.	

[SAISON]

Endlich: Der Durchbruch!

Besser hätte es kaum laufen können für die junge VfB-Elf. Angespornt durch ihren Husarenritt im Südpokal gelang den Bewegungsspielern auch in den Titelkämpfen endlich der Durchbruch. Erstmals sicherte sich der VfB die Bezirksmeisterschaft und avancierte zur Nummer eins in Württemberg-Baden.

Zwei Spiele ragten aus einer rundherum überzeugenden Meisterschaftsrunde heraus: Der 4:1-Derbysieg über die Kickers, die am zweiten Spieltag vom unglaublichen Tempo und Einsatzwillen der Weiß-Roten förmlich vom Feld gefegt wurden, sowie das 1:1 im Gipfeltreffen gegen den Karlsruher FV. 15.000 Fans füllten den Wasen fast bis auf den letzten Platz, als der VfB sein Meisterstück ablieferte.

Ausgerechnet jener Mann, dem dieser Erfolg zu verdanken war, sollte sich wenige Tage später unter Tränen aus Stuttgart verabschieden, um zum FC Wacker München zu wechseln: Trainer Hanney. Dem VfB waren einige Geldgeber abgesprungen, und im Alleingang konnte sich der Verein den teuren Engländer nicht mehr leisten…

In der Endrunde um die „Süddeutsche" wurden die trainerlosen Schwaben prompt gestoppt. Im Auftaktspiel gegen Nürnberg scheiterten sie vor der neuen VfB-Rekordkulisse von 18.000 Zuschauern noch an ihren Nerven, doch von Ausnahmen wie dem 6:0 über Neckarau abgesehen, musste sich die junge Mannschaft im weiteren Verlauf mit der Rolle einer Lern-Elf zufrieden geben. Allerdings war auch Pech im Spiel: Strehle war verletzt, Reinhardt nach „Vorfällen" im Derby gegen die Kickers gesperrt, Rutz, Blum und Vallendor kämpften mit Blessuren. Bisweilen lief der VfB mit fünf Ersatzspielern auf – darunter der reaktivierte „Molly" Schauffele. Unter dem Strich überwog die Zufriedenheit, hatte sich die rigorose Verjüngungspolitk des Abstiegsjahres 1923 als Glücksgriff erwiesen. Diesem VfB gehörte die Zukunft – fragte sich nur, was in der Trainerfrage geschehen sollte.

[SAISON]

Rettung aus Ungarn

In der Sommerpause gab es einen herben Rückschlag zu verkraften, der die Ligastruktur betraf. Anstelle des „Darmstädter Systems“ von 1921 rückte das „Mainzer System“, das u. a. die Auflösung der Bezirksliga Württemberg-Baden vorsah. Die neu geschaffene Bezirksliga Württemberg hatte für den VfB fast den Charakter einer Stadtklasse: Nur Heilbronn, Böckingen und Birkenfeld waren „auswärtig“. Zudem wurde der ungeliebte Pokalwettbewerb ersatzlos gestrichen.

Die Verwässerung der Ligen war zwar kontraproduktiv für die angestrebte Niveausteigerung des süddeutschen Spitzenfußballs, den VfB überforderte sie dennoch. Der amtierende Meister von Württemberg-Baden litt über den gesamten Saisonverlauf unter Verletzungspech. Mit Rutz, Vallendor, Reinhardt, Dörtenbach, Strehle und Retter fehlten zum Saisonauftakt gleich sechs Leistungsträger, und als es am vierten Spieltag beim 1:2 gegen den SSC bereits die zweite Saisonniederlage gab, war die Titelverteidigung vorzeitig in weite Ferne gerückt. Fünf Wochen später eroberten sich die Kickers mit einem verdienten 3:1-Derbysieg endgültig die Rolle der Stuttgarter Nummer eins zurück.

Die VfB-Führung um Dr. Adolf Deubler und Curt Müller reagierte und ging im September 1927 mit der Verpflichtung des ungarischen Berufstrainers Dr. Lajos Kovacs ein enormes finanzielles Risiko ein. Es lohnte sich, denn der ehemalige Nationalspieler und MTK-Akteur leitete tatsächlich die Wende ein. Mit einem 4:0 im Entscheidungsspiel über den Stuttgarter SC qualifizierte sich der VfB sogar noch für die süddeutsche „Trostrunde“. Dort war die Luft nach einem schönen 8:2-Auftaktsieg über Phönix Karlsruhe raus für die Elf um den frischgebackenen Nationalspieler „Wenzel“ Blum.

Als Fazit blieb nur die bittere Erkenntnis, dass der VfB zwar über eine starke „erste“ Elf verfügte, nicht aber über eine adäquate Ersatzbank.

Der Dauerbrenner: „Männe“ Heß im Duell mit SSC-Verteidiger Breuning – der VfB verlor am 11. September 1927 mit 1:2 am Gaskessel.

[LEGENDEN]

ERNST BLUM

Mehr als sieben Jahre nach Paul Mauch stellte der VfB am 2. Oktober 1927 beim 1:3 in Dänemark mit Ernst Blum wieder einen Nationalspieler! Der athletische Lehrersohn aus Vaihingen stand mit seiner unbändigen Einsatzfreude sowie seiner nie erlahmenden Kampfkraft symbolisch für den Geist des VfB der 1920er Jahre. „Wenzel“, wie er stets genannt wurde, war 1922 in die Ligaelf aufgerückt und agierte zumeist auf der Position des Mittelläufers. Bis 1935 trug der stets fröhliche Sonnyboy das weiß-rote Spielkleid und blieb dem Verein auch danach treu. In den 1970er Jahren rückte der am 17. Mai 1980 verstorbene Blum sogar in den VfB-Ehrenrat auf.

Bezirksliga Württemberg

20.8.1927	VfB - FV Zuffenhausen	5:1	4.000
28.8.1927	Union Böckingen - VfB	3:2	3.000
4.9.1927	VfB - VfR Gaisburg	3:1	2.000
11.9.1927	Stuttgarter SC - VfB	2:1	6.000
18.9.1927	Spfr. Stuttgart - VfB	0:2	1.000
25.9.1927	VfB - VfR Heilbronn	7:3	2.000
9.10.1927	1. FC Birkenfeld - VfB	3:0	
16.10.1927	Stuttgarter Kickers - VfB	3:1	10.000
23.10.1927	VfB - Stuttgarter SC	1:0	4.000
6.11.1927	FV Zuffenhausen - VfB	3:2	
13.11.1927	VfB - Stuttgarter Kickers	3:3	6.000
27.11.1927	VfR Gaisburg - VfB	0:5	
4.12.1927	VfB - Union Böckingen	5:2	3.000
12.12.1927	VfR Heilbronn - VfB	0:2	
18.12.1927	VfB - Spfr. Stuttgart	3:0	1.000
26.12.1927	VfB - 1. FC Birkenfeld	10:0	3.000

Abschlusstabelle

1. Stuttgarter Kickers	16	11	4	1	57:22	26-6
2. Union Böckingen	16	10	2	4	46:24	22-10
3. VFB STUTTGART (M)	16	10	1	5	52:24	21-11
4. Stuttgarter SC	16	9	3	4	28:16	21-11
5. Spfr. Stuttgart	16	4	7	5	21:24	15-17
6. VfR Heilbronn	16	6	2	8	29:38	14-18
7. 1. FC Birkenfeld (N)	16	5	3	8	26:49	13-19
8. FV Zuffenhausen (N)▽	16	4	2	10	28:53	10-22
9. VfR Gaisburg▽	16	0	2	14	18:55	2-30

Entscheidungsspiel um Platz 3

1.1.1928	VfB - Stuttgarter SC	4:0	8.000

Trostrunde der Zweiten/Dritten

8.1.1928	VfB - Phönix Karlsruhe	8:2	2.000
15.1.1928	VfR Fürth - VfB	2:2	2.000
22.1.1928	VfB - 1. FC Nürnberg	0:1	15.000
29.1.1928	Union Böckingen - VfB	4:2	2.500
12.2.1928	SV München 1860 - VfB	2:4	4.000
19.2.1928	VfB - Wacker München	2:4	6.000
11.3.1928	SC Freiburg - VfB	3:3	2.000
18.3.1928	VfB - VfR Fürth	4:1	3.000
1.4.1928	1. FC Nürnberg - VfB	6:0	
15.4.1928	VfB - SV München 1860	2:4	4.000
22.4.1928	VfB - Union Böckingen	2:0	6.000
14.5.1928	Wacker München - VfB	1:1	8.000
20.5.1928	Phönix Karlsruhe - VfB	2:3	1.500
3.6.1928	VfB - SC Freiburg	2:1	

Abschlusstabelle

1. Wacker München	14	8	5	1	42:17	21-7
2. 1. FC Nürnberg	14	9	2	3	37:12	20-8
3. SV München 1860	14	8	1	5	28:29	17-11
4. VFB STUTTGART	14	6	3	5	35:33	15-13
5. SC Freiburg	14	5	5	4	25:29	15-13
6. Union Böckingen	14	4	2	8	22:29	10-18
7. VfR Fürth	14	3	3	8	23:29	9-19
8. Phönix Karlsruhe	14	2	1	11	17:51	5-23

Bezirksliga- und Trostrundenkader

Zugänge: Koch, Rebmann (beide VfB-Jugend)
Trainer: ab September 1927: Lajos Kovacs

Tor		Gustav Rebmann	22
Werner Gabriel	26	Seitz	20
Heinrich Maier	4	Otto Vollmer	20
Feld		Otto Dörtenbach	17
Ernst Blum	31	Fritz Retter	14
Karl Becker	29	Hermann Heß	12
Walter Wieczorek	29	Karl Strehle	9
Max Vallendor	28	Fritz Grau	3
Willi Reinhardt	27	Häusler	1
Erich Koch	25	Torschützen nicht eruierbar	
Willi Rutz	24		

■ Vor dem **Lokalderby** gegen die Kickers plagten die VfB-Verantwortlichen Sorgen. Grund: Seit Wochen hatte es in Stuttgart geregnet, und der Neckar war über die Ufer getreten. Nachdem es eine Zeit lang sogar so ausgesehen hatte, als müsse das Derby verschoben werden, gab es schließlich Entwarnung, und der „rassige Stuttgarter Großkampf!“ (»Sportzeitung«) konnte über die Bühne gehen.

Das immer wieder junge Lokalderby gegen die Kickers endete am 14. Oktober 1928 0:0 – „Knölle" Rutz (ganz links) scheitert in dieser Szene mit seinem Schuss auf das Kickers-Tor

[EREIGNIS]

Kanonen auf dem Wasen

VfB entlässt seine Stars

Fußball als bezahltes Vergnügen hatte längst auch den VfB erreicht. Angesichts rasant steigender Zuschauerzahlen wollten die offiziell mit 5 RM pro Spiel- bzw. Trainingstag abgespeisten Aktiven auch finanziell profitieren, zumal viele von ihnen von der Weltwirtschaftskrise betroffen waren. Die VfB-Führung um Dr. Deubler stand der Entwicklung zunächst ratlos gegenüber. Als Willi Rutz 1927/28 drohte, den VfB zu verlassen, weil er anderswo mehr Geld verdienen konnte, entglitt ihr kurzzeitig sogar die Kontrolle. Einflussreiche Mitglieder der verschafften dem Nationalspieler nicht nur einen neuen Job, sondern steckten ihm auch noch monatlich 1.000 Mark zu – ein klarer Verstoß gegen die DFB-Statuten! Im Januar 1929 griff die zwischenzeitlich inthronisierte neue Führung um Albert Bauer durch: Mit Rutz, Blum, Koch und Vallendor wurden vier der unzulässig bezahlten „Kanonen" gefeuert und beim Verband Selbstanzeige erstattet. Den Rest der Endrunde um die „Süddeutsche" musste Trainer Kovacs mit Nachwuchstalenten bestreiten, die ihre Sache aber vorzüglich machten.

Bezirksliga Württemberg

19.8.1928	VfB - VfR Heilbronn	4:1	
27.8.1928	Germania Brötzingen - VfB	3:1	4.500
2.9.1928	VfB - Stuttgarter SC	6:0	5.000
9.9.1928	Union Böckingen - VfB	2:0	
15.9.1928	VfB - Spfr. Stuttgart	0:1	
14.10.1928	VfB - Stuttgarter Kickers	0:0	7.000
21.10.1928	VfR Heilbronn - VfB	2:3	3.000
28.10.1928	VfB - Germania Brötzingen	0:0	7.000
4.11.1928	Stuttgarter SC - VfB	1:2	4.000
11.11.1928	VfB - Union Böckingen	2:2	
25.11.1928	Stuttgarter Kickers - VfB	2:2	6.000
2.12.1928	Spfr. Stuttgart - VfB	1:3	
16.12.1928	VfB - 1. FC Birkenfeld	3:1	
25.12.1928	1. FC Birkenfeld - VfB	3:5	

Abschlusstabelle

1.	Germ. Brötzingen (N)	14	9	5	0	29:13	23-5
2.	Stuttg. Kickers (M)	14	9	3	2	34:16	21-7
3.	VFB STUTTGART	14	7	4	3	31:19	18-10
4.	Union Böckingen	14	7	2	5	26:17	16-12
5.	VfR Heilbronn	14	4	3	7	32:32	11-17
6.	Spfr. Stuttgart	14	4	2	8	19:29	10-18
7.	1. FC Birkenfeld	14	3	1	10	20:44	7-21
8.	Stuttgarter SC ▽	14	2	2	10	15:36	6-22

Trostrunde der Zweiten/Dritten

6.1.1929	Stuttgarter Kickers - VfB	0:4	5.000
20.1.1929	SpVgg Fürth - VfB	1:4	4.000
13.1.1929	ASV Nürnberg - VfB	3:2	1.000
27.1.1929	Freiburger FC - VfB	3:1	1.500
10.3.1929	VfB - Stuttgarter Kickers	1:3	5.000
17.3.1929	Phönix Karlsruhe - VfB	4:0	3.000
24.3.1929	VfB - Freiburger FC	3:1	2.000
2.4.1929	VfB - SV München 1860	6:2	2.000
7.4.1929	Schwaben Augsburg - VfB	1:4	3.000
14.4.1929	VfB - SpVgg Fürth	4:5	8.000
21.4.1929	VfB - Schwaben Augsburg	0:1	
28.4.1929	VfB - Phönix Karlsruhe	6:1	
8.5.1929	VfB - ASV Nürnberg	6:2	
9.6.1929	SV München 1860 - VfB	2:0	1.500

Abschlusstabelle

1.	SpVgg Fürth	14	13	0	1	71:18	26-2
2.	Schwaben Augsburg	14	10	0	4	41:33	20-8
3.	SV München 1860	14	6	3	5	41:41	15-13
4.	Stuttgarter Kickers	14	6	1	7	22:27	13-15
5.	VFB STUTTGART	14	6	0	8	38:32	12-16
6.	Phönix Karlsruhe	14	4	2	8	26:49	10-18
7.	ASV Nürnberg	14	3	3	8	30:45	9-19
8.	Freiburger FC	14	3	1	10	29:53	7-21

Bezirksliga- und Trostrundenkader

Zugänge: Brodbeck, Buck, Dörtenbach, Grau, Pröfrock, Stadelmann, Thräne (alle im Januar aus der VfB-Jugend)
Trainer: Lajos Kovacs

Tor		Willi Reinhardt	11/1
Werner Gabriel	27/0	Heinrich Buck	9/11
Engelhardt	1/0	Oswald Thräne	8/3
Feld		Willi Rutz	6/4
Karl Becker	28/8	Willy Stadelmann	6/3
Otto Vollmer	28/3	Werner Pröfrock	5/1
Walter Wieczorek	28/0	Albert Brodbeck	3/0
Franz Seybold	26/0	Otto Dörtenbach	3/0
Gustav Rebmann	24/2	Seitz	3/0
Erwin Gerlinger	20/4	Hermann Heß	2/0
Fritz Koch	18/8	Helmerich	1/0
Fritz Grau	17/0	Emil Nagel	1/0
Max Vallendor	16/13	Sturm	1/0
Ernst Blum	14/0	1 ET, 7 Torschützen unb.	

[SAISON]

Dramatische Verjüngungskur

Über Stuttgart zeigten sich die Zeichen einer kollektiven Leistungskrise: Die Kickers mussten Provinzklub Brötzingen die Meisterschaft überlassen, Altmeister Sportfreunde war nur noch ein Schatten seiner einstigen Stärke, der SSC stieg ab und auch auf dem Cannstatter Wasen kriselte es. Der VfB schlitterte von einer Pleite in die nächste.

Nachdem die Bewegungsspieler mühsam in die Trostrunde um die „Süddeutsche" gestolpert waren, wurden sie dort vom internen Streit um „Startum und Materialismus" eingeholt. Aufgrund bereits geleisteter Schwarzgeldzahlungen entließ der Vorstand nach dem enttäuschenden 1:3 in Freiburg vier Leistungsträger und setzte die Endrunde mit einer drastisch verjüngten Elf fort.

Gleich sieben Nachwuchsspieler rückten auf und verliehen dem stockenden VfB-Spiel tatsächlich noch einmal frischen Schwung. Beim 6:2 über München 1860 erfuhren die „jungen Wilden" eine regelrechte Sternstunde, und da auch das 4:5 gegen Fürth überzeugte, konnten die Verantwortlichen allmählich wieder etwas optimistischer in die Zukunft blicken.

Dem Publikum war die Lust auf den VfB allerdings etwas vergangen. Selten hatten sich mehr als 2.000 Unentwegte auf dem Wasen eingefunden, wenn die Stuttgarter Bewegungsspieler zu ihren Ausflügen zwischen Himmel und Hölle ansetzten...

[SAISON]

Geburt einer Kombinationself

Damit war nun wirklich nicht zu rechnen gewesen: Zum zweiten Mal nach 1927 wurde der VfB Bezirksmeister und feierte in der Endrunde um die Südmeisterschaft eine vielbestaunte 4:1-Sensation über die SpVgg Fürth!

Dabei hatten Skeptiker vor Saisonbeginn sogar vor „Abstiegsgefahr" gewarnt und gemäkelt, die Mannschaft sei in der Vorsaison viel zu drastisch verjüngt worden. Doch der ungarische Trainer Kovacs bewies ein glückliches Händchen und hatte die Mannschaft um „Wiener" Gerlinger sowie Franz Seybold prächtig eingestellt. Ähnlich wie sein Vorgänger Hanney konnte auch Kovacs seine Erfolge allerdings nicht ernten, denn sein zum 31. Dezember 1929 auslaufender Vertrag wurde nicht verlängert, weil die Vereinskasse leer war. Immerhin: Kovacs Vermächtnis auf dem Wasen war ein technisch anspruchvoller Kombinationsfußball, der an guten Tagen auf einer Stufe mit dem des 1. FC Nürnberg oder der SpVgg Fürth stand und die VfB-„Kampfmaschine" dauerhaft in eine „Kombinationsmannschaft" verwandelte.

Zum Saisonverlauf. Trotz beträchtlicher Leistungsschwankungen geriet die Meisterschaft nur in der Schlussphase in Gefahr, als der VfB nacheinander bei Aufsteiger Pforzheim und gegen die abstiegsbedrohten (!) Kickers verlor. Letztere sicherten sich bei dieser Gelegenheit ausgerechnet auf dem Wasen die entscheidenden Punkte zum Klassenerhalt. Eine Woche später zeigte sich der VfB spürbar erholt und stellte beim 6:2 über Titelverteidiger Germania Brötzingen vorzeitig die Weichen in Richtung Meisterschaft. 6.000 Fans feierten den dreifachen Torschützen Emil Nagel.

Der Start der Endrunde wurde von der drohenden Sperre aufgrund der Selbstanzeige im „Fall Rutz" überschattet, die den Hauptgrund für eine missratene Hinrunde darstellte. Danach drehte die junge VfB-Elf tüchtig auf und sorgte beim 4:1 über Fürth sogar noch reichsweit für Schlagzeilen.

VfB-Vorsitzender Alfred Bauer (ganz links, hatte Dr. Adolf Deubler abgelöst) präsentiert die Meisterelf von 1930: v. l. Sportlehrer Emil Friz, Seybold, Rebmann, Koch, Otto Vollmer, Thräne, Gabriel, Leonberger, Stadelmann, Becker, Buck, Gerlinger, Haller, Fritz Grau.

[EREIGNIS]

Kurz vor Beginn der Endrunde kam der Schock: Der am 1. Dezember in Würzburg tagende süddeutsche Verbandsvorstand brummte dem VfB und allen seinen Mannschaften eine Spielsperre von zwei Monaten sowie eine Geldbuße in Höhe von 2.000 RM auf. Grund: „Verdacht auf Profitum". Während der erst Anfang 1929 in den Vorstand aufgerückte Finanzchef Karl Frech sofort zurücktrat, musste der VfB sogar seine Weihnachtsreise ins Elsass und nach Südfrankreich absagen – er hätte dort nicht spielen dürfen.

Das harte Urteil war Spätfolge der

Der „Fall Rutz"

VfB droht zweimonatige Sperre

Selbstanzeige aus dem Vorjahr und löste allenthalben Entsetzen aus. „Es sieht aus, als wolle der Verband ein Exempel statuieren", wetterte die Presse und wies darauf hin, dass die „Leitung des VfB ehrlichen, ernstlichen Willens und gutgläubig handelte, die Missstände beim Verbandsgericht selbst aufdeckte und seit Jahresbeginn strengsten Amateurgesetzen folgt". Die neutrale Schweizer »Sport-Illustrierte« bezeichnete das Urteil sogar als „skandalös" und schrieb: „Für eine Jahre zurückliegende (!) Profigeschichte, die der VfB inzwischen ohne jede Inanspruchnahme der Behörden durch Suspension der betreffenden Spieler längst (!) selbst erledigt hatte, sprach das Süddeutsche Verbandsgericht eine außerordentlich krasse Strafe aus." Doch der VfB hatte Glück: Nach einem Gnadengesuch hob der Verband die Sperre auf, womit die Teilnahme an der süddeutschen Endrunde gesichert war.

Bezirksliga Württemberg

18.8.1929	VfB - Union Böckingen	4:3	3.500
25.8.1929	Germ. Brötzingen - VfB	1:0	3.500
1.9.1929	VfB - VfR Heilbronn	1:0	3.000
15.9.1929	VfB - 1. FC Birkenfeld	4:3	
22.9.1929	Spfr. Stuttgart - VfB	0:5	2.500
6.10.1929	Stuttgarter Kickers - VfB	3:2	12.000
13.10.1929	VfB - 1. FC Pforzheim	2:1	4.000
20.10.1929	Union Böckingen - VfB	0:1	
27.10.1929	VfB - Spfr. Stuttgart	4:1	
3.11.1929	VfR Heilbronn - VfB	1:2	3.000
10.11.1929	1. FC Pforzheim - VfB	3:2	6.000
17.11.1929	VfB - Stuttgarter Kickers	0:2	6.000
24.11.1929	VfB - Germ. Brötzingen	6:2	7.000
8.12.1929	1. FC Birkenfeld - VfB	1:3	4.000

Abschlusstabelle

1. VFB STUTTGART	14	10	0	4	36:21	20-8
2. VfR Heilbronn	14	7	3	4	28:26	17-11
3. Union Böckingen	14	7	3	4	22:23	17-11
4. Germ. Brötzingen (M)	14	6	2	6	26:26	14-14
5. 1. FC Pforzheim (N)	14	4	5	5	31:22	13-15
6. Stuttgarter Kickers	14	6	1	7	22:22	13-15
7. 1. FC Birkenfeld	14	4	3	7	31:38	11-17
8. Spfr. Stuttgart ▽	14	2	3	9	21:39	7-21

Süddeutsche Endrunde

5.1.1930	SpVgg Fürth - VfB	3:0	4.000
12.1.1930	VfB - Freiburger FC	9:3	6.000
19.1.1930	VfB - Bayern München	3:6	12.000
26.1.1930	FK Pirmasens - VfB	2:1	5.000
2.2.1930	VfB - SV Waldhof	4:4	5.000
9.2.1930	Wormatia Worms - VfB	2:4	4.000
16.2.1930	Eintracht Frankfurt - VfB	5:2	10.000
23.2.1930	VfB - Eintracht Frankfurt	1:3	10.000
10.3.1930	Bayern München - VfB	5:0	9.000
16.3.1930	Freiburger FC - VfB	2:2	2.000
23.3.1930	VfB - SpVgg Fürth	4:1	15.000
28.3.1930	VfB - Wormatia Worms	5:1	5.000
7.4.1930	SV Waldhof - VfB	2:4	
28.4.1930	VfB - FK Pirmasens	3:0	6.000

Abschlusstabelle

1. Eintracht Frankfurt	14	11	2	1	45:26	24-4
2. SpVgg Fürth	14	8	1	5	45:20	17-11
3. Bayern München	14	8	0	6	55:30	16-12
4. FK Pirmasens	14	7	2	5	35:44	16-12
5. VFB STUTTGART	14	6	2	6	42:39	14-14
6. SV Waldhof	14	4	2	8	31:38	10-18
7. Wormatia Worms	14	5	0	9	23:39	10-18
8. Freiburger FC	14	2	1	11	29:69	5-23

Bezirksliga- und Endrundenkader

Zugänge: Nagel (Stuttgarter SC), Trompetter (SV Feuerbach)
Abgänge: Wieczorek (am 8.3.1930 zurück nach Breslau)
Trainer: Lajos Kovacs (bis zum 31.12.1929)

Tor		Walter Wieczorek	21/0
Werner Gabriel	26/0	Willy Stadelmann	19/16
Engelhardt	1/0	Erwin Gerlinger	18/4
Feld		Franz Seybold	17/2
Heinrich Buck	27/2	Emil Nagel	16/8
Erich Koch	27/17	Werner Pröfrock	9/4
Otto Vollmer	26/0	Oswald Thräne	9/2
Otto Leonberger	24/0	Schaible	1/0
Fritz Grau	23/0	+ drei Eigentore, neun	
Karl Becker	22/10	Torschützen unbannt	
Gustav Rebmann	21/1		

[SPIEL]

VfB 2:3 n.V. Pforzheim

Tapfer gekämpft

Pech in der Verlängerung

Ganze vier Tage sind seit dem letzten Ligaspiel vergangen, da steht der VfB schon wieder auf dem Feld. Am zweiten Weihnachtstag geht es auf Degerlochs Höhen im Duell gegen Pforzheim um alles oder nichts: Platz zwei und damit Teilnahme an der „Trostrunde“ um die Süddeutsche oder vorzeitiges Saisonende. Für den VfB eine alles andere als leichte Aufgabe, denn es fehlen zahlreiche Stammspieler: Verteidiger Leonberger laboriert noch an den Folgen eines Schienbeinbruchs, mit Becker, Blum und Torhüter Gabriel vermisst man weitere Leistungsträger. Das Spiel beginnt katastrophal. Pforzheim kommt zweimal gefährlich vor das VfB-Tor und führt nach nur 13 Minuten bereits mit 2:0. Doch der VfB weiß zu kämpfen. Vor allem Linksaußen Pröfrock zeigt sich entschlossen und sorgt in der 30. Minute für den Anschlusstreffer. Als „Fifi“ Koch zwei Minuten vor dem Halbzeitpfiff einen Freistoß zum 2:2 verwandelt, ist die Partie endgültig wieder offen. Die zweite Halbzeit vergeht ohne Tor, und beide Teams müssen in die Verlängerung. Die ist keine zwei Minuten alt, als der Pforzheimer Hörner mit seinem Treffer zum 3:2 für die Entscheidung sorgt.

■ Die auf die Zuffenhausener Schlotwiese mitgereisten VfB-Fans glaubten ihren Augen nicht zu trauen. War das nicht **Ernst Blum**? Jener „Wenzel“, der im September 1929 im Zuge der Profiaffäre seinen Rückzug vom Fußball verkündet hatte?
Dass der ehemalige Nationalspieler wieder mitspielen durfte, hatte er einem kollektiven Aufschrei der süddeutschen Spitzenvereine gegen das Verbandsgebaren zu verdanken.
Auch der VfB hatte im Oktober 1930 eine Resolution unterzeichnet, die die Gründung eines separaten Profiverbandes ankündigte, sollte der DFB bei der Berufsspielerfrage nicht endlich einlenken. Die um ihre Macht fürchtende DFB-Führung hatte daraufhin rasch angekündigt, „die wegen Verstößen gegen die Amateurbestimmungen eingeleiteten Strafverfahren auszusetzen und die Legalisierung des Profifußballs vorzubereiten“...

Bezirksliga Württemberg

24.8.1930	Union Böckingen - VfB	0:1	3.000
7.9.1930	1. FC Birkenfeld - VfB	1:1	
14.9.1930	VfB - FV Zuffenhausen	5:0	5.000
21.9.1930	VfR Heilbronn - VfB	3:5	
28.9.1930	1. FC Pforzheim - VfB	2:1	7.000
12.10.1930	VfB - Stuttgarter Kickers	0:0	6.000
26.10.1930	VfB - Germania Brötzingen	4:2	3.000
2.11.1930	VfB - Union Böckingen	2:2	7.000
9.11.1930	Stuttgarter Kickers - VfB	0:2	7.000
16.11.1930	VfB - 1. FC Pforzheim	4:0	
23.11.1930	VfB - VfR Heilbronn	2:3	4.000
30.11.1930	FV Zuffenhausen - VfB	1:3	4.000
7.12.1930	Germania Brötzingen - VfB	2:1	4.500
21.12.1930	VfB - 1. FC Birkenfeld	4:0	4.000

Abschlusstabelle

1.	Union Böckingen	14	10	1	3	30:18	21-7
2.	VFB STUTTGART (M)	14	8	3	3	35:16	19-9
3.	1. FC Pforzheim	14	8	3	3	41:22	19-9
4.	Stuttgarter Kickers	14	8	3	3	28:18	19-9
5.	Germania Brötzingen	14	4	3	7	21:27	11-17
6.	1. FC Birkenfeld	14	2	5	7	18:26	9-19
7.	FV Zuffenhausen (N)	14	4	1	9	17:50	9-19
8.	VfR Heilbronn	14	2	1	11	22:35	5-23

Entscheidungsspiele um die Plätze 2-4

25.12.1930	1. FC Pforzheim - VfB	3:2 n.V.	8.000
28.12.1930	VfB - Stuttgarter Kickers	1:6	

Bezirksligakader

Zugänge: Haaga (VfB-Jugend), Trompetter (SV Feuerbach)
Trainer: ab 15. Juni 1930 Karl Preuß

Tor		Otto Vollmer	11/0
Gerhard Vogelmann	9/0	Oswald Thräne	9/3
Werner Gabriel	5/0	Otto Leonberger	8/0
Engelhardt	2/0	Fritz Grau	6/0
Feld		Martin Hörtig	5/0
Erich Koch	16/12	Franz Seybold	5/0
Werner Pröfrock	16/3	Ernst Blum	3/0
Gustav Rebmann	16/0	Bucher	3/2
Willy Stadelmann	16/10	Erwin Haaga	1/0
Karl Becker	15/2	Richard Trompetter	1/0
Heinrich Buck	15/2	+ ein Eigentor	
Erwin Gerlinger	14/0		

[LEGENDEN]

ERWIN HAAGA

Der Name „Haaga“ ist untrennbar mit der VfB-Geschichte verbunden. „Vater“ Albert Haaga war viele Jahre in der Vereinsführung tätig, sein Sohn Eberhard „Waggele“ wirkte von 1923 bis weit in die Bundesligatage als Spielausschussobmann („Manager“) für die Ligaelf und mit Erwin reifte der jüngste der vier Haaga-Söhne zu einem der Leistungsträger der späten 1920er Jahre heran. Schon mit 17 Jahren in die Ligaelf aufgerückt, spielte „Wiener“ unwiderstehlich auf dem rechten Flügel und zählte bis in die 1940er Jahre zum Stammpersonal auf dem Wasen.
Nach vier weiteren Einsätzen in der Oberliga Süd hängte er seine Stiefel schließlich 1947 an den Nagel. Er verstarb am 24. Februar 1960.

[SAISON]

Rückfall in triste Zeiten

Erstmals seit 1926 war die Saison für den VfB nach fünf Monaten schon vorbei. Platz vier reichte nicht zum Einzug in die „Trostrunde“ um die Süddeutsche Meisterschaft, und so mussten die Weiß-Roten tatenlos zuschauen, wie sich die im Vorjahr beinahe abgestiegenen Kickers verlorenes Terrain zurückerobern konnten.
Die Krise des inzwischen von Karl Preuß betreuten VfB hatte sich in der Vorbereitung angedeutet, als ein 2:6 im Freundschaftsspiel gegen die Durchschnittself des VfR Fürth für Ernüchterung auf dem Wasen sorgte. In der Liga war es zunächst deutlich besser gelaufen. Mitunter heimsten die Bewegungsspieler sogar Lob ein (wie nach dem 5:0 über Zuffenhausen).
Im November kam es dann knüppeldick: Im Gipfeltreffen gegen Union Böckingen musste Verteidiger Leonberger nach nur zehn Minuten mit Schienbeinbruch vom Platz getragen werden, und weil sich Torhüter Nonnenmacher bei einer waghalsigen Parade zudem einen Daumen brach, hatte der Saisonverlauf eine entscheidende Wendung genommen.
Der endgültige Rückschlag folgte drei Wochen später, als man gegen das bis dato punktlose Schlusslicht Heilbronn eine peinliche 2:3-Schlappe erlitt. Erneut wurde das Personaldilemma des VfB deutlich, denn zum wiederholten Mal war das Mannschaftsgefüge auseinander gerissen worden.
Am Schlussspieltag sorgte ein 4:0 gegen Birkenfeld zumindest für eine „Verlängerung“ in Form zweier Entscheidungsspiele um die Vizemeisterschaft. Aus Zeitnot mussten die Spiele binnen weniger Tage ausgetragen werden, was die gebeutelte VfB-Elf vollends überforderte.
Das letzte Pflichtspiel der Saison 1930/31 – und zugleich das dritte Pflichtspiel in acht Tagen – endete am 28. Dezember mit einem 1:6-Debakel gegen die Kickers.
Danach begann das lange Warten auf das Spieljahr 1931/32 – und das konnte nur besser werden...

[SAISON]

Wasen wird zum „Schlachtfeld“

Der „Höhepunkt“ der Stuttgarter Fußballsaison 1931/32 fand ohne VfB-Beteiligung statt: Am 24. April 1932 standen sich Bayern München und Eintracht Frankfurt auf dem VfB-Platz im Endspiel um die „Süddeutsche“ gegenüber und lieferten sich eine „Schlacht“, die wegen Zuschauerausschreitungen abgebrochen werden musste...

Auch der VfB hatte zuvor nur selten positive Schlagzeilen geschrieben. Schon die Generalprobe war missglückt – eine Woche vor dem Saisonstart hatte es ein 1:5-Debakel gegen Rutz' neuen Arbeitgeber Rot-Weiß Frankfurt gegeben. Nachdem auch das Auftaktspiel gegen Aufsteiger Feuerbach verloren ging und der Titelverteidiger einmal mehr seine Konstanz vermissen ließ, war frühzeitig die Luft raus. Dennoch machte sich eine regelrechte Euphorie um die Weiß-Roten breit. Beim 1:1 gegen Böckingen musste die Polizei sogar die Stadioneingänge sperren, weil sich mehr als 18.000 Menschen auf dem Gelände drängelten!

Anlass zur Freude bereiteten zudem „Wenzel“ Blum und Sturmführer Erich Koch, die wiederholt in die Südauswahl berufen wurden. Mit Mittelläufer Heinrich Buck stand bereits ein weiterer VfBler auf dem Sprung in die Regionalauswahl.

Am letzten Spieltag konnten die VfB-Fans dann doch noch einmal jubeln, denn ein schmeichelhaftes 3:3 gegen Verfolger Esslingen sicherte die Vizemeisterschaft und damit den Einzug in die Süddeutsche Endrunde. Dort gab es weitere Rückschläge, denn erst im sechsten Spiel verbuchte der VfB seinen ersten Sieg (4:0 über Pforzheim) und lieferte lediglich gegen die SpVgg Fürth (1:0) und den 1. FC Nürnberg (2:2) überzeugende Leistungen ab.

Fazit: Einmal mehr zeigte sich, dass der VfB seit dem „Fall Rutz“ aus dem Konzept war und die neue Vereinsführung um Hans Kiener vor schweren Aufgaben stand. Der VfB drohte den Anschluss an Süddeutschlands Fußballelite zu verlieren.

Erwin Haaga wird vom Münchner Nationalspieler Goldbrunner (ganz links) im Strafraum gelegt.

[SPIEL]

FC Bayern 5:2 VfB

Klassenunterschied

VfB enttäuscht in München

7.000 Fans im Sechz'ger Stadion an der Grünwalder Straße können sich zum zweiten Mal binnen zwei Wochen davon überzeugen, dass der Leistungsunterschied zwischen dem Münchner und dem Stuttgarter Fußball immens ist. Nach dem 1:4 gegen die Löwen sind die Cannstatter auch beim 2:5 gegen die Bayern chancenlos. Zwar geht der ohne Läufer Blum (verletzt) aufgelaufene VfB durch Becker überraschend in Führung, aber nach dem Seitenwechsel spielen die Münchner regelrecht Katz und Maus mit ihrem Gegner. Erst beim Stande von 1:4 können die VfB-Fans noch einmal jubeln. Erwin Haaga ist von Goldbrunner zu Fall gebracht worden und Erich Koch kann per Strafstoß zumindest auf 2:5 verkürzen.

■ Im Mai 1931 engagierte sich der VfB im Sinne der **Völkerverständigung** und reiste als erstes deutsches Team nach dem 1. Weltkrieg nach Belgien. In Antwerpen gelang ein 2:1-Sieg über eine Stadtauswahl

■ Pech für Ernst **„Fifi“ Koch**. Beim 1:0 gegen Fürth brach sich der linke Außenläufer des VfB bei einer verunglückten Kopfballabwehr gleich dreimal den linken Daumen – und spielte dennoch zu Ende!

Bezirksliga Württemberg

8.8.1931	VfB - SV Feuerbach	1:3	5.000
16.8.1931	1. FC Birkenfeld - VfB	2:3	3.500
23.8.1931	VfB - FV Zuffenhausen	6:1	5.000
30.8.1931	Spfr. Esslingen - VfB	1:0	3.500
6.9.1931	VfB - 1. FC Pforzheim	5:2	5.000
13.9.1931	VfB - VfR Heilbronn	7:2	4.000
20.9.1931	Germania Brötzingen - VfB	1:1	6.500
27.9.1931	VfB - Union Böckingen	1:1	18.000
4.10.1931	Stuttgarter Kickers - VfB	1:2	10.000
18.10.1931	1. FC Pforzheim - VfB	3:0	5.000
25.10.1931	VfB - Germania Brötzingen	2:0	4.500
1.11.1931	Union Böckingen - VfB	3:3	3.000
8.11.1931	FV Zuffenhausen - VfB	0:0	4.000
15.11.1931	VfB - Stuttgarter Kickers	2:1	8.000
29.11.1931	VfR Heilbronn - VfB	2:1	3.500
6.12.1931	VfB - 1. FC Birkenfeld	0:0	3.000
13.12.1931	SV Feuerbach - VfB	2:5	4.000
20.12.1931	VfB - Spfr. Esslingen	3:3	8.000

Abschlusstabelle

1. 1. FC Pforzheim	18	11	5	2	54:28	27-9
2. VFB STUTTGART	18	8	6	4	42:28	22-14
3. Spfr. Esslingen (N)	18	9	3	6	48:37	21-15
4. SV Feuerbach	18	9	3	6	43:36	21-15
5. Germania Brötzingen	18	6	7	5	31:31	19-17
6. Union Böckingen (M)	18	7	5	6	33:34	19-17
7. Stuttgarter Kickers	18	5	6	7	32:30	16-20
8. 1. FC Birkenfeld	18	5	4	9	28:39	14-22
9. FV Zuffenhausen ▽	18	4	4	10	22:40	12-24
10. VfR Heilbronn ▽	18	3	3	12	25:55	9-27

Süddeutsche Endrunde

3.1.1932	SpVgg Fürth - VfB	3:0	2.000
17.1.1932	VfB - FV Rastatt 04	0:1	3.500
24.1.1932	SV München 1860 - VfB	4:1	7.000
31.1.1932	VfB - Karlsruher FV	1:1	6.000
7.2.1932	Bayern München - VfB	5:2	7.000
14.2.1932	1. FC Nürnberg - VfB	6:2	3.500
21.2.1932	VfB - 1. FC Pforzheim	4:0	7.000
28.2.1932	VfB - SpVgg Fürth	1:0	11.000
6.3.1932	VfB - 1. FC Nürnberg	2:2	15.000
13.3.1932	VfB - SV München 1860	4:3	6.000
20.3.1932	Karlsruher FV - VfB	4:2	
27.3.1932	VfB - Bayern München	2:3	9.000
10.4.1932	FV Rastatt 04 - VfB	3:2	1.000
17.4.1932	1. FC Pforzheim - VfB	4:3	4.000

Abschlusstabelle

1. Bayern München	14	10	1	3	36:17	21-7
2. 1. FC Nürnberg	14	8	4	2	48:17	20-8
3. Karlsruher FV	14	5	6	3	26:24	16-12
4. 1. FC Pforzheim	14	5	5	4	36:32	15-13
5. SpVgg Fürth	14	5	2	7	27:21	12-16
6. SV München 1860	14	4	2	8	26:29	10-18
7. FV Rastatt 04	14	4	2	8	12:55	10-18
8. VFB STUTTGART	14	3	2	9	26:42	8-20

Bezirksligakader

Abgänge: Gerlinger (Paris), Rebmann (Iris Club Lille)
Zugänge: Bluthardt, Ellwanger, Hahn, Häußermann (alle VfB-Jugend), Maushardt (Sportfreunde Stuttgart), Weidner (VfB-Jugend)

Tor		Erwin Haaga	18/3
Gerhard Vogelmann	25/0	Martin Hörtig	11/0
Maushardt	7/0	Willy Stadelmann	11/3
Engelhardt	1/0	Zwiefele	10/0
Feld		Erwin Gerlinger	8/0
Heinrich Buck	31/1	Willi Bluthardt	6/1
Erich Koch	31/22	Max Hahn	4/0
Karl Becker	30/6	Karl Häußermann	3/0
Otto Vollmer	29/0	Oswald Thräne	3/1
Eugen Weidner	26/15	Junginger	2/1
Karl Ellwanger	25/0	Otto Leonberger	2/0
Franz Seybold	24/2	Scheidle	1/0
Werner Pröfrock	24/8	+ ein Eigentor, vier	
Ernst Blum	21/0	Torschützen unbannt	

[EREIGNIS]

VfB 2:1 Schweinfurt

Jubiläumsgeschenk

VfB gewinnt süddeutschen Pokal

Nach fünf Jahren Pause wird 1932 erstmals wieder um den Süddeutschen Vereinspokal gespielt – traditionell ein Terrain, auf dem sich der VfB sehr wohl fühlt. So auch diesmal. Schon im im Punktesystem durchgeführten Bezirkspokal setzen sich die Rutz-Schützlinge souverän durch und lassen im Halbfinale auch Alemannia/Olympia Worms keine Chance.

Das Endspiel wird auf Degerlochs Höhen ausgetragen, wo am Ostersonntag 1933 immerhin 6.500 Fans dem Duell gegen Bayerns Pokalsieger Schweinfurt 05 beiwohnen. Der VfB stellt schon in Halbzeit eins die Weichen zum Sieg. In der 15. Minute egalisiert Heinrich Buck die frühe Schweinfurter Führung durch Rühr, und als Erich Koch den VfB nach 27 Minuten mit 2:1 in Führung bringt, ist bereits eine Vorentscheidung gefallen. Zu bieder agieren die Franken, als dass sie den VfB noch einmal in Gefahr bringen können.

Für die Cannstatter ist es das passende Geschenk zum 40. Geburtstag, der in jenen Tagen gefeiert wird.

Südpokalsieger 1933. Stehend v. l.: Trainer Rutz, Seybold, Buck, Vollmer, Hahn, Spielausschussvorsitzender Albert Bauer, Vogelmann, Haaga, Bausch, Ellwanger. Vorn: Koch, Weidner, Pröfrock, Bökle.

Bezirksliga Württemberg

14.8.1932	SV Feuerbach - VfB	2:5	3.000
21.8.1932	VfB- 1. FC Birkenfeld	5:1	2.500
28.8.1932	VfB - Union Böckingen	1:1	4.000
4.9.1932	Stuttgarter Kickers - VfB	5:1	10.000
10.9.1932	VfB - 1. FC Pforzheim	3:3	5.000
18.9.1932	Normannia Gmünd - VfB	1:3	3.000
24.9.1932	VfB - Stuttgarter SC	1:1	8.000
2.10.1932	Germania Brötzingen - VfB	2:3	3.000
9.10.1932	Spfr. Esslingen - VfB	1:2	2.000
16.10.1932	VfB - Germania Brötzingen	5:0	3.500
23.10.1932	VfB - SV Feuerbach	1:0	6.000
30.10.1932	Union Böckingen - VfB	3:3	2.000
6.11.1932	1. FC Pforzheim - VfB	0:1	7.000
20.11.1932	VfB - Stuttgarter Kickers	1:1	13.000
27.11.1932	1. FC Birkenfeld - VfB	2:1	
4.12.1932	VfB - Spfr. Esslingen	4:1	3.500
11.12.1932	VfB - Normannia Gmünd	4:1	
18.12.1932	Stuttgarter SC - VfB	2:2	

Abschlusstabelle

1.	Stuttgarter Kickers	18	12	3	3	58:24	27-9
2.	Union Böckingen	18	11	5	2	64:34	27-9
3.	VFB STUTTGART	18	10	6	2	46:27	26-10
4.	1. FC Pforzheim (M)	18	9	5	4	49:33	23-13
5.	SV Feuerbach	18	8	3	7	49:45	19-17
6.	Germania Brötzingen	18	6	4	8	42:45	16-20
7.	Stuttgarter SC (N)	18	6	3	9	34:35	15-21
8.	1. FC Birkenfeld	18	6	1	11	26:49	13-23
9.	Spfr. Esslingen	18	4	4	10	32:43	12-24
10.	Normannia Gmünd (N)	18	1	0	17	17:82	2-34

ES um Platz 1: Stuttg. Kickers - Union Böckingen 4:1

Süddeutscher Pokal

	15.1.1933	SV Feuerbach - VfB	5:0	
	22.1.1933	Stuttgarter SC - VfB	3:2	
	29.1.1933	VfB - Frankonia Karlsruhe	6:2	
	5.2.1933	VfB - 1. FC Birkenfeld	10:1	
	12.2.1933	Germania Brötzingen - VfB	0:3	
	19.2.1933	VfB - VfB Karlsruhe	7:0	
	26.2.1933	VfB - SpVgg Schramberg	11:0	
	19.3.1933	VfB - SV Feuerbach	2:1	
	26.3.1933	VfB - FC Mühlburg	2:1	
	2.4.1933	VfB - SC Freiburg	3:0	
HF	8.4.33	VfB - Alem./Oly. Worms	1:0	5.000
F	16.4.13	VfB - Schweinfurt 05	2:1	6.000

Bezirksligakader

Zugänge: Bökle (FV Zuffenhausen)
Trainer: Willi Rutz

Tor
Gerhard Vogelmann 18/0
Feld
Heinrich Buck 18/2
Erich Koch 18/8
Max Hahn 18/0
Franz Seybold 18/1
Otto Vollmer 18/0
Eugen Weidner 18/6
Werner Pröfrock 16/5
Otto Bökle 15/6
Erwin Haaga 15/12
Karl Häußermann 13/0
Eberhard Haaga 8/2
Karl Ellwanger 3/0
Rolf Glenk 1/0
Ernst Blum 1/0
vier Torschützen unbekannt

[SAISON]

Zwischen Licht und Schatten

Und ewig grüßt das Murmeltier! Auch 1932/33 gab es für den VfB Licht und Schatten, kam die Mannschaft einfach nicht aus ihrer schier unendlichen Wiederholungsschleife heraus: Einer guten Partie folgte eine schlechte und irgendein Mannschaftsteil leistete sich eigentlich immer einen Ausfall.

Wirklich zu überzeugen wusste die Mannschaft im gesamten Saisonverlauf kein einziges Mal. Folge war Platz drei und damit ein vorzeitiges Saisonende, denn die Endrunde um die „Süddeutsche" musste wie zuletzt 1931 ohne den VfB Stuttgart stattfinden.

Woran lag es? Zweifelsohne fehlte es dem Klub in erster Linie an herausragenden Spielern, die auch über die Stadtgrenzen hinaus mitzuhalten vermochten. Indirekt war dies noch immer eine Folge des „Falles Rutz", nach dem die VfB-Führung kategorisch vom bezahlten Fußball abgekehrt war.

Rutz hatte sich zwischenzeitlich wieder dem VfB angeschlossen und war auch willig, erneut die Stiefel für die Weiß-Roten zu schnüren. Doch sein Ex-Klub Rot-Weiß Frankfurt verweigerte die Freigabe. „Knölle" konnte deshalb lediglich als Trainer agieren und wirkte zeitgenössischen Kommentaren zufolge dabei nicht immer glücklich...

Das Scheitern im Rennen um einen Endrundenplatz deutete sich bereits im November 1932 beim 1:2 gegen den Abstiegskandidaten Birkenfeld an. Obwohl der VfB im abschließenden Saisonspiel beim SSC nach zwischenzeitlichem 0:2-Rückstand noch ein 2:2 erkämpfte, fuhr der Endrundenzug schließlich ohne die Bewegungsspieler ab, und über dem Wasen senkte sich die Stille der Freundschaftsspiele.

Lediglich im Süddeutschen Pokal, an dem viele süddeutsche Spitzenklubs allerdings nicht teilnahmen, eilten die Bewegungsspieler von Erfolg zu Erfolg und sicherten sich mit einem 2:1-Finalsieg über Schweinfurt 05 pünktlich zum 40. Geburtstag erstmals die zweitwichtigste Trophäe Süddeutschlands.

1933-45

Erfolge unterm Hakenkreuz

Die 1930er Jahre wurden zum ersten Erfolgsjahrzehnt in der Geschichte des VfB Stuttgart. Erstmals gelang es dem Klub, sich zumindest phasenweise in der Reichsspitze des Fußballs zu etablieren und die Führungsrolle in Württemberg zu übernehmen. Lokalrivale Kickers konnte nur staunen, als die Bewegungsspieler 1935 bei ihrer ersten Teilnahme an der Endrunde um die „Deutsche" bis ins Endspiel durchmarschierten. Wenngleich es dort eine 4:6-Niederlage gegen Schalke 04 gab, galt der VfB Stuttgart fortan reichsweit als „Großer".

Stadioneinweihung

Abseits des Spielfeldes war es eine folgenschwere Epoche. Trotz ihrer traditionell toleranten Ausprägung stand auch die Stadt Stuttgart seit dem 30. Januar 1933 ganz im Zeichen des Hakenkreuzes. Hitler selbst mochte Stuttgart allerdings nicht, weil ihm politische Gegner dort im Februar 1933 bei einer Veranstaltung das Rundfunkübertragungskabel durchgetrennt hatten. Ohnehin galt Stuttgart als SPD-Hochburg. Mit Dr. Karl Strölin löste am 9. Mai 1933 dennoch ein ehemaliger Offizier den beliebten Oberbürgermeister Lautenschlager ab und lenkte das ab 1936 „Stadt der Auslandsdeutschen" genannte Stuttgart auf „Parteilinie". Unter Strölins Obhut wurde Reichskanzler Hitler mit der Namensgebung einer neuerbauten Sportarena auf dem Wasen geehrt – das am 25. Juni 1933 anlässlich des Deutschen Turnfestes eingeweihte heutige Gottlieb-Daimler-Stadion erhielt den Namen Adolf-Hitler-Kampfbahn. In sportlicher Hinsicht war ihr Bau ein Geschenk des Himmels. Endlich hatten vor allem die aufstrebenden Fußballvereine ein Stadion, in dem die stetig wachsende Zahl von Fans untergebracht werden konnte.

VfB treu auf Parteikurs

Vier Jahre später eröffneten die Bewegungsspieler nur einen Steinwurf entfernt ebenfalls einen Sportplatz, nachdem sie ihre alte Anlage bei den drei Pappeln wegen der Erweiterung des Volksfestgeländes aufgeben mussten. Politisch war der VfB deutlich engagierter als die Stadt Stuttgart auf den neuen Kurs eingeschworen. Vorsitzender Hans Kiener gehörte bereits seit 1932 der NSDAP an und betrachtete den Klub als „Hort nationaler Gesinnung" bzw. „Trutzburg gegen alles Undeutsche". Der Gewerbeschullehrer sollte die Vereinsführung erst im Oktober 1944 an Dr. Fritz Walter übergeben.

1935 Deutscher Vizemeister

Sportlich war der VfB schon im Verlauf der späten 1920er Jahre zusehends für Talente aus der Umgebung interessant geworden. Dadurch kamen Männer wie Lehmann, Bökle, Kotz und Schäfer zum Wasen, wo die berühmte Nachwuchsförderung zwar etwas ins Stocken geraten war, aber immerhin noch mit Talenten wie Erwin Haaga aufwarten konnte. Seinen ersten Höhepunkt erreichte der VfB im Spieljahr 1934/35. Erstmals in der Vereinsgeschichte gelang der Einzug in die Endrunde um die Deutsche Meisterschaft, bei der die Elf um Regisseur „Knölle" Rutz und Torjäger „G'fährlich" Bökle brillant aufspielte. Erst im Finale vermochte mit Schalke 04 die erfolgreichste Mannschaft der Epoche den weiß-roten Erfolgsexpress zu stoppen. Mit seinem tollen Siegeszug avancierte der VfB zum unumstrittenen Liebling Stuttgarts, das sich kollektiv mit den Wasenkickern identifizierte. Als 1935/36 ein sportlicher Einbruch folgte, wurde mit dem Fürther Ex-Nationalspieler

„Lony" Seiderer ein renommierter Trainer verpflichtet, dessen Philosophie eine Verknüpfung von Angriffs- und Kombinationsfußball war. Unter seiner Ägide sicherte sich der VfB 1937 und 1938 jeweils die Württemberg-Meisterschaft, wobei insbesondere der Sturm um „Wiener" Haaga und Werner Pröfrock Experten und Fans überzeugte. Einer der größten Erfolg jener Tage war der 2:0-Derbysieg über die Kickers, mit dem der VfB am 13. März 1938 vor mehr als 40.000 Zuschauern in der Adolf-Hitler-Kampfbahn nicht nur seinen Titel verteidigte, sondern vor allem einen viel versprechenden Angriff der „Blauen" auf den lokalen Fußballthron abwehrte. Zum erneuten Einzug ins Endspiel um die „Deutsche" reichte es dennoch nicht: Platz drei im Jahr 1937 war der größte Erfolg.

Krieg verhindert Verjüngung

Ausgerechnet als zwei Jahre später die überfällige Verjüngung der Mannschaft des Teams eingeleitet wurde und langjährige Stützen wie „Knölle" Rutz ausschieden, begann der 2. Weltkrieg, der den VfB abrupt stoppte. Der zu Saisonbeginn als Nachfolger für den erkrankten Trainer Seiderer verpflichtete Josef Pöttinger konnte seinen Dienst auf dem Wasen nicht antreten, und 1940 hatten die mit „Ed" Conen und Alfred Sing glänzend verstärkten Kickers zum zweiten Mal in Folge die Nase im Ländle vorn. Bis auch dem VfB wieder der Einzug in die Endrunde um die Deutsche Meisterschaft gelang, vergingen drei weitere Jahre, in denen ständige Mannschaftsumstellungen das interne Gefüge empfindlich störten. Während des Krieges trugen zwar renommierte Spieler wie der Düsseldorfer Czaika oder der Schalker Gellesch das weiß-rote Spielkleid, regional war an den Kickers jedoch kein Vorbeikommen mehr.

Bis zum bitteren Ende

Die letzte VfB-Gaumeisterschaft (1942/43) war bereits überschattet von kriegbedingten Beeinträchtigungen an der Heimatfront. Zusehends war auch Stuttgart Ziel alliierter Bombardements geworden. Obwohl VfB und Kickers punktgleich die Abschlusstabelle anführten, verzichteten die Degerlocher auf ein Entscheidungsspiel, weil sie keine adäquate Mannschaft mehr stellen konnten. Der VfB hingegen trat trotz vieler Ausfälle gegen München 1860 an, schied aber mit 0:3 vorzeitig aus. Ab Februar 1943 dominierte der „totale Krieg" das Reich, und der VfB fiel hinter jene Teams zurück, die sich soldatischer Verstärkungen bedienen konnten. Am 2. April 1945 bestritten die Cannstatter ihr letztes Spiel vor der Kapitulation – die Begegnung gegen Untertürkheim-Wangen musste wegen Fliegeralarm abgebrochen werden. Zwei Monate zuvor war bereits die Heimstätte auf dem Wasen bei einem Bombenangriff zerstört worden. ■

Elf der Epoche

Schnaitmann

Seybold | Kotz

Kraft | Richt | Hahn

Haaga | Koch | Bökle | Schäfer | Lehmann

1933–45

[SAISON]

Statt Reichsliga nur Gauliga

Die politischen Veränderungen nach dem 30. Januar 1933, als Adolf Hitler die Führung Deutschlands übernahm, spiegelten sich auch im Sport wider. Während kommunistische Sportler verfolgt und in Konzentrationslager verschleppt wurden, geriet der bürgerliche Sport unter die Führung des SA-Mannes Hans von Tschammer und Osten, der aus Deutschland ein „Volk in Leibesübungen" machen wollte. Damit verbunden war das Aus der Träume von einer Fußball-Reichsliga auf Profibasis, die man auch beim VfB gehegt hatte. Bezahlten Fußball lehnten die Nazis jedoch ab, und so wurden statt dessen reichsweit 16 Gauligen auf Amateurbasis eingerichtet. Im Ländle führte dies zu einer weiteren Enttäuschung, denn aus der Bezirksliga wurde nun schlicht die Gauliga Württemberg, womit eine regionale Konzentration der Spitzenvereine gänzlich ausblieb.
Für die Bewegungsspieler sollte es nicht die einzige Enttäuschung bleiben. Dabei gingen sie durchaus optimistisch in die Saison. Schließlich war „Knölle" Rutz' Sperre endlich aufgehoben worden, hatte man sich im August 1933 beim 4:4 im freundschaftlichen Wettstreit gegen Vizemeister Schalke 04 glänzend präsentiert und war von rund 10.000 Fans in der frisch eröffneten Adolf-Hitler-Kampfbahn mit Beifall verabschiedet worden. Kaum hatte jedoch der Ligaspielbetrieb begonnen, zeigte der VfB seine gewohnten Schwächen: Weder vermochte er so etwas wie Heimstärke zu entwickeln (lediglich drei Siege!) noch war Konstanz zu entdecken. So kämpften sich die Weiß-Roten zwar immer wieder an das Spitzenfeld um Überraschungsteam Union Böckingen heran, erlitten jedoch im entscheidenden Moment stets Niederlagen. Prompt kriselte es vereinsintern. Beim abschließenden 1:4 gegen die Sportfreunde (»Schwäbischer Merkur«: „Wohl selten hatte man ein solch schwaches Meisterschaftsspiel gesehen.") verzichtete der VfB nämlich gleich auf acht Stammspieler – und nicht alle waren verletzt...

[SPIEL]

VfB 4:4 Ulmer FV 94

Torfestival

VfB verspielt 4:0-Vorsprung

Am letzten Tag des Jahres 1933 bekommen die Fans noch einmal etwas ganz Besonderes geboten: Acht Treffer und ungewohnte Dramatik! Davon ist zunächst keineswegs auszugehen, denn mit dem Ulmer FV 1894 kommt ein Team zu den drei Pappeln, das nichts anderes als den Abstieg vermeiden will. In der ersten Halbzeit läuft alles wie erwartet: Gastgeber VfB zelebriert seinen Kombinationsfußball, weist mit Eugen Speidel und Erwin Haaga zwei brandgefährliche Stürmer auf und besitzt in Kotz einen hervorragenden Ersatz für den verletzten Blum. Viermal ist Ulms Abwehr machtlos. Angesichts der geruhsamen Pausenführung freuen sich die rund 4.000 Zuschauer auf eine entspannte zweite Halbzeit. In der drehen die Donaustädter den Spieß jedoch um. Die schon in der ersten Halbzeit zu beobachtenden Ulmer Angriffe weisen plötzlich die zuvor vermisste Gefährlichkeit auf. Angeführt vom überragenden „Schorsch" Wurzer reißen die Spatzen das Spiel erfolgreich an sich. Die Zuschauer trauen ihren Augen kaum, als der Underdog Tor um Tor erzielt. Gastgeber VfB Stuttgart kann am Ende froh sein, mit dem 4:4 zumindest einen Punkt gerettet zu haben...

■ Im Oktober 1933 flatterten die Fahnen auf dem Wasen auf Halbmast. Grund: Ehrenvorsitzender **Graf von Beroldingen**, „Vater" des VfB-Platzes und elementarer Förderer beim erfolgreichen Neubeginn des Vereins nach dem 1. Weltkrieg, war 48-jährig im Verlauf einer Gallensteinoperation überraschend verstorben. Ganz Stuttgart nahm Abschied von dem beliebten Flieger, der auf dem Pragfriedhof seine letzte Ruhe fand. „Wir haben unseren Besten verloren", trauerte VfB-Vorsitzender Hans Kiener.

[EREIGNIS]

Unterm Hakenkreuz

VfB als „Hort nationaler Gesinnung"

Hitlers Machtantritt stieß beim VfB auf begeisterte Zustimmung. Der Klub hatte den nationalsozialistischen Kurs schon lange vor dem 30. Januar 1933 unterstützt. Man hatte sogar seinen Sportplatz für NSDAP-Veranstaltungen zur Verfügung gestellt, als dies noch keineswegs opportun gewesen war. Seitens der Stadt war daraufhin prompt mit einer Platzkündigung gedroht worden. Personifiziert wurde die VfB-Nähe zum Nationalsozialismus in erster Linie durch den Vereinsvorsitzenden Hans Kiener (Foto oben rechts) und VfB-Jugendleiter Gustav Bluthardt. Kiener trat bereits 1932 in die NSDAP ein und erinnerte im Januar 1933 stolz daran, dass der VfB schon seit längerem ein „Hort nationaler Gesinnung" und eine „Trutzburg gegen alles Undeutsche" sei. Wenn es galt, „dem Vaterland zu dienen, hat der VfB nie nach seinem eigenen Wohlergehen gefragt, sondern immer den eigenen Nutzen dem der guten Sache hintangestellt", befand der Gewerbeschullehrer. Auch Jugendleiter Gustav Bluthardt engagierte sich früh für Hitler und gehörte schon seit dem 1. Juni 1931 der NSDAP an. 1925 vom Turnverein Cannstatt zum VfB gekommen, hatte er seine Laufbahn 1929 aufgrund einer Meniskusverletzung vorzeitig beenden müssen und sich anschließend der Nachwuchsförderung zugewandt. Im Februar 1935 schwärmte Vorsitzender Kiener, Bluthardt habe „in der Jugendarbeit eine Richtung gewiesen, die ganz im Sinne des Staates und der größten Jugendbewegung der Welt, der HJ" sei. Beim VfB wurde das gesamte Vereinsleben der neuen politischen Linie unterworfen. Aus dem Vereinsvorsitzenden wurde nun ein Vereins*führer*, der nicht mehr gewählt sondern bestimmt wurde. Ein so genannter „Dietwart" kümmerte sich fortan um die politische „Schulung" der Sportler, und jüdische bzw. nichtarische Mitglieder wurden ungeachtet ihrer Verdienste kurzerhand ausgeschlossen.

Die Adolf-Hitler-Kampfbahn kurz nach ihrer Einweihung zum 15. Deutschen Turnfest. Im Hintergrund weitere Spielplätze sowie die Umkleidezelte für die Aktiven.

[EREIGNIS]

Als der Führer kam

Adolf-Hitler-Kampfbahn eingeweiht

„Endlich ein Stadion im Schwabenlande“, posaunte der „Fußball“ im Juli 1933. Nach vielen Jahren des Verhandelns und Hoffens hatte Stuttgart endlich ein vorzeigbares Großstadion bekommen und damit den Anschluss an süddeutsche Fußball-Großstädte wie Frankfurt und München geschafft. Möglich geworden war der Stadionbau, weil Stuttgart am 2. Oktober 1929 den Zuschlag für die Ausrichtung des Deutschen Turnfestes 1933 erhalten hatte.

Schon seit 1925 existierte der „Verein Stadion Stuttgart“, der sich sehr rührig für eine große Wettkampfstätte am Neckar eingesetzt hatte. Das letzte räumliche Hindernis war 1929 überwunden worden, als Teile des Wasen nach der Neckarregulierung nicht mehr als Überflutungsgebiet benötigt wurden.

Für 2,35 Mio. RM schufen der renommierte Stuttgarter Architekt Paul Bonatz und Dr. Schmidt vom Hochbauamt eine Arena, deren Ränge rund 35.000 Menschen Platz boten und deren Highlight eine überdachte Sitzplatztribüne war. Mit ihrem rund 14 Meter hervorragenden und freitragenden Eisenbetondach war sie ein Vorreiter in einer Zeit, in der in anderen Stadien Holztribünen mit störenden Stützpfeilern dominierten. Architekt Bonatz hatte zuvor schon den Hauptbahnhof, den Zeppelinbau und die Festhalle Feuerbach geplant und realisiert.

Am 25. Juni 1933 wurde das Großstadion vor 30.000 Neugierigen mit einem Fußball-Freundschaftsspiel zwischen Stuttgart und Nürnberg-Fürth (3:2) eingeweiht. Erster Höhepunkt war die Eröffnung des Deutschen Turnfestes 1933 am 23. Juli, zu der Reichskanzler Adolf Hitler anreiste, nach dem die Spielstätte benannt wurde („Adolf-Hitler-Kampfbahn“).

Stuttgarts langjähriger Oberbürgermeister Karl Lautenschlager, der das Turnfest nach Stuttgart geholt hatte, war zu diesem Zeitpunkt bereits von NSDAP-Mitglied Dr. Karl Strölin abgelöst worden. Für Stuttgarts Spitzenklubs boten sich mit dem neuen Stadion nun zahlreiche Möglichkeiten. Vor allem „Doppelspiele“, bei dem zwei Ligaspiele nacheinander bestritten wurden und die Zuschauer nur einmal Eintrittsgeld zahlten, erfreuten sich großer Beliebtheit. Diverse Großveranstaltungen sorgten schon bald für einen weiteren Ausbau der Kampfbahn.

Gauliga Württemberg

10.9.1933	VfB - Union Böckingen	3:3	5.000
17.9.1933	SSV Ulm - VfB	2:2	4.000
24.9.1933	VfR Heilbronn - VfB	3:4	4.000
8.10.1933	VfB - SV Feuerbach	1:2	6.000
29.10.1933	Spfr. Stuttgart - VfB	1:3	5.000
19.11.1933	Stuttgarter Kickers - VfB	1:4	8.000
26.11.1933	VfB - Stuttgarter SC	6:0	10.000
17.12.1933	1. FC Birkenfeld - VfB	4:3	800
31.12.1933	VfB - Ulmer FV 1894	4:4	4.000
7.1.1934	Union Böckingen - VfB	2:3	3.500
21.1.1934	VfB - Stuttgarter Kickers	4:0	12.000
28.1.1934	Ulmer FV 1894 - VfB	4:4	2.500
4.2.1934	SV Feuerbach - VfB	2:1	7.000
11.2.1934	VfB - SSV Ulm	3:1	2.000
25.2.1934	VfB - 1. FC Birkenfeld	1:1	2.000
4.3.1934	Stuttgarter SC - VfB	3:1	5.000
10.3.1934	VfB - Spfr. Stuttgart	1:4	2.500

Abschlusstabelle

1. Union Böckingen	16	10	2	4	44:31	22-10
2. Stuttgarter Kickers	16	10	2	4	36:30	22-10
3. VFB STUTTGART	16	6	5	5	45:35	17-15
4. Sportfr. Stuttgart	16	7	3	6	40:34	17-15
5. SV Feuerbach	16	6	4	6	33:28	16-16
6. SSV Ulm	16	5	3	8	35:47	13-19
7. Stuttgarter SC	16	5	3	8	26:37	13-19
8. Ulmer FV 1894	16	4	4	8	33:39	12-20
9. 1. FC Birkenfeld ▽	16	4	4	8	32:43	12-20
10. VfR Heilbronn* ▽	(13	3	1	9	21:33	7-19)

*am 21. Januar 1934 ausgeschlossen

Gauligakader

Abgänge: Pröfrock (Schweiz), Seybold (PSV Stuttgart)
Zugänge: Kotz (Stuttgarter Kickers), Lehmann (TSV Münster) Rutz (Sperre aufgehoben), Seybold (im Januar 1934 vom PSV zurück)

Tor		Hermann Hahn	9/1
Gerhard Vogelmann	12/0	Otto Bökle	8/6
Otto Kapp	5/0	Paul Kraft	8/1
Feld		Franz Seybold	7/0
Erwin Haaga	16/7	Otto Vollmer	7/0
Erich Koch	16/4	Karl Ellwanger	5/0
Willi Rutz	15/9	Heinrich Buck	4/0
Ernst Blum	12/0	Theophil Bausch	3/2
Eugen Speidel	12/3	Alfred Lehmann	2/1
Eugen Weidner	12/0	Eberhard Haaga	1/0
Karl Becker	11/5	Oswald Thräne	1/0
Martin Hörtig	11/0	sechs Torschützen	
Walter Kotz	10/0	unbekannt	

[SAISON]

Sturmlauf bis ins Endspiel

Also, damit hatte nun wirklich niemand gerechnet: Wie aus dem Nichts tauchte der VfB am deutschen Fußballhimmel auf und stürmte bei seiner ersten Teilnahme an der Endrunde um die Deutsche Meisterschaft gleich bis ins Endspiel! Das ganze Land staunte über eine Mannschaft, die in Willi Rutz ihren überragenden Kopf hatte und deren Namen nur Insidern etwas sagten. Als der »Fußball« im Juli 1934 eine Rangliste der 110 besten Fußballer des Reiches veröffentlichte, war darin kein einziger Bewegungsspieler aufgeführt, und auch in den Planungen von Reichstrainer Nerz fanden die Weiß-Roten keinen Platz.

Dass der vor allem von mannschaftlicher Geschlossenheit zehrende VfB bis ins Endspiel vordringen würde, war lange Zeit nicht abzusehen. Erst im November 1934 hatte die seit Saisonbeginn von Ex-SSC-Torjäger Emil Gröner betreute Elf beim 2:0-Derbysieg über die Kickers erstmals überzeugt und sich in der Rückrunde klammheimlich nach oben geschlichen. Ein regelrechtes Torfeuerwerk (7:1 gegen Feuerbach, Rutz erzielte alle sieben VfB-Treffer!, sowie 6:1 gegen die Kickers) öffnete schließlich die Meisterpforte, die mit einem 3:1 im Schlagerspiel beim SSV Ulm durchschritten wurde.

Der Endrundenauftakt ging zwar mit 0:3 bei Außenseiter Hanau 93 daneben, doch anschließend zeigten sich die Schwaben nervenstark und selbstbewusst. Mit Willi Rutz liefen sie zu Galaform auf und leiteten beim 4:1 in Fürth die Wende ein. Im Halbfinale traf der VfB auf den Düsseldorfer Stadtteilklub VfL Benrath, in dessen Reihen mit (dem allerdings verletzten) Karl Hohmann sowie Josef Rasslnberg zwei Nationalspieler standen. Doch der VfB ließ sich nicht aufhalten. „G'fährlich" Bökle sorgte in der 80. Minute für den 4:2-Schlussstand, der die Stuttgarter ins Finale nach Köln brachte Erst dort wurde ihr Siegeszug gestoppt – doch gegen Schalke 04 zu verlieren, war nun wirklich keine Schande für das Überraschungsteam der Saison.

[SPIEL]

SSV Ulm 1:3 VfB

Gaumeister VfB

Bökle und Koch sorgen für 3:1-Sieg

Halb Stuttgart scheint in Ulm zu sein. Mehr als 4.500 der rund 10.000 Besucher in der Ulmer Kampfbahn halten zu den Bewegungsspielern, denen ein Remis zur Gaumeisterschaft genügt.

Wie gewohnt greift der VfB auf sein Angriffsspiel alter Prägung zurück und hofft auf die Treffsicherheit von „Knölle" Rutz. Ulm, im modernen WM-System agierend, wird trotz des Optimismus' seiner Fans („SSV in Form, schlägt VfB enorm") vom Anpfiff an in die eigene Hälfte gedrängt. In einem unerhört scharfen Tempo entwickelt sich ein Duell, das hart an der Grenze des Erlaubten steht. Die Ulmer Abwehr hält dem Druck stand. Picard hat Rutz gut im Griff und SSV-Keeper Stadelmaier ist stets auf dem Posten. In der 22. Minute steht der Ulmer Tröger nach einem Konter plötzlich frei vor VfB-Keeper Kapp und stellt den Spielverlauf auf den Kopf. Die VfB-Fans toben. Kurzzeitig droht sogar ein Spielabbruch, weil Ulms Polizeipräsident in SS-Uniform auf das Spielfeld eilt und versucht, den Schiedsrichter zu beeinflussen. Sekunden vor dem Halbzeitpfiff versenkt Bökle eine Flanke zum Ausgleich im Ulmer Gehäuse.

Nach dem Seitenwechsel hat der VfB die Nase vorn. Rutz-Bewacher Picard ist angeschlagen, und die Cannstatter können ihr gefürchtetes Flachpassspiel aufziehen. Als Bökle in der 74. Minute eine Lehmann-Flanke zum 2:1 verwertet, ist der Sieger gefunden, zumal sich Ulms Torsteher Stadelmaier verletzt und ausscheiden muss. Sechs Minuten vor Schluss gelingt Koch sogar der Treffer zum 3:1-Endstand. Der »Fußball« lobt tags darauf: „Mit dem VfB Stuttgart ist bestimmt die spielkulturell reifste Mannschaft Meister geworden".

Otto „G'fährlich" Bökle dreht jubelnd ab. Sein Treffer zum 2:1 hat den VfB zum Meister gemacht.

[LEGENDEN]

WILLI RUTZ

„Rutz ist der ‚spiritus rektor' der VfB-Elf", berichtete der »Fußball« seinen Lesern über den Überraschungsfinalisten VfB Stuttgart. In der Tat wäre der VfB ohne „Knölle" niemals bis ins Finale vorgedrungen. Vielseitig einsetzbar, kopfballstark und eminent torgefährlich brillierte Rutz sowohl als Flankengeber und auch Torschütze. Mit insgesamt 17 Toren trug er erheblich zur Gaumeisterschaft bei und ließ sich auch in der Endrunde nicht bitten (sechs Treffer).

Für Rutz war der Finaleinzug Höhepunkt einer turbulenten Laufbahn. 1925 von der SpVgg Cannstatt zum VfB gekommen, hatte Reichstrainer Nerz ihn 1928 zwar mit zu den Olympischen Spielen nach Amsterdam nehmen wollen, doch Rutz war verletzt ausgefallen. Nach seinem Wechsel zu Rot-Weiß Frankfurt in die Wirren um die Berufsspielerdebatte geraten, musste er sich als Wirt einer Weinstube in Form halten („Jedes Viertele musste ich einzeln aus dem Keller holen – schärfstes Training") und wurde erst 1932 begnadigt. Am 1. Juli 1932 kam der Halblinke beim 4:1 in Finnland endlich zu seinem ersten Länderspiel, das allerdings auch gleich sein letztes war...

Der VfB im Endspiel um die Deutsche Meisterschaft 1935. Von links: Seybold, Kotz, Rebmann, Koch, Rutz, Lehmann, Hahn, Haaga, Bökle, Buck, Kapp.

Gauliga Württemberg

9.9.1934	VfB - Spfr. Esslingen	4:1	3.000
16.9.1934	Ulmer FV 1894 - VfB	1:0	
23.9.1934	Stuttgarter SC - VfB	2:1	6.000
7.10.1934	Union Böckingen - VfB	5:3	3.000
14.10.1934	VfB - SSV Ulm	3:2	4.000
28.10.1934	VfB - Göppinger SV	7:2	3.000
4.11.1934	VfB - Stuttgarter Kickers	2:0	18.000
11.11.1934	SV Feuerbach - VfB	1:1	4.000
18.11.1934	Spfr. Stuttgart - VfB	2:2	5.000
9.12.1934	VfB - Union Böckingen	4:1	8.000
16.12.1934	Göppinger SV - VfB	1:2	1.000
22.12.1934	VfB - Stuttgarter SC	1:5	
13.1.1935	Spfr. Esslingen - VfB	1:3	2.500
20.1.1935	VfB - Spfr. Stuttgart	3:2	5.000
10.2.1935	VfB - Ulmer FV 1894	2:2	3.000
24.2.1935	VfB - SV Feuerbach	7:1	
10.3.1935	Stuttgarter Kickers - VfB	1:6	15.000
24.3.1935	SSV Ulm - VfB	1:3	10.000

Abschlusstabelle

1. VFB STUTTGART	18	11	3	4	53:31	25-11
2. SSV Ulm	18	10	3	5	47:32	23-13
3. Stuttgarter Kickers	18	10	3	5	40:37	23-13
4. SV Feuerbach	18	7	4	7	35:34	18-18
5. Spfr. Esslingen (N)	18	6	5	7	41:38	17-19
6. Stuttgarter SC	18	7	3	8	44:42	17-19
7. Ulmer FV 1894	18	7	2	9	34:32	16-20
8. Spfr. Stuttgart	18	5	6	7	35:39	16-20
9. U. Böckingen (M) ▽	18	7	1	10	40:46	15-21
10. Göppinger SV (N) ▽	18	5	0	13	18:56	10-26

Endrunde Deutsche Meisterschaft

7.4.1935	Hanau 93 - VfB	3:0	5.000
14.4.1935	VfB - 1. SV Jena	1:2	4.000
28.4.1935	SpVgg Fürth - VfB	1:4	6.000
5.5.1935	VfB - Hanau 93	2:1	12.000
19.5.1935	1. SV Jena - VfB	2:3	10.000
26.5.1935	VfB - SpVgg Fürth	3:2	25.000

Abschlusstabelle

1. VFB STUTTGART	6	4	0	2	13:11	8-4
2. SpVgg Fürth	6	3	0	3	11:9	6-6
3. Hanau 93	6	3	0	3	8:8	6-6
4. 1. SV Jena	6	2	0	4	5:9	4-8

HF	2.6.35	VfB - VfL Benrath	4:2	16.000
F	23.6.35	Schalke 04 - VfB	6:3	74.000

Gauliga- und Endrundenkader

Zugänge: Rebmann
Trainer: Emil Gröner, in der Endrunde Fritz Teufel

Tor		Walter Kotz	21/0
Oskar Kapp	25/0	Eugen Speidel	16/10
Eugen Dietz	1/0	Gustav Rebmann	15/0
Feld		Erwin Haaga	12/2
Otto Bökle	28/19	Hermann Hahn	11/0
Alfred Lehmann	26/10	Otto Vollmer	7/0
Erich Koch	25/11	Ernst Blum	3/0
Eugen Weidner	25	Karl Baun	2/0
Heinrich Buck	24/0	Martin Hörtig	1/0
Franz Seybold	23/0	zwei Torschützen	
Willi Rutz	23/23	unbekannt	

[SPIEL]

Schalke 04 6:4 VfB

Dramatisches Endspiel

VfB schüttelt 0:4-Rückstand ab

Schon vor dem Anpfiff des Endspiels um die Deutsche Fußballmeisterschaft 1935 sind sich alle einig: Gegen Schalke 04 ist kein Kraut gewachsen. Und tatsächlich: Das berühmte Kreiselspiel mit dem von einer Meniskusoperation genesenen Fritz Szepan liest dem arg von Lampenfieber geplagten Endspielnovizen gehörig die Leviten: Mit einem soliden 3:0 geht Schalke in die Pause.
Doch der VfB enttäuscht keinesfalls. Ausgemergelt von einer langen Nacht – das Quartier „Hotel Fürstenhof" entpuppte sich als Tanzschuppen, in dem es bis zum Morgen hoch her ging – und geschwächt durch den Ausfall von Verteidiger Weidner (dessen Position „Bubi" Kotz einnimmt), brauchen die Weiß-Roten schlicht und einfach Zeit, um sich auf Spiel und Gegner einzustellen. Nach dem Seitenwechsel sieht man dann eine andere Schwaben-Elf. Mit umgestelltem Angriff – Bökle steht nun in der Mitte, Haaga auf Linksaußen, Koch linksinnen – muss der VfB zunächst sogar das 0:4 hinnehmen, vermag aber anschließend binnen nur zwei Minuten auf 2:4 zu verkürzen. Plötzlich sind die 70.000 Fans im Müngersdorfer Stadion wieder hellwach – sollte da etwa doch noch…?
Die letzte halbe Stunde gehört zum unterhaltsamsten, was die deutsche Fußballgeschichte zu bieten hat. Während die Schwaben auf den dritten Treffer drängen, zeigt Schalke ungewohnt Nerven. Doch mitten in der VfB-Drangperiode erspäht Rudi Gellesch eine Lücke in der VfB-Deckung und kann auf 5:2 erhöhen. Noch einmal bläst der VfB zum Angriff. Ausgerechnet der große Fritz Szepan leistet sich in der 77. Minute einen bösen Schnitzer, den „Fifi" Koch zum 5:3 ausnutzen kann.

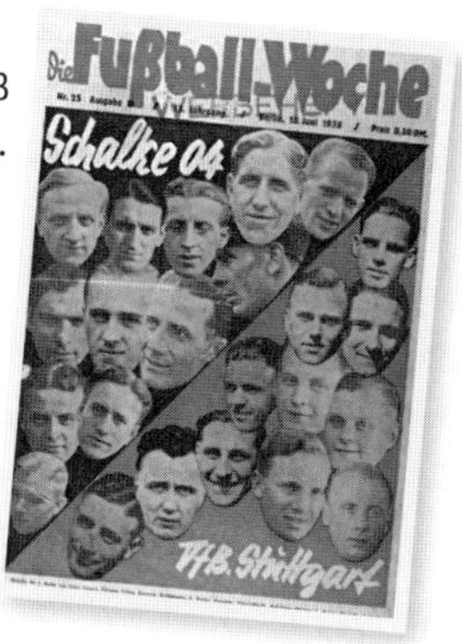

Neue Hoffnung? Nein! Der Minutenzeiger hat seine nächste Runde noch nicht vollendet, da ist der alte Abstand schon wieder hergestellt. Zwei Minuten vor Schluss erzielt Rutz dann noch das 6:4.
Trotz der Niederlage überwiegt Stolz im Schwabenlager, steht das Ländle Kopf, als die Elf heimkehrt. Schon in Bietigheim wird der Zug von einer jubelnden Menschenmenge begrüßt, und am Stuttgarter Hauptbahnhof warten blumengeschmückte Wagen, mit denen es im Triumphzug in Richtung Cannstatt geht.

Schalke: *Mellage – Bornemann, Nattkämper – Tibulski, Szepan, Valentin – Kalwitzki, Gellesch, Poertgen, Kuzorra, Urban* ◆ ***VfB:*** *Kapp – Seibold, Kotz – Rebmann, Buck, Hahn – Koch, Rutz, Haaga, Bökle, Lehmann* ◆ ***Tore:*** *1:0 Urban (4.), 2:0 Poertgen (37.), 3:0 Gellesch (40.), 4:0 Poertgen (53.), 4:1 Bökle (55.), 4:2 Bökle (57.), 5:2 Kalwitzki (65.), 5:3 Koch (77.), 6:3 Poertgen (78.), 6:4 Rutz (88.)* ◆ ***SR:*** *Best (Frankfurt).* ***ZS:*** *74.000 im Köln-Müngersdorfer Stadion*

[SAISON]

Rückfall in alte Zeiten

„Was ist los mit dem VfB?", fragte das Fachblatt »Fußball« in seiner Ausgabe vom 17. Dezember 1935 ratlos. Gerade hatte der Titelverteidiger zum dritten Mal in Folge nicht gewonnen und musste sich glücklich schätzen, gegen den Aufsteiger und Lokalrivalen SpVgg Cannstatt zumindest ein 3:3 erstritten zu haben. Von der Frechheit und Frische, mit denen die Bewegungsspieler nur wenige Monate zuvor noch bis ins Endspiel um die Deutsche Meisterschaft vorgedrungen waren, sah man nichts mehr. Verunsichert von ständigen Personalwechseln, durch einen unzumutbaren Spielplan in seinem Rhythmus gestört (zwischen dem zweiten und dritten Saisonspiel lagen fünf Wochen Pause!) und von den Erwartungen der Zuschauer regelrecht erdrückt, erstarrte der VfB in Hilflosigkeit.

Hinzu kam Pech in der Personalfrage. So hatte man weder den Münchner Nationalspieler „Lutte" Goldbrunner noch das Kornwestheimer Mittelstürmertalent Hermann Seitz zum Wasen locken können. Stattdessen war der Waldhöfer Flügelstürmer Kurt Schäfer gekommen, der sich beim 5:1 über Ulm 94 mit fünf Treffern bestens einführte. Den frischgebackenen Nationalspieler Otto Bökle plagten unterdessen über die gesamte Hinrunde Rückkehrgedanken zu seinem Stammklub FV Zuffenhausen. Bökle blieb dann aber doch auf dem Wasen.

Dass es ein schweres Jahr werden würde, zeichnete sich früh ab. Im August wohnten rund 40.000 Fans in der Adolf-Hitler-Kampfbahn einem 2:9 im Freundschaftsspiel gegen Schalke 04 bei, das nachdenklich machte. Als eine Woche später auch das Debüt im Wettbewerb um den erstmals ausgespielten von-Tschammer-Vereinspokal gegen Augsburg verloren ging, war endgültig klar, dass aus der Wiederholung des Vorjahreserfolges wohl nichts werden würde. Doch es kam noch schlimmer, denn nach einer 3:4-Niederlage gegen die Sportfreunde beendet der VfB die Saison nur als Dritter. Wahrlich ein Rückfall in längst vergessen geglaubte Zeiten.

[SPIEL]

VfB 2:9 Schalke 04

Debakel statt Revanche

Schalke 04 überfährt VfB mit 9:2

Die 40.000 im weiten Rund der Adolf-Hitler-Kampfbahn zeigen sich sichtlich beeindruckt. „Schalke erobert die Stadt seines Endspiel-Rivalen", wird der »Fußball« tags darauf schreiben, denn „nie wurde einem Vertreter süddeutschen Fußballs so mitgespielt, das ist die betrübliche Erkenntnis, die schon nach der ersten Halbzeit sich aufdrängte". Dabei fängt es für den VfB so hoffnungsvoll an. Keine fünf Minuten sind am 25. August 1935 beim als „Endspielrevanche" deklarierten Freundschaftsspiel vergangen, als zum ersten Mal der Torjubel den Rotenberg hinaufrauscht: Eine schöne Kombination hat dem VfB die Führung beschert. Nur wenige Minuten später nimmt das Schicksal jedoch seinen Lauf, verharrt VfB-Keeper Schnaitmann beim Ausgleich durch Kalwitzki regungslos auf der Linie. Als derselbe Spieler fünf Minuten später die gesamte VfB-Deckung schwindelig spielt und das 2:1 erzielt, hat sich das Spiel endgültig gedreht. „Die elf Wasenleute waren völlig außer Rand und Band und mussten zeitweise mit sich spielen lassen", staunt der Stuttgarter »NS-Kurier« später, denn beim VfB läuft nichts mehr. Kein Druck nach vorne, Probleme in der Abwehr und eine Läuferreihe, die kein Bein mehr an die Erde bekommt. Die Folge ist ein Torhagel, bei dem einige Stuttgarter Fans mit fliegenden Fahnen ins Lager des Gegners aus Gelsenkirchen wechseln. Sehr zum Ärger jener treuen VfB-Anhänger, die das Debakel still erdulden. „Für mei Geld derf i schreie – i will Tore sehe...", giftet ein erboster VfB-Fan seinen Nachbarn an, der ihn der Parteinahme für den Gegner bezichtigt.

Schlimmer hätte die Saison für den VfB kaum beginnen können...

[LEGENDEN]

OTTO BÖKLE

Irgendwie drehte sich 1935 alles um Otto Bökle. Drei Jahre zuvor aus Zuffenhausen gekommen, feierte der Halbstürmer endlich seinen Durchbruch. Im Endspiel um die Deutsche Meisterschaft erzielte er zwei der vier VfB-Treffer und am 13. Oktober 1935 berief ihn Reichstrainer Nerz im Rahmen der Olympiavorbereitungen sogar ins Nationalteam. Doch der gelernte Monteur hatte das Pech, beim 3:1 gegen Lettland in einer bunt zusammengewürfelten und wenig harmonierenden Elf zu stehen. Bökle wurde anschließend nie wieder in die Nationalelf berufen und konnte seinen Ruf als „der G'fährlich" nur noch in Stuttgart unter Beweis stellen. Das wiederum war 1935 mitunter fraglich – nach Zuffenhausens Aufstieg wäre Bökle nämlich am liebsten zu seinem Stammverein zurückgekehrt. Schließlich blieb er dem VfB jedoch treu und beendete erst 1949 nach weit mehr als 200 Spielen seine Laufbahn.

Gauliga Württemberg

8.9.1935	Spfr. Esslingen - VfB	1:1	6.000
15.9.1935	SSV Ulm - VfB	0:4	5.000
20.10.1935	VfB - Ulmer FV 1894	5:1	5.000
27.10.1935	Spfr. Stuttgart - VfB	2:2	4.000
3.11.1935	VfB - SpVgg Cannstatt	2:3	5.000
10.11.1935	SV Feuerbach - VfB	1:3	4.000
17.11.1935	VfB - Stuttgarter Kickers	2:2	10.000
24.11.1935	FV Zuffenhausen - VfB	2:1	4.000
8.12.1933	VfB - Stuttgarter SC	2:3	
15.12.1935	SpVgg Cannstatt - VfB	3:3	3.000
21.12.1935	VfB - Spfr. Esslingen	3:2	2.500
5.1.1936	VfB - SSV Ulm	2:2	4.000
19.1.1936	Ulmer FV 1894 - VfB	0:3	
26.1.1936	VfB - FV Zuffenhausen	4:1	3.500
9.2.1936	VfB - SV Feuerbach	4:2	
16.2.1936	Stuttgarter Kickers - VfB	4:1	15.000
1.3.1936	Stuttgarter SC - VfB	0:3	4.000
15.3.1936	VfB - Spfr. Stuttgart	3:4	

Abschlusstabelle

1.	Stuttgarter Kickers	18	11	5	2	51:23	27-9
2.	Spfr. Stuttgart	18	8	6	4	41:31	22-14
3.	VFB STUTTGART (M)	18	8	5	5	48:33	21-15
4.	SSV Ulm	18	10	1	7	45:31	21-15
5.	Stuttgarter SC	18	8	4	6	38:34	20-16
6.	Spfr. Esslingen	18	7	3	8	34:36	17-19
7.	FV Zuffenhausen (N)	18	6	5	7	28:33	17-19
8.	SpVgg Cannstatt (N)	18	6	5	7	24:35	17-19
9.	Ulmer FV 1894 ▽	18	7	1	10	25:44	15-21
10.	SV Feuerbach ▽	18	0	3	15	19:53	3-33

von-Tschammer-Pokal

VR	1.9.35	VfB - BC Augsburg	3:4 n.V.	2.000

Gauligakader

Zugänge: Schäfer (SV Waldhof)
Trainer: Fritz Teufel

Tor		Gustav Rebmann	13/0
Ernst Schnaitmann	14/0	Willi Rutz	13/4
Oskar Kapp	4/0	Kurt Schäfer	13/9
Feld		Heinrich Buck	8/1
Walter Kotz	18/1	Karl Baun	6/0
Alfred Lehmann	18/5	Eugen Weidner	6/0
Franz Seybold	18/0	Hermann Hahn	4/0
Otto Bökle	16/13	Eugen Speidel	1/0
Erwin Haaga	16/4	Bauer	1/0
Erich Koch	14/3	+ ein Eigentor, sieben	
Paul Kraft	13/3	Torschützen unbekannt	

Nach dem 8:1 über Böckingen stellt sich der neue Gaumeister den Fotografen. Stehend v. l.: Seybold, Haaga, Kraft, Schnaitmann, Lehmann, Pröfrock, Schäfer, Hahn. Vorn: Koch, Rutz, Weidner.

[SPIEL]

Schalke 04 4:2 VfB

Schalke zum Dritten

Schiedsrichter hilft Königsblauen

So nahe wie an diesem 6. Juli 1937 ist der VfB noch nie am Sieg über Schalke gewesen! Obwohl Mittelläufer Rutz verletzt fehlt (Mattes besetzt seine Position), spielen die Schwaben im Halbfinale um die Deutsche Meisterschaft erstaunlich frech auf. Sie hadern lediglich mit ihrem Sturm sowie mit Schiedsrichter Gärtner. Der entscheidet schon in der neunten Minute nach einem unabsichtlichen Handspiel von Seybold auf Elfmeter, den Poertgen zur frühen Schalker Führung verwandelt. In der 2. Halbzeit übersieht der Unparteiische dann gleich mehrfach Abseitspositionen, ehe ein Schalker Doppelschlag in der 71. und 74. Minute dem VfB endgültig das Genick bricht und die VfB-Träume vom erneuten Endspieleinzug zerstört.

Bei aller Kritik am Unparteiischen müssen sich die Bewegungsspieler allerdings auch fragen lassen, warum ihre Sturmreihe vor dem Tor eigentlich so zaudernd agierte…

Gauliga Württemberg

27.9.1936	VfB - SpVgg Cannstatt	4:2	4.000
4.10.1936	Göppinger SV - VfB	0:1	2.000
11.10.1936	VfB - FV Zuffenhausen	3:2	3.000
18.10.1936	Spfr. Stuttgart - VfB	1:3	8.000
25.10.1936	VfB - Spfr. Esslingen	0:3	7.000
1.11.1936	Union Böckingen - VfB	4:3	4.000
8.11.1936	VfB - Stuttgarter SC	4:2	4.000
15.11.1936	SSV Ulm - VfB	5:2	4.000
29.11.1936	Stuttgarter Kickers - VfB	0:2	20.000
14.12.1936	VfB - Göppinger SV	4:2	2.500
20.12.1936	SpVgg Cannstatt - VfB	1:1	
10.1.1937	FV Zuffenhausen - VfB	1:1	
17.1.1937	VfB - Spfr. Stuttgart	5:2	7.000
24.1.1937	Spfr. Esslingen - VfB	0:2	4.000
31.1.1937	VfB - Union Böckingen	8:1	6.000
14.2.1937	Stuttgarter SC - VfB	0:0	5.000
20.2.1937	VfB - SSV Ulm	1:3	
28.2.1937	VfB - Stuttgarter Kickers	3:1	7.000

Abschlusstabelle

1. VFB STUTTGART	18	12	3	3	50:27	27-9
2. SSV Ulm	18	9	2	7	50:34	20-16
3. Spfr. Stuttgart	18	8	4	6	28:28	20-16
4. Union Böckingen (N)	18	8	4	6	31:34	20-16
5. Stuttg. Kickers (M)	18	8	3	7	44:32	19-17
6. Stuttgarter SC	18	7	5	6	41:38	19-17
7. Spfr. Esslingen	18	5	5	8	22:29	15-21
8. FV Zuffenhausen	18	6	3	9	21:34	15-21
9. SpVgg Cannstatt ▽	18	5	4	9	25:36	14-22
10. Göppinger SV (N) ▽	18	3	5	10	25:45	11-25

Endrunde Deutsche Meisterschaft

	4.4.1937	VfB - SV Kassel 06	3:0	17.000
	11.4.1937	Dessau 05 - VfB	2:1	13.000
	18.4.1937	VfB - Wormatia Worms	0:0	17.000
	25.4.1937	VfB - Dessau 05	2:0	8.000
	9.5.1937	Wormatia Worms - VfB	0:1	18.000
	23.5.1937	SV Kassel 06 - VfB	1:5	6.000

Abschlusstabelle

1. VFB STUTTGART	6	4	1	1	12:3	9-3
2. Wormatia Worms	6	4	1	1	11:3	9-3
3. SV Dessau 05	6	2	0	4	6:12	4-8
4. SV Kassel 06	6	1	0	5	7:18	2-10

HF	6.6.37	Schalke 04 - VfB	4:2	60.000
P3	20.6.37	VfB - Hamburger SV	1:0	10.000

von-Tschammer-Pokal

	26.4.36	SpVgg Freudenstadt - VfB	1:2	
	3.5.36	SpVgg Schramberg 08 - VfB	1:2	
	17.5.36	VfB - FV Zuffenhausen	3:0	
1. R	13.6.36	Wacker Marktredwitz - VfB	0:1	4.000
2. R	21.6.36	Westmark Trier - VfB	0:1	2.000
AF	6.9.36	VfB - Schalke 04	0:0 n.V.	19.000
	20.9.36	Schalke 04 - VfB	6:0	25.000

Gauliga- und Endrundenkader

Zugänge: Mattes, Pröfrock (zurück aus der Schweiz)
Trainer: Lony Seiderer

Tor		Eugen Weidner	20/0
Ernst Schnaitmann	25/0	Werner Pröfrock	17/6
Oskar Kapp	1/0	Walter Kotz	15/1
Feld		Franz Seybold	14/0
Hermann Hahn	26/1	Eugen Speidel	14/5
Paul Kraft	26/0	Otto Bökle	8/1
Erwin Haaga	25/9	Mattes	6/0
Alfred Lehmann	24/10	Kurz	1/0
Erich Koch	23/12	+ zwei Eigentore, ein	
Willi Rutz	21/5	Torschütze unbekannt	
Kurt Schäfer	20/12		

[SAISON]

Mit Seiderer kommt der Erfolg

Der Absturz in der Vorsaison hatte den VfB-Verantwortlichen die Augen geöffnet: Ohne hauptamtlichen Trainer ging es einfach nicht weiter, zumal Sportlehrer Fritz Teufel, der die Übungsstunden zuletzt geleitet hatte, die Gauauswahl übernahm. Mit dem Fürther Ex-Nationalspieler „Lony" Seiderer kam daher einer der prominentesten Vertreter seiner Zunft, der sich insbesondere um die technische Fortbildung der Mannschaft kümmern sollte. Obmann „Waggele" Haaga sowie der stellvertretende Vorsitzende Fritz Walter unterstützten ihn dabei.

In anderer Hinsicht bedeutete das Jahr 1937 noch einen viel tieferen Einschnitt in die VfB-Geschichte: Weil das Cannstatter Volksfest erweitert werden sollte und die Stadt Platz für die geplante Schwabenhalle brauchte, musste der VfB-Platz bei den drei Pappeln aufgegeben werden. 1936/37 war die letzte Spielzeit vor dem Umzug in die zwischenzeitlich entstehende neue Heimstatt unmittelbar neben der Adolf-Hitler-Kampfbahn. Sportlich war der VfB auf die Minute topfit. Sensationelle Freundschaftsspielsiege über beide 1936er Finalisten Nürnberg (5:1) bzw. Düsseldorf (6:0) deuteten schon früh das Potenzial der Wasenkicker an. Vor allem der Sturm um Erwin „Wiener" Haaga und Werner Pröfrock brillierte und erreichte beim 8:1 gegen Union Böckingen seine Sternstunde. Mit dem Kantersieg sicherte sich der VfB bereits drei Spiele vor Schluss die Gaumeisterschaft. In der Endrunde war es dann einmal mehr Routinier Rutz, der für den VfB-Erfolg verantwortlich war. Ein 5:1 beim SV 06 Kassel bescherte dem VfB den Einzug ins Halbfinale, in dem man ausgerechnet auf Schalke 04 traf. Wie 1935 fand die Partie in Köln statt, wie drei Jahre zuvor fehlte ein Leistungsträger (damals Weidner, diesmal Rutz) und wie seinerzeit hatten die Knappen auch diesmal die Nase vorn.

Am Ende reichte es immerhin zu der Erkenntnis, dass der VfB auf einem guten Weg war.

[EREIGNIS]

Erneuter Umzug

Neue Sportanlage auf dem Wasen

Der Schock war groß, als die Stadt Stuttgart zur Jahreswende 1934/35 den Pachtvertrag für den VfB-Platz aufkündigte. Aufgrund der geplanten Erweiterung des Volksfestgeländes bzw. dem Bau der Schwabenhalle musste das VfB-Areal abgerissen werden. Spätestens 1937 sollte der VfB seine erst 18 Jahre zuvor eröffnete Heimstatt verlassen, wobei die Stadt den Klub bei der Suche nach Ersatz zunächst ein wenig im Stich ließ. Erst als der 1. Vorsitzende Kiener vehement darauf hinwies, dass der VfB „nach vaterländischen und völkischen Gesichtspunkten beurteilt" stets „an erster Stelle unter den Sportvereinen in Stuttgart gestanden" habe, und warnte: „Wenn ein Verein von der Bedeutung des VfB plötzlich seinen umfangreichen Betrieb mit den wirtschaftlichen Bindungen aufhören müsste, so würde eine empfindliche Lücke im Wirtschaftsleben unserer Stadt entstehen", wurde ihm ein Ersatzgelände wasenaufwärts sowie die Unterstützung bei der Finanzierung zugesichert. Dem VfB-Boss genügte das jedoch nicht, denn er insistierte auf die Übernahme sämtlicher Kosten. Seine Beharrlichkeit zahlte sich aus: Am 10. November 1936 beschloss der Stuttgarter Beirat für Leibesübungen, die Kosten in Höhe von 140.000 RM für die Verlegung des Platze komplett zu übernehmen. Gegenleistung: 1.500 RM Pachtzins jährlich.

Das neue Gelände lag an der Untertürkheimer Gemarkungsgrenze und grenzte an den PSV-Sportplatz bzw. die Adolf-Hitler-Kampfbahn. Ex-Ligatorhüter Werner Gabriel übernahm als Architekt die Planung für die neue VfB-Heimat, die drei Spielfelder, ein Stadion mitsamt Zuschauerwällen und eine 900-Plätze-Tribüne sowie ein Klubhaus umfasste. Bereits am 7. Mai 1937 konnte das Richtfest begangen werden.

Am 7. August desselben Jahres eröffnete Stuttgarts Oberbürgermeister Dr. Strölin schließlich die Stätte in der Hoffnung, „dass auf diesem Platz in echter Sportkameradschaft nur das eine Ziel angestrebt wird, nämlich alle Kraft des Körpers und des Willens einzusetzen für den Dienst an Führer, Volk und Vaterland".

Das neue Gelände konnte sich wahrlich sehen lassen. Bauherr Gabriel hatte Tribüne und Klubhaus so platziert, dass von der „Industrie mit ihrem wenig schönen Anbau möglichst viel verdeckt wird" und die Besucher stattdessen einen schönen Blick auf den Rotenberg genießen konnten.

[LEGENDEN]

LONY SEIDERER

Einen besseren hätte der VfB kaum bekommen können. Leonard, von allen nur „Lony" genannt, Seiderer war ein echtes Aushängeschild der Trainerzunft. Das verdankte der gebürtige Nürnberger nicht zuletzt seinen Erfolgen als Spieler. 1926 war er mit Fürth Deutscher Meister geworden und hatte zwischen 1920 und 1924 acht Länderspiele bestritten. Seiderers Philosophie war eine Melange aus Kombinations- und Angriffsfußball. Nach dem 8:1-Kantersieg über Böckingen, mit dem der VfB Gaumeister wurde, schwärmte der »Fußball«: „Wie Lony Seiderer die VfB-Elf in dieser Spielzeit vorwärts gebracht hat, das zeigte am besten dieses Spiel. Es glitzerte im VfB-Sturm nur so von abwechslungsreichen Einfällen und technischen Feinheiten, dass es eine wahre Pracht war."

Unter Seiderer sollte dem VfB der dauerhafte Anschluss an die deutsche Fußballelite gelingen. Die Ära Seiderer endete jedoch tragisch: Im März 1939 musste „Lony" wegen einer schweren Krankheit ausscheiden und starb am 3. Juli 1940 im Alter von nur 45 Jahren.

Gaumeister 1938 VfB Stuttgart. V. l.: Kotz, Seybold, Bökle, Lehmann, Hahn, Kraft, Schäfer, Richt, Pröfrock, Schnaitmann, Koch.

[SPIEL]

Kickers 0:2 VfB

Derbytriumph

40.000 feiern neuen Meister

So etwas hat Stuttgart schon lange nicht mehr erlebt: ein Lokalderby zum Saisonende, bei dem es um alles oder nichts geht! Der VfB liegt zwar mit einem Punkt Vorsprung auf Rang eins, doch der Torquotient der „Blauen" ist besser, so dass die Seiderer-Elf keinesfalls verlieren darf. 40.000 Fans lockt die Partie in die Adolf-Hitler-Kampfbahn – „Länderspielrahmen", schwärmt der »Fußball«. Schon bald nach Anpfiff durch Schiedsrichter Kronenberger ergreift der VfB die Initiative. Kotz zeigt sich als Stopper unüberwindlich, der Innensturm wird wiederholt bestens in Szene gesetzt, und als Lehmann kurz vor dem Halbzeitpfiff das 1:0 erzielt, steuert der VfB auf Siegkurs. Den Schlusspunkt setzt „Fifi" Koch, der zwar mit einem Freistoß scheitert, den Abpraller aber netzt Kraft zum 2:0 ein.

Gauliga Württemberg

3.10.1937	VfB - Spfr. Stuttgart	0:1	3.500
17.10.1936	FV Zuffenhausen - VfB	1:1	4.000
24.10.1937	VfB - Union Böckingen	5:1	7.000
7.11.1937	Spfr. Esslingen - VfB	0:1	4.000
21.11.1937	Stuttgarter SC - VfB	2:3	10.000
28.11.1937	VfB - Stuttgarter Kickers	0:0	25.000
5.12.1937	SSV Ulm - VfB	1:1	6.000
12.12.1937	VfB - Ulmer FV 1894	5:1	3.000
19.12.1937	VfR Schwenningen - VfB	0:5	
26.12.1937	VfB - FV Zuffenhausen	5:2	2.500
2.1.1938	Spfr. Stuttgart - VfB	1:2	3.500
16.1.1938	Ulmer FV 1894 - VfB	0:2	3.000
23.1.1938	VfB - Spfr. Esslingen	10:1	4.000
30.1.1938	VfB - VfR Schwenningen	7:0	2.000
6.2.1938	VfB - SSV Ulm	2:1	7.000
13.2.1938	Stuttgarter SC - VfB	1:5	4.000
6.3.1938	Union Böckingen - VfB	1:2	8.000
13.3.1938	Stuttgarter Kickers - VfB	0:2	40.000

Abschlusstabelle

1. VFB STUTTGART (M)	18	14	3	1	58:14	31-5
2. Stuttgarter Kickers	18	13	2	3	64:21	28-8
3. Union Böckingen	18	10	1	7	35:25	21-15
4. Stuttgarter SC	18	8	5	5	29:26	21-15
5. Spfr. Stuttgart	18	7	4	7	28:35	18-18
6. SSV Ulm	18	6	5	7	23:22	17-19
7. FV Zuffenhausen	18	4	6	8	23:38	14-22
8. Ulmer FV 1894	18	5	2	11	18:35	12-24
9. Spfr. Esslingen ▽	18	3	5	10	16:42	11-25
10. VfR Schw'gen (N) ▽	18	3	1	14	22:58	7-29

Endrunde Deutsche Meisterschaft

20.3.1938	VfB - BC Hartha	1:1	8.000
27.3.1938	Fortuna Düsseldorf - VfB	3:0	10.000
3.4.1938	VfB - Vorw.-Ras. Gleiwitz	7:1	4.000
10.4.1938	Vor.-Ras. Gleiwtz - VfB	0:5	6.000
24.4.1938	BC Hartha - VfB	2:1	10.000
8.5.1938	VfB - Fortuna Düsseldorf	0:2	12.000

Abschlusstabelle

1. Fortuna Düsseldorf	6	4	2	0	14:4	10-2
2. BC Hartha	6	1	4	1	8:12	6-6
3. VFB STUTTGART	6	2	1	3	14:9	5-7
4. Vorw.-Ras. Gleiwitz	6	1	1	4	9:20	3-9

von-Tschammer-Pokal

1.R	29.8.37	ASN Nürnberg - VfB	0:1 n.V.	4.000
2.R	19.9.37	VfB - Planitzer SC	2:0	3.500
AF	31.10.37	VfB - Hannover 96	2:1	10.000
VF	14.11.37	Dresdner SC - VfB	3:1	12.000

Gauliga- und Endrundenkader

Zugänge: Geiser (Heilbronn), Richt (SpVgg Cannstatt), Nagel (SV Fellbach)
Trainer: Lony Seiderer

Tor		Willi Richt	20/0
Ernst Schnaitmann	24/0	Erich Koch	19/9
Oskar Kapp	0/0	Kurt Schäfer	18/13
Feld		Otto Bökle	14/11
Alfred Lehmann	24/14	Geiser	14/5
Hermann Hahn	22/0	Eugen Weidner	12/0
Paul Kraft	22/2	Erwin Haaga	5/1
Werner Pröfrock	22/9	Willi Rutz	4/3
Franz Seybold	22/0	Lehmann II	1/0
Walter Kotz	20/0	Würtele	1/0

[SAISON]

Willi Richt löst „Knölle" Rutz ab

Die Saison lief bereits seit drei Wochen, als auch der VfB endlich ins Geschehen eingriff. Pokal- und Auswahlspiele hatten den Titelverteidiger bis dahin beschäftigt. Auf dem Wasen ging man voller Zuversicht ins Rennen. Ein 6:1-Freundschaftsspielsieg über den 1. FC Nürnberg hatte den Optimismus geschürt und man glaubte an die Verteidigung der Gaumeisterschaft.

Die Saison begann mit einer unangenehmen Überraschung, als die von Ex-Sturmführer „Männe" Heß betreuten Sportfreunde beide Punkte vom Wasen entführten. Das anschließende 1:1 auf der Zuffenhausener Schlotwiese war eine weitere Enttäuschung, die jedoch für viele Wochen der letzte Punktverlust sein sollte. Rasch zeigte sich, dass vor allem der aus Cannstatt zurückgekehrte und vielseitig verwendbare Willi Richt eine wertvolle Verstärkung war, der möglicherweise sogar in die Fußstapfen des alternden „Knölle" Rutz treten könnte. Seinen Leistungshöhepunkt erreichte der VfB im Januar, als er in zwei Spielen gleich 17 Tore schoss (10:1 gegen Esslingen, 7:0 gegen Schwenningen). In der Endrunde um die Deutsche Meisterschaft leistete sich die Elf einen Fehlstart. Ohne den erkrankten Trainer Seiderer erlitt sie ein 0:3 in Düsseldorf. Der Weg zum Gruppensieg (und damit ins Halbfinale) war damit vorzeitig versperrt.

[SAISON]

„Knölle" Rutz muss ins Tor

Als die Bewegungsspieler am 27. November 1938 sensationell mit 0:3 bei den Sportfreunden untergingen, orakelte der »Fußball« bereits: „Der VfB-Thron wackelt". Kein Wunder, denn es war das dritte sieglose Spiel in Folge, und es hatte die Sturmschwächen der Weiß-Roten brutal offen gelegt. Auf dem Wasen musste man mit gewaltigen Personalproblemen kämpfen. Torsteher Schnaitmann laborierte an einer Rippenfellentzündung, Pröfrock war nach Platzverweis im Auftaktspiel gegen Cannstatt gesperrt, und im gesamten Saisonverlauf sollte der VfB nicht einmal hintereinander in der gleichen Formation antreten können! Selbst auf der Trainerbank gab es Unruhe – Lony Seiderer musste krankheitsbedingt ab März 1939 kürzer treten. Der frühere Linksaußen Karl Becker übernahm seine Vertretung.

Wie skurril die Saison für den VfB verlief, zeigt das Beispiel von „Knölle" Rutz. Eigentlich wollte der Ex-Nationalspieler seine Laufbahn in der Reserve ausklingen lassen. Doch vor dem Derby gegen den SSC im Dezember 1938 erging ein Hilferuf an Rutz, der schnell wieder zur festen Größe wurde. Und das auf jedem Posten – als beim Rückspiel gegen die „Rotjacken" vom SSC sämtliche Torhüter ausfielen, stellte sich „Knölle" nämlich selbst zwischen die Pfosten! Dass es hinter dem Gaskessel ein peinliches 3:6 gab (nach 15 Minuten hatte der SSC vor 8.000 Zuschauern mit 4:0 geführt!), war übrigens eher der indisponierten Deckung Seybold/Richt zuzuschreiben...

Der Meister Stuttgarter Kickers um seinen neuen Star „Ed" Conen zog zeitgleich unbeirrt seine Bahnen. Hatte der Abstand zwischen „Blau" und „Rot" zur Halbserie noch einen Zähler betragen, war er auf sieben angewachsen, als die Saison zu Ende ging. Während die Kickers um die „Deutsche" stritten, ruhten auf dem Wasen die Hoffnungen auf Ex-Nationalspieler Josef Pöttinger, der im Sommer 1939 das vakante Traineramt übernehmen sollte.

Paul Kraft treibt den Ball beim 4:1-Heimsieg über den FV Zuffenhausen nach vorn.

[LEGENDEN]

FRANZ SEYBOLD

Das VfB-Eigengewächs spielte bereits mit 17 in der Ligaelf und war auf dem rechten Verteidigerposten bald unersetzlich. Furchtlos, antrittsschnell und mit bissiger Härte ausgestattet, stand Seybold in mehr als 200 Spielen seinen Mann. Einen Moment hätte der 1912 geborene Schwabe jedoch am liebsten vergessen: den Endspieltag von 1935. Da narrte ihn Schalkes trickreicher Linksaußen Ernst Kalwitzki nach Strich und Faden und brachte ihn um den größten Erfolg seiner Laufbahn. Erst spät aus sowjetischer Gefangenschaft zurückgekehrt, avancierte Seybold nach Kriegsende zum „Kaiser von Cannstatt" und bekleidete bis zu seinem Tod am 22. September 1978 zahlreiche Funktionen beim VfB – vom Trainer der Bundesligaelf (1969/70) über Geschäftsführer bis hin zum Talentespäher. 1963 führte er die VfB-Amateure zur Deutschen Amateurmeisterschaft, ehe er den Klub nach einem Krach mit Präsident Weitpert verließ und zur SpVgg 07 Ludwigsburg wechselte. Erst „MV" versöhnte die VfB-Legende wieder mit dem VfB.

Gauliga Württemberg

25.9.1938	VfB - SpVgg Cannstatt	1:1	10.000
2.10.1938	VfB - FV Zuffenhausen	4:1	4.500
16.10.1938	Union Böckingen - VfB	2:3	5.000
23.10.1938	SV Feuerbach - VfB	0:1	4.000
30.10.1938	VfB - SSV Ulm	2:0	5.500
13.11.1938	Stuttgarter Kickers - VfB	3:1	18.000
20.11.1938	Ulmer FV 1894 - VfB	1:1	4.000
27.11.1938	Spfr. Stuttgart - VfB	3:0	6.000
11.12.1938	VfB - Stuttgarter SC	1:0	4.500
8.1.1939	VfB - SV Feuerbach	5:1	4.500
15.1.1939	VfB - Ulmer FV 1894	2:1	6.000
29.1.1939	SpVgg Cannstatt - VfB	2:3	2.500
12.2.1939	FV Zuffenhausen - VfB	3:2	4.000
26.2.1939	SSV Ulm - VfB	1:1	4.000
5.3.1939	Stuttgarter SC - VfB	6:3	8.000
12.3.1939	VfB - Spfr. Stuttgart	2:1	
19.3.1939	VfB - Stuttgarter Kickers	4:4	13.000
26.3.1939	VfB - Union Böckingen	2:0	

Abschlusstabelle

1.	Stuttgarter Kickers	18	15	1	2	67:23	31-5
2.	VFB STUTTGART (M)	18	10	4	4	38:30	24-12
3.	SSV Ulm	18	9	4	5	40:28	22-14
4.	Union Böckingen	18	8	3	7	36:36	19-17
5.	Ulmer FV 1894	18	7	4	7	34:33	18-18
6.	Stuttgarter SC	18	7	3	8	30:32	17-19
7.	Spfr. Stuttgart	18	6	3	9	46:42	15-21
8.	FV Zuffenhausen	18	6	2	10	29:47	14-22
9.	SpVgg Cannst. (N) ▽	18	5	3	10	22:37	13-23
10.	SV Feuerbach (N) ▽	18	2	3	13	33:67	7-29

von-Tschammer-Pokal

1R	11.9.1938	VfB - Phönix Karlsruhe	7:1	5.000
2R	17.9.1938	VfB - Neumeyer Nürnberg	2:1	4.000
AF	9.10.1938	VfB Mühlburg - VfB	2:1	6.000

Gauligakader

Zugänge: Knerr (Sportfreunde Stuttgarter)
Trainer: Lony Seiderer (bis Ende März 1939), Karl Becker (ab März 1939)

Tor		Erich Koch	11/2
Wöhrle	11/0	Geiser	10/1
Susann	5/0	Werner Pröfrock	10/2
Kohler	1/0	Kneer	8/2
Feld		Erwin Haaga	7/2
Walter Kotz	18/0	Hermann Hahn	7/0
Willi Richt	17/0	Willi Rutz	6/1
Franz Seybold	16/1	Steinbrunner	3/1
Alfred Lehmann	14/6	Mattes	1/0
Kurt Schäfer	14/6	Wurster	1/0
Otto Bökle	13/4	zwei Torschützen	
Paul Kraft	13/0	unbekannt	
Würtele	12/0		

Kriegsmeisterschaft

Am 1. September 1939 endete die Saison 1939/40, noch ehe sie wirklich begonnen hatte. Deutschlands militärischer Angriff auf Polen war nicht nur der Auftakt zum 2. Weltkrieg, sondern zerstörte im deutschen Fußball auch viele Hoffnungen. Eine Reichsliga sollte kommen, in der die Besten des Landes regelmäßig ihre Kräfte messen wollten. Davon war nach der Mobilmachung natürlich keine Rede mehr, und so wird die Frage, ob der VfB im Konzert der Großen wohl dabeigewesen wäre, für immer unbeantwortet bleiben...

Auf dem Wasen hieß es Abschied nehmen. Im Dezember befanden sich mit Rutz, Seybold, Kraft, Erwin Haaga, Schäfer, Neuzugang Seitz sowie Geiser bereits sieben Stammkräfte in Diensten der Wehrmacht. Der zu Saisonbeginn angeheuerte Trainer Pöttinger war zu diesem Zeitpunkt längst wieder zurück in seiner Heimatstadt München, während Ex-Flügelstürmer Blum stolz das „EK II" entgegennahm – der Gebirgsjäger wurde wegen „Tapferkeit vor dem Feind" ausgezeichnet.

Fußball gespielt wurde dennoch. Im September begann eine Stadtmeisterschaft, die sich eine notdürftig zusammengewürfelte VfB-Elf am Silvestertag 1939 mit einem 4:1 über die Sportfreunde sicherte. Drei Wochen zuvor war der Gauligaspielbetrieb reaktiviert worden, wobei man nun nicht mehr von „Gauliga" sondern von „Gauklasse" sprach. Statt der gewohnten Zehnerliga gab es zwei Sechserstaffeln. Trotz ständig neuer Formationen schlugen sich die Weiß-Roten großartig und sicherten sich ungeschlagen den Staffelsieg. Voller Hoffnung ging man anschließend in die württembergische Endrunde, in der jedoch die Kickers den Sieg davontrugen. Ausschlaggebend war das 1:3 im 70. Lokalderby, dem immerhin 18.000 Zuschauer beiwohnten. So stand der VfB am Ende der ersten Kriegssaison mit leeren Hände da, zumal auch im Pokal zeitig das Aus gekommen war – in Runde eins gegen den Luftwaffen SV Göppingen, einen weiteren Protagonisten der „neuen Zeit"...

Das Fachblatt »Fußball« forderte im April 1940 zum „Großreinemachen mit Sportkitsch" auf. Auch beim VfB gingen seinerzeit unersetzliche Schätze verloren, um in Granathüllen verwandelt zu werden.

▪ Vor der Saison einigten sich VfB, Kickers und Sportfreunde, in Zukunft auf gegenseitige **Spielerabwerbungen** zu verzichten. Die drei Vereine waren entnervt vom alljährlichen „Sommertheater", das regelmäßig für Unruhe und Missstimmungen sorgte.

▪ **Hochzeitsläuten** auf dem Wasen: Im Juli 1939 liefen Franz Seybold und der von seiner Verletzung genesene Torsteher Schnaitmann jeweils in den Hafen der Ehe ein. Willi Richt und Walter Kotz feierten derweil ihre Verlobungen.

Stuttgarter Stadtmeisterschaft

17.9.1939	Stuttgarter SC - VfB	2:2	1.200
24.9.1939	VfB - FV Zuffenhausen	3:0	
1.10.1939	VfB - Allianz Stuttgart	3:0	
8.10.1939	Stuttgarter Kickers - VfB	3:3	
29.10.1939	VfB - Spfr. Stuttgart	6:1	
5.11.1939	VfB - Stuttgarter SC	2:2	
26.11.1939	VfB - Stuttgarter Kickers	3:0	
25.12.1939	FV Zuffenhausen - VfB	2:3	2.000
31.12.1939	Spfr. Stuttgart - VfB	1:4	

Gauklasse Württemberg

10.12.1939	VfR Aalen - VfB	2:10	3.000
17.12.1939	SV Feuerbach - VfB	1:3	1.200
7.1.1940	FV Zuffenhausen - VfB	1:4	
14.1.1940	VfB - SSV Ulm	1:0	
21.1.1940	VfB - Stuttgarter SC	2:2	3.000
28.1.1940	VfB - SV Feuerbach	3:1	1.000
4.2.1940	VfB - VfR Aalen	4:2	600
11.2.1940	SSV Ulm - VfB	0:3	3.500
18.2.1940	VfB - FV Zuffenhausen	10:1	
25.2.1940	Stuttgarter SC - VfB	2:3	

Abschlusstabelle Staffel 1

1. VFB STUTTGART	10	9	1	0	43:12	19-1
2. Stuttgarter SC	10	6	1	3	28:22	13-7
3. SV Feuerbach	10	5	1	4	20:19	11-9
4. SSV Ulm	10	4	0	6	24:20	8-12
5. VfR Aalen (N)	10	2	2	6	15:33	6-14
6. FV Zuffenhausen ▽	10	1	1	8	16:40	3-17

Endrunde Württemberg

17.3.1940	VfB - Stuttgarter Kickers	5:4	15.000
30.3.1940	Spfr. Stuttgart - VfB	1:3	15.000
14.4.1940	VfB - Stuttgarter SC	1:1	1.500
21.4.1940	Spfr. Stuttgart - VfB	1:3	8.000
28.4.1940	Stuttgarter Kickers - VfB	3:1	18.000
2.5.1940	Stuttgarter SC - VfB	2:5	8.000

Abschlusstabelle

1. Stuttgarter Kickers	6	5	0	1	27:9	10-2
2. VFB STUTTGART	6	4	1	1	18:12	9-3
3. Spfr. Stuttgart	6	2	0	4	10:17	4-8
4. Stuttgart SC	6	0	1	5	7:24	1-11

von-Tschammer-Pokal

1. R 16.4.39 Luftw. SV Göppingen - VfB 3:2

Gauklassenkader

Zugänge: Boß (beide VfB-Jugend), Dachtler (Spfr. Stuttgart), Rädle, Seitz (FV Kornwestheim), Würtele (VfB-Jugend)

Trainer: Josef Pöttinger (nur wenige Tage im Amt)

Tor		Otto Bökle	7/1
Oskar Kapp	15/1	Waldvogel	7/0
Feld		Würtele	6/0
Erich Koch	16/11	Hermann Seitz	5/2
Willi Richt	16/2	Rädle	3/0
Walter Kotz	14/0	Karl Becker	2/3
Kneer	13/0	Eberhard Haaga	2/0
Steinbrunner	10/4	Willi Rutz	2/1
Boß	9/3	Kurt Schäfer	2/2
Paul Kraft	9/4	Wurster	2/1
Alfred Lehmann	9/11	Dachtler	1/0
Walter Luik	9/0	Geiser	1/2
Erwin Haaga	8/4	fünf Torschützen	
Werner Pröfrock	8/3	unbekannt	

[SAISON]

Drei Minuten fehlten

Drei Minuten fehlten zum großen Triumph. Drei Minuten hätte die VfB-Abwehr am 16. März 1941 vor 15.000 Fans in der Adolf-Hitler-Kampfbahn noch durchhalten müssen, um die württembergische Gaumeisterschaft erneut auf den Wasen zu holen. Doch im packenden Lokalderby gegen Titelverteidiger Kickers hatte Kickers-Stürmer Albert Sing das Glück des Tüchtigen. 180 Sekunden vor dem Schlusspfiff staubte er einen abgeprallten Freistoß zum Tor des Tages für die „Blauen" ab – der Meistertitel ging nach Degerloch.

Es war das tragische Ende einer turbulenten zweiten Kriegssaison, in der dem VfB immerhin 88 Saisontreffer in nur 22 Ligaspielen gelangen. Der frühere Kornwestheimer Hermann Seitz hatte daran mit 21 Treffern den größten Anteil daran. Die Torflut war aber auch dem Krieg zuzuschreiben. Der hatte am 25. August 1940 nicht nur erstmals Stuttgart erreicht, als Gaisburg und Untertürkheim bombardiert worden waren, sondern zwang die Vereine jedes Wochenende zum Improvisieren. Trotz Gastspielern aus Soldatenkreisen standen insbesondere „kleinere" Klubs wie die Sportfreunde aus Esslingen oder Aufsteiger Untertürkheim vor großen Personalproblemen – und bezogen entsprechende Rekordniederlagen. Auch dem VfB gelangen zwei zweistellige Siege sowie ein spektakuläres 9:4 gegen Union Böckingen.

Trotz Platzsperre wegen Ausschreitungen bei einem Freundschaftskick gegen Feuerbach blieb der VfB in der Hinrunde ungeschlagen und lieferte sich mit dem Kronenbitter-Klub Sportfreunde ein packendes Rennen um die Tabellenführung. Als die „Grünen" in der Rückserie zusehends abfielen, konzentrierte sich alles auf das traditionelle Duell „Rot" gegen „Blau", das am 16. März 1941 auf seinen für den VfB tragischen Höhepunkt zusteuerte. Als es zwei Wochen nach dem unglücklichen 0:1 auch gegen die Sportfreunde nur zu einem 2:2 reichte, war die Saison endgültig gelaufen, hatten die Kickers ihren Titel verteidigt.

Ausgerechnet im Derby hatte der VfB das Nachsehen – hier zieht Kickers-Stürmer Weiler ab.

[SPIEL]

Kickers 1:0 VfB

Pech für den VfB

Sing trifft kurz vor Schluss

Endlich ist es da, das „Spiel der Spiele". Dem VfB genügt ein Punkt, um die Meisterschaft zu besiegeln. Doch die Bewegungsspieler haben Sorgen: Kapitän Koch hat sich einen Knöchelriss zugezogen und fällt aus. Immerhin steht Soldat und Abwehrchef Willi Richt wieder zur Verfügung, während die Kickers auf ihren reichsweit umschwärmten Stürmerstar „Ed" Conen verzichten müssen. Der VfB beginnt offensiv. Schon nach wenigen Minuten scheitert Torjäger Seitz am Außennetz. Bald kommen die „Blauen" besser ins Spiel, doch auf beiden Seiten beherrscht die Furcht, den entscheidenden Fehler zu machen, den Verlauf des Spiels. Gefahr droht nur, als Lehmann mit einem Freistoß knapp an Kickers-Keeper Deyhle scheitert und den Abpraller an die Latte hämmert. Mitte der 2. Halbzeit muss VfB-Innenstürmer Schäfer verletzt ausscheiden. In Überzahl können die Kickers das Geschehen an sich reißen. Drei Minuten vor dem Schlusspfiff fällt die Entscheidung: Ein Freistoß von Sing wird zu kurz abgewehrt, Sing kommt erneut an den Ball und bringt das Leder zum 1:0 im VfB-Gehäuse unter.

Bereichsklasse Württemberg

8.9.1940	VfB - Spfr. Esslingen	3:1	
29.9.1940	Union Böckingen - VfB	1:6	2.000
13.10.1940	VfB - VfR Aalen	2:2	1.300
	wegen Platzsperre in Aalen		
20.10.1940	SpVgg Cannstatt - VfB	2:2	1.200
27.10.1940	VfB - Stuttgarter SC	2:0	
	wegen Platzsperre auf dem SSC-Platz		
10.11.1940	VfB - SSV Ulm	2:0	
17.11.1940	SV Feuerbach - VfB	1:7	
24.11.1940	SpVgg Untertürkheim - VfB	1:12	2.000
1.12.1940	VfB - Stuttgarter Kickers	1:1	12.000
8.12.1940	Spfr. Stuttgart - VfB	1:2	2.000
15.12.1940	TSG Ulm 1846 - VfB	1:3	1.200
26.1.1941	VfB - Union Böckingen	9:4	2.000
2.2.1941	VfB - SpVgg Untertürkheim	5:3	
9.2.1941	SSV Ulm - VfB	3:3	3.000
16.2.1941	Spfr. Eßlingen - VfB	1:10	
23.2.1941	VfB - SV Feuerbach	4:2	
2.3.1941	VfB - TSG Ulm 1846	3:0	
9.3.1941	VfB - SpVgg Cannstatt	2:1	
16.3.1941	Stuttgarter Kickers - VfB	1:0	15.000
23.3.1941	Stuttgarter SC - VfB	0:1	
29.2.1941	VfB - Spfr. Stuttgart	2:2	
6.4.1941	VfR Aalen - VfB	0:7	

Abschlusstabelle

1. Stuttg. Kickers (M)	22	18	3	1	79:20	39-5
2. VFB STUTTGART	22	16	5	1	88:28	37-7
3. Spfr. Stuttgart	22	12	3	7	62:47	27-17
4. Stuttgarter SC	22	11	4	7	61:36	26-18
5. SSV Ulm	22	9	5	8	56:55	23-21
6. SV Feuerbach	22	11	1	10	50:57	23-21
7. VfR Aalen	22	9	4	9	62:59	22-22
8. TSG Ulm 1846	22	9	3	10	44:45	21-23
9. Union Böckingen	22	9	1	12	62:68	19-25
10. SpVgg U'türkh.(N)▽	22	8	2	12	46:64	18-26
11. SpVgg Cannstatt ▽	22	2	3	17	29:73	7-37
12. Spfr. Esslingen (N)▽	22	0	2	20	27:114	2-42

von-Tschammer-Pokal

	16.6.40	VfB Oberesslingen - VfB	0:6	
	13.7.40	Ludwigsburg 07 - VfB	0:6	
	28.7.40	VfB - Union Böckingen	2:1	
1. R	11.8.40	SpVgg Fürth - VfB	3:0	5.000

Bereichsklassenkader

Gastspieler: Mohn (SSV Ulm), Müller (Gmünd), Schmid (Gmünd)

Tor		Walter Luik	10/0
Ernst Schnaitmann	19/0	Alfred Lehmann	8/0
Feld		Steinbrunner	8/2
Kneer	20/0	Karl Becker	7/6
Paul Kraft	20/1	Boß	5/0
Otto Schmid	19/2	Dachtler	3/3
(2 Spiele im Tor)		Kurt Schäfer	3/2
Otto Bökle	18/5	Karch	3/0
Hermann Seitz	18/21	Mohn	3/0
Werner Pröfrock	17/5	Geiser	2/0
Müller	16/0	Rieger	2/0
Erich Koch	14/8	Eckert	1/0
Walter Kotz	14/0	Ruf	1/0
Willi Richt	12/3	30 Torschützen unbekannt	

Kein Durchkommen gab es bei der 1:3-Derbyniederlage gegen die Kickers. Hier scheitert Kurt Schäfer am aufmerksamen Kickers-Schlussmann Deyhle.

■ Personell ging es im dritten Kriegsjahr drunter und drüber. Inzwischen durften Soldaten als „**Gastspieler**" sowohl für ihren Stammklub als auch für einen Verein an ihrem Standort auflaufen. Ex-VfB-Keeper Kapp stand z. B. bei der Kriegsmarineelf Emden zwischen den Pfosten, Rieger spielte als Gastspieler bei Ulm 46. Beim VfB trugen mit Mohn und Janetzki ebenfalls soldatische Helfer das Spielkleid. Dennoch war häufig „Not am Mann". So beim 3:4 des VfB in Ulm, als mit Willi Richt ein Feldspieler zwischen den Pfosten stand, weil Otto Schmid („Gummi-Schmid") nicht aufgetaucht war. Und auf Rechtsaußen stürmte Betreuer Dr. Fritz Walter...

Wo sind Bökle und Rutz?

Feldpost A. H. Lieber „Fußball"! Kannst Du mir sagen, ob der Altnationale Rutz vom VfB. Stuttgart noch aktiv ist? Wo ist Bökle vom VfB. Stuttgart? — Antworten: Willy Rutz ist derzeit wieder in Stuttgart. Beim Kampf im Osten wurde Rutz verwundet und sieht nun in einem Lazarett in seiner Heimatstadt seiner Genesung entgegen. Otto Bökle (1935 gegen Lettland in der Nationalelf) ist nach wie vor für seinen VfB. Stuttgart aktiv. Er wirkte erst am letzten Sonntag wieder beim 9 : 2 - Sieg des VfB. über SSV. Ulm mit.

Bereichsklasse Württemberg

30.8.1941	VfB - SV Feuerbach	2:0	
7.9.1941	VfB Friedrichshafen - VfB	1:3	
21.9.1941	VfB - VfR Aalen	1:0	
12.10.1941	VfB - Spfr. Stuttgart	3:1	
19.10.1941	VfB - VfR Heilbronn	2:2	
26.10.1941	SSV Ulm - VfB	0:5	
2.11.1941	Stuttgarter SC - VfB	3:2	
16.11.1941	VfB - TSG Ulm 1846	5:1	
23.11.1941	Stuttgarter Kickers - VfB	1:3	8.000
7.12.1941	VfR Aalen - VfB	1:3	
14.12.1941	VfB - VfB Friedrichshafen	2:1	
4.1.1942	VfB - SSV Ulm	9:2	
11.1.1942	SV Feuerbach - VfB	0:3	
18.1.1942	Stuttgarter SC - VfB	1:5	
22.2.1942	VfB - Spfr. Stuttgart	3:2	
8.3.1942	VfB - Stuttgarter Kickers	1:2	8.000
29.3.1942	TSG Ulm 1846 - VfB	4:3	
12.4.1942	VfR Heilbronn - VfB	2:3	2.000

Abschlusstabelle

1. Stuttg. Kickers (M)	18	17	0	1	99:15	34-2
2. VFB STUTTGART	18	14	1	3	58:24	29-7
3. Spfr. Stuttgart	18	11	1	6	51:40	23-13
4. VfR Heilbronn (N)	18	7	3	8	45:44	17-19
5. TSG Ulm 1846	18	7	3	8	37:55	17-19
6. VfR Aalen	18	7	2	9	29:30	16-20
7. SV Feuerbach	18	6	3	9	26:46	15-21
8. VfR Friedrichsh. (N)	18	5	3	10	26:44	13-23
9. SSV Ulm ▽	18	4	4	10	25:48	12-24
10. Stuttgarter SC ▽	18	1	2	15	18:68	4-32

von-Tschammer-Pokal

20.4.41	VfL Sindelfingen - VfB	0:2
11.5.41	VfB Oberesslingen - VfB	0:1 n.V.
8.6.41	VfB - FV Kornwestheim	6:0
	weiterer Verlauf nicht eruierbar	

Spielerkader

Gastspieler: Janetzki (Oberschlesien), Mohn II (SSV Ulm)
Tor: Otto Schmid, Ernst Schnaitmann
Feld: Otto Bökle, Engel, Eugen Freitag, Josef Janetzki, Kneer, Erich Koch, Walter Kotz, Paul Kraft, Alfred Lehmann, Werner Pröfrock, Willi Richt, Kurt Schäfer, Fritz Walter
Einsätze/Tore nicht eruierbar

[SAISON]

Wieder keine Gaumeisterschaft

Die Hiobsbotschaften häuften sich in Deutschland, und der Krieg erreichte zunehmend auch die Heimatfront. Inzwischen war es längst Routine, vor dem Anpfiff eines Ligaspiels eine Trauerminute zur Ehren der „Gefallenen" durchzuführen. Die Propagandamaschine verkündete dennoch Durchhalteparolen. „Im neuen Jahr die alte Parole: Weitermachen", titelte der »Fußball« in seiner Ausgabe vom 6. Januar 1942 – eine doppeldeutige Aussage. Wie die Realität aussah, bekamen die VfB-Fans beim 1:0-Sieg über den VfR Aalen im September 1941 zu spüren – Torschütze Schmid bestieg unmittelbar nach Spielschluss den Zug Richtung Front... Zwei Monate später verließ noch ein anderer Zug Stuttgart: Die Deportation Stuttgarter Juden in Richtung der Vernichtungslager begann.
Trotz allem blieb aus sportlicher Sicht vieles unverändert, und im Fußball hieß das Duell mal wieder: „Kickers gegen den VfB". Zur Halbserie lagen die „Blauen" mit einem Zähler vor den „Roten" auf Platz eins und hatten erst eine Niederlage hinnehmen müssen – beim 1:3 gegen den VfB... Aus dem VfB-Traum, erstmals seit 1938 wieder die württembergische Gaumeisterschaft zu gewinnen, wurde dennoch nichts. Der Grund war die Niederlage im Derby-Rückspiel, das die Kickers vor 8.000 Zuschauern in der schneebedeckten Adolf-Hitler-Kampfbahn (wo inzwischen fast alle Stuttgarter Ligaspiele durchgeführt wurden) glücklich mit 2:1 für sich entschieden. Nationalstürmer „Ed" Conen erzielte eine Viertelstunde vor Schluss den entscheidenden Treffer, der dem VfB sämtliche Titelträume raubte.
Nach Saisonende mussten sich die VfB-Fans von einigen Konkurrenten verabschieden. Nachdem schon 1939 mit der SpVgg Canstatt ein Erzrivale für immer die höchste Spielklasse verlassen musste, folgten nun mit dem SSV Ulm und dem SSC gleich zwei weitere langjährige VfB-Konkurrenten, die in zusehends härter werdenden Kriegszeiten nicht mehr mithalten konnten.

[SAISON]

Entscheidungsspiel fiel aus

Was für eine Saison! Während Goebbels den „totalen Krieg" ausrief, der das Leben von Soldaten wie Zivilisten gleichermaßen diktieren sollte, überschlugen sich in der höchsten Fußballklasse Württembergs die Ereignisse. Zunächst sah alles nach einem souveränen Durchmarsch der Kickers aus. Der VfB war nach zwei schmerzhaften Niederlagen gegen die Sportfreunde (0:5!) sowie gegen die Kickers (3:4) weit zurückgefallen und konnte seine Titelambitionen nach einem 1:3 in Böckingen endgültig beiseite legen. Doch dann patzten die Kickers gegen Feuerbach, und weil das 1:3 des VfB in Böckingen am Grünen Tisch in einen Sieg umgewandelt wurde, waren die Karten plötzlich neu gemischt. Kaum hatte sich der VfB jedoch mit drei Siegen an die Tabellenspitze gesetzt, gab es den nächsten Schock: Heimpleite gegen die Sportfreunde, die nun ebenfalls Titelambitionen hegten!
Das dramatische Titelrennen kulminierte am 7. März 1943, als sich der VfB und die Kickers vor 7.000 Zuschauern in der Adolf-Hitler-Kampfbahn zum alles entscheidenden Duell gegenüber standen. Und endlich war den Weiß-Roten das Glück hold. Mit 6:2 behielten sie die Oberhand und eroberten die Tabellenführung zurück. Den Kickers half selbst ein abschließender 7:2-Kantersieg über Heilbronn nicht mehr – ihnen fehlte ein Treffer zum Titel... Da der VfB allerdings zwei Punkte am Grünen Tisch erhalten hatte, setzte die Gausportführung ein Entscheidungsspiel an, auf das die Kickers jedoch verzichteten: Sie hatten zwischenzeitlich mehrere Spieler abgeben müssen (darunter Conen, Sing, Kipp und Walz) und fühlten sich der Teilnahme an der Endrunde um die Deutsche Meisterschaft nicht mehr gewachsen. So kam der VfB kampflos zu seiner vierten Endrundenteilnahme, wo er mit einer ersatzgeschwächten Mannschaft chancenlos war. 15.000 Fans traten nach einem desillusionierenden 0:3 gegen München 1860 enttäuscht den Heimweg an.

Das letzte Endrundenspiel vor Kriegsende verlor der VfB vor heimischem Publikum mit 0:3 gegen München 1860. Mittelläufer Richt im Kopfballduell mit einem Münchner.

[EREIGNIS]

Wer spielt wo?

Die Gastspielerfrage

Im Fußball des Deutschen Reiches breitete sich zunehmend das Chaos aus. Niemand hatte mehr den Überblick, wer gerade für welchen Verein spielte. Allwöchentlich informierten die Fachblätter »Fußball« und »kicker« in „Feldpostnachrichten", wen es wohin verschlagen hatte. Auch beim VfB kamen im Saisonverlauf zahlreiche „Gastspieler" zum Einsatz. Der berühmteste war sicherlich Rudolf Gellesch aus der berühmten Schalker „Kreiselmannschaft", der immerhin viermal Deutscher Meister mit den Königsblauen geworden war. Sein Debüt auf dem Wasen misslang allerdings – der VfB unterlag den Sportfreunden mit 0:5, und Gellesch bekam gegen Goldschmidt keinen Stich...
Neben den Gastspielern waren es Fronturlauber, die die Planungen erschwerten. Als der VfB in der Endrunde auf München 1860 traf, waren von den erwarteten Urlaubern nur Haaga und Braun eingetroffen – der ersatzgeschwächte VfB verlor prompt mit 0:3. Wesentlich tragischer waren freilich die Schicksale der Spieler, die nie mehr heimkehrten. Im März 1943 trauerte der VfB z. B. um Ex-Stürmer Hermann „Männe" Heß, der als Hauptmann an der Ostfront gestorben war.

Bereichsklasse Württemberg

6.9.1942	SSV Reutlingen 05 - VfB	1:4	
13.9.1942	VfR Aalen - VfB	0:3	
27.9.1942	VfB - VfB Friedrichshafen	11:2	
4.10.1942	VfR Heilbronn - VfB	1:3	
18.10.1942	Spfr. Stuttgart - VfB	5:0	
8.11.1942	VfB - Stuttgarter Kickers	3:4	4.000
15.11.1942	TSG Ulm 1846 - VfB	1:5	
22.11.1942	VfB - SV Feuerbach	5:0	
29.11.1942	VfB Friedrichshafen - VfB	0:1	
6.12.1942	VfB - Union Böckingen	5:1	
20.12.1942	VfB - SSV Reutlingen 05	1:0	
3.1.1943	SV Feuerbach - VfB	2:5	
17.1.1943	Union Böckingen - VfB	3:1	
	später als Sieg für den VfB gewertet		
14.1.1943	VfB - TSG Ulm 1846	5:2	
31.1.1943	VfB - VfR Heilbronn	6:2	
21.2.1943	VfB - VfR Aalen	4:1	
28.2.1943	VfB - Spfr. Stuttgart	0:1	
7.3.1943	Stuttgarter Kickers - VfB	2:6	7.000

Abschlusstabelle

1.	VFB STUTTGART	18	15	0	3	67:25	30-6
2.	Stuttg. Kickers (M)	18	15	0	3	74:32	30-6
3.	Spfr. Stuttgart	18	12	2	4	69:25	26-10
4.	SSV Reutlingen (N)	18	9	2	7	38:35	20-16
5.	Union Böckingen (N)	18	7	2	9	44:49	16-20
6.	SV Feuerbach	18	7	0	11	28:49	14-22
7.	TSG Ulm 1846	18	5	2	11	33:46	12-24
8.	VfR Aalen	18	5	1	12	24:49	11-25
9.	VfR Heilbronn ▽	18	5	1	12	29:68	11-25
10.	VfB Friedrichsh. ▽	18	5	0	13	36:64	10-26

Endrunde Deutsche Meisterschaft

2.5.1943	VfB - TSV München 1860	0:3	15.000

von-Tschammer-Pokal

VR	7.6.42	Göppinger SV - VfB	2:4	
VR	21.6.42	VfB - Spfr. Stuttgart	7:2	
1.SR	19.7.42	VfB - TSG Ludwigshafen	6:1	1.500
2.SR	19.7.42	FC Mülhausen 93 - VfB	0:2	6.000
AF	30.8.42	VfB - FV Stadt Düdelingen	0:2	4,000

Spielerkader

Zugänge: Läpple (TSV Münster), Otterbach (Hedelfingen)
Gastspieler: Czaika (Fortuna Düsseldorf), Freitag (FC Mülhausen 93), Gellesch (Schalke 04), Jene (VfB Mühlburg), Leitgeb (Sturm Graz), Purhane (Wien), Radtke (Tübingen), Schöpfer (Nürnberg)
Trainer:
Tor: Jene, Kenner, Radtke, Otto Schmid, Ernst Schnaitmann
Feld: Karl Baun, Otto Bökle, Braun, Edmund Czaika, Dachtler, Eugen Freitag, Rudolf Gellesch, Erwin Haaga, Häckler, Hofmann II, Josef Janetzki, Kneer, Erich Koch, Walter Kotz, Paul Kraft, Erwin Läpple, Alfred Lehmann, Franz Leitgeb, Mohn, Ernst Otterbach, Walter Purhane, Willi Richt, Kurt Schäfer, Scherzer, Schöpfer, Hermann Seitz
Einsätze/Tore nicht eruierbar

Ein Anblick, der nur als Zeichnung erhalten ist: Der im Krieg zerstörte VfB-Platz auf dem Wasen. Die Bomben im Februar 1945 hatten den benachbarten Daimler-Benz-Werken gegolten.

[SPIEL]

VfB 3:4 n.V. Kickers

Brillanter Verlierer

Dramatisches Pokalderby

Es ist das 78. Lokalderby zwischen dem VfB und den Kickers, und es geht in die Annalen ein. Nicht etwa wegen der schwierigen äußeren Bedingungen, sondern wegen der spektakulären Ereignisse auf dem Spielfeld. Man schreibt den 1. August des vierten Kriegsjahres 1943. Im Endspiel von Württemberg geht es um den Einzug in die 1. Schlussrunde des Vereinspokals. 3.500 Zuschauer haben den Weg in die Adolf-Hitler-Kampfbahn gefunden und reiben sich die Augen. Eine Stunde lang wirbelt der VfB nach Herzenslust, spielt die „Blauen" an die Wand und geht mit 3:0 in Führung. Die Läuferreihe Bökle–Richt–Baum brilliert, Koch, Otterbach und Maile sorgen für Tore, und als Schiedsrichter Eberle Kickers-Mittelstürmer Merz vom Feld stellt, scheint das Spiel gelaufen zu sein. Dann nimmt das Unheil seinen Lauf. Ein Eigentor führt zum 1:3, dem bald darauf das 2:3 und vier Minuten vor Schluss gar der Ausgleich folgen. Fünf Minuten sind in der Verlängerung gespielt, als das 4:3 für die Kickers fällt und die Sensation perfekt ist. Eine schwache Viertelstunde hat den brillanten VfB um den verdienten Lohn seiner Arbeit gebracht – so ist Fußball!

Bereichsklasse Württemberg 1943/44

5.9.1943	Union Böckingen - VfB	1:2
12.9.1943	Göppinger SV - VfB	3:1
19.9.1943	VfB - SSV Reutlingen 05	1:6
3.10.1943	VfR Aalen - VfB	0:0
17.10.1943	VfB - FV Zuffenhausen	3:4
24.10.1943	TSG Ulm 1846 - VfB	0:0
7.11.1943	VfB - Spfr. Stuttgart	3:3
	als Sieg für den VfB gewertet	
14.11.1943	SV Feuerbach - VfB	1:5
21.11.1943	VfB - Stuttgarter Kickers	0:1
5.12.1943	FV Zuffenhausen - VfB	4:3
9.1.1944	VfB - TSG Ulm 1846	0:0
23.1.1944	VfB - Göppinger SV	1:0
6.2.1944	Spfr. Stuttgart - VfB	0:8
20.2.1944	VfB - Union Böckingen	4:1
12.3.1944	Stuttgarter Kickers - VfB	2:3
25.3.1944	SSV Reutlingen 05 - VfB	4:1
2.4.1944	VfB - VfR Aalen	3:2
9.4.1944	VfB - SV Feuerbach	1:3

Abschlusstabelle

1. Göppinger SV (N)	18	12	2	4	53:26	26-10
2. Stuttgarter Kickers	18	11	3	4	65:35	25-11
3. TSG Ulm 1846	18	9	4	5	53:28	22-14
4. VFB STUTTGART (M)	18	8	3	7	39:35	19-17
5. FV Zuffenhausen (N)	18	7	4	7	41:53	18-18
6. VfR Aalen	18	6	4	8	35:41	16-20
7. Union Böckingen	18	8	0	10	37:50	16-20
8. SV Feuerbach	18	5	4	9	44:55	14-22
9. SSV Reutlingen 05	18	7	0	11	41:57	14-22
10. Spfr. Stuttgart	18	4	2	12	32:60	10-26

von-Tschammer-Pokal 1943/44

6.6.1943	VfB - Stuttgarter SC	5:3
20.6.1943	VfR Heilbronn - VfB	3:6
18.7.1943	VfB - VfR Aalen	3:1
1.8.1943	Stuttg. Kickers - VfB	4:3 n.V.

Spielerkader 1943/44

Tor: Groß, Ernst Schnaitmann
Feld: Karl Baun, Otto Bökle, Funke, Geiger, Heckeler, Erich Koch, Kneer, Paul Kraft, Erwin Läpple, Walter Luik, Maile, Ernst Otterbach, Willi Richt, Kurt Schäfer, Scherzer (*Einsätze/Tore nicht eruierbar*)

Bereichsklasse Württemberg, St. 3, 1944/45

	VfB - FV Mettingen	4:6
	VfB - MTV Stuttgart	10:0
	SSV Reutlingen 05 - VfB	7:0
	KSG Untertürkh.-W. - VfB	2:0
	FV Mettingen - VfB	4:12
2.4.1945	VfB - KSG Untertürkh.-W.	
	beim Stande von 5:2 abgebrochen	

Tabelle bei Saisonabbruch

1. SSV Reutlingen 05	6	5	0	1	25:7	10-2
2. Spfr. Esslingen	7	3	1	3	21:15	7-7
3. Untertürkh.-Wangen	5	3	0	2	14:9	6-4
4. VFB STUTTGART	5	2	0	3	26:19	4-6
5. FV Mettingen	5	1	1	3	13:29	3-7
6. MTV Stuttgart	4	1	0	3	7:27	2-6
7. Stuttgarter SC*						

* zog sich am 2. März 1945 zurück

von-Tschammer-Pokal 1944/45

18.6.44	VfB - TSG Ulm 1846	2:1
9.4.44	VfB - KSG Kickers/Spfr.	1:2 n.V.

Spielerkader 1944/45

Zugänge: Feyler (Zuffenhausen), Langjahr (Stuttgarter SC), Schlienz (FV Zuffenhausen)
Tor: Ernst Schnaitmann
Feld: Otto Bökle, Doderer, Feyler, Knörzer, Kober, Erich Koch, Paul Kraft, Erich Langjahr, Paul Maier, Reinhardt, Willi Rutz, Seeger, Seider, Robert Schlienz, Schnee, Schunk, Seeger, Seider (*Einsätze/Tore nicht eruierbar*)

[SAISON]

Bis zum bitteren Ende

Übergangslos ging es weiter mit der Saison 1943/44 – für eine Sommerpause war keine Zeit. Für die VfB-Elf gab es nach ihrem 2:1-Auftaktsieg in Böckingen tüchtig Prügel. Erst im achten Saisonspiel gelang der nächste Sieg – zu jenem Zeitpunkt belasteten bereits 17 Gegentore das Konto der Bewegungsspieler. Wie alle Vereine litten auch sie unter Personalnöten. Beim 1:6-Debakel gegen Reutlingen hatte aus der Stammelf nur „Fifi" Koch mitgewirkt. In der Rückrunde lief es dann etwas besser, und die Weiß-Roten konnten immerhin noch auf Position vier emporklettern, die sie auch am Saisonende belegten.

Die Zeiten sollten noch härter werden. Im August 1944 wurde der ausgebombte VfB-Führer Kiener aus Stuttgart evakuiert, übernahm Dr. Walter als Interimslösung die Vereinsführung. Kiener war weiß Gott nicht als einziger betroffen – Dauerbombardements hatten inzwischen mehr als ein Drittel der 300.000 Stuttgarter zu Obdachlosen gemacht. Als am 26. September 1944 die gemeinsame Kriegsausgabe von »Fußball/kicker« ihr Erscheinen einstellte, wurde wohl auch dem letzten Fußballfreund klar, dass der Krieg trotz aller Parolen nicht mehr zu gewinnen war.

Dessen ungeachtet wurde auch 1944/45 wieder um Punkte gespielt. Allerdings war eine eingleisige württembergische Spielklasse angesichts der Reise- und Versorgungsprobleme nicht mehr durchführbar. Stattdessen wurden alle noch spielfähigen Mannschaften auf drei Staffeln verteilt. Doch die Saison konnte nicht beendet werden. Am 2. April 1945 bestritt der VfB mit dem blutjungen Zuffenhausener Robert Schlienz im Sturm gegen die KSG Untertürkheim-Wangen sein letztes Spiel. Es musste beim Stande von 5:2 wegen eines Fliegeralarms abgebrochen werden – wie schließlich die gesamte Saison.

Am 21. April 1945 betraten französische Truppen das Stadtgebiet und enthoben Oberbürgermeister Dr. Strölin des Amtes. Eine neue Zeit begann.

1945-63

VfB im Erfolgsrausch

Die 1950er Jahre wurden zur bis heute größten Erfolgsepoche des VfB Stuttgart. Zweimal Deutscher Meister, zweimal Deutscher Pokalsieger – die Weiß-Roten räumten tüchtig ab und stellten phasenweise noch vor dem 1. FC Kaiserslautern die erfolgreichste Elf der Bundesrepublik. Es war vor allem der Weitsichtigkeit der Vereinsführung zu verdanken, dass dem bundesrepublikanischen Wirtschaftswunder auch das „VfB-Wunder" folgte. Der Erfolg des Vereins verband sich untrennbar mit seinem Vorsitzenden Dr. Fritz Walter, der 1944 kommissarisch die Leitung übernommen hatte und den VfB in der Nachkriegszeit solide und verlässlich lenkte.

Mit Schwaben zum Erfolg

Der Stuttgarter Oberstudienrat war 1945 auch entscheidend daran beteiligt, dass mit der Oberliga Süd eine Spielklasse geschaffen wurde, die rasch zum Vorbild für das gesamte Bundesgebiet wurde. Dass der VfB wiederum als erster Meister der neuen Spielklasse gekürt wurde, war verdienter Lohn der Anstrengungen und einer Personalpolitik zu verdanken, die den VfB schon seit den 1920er Jahren auszeichnete. Nahezu alle Akteure, die das VfB-Spielkleid trugen, stammten aus dem Stuttgarter Raum, was zu einem einzigartigen Teamgeist führte, der die Weiß-Roten vor allem mental stärkte. Einziger Nicht-Schwabe war zunächst der frühere Schalker Karl Barufka, ehe 1948 mit dem Bayern Josef Ledl ein zweiter „Ausländer" hinzukam. Leistungsträger wie Robert Schlienz (aus Zuffenhausen), Erwin Läpple (Münster), Richard Steimle (Gaisburg), Erich Retter (Plüderhausen), Rolf Blessing (Wendlingen) sowie Torhüter Otto „Gummi-Schmid" hingegen stammten allesamt aus Schwaben!

1950 erstmals Deutscher Meister

1945/46 aus politischen Gründen noch um die Möglichkeit gebracht, die Deutsche Meisterschaft nach Stuttgart zu holen (aufgrund der ungeklärten Situation Deutschlands nach Kriegsende gab es noch keine Endrunde um die „Deutsche"), vermochte die Weiß-Roten 1949/50 niemand mehr aufzuhalten. Inzwischen hatte der gebürtige Bayer Georg „Schorsch" Wurzer das Training übernommen. Unter ihm boten die Schwaben ein gefälliges, auf hohem technischen Niveau stehendes System. „Der VfB spielt Fußball, andere Mannschaften arbeiten ihn", hieß es anerkennend über Techniker wie Blessing und Baitinger, die im Verbund mit „Siegertypen" wie Schlienz und Retter von Erfolg zu Erfolg eilten. In der Endrunde um die Deutsche Meisterschaft 1950 brillierte die Mannschaft vor allem beim 5:2 über Kaiserslautern und beim 4:1 über Fürth. Das Finale endete mit einem 2:1-Erfolg über die Offenbacher Kickers und verwandelte Stuttgart zu einer der Hochburgen im bundesdeutschen Fußball. Mehr als 300.000 Fans säumten die Straßen, als die siegreiche Elf aus Berlin heimkehrte. Glücklichster VfB-Spieler war Robert Schlienz, der zwei Jahre zuvor bei einem Autounfall den linken Unterarm verloren hatte und trotzdem unverändert Spitzenleistungen vollbrachte!

1951/52 erfolgreichste Saison

Die Meisterschaft war der Auftakt zu einer imposanten Siegesserie, die 1951/52 mit der zweiten Deutschen Meisterschaft gekrönt wurde. Ein Grund war die personelle Konstanz der Mannschaft: Mit Ausnahme der Torhüterposition, auf der Kurt Bögelein zwischenzeitlich

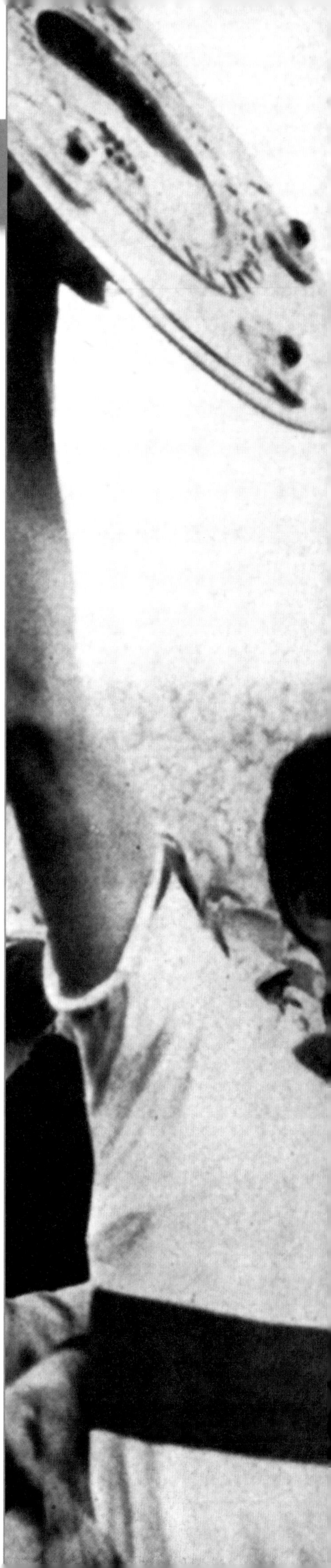

„Gummi-Schmid" abgelöst hatte, war die Meisterelf von 1950 beisammen geblieben. Mit der grandiosen Läuferreihe Schlienz–Retter–Barufka galt der VfB als die modernste Mannschaft in Deutschland und besaß im Duo Läpple/Steimle zudem die republikweit stärkste Verteidigung. Überraschenderweise konnten sich die Leistungsträger allerdings nicht in der Nationalmannschaft durchsetzen: Barufka, Bögelein, Retter und Schlienz kamen dort lediglich zu Kurzeinsätzen. Stattdessen dominierte VfB-Konkurrent und Herberger-Liebling Kaiserslautern. Abseits des Sports überzeugte der VfB unverändert durch besonnene Führungspolitik. Unter Dr. Walter blieb man „schwäbisch" und legte das Geld auf die hohe Kante bzw. investierte es in den Ausbau des Vereinsgeländes. Unterstützt wurde der VfB-Boss durch den langjährigen Spielausschussvorsitzenden Eberhard „Waggele" Haaga.

VfB wird Stuttgarts Nummer eins

Sportlich war der VfB unumstrittene Nummer eins im mittleren Neckarraum. Lokalrivale Kickers hatte sich mit einer chaotischen Vereinspolitik selbst in die Krise geführt und musste bis 1963 sogar zweimal aus der Oberliga absteigen. Die alte Rivalität war damit gebrochen. Ende der 1950er Jahre neigte sich aber auch die Erfolgsepoche des VfB allmählich ihrem Ende zu. Leistungsträger wie Barufka und Steimle hörten auf, während nachrückende Kräfte wie Waldner und Geiger zwar sportlich überzeugten, jedoch nicht mehr vom „Elf-Freunde"-Geist beflügelt waren, der den VfB zuvor ausgezeichnet hatte. Letzter großer Erfolg der zusehends mit auswärtigen Spielern besetzten Schwaben war der Pokalsieg von 1958, den der VfB auch vier Jahre zuvor schon einmal gefeiert hatte.

Krise zum Ende

Die letzten Oberligajahre bis zur Einführung der Bundesliga (1963) verliefen turbulent. Mehrfach verstrickte sich der VfB im Gewirr um das Vertragsspielerstatut des DFB, ehe die zurückhaltende Finanzpolitik zum Problem wurde. Waldner und Geiger wechselten nach Italien, frische Kräfte sollten möglichst wenig kosten, und mit Robert Schlienz wurde die Gallionsfigur der Erfolgsepoche unsanft abgeschoben. 1960 verließ auch Erfolgstrainer Wurzer den Klub, der unter Nachfolger Kurt Baluses vollends in die Krise geriet. Unter dem „Schweiger" genannten Ostpreußen wurde auch das berühmte Kombinationsspiel aufgegeben. Nur mit letzter Kraft erreichten die Bewegungsspieler 1962/63 einen Platz in der neu geschaffenen 1. Bundesliga. Ausgerechnet am einstigen Erfolgsrezept „Bodenständigkeit" sollte es nun liegen, dass der VfB den Anschluss an die neue Fußballzeit zu verpassen drohte: Was Anfang der 1950er Jahre noch richtig gewesen war, erwies sich im Zeitalter des „modernen Profifußballs" nämlich als Hemmschuh... ■

Elf der Epoche

Schmid

Läpple — Steimle

Schlienz — Retter — Barufka

Waldner — Geiger — Wehrle — Baitinger — Blessing

1945-63

[SAISON]

Zum ersten Mal Südmeister

Im Grunde genommen war es absurd: Ganz Deutschland lag am Boden. Überall ragten Trümmerberge empor, litten Menschen unter Hunger, suchten heimkehrende Soldaten verzweifelt nach ihren Familien. Und doch entsprang aus diesem Chaos die bis dahin fortschrittlichste Fußball-Spielklasse: die Oberliga Süd! Erstmals wurden die spielstärksten Mannschaften des Südens damit in einer Liga vereint. Das, was bis 1939 wiederholt vergeblich gefordert worden war, kam nun zu einem Zeitpunkt, an dem es kaum Telefon- noch Briefverkehr gab, selbst Bahnstrecken wie Stuttgart-Bad Cannstatt brachlagen und die Menschen wahrlich andere Sorgen als Fußball hatten – unglaublich!

Der federführend an der Oberligaeinführung beteiligte VfB kam glänzend aus den Startlöchern. Talente wie der Zuffenhausener Robert Schlienz sowie Erwin Läpple aus Münster ergänzten sich perfekt mit dem in Stuttgart verbliebenen Ex-Schalker „Kalli" Barufka und Routinier „Fifi" Koch.

Nach dem Gewinn des vom neuen Oberbürgermeister Arnulf Klett ausgelobten Stadtpokals (1:0-Finalsieg über die Kickers) spielten die Weiß-Roten auch gegen die Oberligakonkurrenz ihre Stärken aus. Aufgrund des zerstörten Wasenplatzes zunächst auf dem Kickersplatz spielend (ab Dezember 1945 stand dann die zunächst von den US-Truppen okkupierte ehemalige Adolf-Hitler-Kampfbahn zur Verfügung), lieferte sich die vom Leichtathleten Fritz Teufel trainierte VfB-Elf über die Saison ein packendes Titelrennen mit dem 1. FC Nürnberg. Am letzten Spieltag spitzte sich das Duell im direkten Aufeinandertreffen zu. Mehr als 50.000 Fans feierten einen Stuttgarter 1:0-Sieg, der den VfB erstmals in seiner Geschichte zum Süddeutschen Meister machte.

Ein Traumstart, an dem die Entdeckung der Saison wesentlich beteiligt war: Mittelstürmer Robert Schlienz, der mit 42 Treffern fast die Hälfte aller VfB-Tore schoss!

[EREIGNIS]

Oberligagründung

VfB spielt federführende Rolle

Es hatte einen guten Grund, dass die Einführung der Oberliga Süd ausgerechnet im größten Nachkriegstohuwabohu gelang: Es gab nämlich keine Verbände mehr, die sich mit ihren endlosen Debatten und Diskussionen den Plänen entgegenstellen konnten! Stattdessen wurde die Spielklasse von einem losen Bündnis engagierter Funktionäre geschaffen, in dem der VfB Stuttgart mit Ernst Schnaitmann, Dr. Fritz Walter, Gustav Sackmann sowie Curt Müller entscheidende Protagonisten stellte: Schnaitmann und Curt Müller hatten die Idee, eine „erste Liga, ähnlich wie in England" einzurichten, Sackmann reiste wochenlang auf Kohlenzügen und ähnlich unbequemen Vehikeln durch Süddeutschland, um für Unterstützung zu werben. Der sprachkundige Dr. Walter schwatzte unterdessen den Alliierten die notwendigen Genehmigungen ab. Als sich die Vertreter der interessierten Vereine am 22. September 1945 in der Fellbacher Gaststätte „Krone" trafen („Zu schildern, wie und unter welchen Umständen die Vereinsvertreter das Reiseziel erreichten, wäre einer besonderen Abhandlung wert", erinnerte sich der Schweinfurter Deckert später), herrschte Einigkeit: Das Amateurstatut sollte fallengelassen werden und die am selben Tag gegründete „Vereinigung der Süddeutschen Fußballklubs" alles weitere einleiten. Nachdem Stuttgarts US-amerikanischer Stadtkommandant Jackson der „Vereinigung" schließlich am 29. September 1945 die Starterlaubnis erteilt hatte, war der Weg frei. Am 4. November 1945 nahm die „Oberliga Süd" ihren Spielbetrieb auf und läutete eine neue Ära ein.

■ Wie nahezu alle Großstädte Deutschlands lag auch Stuttgart nach Kriegsende **in Trümmern.** Fast 60 % aller Gebäude im Stadtgebiet waren bei den 53 Luftangriffen zerstört worden, rund fünf Mio. Kubikmeter Schutt blockierten die Straßen und es gab mehr als 4.600 Kriegstote zu beklagen. Darunter befanden sich mit Oskar Kapp und Karl Becker auch zwei langjährige VfB-Ligaspieler. Der VfB-Platz auf dem Wasen lag ebenfalls darnieder – er war bei einem den benachbarten Daimlerwerken geltenden Angriff getroffen worden.

Oberliga Süd

4.11.1945	VfB - Karlsruher FV	3:1	6.000
11.11.1945	BC Augsburg - VfB	1:5	
18.11.1945	VfB - SpVgg Fürth	3:3	8.000
25.11.1945	Eintracht Frankfurt - VfB	2:1	
2.12.1945	VfB - Bayern München	5:0	10.000
9.12.1945	SV Waldhof - VfB	1:2	
16.12.1945	VfB - Kickers Offenbach	6:0	7.000
23.12.1945	Stuttgarter Kickers - VfB	3:2	
30.12.1945	Phönix Karlsruhe - VfB	4:3	
6.1.1946	VfB - FSV Frankfurt	4:1	
13.1.1946	Schweinfurt 05 - VfB	3:2	
20.1.1946	VfB - Schwaben Augsburg	7:0	15.000
27.1.1946	VfR Mannheim - VfB	1:2	7.000
3.2.1946	VfB - TSV München 1860	3:1	20.000
10.2.1946	1. FC Nürnberg - VfB	3:0	15.000
3.3.1946	Karlsruher FV - VfB	1:1	7.000
10.3.1946	VfB - BC Augsburg	5:2	20.000
17.3.1946	SpVgg Fürth - VfB	0:6	
31.3.1946	VfB - Eintracht Frankfurt	3:1	
7.4.1946	Bayern München - VfB	0:0	15.000
14.4.1946	VfB - SV Waldhof	1:0	
19.4.1946	Kickers Offenbach - VfB	1:6	8.000
5.5.1946	VfB - Phönix Karlsruhe	3:1	8.000
28.4.1946	VfB - Stuttgarter Kickers	1:0	45.000
12.5.1946	FSV Frankfurt - VfB	1:3	
19.5.1946	VfB - Schweinfurt 05	4:1	
26.5.1946	Schwaben Augsburg - VfB	2:3	16.000
2.6.1946	VfB - VfR Mannheim	1:0	20.000
15.6.1946	TSV München 1860 - VfB	0:3	
23.6.1946	VfB - 1. FC Nürnberg	1:0	50.000

Abschlusstabelle

1.	VFB STUTTGART	30	21	4	5	91:34	46-14
2.	1. FC Nürnberg	30	20	5	5	86:44	45-15
3.	Stuttgarter Kickers	30	17	8	5	88:51	42-18
4.	SV Waldhof	30	16	7	7	55:36	39-21
5.	Schwaben Augsburg	30	16	7	7	68:45	39-21
6.	Bayern München	30	12	10	8	67:48	34-26
7.	Schweinfurt 05	30	14	5	11	55:40	33-27
8.	BC Augsburg	30	9	10	11	49:64	28-32
9.	TSV München 1860	30	10	7	13	52:44	27-33
10.	FSV Frankfurt	30	8	10	12	44:62	26-34
11.	Eintracht Frankfurt	30	9	7	14	71:75	25-35
12.	Kickers Offenbach	30	10	4	16	60:72	24-36
13.	SpVgg Fürth	30	8	6	16	46:69	22-38
14.	VfR Mannheim	30	6	7	17	41:74	19-41
15.	Phönix Karlsruhe	30	7	4	17	54:90	18-42
16.	Karlsruher FV	30	3	7	20	33:112	13-47

Oberligakader

Zugänge: Barufka (Schalke 04), Läpple (TSV Münster), Steimle (VfR Gaisburg)

Trainer: Fritz Teufel

Tor		Erich Langjahr	28/6
Otto Schmid	29/2	Paul Kraft	26/0
Helmut Jahn	3/0	Walter Luik	26/0
Albert Pletsch	1/0	Willi Richt	26/0
Ernst Schnaitmann	0/0	Richard Steimle	22/0
Feld		Erich Koch	11/2
Otto Bökle	30/7	Walter Kotz	4/0
Erwin Läpple	30/9	Paul Maier	3/0
Alfred Lehmann	30/11	Werner Pröfrock	2/1
Robert Schlienz	30/42	Helmut Unkel	2/0
Karl Barufka	29/8	+ drei Eigentore	

Süddeutscher Meister 1946: VfB Stuttgart. V. l.: Kraft, Schlienz, Luik, Richt, Schmid, Steimle, Bökle, Lehmann, Langjahr, Barufka, Läpple.

■ Am 2. Dezember 1945 stand dem VfB erstmals die nunmehr **„Century Stadium"** genannte ehemalige Adolf-Hitler-Kampfbahn für ein Ligaspiel zur Verfügung. „Der VfB begeisterte 10.000 Zuschauer", schwärmte die »Stuttgarter Zeitung« nach dem mitreißenden 5:0-Erfolg über den FC Bayern München.

■ Gute Kontakte zu den Alliierten zahlten sich in den ersten **Nachkriegsmonaten** vielfach aus. „Wir waren 45 fast täglich im PX-Laden der US-Armee und haben ein, zwei Krüge Starkbier getrunken – nicht des Alkohols wegen, sondern wegen des Kaloriengehalts", erinnerte sich VfB-Vorsitzender Dr. Walter. Auch Vereinswirt Otto Herz („Herza-Bäck") verstand sich gut mit den Amerikanern und konnte dadurch in seinem Ecklokal an der König-Karls-Brücke regelmäßig Leckereien anbieten.

■ Wann immer es ging, begleiteten die VfB-Fans ihre Helden zu **Auswärtsbegegnungen**. Zum Spitzenspiel bei Schwaben Augsburg am 26. Mai wurde ein Sonderzug eingesetzt, der mit 3.000 Anhängern komplett ausgebucht war. Auch zur vorentscheidenden Partie bei München 1860 stand ein Sonderzug parat, „dessen Ausführung nur deshalb möglich ist, weil es sich um eine elektrische Strecke handelt und sonntags genügend Strom zur Verfügung steht" (»Stuttgarter Zeitung«). Um 7.03 Uhr in der Früh sollte es losgehen, die Heimkehr war für 23.03 Uhr anvisiert. Aufgrund einer Platzsperre für 1860 fiel die Abenteuerreise jedoch aus – die Verantwortlichen der Löwen entschieden, die Partie stattdessen in Stuttgart auszutragen.

[SPIEL]

VfB 1:0 Nürnberg

Das Meisterstück

50.000 feiern 1:0 über Nürnberg

Über 50.000 erwartungsfrohe Fans füllen die Ränge des „Century Stadiums" auf dem Cannstatter Wasen.
Der Spielplangestalter der jungen Oberliga Süd hat ein glückliches Händchen beweisen: Am letzten Saisonspieltag treffen mit dem VfB Stuttgart und dem 1. FC Nürnberg ausgerechnet jene beiden Mannschaften aufeinander, die noch im Meisterschaftsrennen verblieben sind. Schon in ihrer ersten Saison hat die Oberliga also gleich ein „Finale"!
Die Franken sind allerdings erbost. Weil München 1860 aufgrund einer ausschreitungsbedingten Platzsperre sein Heimspiel gegen den VfB kurzerhand nach Stuttgart verlegt hat, dürfen die Bewegungsspieler ausgerechnet in der Saisonschlussphase drei Mal in Folge auf eigenem Platz antreten. „Wettbewerbsverzerrung", zetern die „Club"-Verantwortlichen nicht ohne Grund.
In der kampfbetonten ersten Halbzeit diktiert der VfB das Geschehen, ohne daraus Profit schlagen zu können. Als Schiedsrichter Karl Fritz aus Oggersheim zur Pause pfeift, hat der VfB bereits zehn Ecken auf seinem Konto, aber noch kein Tor erzielt. Gleich reihenweise haben die Bewegungsspieler Großchancen ausgelassen oder sind an FCN-Keeper Lindner bzw. Abwehrchef Kennemann gescheitert.
Die Franken hadern dagegen mit dem Unparteiischen, der ihren Mittelstürmer Hans Pöschl schon nach vier Minuten des Feldes verwiesen hat, weil er den am Boden liegenden VfB-Keeper „Gummi" Schmid zu hart angegangen sein soll.
Nach dem Seitenwechsel findet die numerische Überlegenheit des VfB ihren Niederschlag. Kurz nach Wiederanpfiff schlägt Läpple eine Flanke in den Nürnberger Strafraum. Lindner fliegt vorbei und Otto Bökle kann per Kopf zur 1:0-Führung für den VfB vollenden. Mit dem Vorsprung im Rücken hat der Gastgeber das Spiel fest im Griff. Torhüter Schmid strahlt Ruhe und Gelassenheit aus, Stopper Willi Richt überzeugt durch sicheres Stellungsspiel, und nur die zu schematischen Angriffsbemühungen verärgern die Fans. Als Schiedsrichter Fritz abpfeift, dürfen sich die Cannstatter zum ersten Mal in ihrer Geschichte die Krone des besten Fußballvereins in Süddeutschland aufsetzen.
Es ist Schicksal für die offenbar prächtig durch die Kriegswirren gekommene Stuttgarter VfB-Elf, dass es noch keine Endrunde um die Deutsche Meisterschaft gibt. Denn dieses Team, da sind sich alle Experten einig, hätte allemal das Zeug, die „Deutsche" an den Neckar zu holen.

[SAISON]

Heimschwäche kostet Titel

Das Saisonfinale war symptomatisch für den gesamten Saisonverlauf: Weder gegen Absteiger Karlsruher FV noch gegen den gleichfalls zum Abstieg verdammten Neuling 1. FC Bamberg reichte es für den VfB vor kümmerlichen Kulissen (4.000 bzw. 5.000) zu einem Heimerfolg. Das Versagen auf eigenem Platz zog sich durch die gesamte Spielzeit und führte dazu, dass Titelverteidiger VfB Stuttgart auf einem enttäuschenden sechsten Rang einlief.

Das zweite Oberligajahr hatte turbulent begonnen. Weil die beiden Absteiger der Vorsaison (Karlsruher FV und Phönix Karlsruhe) gegen ihre Versetzung erfolgreich Protest eingelegt hatten, war die Oberliga auf 20 Mannschaften aufgestockt worden. Das stellte angesichts der noch längst nicht normalisierten Lebensumstände ein echtes Problem dar. Zu allem Übel kam zur „Mammutsaison" auch noch der „Jahrhundertwinter", der die Menschen mit seiner Dauer und Intensität an die Grenzen der Belastbarkeit brachte. Dass trotzdem Wochenende für Wochenende um Oberligapunkte gekickt wurde, war vor allem dem bewundernswerten Überlebenswillen der Menschen zu verdanken. Der Schlagerpartie zwischen dem VfB und dem 1. FC Nürnberg beispielsweise wohnten am 5. Januar 1947 trotz Temperaturen von minus 15 Grad mehr als 40.000 Fans bei! Der VfB verlor – „ohne Brecher und Vollstrecker erstarb der Angriff der Weiß-Roten in Schönheit. Bökle und Binkert jonglierten mit ihren technischen Künsten so umständlich, dass sie selten zum Schuss kamen", analysierte die Presse nach dem 1:2.

Spätestens als sich im November 1946 mit Karl Barufka ein elementarer Leistungsträger aus beruflichen Gründen in Richtung Pforzheim verabschiedete (Barufka hatte dort einen neuen Job bei einem Busunternehmer bekommen), brach auf dem Wasen Tristesse aus. Die Aufbruchstimmung des Vorjahres ebbte damit schon im zweiten Jahr wieder spürbar ab.

[EREIGNIS]

Neue Heimat Stadion

VfB bezieht Neckarstadion

Seit Kriegsende stand dem VfB nur noch eine Notheimat zur Verfügung. Der erst 1937 eröffnete VfB-Platz neben dem Stadion war durch Bombenangriffe ebenso schwer beschädigt worden wie große Teile des Vereinsheims. Größtes Problem war die Frage, wo der VfB seine Heimspiele austragen sollte. Nach einer Übergangsphase auf dem Kickers-Sportplatz richteten sich die Cannstatter schließlich ab Dezember 1945 im späteren Neckarstadion ein, das nach zwischenzeitlicher Konfiszierung durch die Alliierten für den VfB freigegeben worden war.

Die auf Bad Cannstatter Gebiet liegende Großarena half den Bewegungsspielern enorm, rasch wieder zu Deutschlands Fußballelite aufzuschließen. Mit ihrem gewaltigen Fassungsvermögen von bis zu 100.000 Besuchern (beim ersten Nachkriegsländerspiel 1950 gegen die Schweiz wurden sogar 115.000 Besucher gezählt!) füllte sie dem Klub nicht nur die Kasse, sondern war zudem einem ambitionierten Spitzenverein würdig.

Darüber hinaus wurde das heutige Gottlieb-Daimler-Stadion in den 1950er Jahren kontinuierlich ausgebaut. Zwischen 1949 und 1951 entstand eine offene Gegentribüne mit 4.872 Sitzplätzen. 1951 wurden die Vortribüne mit 748 Plätzen sowie der charakteristische Arkadengang eingeweiht. 1956 erhielten auch die Stehwälle in der Cannstatter bzw. Untertürkheimer Kurve Stehstufen.

Oberliga Süd

1	29.9.1946	BC Augsburg - VfB	2:4	
2	6.10.1946	VfB - TSV München 1860	5:1	
3	13.10.1946	Phönix Karlsruhe - VfB	2:0	
4	27.10.1946	Eintracht Frankfurt - VfB	1:1	15.000
5	3.11.1946	VfB - Schweinfurt 05	1:0	20.000
6	10.11.1946	Vikt. Aschaffenburg - VfB	1:2	8.000
7	17.11.1946	VfB - SV Waldhof	2:1	12.000
8	24.11.1946	VfB - TSG Ulm 1846	1:0	7.000
9	1.12.1946	Bayern München - VfB	1:3	18.000
10	8.12.1946	VfB - VfR Mannheim	4:0	12.000
11	15.12.1946	SpVgg Fürth - VfB	3:0	11.000
12	22.12.1946	VfB - Schwaben Augsburg	0:2	4.000
13	29.12.1946	Stuttgarter Kickers - VfB	1:3	22.000
14	6.1.1947	VfB - 1. FC Nürnberg	1:2	38.000
15	19.1.1947	FSV Frankfurt - VfB	0:1	15.000
16	26.1.1947	VfB - VfL Neckarau	5:1	4.500
17	2.2.1947	Karlsruher FV - VfB	2:2	10.000
18	9.2.1947	1. FC Bamberg - VfB	0:0	10.000
19	16.2.1947	Kickers Offenbach - VfB	4:1	8.000
20	9.3.1947	VfB - Phönix Karlsruhe	1:2	10.000
21	23.3.1947	VfB - Eintracht Frankfurt	7:2	12.000
22	30.3.1947	Schweinfurt 05 - VfB	0:0	7.000
23	6.4.1947	TSV München 1860 - VfB	0:0	22.000
24	13.4.1947	VfB - Vikt. Aschaffenburg	1:3	15.000
25	21.4.1947	SV Waldhof - VfB	6:0	14.000
26	27.4.1947	TSG Ulm 1846 - VfB	1:1	10.000
27	1.5.1947	VfB - BC Augsburg	3:1	12.000
28	4.5.1947	VfB - Bayern München	3:2	12.000
29	11.5.1947	VfR Mannheim - VfB	2:1	8.000
30	18.5.1947	VfB - SpVgg Fürth	2:0	7.000
31	26.5.1947	Schwaben Augsburg - VfB	3:0	12.000
32	1.6.1947	VfB - Stuttgarter Kickers	1:0	22.000
33	8.6.1947	1. FC Nürnberg - VfB	3:0	35.000
34	15.6.1947	VfB - Kickers Offenbach	3:2	10.000
35	22.6.1947	VfB - FSV Frankfurt	1:1	6.000
36	29.6.1947	VfL Neckarau - VfB	2:0	5.000
37	6.7.1947	VfB - Karlsruher FV	3:3	4.000
38	13.7.1947	VfB - 1. FC Bamberg	1:1	5.000

Abschlusstabelle

1.	1. FC Nürnberg	38	28	6	4	108:31	62-14
2.	SV Waldhof	38	22	5	11	74:54	49-27
3.	Eintracht Frankfurt	38	17	14	7	72:50	46-30
4.	TSV München 1860	38	18	8	12	67:50	44-32
5.	Kickers Offenbach	38	16	11	11	76:58	43-33
6.	VFB STUTTGART (M)	38	17	9	12	64:58	43-33
7.	Stuttgarter Kickers	38	18	6	14	90:56	42-34
8.	Schwaben Augsburg	38	17	7	14	75:51	41-35
9.	Schweinfurt 05	38	14	12	12	56:46	40-36
10.	SpVgg Fürth	38	14	10	14	56:57	38-38
11.	Bayern München	38	12	12	14	75:56	36-40
12.	VfR Mannheim	38	16	3	19	50:62	35-41
13.	TSG Ulm 1846 (N)	38	13	8	17	56:80	34-42
14.	FSV Frankfurt	38	9	15	14	35:50	33-43
15.	Vikt. Asch'burg (N)	38	13	5	20	68:111	33-43
16.	VfL Neckarau (N)	38	12	8	18	74:83	32-44
17.	BC Augsburg ▽	38	14	2	22	62:89	30-46
18.	1. FC Bamberg (N) ▽	38	12	4	22	44:75	28-48
19.	Karlsruher FV ▽	38	10	7	21	48:84	27-49
20.	Phönix Karlsruhe ▽	38	9	6	23	46:95	24-52

Oberligakader

Abgänge: Barufka (im November zum 1. FC Pforzheim). **Zugänge:** Bauer (VfB-Jugend), Binkert (Phönix Karlsruhe), Feth (Viktoria Aschaffenburg), Gack (VfB-Jugend), Hänle (Stuttgarter SC), Schwagerick (FV Zuffenhausen), Ziegler (FC Wangen)

Trainer: Fritz Teufel

Tor		Paul Maier	14/0
Otto Schmid	30/0	Hans Hänle	8/2
Walter Gack	2/0	Werner Feth	7/0
Ernst Schnaitmann	2/0	Werner Pröfrock	5/0
Feld		Heinz Schwagerick	5/0
Herbert Binkert	34/12	Fritz Ziegler	5/0
Richard Steimle	34/0	Erwin Haaga	4/0
Erwin Läpple	33/9	Willi Valentin	3/0
Robert Schlienz	33/18	Walter Kotz	2/0
Erich Langjahr	31/4	Karl Barufka	1/0
Willi Richt	27/0	Lothar Bauer	1/0
Paul Kraft	26/0	Erich Koch	1/0
Alfred Lehmann	24/5	Willi Scheer	1/0
Otto Bökle	21/12	+ zwei Eigentore	
Walter Luik	20/0		

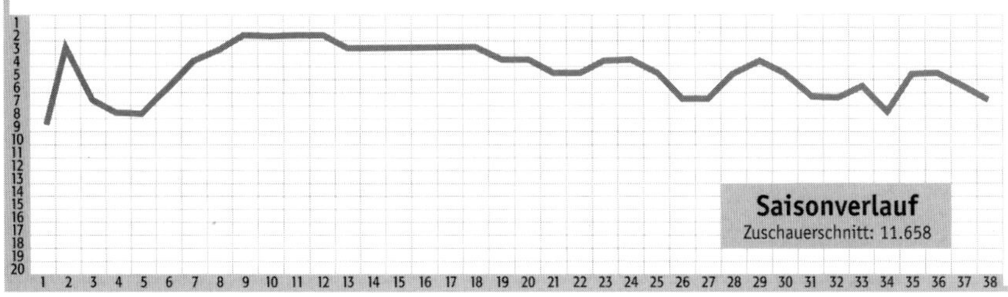

[SPIEL]

Kickers 3:4 VfB

Kickers droht Debakel

Alliierte versüßen VfB-Sieg

Vor dem Spiel gibt es eine gute Nachricht für alle Fans: Zum Weihnachtsfest 1947 erhalten die Bewohner der amerikanischen und britischen Zone zusätzlich 3.300 Tonnen Zucker – auf dem täglichen Speiseplan stehen ansonsten 500 g Brot, 50 g Fleisch und 50 g Margarine. Und dann steht auch noch das traditionsreiche Derby an, in das die Kickers nach ihrem 4:0 über Wacker München als Favoriten gehen. 35.000 Fans füllen das Neckarstadion und sind gespannt auf den berühmten Kickers-Flügel Schaletzki-Rath, der durch den kurzfristig von einer Sperre befreiten Torjäger Schmeißer ergänzt wird. Im VfB-Lager bangt man um Torhüter Schmid, der in zahnärztlicher Behandlung ist, und Paul Kraft, der an einer Kopfhautentzündung leidet. Angeführt von den erfahrenen Otto Bökle und Alfred Lehmann sieht der VfB dem 89. Lokalderby voller Zuversicht entgegen. Die Kickers gehen nach einem Conen-Treffer allerdings früh in Führung. Als Herbert Binkert bald darauf der Ausgleich gelingt, übernimmt jedoch der VfB die Regie und geht noch vor dem Seitenwechsel durch eine verunglückte Flanke von Lehmann in Führung. In Halbzeit zwei dominiert der VfB das Geschehen. Als Lehmann bzw. Kraft nach einer knappen Stunde auf 4:1 erhöhen, bahnt sich ein Debakel für die Kickers an. In der Schlussphase reißen sich die „Blauen" noch einmal zusammen und kommen durch Treffer von Schmeißer und Sosna zum insgesamt schmeichelhaften 3:4.

Oberliga Süd

1	7.9.1947	TSG Ulm 1846 - VfB	2:2	10.000
2	14.9.1947	VfB - Spfr. Stuttgart	3:1	22.000
3	21.9.1947	VfL Neckarau - VfB	2:2	8.000
4	28.9.1947	VfB - Wacker München	2:1	12.000
5	5.10.1947	TSV München 1860 - VfB	2:1	18.000
6	12.10.1947	VfB - FSV Frankfurt	4:2	11.000
7	19.10.1947	Kickers Offenbach - VfB	3:1	10.000
8	26.10.1947	VfB - VfB Mühlburg	3:2	12.000
9	2.11.1947	SpVgg Fürth - VfB	0:4	12.000
10	9.11.1947	VfB - SV Waldhof	4:0	40.000
11	16.11.1947	1. FC Nürnberg - VfB	3:1	35.000
12	23.11.1947	VfB - Eintracht Frankfurt	3:1	15.000
13	30.11.1947	VfB - VfR Mannheim	6:3	8.000
14	7.12.1947	Stuttgarter Kickers - VfB	3:4	35.000
15	14.12.1947	Bayern München - VfB	2:1	30.000
16	4.1.1948	VfB - Vikt. Aschaffenburg	1:2	12.000
17	18.1.1948	Schweinfurt 05 - VfB	2:0	6.000
18	25.1.1948	Rot-Weiß Frankfurt - VfB	1:2	10.000
19	1.2.1948	VfB - Schwaben Augsburg	2:1	12.000
20	8.2.1948	VfB - TSG Ulm 1846	1:0	9.000
21	15.2.1948	Spfr. Stuttgart - VfB	0:4	12.000
22	22.2.1948	VfB - VfL Neckarau	3:0	8.000
23	29.2.1948	Wacker München - VfB	1:0	15.000
24	7.3.1948	VfB - TSV München 1860	8:2	22.000
25	14.3.1948	FSV Frankfurt - VfB	3:1	15.000
26	21.3.1948	VfB - Kickers Offenbach	7:0	12.000
27	4.4.1948	VfB Mühlburg - VfB	1:0	18.000
28	11.4.1948	VfB - SpVgg Fürth	4:0	18.000
29	18.4.1948	SV Waldhof - VfB	2:3	18.000
30	2.5.1948	Eintracht Frankfurt - VfB	3:2	15.000
31	9.5.1948	VfR Mannheim - VfB	2:0	12.000
32	16.5.1948	VfB - Stuttgarter Kickers	1:0	48.000
33	23.5.1948	VfB - Bayern München	0:2	35.000
34	30.5.1948	Schwaben Augsburg - VfB	3:1	8.000
35	6.6.1948	VfB - 1. FC Nürnberg	1:2	35.000
36	13.6.1948	Vikt. Aschaffenburg - VfB	1:1	6.000
37	27.6.1948	VfB - Schweinfurt 05	4:2	6.000
38	4.7.1948	VfB - Rot-Weiß Frankfurt	9:3	5.000

Abschlusstabelle

1.	1. FC Nürnberg (M)	38	28	4	6	88:37	60-16
2.	TSV München 1860	38	23	6	9	77:63	52-24
3.	Stuttgarter Kickers	38	23	4	11	113:58	50-26
4.	Bayern München	38	21	8	9	72:38	50-26
5.	VFB STUTTGART	38	21	3	14	96:60	45-31
6.	SV Waldhof	38	19	7	12	77:59	45-31
7.	FSV Frankfurt	38	17	9	12	66:50	43-33
8.	VfR Mannheim	38	17	9	12	66:55	43-33
9.	Kickers Offenbach	38	15	12	11	75:55	42-34
10.	Eintracht Frankfurt	38	16	9	13	64:56	41-35
11.	Schwaben Augsburg	38	15	11	12	66:59	41-35
12.	TSG Ulm 1846	38	14	10	14	60:60	38-38
13.	Schweinfurt 05	38	13	8	17	49:53	34-42
14.	VfB Mühlburg (N)	38	13	7	18	53:59	33-43
15.	SpVgg Fürth ▽	38	15	1	22	68:86	31-45
16.	VfL Neckarau▽	38	11	8	19	48:81	30-46
17.	Vikt. Aschaffenb. ▽	38	8	9	21	46:88	25-51
18.	RW Frankfurt (N) ▽	38	9	4	25	50:99	22-54
19.	Wacker Mün. (N) ▽	38	7	7	24	41:89	21-55
20.	Spfr. Stuttgart (N) ▽	38	4	6	28	30:100	14-62

Oberligakader

Abgänge: Feth (im März zum VfL Neckarau), Gack (w.d.S. ausgeschieden), Richt (als Trainer zur TSG Oehrigen), Kotz (Laufbahnende), Luik (Calw), Schnaitmann (Laufbahnende), Schneider (w.d.S. zum VfL Witten). **Zugänge:** Autenrieth (VfB-Jugend), Barufka (im November vom 1. FC Pforzheim), Herberger (Karlsruher FV), Juert (Ulm 1846), Klein (im April aus italienischer Gefangenschaft), Retter (TSV Plüderhausen), Schneider (Mainz 05)

Trainer: Georg Wurzer (ab Mai 1947)

Tor		Alfred Juert	20/2
Otto Schmid	38/0	Paul Kraft	20/1
Walter Gack	0/0	Erich Retter	20/0
Feld		Karl Barufka	16/4
Erwin Läpple	37/9	Alfred Lehmann	16/10
Richard Steimle	37/0	Werner Feth	16/0
Robert Schlienz	36/31	Heinz Schwagerick	10/0
Johannes Herberger	35/3	Guido Klein	3/2
Herbert Binkert	34/20	Johannes Autenrieth	1/0
Erich Langjahr	33/6	Helmut Schneider	1/0
Otto Bökle	23/6	+ zwei Eigentore	
Paul Maier	22/0		

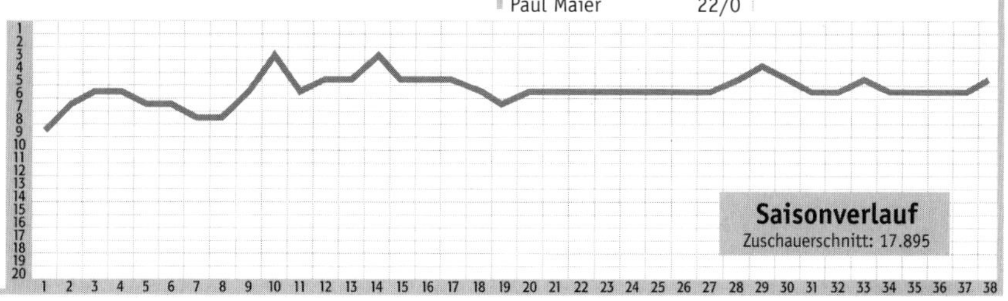

Saisonverlauf
Zuschauerschnitt: 17.895

[SAISON]

„Schorsch" Wurzer kommt

Obwohl ärztliche Untersuchungen bei vielen Spielern einen bedenklichen Gewichtsverlust aufgrund der Strapazen einer 38 Spiele währenden Saison konstatiert hatten, votierten die Oberligisten im Frühsommer 1947 bei ihrer Tagung in Fellbach mit 11:9-Stimmen für die Beibehaltung der ungeliebten 20er-Liga.

Beim VfB löste Georg „Schorsch" Wurzer den nach Mannheim wechselnden Trainer Teufel ab. Der gebürtige Bayer hatte zuvor als Gausportlehrer in Sachsen gearbeitet und nach dem Krieg die TSG Ulm 1846 in die Oberliga geführt. Mit Stopper Herberger sowie Außenstürmer Juert begrüßte er zwei oberligaerfahrene Neuzugänge, zu denen sich das Plüdershäuser Verteidigertalent Erich Retter und ab November Rückkehrer Barufka gesellten. Mehr als Mittelmaß gab es auch unter Wurzer (noch) nicht. Erstmals seit 1944 fiel der VfB in der Tabelle sogar wieder hinter die Kickers zurück, die mit ihrem „Hundert-Tore-Sturm" um Conen, Sigi Kronenbitter, Schaletzki, Schmeißer und Sosna für Furore sorgten.

Gänzlich zu Ende ging derweil die Ära der „Freunde" aus Heslach, die in ihrem einzigen Oberligajahr nur vier Spiele gewannen und nie wieder ins Oberhaus zurückfinden sollten.

Nach Saisonende machten sich die Verantwortlichen an die überfällige Reform des süddeutschen Spitzenfußballs. Sechs Wochen, nachdem die Währungsreform die deutsche Spaltung quasi besiegelte, begann am 1. August 1948 das Zeitalter des bezahlten Fußballs. Auf Anregung der VfBler Gustav Sackmann sowie Curt Müller, die aus der Oberliga am liebsten gleich eine richtige Profiliga gemacht hätten, kam es zu einem Kompromiss in Form des Vertragsspielerstatuts, mit dem erstmals legal Geld verdient werden durfte. Allerdings mussten die Spieler weiterhin einem „ordentlichen" Beruf nachgehen und durften höchstens 320 Mark für ihr „Hobby" kassieren. Außerdem wurde die Zahl der Oberligisten auf 16 reduziert.

[SAISON]

Schlienz' Wunderheilung

Nach dem schweren Autounfall von Mittelstürmer Robert Schlienz (siehe „Schock für den VfB") ging der VfB verhalten ins dritte Oberligajahr, in dessen Verlauf es zur Gründung der Bundesrepublik Deutschland kam. Neben Schlienz, dessen Genesungsprozess erfreulicherweise ausgezeichnete Fortschritte machte, musste Trainer Wurzer mit dem ins Saarland zurückkehrenden Herbert Binkert einen weiteren Stürmer ersetzen. Der VfB-Coach reagierte darauf mit einer taktischen Umstellung und forcierte die Abwehr, in der zwar mit Schmid, Retter und Steimle bereits bewährte Kräfte standen, zu denen sich nun aber auch noch der Ingolstädter Stopper Ledl gesellte. Für den Sturm kamen mit Blessing und Wladek zwei hoffnungsvolle Talente aus der Region.

Der VfB suchte lange nach seiner Konstanz. Erst als Torjäger Robert Schlienz am 5. Dezember 1948 beim 2:1 gegen Bayern München – keine vier Monate nach seinem Unfall – erstmals wieder in Weiß-Rot auflief, ging es besser. „Körperlich zwar nicht mehr von der einstigen Beweglichkeit, servierte der süddeutschen Oberliga einstiger Rekord-Torschütze doch brauchbare Vorlagen, von denen vor allem Läpple und Barufka profitierten", lobte der »Fußball« den Rückkehrer, dessen linker Unterarm aufgrund des Autounfalls hatte amputiert werden müssen.

Nachdem ein 1:0-Erfolg über Waldhof im Februar 1949 kurzzeitige Hoffnungen auf die Teilnahme an der Endrunde um die Deutsche Meisterschaft aufkommen ließ, kehrte rasch wieder Ernüchterung ein. Vor allem die katastrophale Auswärtsbilanz (nur zwei Siege auf fremden Platz) ließ die Fans verzweifeln. Hinzu kamen unübersehbare Probleme im Sturm, der zu verspielt agierte und wenig Konsequenz vor dem gegnerischen Gehäuse zeigte. Nach drei Niederlagen in Folge landeten die Bewegungsspieler schließlich auf Tabellenposition sechs. Irgendwie weder Fisch noch Fleisch...

[EREIGNIS]

Es war der 14. August 1948. Ein schwarzer Tag für Robert Schlienz. Und ein schwarzer Tag für den VfB Stuttgart. Auf der Heimfahrt von einem Freundschaftsspiel in Aalen geriet der beliebte VfB-Mittelstürmer mit seinem Lieferwagen in ein Schlagloch und kippte mitsamt dem Fahrzeug um.
Weil Schlienz zuvor seinen linken Arm aus dem offenen Autofenster gehalten

Schock für den VfB

Schlienz schwer verunglückt

hatte, wurde dieser von seinem Fahrzeug regelrecht zerquetscht und musste im Krankenhaus teilamputiert werden. „Deine Karriere ist beendet", prophezeiten die Ärzte. Doch nicht mit Robert Schlienz! Verbissen stellte sich der Zuffenhausener seinem Schicksal und stand nur drei Monate später schon wieder für den VfB auf dem Feld. Allerdings nicht mehr als gefürchteter Torjäger, sondern als torgefährlicher Läufer bzw. später sogar als Defensivexperte.

■ Der 2:1-Sieg über Bayern München war nicht nur das Comeback von Robert Schlienz, sondern zugleich ein Debüt für den VfB: Zum ersten Mal liefen die Weiß-Roten mit **Rückennummern** auf. Die Fans zeigten sich erfreut, war die Zuordnung der Spieler nun doch deutlich erleichtert.

■ Ein weiterer Schritt auf dem Weg in Richtung „Normalität" war das **Städtespiel** zwischen Zürich und Stuttgart am 10. Oktober 1948. Es war der erste Auftritt einer ausländischen Mannschaft in der Bundesrepublik und lockte mehr als 70.000 Fans ins Neckarstadion. Zeitgleich kam es anderenorts zu den Begegnungen Karlsruhe - Basel und München - St. Gallen.

Oberliga Süd

1	11.9.1948	VfB - Schwaben Augsb.	1:1	12.000
2	19.9.1948	TSV München 1860 - VfB	4:1	20.000
3	26.9.1948	VfB - Eintracht Frankfurt	1:1	12.000
4	3.10.1948	SV Waldhof - VfB	2:3	8.000
5	24.10.1948	VfB - VfR Mannheim	3:1	10.000
6	31.10.1948	Stuttgarter Kickers - VfB	2:1	35.000
7	7.11.1948	VfB - VfB Mühlburg	1:0	8.000
8	14.11.1948	Schweinfurt 05 - VfB	3:2	6.000
9	21.11.1948	VfB - 1. FC Nürnberg	3:2	25.000
10	28.11.1948	TSG Ulm 1846 - VfB	1:1	10.000
11	5.12.1948	VfB - Bayern München	2:1	15.000
12	12.12.1948	Rödelheimer FC - VfB	2:0	6.000
13	19.12.1948	Kickers Offenbach - VfB	4:1	12.000
14	9.1.1949	VfB - FSV Frankfurt	4:2	12.000
15	16.1.1949	VfB - BC Augsburg	4:3	6.000
16	23.1.1949	Schwaben Augsb. - VfB	3:2	8.000
17	30.1.1949	VfB - TSV München 1860	2:0	15.000
18	6.2.1949	Eintracht Frankfurt - VfB	0:0	7.000
19	13.2.1949	VfB - SV Waldhof	1:0	11.000
20	27.2.1949	VfR Mannheim - VfB	4:1	8.000
21	6.3.1949	VfB - Stuttgarter Kickers	2:3	22.000
22	20.3.1949	VfB Mühlburg - VfB	0:0	15.000
23	27.3.1949	VfB - Schweinfurt 09	9:0	12.000
24	3.4.1949	1. FC Nürnberg - VfB	3:2	30.000
25	10.4.1949	VfB - TSG Ulm 1846	3:1	8.000
26	24.4.1949	Bayern München - VfB	0:1	30.000
27	1.5.1949	VfB - Rödelheimer FC	3:1	6.000
28	8.5.1949	VfB - Kickers Offenbach	0:1	30.000
29	15.5.1949	FSV Frankfurt - VfB	2:0	4.000
30	22.5.1949	BC Augsburg - VfB	4:2	9.000

Abschlusstabelle

1.	Kickers Offenbach	30	21	7	2	79:29	49-11
2.	VfR Mannheim	30	15	8	7	51:42	38-22
3.	Bayern München	30	14	7	9	61:42	35-25
4.	TSV München 1860	30	13	8	9	61:41	34-26
5.	SV Waldhof	30	12	10	8	54:45	34-26
6.	VFB STUTTGART	30	13	5	12	56:51	31-29
7.	Schwaben Augsburg	30	12	6	12	49:50	30-30
8.	Stuttgarter Kickers	30	11	8	11	53:65	30-30
9.	VfB Mühlburg	30	10	9	11	51:45	29-31
10.	Schweinfurt 05	30	12	5	13	46:56	29-31
11.	1. FC Nürnberg (M)	30	11	5	14	49:55	27-33
12.	FSV Frankfurt	30	11	5	14	40:53	27-33
13.	Eintracht Frankfurt	30	9	8	13	28:41	26-34
14.	TSG Ulm 1846 ▽	30	9	4	17	43:53	22-38
15.	BC Augsburg (N)	30	9	4	17	46:66	22-38
16.	FC Rödelheim (N)▽	30	7	3	20	40:73	17-43

Oberligakader

Abgänge: Authenrieth, Binkert (1. FC Saarbrücken), Juert (TSG Ulm 46), Schwagerick (im Sept. zum FV Zuffenhausen), Wladek (w.d.S. zur TSG Oehringen). **Zugänge:** Blessing (TSV Wendlingen), Deyhle (Stuttgarter Kickers), Kuzan (TSV Wendlingen), Ledl (VfB Ingolstadt-Ringsee), Otterbach (Stuttgarter Kickers), Wladek (TSG Oehrigen)

Trainer: Georg Wurzer

Tor	
Otto Schmid	28/0
Erwin Deyhle	2/0
Feld	
Karl Barufka	30/8
Erich Retter	28/0
Johannes Herberger	27/5
Erwin Läpple	27/4
Richard Steimle	27/0
Rolf Blessing	26/9
Josef Ledl	25/0
Erich Langjahr	23/2
Guido Klein	18/8
Robert Schlienz	18/13
Ernst Otterbach	16/1
Otto Bökle	11/2
Bolduan Kuzan	9/2
Alfred Lehmann	7/2
Paul Kraft	5/0
Paul Maier	2/0
Walter Wladek	1/0

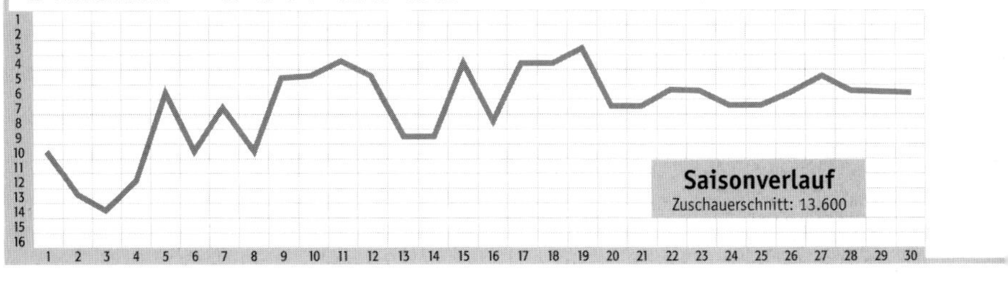

[EREIGNIS]

Nabel der Fußballwelt

Ganz Deutschland blickt nach Stuttgart

Seit Kriegsende war Stuttgart regelrecht zum „Nabel des bundesdeutschen Spitzenfußballs" geworden. In Stuttgart beschloss man die Oberliga Süd, in Stuttgart hatte man das Vertragsspielerstatut verabschiedet, und Stuttgart war am 10. Oktober 1948 auch Schauplatz der ersten internationalen Begegnung (Städtespiel Stuttgart - Zürich) gewesen.
1949/50 stand die Stadt abermals im Blickpunkt. Am 10. Juli 1949 bejubelten mehr als 92.000 Fans beim Endspiel um die Deutsche Fußballmeisterschaft 1949 den 3:2-Verlängerungssieg des VfR Mannheim über Borussia Dortmund, während im benachbarten Cannstatter Kursaal der Deutsche Fußball-Bund (DFB) wiedergegründet wurde.
Zwei Wochen später war dann das Fellbacher Gasthaus „Zur Krone", wo 1945 schon die Oberligagründung stattgefunden hatte, erneut Schauplatz einer bahnbrechenden Veranstaltung. Vertreter der 16 Südoberligisten wollten an jenem Tag endlich den langersehnten Schritt in Richtung Profifußball machen. Nach englischem Vorbild sollte eine eigenständige Berufsfußballliga eingerichtet werden, die finanziell auf eigenen Beinen stehen und deren Mitglieder zugleich dem DFB angehören sollten. Federführend waren neben Kurt Landauer vom FC Bayern München auch der Stuttgarter Curt Müller sowie VfB-Präsident Dr. Fritz Walter. Der Vorsitzende der süddeutschen Oberliga träumte von einer „Deutschlandliga", wie sie heute die 1. Bundesliga darstellt. Zahlreiche Widerstände vor allem aus dem Westen verhinderten dann zwar die Gründung einer Profiliga, doch bald stand Stuttgart erneut im Zentrum des öffentlichen Interesses. Am 15. November 1950 kam es im Neckarstadion zum ersten deutschen Länderspiel seit dem Ende des 2. Weltkriegs. Gegner war die Schweiz, die vor der vermutlich ewig währenden Stuttgarter Rekordkulisse von ca. 115.000 Zuschauern mit 1:0 bezwungen wurde.

[SAISON]

Zum ersten Mal Deutscher Meister

„Unter der bewährten Leitung Trainer Wurzers rechnet sich der VfB auch in diesem Jahr einen Vorderplatz aus", urteilte das »Sport-Magazin« vor Beginn der Saison 1949/50. Mit Herberger und Langjahr hatte der VfB zwar zwei Stammkräfte an die Kickers abgegeben, doch mit Otterbach und Dr. Kraft stand erfahrener Ersatz bereit. Trainer Wurzer setzte vornehmlich auf innere Geschlossenheit, Teamgeist und Lokalkolorit. Mit Ausnahme von Stopper Ledl und dem Allrounder „Kalli" Barufka bestand der VfB-Kader ausschließlich aus Schwaben und war über einen langen Zeitraum gewachsen. Im Tor spielte das Eigengewächs Otto Schmid, aufgrund seiner akrobatischen Paraden stets „Gummi-Schmid" genannt. In der Verteidigung standen der Plüdershäuser Retter und der Gaisburger Steimle. In der Läuferreihe Otterbach aus Hedelfingen. Im Sturm der vom TSV Münster gekommene Läpple, Neuzugang Bühler aus »

Die strahlende Meisterelf. Stehend v.l.: zwei Betreuer, Ledl, Bühler, Otterbach, Barufka, Blessing, Schlienz, Trainer Wurzer. Vorn: Krieger, Läpple, Retter, Schmid, Steimle, Baitinger, „Waggele" Haaga.

» Winterbach, Schlienz von der Zuffenhausener Schlotwiese sowie Baitinger aus Feuerbach und Blessing aus Wendlingen.

Vom ersten Spieltag an etablierte sich die „Ländle-Auswahl" im Führungsfeld. Einem 2:1-Sieg beim seit 19 Monaten ungeschlagenen Aufsteiger Regensburg folgte ein 2:0-Heimerfolg über Waldhof, bei dem vor allem „Kalli" Barufka überzeugte. Passenderweise wurde zur selben Zeit erstmals seit Kriegsende wieder das Cannstatter Volksfest durchgeführt, auf dem das Bier natürlich in Strömen floss. Nach sechs Spielen übernahmen die Bewegungsspieler mit einem 3:0 über Schweinfurt 05 sogar die Tabellenführung. Stuttgart träumte bereits von der Südmeisterschaft, als eine wochenlange Durststrecke begann. Es sprach für die psychische Stärke der Wurzer-Schützlinge, dass selbst Rückschläge wie das 2:3 gegen den BC Augsburg verarbeitet wurden und die Weiß-Roten in der Rückserie wieder zur gewohnten Form aufliefen.

Das Saisonfinale kulminierte im dramatischen Titelduell zwischen Aufsteiger Fürth und dem VfB. Obwohl die Cannstatter im Gipfeltreffen vor der Rekordkulisse von 46.000 Zuschauern mit 2:1 die Oberhand behielten und damit auch im elften Spiel in Folge ungeschlagen blieben, ging der Titel aufgrund einer anschließenden 1:3-Niederlage des VfB in Mühlburg schlussendlich doch nach Franken. Auch Rang zwei berechtigte jedoch zur Teilnahme an der Endrunde um die „Deutsche", wo der VfB zunächst Nordvizemeister VfL Osnabrück ausschaltete, ehe er im Viertelfinale auf die Walter-Elf aus Kaiserslautern traf. „Diese VfB-Leistung schien nicht nur uns geradezu endspielreif! Wir fanden keine ‚dünne' Stelle, die verstärkt werden müsste", schwärmte das »Sport-Magazin« nach dem beeindruckenden 5:2-Sieg, bei dem der überragende Robert Schlienz schon nach 13 Minuten für die 1:0-Führung gesorgt hatte. Sieben Tage später war auch Südmeister SpVgg Fürth chancenlos. „VfB wirbelte Kleeblatt in vier Minuten k.o.", staunte die Presse nach dem mitreißenden 4:1-Triumph der Schwaben und sprach von einem „Sieg der Kameradschaft".

Im Endspiel machte die Wurzer-Elf ihren Triumph mit einem 2:1 über Kickers Offenbach perfekt – erstmals stellte Stuttgart den Deutschen Fußballmeister!

[SPIEL]

VfB 2:1 SpVgg Fürth

Sieg im Spitzenspiel

Furioser Auftakt beim 2:1 über Fürth

Schon Stunden vor dem Anpfiff sind die Straßen rund um das Neckarstadion verstopft. Aus dem ganzen Süden reisen die Fans an, um dem Schlagerspiel des 27. Spieltages beizuwohnen: Tabellenführer Fürth trifft auf Verfolger Stuttgart. „Fängt VfB die Fürther noch ab?", fragt das »Sport-Magazin« und spricht davon, dass „kein Regisseur das Meisterschafts-Finale reizvoller und dramatischer hätte gestalten können". 46.000 Fans füllen die Ränge, als beide Mannschaften das Spielfeld betreten. Aufsteiger Fürth scheint nach der langen Saison, in der er zwischenzeitlich mit großem Vorsprung die Tabelle anführte, ausgebrannt zu sein. Der VfB versucht dies auszunutzen. Schon nach sechzig Sekunden zählt man zwei VfB-Ecken, und nach fünf Minuten hat Läpple erstmals das 1:0 auf dem Fuß. Gewaltig drängen die Schwaben ihren Gegner in dessen Hälfte und überzeugen mit vielschichtigem Kombinationsfußball, bei dem vor allem der mannschaftsdienliche Otterbach überzeugt. Otterbach leitet auch die Führung ein, als er Schlienz in der 23. Minute mustergültig bedient. Zwar sorgt Schade schon drei Minuten später für den Ausgleich, doch der VfB hat das Heft weiter fest in der Hand und gewinnt schließlich durch ein Bühler-Tor mit 2:1. Die Frage: „Fängt VfB die Fürther noch ab?", hat neue Nahrung bekommen!

■ Seit Saisonbeginn wies der VfB ein neues **Vereinswappen** auf. Bestehend aus dem gewohnten Emblem mit den drei Hirschangeln sowie dem bereits seit längerem genutzten Schriftzug „VfB" dient es in seinem Kern bis heute als Identifikationsmerkmal.

Oberliga Süddeutschland

1	4.9.1949	Jahn Regensburg - VfB	1:2	15.000
2	11.9.1949	VfB - SV Waldhof	2:0	10.000
3	25.9.1949	FSV Frankfurt - VfB	0:0	15.000
4	9.10.1949	VfB - 1. FC Nürnberg	5:2	40.000
5	16.10.1949	Bayern München - VfB	2:2	16.000
6	16.10.1949	VfB - Schweinfurt 05	3:0	16.000
7	30.10.1949	Schwaben Augsburg - VfB	1:0	6.000
8	6.11.1949	VfB - Stuttgarter Kickers	1:1	20.000
9	20.11.1949	VfB - TSV München 1860	2:1	10.000
10	27.11.1949	Eintracht Frankfurt - VfB	4:0	8.000
11	4.12.1949	VfB - BC Augsburg	2:3	8.500
12	11.12.1949	SpVgg Fürth - VfB	1:1	16.000
13	18.12.1949	VfR Mannheim - VfB	4:1	7.000
14	26.12.1949	VfB - VfB Mühlburg	1:1	12.000
15	8.1.1950	SV Waldhof - VfB	1:1	10.000
16	15.1.1950	Kickers Offenbach - VfB	4:1	8.000
17	22.1.1950	VfB - Jahn Regensburg	2:0	9.000
18	5.2.1950	1. FC Nürnberg - VfB	1:1	20.000
19	12.2.1950	VfB - FSV Frankfurt	3:1	9.500
20	19.2.1950	VfB - Bayern München	5:3	20.000
21	5.3.1950	VfB - Schwaben Augsburg	1:0	14.000
22	12.3.1950	Stuttgarter Kickers - VfB	0:3	18.000
23	26.3.1950	TSV München 1860 - VfB	1:2	22.000
24	2.4.1950	VfB - Eintracht Frankfurt	1:0	10.000
25	7.4.1950	Schweinfurt 05 - VfB	0:0	7.000
26	16.4.1950	BC Augsburg - VfB	1:3	12.000
27	22.4.1950	VfB - SpVgg Fürth	2:1	46.000
28	30.4.1950	VfB - VfR Mannheim	1:0	35.000
29	7.5.1950	VfB Mühlburg - VfB	3:1	32.000
30	14.5.1950	VfB - Kickers Offenbach	1:2	10.000

Abschlusstabelle

1.	SpVgg Fürth (N)	30	18 7	5	77:39	43-17
2.	VFB STUTTGART	30	15 8	7	50:39	38-22
3.	Kickers Offenb. (M)	30	15 7	8	62:48	37-23
4.	VfR Mannheim	30	14 6	10	57:41	34-26
5.	FSV Frankfurt	30	13 8	9	45:38	34-26
6.	SV Waldhof	30	11 11	8	51:53	33-27
7.	VfB Mühlburg	30	11 10	9	44:42	32-28
8.	1. FC Nürnberg	30	12 7	11	52:40	31-29
9.	TSV München 1860	30	14 3	13	46:42	31-29
10.	BC Augsburg	30	10 6	14	50:74	26-34
11.	Schwaben Augsburg	30	10 6	14	39:60	26-34
12.	Schweinfurt 05	30	8 9	13	38:38	25-35
13.	Bayern München	30	11 3	16	56:70	25-35
14.	Eintracht Frankfurt	30	8 8	14	45:52	24-36
15.	Jahn R'burg (N) ▽	30	8 6	16	49:66	22-38
16.	Stuttg. Kickers ▽	30	5 9	16	45:64	19-41

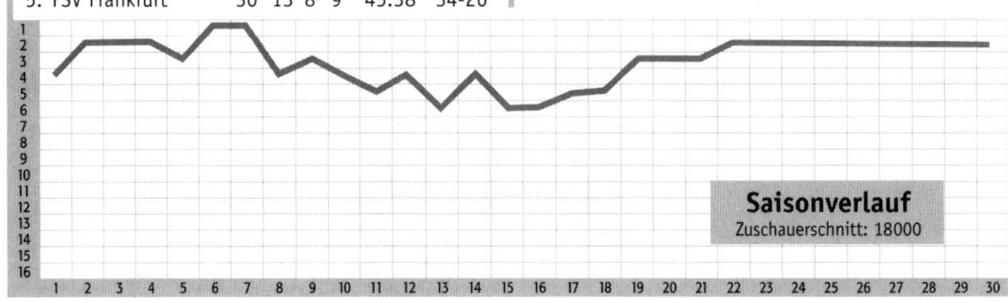

Endrunde Deutsche Meisterschaft

AF	21.5.1950	VfL Osnabrück - VfB	1:2	25.000
VF	4.6.1950	VfB - 1. FC Kaiserslautern	5:2	43.000
HF	11.6.1950	VfB - SpVgg Fürth	4:1	60.000
F	25.6.1950	VfB - Kickers Offenbach	2:1	95.051

Oberliga- und Endrundenkader

Abgänge: Deyhle, Herberger, Langjahr (alle Stuttgarter Kickers), Klein (Italien), Kuzan (USA), Wladek
Zugänge: Baitinger (SV Feuerbach), Bühler (TSV Winterbach), Effinger (TSV Wäldenbronn), Janetzki (zurück aus Gefangenschaft), Krieger (SC Geislingen)
Trainer: Georg Wurzer

Tor		Erich Retter	32/0
Otto Schmid	31/0	Karl Barufka	31/4
Herbert Effinger	3/0	Josef Ledl	28/0
Feld		Walter Bühler	24/8
Otto Baitinger	34/7	Peter Krieger	10/3
Rolf Blessing	34/17	Paul Kraft	5/0
Robert Schlienz	34/10	Paul Maier	5/0
Richard Steimle	34/0	Alfred Lehmann	3/1
Ernst Otterbach	33/2	Josef Janetzki	1/0
Erwin Läpple	32/9	+ ein Eigentor	

[LEGENDEN]

KARL BARUFKA

Neben Sturmführer Robert Schlienz war es vor allem Karl Barufka zu verdanken, dass der VfB 1950 zum ersten Mal Deutscher Meister wurde. Der gebürtige Schalker stand bereits seit 1943 in VfB-Diensten (persönliche Kontakte hatten ihn als Soldaten nach Esslingen verschlagen), war allerdings zwischenzeitlich bei Zweitligist 1. FC Pforzheim aktiv gewesen. Im November 1947 kehrte „Karli" zum Wasen zurück und erwies sich als das fehlende Glied in der Erfolgskette. Nahezu auf jedem Posten einsetzbar, bildete der gelernte Kaufmann gemeinsam mit Robert Schlienz und Erich Retter eine gefürchtete Läuferachse, die das gesamte VfB-Spiel lenkte.
Barufka war mit einer vorzüglichen Technik ausgestattet und gleichermaßen kampf- wie schussstark. Im Endspiel um die Deutsche Meisterschaft gegen die Offenbacher Kickers schaltete er nicht nur den gefürchteten OFC-Angreifer Wirsching aus, sondern legte in der 27. Minute Erich Bühler den Ball zum vorentscheidenden 2:0 auf. Zwei Jahre später feierte Barufka beim 3:2 über den 1. FC Saarbrücken seine zweite Deutsche Meisterschaft mit dem VfB. Obwohl gelegentlich als „eigenbrödlerisch" verschrien, war der Westfale bei den Fans im Ländle überaus beliebt und wurde wegen seines unermüdlichen Einsatzes geschätzt. Sein Einsatzwille war auch einer der Gründe, warum er den VfB Stuttgart am 22. November 1950 im ersten Nachkriegsländerspiel gegen die Schweiz vertrat. Aus dem großen Traum WM 1954 wurde aber nichts, denn mit 33 Jahren war der Linksfuß bereits zu alt. Ein Jahr später endete seine Karriere nach 217 Oberligaspielen (41 Tore) aufgrund einer Meniskusoperation. Nachdem Barufka sich viele Jahre vom VfB abgewandt hatte, verfolgte der langjährige Abteilungsleiter in einem Böblinger Kaufhaus 1998 das Europacupfinale gegen Chelsea auf Einladung des VfB im Stadion.
Ein Jahr später verstarb die lange unter Bronchialasthma leidende VfB-Ikone.

[SPIEL]

VfB 2:1 Offenbach

Cool und clever

VfB triumphiert im Berliner Endspiel

Erstmals seit Kriegsende steht das Berliner Olympiastadion wieder für ein Endspiel um die Deutsche Meisterschaft zur Verfügung.
Über 95.000 Fans haben den Weg an die Spree gefunden, obwohl sich mit dem VfB Stuttgart und Kickers Offenbach zwei Südvereine gegenüber stehen. Unter den Besuchern befinden sich auch die Insassen eines Sonderzug voller VfB-Anhänger.
Die Stimmung bei den Schwaben ist prächtig. Nach ihren überzeugenden Auftritten gegen Kaiserslautern (5:2) und Fürth (4:1) gilt die Wurzer-Elf als leichter Favorit. Allerdings haben sich die Offenbacher im Halbfinale gegen die Überraschungsmannschaft aus Köln-Dellbrück durchgesetzt und den VfB in der abgelaufenen Oberligasaison zweimal geschlagen. Angenehm sommerliche Temperaturen und ein leichter Wind schaffen vorzügliche Bedingungen im Olympiastadion. Um dem gefürchteten OFC-Blitzstart zu entgehen, beginnt der VfB furios. Wenige Minuten sind erst gespielt, da scheitert Otterbach an der Latte, werden erste Zuordnungsprobleme in der OFC-Deckung deutlich. Spielend leicht läuft der Ball durch die VfB-Reihen. Erst nach einer Viertelstunde finden auch die Hessen allmählich ins Spiel und es entwickelt sich eine rasante Partie. Erwin Läpple ist es, der nach 17 Minuten zur Führung für den VfB einschießt. Aus 30 Metern zieht der Rechtsaußen einfach ab – der schlecht postierte OFC-Keeper Schepper ist chancenlos. Wenig später muss der Offenbacher Torhüter nach einem Zusammenprall mit Baitinger behandelt werden, kann aber weiterspielen.
Kaum steht er wieder zwischen den Pfosten, muss er ein zweites Mal den Ball aus dem Netz holen. Barufka hat Walter Bühler prächtig eingesetzt, und als der junge VfB-Mittelstürmer auch Picard ausspielt, steht es 2:0 für die Bewegungsspieler!
In der zweiten Halbzeit setzen die Offenbacher alles auf eine Karte. Schon zwei Minuten nach dem Wiederanpfiff gelingt Buhtz der Anschlusstreffer. Doch Stuttgarts Läuferreihe um Josef Leld und dem zurückbeorderten Schlienz steht gut. Während Offenbach kunstvollen, aber ineffektiven Fußball bietet, überzeugt der VfB durch Cleverness und hat mit „Gummi-Schmid" einen verlässlichen Keeper zwischen den Pfosten, der die erste Deutsche Meisterschaft sicher festhält.

***VfB** Schmid - Retter, Steimle - Otterbach, Ledl, Barufka - Läpple, Schlienz, Bühler, Baitinger, Blessing* ◆ ***OFC** Schepper - Emberger, Magel - Schreiner, Picard, Keim - Kaufhold, Wirsching, Buhtz, Weber, Baas* ◆ ***Tore:** 1:0 Läpple (17.), 2:0 Bühler (27.), 2:1 Buhtz (47.)* ◆ ***SR:** Kormannshaus (Bad Oeynhausen)* ◆ ***ZS:** 95.051 im Berliner Olympiastadion*

Am Bahnhof war die Hölle los, als Stuttgart seine Meisterkicker begrüßte.

[EREIGNIS]

Eine Stadt feiert

In Bad Cannstatt läuteten die Glocken

Rund 500.000 Einwohner zählte Stuttgart im Jahre 1950. Mehr als zwei Drittel von ihnen säumten die Straßenzüge, als die siegreichen VfB-Helden aus Berlin zurückkehrten. Der 26. Juni 1950 wurde so zu einem historischen Jubeltag Stuttgarts, bei dem das »Sport-Magazin« beobachtete, dass „auch jene, die dem Sport im allgemeinen und dem Fußball im besonderen gleichgültig-ablehnend gegenüberstehen, von der Flut der Begeisterung mitgerissen wurden".

Mit dem Flugzeug war die Mannschaft von Berlin nach Frankfurt gereist, wo bereits ein blumengeschmückter AOA-Omnibus bereit stand. In Stuttgart eingetroffen, bestiegen die Endspielhelden 24 offene PKW und zogen vom Hauptbahnhof über den Hindenburgplatz, die Königstraße und die Neckarstraße ins Herz von Bad Cannstatt. Nach drei Stunden Dauerjubel kamen sie dort glücklich, aber reichlich erschöpft an. Die Atmosphäre war phantastisch: Die Kirchenglocken läuteten, zahlreiche Geschäfte blieben geschlossen, weil ihre Inhaber bei der Jubelfeier dabei sein wollten, und die Polizei große Mühe hatte, den Verkehr in den Griff zu bekommen. Oberbürgermeister Dr. Klett mühte sich vergeblich, gegen den Jubel der 300.000 anzusprechen. „Die Heimat ist stolz auf euch...", vernahm man in Bruchstücken seiner 20-minüten Rede und „Stuttgart steht hinter euch!". Unter den Jubelnden waren auch die Helden von 1935, die seinerzeit gegen Schalke verloren hatten und nun mit Tränen in den Augen ihren erfolgreicheren Nachfolgern gratulierten. Nur auf Degerlochs Höhen mochte man nicht so recht mit dem Nachbarn feiern. Dort betrauerte man den ersten Abstieg der Kickers-Vereinsgeschichte – ausgerechnet in dem Moment, als Stuttgart dem VfB zu Füßen lag. Die Saison 1949/50 war eben eine weichenstellende...

[LEGENDEN]

GEORG WURZER

Ganz bescheiden hielt sich „Schorsch" Wurzer im Hintergrund und schaute stolz auf seine Jungs, die sich als Deutscher Meister feiern ließen.

Auch der knorrige Fußball-Lehrer hatte seinen Höhepunkt erreicht und durfte stolz sein auf eine Mannschaft, die unverkennbar seine Handschrift trug.

Vor allem die Maßnahme, die Abwehr nach dem Abgang von Binkert zu verstärken, hatte sich als goldrichtig erwiesen.

Wurzers Anteil am Titel war aber weitaus größer, denn es war seinem Engagement zu verdanken, dass regionale Talente wie Blessing, Retter und Bühler zum Wasen kamen. Wurzer formte daraus eine Mannschaft, die möglicherweise als die beste der Vereinsgeschichte bezeichnet werden darf. Der gebürtige Bayer überzeugte auch als Psychologe und Krankenbetreuer. Er saß stundenlang am Krankenbett von Robert Schlienz, den er nach seinem schrecklichen Autounfall wieder aufbaute, er „zähmte" die ungestümen Nachwuchstalente und er hielt altgediente Recken wie Bökle und Lehmann erfolgreich bei der Stange.

■ Die Stuttgarter Meisterelf wurde mit Geschenken geradezu überschüttet. Bundespräsident Theodor Heuss spendierte das **silberne Lorbeerblatt**, während sich unter den praktischen Gütern ein paar Lederhosen und ein Schweizer Chronometer im Wert von rund 2.500 DM befanden. Die Krönung war das Präsent der Vereinsführung – eine mehrwöchige Nordamerikareise! Auf Einladung des Deutsch-Amerikanischen Fußballbundes jettete die VfB-Elf im Juni 1951 schließlich in die „neue Welt" und genoss dort unvergleichliche Erlebnisse.

Als Walter Bühler (rechts, im Spiel gegen München 1860) mit gebrochenem Waden- und Schienbein ausfiel, bekam der VfB eklatante Sturmsorgen.

■ Mit **Leo Kronenbitter** schloss sich zu Saisonbeginn einer der berühmten „Kronenbitter-Brüder" dem VfB an. Bisweilen hatten gleich fünf Kronenbitters für die Sportfreunde Stuttgart gespielt und mit ihnen 1947/48 eine Spielzeit in der Oberliga verbracht. Leo aber war erst 1950 aus sowjetischer Kriegsgefangenschaft heimgekehrt und versuchte gleich beim VfB sein Glück.

Oberliga Süd

1	20.8.1950	SV Waldhof - VfB	1:1	35.000
2	27.8.1950	VfB - Eintracht Frankfurt	4:1	12.000
3	3.9.1950	SSV Reutlingen 05 - VfB	0:4	8.000
4	9.9.1950	1. FC Nürnberg - VfB	3:0	21.000
5	17.9.1950	VfB - VfL Neckarau	4:1	6.000
6	24.9.1950	VfB - Kickers Offenbach	2:1	20.000
7	1.10.1950	Bayern München - VfB	3:0	28.000
8	8.10.1950	VfB - Schwaben Augsburg	6:1	11.000
9	15.10.1950	Schweinfurt 05 - VfB	2:0	12.000
10	22.10.1950	VfB - FSV Frankfurt	5:1	22.000
11	29.10.1950	VfR Mannheim - VfB	2:1	16.000
12	5.11.1950	VfB - Darmstadt 98	1:1	6.000
13	19.11.1950	VfB Mühlburg - VfB	1:0	18.000
14	3.12.1950	TSV München 1860 - VfB	1:4	18.000
15	10.12.1950	VfB - BC Augsburg	6:1	6.000
16	17.12.1950	FC Singen 04 - VfB	0:3	7.000
17	25.12.1950	VfB - SpVgg Fürth	4:2	13.000
18	31.12.1950	VfB - SV Waldhof	1:0	10.000
19	14.1.1951	VfB - SSV Reutlingen 05	4:2	12.000
20	21.1.1951	VfB - 1. FC Nürnberg	4:4	12.000
21	28.1.1951	Kickers Offenbach - VfB	1:0	12.000
22	4.4.1951	VfB - Bayern München	2:0	18.000
23	11.2.1951	Schwaben Augsburg - VfB	0:2	15.000
24	18.2.1951	VfB - Schweinfurt 05	2:0	15.000
25	25.2.1951	FSV Frankfurt - VfB	3:0	25.000
26	4.3.1951	VfB - VfR Mannheim	4:1	14.000
27	11.3.1951	Darmstadt 98 - VfB	3:3	11.000
28	18.3.1951	Eintracht Frankfurt - VfB	4:2	10.000
29	24.3.1951	VfB - VfB Mühlburg	3:2	25.000
30	27.3.1951	SpVgg Fürth - VfB	4:1	18.000
31	1.4.1951	VfB - TSV München 1860	1:1	20.000
32	8.4.1951	BC Augsburg - VfB	0:2	8.000
33	22.4.1951	VfL Neckarau - VfB	6:3	12.000
34	29.4.1951	VfB - FC Singen 04	3:1	5.000

Abschlusstabelle

1.	1. FC Nürnberg	34	20	7	7	93:46	47-21
2.	SpVgg Fürth (M)	34	19	7	8	86:43	45-23
3.	VfB Mühlburg	34	20	4	10	94:55	44-24
4.	VFB STUTTGART	34	19	5	10	82:55	43-25
5.	FSV Frankfurt	34	18	7	9	71:52	43-25
6.	TSV München 1860	34	19	4	11	97:67	42-26
7.	Schweinfurt 05	34	16	4	14	69:57	36-32
8.	Eintracht Frankfurt	34	12	10	12	56:64	34-34
9.	Bayern München	34	14	5	15	64:53	33-35
10.	Kickers Offenbach	34	14	4	16	69:64	32-36
11.	VfL Neckarau (N)	34	14	4	16	74:94	32-36
12.	VfR Mannheim	34	14	3	17	72:72	31-37
13.	Schwaben Augsburg	34	10	9	15	46:67	29-39
14.	SV Waldhof	34	10	8	16	54:67	28-40
15.	Darmstadt 98 (N) ▽	34	9	7	18	54:86	25-43
16.	BC Augsburg ▽	34	10	4	20	59:82	24-44
17.	FC Singen 04 ▽	34	9	4	21	56:112	22-46
18.	SSV Reutlingen 05 ▽	34	8	6	20	49:109	22-46

Oberligakader

Abgänge: Janetzki (Göppinger SV), Kraft, Lehmann. **Zugänge:** Krauß (TSV Oberurbach), Kronenbitter (aus Kriegsgefangenschaft, zuvor Spfr. Stuttgart), Wehrle (Freiburger FC). **Trainer:** Georg Wurzer

Tor		Robert Schlienz	30/12
Otto Schmid	33/0	Richard Steimle	30/0
Herbert Effinger	1/0	Roland Wehrle	28/22
Feld		Josef Ledl	22/0
Otto Baitinger	34/11	Leo Kronenbitter	10/1
Rolf Blessing	33/16	Rolf Krauß	9/0
Erwin Läpple	33/9	Walter Bühler	8/1
Erich Retter	33/0	Peter Krieger	7/0
Karl Barufka	32/4	Paul Maier	1/0
Ernst Otterbach	30/6		

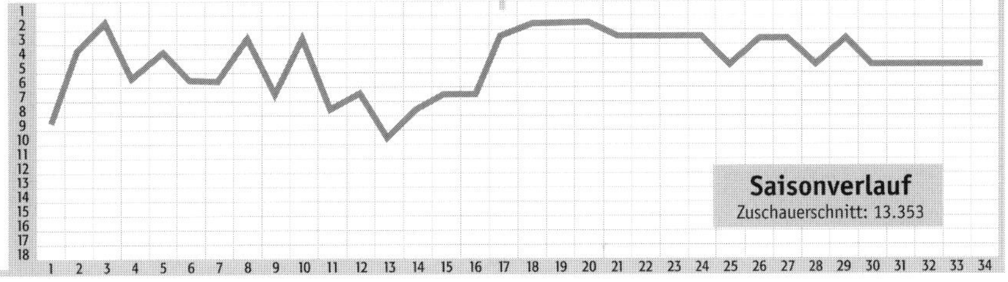

[SAISON]

An Ostern fiel die Entscheidung

Beim 0:3-Debakel in Nürnberg erfuhr der VfB bereits am vierten Spieltag, dass eine Meisterbürde sehr schwer sein kann. Zunächst war das Team in Franken mit gellenden Pfiffen begrüßt worden – eine Nürnberger Zeitung hatte zuvor in einem Artikel „Deutscher Meister – ein Versehen?" Stimmung gegen die Schwaben gemacht. Alsdann war beim VfB vieles Stückwerk geblieben. Die Abwehr zeigte deutliche Ermüdungserscheinungen, von den Außen Läpple und Blessing kamen kaum Impulse und mit der mannschaftlichen Geschlossenheit war es nicht weit her. Doch es sollte noch schlimmer kommen, denn beim 6:1-Kantersieg über Schwaben Augsburg erlitt Mittelstürmer Walter Bühler einen komplizierten Schien- und Wadenbeinbruch, der ihn monatelang ans Krankenbett fesselte. Seine Vertretung übernahm der aus Freiburg gekommene Roland Wehrle, dem im Saisonverlauf immerhin 22 Treffer gelangen.

Zur Halbserie durfte man sich auf dem Wasen dennoch Hoffnung auf das abermalige Erreichen der Endrunde machen. Schließlich waren es nur zwei Punkte Abstand auf Herbstmeister Mühlburg – da schien noch alles drin zu sein. Bis Ostern verteidigte die Wurzer-Elf ihre Ambitionen mit zäher Entschlossenheit, ehe die Entscheidung zu ihren Ungunsten fiel. Drei Tage, nachdem der VfB seine Ausgangsposition durch einen 3:2-Sieg über Spitzenreiter Mühlburg noch einmal verbessert hatte, verlor er die nächste Spitzenpartie mit 1:4 auf dem Fürther Ronhof. Als auch gegen München 1860 nur ein Punkt erspielt wurde, zog die Nürnberg-Fürther Hochburg endgültig davon.

Nach Saisonende brach der VfB zu einer aufregenden Nordamerikatournee auf. Jene führte die Wurzer-Elf bis ins ferne Mexiko, wo sie offenbar einen vorzüglichen Eindruck hinterließ. „Die Deutschen sind prächtige Sportsleute! Sie sind sehr gut diszipliniert, sie trinken keinen Alkohol", schwärmte eine mexikanische Zeitung über die Schwaben…

[SAISON]

Meistertitel Nummer zwei

Kontinuität wurde groß geschrieben beim VfB. Die Stammformation blieb beisammen und wurde durch den Bamberger Torhüter Bögelein sowie dem Verteidiger Baumgart aus Heilbronn nur gezielt ergänzt. Die besonnene Personalpolitik der Cannstatter zahlte sich auch auf anderem Gebiet aus. „Die Erringung der deutschen Meisterschaft im Jahre 1950 hat die finanzielle Grundlage zur endgültigen Ausführung des Bauvorhabens gesichert", freute sich Klubchef Dr. Walter im August 1951, als nach vier Jahren Bauzeit das neue Vereinsheim eröffnet wurde. Konzipiert von Ex-Torhüter Gabriel diente es fortan als moderne Heimat und sollte eines Tages Mittelpunkt eines Areals werden, das nach Dr. Walters Vorstellungen auch wieder über ein modernes Stadion mitsamt Tribüne verfügen sollte.

Sportlich begann die Saison mit einem geradezu unfassbaren 0:4 im Freundschaftsspiel bei Zweitligist TSG Ulm 1846. „Unser Flügel hat die Bälle zu rasch in die Mitte gegeben, das war unser Übel", stöhnte Trainer Wurzer, der seine Bestbesetzung aufs Feld geschickt hatte. Nur eine Woche später konnte der VfB-Coach schon wieder strahlen. „VfB perfekte Fußballer!", titelte das »Sport-Magazin« nach dem 3:0-Auftaktsieg beim VfL Neckarau und schwärmte vom „leichtfüßig-eleganten Sturm", aus dem Mittelstürmer Baitinger herausragte. Die eingespielte VfB-Elf, in der „Gummi-Schmid" durch den impulsiveren Karl Bögelein ersetzt worden war, überzeugte durch eine beeindruckende Souveränität. Als am 9. Dezember 1951 die erste Halbserie abgeschlossen wurde, hatte es mit dem 0:1 in Offenbach nur eine Niederlage gegeben. Seine größte Stunde erlebte der VfB im Lokalderby gegen Wiederaufsteiger Stuttgarter Kickers, die sich den Bewegungsspielern gleich mit 1:6 beugen mussten.

Bundestrainer Herberger honorierte den Stuttgarter Aufschwung und berief im September 1951 mit Baitinger, Barufka, Blessing, Bögelein, Retter »

Die Meistermannschaft von 1952. Stehend v. l.: Baitinger, Wehrle, Barufka, Retter, Schlienz, Blessing, Leo Kronenbitter, Steimle. Vorn: Krauß, Bögelein, Krieger.

[SPIEL]

VfB 2:0 Nürnberg

VfB erneut Südmeister

Stärkste Abwehr schlägt stärksten Sturm

Wie 1950 muss der VfB auch 1952 bis zum Schluss um den Endrundeneinzug bangen. Diesmal ist es sogar der letzte Spieltag, und weil Gegner Nürnberg die Tabelle anführt, kommt der Begegnung ein „Finalcharakter" zu. 72.000 Fans füllen die Ränge des Neckarstadions, als Schiedsrichter Bernbeck den Ball freigibt. Mit dem VfB steht die stärkste Abwehr der Liga auf dem Feld (24 Gegentore in 29 Spielen), während der mit fünf Nationalspielern besetzte FCN den stärksten Sturm des Südens stellt. Sechzig Minuten lang stehen sich beide Mannschaften wie Boxer gegenüber. „Verstärkte Deckung und auf Konter lauern", lautet die beiderseitige Taktik. Doch dem VfB reicht ein Punkt nicht zum Titel. Er muss gewinnen. Das weiß auch Karl Barufka, der zum dritten Mal in ein Deutsches Meisterschafts-endspiel will. In der 61. Minute treibt er das Leder auf dem linken Flügel entlang und flankt gefühlvoll nach innen. Schaffer, Baitinger und Mirsberger steigen gemeinsam hoch. FCN-Keeper Schaffer erwischt den Ball mit den Fingerspitzen, doch die Kugel landet bei Wehrle, der ungehindert zur Stuttgarter Führung einschießen kann.

Nun müsste der Club kommen! Doch die Franken verharren weiter in der Defensive – und sie werden schwer bestraft. Vier Minuten vor Schluss bringt eine herrliche Kombination zwischen Ritter und Kronenbitter den freistehenden Läpple ins Spiel, der Schaffer geschickt aussteigen lässt und nach innen zu Krieger passt. Der leitet das Leder weiter an Wehrle, der keine Mühe hat, den 2:0-Endstand zu markieren. Der VfB ist Meister der Oberliga Süd!

[LEGENDEN]

ROBERT SCHLIENZ

Nichts hielt ihn auf dem Allerwertesten. Nichts anderes als mitspielen wollte Robert Schlienz beim entscheidenden letzten Gruppenspiel gegen den VfL Osnabrück. Doch es ging nicht. Eine Bänderdehnung hatte den VfB-Star außer Gefecht gesetzt, und so hockte er hibbelig am Spielfeldrand, als seine Kameraden mit einem 3:1-Erfolg den Endspieleinzug perfekt machten. In Ludwigshafen stand der gebürtige Zuffenhausener dann wieder parat und stellte sich dem mit Spannung erwarteten Duell gegen den Saarbrücker Stürmer Momber. Zum Glück für den VfB. „Es soll keine Zurücksetzung der anderen Spieler sein, wenn wir behaupten, dass ohne Schlienz der VfB nie Deutscher Meister geworden wäre", urteilte das »Sport-Magazin«. In der Tat: Schlienz war überall. Er half in der Defensive aus, wenn es nötig war. Er dirigierte auf der rechten Seite das Mittelfeldspiel, und er setzte den VfB-Sturm wiederholt glänzend in Szene. Nebenbei fungierte er mit seiner herausragenden Persönlichkeit als ruhender Pol in einer VfB-Elf, die sich nach dem 2:2-Ausgleich gehörig unter Druck sah. Für Schlienz war der zweite Meistertitel nach 1950 die Krönung seiner Laufbahn, in der er 391 Oberligaspiele für den VfB absolvierte. Nur ein Makel trübte die Karriere des wohl größten VfB-Spielers aller Zeiten: Er kam lediglich auf drei Länderspiele. 1955 beim 2:1 gegen Irland debütierend, nahm er am 26. Mai 1956 beim 1:3 gegen England schon wieder Abschied vom Nationalteam. Dabei galt Schlienz auch international als herausragend. „Der beste Mann auf dem Platz war der Einarmige. Was ich von dem gesehen habe, war für mich bis jetzt unvorstellbar", schwärmte beispielsweise Alfrédo di Stefano. Schlienz' Problem war seine Behinderung – Herberger wollte keinen Einarmigen im Nationalteam...

»

und Steimle gleich sechs VfBler in die A- bzw. B-Nationalmannschaft.

Als hartnäckigster Kontrahent im Kampf um die Meisterschaft sollte sich der wieder erstarkte 1. FC Nürnberg erweisen. Verstärkt durch den endlich genesenen Langzeitverletzten Walter Bühler, durchlitt der VfB in der Rückrunde eine nervenaufreibende Schlussphase. Nachdem er es am vorletzten Spieltag in Waldhof verpasst hatte, die Meisterschaft klarzumachen und seine dritte Saisonniederlage kassierte, feierten 72.000 Zuschauer im abschließenden Heimspiel gegen den FCN ein 2:0, das den VfB zum zweiten Mal nach 1946 zum Südmeister machte.

In der Endrunde um die „Deutsche" traf man auf den VfL Osnabrück, Rot-Weiß Essen sowie Tennis Borussia Berlin. Die Runde begann mit einem hart umkämpften 0:0 in Osnabrück, bei dem der herausragende Torsteher Bögelein zum Helden wurde. Heimsiege über Tennis Borussia und Essen verschafften dem VfB eine glänzende Ausgangsposition, die er am 25. Mai 1951 mit einem 1:1 vor 90.000 Fans im Berliner Olympiastadion gegen Tennis Borussia erfolgreich verteidigte. Geschickt hatten die Schwaben aus verstärkter Abwehr blitzschnell gekontert und für Gefahr gesorgt. Ausgerechnet im darauf folgenden Gipfeltreffen bei Rot-Weiß Essen kassierten die Weiß-Roten ohne die verletzten Schlienz und Läpple ihre erste Niederlage, so dass die Entscheidung auf die Abschlussbegegnung gegen Osnabrück vertagt werden musste. In einer hektischen Partie, bei der Paul Maier schon nach zehn Minuten verletzt ausscheiden musste, erkämpfte sich der VfB mit einem 3:1-Sieg zum dritten Mal nach 1935 und 1950 den Einzug ins Endspiel. „VfB-Triumph mit eisernen Nerven!", lobte das »Sport-Magazin« und prophezeite: „Dieser VfB kann noch mehr!" Das sollte er im Endspiel gegen den 1. FC Saarbrücken eindrucksvoll unter Beweis stellen. 3:2 hieß es nach neunzig packenden Minuten im Ludwigshafener Südweststadion, in dem eine vielköpfige VfB-Kolonie enthusiastisch die Torschützen Robert Schlienz und Otto Baitinger feierte. Weiterer Fan-Held war Torsteher Karl Bögelein, der den VfB gleich mehrfach mit Glanzparaden vor Gegentreffern bewahrt hatte. Zum zweiten Mal war der VfB Stuttgart Deutscher Meister!

[SPIEL]

VfB 3:2 Saarbrücken

Matchwinner Schlienz

VfB-Kapitän leitet die Wende ein

„Saarbrücken hat keinen schwachen Punkt in der Mannschaft. Die Hintermannschaft ist gut, Verteidiger Puff und Mittelläufer Biewer, ferner Martin, der gewitzte Verbindungsstürmer, Rechtsaußen Otto und Torhüter Strempel haben mir besonders gut gefallen", warnt VfB-Coach Wurzer vor dem Finale um die Deutsche Meisterschaft. Saarbrücken ist *die* Überraschungsmannschaft der Saison. Erst seit Herbst 1951 im bundesdeutschen Spielbetrieb spielend, haben sich die Blau-Schwarzen auf Anhieb die Südwestmeisterschaft gesichert und sind seit zwei Jahren ohne Pflichtspielniederlage. Das »Sport-Magazin« sieht in der Begegnung das „Aufeinandertreffen zweier Mannschaften, die sich in der modernen Spielauffassung stark ähneln".
Auf dem Wasen bangt man allerdings um seine angeschlagenen Routiniers Robert Schlienz und „Kalli" Barufka, die zur Erleichterung der VfB-Anhänger unter den 84.000 Zuschauern jedoch auflaufen können. Im weiten Rund des Ludwigshafener Südweststadions herrscht eine Gluthitze, die beiden Mannschaften alles abverlangt. Der VfB geht wie gewohnt mit stabiler Deckung ins Spiel. Läpple-Ersatz Rolf Krauß, Erich Retter sowie Richard Steimle bilden einen stabilen Abwehrriegel, hinter dem mit Karl Bögelein ein überragender Schlussmann steht. Das Konzept von Trainer Wurzer gerät allerdings nach nur vier Minuten durcheinander, weil sich Retter bei einem Zweikampf verletzt. Doch der Jungnationalspieler ist hart. Verbissen humpelt er weiter über das Spielfeld und schaltet dabei sogar Saarbrückens gefürchteten Innenstürmer Momber aus. Selbst als die Saarländer nach 15 Minuten dennoch in Führung gehen, geraten die Schwaben nicht ins Wanken. Dafür bürgt vor allem Robert Schlienz. Nur drei Minuten später erzielt

der unermüdlich rackernde VfB-Kapitän den Ausgleich, und als Baitinger zwei Minuten vor dem Halbzeitpfiff das 2:1 erzielt, geht der VfB mit großer Zuversicht in die Pause. Nach dem Seitenwechsel spitzt sich das Spiel dramatisch zu. In der 54. Minute egalisiert Martin für den FCS, der nun enormen Druck entwickelt. Aus einer stabilen Abwehr tragen die Cannstatter jedoch immer wieder gefährliche Konter vor, die durch Blessing und Krieger in aussichtsreiche Chancen übergehen. Dass der VfB die Saarbrücker Drangperiode unbeschadet übersteht, ist der Schlüssel zum Sieg, den Baitinger in der 73. Minute mit dem 3:2 besiegelt.
Umjubelt wird aber auch Karl Bögelein, der die Saarbrücker mit zahlreichen Glanzparaden regelrecht zur Verzweiflung trieb.

__VfB:__ Bögelein – Krauß, Steimle – Schlienz, Retter, Barufka – Baitinger, Kronenbitter, Wehrle, Krieger, Blessing ◆ ***FCS:** Strempel – Philippi, Puff – Berg, Biewer, Balzert – Otto, Martin, Binkert, Momber, Schreiner* ◆ ***Tore:** 0:1 Schreiner (15.), 1:1 Schlienz (18.), 2:1 Baitinger (43.), 2:2 Martin (54.), 3:2 Baitinger (73.)* ◆ ***SR:** Nettekoven (Bonn)* ◆ ***ZS:** 84.000 in Ludwigshafen*

Otto Baitinger zieht ab und erzielt den 3:2-Siegtreffer.

Oberliga Süd

1	19.8.1951	VfL Neckarau - VfB	0:3	8.000
2	26.8.1951	VfB - SpVgg Fürth	1:1	20.000
3	2.9.1951	Kickers Offenbach - VfB	1:0	11.000
4	9.9.1951	VfB - Bayern München	2:1	12.000
5	16.9.1951	Schwaben Augsburg - VfB	0:4	40.000
6	30.9.1951	VfB - Stuttgarter Kickers	6:1	42.000
7	7.10.1951	FSV Frankfurt - VfB	1:1	20.000
8	21.10.1951	VfB - VfR Mannheim	4:1	12.000
9	28.10.1951	Eintracht Frankfurt - VfB	0:0	18.000
10	4.11.1951	VfB - Vikt. Aschaffenburg	3:2	10.000
11	11.11.1951	VfB Mühlburg - VfB	1:1	30.000
12	18.11.1951	VfB - Schweinfurt 05	3:0	10.000
13	25.11.1951	TSV München 1860 - VfB	1:3	35.000
14	2.12.1951	VfB - SV Waldhof	3:0	15.000
15	9.12.1951	1. FC Nürnberg - VfB	1:1	36.000
16	30.12.1951	VfB - VfL Neckarau	3:2	10.000
17	6.1.1952	SpVgg Fürth - VfB	1:2	18.000
18	13.1.1952	VfB - Kickers Offenbach	1:1	30.000
19	20.1.1952	Bayern München - VfB	1:1	25.000
20	27.1.1952	VfB - Schwaben Augsburg	2:0	6.000
21	3.2.1952	Stuttgarter Kickers - VfB	1:1	30.000
22	10.2.1952	VfB - FSV Frankfurt	2:0	8.000
23	17.2.1952	VfR Mannheim - VfB	2:1	10.000
24	24.2.1952	VfB - Eintracht Frankfurt	2:0	12.000
25	3.3.1952	Vikt. Aschaffenburg - VfB	1:1	17.000
26	10.3.1952	VfB - VfB Mühlburg	3:1	23.000
27	17.3.1952	Schweinfurt 05 - VfB	0:0	14.000
28	24.3.1952	VfB - TSV München 1860	4:2	10.000
29	31.3.1952	SV Waldhof - VfB	1:0	10.000
30	6.4.1952	VfB - 1. FC Nürnberg	2:0	72.000

Abschlusstabelle

1.	VFB STUTTGART	30	17	10	3	60:24	44-16
2.	1. FC Nürnberg (M)	30	17	9	4	72:33	43-17
3.	Kickers Offenbach	30	14	12	4	75:41	40-20
4.	Eintracht Frankfurt	30	15	4	11	52:43	34-26
5.	VfR Mannheim	30	10	12	8	64:60	32-28
6.	SpVgg Fürth	30	10	10	10	46:42	30-30
7.	FSV Frankfurt	30	10	10	10	45:58	30-30
8.	Bayern München	30	11	7	12	53:54	29-31
9.	VfB Mühlburg	30	11	6	13	67:47	28-32
10.	SV Waldhof	30	10	8	12	49:61	28-32
11.	V. Aschaffenb. (N)	30	8	12	10	45:70	28-32
12.	Stuttg. Kickers (N)	30	11	5	14	61:63	27-33
13.	TSV München 1860	30	9	9	12	46:54	27-33
14.	Schweinfurt 05	30	8	8	14	32:56	24-36
15.	Schwaben Augsb. ▽	30	6	7	17	41:62	19-41
16.	VfL Neckarau ▽	30	7	3	20	46:86	17-43

Endrunde Deutsche Meisterschaft

27.4.1952	VfL Osnabrück - VfB	0:0	30.000
11.5.1952	VfB - Tennis Bor. Berlin	3:0	4.000
18.5.1952	VfB - Rot-Weiß Essen	5:3	35.000
25.5.1952	Tennis Bor. Berlin - VfB	1:1	90.000
2.6.1952	Rot-Weiß Essen - VfB	3:2	25.000
8.6.1952	VfB - VfL Osnabrück	3:1	45.000

Abschlusstabelle

1.	VFB STUTTGART	6	3	2	1	14:8	8-4
2.	Rot-Weiß Essen	6	3	0	3	14:15	6-6
3.	VfL Osnabrück	6	2	1	3	9:9	5-7
4.	Tennis Bor. Berlin	6	2	1	3	8:13	5-7

Finale

22.6.1952	VfB - 1. FC Saabrücken	3:2	85.000

Oberliga- und Endrundenkader

Abgänge: Effinger (Sportfreunde Esslingen)
Zugänge: Baumgart (VfR Heilbronn), Bögelein (1. FC Bamberg)
Trainer: Georg Wurzer

Tor		Roland Wehrle	32/18
Karl Bögelein	37/0	Erwin Läpple	27/7
Otto Schmid	0/0	Rolf Krauß	25/1
Feld		Peter Krieger	19/4
Otto Baitinger	37/14	Walter Bühler	9/0
Rolf Blessing	37/13	Paul Maier	5/0
Erich Retter	37/2	Otto Baumgart	4/1
Karl Barufka	34/6	Helmut Kurz	0/0
Richard Steimle	34/0	Josef Ledl	0/0
Leo Kronenbitter	34/1	Ernst Otterbach	3/0
Robert Schlienz	33/7	+ ein Eigentor	

Schon kurz nach Spielende stürmen die VfB-Fans das Feld in Ludwigshafen.

[EREIGNIS]

Stuttgart feiert

Schulkinder bekamen sogar Jubel-frei

Nach dem Schlusspfiff gab es kein Halten mehr. Zu Hunderten stürmten die begeisterten VfB-Fans das Spielfeld des Ludwigshafener Südweststadions und feierten die zweite Deutsche Meisterschaft. Sogar die offizielle Siegerehrung musste ausfallen, weil ihre Durchführung angesichts der Menschenmassen auf dem Spielfeld zu gefährlich erschien. So überreichte DFB-Präsident Dr. Bauwens VfB-Spielführer Schlienz die „Salatschüssel" erst in der Kabine, mussten die VfB-Anhänger bis zur Heimkehr nach Stuttgart warten, ehe auch sie das errungene Silberstück zu Gesicht bekamen.

Wie zwei Jahre zuvor ging am Neckar gar nichts mehr. In Asperg kletterte die VfB-Elf aus dem Sonderzug und bestieg zehn blumengeschmückte Mercedes-PKW, mit denen sie zum Bad in der Menge aufbrach. Als die Kolonne in die Heilbronner Straße einbog, brandete der Jubel von mehr als 200.000 Menschen auf. Weiß-rote Fähnchen wurden geschwenkt, die vom Unterricht befreiten Schulkinder jubelten, und Oberbürgermeister Dr. Klett lobte in einer Abschlusskundgebung auf dem Schlosshof die „imponierende" Moral der Mannschaft. Wenige Tage später ging es zur Abschlussfahrt in die Schweiz, wobei erstmals seit fünf Jahren sogar die Ehefrauen mitreisen durften. Glücklicher VfB!

Das Verteidigerdreieck Krauß, Retter und Steimle (v. l.) lässt sich feiern.

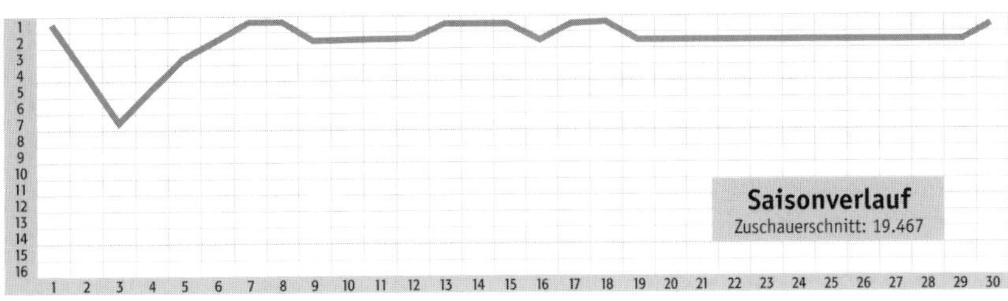

[SAISON]

Spätes Erfolgsrezept

Sicher, am Ende standen die süddeutsche Vizemeisterschaft und der erneute Einzug ins Endspiel um die Deutsche Meisterschaft. Also eine weitere Erfolgssaison für den VfB Stuttgart? Nicht unbedingt, denn über weite Strecken der Spielzeit steckte tüchtig Sand im weiß-roten Getriebe. Es begann mit einem 0:5 im Freundschaftsspiel gegen Kaiserslautern, setzte sich fort mit einer deprimierenden 0:3-Heimpleite im Pokal gegen die Offenbacher Kickers und trieb im weiteren Verlauf selbst den sonst so gelassenen Trainer Wurzer an den Rand des Wahnsinns. „So geht es mit dem VfB nicht mehr weiter!", tobte der Fußballlehrer im März 1953 nach der 0:2-Niederlage bei München 1860, die sämtliche VfB-Schwächen offenbart hatte. Die Abwehr, in der seit Saisonbeginn Neuzugang Liebschwager für den indisponierten Krauß agierte, war ein Torso, der Sturm unkonzentriert und die Läuferreihe ohne jegliche Impulse. Meistertrainer Wurzer geriet selbst in die Kritik. „Dauernd wird am Quintett des VfB herumexperimentiert und an unvollkommene Bastelarbeit erinnerte auch das Spiel selbst. Ohne Linie, ohne Halt, nicht einmal der sonst so geliebte und

[SPIEL]

VfB 7:0 Frankfurt

Klassenunterschied

VfB fegt Südmeister 7:0 vom Platz

Beim Spiel Tabellenführer gegen den Zweiten erwartet man nicht unbedingt ein Schützenfest. Doch am 26. April 1953 steht die Fußballwelt offenbar Kopf. Schon zur Halbzeit liegt der VfB gegen den bereits feststehenden Südmeister Eintracht Frankfurt mit 5:0 in Führung und stürmt nach dem Seitenwechsel nur knapp an einem zweistelligen Sieg vorbei. VfB-Coach Wurzer hat just im richtigen Moment die perfekte Sturmformation gefunden: In der Mitte der junge Erwin Waldner, im Innensturm unterstützt durch Kronenbitter sowie Krieger, die von den Flügeln durch Baitinger und Blessing „gefüttert" werden. Vor allem Otto Baitinger ist kaum zu stoppen. Viermal trifft der B-Nationalspieler gegen den Südmeister, der regelrecht demontiert wird. Der auf der Tribüne hockende Dortmunder Trainer „Bumbas" Schmidt zeigte sich sichtlich beeindruckt vom ersten Endrundengegner seines BVB und bekennt: „Wenn der VfB auch in den Gruppenspielen so auftrumpft, wird er Deutscher Fußballmeister. Wer diesen Wirbel aufzuhalten vermag, der muss schon eine Klasse-Abwehr besitzen."

■ Nach dem 3:2-Auftaktsieg über Angstgegner BC Augsburg herrschte überwiegend Erleichterung beim VfB. Gleichzeitig drohte die Stimmung jedoch überzukochen, denn in der 80. Minute hatte der Kasseler Schiedsrichter Rosenkranz VfB-Mittelstürmer Roland Wehrle wegen eines **Handspiels** des Feldes verwiesen. „Der Ball war aus, als ich ihn mit den Händen berührte", bestätigte der Sünder, dass er den Ball tatsächlich mit beiden Händen aufgefangen hatte – aber eben erst, nachdem er aus seiner Sicht *hinter* der Torauslinie gelandet war. Obwohl selbst DFB-Regelexperte Müller zugab, „die Hinausstellung war in keiner Weise gerechtfertigt", kannte Rosenkranz keine Gnade und beließ es bei dem Feldverweis.

Oberliga Süd

1	24.8.1952	VfB - BC Augsburg	2:3	9.000
2	31.8.1952	SpVgg Fürth - VfB	3:1	12.000
3	7.9.1952	VfB - Bayern München	4:0	12.000
4	14.9.1952	Vikt. Aschaffenburg - VfB	2:2	15.000
5	21.9.1952	VfB - Stuttgarter Kickers	2:0	35.000
6	28.9.1952	TSG Ulm 1846 - VfB	0:0	15.000
7	12.10.1052	VfB - FSV Frankfurt	3:0	10.000
8	19.10.1952	SV Waldhof - VfB	3:2	12.000
9	26.10.1952	Schweinfurt 05 - VfB	1:3	13.000
10	2.11.1952	VfB - VfR Mannheim	8:1	15.000
11	16.11.1952	Karlsruher SC - VfB	1:0	20.000
12	23.11.1952	TSV München 1860 - VfB	1:1	20.000
13	30.11.1952	VfB - 1. FC Nürnberg	1:2	28.000
14	7.12.1952	VfB - Kickers Offenbach	1:0	15.000
15	31.12.1952	Eintracht Frankfurt - VfB	1:0	25.000
16	4.1.1953	BC Augsburg - VfB	1:2	12.000
17	11.1.1953	VfB - SpVgg Fürth	2:2	16.000
18	18.1.1953	Bayern München - VfB	2:2	22.000
19	25.1.1953	VfB - Vikt. Aschaffenburg	4:0	8.000
20	1.2.1953	Stuttgarter Kickers - VfB	1:1	14.000
21	8.2.1953	VfB - TSG Ulm 1846	3:1	8.000
22	15.2.1953	FSV Frankfurt - VfB	2:1	10.000
23	22.2.1953	VfB - SV Waldhof	4:0	15.000
24	1.3.1953	VfB - Schweinfurt 05	4:1	21.000
25	8.3.1953	VfB - TSV München 1860	2:0	15.000
26	15.3.1953	VfR Mannheim - VfB	2:2	12.000
27	29.3.1953	VfB - Karlsruher SC	2:0	64.000
28	11.4.1953	1. FC Nürnberg - VfB	1:1	29.000
29	18.4.1953	Kickers Offenbach - VfB	3:1	30.000
30	26.4.1953	VfB - Eintracht Frankfurt	7:0	30.000

Abschlusstabelle

1. Eintracht Frankfurt	30	16	7	7	62:49	39-21
2. VFB STUTTGART (M)	30	15	8	7	69:33	38-22
3. SpVgg Fürth	30	12	11	7	65:45	35-25
4. Karlsruher SC	30	15	4	11	68:52	34-26
5. Schweinfurt 05	30	12	8	10	400:51	32-28
6. Kickers Offenbach	30	11	9	10	61:53	30-30
7. Bayern München	30	12	6	12	59:56	30-30
8. SV Waldhof	30	13	4	13	56:62	29-31
9. 1. FC Nürnberg	30	11	7	12	67:61	29-31
10. BC Augsburg (N)	30	13	2	15	59:61	28-32
11. FSV Frankfurt	30	9	10	11	38:44	28-32
12. Vikt. Aschaffenburg	30	11	6	13	59:74	28-32
13. VfR Mannheim	30	9	9	12	46:59	27-33
14. Stuttgarter Kickers	30	10	6	14	65:69	26-34
15. München 1860 ▽	30	6	12	12	46:58	24-36
16. TSG Ulm 46 (N) ▽	30	7	7	16	41:74	21-39

Endrunde Deutsche Meisterschaft

3.5.1953	Borussia Dortmund - VfB	2:1	45.000
10.5.1953	VfB - Union 06 Berlin	6:0	26.000
17.5.1953	VfB - Hamburger SV	2:1	40.000
24.5.1953	Union 06 Berlin - VfB	1:3	35.000
31.5.1953	Hamburger SV - VfB	1:2	22.000
7.6.1953	VfB - Borussia Dortmund	2:1	63.000

Abschlusstabelle

1. VFB STUTTGART	6	5	0	1	16:6	10-2
2. Borussia Dortmund	6	5	0	1	17:7	10-2
3. Hamburger SV	6	1	1	4	11:15	3-9
4. Union 06 Berlin	6	0	1	5	4:20	1-11

Finale

21.6.1953 1. FC Kaiserslautern - VfB 4:1 80.000

DFB-Pokal

1. HR 16.8.52 VfB - Kickers Offenbach 0:3 16.000

Oberliga- und Endrundenkader

Abgänge: Baumgart (VfR Heilbronn), Ledl, Maier
Zugänge: Liebschwager (TSV Straubing), Waldner (TB Neckarhausen)
Trainer: Georg Wurzer

Tor		Peter Krieger	31/10
Karl Bögelein	30/0	Erich Retter	31/2
Otto Schmid	0/0	Erwin Waldner	31/7
Feld		Roland Wehrle	21/3
Rolf Blessing	37/18	Helmut Kurz	4/0
Leo Kronenbitter	37/7	Walter Bühler	2/0
Robert Schlienz	37/5	Rolf Krauß	2/0
Otto Baitinger	36/27	Erwin Läpple	0/0
Werner Liebschwager	35/0	Werner Otterbach	0/0
Karl Barufka	34/5	+ ein Eigentor	
Richard Steimle	34/0		

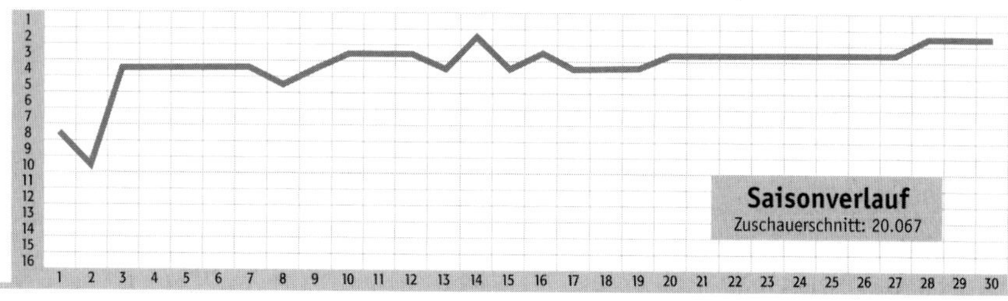

gepflegte Kurzpass wirkte sich günstig aus", meckerte das »Sport-Magazin«.

Erst spät fand Wurzer das Erfolgsrezept. Beim 2:0 gegen den neu gebildeten Fusionsklub Karlsruher SC überragte vor allem die Läuferreihe Schlienz-Retter-Barufka, und beim sensationellen 7:0-Abschlusssieg über den frischgebackenen Südmeister Eintracht Frankfurt vermochte erstmals auch der Sturm rundherum zu überzeugen. Vor allem Otto Baitinger begeisterte mit seinen vier Treffern die Fans und Fachleute. „Der VfB spielte wie englische Profis. Besonders hat mich sein konstruktives Spiel beeindruckt", lobte der Frankfurter Altinternationale Schütz die Schwaben, die am Ende sowohl mit der stabilsten Abwehr als auch dem stärksten Sturm der Liga verdientermaßen als Vizemeister durchs Ziel gingen.

In der Endrunde um die „Deutsche" kam es zu einem Herzinfarktduell mit Borussia Dortmund, das der VfB mit dem um 0,238 hauchdünn besseren Torverhältnisses für sich entschied. Entscheidend war der 6:0-Kantersieg über das bedauernswerte Schlusslicht Union 06 Berlin, das der BVB „nur" mit 4:0 bezwungen hatte.

Im Endspiel war der VfB vor 80.000 Zuschauern im Berliner Olympiastadion diesmal chancenlos. Ohne den verletzten „Karli" Barufka musste man dem 1. FC Kaiserslautern früh die Regie überlassen, woraufhin die Pfälzer zu einem verdienten 4:1-Erfolg kamen. Es ist eben doch nicht alles Gold, was glänzt.

[LEGENDEN]

OTTO BAITINGER

Stets ein wenig umstritten sorgte B-Nationalspieler Otto Baitinger (Debüt 1951 beim 1:1 gegen die österreichische B-Auswahl) in der Spielzeit 1952/53 mit 21 Saisontreffern für fast ein Drittel der VfB-Tore. Vor allem beim 7:0-Abschlusstriumph gegen die Frankfurter Eintracht explodierte der einst aus Feuerbach gekommene Metzger regelrecht und ebnete seinem Klub mit vier Treffern den erneuten Einzug in die Endrunde um die „Deutsche". Im Endspiel gegen den 1. FC Kaiserslautern ackerte der Halbrechte zwar vorbildlich, agierte aber glücklos. Baitingers große Stärke war der satte und wuchtige Schuss aus großer Entfernung. Mit einer dieser „Kanonen" hatte er 1952 im Endspiel gegen Saarbrücken das spielentscheidende 3:2 markiert und damit den Weg zu Meistertitel Nummer zwei geebnet. Bis 1955 stand Otto Baitinger in 174 Oberligaspielen (78 Tore) für den VfB auf dem Platz, ehe er sich aufs Altenteil zurückzog. Heute steht sein Name ebenso wie der von Robert Schlienz und „Kalli" Barufka für die erfolgreichste Epoche der VfB-Geschichte.

In den Endrundenspielen gegen Borussia Dortmund gab es einen hauchdünnen Vorsprung für den VfB – nicht zuletzt dank des einmal mehr überragenden Robert Schlienz, der sich hier elegant gegen Niepiklo durchsetzt.

[SPIEL]

Kaiserslautern 4:1 VfB

Walter-Festspiele

„Kalli" Barufka schmerzlich vermisst

Zum dritten Mal binnen drei Jahren steht der VfB im Endspiel um die Deutsche Fußballmeisterschaft.
Keine andere Mannschaft ist so erfolgreich wie die Weiß-Roten vom Cannstatter Wasen. Allenfalls der 1. FC Kaiserslautern mit seinem überragenden Bruderpaar Fritz und Ottmar Walter kann der beeindruckenden VfB-Bilanz mit seiner zweiten Finalteilnahme nach 1951 (2:1 über Preußen Münster) etwas Nennenswertes entgegensetzen.
Der VfB geht nicht sorgenfrei in die Begegnung vor 80.000 Zuschauern im Berliner Olympiastadion. Nicht nur, dass man im Freundschaftsspiel gegen den Endspielgegner kurz vor Saisonbeginn mit 0:5 untergegangen war – mit „Kalli" Barufka fehlt ausgerechnet einer der Leistungsträger. Kronenbitter nimmt seine Position ein. Die im VfB-Lokal „Herze-Bäck" versammelten Fans blicken dennoch pessimistisch auf das Endspiel, zumal ihrer Mannschaft zusätzlich der nervenaufreibende Endrundenkampf gegen Borussia Dortmund in den Knochen steckt.
Per Sonderzug und mit zahlreichen Bussen macht sich eine große Schar VfB-Freunde auf den Weg nach Berlin, das noch immer im Bann der Ereignisse des 17. Juni 1953 steht.

Das Spiel beginnt mit einem Paukenschlag. Nach nur sechzig Sekunden deutet der Oberhausener Unparteiische Ternieden bereits auf den ominösen Punkt, weil Wenzel an der Strafraumgrenze zu Fall gekommen ist! Doch Bögelein pariert gegen Fritz Walter und verschafft dem VfB damit Oberwasser.
Barufka fehlt jedoch an allen Ecken und Enden. Schlienz ist mit dem quicklebendigen Wenzel beschäftigt und hat keine Zeit, das VfB-Spiel anzukurbeln, Retter ist nach ausgeheiltem Wadenbeinbruch noch nicht spritzig genug, und Kronenbitter verzweifelt fast an seiner Aufgabe, Fritz Walters Kreise einzuengen. Walter ist es schließlich, der den FCK in der 37. Minute verdient mit 1:0 in Führung bringt und damit die „Walter-Festspiele" einläutet. Nahezu überall ist der Lauterer zu finden, baut das FCK-Angriffsspiel auf, brilliert mit Bruder Ottmar, reißt mit blitzschnellen Steilpässen die VfB-Abwehr auf. Weil Werner Liebrich die FCK-Abwehr zudem brillant dirigiert, kommen die Pfälzer in einem der laut »Sport-Magazin« „schönsten Endspiele aller Zeiten" zu einem verdienten 4:1-Sieg: „Selten triumphierte ein Meister so souverän, so spielerisch überlegen!"

__FCK:__ Hölz – Ernst Liebrich, Kohlmeyer – Eckel, Werner Liebrich, Render – Scheffler, Fritz Walter, Ottmar Walter, Wenzel, Wanger ◆ *__VfB:__ Bögelein – Liebschwager, Steimle – Schlienz, Retter, Kronenbitter, Baitinger – Waldner, Wehrle, Krieger, Blessing* ◆ *__Tore:__ 1:0 Fritz Walter (37.), 2:0 Wanger (57.), 2:1 Kronenbitter (72.), 3:1 Scheffer (78.), 4:1 Wenzel (83.)* ◆ *__SR:__ Ternieden (Oberhausen)* ◆ *__ZS:__ 80.000 im Berliner Olympiastadion*

Da hoffte der VfB wieder: Waldner schiebt das Leder am herausstürzenden FCK-Keeper Hölz vorbei ins Lauterer Tor. Doch Schiedsrichter Ternieden verweigert dem Treffer die Anerkennung: Abseits!

Robert Schlienz und Fritz Walter führen ihre Teams auf das Spielfeld.

[EREIGNIS]

Spiel der Systeme

Walter machte den Unterschied

Das Endspielduell zwischen Kaiserslautern und dem VfB war auch ein Duell der Systeme: Während die Pfälzer noch auf das altbewährte 2-3-5 bauten, agierten die Schwaben bereits im modernen 2-4-4. Ein Vergleich zwischen den Systemen war freilich nicht möglich, da mit Barufka ein wesentlicher Bestandteil des VfB-Läuferquintetts fehlte. Auf dem Feld gewann der FCK dadurch entscheidende Vorteile, die sich vor allem in der schnellen Überbrückung des Mittelfeldes ausdrückten. Regelmäßig überraschten lange Pässe die behäbig wirkende VfB-Deckung, während das Aufbauspiel der Schwaben an Quer- und Kurzpässen förmlich erstickte. Da es zudem nicht gelang, die Sturmreihe einzubinden, verpufften die weiß-roten Angriffsbemühungen regelmäßig im Nichts.
Überragender Akteur auf dem Feld war Fritz Walter. Während dessen Kontrahent auf der VfB-Seite, Robert Schlienz, nicht wie gewohnt zum Zug kam, weil er vornehmlich mit Deckungsaufgaben beschäftigt war, glänzte „der Fritz" in geradezu phantastischer Manier. Ein ums andere Mal bewies der Nationalspieler, warum er die herausragende Spielerpersönlichkeit der Epoche war. Er allein machte den entscheidenden Unterschied zwischen Lautern und Stuttgart aus.

Glückwunsch vom Gegner – der Waldhöfer Schall gratuliert Robert Schlienz zur Südmeisterschaft.

[SPIEL]

VfB 2:0 SV Waldhof

Zum Dank gab es Sekt

Kickers-Fans bejubeln VfB

Als Schiedsrichter Meißner die Begegnung abpfeift, jubelt ganz Stuttgart: Die VfB-Fans, weil der 2:0-Sieg ihrem Team zum dritten Mal seit Kriegsende die Südmeisterschaft beschert hat, und die zahlreich unter den 20.000 im Neckarstadion versammelten Kickers-Anhänger, weil Waldhofs Niederlage ihren „Blauen" trotz eigenem 0:5-Debakel in Augsburg die Klasse sichert. Die Kickers wissen was sich gehört und bedanken sich anschließend mit 15 Sektflaschen beim Ortsrivalen.

Der wiederum kann sich bei seinem Torsteher Karl Bögelein bedanken, dass es zum Sieg gereicht hat. Reaktionsschnell bewahrte der Keeper die Weiß-Roten beim Stande von 0:0 durch beherztes Eingreifen gleich mehrfach vor einem Rückstand. In der Saisonschlussphase ohnehin ein wenig außer Form hatte der VfB lange Zeit enorme Mühe mit dem variablen Innensturm des Abstiegskandidaten. Robert Schlienz konnte Waldhof-Mittelstürmer Paul Lipponer zu keiner Phase neutralisieren, und erst in der Schlussphase setzte sich allmählich die reifere Spielanlage der Schwaben durch. Als Baitinger und Hinterstocker ihre Gelegenheiten eiskalt ausnutzten, ging der Gastgeber mit einem schmeichelhaften 2:0-Erfolg vom Feld.

[LEGENDEN]

ERICH RETTER

Er war *der* Pechvogel der Saison. Fest nominiert für den Herberger'schen WM-54-Kader, riss am 25. April 1954 beim Einweihungsspiel des St.-Jakob-Stadions in Basel der Innenmeniskus von Erich Retters Knie und zerstörte die WM-Träume des rechten Verteidigers. Statt Retter reiste der Hamburger Jupp Posipal mit in die Schweiz, während die VfB-Legende vor dem heimischen Radio hockte und vom sensationellen WM-Sieg Deutschlands hörte. 1947 aus Plüdershausen zum VfB gekommen, war Retter ein Spieler ganz nach dem Geschmack der Fans. Der unermüdliche Arbeiter galt als schlagsicher, kopfballstark und zuverlässig. In 354 Oberligaspielen verteidigte er bis 1956 tapfer für den VfB, wurde mit den Bewegungsspielern zweimal Deutscher Meister, errang zweimal den Pokal. Anschließend führte er bis 1984 die Tankstelle an der Mercedesstraße und blieb dem VfB damit „nah". Doch den 25. April 1954, den vergaß er nie.

[SAISON]

Südmeister und Pokalsieger

Das Ereignis der Fußballsaison 1953/54 fand im schweizerischen Bern statt. Am 4. Juli 1954 errang Deutschland im Wankdorfstadion durch ein wundersames 3:2 gegen die als unschlagbar geltenden Ungarn zum ersten Mal die Fußball-Weltmeisterschaft. Stuttgarter waren bei dem Triumph nicht dabei. Das verwundert, hatte der VfB doch 1953 zum dritten Mal in Folge im Endspiel um die „Deutsche" gestanden und sich 1954 erneut die Südmeisterschaft bzw. erstmals den DFB-Pokal gesichert. Doch Bundestrainer Herberger wollte von VfB-Legenden wie Schlienz, Barufka, Retter, Baitinger etc. nichts wissen – er setzte lieber auf seine Lauterer Lieblingsschüler um Fritz Walter...

Dessen Namensvetter in der VfB-Führungsriege konnte dennoch mit der Saison zufrieden sein. Auch im neunten Jahr nach Gründung der Oberliga Süd war der VfB in der Spitze dabei und bewies damit eine bemerkenswerte Konstanz. Das galt nicht zuletzt personell, denn im Vergleich zur abgelaufenen Saison ging der VfB lediglich mit einem neuformierten Sturm ins Rennen: Der aus Traunstein gekommene Hinterstocker fügte sich perfekt ein, Waldner konnte endlich auf seine Lieblingsposition des Mittelstürmers rücken und Otto Baitinger bejubelte stolze 21 Saisontore. Wenngleich die neuerliche Endrundenteilnahme zu keiner Phase gefährdet war, trübten Enttäuschungen wie das 0:4 im Derby gegen die Kickers und das 0:5 bei der Frankfurter Eintracht die Stimmung.

In der aufgrund der WM verkürzten Endrunde kam gegen Hannover 96 das vorzeitige Aus. Erich Retter fehlte nach Meniskusriss, und das Stuttgarter Dreiinnenspiel vermochte die Niedersachsen zwar zu verwirren, schlug sie aber nicht, da der VfB gleich in drei 96-Konter lief. Den Ehrentreffer vor 40.000 Zuschauern in Düsseldorf erzielte Otto Baitinger. Der VfB konnte sich mit dem Gewinn des DFB-Pokals trösten, wobei er allerdings gleich dreimal eine Verlängerung benötigte – die letzte beim 1:0 im Endspiel gegen Köln.

Nach dem Pokalfinalsieg über den 1. FC Köln: Stehend v. l.: Waldner, Bühler, Hinterstocker, Steimle, Krieger, Masseur Lechler, Baitinger, vorn: Blessing, Schlienz, Bögelein, Retter, Barufka, Zeugwart Riedinger.

Oberliga Süd

1	16.8.1953	FSV Frankfurt - VfB	2:3	20.000
2	23.8.1953	VfB - Bayern München	4:0	12.000
3	30.8.1953	SpVgg Fürth - VfB	2:2	13.000
4	6.9.1953	VfB - Schweinfurt 05	2:1	9.000
5	13.9.1953	Vikt. Aschaffenburg - VfB	1:2	10.000
6	20.9.1953	VfB - Stuttgarter Kickers	2:1	15.000
7	27.9.1953	Jahn Regensburg - VfB	1:1	20.000
8	4.10.1953	VfB - Eintracht Frankfurt	1:0	25.000
9	18.10.1953	Hessen Kassel - VfB	1:5	30.000
10	25.10.1953	VfB - 1. FC Nürnberg	5:2	30.000
11	1.11.1953	BC Augsburg - VfB	2:1	15.000
12	8.11.1953	VfB - VfR Mannheim	2:2	12.000
13	15.11.1953	Karlsruher SC - VfB	2:0	20.000
14	22.11.1953	VfB - Kickers Offenbach	3:1	20.000
15	6.12.1953	SV Waldhof - VfB	0:1	10.000
16	20.12.1953	VfB - FSV Frankfurt	0:0	6.000
17	27.12.1953	Bayern München - VfB	0:0	22.000
18	3.1.1954	VfB - SpVgg Fürth	4:1	9.000
19	10.1.1954	Schweinfurt 05 - VfB	1:1	6.000
20	17.1.1954	VfB - Vikt. Aschaffenburg	2:0	10.000
21	24.1.1954	Stuttgarter Kickers - VfB	4:0	33.000
22	31.1.1954	VfB - Jahn Regensburg	2:1	7.000
23	7.2.1954	Eintracht Frankfurt - VfB	5:0	28.000
24	14.2.1954	VfB - Hessen Kassel	4:1	12.000
25	21.2.1954	1. FC Nürnberg - VfB	1:2	31.000
26	28.2.1954	VfB - BC Augsburg	6:0	7.000
27	7.3.1954	VfR Mannheim - VfB	2:2	12.000
28	14.3.1954	VfB - Karlsruher SC	5:1	33.000
29	21.3.1954	Kickers Offenbach - VfB	4:0	28.000
30	4.4.1954	VfB - SV Waldhof	2:0	20.000

Abschlusstabelle

1. VFB STUTTGART	30	18	7	5	64:39	43-17
2. Eintr. Frankfurt (M)	30	17	8	5	70:31	42-18
3. Kickers Offenbach	30	16	9	5	70:38	41-19
4. 1. FC Nürnberg	30	15	8	7	71:44	38-22
5. Karlsruher SC	30	14	7	9	61:53	35-25
6. Jahn Regensburg (N)	30	14	5	11	42:48	33-27
7. FSV Frankfurt	30	11	8	11	60:56	30-30
8. Schweinfurt 05	30	12	4	14	53:50	28-32
9. Bayern München	30	9	10	11	42:46	28-32
10. VfR Mannheim	30	9	9	12	62:71	27-33
11. SpVgg Fürth	30	9	8	13	42:54	26-34
12. BC Augsburg	30	11	3	16	52:66	25-35
13. Hessen Kassel (N)	30	9	5	16	54:74	23-37
14. Stuttgarter Kickers	30	8	5	17	63:79	21-39
15. SV Waldhof ▽	30	5	10	15	47:66	21-39
16. Vikt. Aschaffenb. ▽	30	8	4	18	44:82	19-41

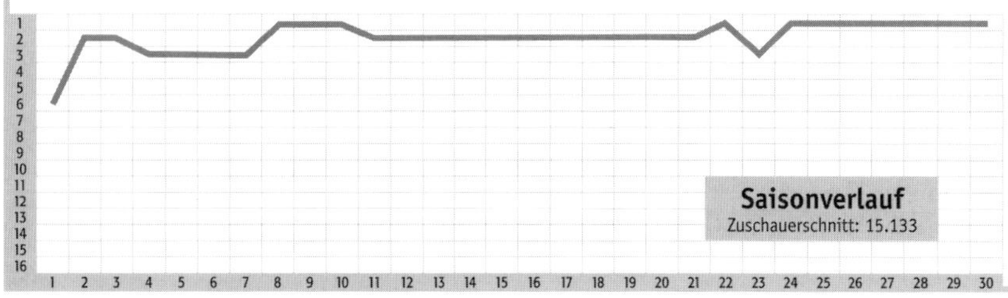

Endrunde Deutsche Meisterschaft

9.5.1954	Berliner SV 92 - VfB	0:3	65.000
16.5.1954	Hannover 96 - VfB	3:1	40.000

Abschlusstabelle

1. Hannover 96	2	2	0	0	5:2	4-0
2. VFB STUTTGART	2	1	0	1	4:3	2-2
3. Berliner SV 92	2	0	0	2	1:5	0-4

DFB-Pokal

1. HR	2.8.53	SV B.-Gladbach - VfB	1:1 n.V.	18.000
1. HR	16.8.53	VfB - SV Berg.-Gladbach	6:0	5.000
HF	13.12.53	VfB - TuS Neuendorf	2:2 n.V.	22.000
HF	24.3.54	VfB - TuS Neuendorf	2:0	12.000
F	17.4.1954	VfB - 1. FC Köln	1:0 n.V.	60.000

Oberliga- und Endrundenkader

Abgänge: Läpple, Otterbach (VfB-Amateure), Schmid (Trainer VfB-Jugend)
Zugänge: Haas (FC Vilshofen), Hinterstocker (FC Traunstein), Simon (VfB-Amateure)
Trainer: Georg Wurzer

Tor		Erich Retter	30/2
Karl Bögelein	32/0	Erwin Waldner	30/8
Josef Haas	0/0	Richard Steimle	22/0
Feld		Roland Wehrle	18/5
Leo Kronenbitter	32/2	Rolf Blessing	13/6
Robert Schlienz	32/4	Karl Barufka	12/2
Otto Baitinger	31/24	Werner Liebschwager	3/0
Walter Bühler	31/5	Rolf Krauß	2/0
Ludwig Hinterstocker	31/7	Wolfgang Simon	2/0
Peter Krieger	31/3	Helmut Kurz	0/0

[SPIEL]

VfB 1:0 n.V. 1. FC Köln

Nominell ist es der erhoffte Thriller zwischen dem West- und dem Südmeister, der am 17. April 1954 vor rund 60.000 in Ludwigshafen als zweites Pokalendspiel seit Kriegsende stattfindet. Ludwigshafen – also dort, wo der VfB zwei Jahre zuvor zum zweiten Mal Deutscher Meister geworden war. Ein gutes Omen? Der Weg der Schwaben ins Finale war steinig. Als Südmeister von der regionalen Qualifikation befreit, hatte man schon im ersten Spiel gegen den Deutschen Amateurmeister Bergisch Gladbach eine Wiederholung benötigt und war auch im Halbfinale gegen den Koblenzer Vorortklub TuS Neuendorf nicht an einem Wiederholungsspiel vorbeigekommen.
Immerhin steht in Ludwigshafen der lang verletzte Innenstürmer Blessing wieder zur Verfügung, der jedoch gegen den WM-Kandidaten Paul Mebus keinen Stich bekommt.

Beton knackt Sturm

Moderner VfB erringt erstmals Pokal

Viele VfB-Fans vermissen Leo Kronenbitter, der für Rückkehrer Blessing auf der Tribüne sitzt. Die Stuttgarter WM-Hoffnung Erich Retter hingegen überzeugt wie gewohnt durch kompromissloses Verteidigungsspiel und lässt den gefürchteten linken Kölner Flügel um Röhrig und Schäfer kaum zur Geltung kommen.
Für die Zuschauer ist die Darbietung enttäuschend. „Die sin so defensiv, s'is kee guts Spiel“, schüttelt Bundestrainer Herberger auf der Tribüne den Kopf, denn die Stuttgarter „Betonabwehr“ (39 Gegentreffer in 30 Spielen) hat den Kölner „Supersturm“ (83 Treffer in 30 Spielen) fest im Griff. Neben Verteidiger Retter (dessen Nebenmann Steimle einige Schwächen zeigt) spielt einmal mehr die VfB-Läuferreihe um Paul Krieger, Robert Schlienz und „Kalli“ Barufka überragend. Barufka liefert sich dabei ein mitreißendes Duell mit dem Kölner Stollenwerk.

Torgefahr geht von den Schwaben aber nur aus, wenn sich Robert Schlienz mit in den Angriff einschaltet. Das geschieht während der regulären Spielzeit allerdings nur sporadisch.
Während der VfB mit modernem, abwartendem Fußball auf seine Chance lauert, verzweifelt der offensivfreudige 1. FC Köln mit zunehmender Spieldauer. Als in der 75. Minute der Kölner Nachwuchsspieler Dörner auch noch einen Foulelfmeter neben das Tor setzt, ist es endgültig um die Westdeutschen geschehen.
In der Verlängerung wird der erst 19-jährige Erwin Waldner zum VfB-Helden: Krieger dribbelt nach Halbrechts und passt auf Schlienz, der zwei Kölner ausspielt und den auf Halblinks lauernden Waldner bedient. Der Jüngste im VfB-Team macht zwei, drei Schritte, sieht, dass Kölns Keeper de Munck zu weit vor seinem Tor steht und lupft das Leder elegant zum Siegtor ins Netz der Rheinländer. Der VfB ist erstmals Deutscher Pokalsieger!

VfB: *Bögelein – Retter, Steimle – Krieger, Schlienz, Barufka – Hinterstocker, Baitinger, Bühler, Blessing, Waldner* ◆ ***Köln:*** *de Munck – Langen, Graf – Mebus, Hartmann, Dörner – Müller, Stollenwerk, Nordmann, Röhrig, Schäfer* ◆ ***Tor:*** *1:0 Waldner (96.)* ◆ ***SR:*** *Albert Dusch (Kaiserslautern)* ◆ ***ZS:*** *60.000 im Ludwigshafener Südweststadion*

Erwin Waldner auf dem Weg zum 1:0-Siegtreffer – de Munck ist machtlos.

Erich Retter (rechts) und der Kölner „Jupp“ Röhrig im Nationaldress – der Stuttgarter Verteidiger verpasste die WM 1954 wegen einer Verletzung.

[EREIGNIS]

„Nur Mebus und Retter in WM-Form“, titelte der »kicker« nach dem spielerisch enttäuschenden Pokalfinale zwischen dem VfB und dem 1. FC Köln. Während der Kölner Paul Mebus schließlich mit zum WM-Turnier in die Schweiz fahren durfte, glänzte der VfB beim „Wunder von Bern“ durch Abwesenheit. Das war keineswegs nur dem Pech von Erich Retter zuzuschreiben, der mit einem Innenmeniskusriss ausfiel. Die Stuttgarter Leistungsträger hatten es unter den Augen von Bundestrainer Sepp Herberger nämlich verhältnismäßig schwer, sich in den Vordergrund zu spielen – ebenso übrigens wie die des Deutschen Meisters von 1954 Hannover 96, die im WM-Kader ebenfalls fehlten.

Wunder ohne VfB

Deutschland ohne Stuttgarter bei WM

Neben Retter hatte sich lediglich Angriffstalent Erich Waldner überhaupt Hoffnungen auf das WM-Turnier machen dürfen, während schwäbische Erfolgsgaranten wie Barufka, Bögelein, Baitinger, Schlienz oder Steimle vom Bundestrainer hartnäckig übersehen wurden. Sicher, „Kalli“ Barufka war bereits 33, und Schlienz kämpfte mit dem Makel seiner Armamputation, die Herberger Abstand von dem VfB-Idol nehmen ließ.
Doch Herberger war eben Kaiserslautern-Fan und vertraute der Achse um Ziehkind Fritz Walter.

[SAISON]

Südmeister im Abstiegskampf

Abstiegssorgen kannte der VfB nicht. In neun Oberligajahren war er nur selten überhaupt mal in die zweite Tabellenhälfte gerutscht und ging als amtierender Südmeister natürlich optimistisch ins zehnte Spieljahr. Doch der Ärger begann, noch ehe der erste Ball getreten wurde. Der plötzliche Wechsel von „Pit" Krieger nach Saarbrücken brachte Unruhe und verdarb Trainer Wurzer das Konzept. Wesentlich schmerzhafter als der Verlust des umstrittenen Wandervogels war der von Richard Steimle, der seine Karriere aus gesundheitlichen Gründen beenden musste. Und kaum war die Saison gestartet, fiel auch noch Stammverteidiger Erich Retter aus und hinterließ eine nicht zu füllende Lücke in der Deckung. Lediglich die Läuferreihe in der Besetzung Kronenbitter – Schlienz – Simon schien weiterhin „gesetzt" zu sein, während im Sturm die Hoffnungen vor allem auf dem jungen „Waldi" Waldner ruhten.

Die Unruhe setzte sich über den Saisonstart hinaus fort. Als das erste Heimspiel gegen Aufsteiger Schwaben Augsburg sensationell mit 1:3 verloren ging, stand ausgerechnet die hoch gelobte Läuferreihe in der Kritik, und das »Sport-Magazin« warnte, „dass man in dieser Formation unter gar keinen Umständen die weiteren Punktkämpfe durchzuführen imstande ist". Es kam noch schlimmer. Am 31. Oktober gab es ein 1:6-Heimdebakel gegen Aufsteiger Reutlingen, bei dem Torhüter Bögelein einen Wadenbeinbruch erlitt und die Presse das „umständliche, zögernde Abspiel, die viel zu kurzen Pässe, die noch dazu ungenau kommen und das vernachlässigte Flügelspiel" rügte. Als der VfB im Februar 1955 in vier Spielen kein einziges Tor erzielte und acht Begegnungen in Folge sieglos blieb, stürzte er auf den drittletzten Platz ab und konnte froh sein, dass die beiden Absteiger mit Hessen Kassel und Bayern München bereits feststanden.

„Die Parole heißt: Neuaufbau mit jungen Leuten!", gab Trainer Wurzer nach Saisonschluss zerknirscht bekannt.

Symptomatisch für eine verkorkste Saison: Otto Baitinger kommt im Pokalspiel gegen Torhüter Wittke und Verteidiger Goldau von Arminia Hannover nicht an den Ball.

[EREIGNIS]

„Wir waren ständig bemüht, einem ungelernten Mann wie Krieger eine gute Ausbildung zuteil werden zu lassen; er hätte die Gelegenheit mehr als einmal wahrnehmen können", schimpfte Curt Müller, einer der Väter des Vertragsspielerstatuts und beim VfB in diversen Position tätig, erbost. Gerade hatte sich Peter „Pit" Krieger beim VfB abgemeldet, um zukünftig in Saarbrücken zu spielen. Sein Vater hatte

Der Fall Krieger

VfB verweigert Freigabe

im Saarland eine Stellung als Bergbau-Ingenieur erhalten.

Der VfB zeigte sich stocksauer und verweigerte die Freigabe. Grund: Man habe sowohl dem Spieler als auch dessen Vater in Stuttgart Wohnung und Arbeitsstätte besorgt. Kriegers Wechsel hatte wohl tatsächlich andere Gründe, denn immer häufiger wurden Spieler von zahlungskräftigeren Klubs abgeworben und damit das Vertragsspielerstatut unterlaufen, dem zufolge ein Spieler den Verein nur wechseln durfte, wenn triftige berufliche Gründe vorlagen. Der VfB wollte dabei nicht mehr mitspielen und verweigerte Krieger die Freigabe.

Oberliga Süd

1	22.8.1954	Hessen Kassel - VfB	1:3	12.000
2	29.8.1954	VfB - Schwaben Augsburg	1:3	12.000
3	5.9.1954	FSV Frankfurt - VfB	5:2	10.000
4	12.9.1954	VfB - Karlsruher SC	3:0	12.000
5	19.9.1954	Kickers Offenbach - VfB	1:4	12.000
6	10.10.1954	VfB - Eintracht Frankfurt	2:3	25.000
7	17.10.1954	VfB - Stuttgarter Kickers	2:1	32.000
8	24.10.1954	Jahn Regensburg - VfB	2:0	16.000
9	31.10.1954	VfB - SSV Reutlingen 05	1:6	30.000
10	7.11.1954	BC Augsburg - VfB	1:3	12.000
11	14.11.1954	VfB - VfR Mannheim	0:0	9.000
12	21.11.1954	1. FC Nürnberg - VfB	5:1	17.000
13	5.12.1954	Schweinfurt 05 - VfB	2:2	4.000
14	12.12.1954	VfB - SpVgg Fürth	4:1	10.000
15	19.12.1954	Bayern München - VfB	2:1	14.000
16	9.1.1955	VfB - Hessen Kassel	6:3	7.000
17	16.1.1955	Schwaben Augsburg - VfB	1:2	11.000
18	23.1.1955	VfB - FSV Frankfurt	3:0	12.000
19	30.1.1955	Karlsruher SC - VfB	3:0	8.000
20	6.2.1955	VfB - Kickers Offenbach	0:2	15.000
21	13.2.1955	Stuttgarter Kickers - VfB	1:0	20.000
22	20.2.1955	Eintracht Frankfurt - VfB	1:0	10.000
23	27.2.1955	VfB - Jahn Regensburg	1:1	7.000
24	13.3.1955	SSV Reutlingen 05 - VfB	2:1	15.000
25	20.3.1955	VfB - BC Augsburg	2:2	8.000
26	27.3.1955	VfR Mannheim - VfB	5:2	8.000
27	3.4.1955	VfB - 1. FC Nürnberg	6:0	15.000
28	17.4.1955	VfB - Schweinfurt 05	2:3	11.000
29	29.4.1955	SpVgg Fürth - VfB	2:1	5.000
30	1.5.1955	VfB - Bayern München	3:1	4.000

Abschlusstabelle

1. Kickers Offenbach	30	17	5	8	67:38	39-21
2. SSV Reutlingen (N)	30	16	5	9	62:44	37-23
3. Schweinfurt 05	30	14	9	7	52:44	37-23
4. Eintracht Frankfurt	30	15	6	9	56:36	36-24
5. Karlsruher SC	30	15	5	10	69:51	35-25
6. FSV Frankfurt	30	13	7	10	55:49	33-27
7. BC Augsburg	30	14	4	12	72:60	32-28
8. Schwaben Agb. (N)	30	12	8	10	46:45	32-28
9. 1. FC Nürnberg	30	12	5	13	64:51	29-31
10. VfR Mannheim	30	12	5	13	77:79	29-31
11. SpVgg Fürth	30	11	7	12	56:67	29-31
12. Stuttgarter Kickers	30	10	7	13	48:56	27-33
13. VFB STUTTGART (M)	30	11	4	15	58:60	26-34
14. Jahn Regensburg	30	11	4	15	47:85	26-34
15. Hessen Kassel ▽	30	6	6	18	37:67	18-42
16. Bayern München ▽	30	6	3	21	42:76	15-45

DFB-Pokal

1. HR	15.8.54	VfB - Arminia Hannover	4:2	6.000
2. HR	26.9.54	VfB - VfB Lübeck	5:1	9.000
VF	27.11.54	VfB - Karlsruher SC	2:5	9.000

Spielerkader

Abgänge: Krieger (1. FC Saarbrücken), Steimle (Karriereende)

Zugänge: Dobler (VfB-Amateure), Dornhecker (FC Traunstein), Stache (FC Donzdorf), Strohmaier (FV Zuffenhausen), Tagliaferri (VfB Friedrichshafen)

Trainer: Georg Wurzer

Tor		Otto Baitinger	22/8
Karl Bögelein	24/0	Rolf Krauß	20/1
Josef Haas	6/0	Gerhard Strohmaier	15/3
Feld		Karl Barufka	13/0
Robert Schlienz	30/1	Helmut Kurz	8/0
Erwin Waldner	30/13	Wolfgang Simon	7/0
Lud. Hinterstocker	29/10	Heinz Dobler	1/0
Rolf Blessing	27/11	Harry Stache	1/1
Werner Liebschwager	25/0	Roland Wehrle	1/0
Walter Bühler	24/5	Karl Dornhecker	0/0
Leo Kronenbitter	24/3	Knut Tagliaferri	0/0
Erich Retter	23/2		

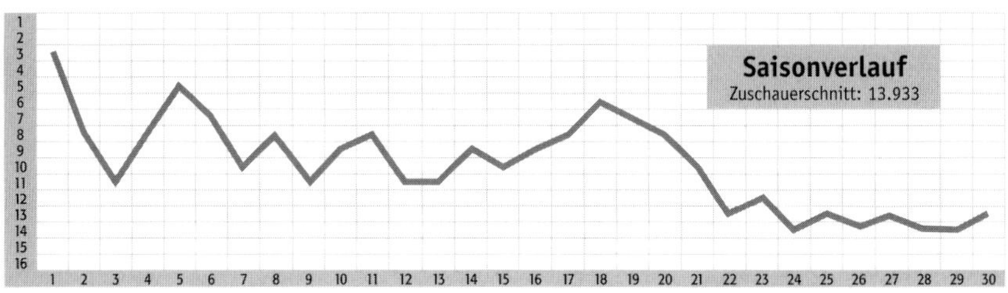

[EREIGNIS]

Schlienz-Debüt

Stuttgarter Legende in Nationalelf

Darauf hatte Stuttgart seit Jahren gewartet: Endlich durfte VfB-Legende Robert Schlienz in den schneeweißen Dress der deutschen Nationalmannschaft schlüpfen. Beim 2:1-Sieg über Irland brachte Bundestrainer Herberger den VfB-Spielführer am 28. Mai 1955 im Hamburger Volksparkstadion zwar nur als „Notlösung", landete mit ihm aber einen Volltreffer. „Besonders in ihr Herz schlossen die Zuschauer unseren Robert Schlienz. Jede feine Leistung dankte man mit Sonderapplaus. Er hat seinen großen Tag brav überstanden, mochte er – manchmal gar zu übereifrig – auch in der zweiten Halbzeit zeitweilig etwas zurückfallen und im Zuspiel nicht den erstaunlichen Radius seines Kameraden Mai entwickeln", lobte der »kicker« den Stuttgarter Außenläufer und machte mit der Cover-Schlagzeile „Auf Wiedersehen, Robert Schlienz!" auf.

Neben Schlienz standen mit Erich Retter und Jungstürmer Erwin Waldner zwei weitere VfBler auf dem Platz, wobei „Waldi" Waldner sogar den Treffer zur deutschen 1:0-Führung erzielte. Doch trotz überzeugender Leistung sollte es für Robert Schlienz kein wirkliches „Wiedersehen" im Nationalteam geben. 1956 setzte Herberger ihn zwar noch zwei weitere Male ein, doch danach war die Nationalelfkarriere des Mannes mit dem amputierten Unterarm schon wieder beendet.

[SPIEL]

VfB 2:1 Kickers

Verkehrte Welt

Ein glücklicher Verlierer

Komisch: Während der Gewinner erbost ist, zeigt sich der Verlierer zufrieden. „Das heutige Spiel dürfte wohl eine der besten Auseinandersetzungen gewesen sein, die sich beide Vereine bisher geliefert haben. Ein Unentschieden wäre für uns nicht unverdient gewesen, aber auch so bin ich mit meiner Mannschaft zufrieden", gibt Kickers-Vorsitzender Dr. Häusermann nach dem Schlusspfiff stolz zu Protokoll.
VfB-Trainer Wurzer indes mäkelt, er habe schon „bessere Lokalspiele als dieses gesehen", und wird in seiner Ansicht vom Spielausschussvorsitzenden „Waggele" Haaga bestätigt, der bemängelt, „dass in der zweiten Hälfte das Niveau des Treffens stark nachgelassen habe". Immerhin: Dem VfB gelingt nicht nur die Revanche für das 0:4-Debakel in der Vorsaison, er kann sich vor allem darüber freuen, dass seine personellen Umstellungen von Erfolg gekrönt sind. Der nach monatelanger Verletzungspause erstmals wieder einsatzfähige Erich Retter überzeugt als rechter Läufer, Ex-Sturmführer Robert Schlienz gibt einen prima Stopper ab, Mittelstürmer Walter Bühler zeigt endlich die lange vermisste Konsequenz, und Rechtsaußen Hinterstocker gelingen gleich zwei Treffer. Die Degerlocher verlangen ihrem Ortsrivalen alles ab. Ihr offensives Spiel hinterlässt einen vorzüglichen Eindruck, der auch nicht davon verwischt wird, dass das 103. Lokalderby mit dem 41. VfB-Sieg endet. Insofern sind die „Blauen" zu Recht „zufrieden" – und werden am Saisonende sogar erstmals seit 1948 wieder vor dem VfB liegen.

Gerhard Strohmayer im Duell mit dem Degerlocher Rudolf Scholz.

[LEGENDEN]

RICHARD STEIMLE

Es ging einfach nicht mehr. Aus gesundheitlichen Gründen musste Richard Steimle im Sommer 1954 seine Vertragsspielerlaufbahn vorzeitig beenden.
Gerade 31 Jahre war der Linksverteidiger alt – eigentlich noch kein Alter, um aufzuhören. Doch Steimle hatte sich 1945 im US-amerikanischen PX-Laden mit Gelbsucht infiziert und hörte nun, neun Jahre später, auf den wohlmeinenden Rat seiner Ärzte, die ihm wahre Horrorvisionen über die Gefahren seiner Krankheit geschildert hatten.
Steimle war nach Kriegsende zum VfB gekommen, nachdem er zuvor beim VfR Gaisburg bzw. dessen Nachbarn SSC gekickt hatte. Eigentlich als Stürmer vorgesehen, wurde er von Trainer Wurzer in einen schlagsicheren Verteidiger verwandelt, der in 241 Oberligaspielen für den VfB auflief. Nur für die Nationalelf reichte es nicht – lediglich in der B-Auswahl kam er 1951 beim 1:1 gegen Österreich „B" einmal zum Einsatz.
Steimle war ein Vertreter der ruhigen Sorte. Auf dem Spielfeld stand er ebenso verlässlich wie unauffällig seinen Mann, abseits des Spielfeldes bestach er durch Bodenständigkeit und Bescheidenheit.
Als seine schönste Erinnerung bezeichnete er die Heimkehr nach dem gewonnenen Meisterschaftsfinale 1950, als mehr als 300.000 Stuttgarter die Straßen säumten. „Es gab ja anfangs nach dem Krieg nichts sonst an Vergnügen, das man sich leisten konnte, und Sport ist nun mal auch ein Vergnügen, und so waren die Stadien voll und die Begeisterung groß". Der VfB zeigte sich dankbar und verschaffte Steimle eine Arbeitsstelle in der Zentralstatistik bei Daimler-Benz. 1976 sollte Richard Steimle sogar noch einmal ins Rampenlicht zurückkehren, als er unter Präsident Mayer-Vorfelder zum Lizenzspielerobmann ernannt wurde und großen Anteil an der Wiedergeburt des VfB unter „Wundermann" Sundermann trug. Richard Steimle verstarb am 18. März 2000.

[SAISON]

Krise beendet

Nach dem Schock der Vorsaison herrschte auf dem Wasen Verunsicherung. Wie von Trainer Wurzer angekündigt, wollte der VfB die Mannschaft mit Nachwuchskräften neu aufbauen. Eine Schlüsselrolle kam dabei Routinier Robert Schlienz zu, während dessen langjähriger Kompagnon „Kalli" Barufka seine Fußballstiefel für immer an den Nagel hängte. Die Hoffnungen der VfB-Fans ruhten zudem auf dem neuen Mittelstürmer Tagliaferri sowie Jungstar Erwin Waldner, der auf dem Sprung in die Nationalelf stand.
Die Optimisten behielten Recht. Ein furioser 7:0-Auftaktsieg über die SpVgg Fürth beflügelte die Cannstatter, die vom vierten bis zum zwölften Spieltag unbesiegt blieben und vor allem auswärts bärenstark auftraten. Prunkstück war die von Schlienz glänzend organisierte Abwehr, die in den 15 Hinrundenspielen lediglich 16 Gegentreffer zuließ.
Auch nach der Winterpause blieb der VfB auf Erfolgskurs. Mit einem 2:2 in Karlsruhe platzte zwar am vorletzten Spieltag die Hoffnung auf die erneute Südmeisterschaft, ein abschließendes 0:0 gegen Angstgegner BC Augsburg sicherte aber immerhin die Vizemeisterschaft.
In der Qualifikation zur Endrunde um die „Deutsche" fegten die Bewegungsspieler dann Südwest-Vizemeister TuS Neuen-

[EREIGNIS]

Mehr als fünf Jahrzehnte rangierten die Stuttgarter Kickers im Ortsvergleich vor dem VfB. Dank ihrer sportlichen Überlegenheit in den ersten Jahrzehnten hatten sich die „Blauen" aus Degerloch einen soliden Vorsprung an Derbysiegen erkämpft, der erst in den 1930er Jahren allmählich zu bröckeln begann.
Am 9. Oktober 1955 war es so weit, schrieb der VfB mit seinem 3:1-Erfolg über die „Blauen" Derbygeschichte. Der 43. Sieg verschaffte den Bewegungsspielern erstmals die Führung im Ortsvergleich, in dem die Kickers (42 Siege) nur im Torverhältnis (noch) die Nase vorn hatten (213:193).

Wachablösung

VfB führt Derbybilanz an

Der Führungswechsel spiegelte eine Wachablösung wider, die bereits Jahre zuvor begonnen hatte und den Aufschwung des VfB ebenso wie den Niedergang der Kickers dokumentierte. Die Gründe waren offensichtlich: Während in Cannstatt Kontinuität und Beschaulichkeit zum dauerhaften Erfolg führten, überschlugen sich die Dinge auf Degerlochs Höhen geradezu. Ständig wurden Trainer gefeuert, wechselte die Vereinsführung, kam es zu umstrittenen Spielertransfers.
Auch die Fans in Stuttgart hatten sich längst entschieden, wem ihre Herzen gehörten: 1955/56 rangierte der VfB mit durchschnittlich 21.266 Besuchern auf Platz eins der Oberliga-Rangliste – die Kickers-Spiele waren im selben Zeitraum von lediglich 10.233 Anhängern pro Begegnung besucht worden…

■ Mit durchschnittlich 21.266 Zuschauern verbuchte der VfB 1955/56 einen neuen **Besucherrekord**, der bis zur ersten Bundesligasaison 1963/64 Bestand haben sollte. Angesichts der Begeisterung um die Weiß-Roten passte es gut, dass das Neckarstadion zugleich modernisiert wurde und der Ausbau der Untertürkheimer Kurve das Fassungsvermögen auf atemberaubende 102.000 Plätze schraubte. Obwohl die Arena auf dem Wasen damit eine der größten Europas war, überging der DFB Stuttgart bei Länderspielen wiederholt und vergab beispielsweise die attraktive Partie gegen die Sowjetunion im September 1959 nach Hannover.

Oberliga Süd

1	27.8.1955	VfB - SpVgg Fürth	7:0	12.000
2	4.9.1955	Vikt. Aschaffenburg - VfB	2:1	15.000
3	11.9.1955	VfB - FSV Frankfurt	0:4	12.000
4	17.9.1955	SSV Reutlingen 05 - VfB	0:0	10.000
5	2.10.1955	Kickers Offenbach - VfB	1:3	20.000
6	9.10.1955	VfB - Stuttgarter Kickers	3:1	32.000
7	16.10.1955	Eintracht Frankfurt - VfB	0:3	13.000
8	23.10.1955	VfB - Schweinfurt 05	3:0	20.000
9	30.10.1055	1. FC Nürnberg - VfB	0:0	24.000
10	6.11.1955	VfB - Jahn Regensburg	2:0	15.000
11	20.11.1955	TSV München 1860 - VfB	2:3	30.000
12	27.11.1955	VfB - Schwaben Augsburg	1:1	14.000
13	4.12.1955	VfR Mannheim - VfB	3:1	15.000
14	11.12.1955	VfB - Karlsruher SC	0:0	22.000
15	18.12.1955	BC Augsburg - VfB	2:2	8.000
16	8.1.1956	SpVgg Fürth - VfB	1:2	8.000
17	15.1.1955	VfB - Vikt. Aschaffenburg	1:1	15.000
18	22.1.1956	FSV Frankfurt - VfB	0:2	4.000
19	29.1.1956	VfB - SSV Reutlingen 05	1:0	20.000
20	5.2.1956	VfB - Kickers Offenbach	2:4	12.000
21	19.2.1956	Stuttgarter Kickers - VfB	0:0	13.000
22	26.2.1956	VfB - Eintracht Frankfurt	3:0	11.000
23	11.3.1956	VfB - 1. FC Nürnberg	5:0	26.000
24	18.3.1956	Jahn Regensburg - VfB	1:1	16.000
25	25.3.1956	VfB - TSV München 1860	2:1	16.000
26	2.4.1956	Schweinfurt 05 - VfB	1:0	12.000
27	8.4.1956	Schwaben Augsburg - VfB	1:0	14.000
28	15.4.1956	VfB - VfR Mannheim	2:1	75.000
29	22.4.1956	Karlsruher SC - VfB	2:2	52.000
30	29.4.1956	VfB - BC Augsburg	0:0	21.000

Abschlusstabelle

1.	Karlsruher SC	30	17	7	6	63:38	41-19
2.	VFB STUTTGART	30	14	10	6	52:29	38-22
3.	VfR Mannheim	30	17	2	11	73:45	36-24
4.	Kickers Offenb. (M)	30	16	4	10	66:51	36-24
5.	V. Aschaffenb. (N)	30	13	9	8	61:45	35-25
6.	Eintracht Frankfurt	30	13	5	12	56:49	31-29
7.	1. FC Nürnberg	30	12	7	11	42:41	31-29
8.	Schweinfurt 05	30	13	4	13	53:53	30-30
9.	FSV Frankfurt	30	13	3	14	51:43	29-31
10.	Jahn Regensburg	30	11	6	13	41:51	28-32
11.	BC Augsburg	30	9	8	13	48:53	26-34
12.	Schwaben Augsburg	30	10	6	14	43:57	26-34
13.	SpVgg Fürth	30	11	4	15	48:69	26-34
14.	Stuttgarter Kickers	30	11	2	17	33:43	24-36
15.	SSV Reutlingen ▽	30	10	4	16	49:81	24-36
16.	München 60 (N) ▽	30	8	3	19	43:74	19-41

Endrunde Deutsche Meisterschaft

Q	5.5.56	VfB - TuS Neuendorf	8:0	35.000
Gruppenspiele				
	13.5.1956	Hamburger SV - VfB	0:0	70.000
	20.5.1956	VfB - Borussia Dortmund	0:2	60.000
	30.5.1956	Viktoria 89 Berlin - VfB	3:3	40.000
	3.6.1956	VfB - Hamburger SV	2:4	40.000
	10.6.1956	VfB - Viktoria 89 Berlin	3:1	11.000
	17.6.1956	Borussia Dortmund - VfB	4:1	46.000

1.	Borussia Dortmund	6	4	1	1	19:4	9-3
2.	Hamburger SV	6	4	1	1	14:10	9-3
3.	VFB STUTTGART	6	1	2	3	9:14	4-8
4.	Viktoria 89 Berlin	6	0	2	4	7:21	2-10

DFB-Pokal

Der Süddeutsche Pokal wurde nicht ausgespielt

Oberliga- und Endrundenkader

Abgänge: Barufka (Karrierende), Kurz (TSV Oberurbach), Stache, Wehrle. **Zugänge:** Rolf Eisele (VfB-Amateure), Schallenmüller (BC Augsburg), Wallat (VfB Gladbeck)
Trainer: Georg Wurzer

Tor		Gerhard Strohmaier	24/3
Karl Bögelein	37/0	Ludwig Hinterstocker	20/5
Josef Haas	0/0	Knut Tagliaferri	18/5
Feld		Walter Bühler	17/3
Karl Dornhecker	37/0	Rolf Krauß	17/9
Erich Retter	37/1	Manfred Wallat	16/4
Wolfgang Simon	37/4	Leo Kronenbitter	4/2
Erwin Waldner	37/22	Heinz Dobler	0/0
Werner Liebschwager	36/0	Rolf Eisele	0/0
Rolf Blessing	35/8	Oscar Schallenmüller	0/0
Robert Schlienz	35/1		

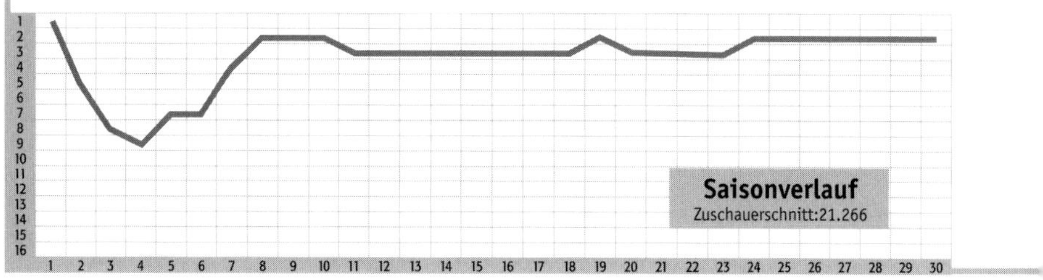

dorf gleich mit 8:0 vom Platz und erreichten zum fünften Mal in sieben Jahren die Schlussrunde um den Deutschen Meistertitel.

Dort war die Wurzer-Elf mit ihren Kräften am Ende. Es begann mit einem torlosen Unentschieden beim Hamburger SV, bei dem neben Verteidiger Retter und Torsteher Bögelein vor allem Robert Schlienz überzeugte, weil er den jungen Uwe Seeler zur Bedeutungslosigkeit verdammte. Doch schon eine Woche später zeigte Borussia Dortmund dem als „Geheimfavorit" gehandelten VfB seine Grenzen auf. Viel zu pomadig eingestellt und auf Optik bedacht, sorgte der VfB erst für Gefahr, als sich Schlienz verstärkt mit in den Angriff einschaltete. Zu diesem Zeitpunkt lag der BVB jedoch bereits in Führung und befand sich auf der Siegerstraße.

Für die Bewegungsspieler kam es nun knüppeldick. Einem 3:3 bei Unterdog Viktoria 89 Berlin folgte eine 2:4-Heimpleite gegen den Hamburger SV, die endgültig sämtliche Endspielträume zunichte machte. „Das war ein großartiger HSV", lobte VfB-Coach Wurzer den Gegner und befand, das dessen „Sieg in jeder Hinsicht verdient" war.

Mit seiner eigenen Elf war der Coach keinesfalls unzufrieden. Insbesondere die blutjungen Flügelstürmer Wallat und Strohmeier hatten eine vorzügliche Partie abgeliefert und sich für weitere Aufgaben empfohlen. Erich Retter auf dem ungewohnten Außenläuferposten sowie die einst so starke Abwehr indes hatten enttäuscht – der Umbruch war noch nicht vollendet.

[LEGENDEN]

ERWIN WALDNER

„Das Rätsel um Erwin Waldner", stöhnte der »kicker« in seiner Ausgabe vom 17. Oktober 1955. Drei Wochen nach seinem missratenem Nationalelfdebüt beim 1:3 in Jugoslawien hatte der Stuttgarter Sturmführer beim 3:0-Sieg des VfB in Frankfurt plötzlich wieder fußballerische Extraklasse demonstriert. Zwei Tore waren auf sein Konto gegangen, und laut »kicker« „dirigierte er den Sturm, brillierte er in der Ballbehandlung". An Waldners Formschwankungen verzweifelte seinerzeit nicht nur die Fachpresse, denn auch im Vereinsdress fiel der dribbelstarke und bisweilen etwas eigensinnige Stürmer mit dem Vorbild „Stan" Matthews durch wechselvolle Leistungen auf. Die VfB-Fans liebten den stets mit bandagiertem Oberschenkel am Schussbein auflaufenden „Waldi" dennoch. Kein Wunder, denn der 1952 vom TB Nürtingen-Neckarhausen gekommene Ballkünstler war stets ein lustiger Zeitgenosse. 1960 nahm Waldner nach 214 Oberligaspielen und 85 Toren Abschied und schrieb Schlagzeilen, weil er sich als einer der ersten Deutschen im Ausland versuchte. 1960/61 trat er für den FC Zürich an und trug von 1961-63 das Trikot des italienischen Erstligisten SPAL Ferrara. 1963 kehrte er nach Stuttgart zurück, um bis 1967 weitere 67 Spiele für den VfB zu bestreiten. Anschließend fand „Waldi" mit dem Ausflugslokal „Burrenhof" auf der Schwäbischen Alb ein neues Betätigungsfeld.

Faire Verlierer - Der VfB gratuliert dem neuen Südmeister aus Karlsruhe.

[SPIEL]

Karlsruhe 2:2 VfB

Packendes Derby

Turbulente Schlussphase im Wildpark

Ausgerechnet das brisante Landesderby muss am vorletzten Spieltag die Entscheidung um die Oberliga-Meisterschaft bringen. Obwohl Hausherr KSC die Tabelle mit vier Punkten Vorsprung anführt, darf auch der VfB dank seines Torverhältnisses noch auf die vierte Südmeisterschaft hoffen. Dazu muss aber ein Sieg im Wildpark her. Der Schlüssel soll die Abwehr sein, die mit nur 29 Gegentreffern die beste der Liga ist. Weil selbst der angeschlagene Routinier Schlienz fit ist, reisen die VfB-Fans voller Optimismus ins Badische, wo ganze elf Minuten gespielt sind, als erstmals Torjubel ausbricht: Eine feine Einzelleistung von Waldner beschert dem VfB die psychologisch wichtige Führung. Schwungvoll und mit einfachem Spiel über wenige Stationen bringt der VfB die sieggewohnten Karlsruher anschließend zwar in die Bredouille, doch ausgerechnet die viel gelobte VfB-Abwehr versagt. Keine fünf Minuten nach der Führung kommt Termath zum Ausgleich, und es entwickelt sich eines „der schönsten und lehrreichsten Spiele, die wohl in der ganzen Saison und wohl nicht allein in Karlsruhe in Szene gingen" (»kicker«).

In der Schlussphase überschlagen sich die Ereignisse. Zunächst nährt Waldner in der 81. Minute mit dem 2:1 die VfB-Hoffnungen, ehe Beck einen erneuten Abwehrpatzer vier Minuten vor Schluss zum 2:2-Endstand ausnutzt. Der VfB ist Vizemeister und weiß nicht, ob er nun jubeln oder trauern soll.

[SAISON]

Abonniert auf Platz vier

Fehlende Konstanz konnte man dem VfB 1956/57 wahrlich nicht vorwerfen: Nachdem er am 13. Spieltag Platz vier übernommen hatte, gab er ihn bis zum Saisonende nicht mehr her. Allerdings gelang ihm auch kein Durchbruch nach oben, so dass die Endrunde um die „Deutsche" diesmal ohne die Bewegungssspieler über die Bühne ging.

Die unbefriedigende Bilanz war nicht zuletzt einem Missgeschick bei den Neuzugängen zuzuschreiben. Aus Saarbrücken wollte „Pit" Krieger zurückkehren – durfte jedoch nicht, weil der FCS dem Wandervogel, wie ja auch der VfB zwei Jahre zuvor, eine 18-monatige Sperre aufbrummte. Der aus Herne-Sodingen kommende Torhüter Sawitzki wurde zunächst ebenfalls gesperrt, konnte aber im Saisonverlauf immerhin eingesetzt werden und erwies sich als glänzender Ersatz für Bögelein. Mit dem Würzburger Erich Kaniber war übrigens auch Neuzugang Nummer drei gesperrt…

Trotzdem präsentierte sich der VfB in prächtiger Frühform. Einem 1:1 im Freundschaftsspiel gegen Arsenal London folgte ein 2:0-Startsieg beim Geheimfavoriten VfR Mannheim, der Hoffnungen machte. Vor allem Erwin Waldner war kaum zu stoppen. Beim 7:0-Kantersieg über Schweinfurt 05 brillierte „Waldi" mit prächtigen Hackentricks und harmonierte glänzend mit Ersatzlinksaußen Praxl. Eine Woche später traf der VfB auch in Freiburg sieben Mal – und wieder überragte Waldner. Der Torrausch ging weiter. Nach dem 5:0 über den Wiederaufsteiger Bayern München stöhnte dessen Trainer Hahn, „gegen diesen VfB mit vier Stürmern ohne Chance" gewesen zu sein. Doch dann flog Waldner beim 1:1 in Augsburg vom Platz, und der VfB-Sturmlauf geriet ins Stocken. Die Rückrunde wurde überschattet von Abwehrproblemen, die erstmals bei einem 2:6 im Freundschaftsspiel gegen Schalke 04 deutlich wurden. Obmann Haaga anschließend: „Mit dieser Hintermannschaft kann man kein Spiel mehr gegen eine gute Mannschaft gewinnen".

[EREIGNIS]

Nein zur Bundesliga

VfB-Boss Dr. Walter scheut Risiko

Bei der Gründung der Oberliga Süd (1945) war Dr. Fritz Walter (Foto rechts) noch weichenstellend gewesen.

Auch bei der Einführung des Vertragsspielertums (1947) hatte der VfB-Boss seine Finger im Spiel gehabt und damit einen wichtigen Schritt zur Entwicklung des Spitzenfußballs in Deutschland eingeleitet. Doch beim Thema „Bundesliga" machte der Stuttgarter Oberstudienrat nicht mehr mit. Getreu dem Adenauer-Motto „Alles Neue ist ein Risiko, und jedes Risiko bringt eine gewisse Gefahr mit sich", wollte Dr. Walter am liebsten alles beim Alten lassen.

Der VfB-Chef stand damit in Opposition zum Kölner Präsidenten Franz Kremer, der im Westen ordentlich Stimmung „pro Bundesliga" machte. Im Süden spiegelte sich indes Dr. Walters Werben in einer deutlichen Ablehnung der anvisierten bundesdeutschen Profiklasse wider: Mit 11:5-Stimmen lehnten die Delegierten der Süd-Oberligisten eine Klassenreform ab. Begründet wurde dies vor allem mit dem drohenden Verlust der Gemeinnützigkeit für Berufsfußballvereine. Die Befürworter einer Profiliga warfen hingegen die zunehmenden Spielerabwanderungen ins besser zahlende Ausland sowie einen drohenden Qualitätsverlust des deutschen Spitzenfußballs im internationalen Vergleich ins Feld. Die Bundesligafrage sollte die Gemüter noch viele Jahre beschäftigen und beinahe sogar den Süddeutschen Fußball-Verband spalten, ehe sie 1962 schließlich mit einem „Ja" beantwortet wurde.

Oberliga Süd

1	19.8.1956	VfR Mannheim - VfB	0:2	12.000
2	26.8.1956	VfB - SpVgg Fürth	4:2	16.000
3	2.9.1956	Vikt. Aschaffenburg - VfB	3:2	12.000
4	9.9.1956	VfB - Karlsruher SC	0:1	34.000
5	23.9.1956	Schwaben Augsburg - VfB	4:0	12.000
6	30.9.1956	VfB - Stuttgarter Kickers	3:1	25.000
7	7.10.1956	VfB - Schweinfurt 05	7:0	9.000
8	14.10.1956	Freiburger FC - VfB	2:7	20.000
9	21.10.1956	VfB - Kickers Offenbach	4:3	38.000
10	29.10.1956	1. FC Nürnberg - VfB	2:0	14.000
11	4.11.1956	VfB - Bayern München	5:0	6.000
12	11.11.1956	FSV Frankfurt - VfB	1:2	3.500
13	18.11.1956	BC Augsburg - VfB	1:1	10.000
14	9.12.1956	Jahn Regensburg - VfB	1:1	8.000
15	16.12.1956	VfB - Eintracht Frankfurt	1:0	16.000
16	6.1.1957	VfB - VfR Mannheim	1:0	17.000
17	13.1.1957	SpVgg Fürth - VfB	2:0	9.000
18	20.1.1957	VfB - Vikt. Aschaffenburg	3:2	9.000
19	3.2.1957	Karlsruher SC - VfB	3:0	40.000
20	10.2.1957	VfB - Schwaben Augsburg	5:1	10.000
21	17.2.1957	VfB - Stuttgarter Kickers	5:1	30.000
22	24.2.1957	Schweinfurt 05 - VfB	3:1	6.500
23	17.3.1957	VfB - Freiburger FC	2:1	12.000
24	24.3.1957	Kickers Offenbach - VfB	1:1	18.000
25	7.4.1957	VfB - 1. FC Nürnberg	2:0	40.000
26	14.4.1957	Bayern München - VfB	1:3	28.000
27	28.4.1957	VfB - FSV Frankfurt	2:2	12.000
28	5.5.1957	VfB - BC Augsburg	3:0	9.000
29	12.5.1957	Eintracht Frankfurt - VfB	4:0	6.000
30	19.5.1957	VfB - Jahn Regensburg	2:2	4.500

Abschlusstabelle

1.	1. FC Nürnberg	30	21	5	4	76:33	47-13
2.	Kickers Offenbach	30	17	9	4	81:35	43-17
3.	Karlsruher SC (M)	30	18	5	7	74:41	41-19
4.	VFB STUTTGART	30	17	5	8	69:44	39-21
5.	Eintracht Frankfurt	30	15	5	10	60:42	35-25
6.	SpVgg Fürth	30	12	5	13	61:57	29-31
7.	VfR Mannheim	30	12	5	13	51:54	29-31
8.	Vikt. Aschaffenburg	30	11	5	14	44:54	27-33
9.	Jahn Regensburg	30	11	5	14	46:73	27-33
10.	Bayern München (N)	30	12	2	16	52:62	26-34
11.	FSV Frankfurt	30	9	8	13	41:60	26-34
12.	Schweinfurt 05	30	9	6	15	41:68	24-36
13.	BC Augsburg	30	8	7	15	49:66	23-37
14.	Stuttgarter Kickers	30	9	4	17	46:50	22-38
15.	Schwaben Augsb. ▽	30	9	4	17	35:64	22-38
16.	Freiburger FC (N) ▽	30	6	8	16	43:66	20-40

DFB-Pokal

1. R	27.1.57	FC Singen 04 - VfB	4:1	10.000

Oberligakader

Abgänge: Dobler, Krauß (VfR Heilbronn), Leo Kronenbitter (TSG Ulm 1846), Schallenmüller

Zugänge: Busch (FC Singen 04), Hartl (TSV München 1860), Kaniber (Würzburger Kickers), Kläger (FC Hemmingen), Loß (VfB-Amateure), Praxl (VfB-Amateure), Sawitzki (SV Sodingen)

Trainer: Georg Wurzer

Tor		Werner Liebschwager	23/0
Karl Bögelein	22/0	Erwin Waldner	23/15
Günter Sawitzki	8/0	Rolf Blessing	22/7
Josef Haas	0/0	Karl Busch	11/1
Feld		Arno Loß	8/1
Karl Dornhecker	30/4	Rolf Eisele	6/0
Wolfgang Simon	30/9	Walter Bühler	3/2
Erich Retter	30/0	Oskar Hartl	3/1
Gerhard Strohmaier	29/11	Manfred Wallat	2/0
Ludwig Hinterstocker	27/8	Günter Kläger	1/0
Robert Schlienz	27/0	Knut Tagliaferri	1/0
Dieter Praxl	24/9	Erich Kaniber	0/0

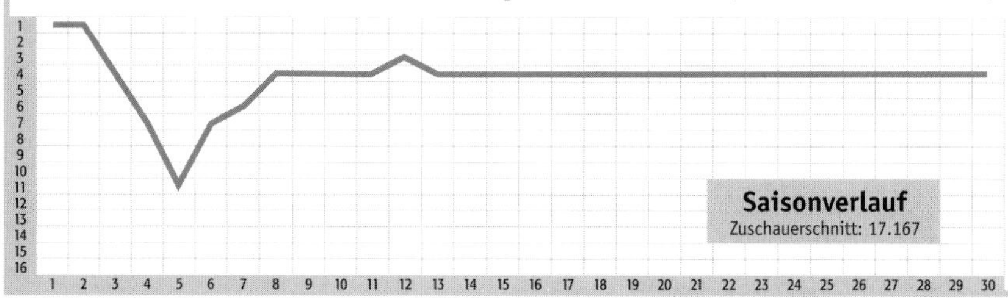

Erwin Waldner überragte beim 7:2 in Freiburg alle – auch FFC-Keeper Göhringer.

■ Im Februar 1957 stellte sich der VfB auf Anfrage der **spanischen Nationalmannschaft** für ein Freundschaftsspiel zur Verfügung. Grund für die ehrenvolle Einladung: Spanien stand vor einem wichtigen WM-Qualifikationsspiel gegen Schottland und suchte nach einem Sparringspartner, der „schottisch" spielte. Doch die Schwaben enttäuschten Spaniens Nationalcoach, denn statt des erwarteten „hölzernen" Fußballs brillierte der VfB bei der 1:3-Niederlage durch unerwartete Spielkultur. Spaniens Superstar Alfrédo di Stefano (unten beim Schuss gegen Simon) war vor allem von VfB-Legende Robert Schlienz begeistert.

[SPIEL]

Freiburger FC 2:7 VfB

Waldner in Torlaune

VfB dokumentiert Klassenunterschied

23.000 Fans sind ins Mösle-Stadion zu Freiburg gepilgert, um dem Duell zwischen Neuling Freiburger FC und dem Spitzenklub VfB Stuttgart beizuwohnen. Aufsteiger FFC gibt sich keinerlei Illusionen hin – der VfB wird eine Nummer zu groß für die Mannschaft von Trainer Wendlandt sein. In Halbzeit eins halten die Weinroten noch einigermaßen mit. Zwar liegt der VfB durch einen Doppelschlag von Hinterstocker (15.) und Praxl (17.) früh mit 2:0 in Führung, ein Klassenunterschied ist aber nicht zu erkennen.
Das ändert sich nach dem Seitenwechsel, wofür vor allem ein Mann verantwortlich ist: Erwin Waldner. Unterstützt von einer großartigen Läuferreihe brilliert „Waldi" nach Belieben und erschießt die Breisgauer mit vier Treffern fast im Alleingang. Selbst die Freiburger Fans sind begeistert vom Nationalspieler. „Waldner war Liebling des Publikums", schreibt der »kicker« und spricht davon, dass sich „der VfB diesen Kantersieg nicht erkämpft, sondern im wahrsten Sinne des Wortes erspielt" hat.
Neben dem vierfachen Torschützen Waldner (den Treffer zum 0:5 erzielte Mittelstürmer Busch) kommt dem Außenläufer-Duo Dornhecker und Simon eine spielentscheidende Rolle zu. „Es war ein Spiel der Individualisten, zu einer seltenen Homogenität geformt", schwärmt die Fachpresse über die beiden. Dem Gegner wird trotz der hohen Niederlage Respekt gezollt, denn „dem bestimmt mit den besten Vorsätzen angetretenen FFC gab die glänzende Leistung der Gäste über weite Strecken unlösbare Rätsel auf".
Auch der rundherum glückliche VfB-Trainer Wurzer sparte nicht mit lobenden Worten für beide Seiten. „Ich habe trotz der hohen Niederlage Achtung vor dem Freiburger FC, der nie aufgesteckt hat. In dieser Form hätten gegen uns auch bessere Gegner deutlich verloren." Schade nur, dass die Worte des verletzten Freiburger Verteidigers Ketterer nicht Wirklichkeit wurden: „Dieser VfB ist auf dem besten Weg zur Tabellenspitze."

[SAISON]

Ende einer Erfolgsära

„Die Bundesliga kommt!", jubelte der »kicker« am 29. Juli 1957. Zwei Tage zuvor hatte der DFB-Bundestag einem Antrag des Westdeutschen Fußballverbandes stattgegeben und grünes Licht für die Einführung einer deutschen Profiliga erteilt. Unter den Befürwortern befand sich auch VfB-Boss Dr. Walter, der inzwischen gute Gründe hatte, sich mit dem Profifußball anzufreunden. Auch sein Klub war nämlich mit dem Vertragsspielerstatut in Konflikt geraten, als er mit dem Aschaffenburger Rudi Hoffmann und dem Kickers-Talent Rolf Geiger zwei Akteure verpflichtet hatte, die zuvor den „Olympischen Eid" der Amateure geleistet hatten und demzufolge gar kein Geld verdienen durften. Der Vorgang entwickelte sich rasch zu einer Affäre, die die damalige Doppelmoral in bezug auf den bezahlten Fußball offenlegte.

Während Hoffmann und Geiger gesperrt wurden, konnte mit Erich Kaniber eine bereits im Vorjahr verpflichtete Verstärkung endlich eingesetzt werden. Der Ex-Würzburger sollte gemeinsam mit Liebschwager und Simon die Läuferreihe bilden. Einem hoffnungsvollen Auftakt beim 2:2 im Freundschaftsspiel gegen die Tottenham Hotspurs folgte in der Liga zumeist fade Alltagskost. Verlief die Hinrunde noch akzeptabel und sah den VfB auf Tuchfühlung zur Spitze, ging es in der Rückrunde stetig bergab. Nach dem 0:2 in Nürnberg rückten sogar die Abstiegsränge bedrohlich nahe. Das »Sport-Magazin« lästerte: „Das Rätselraten um die Gründe des krassen Abfallens des VfB Stuttgart dürfte nun aufhören. Ganz klar und deutlich zeigte sich im ‚Zabo': Nicht an den spielerischen Mitteln fehlt es dem VfB, sondern einzig und allein an der Konzentration und Schusskraft des Angriffes." Ein starker Schlussspurt führte das Team immerhin noch auf Platz neun und gab ihm Schwung für den Pokalwettbewerb, dessen Sieger der VfB zum zweiten Mal nach 1954 wurde. Dennoch: Das Ende einer Ära war nahe.

Ach ja: die Bundesliga kam doch (noch) nicht. Der Süden war dagegen...

[EREIGNIS]

Der Fall Geiger

Kickers greifen zur Selbstanzeige

Auf Degerlochs Höhen war man stocksauer auf den VfB. Mit Rolf Geiger hatten die „Roten" den „Blauen" das seit Jahren aussichtsreichste Talent weggeschnappt, mit dem man eigentlich den Erfolg zu den Kickers zurückbringen wollte. In seiner Empörung griff der Vorstand zum letzten Strohhalm und erstattete beim DFB Selbstanzeige wegen des Verstoßes gegen das Vertragsspielerstatut. Grund: Dem 1955 aus Kornwestheim verpflichteten Halbstürmer sei unter der Hand Geld gezahlt worden, obwohl Geiger als Mitglied der deutschen Olympiaauswahl als Amateur vereidigt worden war. Bezahlt worden war Geiger von Kickers-Boss Philipp Metzler persönlich, der sich sein Engagement in zwei Jahren rund 6.000 DM kosten ließ.

Dass sich der geschäftstüchtige Nationalspieler (Debüt am 23. Dezember 1956 beim 4:1 gegen Belgien) derart undankbar zeigte und ausgerechnet zum VfB wechselte, um seine „Nationalmannschaftskarriere zu fördern", sollte nach Metzlers Willen nun mit einer Sperre bestraft werden. Doch die Selbstanzeige wurde zum Eigentor: Zwei Punkte Abzug für das Spieljahr 1957/58 sowie zwei Jahre Sperre für Philipp Metzler, lautete das drakonische Verbandsurteil. Schlimmer noch: Am Saisonende stand der erneute Abstieg für die „Blauen". Und Geiger? Der wurde tatsächlich für neun Monate gesperrt und geriet deshalb bei Bundestrainer Herberger in Ungnade...

Oberliga Süd

1	11.8.1957	Schweinfurt 05 - VfB	3:2	6.000
2	18.8.1957	VfB - Jahn Regensburg	2:1	10.000
3	25.8.1957	SpVgg Fürth - VfB	1:2	12.000
4	1.9.1957	VfB - Eintracht Frankfurt	1:1	20.000
5	8.9.1957	Kickers Offenbach - VfB	2:4	15.000
6	15.9.1957	VfB - Stuttgarter Kickers	1:0	30.000
7	22.9.1957	Karlsruher SC - VfB	3:2	22.000
8	29.9.1957	VfB - BC Augsburg	5:0	10.000
9	6.10.1957	FSV Frankfurt - VfB	2:1	10.000
10	13.10.1957	VfB - 1. FC Nürnberg	2:2	52.000
11	20.10.1957	TSV München 1860 - VfB	4:2	18.000
12	27.10.1957	VfB - Vikt. Aschaffenburg	3:1	10.000
13	3.11.1957	VfR Mannheim - VfB	0:6	10.000
14	10.11.1957	SSV Reutlingen 05 - VfB	1:1	16.000
15	24.11.1957	VfB - Bayern München	1:2	9.000
16	30.11.1957	VfB - Schweinfurt 05	1:3	8.500
17	8.12.1957	Jahn Regensburg - VfB	1:1	5.000
18	15.12.1957	VfB - SpVgg Fürth	1:4	8.000
19	5.1.1958	Eintracht Frankfurt - VfB	1:0	10.000
20	12.1.1958	VfB - Kickers Offenbach	2:3	19.000
21	19.1.1958	Stuttgarter Kickers - VfB	0:3	20.000
22	26.1.1958	VfB - Karlsruher SC	1:2	15.000
23	2.2.1958	BC Augsburg - VfB	1:0	9.000
24	23.2.1958	1. FC Nürnberg - VfB	3:1	17.000
25	9.3.1958	VfB - TSV München 1860	1:1	15.000
26	16.3.1958	VfB - FSV Frankfurt	0:1	9.000
27	23.3.1958	Vikt. Aschaffenburg - VfB	1:3	6.500
28	30.3.1958	VfB - VfR Mannheim	3:0	16.000
29	6.4.1958	VfB - SSV Reutlingen 05	1:0	20.000
30	13.4.1958	Bayern München - VfB	2:2	17.000

Abschlusstabelle

1. Karlsruher SC	30	19	4	7	60:38	42-18
2. 1. FC Nürnberg (M)	30	19	3	8	74:45	41-19
3. Eintracht Frankfurt	30	15	9	6	58:32	39-21
4. SpVgg Fürth	30	17	5	8	54:33	39-21
5. Kickers Offenbach	30	17	3	10	68:45	37-23
6. TSV München 60 (N)	30	14	8	8	50:48	36-24
7. Bayern München	30	12	6	12	66:56	30-30
8. Schweinfurt 05	30	11	7	12	51:48	29-31
9. VFB STUTTGART	30	11	6	13	55:46	28-32
10. VfR Mannheim	30	11	5	14	43:57	27-33
11. Vikt. Aschaffenburg	30	10	6	14	51:54	26-34
12. BC Augsburg	30	8	10	12	45:66	26-34
13. FSV Frankfurt	30	9	6	15	33:46	25-35
14. SSV Reutlingen (N)	30	9	5	16	41:55	23-37
15. Jahn Regensburg ▽	30	5	7	18	29:79	17-43
16. Stuttg. Kickers ▽	30	4	8	18	31:61	15-45

DFB-Pokal

Südebene				
1R	20.4.58	1. FC Eislingen - VfB	1:7	6.000
2R	4.5.58	SV Wiesbaden - VfB	2:3	6.000
3R	18.5.58	VfB - Vikt. Aschaffenburg	4:1	4.600
VF	31.5.58	VfB - TSG Ulm 1846	8:1	10.000
HF	14.6.58	VfB - 1. FC Nürnberg	2:0	8.000
F	25.6.58	VfB - Schweinfurt 05	2:1	3.000
Bundesebene				
HF	21.9.58	1. FC Saarbrücken - VfB	1:4	15.000
F	16.11.58	VfB - Fort. Düsseldorf	4:3 n.V.	28.000

Oberligakader

Abgänge: Bögelein (SSV Reutlingen 05), Dornhecker (TSV München 1860), Haas (1. FC Pforzheim)
Zugänge: Ahrendt (VfB-Jugend), Fischer (SG Untertürkheim), Geiger (Stuttgarter Kickers), Hoffmann (Viktoria Aschaffenburg), Marx (FC-TV Urbach)
Trainer: Georg Wurzer

Tor	
Günter Sawitzki	30/0
Lorenz Fischer	0/0
Feld	
Erich Retter	30/0
Wolfgang Simon	30/10
Gerhard Strohmaier	30/9
Rolf Blessing	28/5
Erich Kaniber	25/1
Werner Liebschwager	25/0
Erwin Waldner	25/4
Dieter Praxl	23/6
Ludwig Hinterstocker	18/2
Knut Tagliaferri	17/11
Robert Schlienz	10/1
Dieter Ahrendt	8/0
Karl Busch	7/2
Oskar Hartl	6/1
Arno Loß	4/0
Rolf Eisele	3/0
Rolf Geiger	3/1
Manfred Wallat	3/0
Rudolf Hoffmann	2/0
Günter Kläger	1/0
Walter Bühler	0/0
Gerhard Marx	0/0

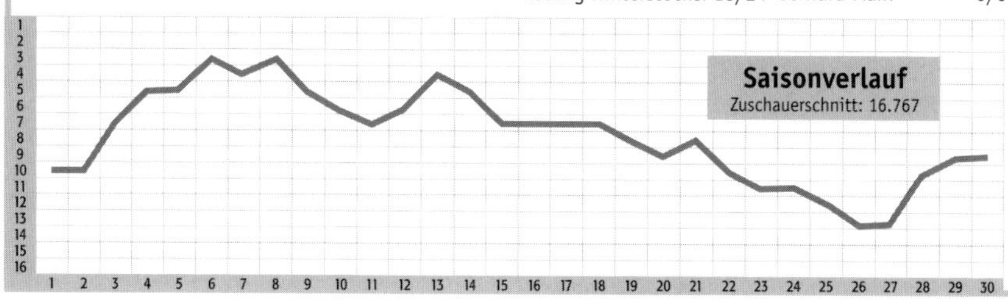

Pokalsieger 1958 VfB Stuttgart. Stehend v. l.: Hoffmann, Hartl, Schlienz, Blessing, Eisele, Geiger, Praxl, Waldner. Vorn: Weise, Sawitzki, Seibold.

[LEGENDEN]

ROLF GEIGER

Er war der Prototyp einer neuen Fußballergeneration. Nicht mehr nur des Spaßes wegen kickte man in den ausklingenden 1950ern, sondern auch schon ein bisschen für das eigene Bankkonto. Und da war Rolf Geiger kaum zu schlagen. Als Maurerlehrling im Umkreis seiner Heimatstadt Marbach noch als Schläger gefürchtet, wurde der „Instinktfußballer mit sechstem Sinn" (Sportjournalist Kirn) zum erfolgreichen Geschäfts-Fußballer. Schon bei den Kickers kassierte er unter der Hand, ließ sich seinen Wechsel zum VfB mit einem „verbotswidrigen" Handgeld versüßen und wechselte 1962 in die lukrative Serie A zum AC Mantova. „Ich war ledig, hatte einen schönen Urlaub, ich hab' eine Sprache gelernt", fasste er seine Eindrücke später zusammen – vergaß allerdings, die üppigen Einnahmen zu erwähnen. Zur Bundesligaeinführung kehrte der achtfache Nationalspieler zum VfB zurück, hängte allerdings schon 1965 nach einem Streit mit Trainer Gutendorf die Stiefel an den Nagel. Anschließend avancierte Geiger zum erfolgreichen Bauherren und stieg endgültig zum Millionär auf.

[SPIEL]

Aschaffenburg 1:3 VfB

Rettung in Franken

Waldner knackt heimstarke Viktoria

Den VfB-Fans unter den 6.500 Zuschauern am Aschaffenburger Schönbusch ist gar nicht wohl. Ausgerechnet gegen die heimstarke Viktoria muss ein Sieg her, um auch die letzten Zweifel am Klassenerhalt des VfB zu beseitigen. Erst zweimal haben die Mainfranken im Saisonverlauf daheim verloren. Wird die Schlienz-Elf ihnen Heimniederlage Nummer drei beibringen können? Trainer Wurzer kann eine namhafte und routinierte Elf auf den Rasen schicken. Vier Nationalspieler (Sawitzki, Retter, Schlienz und Waldner) tragen den weiß-roten Dress. Die Hoffnungen ruhen vor allem auf dem rechten Flügel um den seit Wochen in Hochform agierenden Erwin Waldner. „Waldi" ist es auch, der die etwas überheblich auftretenden Aschaffenburger in den ersten Minuten gleich mehrfach prüft und damit frühzeitig die Weichen Richtung VfB-Sieg stellt. Insbesondere der enorm spritzig auftretende Knut Tagliaferri profitiert von „Waldis" mitreißenden Flankenläufen und sorgt in der 15. bzw. 18. Minute mit zwei Treffern für die Vorentscheidung zugunsten des VfB.

Den wütenden Gegenangriffen der Bayern können die VfB-Fans gelassen entgegen sehen. Torsteher Sawitzki erweist sich als unbezwingbar und entschärft einen gefährlichen Schuss nach dem anderen. Mit der 2:0-Führung im Rücken geht der VfB selbstbewusst in die Halbzeit, und als Blessing unmittelbar nach dem Wiederanpfiff auf 3:0 erhöht, ist der VfB „durch", steht der Klassenerhalt endgültig fest.

Zehn Minuten vor dem Ende werden auch die unermüdlichen Angriffsbemühungen der Hausherren belohnt: Nachdem Hitzel an der Querlatte scheitert und Sawitzki aus kürzester Distanz bravourös reagiert hat, trifft Hitzel zum 1:3-Endstand.

Für den VfB ist der Sieg die Befreiung in einer aufregenden Saison, die auf einem unscheinbaren neunten Rang endet.

Eine der Ursachen für die sportliche Krise offenbart ein Blick auf die Tabelle. Dort stehen nach dem Sieg gegen Aschaffenburg fünf Auswärtssiegen lediglich vier Heimerfolge gegenüber...

[SPIEL]

VfB 4:3 n.V. Düsseldorf

Matchwinner Weise

Tor- und Nervenschlacht im Pokalfinale

Man schreibt bereits den 16. November 1958, als sich der VfB Stuttgart und Fortuna Düsseldorf im Kasseler Auestadion endlich zum Pokalendspiel des Jahres 1958 treffen.

Im Ländle herrscht Krisenstimmung. Mit lediglich drei Siegen, aber 22 Gegentreffern rangiert der VfB auf Position elf, während Endspielgegner Düsseldorf im Westen die Tabelle anführt. Die Favoritenrolle geht also an das Team um den späteren Bundestrainer Jupp Derwall, zumal die Düsseldorfer auch ihre beiden Begegnungen gegen den VfB im Rahmen der Oberliga-Vergleichsrunde 1958 für sich entschieden haben.

Für den VfB spricht paradoxerweise der „Auswärtsvorteil" – im heimischen Neckarstadion haben den jungen Schwaben wiederholt die Nerven versagt. In Kassel indes zählt man kaum 200 VfB-Fans unter den Anwesenden.

Cheftrainer Wurzer ringt verzweifelt mit der sportlichen Krise und hat in der Vorwoche beim 2:2 in Nürnberg erstmals mit langen Pässen und schnellen Steilvorlagen angreifen lassen. Lange hat sich der knorrige Bayer gegen diese Systemänderung gesperrt und argumentiert, seine Mannschaft wäre körperlich gar nicht zum Spiel mit langen Bällen in der Lage. Wie sehr sich sein Team verändert hat, zeigt ein Vergleich mit der Aufstellung vom letzten Pokalendspiel des VfB: Mit Blessing, Waldner und Schlienz sind nur noch drei der 1954er Helden dabei. Letzterer nimmt mit 34 Jahren die Führungsrolle ein. Während Wurzer auf den gesperrten Strohmaier verzichten muss, kann er mit Lothar Weise eine frische Kraft aufbieten – der VfB-Mittelstürmer ist aus der DDR geflohen und hat im Schwabenland eine neue Heimat gefunden. Das Pokalfinale ist erst sein zweites Spiel in Weiß und Rot.

Den 28.000 Fans steht eines der dramatischsten Pokalfinals der Geschichte bevor. Düsseldorf macht sofort Druck und stellt die VfB-Abwehr vor harte Prüfungen. Torsteher Sawitzki muss mehrfach Kopf und Kragen riskieren, um einen Rückstand zu verhindern. Doch die VfB-Konter sind blitzgefährlich. Nach einer Viertelstunde dringt Praxl in den Strafraum der Rheinländer ein, wo er von Vigne gefoult wird. Den fälligen Elfmeter verschießt Blessing jedoch. Drei Minuten später erneutes Pech, als Praxl ins leere Fortuna-Tor trifft, der Schiedsrichter aber auf Abseits entscheidet.

Nach einer guten halben Stunde – die Düsseldorfer führen inzwischen nach Ecken mit 10:1 (!) – darf Praxl dann doch jubeln. Sein Führungstreffer hat bis zum Halbzeitpfiff Bestand. Nach dem Seitenwechsel setzt die Fortuna alles auf eine Karte. Die Tore prasseln nun nur so auf die Zuschauer ein: Mal liegt Düsseldorf in Führung, dann wieder Stuttgart. Nach dem Düsseldorfer 3:3 durch Wolffram kommt es zur Verlängerung, in der sich die größeren Kraftreserven der Schwaben durchsetzen.

Ausgerechnet der angeschlagene Weise (Knieverletzung) wird zum Helden, als er in der 113. Minute das letzte Tor des Tages erzielt und den VfB zum zweiten Mal nach 1954 zum Pokalsieger macht. Anschließend nimmt VfB-Kapitän Robert Schlienz die Trophäe vom DFB-Spielausschussvorsitzenden und Fortuna-Mitglied Körfer entgegen. Es ist der letzte Höhepunkt in der eindrucksvolle Karriere des Stuttgarter Fußballidols.

VfB-Keeper Sawitzki im Zentrum des Geschehens.

***VfB:** Sawitzki – Eisele, Seibold – Hartl, Rudi Hoffmann, Schlienz – Waldner, Geiger, Weise, Blessing, Praxl ♦ **Fortuna:** Klose – Vigna, Juskowiak – Karl Hoffmann, Jäger, Mauritz – Steffen, Wolfframm, Jansen, Derwall, Wöske ♦ **Tore:** 1:0 Praxl (36.), 1:1 Karl Hoffmann (50.), 1:2 Wolfframm (52.), 2:2 Geiger (62.), 3:2 Waldner (68./HE), 3:3 Wolfframm (79.), 4:3 Weise (113.) ♦ **SR:** Treichel (Berlin) ♦ **ZS:** 28.000 im Kasseler Auestadion*

Packende Szenen gab es bei der 3:4-Niederlage des VfB beim FC Bayern München. Hier wehrt Eisele (Nummer 2) einen Ball auf der Torlinie ab. Die VfBler Sawitzki, Schlienz und Hoffmann schauen zu.

[SPIEL]

VfB
0:2
München 1860

Kämpferischer VfB

Schiedsrichter unter Polizeischutz

Weil nach vier Saisonspielen erst ein Punkt auf dem VfB-Konto ruht, liegen die Nerven auf dem Wasen blank. Vor allem der fehlende Kampfgeist hat die Fans bei den vorangegangenen Heimpleiten gegen Ulm und Frankfurt erzürnt. Fehlenden Kampfgeist kann man der Elf beim 0:2 gegen München 1860 wahrlich nicht vorwerfen. Im Gegenteil: Als Schiedsrichter Tschenscher die Partie abpfeift, humpeln gleich sieben Akteure vom Feld, und das »Sport-Magazin« spricht von einem „Kampf, dem man recht schnell den Schlusspfiff gönnte". Bei 30 Grad im Schatten gerät das Spiel nach 33 Minuten aus den Fugen, als der Unparteiische auf Foulelfmeter für 1860 entscheidet. Seibold soll Albert zu Fall gebracht haben. Unter wütenden Protesten verwandelt Stemmer zum 1:0 für die Löwen, woraufhin das fragile Nervenkleid der Cannstatter endgültig zerbricht. Als Hoffmann eine Minute später brutal von Börstler umgemäht wird und vom Platz getragen werden muss, beginnt eine rüde Holzerei, bei der vor allem Luther, Köbler, Strohmaier, Lihl, Blessing und Auernhammer tüchtig einstecken müssen. Schiedsrichter Tschenscher ist seiner Aufgabe längst nicht mehr gewachsen, als er in der 51. Minute auf „weiterspielen" entscheidet, obwohl Geiger regelwidrig im Strafraum zu Fall gebracht worden ist. 14 Minuten später verweigert er einem 1860-Treffer wegen angeblicher Abseitsstellung die Anerkennung, und dass Tschenscher wenig später wiederum einen Treffer der Löwen anerkennt, obwohl Auernhammer deutlich im Abseits gestanden hatte, schlägt nach Ansicht des »Sport-Magazin« „dem Faß endgültig den Boden aus". Auch für die VfB-Fans, die auf das Spielfeld drängen, während der Schiedsrichter unter Polizeischutz in die Kabine begleitet wird. „Der VfB kämpfte gegen die Ungunst des Tages und gegen einen unter Normalform befindlichen Schiedsrichter", konstatiert das »Sport-Magazin«.

■ Nach der 0:4-Heimniederlage gegen Eintracht Frankfurt machte sich **VfB-Präsident Dr. Fritz Walter** große Sorgen um sein Team. „Es wird von den meisten immer wieder auf eigene Faust operiert. Die Ulmer sind unterschätzt worden, in Waldhof klappte es ebenfalls nicht und nun wollte man unter allen Umständen gegen Eintracht Frankfurt einen Sieg herausspielen, ohne sich dessen bewusst zu sein, dass blinder Eifer schadet und dass zunächst einmal der kühle Verstand sprechen muss. Aber es hat auch in dieser Hinsicht gemangelt, die Spieler waren übernervös, fanden keinerlei Kontakt und waren – ich möchte fast sagen – geistig und körperlich unter Form!"

[SAISON]

Platz 5 übertüncht Probleme

Noch ganz im Banne der bei der WM 1958 in Schweden von Brasilien zelebrierten Fußballkunst ging der VfB voller Zuversicht in sein 14. Oberligajahr. Mit dem ehemaligen DDR-Auswahlspieler Konrad Weise war die erhoffte Verstärkung für den Innensturm um Geiger und Waldner gekommen, so dass Rolf Blessing endlich die von ihm favorisierte Läuferposition beziehen konnte.

Doch es gab Rückschläge en masse: Einer 2:3-Heimpleite gegen Aufsteiger Ulm 46 (bei dem ausgerechnet die beiden Ex-VfBler Kronenbitter und Dornhecker überragten...) folgte ein 0:2 in Waldhof, und als auch das dritte Heimspiel verloren ging (0:2 gegen 1860), fand sich der VfB plötzlich am Tabellenende wieder. Der Wurzer-Elf mangelte es an so ziemlich allem: Kampfgeist, Spielverständnis, psychologische Stärke, Torgefahr...

Während „Schorsch" Wurzer auf die baldige Rückkehr des verletzten Erich Retter hoffte und es mit Systemwechseln versuchte, erkannte VfB-Boss Dr. Walter Defizite in der Trainingsarbeit und schimpfte, die Spieler seien „geistig und körperlich unter Form".

Nur im Pokal lief es „rund". Mit einem 4:1-Sieg über Saarbrücken erreichte die Schlienz-Elf sogar das allerdings erst im November 1958 ausgetragene Finale der Saison 1957/58, das in 120 dramatischen Minuten gegen Fortuna Düsseldorf gewonnen wurde. Anschließend fand der VfB allmählich auch in der Liga auf die Erfolgsspur zurück. Vor allem die Abwehr zeigte sich deutlich stabiler und kassierte nach 31 Hinrundentreffern in der Rückrunde nur noch 16. Sorgen bereitete jedoch der Sturm, wo Weise den Mittelstürmerposten übernommen hatte, während die Rechtsinnenposition verwaist war.

Unter dem Strich stand ein fünfter Platz, der kaum etwas von jenen dramatischen Momenten verriet, die die VfB-Fans im Saisonverlauf durchlitten hatten – und der auch die Flecken auf der weißen Weste von Trainer Wurzer übertünchte...

[LEGENDEN]

GÜNTER SAWITZKI

Wie gut, dass der VfB Günter Sawitzki zwischen den Pfosten hatte. Während andere Mannschaftsteile regelmäßig herbe Kritik einstecken mussten, ragte der Torsteher fast immer mit vorzüglicher Leistung heraus.
Sawitzki stand in guter Tradition starker VfB-Torleute wie Ernst Schnaitmann, Otto „Gummi" Schmid und Karl Bögelein, den er 1957 zwischen den VfB-Pfosten abgelöst hatte. Im Gegensatz zu seinen Vorgängern war Günter Sawitzki allerdings kein Schwabe, sondern waschechter Ruhrpottler. Geboren und aufgewachsen in Herne-Holthusen hatte er beim dortigen RSV als Außenläufer begonnen, war aber schon bald ins Tor gewechselt. Nach seinem Wechsel zum SV Sodingen hatte er sich sogar im Notizbuch von Bundestrainer Herberger wiedergefunden und war mit den Herner Vorstädtern auf einer Welle des Erfolgs geschwommen.
Aufgrund besserer sportlicher Perspektiven 1956 zum VfB gekommen, verhagelte ihm zunächst eine monatelange Sperre wegen des Vereinswechsels die Stimmung. Die Integration des Westfalen indes gelang – schon nach kurzer Zeit war der Herner „adoptierter Schwabe" und hatte verinnerlicht, dass man im Ländle vor allem „schaffe" muss, um Anerkennung zu finden. Die fand der Mann mit der Schiebermütze („Wenn ich etwas nicht leiden kann, dann sind das Haare in der Stirn, das kitzelt und kribbelt so blöde. Das macht mich verrückt.") in 184 Ober- und 146 Bundesligaspielen für den VfB reichlich.
Nur mit dem Nationalteam klappte es nicht so recht. „Ich war Rekord-Nationalspieler – auf der Ersatzbank" bedauerte der WM-Teilnehmer 1958 und 1962 (jeweils ohne Einsatz) – mit Hans Tilkowski und Wolfgang Fahrian hatte er allerdings auch mächtige Kontrahenten vor sich. 1970 löste ihn Gerhard Heinze zwischen den VfB-Pfosten ab. Sawitzki ließ seine Karriere darob bei den VfB-Amateuren ausklingen, mit denen er 1971 das Endspiel um die Deutsche Amateurmeisterschaft erreichte (0:1 gegen Jülich 10).

[EREIGNIS]

Verhaltener Jubel

Pokaltriumph glättet Wogen

Für die VfB-Fans gab es doch noch Grund zum Jubeln im tristen Fußballherbst 1958. Während ihre weiß-roten Lieblinge in der Liga im unteren Tabellendrittel dümpelten und Besuch vom Abstiegsgespenst erhielten, schwammen sie im Vereinspokal auf der Welle des Erfolges. Nachdem am 16. November 1958 auch das Endspiel der Saison 1957/58 gegen Fortuna Düsseldorf gewonnen worden war (siehe Seite 84), ließen sich die knapp 200 mitgereisten VfB-Fans die seltene Gelegenheit nicht entgehen und feierten ihre Mannschaft mit „standing ovations".
Als der Zug mit der siegreichen Mannschaft nach Stuttgart zurückkehrte, wurde er von einer stattlichen Menschenmenge am Hauptbahnhof erwartet, die den zweiten Pokalsieg nach 1954 bejubelte. Doch wer genauer hinsah, konnte erkennen, dass von der Euphorie vergangener Tage nicht viel übrig geblieben war. Wo sich 1950 und 1952 bei den deutschen Meisterschaften noch bis zu 300.000 Menschen versammelt hatten, standen nun lediglich 2.000 VfB-Fans beisammen, und wo einst Stuttgarts Oberbürgermeister Dr. Klett höchstpersönlich die Dankesworte gesprochen hatte, tat dies nun sein Vertreter Direktor Berger. Württembergs Fußballpräsident Erich Götz verbreitete dennoch aufmunternde Worte: „Beim Punktspielstart haben wir unsere Anhänger schwer enttäuscht, aber wenn es darauf ankommt, dann kann man sich auf den VfB immer verlassen".

Oberliga Süd

1	17.8.1958	VfB - TSG Ulm 1846	2:3	14.000
2	24.8.1958	SV Waldhof - VfB	2:0	15.000
3	31.8.1958	VfB - Eintracht Frankfurt	0:4	15.000
4	7.9.1958	Schweinfurt 05 - VfB	1:1	5.000
5	14.9.1958	VfB - TSV München 1860	0:2	14.000
6	28.9.1958	Vikt. Aschaffenburg - VfB	1:4	10.000
7	5.10.1958	FSV Frankfurt - VfB	0:2	9.000
8	12.10.1958	VfB - Karlsruher SC	0:1	10.000
9	19.10.1958	BC Augsburg - VfB	3:3	7.000
10	2.11.1958	VfB - VfR Mannheim	5:3	18.000
11	9.11.1958	1. FC Nürnberg - VfB	2:2	23.000
12	23.11.1958	VfB - SSV Reutlingen 05	3:1	20.000
13	30.11.1958	Bayern München - VfB	4:3	30.000
14	7.12.1958	VfB - SpVgg Fürth	1:1	12.000
15	14.12.1958	Kickers Offenbach - VfB	3:2	20.000
16	11.1.1959	TSG Ulm 1846 - VfB	0:2	15.000
17	18.1.1959	VfB - SV Waldhof	1:1	8.000
18	25.1.1959	Eintracht Frankfurt - VfB	2:2	20.000
19	1.2.1959	VfB - Schweinfurt 05	3:1	8.500
20	15.2.1959	TSV München 1860 - VfB	0:2	18.000
21	22.2.1959	VfB - Vikt. Aschaffenburg	7:2	9.000
22	1.3.1959	VfB - FSV Frankfurt	6:1	15.000
23	8.3.1959	Karlsruher SC - VfB	2:1	30.000
24	25.3.1959	VfB - BC Augsburg	3:1	12.000
25	22.3.1959	VfR Mannheim - VfB	3:0	10.000
26	5.4.1959	VfB - 1. FC Nürnberg	0:0	45.000
27	19.4.1959	SSV Reutlingen 05 - VfB	1:0	11.000
28	26.4.1959	VfB - Bayern München	2:2	18.000
29	3.5.1959	SpVgg Fürth - VfB	1:0	6.000
30	10.5.1959	VfB - Kickers Offenbach	4:1	25.000

Abschlusstabelle

1. Eintracht Frankfurt	30	22	5	3	71:25	49-11
2. Kickers Offenbach	30	20	7	3	73:31	47-13
3. 1. FC Nürnberg	30	19	5	6	80:38	43-17
4. Bayern München	30	17	5	8	79:49	39-21
5. VFB STUTTGART	30	11	8	11	61:49	30-30
6. TSV München 1860	30	12	6	12	61:57	30-30
7. SpVgg Fürth	30	11	8	11	47:45	30-30
8. VfR Mannheim	30	12	5	13	65:71	29-31
9. Karlsruher SC (M)	30	12	4	14	73:69	28-32
10. Schweinfurt 05	30	8	9	13	47:59	25-35
11. FSV Frankfurt	30	10	4	16	49:69	24-36
12. SSV Reutlingen 05	30	9	6	15	44:71	24-36
13. TSG Ulm 1846 (N)	30	8	6	16	39:57	22-38
14. Vikt. Aschaffenburg	30	9	4	17	43:69	22-38
15. BC Augsburg ▽	30	9	2	18	53:85	20-40
16. SV Waldhof (N) ▽	30	5	8	17	43:84	18-42

DFB-Pokal

Südebene

1R	6.1.59	Union Böckingen - VfB	0:5	
2R	8.2.59	Freiburger FC - VfB	0:2	
3R	28.3.59	BC Augsburg - VfB	1:5	4.000
4R	16.5.59	VfB - SV Wiesbaden	3:2	5.000
HF	1.8.59	VfB - Eintr. Frankfurt	2:2 n.V.	30.000
	16.8.59	Eintracht Frankfurt - VfB	5:0	28.000

Oberligakader

Abgänge: Bühler, Busch (Freiburger FC), Hinterstocker (Stuttgarter Kickers), Liebschwager (Borussia Fulda), Simon (TSV München 1860), Wallat (Freiburger FC)
Zugänge: Seibold (VfB-Amateure), Weise (Stuttgarter Kickers)
Trainer: Georg Wurzer

Tor		Gerhard Strohmaier	21/6
Günter Sawitzki	30/0	Lothar Weise	21/10
Lorenz Fischer	0/0	Dieter Praxl	17/1
Feld		Arno Loß	6/2
Erwin Waldner	29/10	Erich Kaniber	4/0
Rolf Blessing	28/11	Gerhard Marx	4/0
Rolf Geiger	28/16	Knut Tagliaferri	3/1
Rudolf Hoffmann	28/1	Dieter Ahrendt	1/0
Robert Schlienz	28/0	Günter Kläger	1/0
Günter Seibold	28/0	Erich Retter	0/0
Oskar Hartl	27/1	+ 2 Eigentore	
Rolf Eisele	26/0		

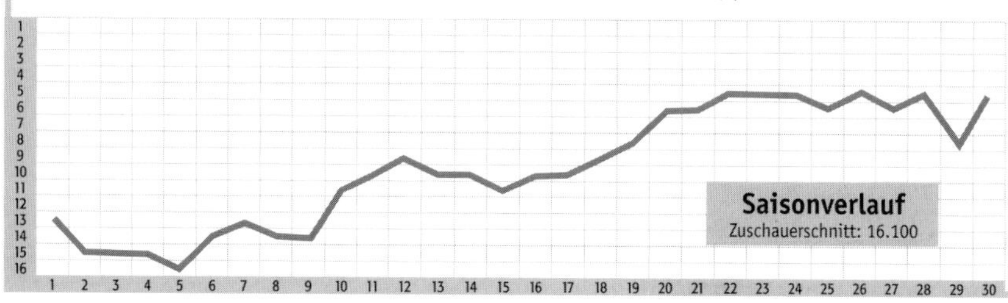

[SPIEL]

Frankfurt 2:4 VfB

Meisterlicher VfB

Rolf Geiger brilliert bei 4:2-Sieg

An Eintracht Frankfurt hat der VfB keine gute Erinnerung. Zweimal haben die Cannstatter in der Vergangenheit deftige Niederlagen gegen die Hessen kassiert – zuletzt im August 1959 beim 0:5 im süddeutschen Pokalhalbfinale. Dennoch geht man voller Zuversicht in die Oberligabegegnung am 10. Januar 1960 beim amtierenden Deutschen Meister. Neun Punkte aus sieben Spielen haben das Selbstbewusstsein gestärkt, und in der Tabelle lockt der zweite Platz und damit die Teilnahme an der Endrunde um die „Deutsche".
Auf tückisch gefrorenem Boden kommt der VfB deutlich besser ins Spiel als die Hessen. Schon nach drei Minuten erzielt Waldner das 1:0, freut sich Trainer Wurzer, „so geschlossen wie heute hat meine Mannschaft selten gespielt". Insbesondere Günter Seibold, der mit doppeltem Kieferbruch und Meniskusverletzung lange Zeit ausgefallen war, überzeugt den VfB-Trainer.
Mann des Tages aber ist Stuttgarts Halbrechter Rolf Geiger. Was immer der Nationalspieler anstellt, ist von Erfolg gekrönt, und phasenweise scheint er regelrecht über das gefrorene Geläuf zu tanzen. Begünstigt durch den frühen Führungstreffer und den daraus resultierenden Frankfurter Angriffsbemühungen, hat Geiger vor allem im ersten Spielabschnitt freie Bahn. Zwischen der 21. und 24. Minute erhöht er den Spielstand auf ein sensationelles 3:0. Dass auch die VfB-Abwehr ihr Scherflein zum schlussendlichen 4:2-Sieg beiträgt, belegt das Eckenverhältnis von 7:0 zur Pause bzw. 16:2 am Ende des Spiels.
Als Schiedsrichter Meißner abpfeift, sind sich die Experten jedenfalls einig: Dieser VfB hat das Zeug zum Deutschen Meister!

[EREIGNIS]

Nachwuchssturm

VfB-Amateure in höchster Liga

Die Einführung des Vertragsspielers hatte Deutschlands Fußball revolutioniert. Plötzlich gab es bezahlten und nichtbezahlten Fußball, trennten sich die Wege vieler Vereine. Der VfB zählte zwar zu den Vorreitern in Sachen bezahlter Fußball, wollte aber zugleich auch im unbezahlten Fußball mitmischen und damit seiner Rolle als Breitensportförderer nachkommen. 1951 wurde eine Fußball-Amateurabteilung gebildet, deren sportliche Leitung Ex-Ligaspieler Franz Seybold übernahm. Binnen weniger Jahre erreichte die Nachwuchself die 2. Amateurliga, deren Meisterschaft sie 1959 erstmals errang. Damit verbunden war der Aufstieg in die höchste Amateurklasse. Das mit Hans Eisele, Henzler, Hoffmann, Paubacher, Walter und Will gleich sechs Akteure bei den Vertragsspielern mittrainierten, spricht für die schon damals vorzügliche Nachwuchsarbeit des VfB.

Martin Riedinger.

■ Am 21. Februar 1960 trauerte die VfB-Gemeinde nicht nur über die 2:3-Heimniederlage gegen den VfR Mannheim und die damit endgültig verpasste Gelegenheit, Platz zwei bzw. die Endrunde um die „Deutsche" zu erreichen. Gleich zwei **Schicksalsschläge** hatte die VfB-Familie in den Stunden zuvor ereilt: Am 19. Februar war mit Erwin Haaga der Mittelstürmer der Erfolgself der 1930er Jahre verstorben, und in der Nacht vor dem Spiel hatte Martin Riedinger, mehr als drei Jahrzehnte lang als Zeugwart in VfB-Diensten, im Alter von 73 Jahren für immer die Augen geschlossen.

[SAISON]

In Reutlingen kam die Wende

Im Januar 1960 sah es noch glänzend für den VfB aus. Nach einem 4:2 beim amtierenden Deutschen Meister Eintracht Frankfurt steuerten die Schwaben souverän Richtung Endrunde. Als eine Woche später Viktoria Aschaffenburg nach 1:2-Rückstand noch mit 5:2 bezwungen wurde, sprach man auf dem Wasen sogar von der Meisterschaft. Doch dann gab es eine 1:3-Niederlage bei Angstgegner Reutlingen, wo der VfB seit 1950 nicht mehr gewonnen hatte, und der Absturz begann. Am Ende stand Platz sieben und damit die Fortsetzung jener Phase der Mittelmäßigkeit, die man so gerne beendet hätte.
In seinem zwölften Jahr als VfB-Coach hatte „Schorsch" Wurzer auf Neuzugänge verzichtet und wollte seinen Kader mit hoffnungsvollen Talenten aus den eigenen Amateuren aufstocken. Eines der Opfer der radikalen Verjüngungskur war Robert Schlienz – der Ausnahmefußballer stand zwar noch immer im Kader, kam aber nicht mehr zum Einsatz.
In der Hinrunde zeigte der VfB bedenkliche Leistungsschwankungen. Vor allem das 0:6-Debakel beim VfR Mannheim warf die Mannschaft zurück. Wie im Vorjahr waren insbesondere die Heimspiele von Nervosität geprägt. Ganze dreimal gelang in der Hinrunde ein Heimerfolg. Die Wende brachte ein 2:1-Sieg bei Altmeister Nürnberg, der enorme Kräfte freisetze. Plötzlich strotzte die junge VfB-Elf vor Selbstvertrauen, steuerte sie mitreißend in Richtung Spitzengruppe – und kassierte die erwähnte Pleite von Reutlingen. Prompt war das Selbstvertrauen wieder dahin, suchte die technisch hochbegabte Mannschaft verzweifelt nach einem Regisseur, der die Führung übernehmen konnte. Vergeblich. Vor allem beim 2:3 gegen den VfR Mannheim präsentierte sich der VfB konzept- und ideenlos, brachte er seine Fans zur Verzweiflung und fiel in längst überwunden geglaubte Angstzustände. Ob „Schorsch" Wurzer sie da noch einmal herausführen könnte?

Oberliga Süd

1	23.8.1959	Schweinfurt 05 - VfB	2:3	5.000
2	30.8.1959	VfB - Eintracht Frankfurt	2:3	40.000
3	6.9.1959	Vikt. Aschaffenburg - VfB	2:5	10.000
4	13.9.1959	VfB - SSV Reutlingen 05	2:0	15.000
5	20.9.1959	VfB - Karlsruher SC	0:0	30.000
6	27.9.1959	Stuttgarter Kickers - VfB	1:3	23.000
7	11.10.1959	VfB - Bayern Hof	2:2	11.000
8	18.10.1959	VfR Mannheim - VfB	6:0	7.000
9	25.10.1959	VfB - TSG Ulm 1846	1:1	10.000
10	31.10.1959	FSV Frankfurt - VfB	2:2	8.000
11	15.11.1959	VfB - Bayern München	1:4	18.000
12	22.11.1959	1. FC Nürnberg - VfB	1:2	21.000
13	29.11.1959	VfB - Kickers Offenbach	3:2	25.000
14	6.12.1959	TSV München 1860 - VfB	1:0	18.000
15	13.12.1959	VfB - SpVgg Fürth	3:1	8.000
16	3.1.1960	VfB - Schweinfurt 05	1:1	7.000
17	9.1.1960	Eintracht Frankfurt - VfB	2:4	13.000
18	17.1.1960	VfB - Vikt. Aschaffenburg	5:2	5.000
19	24.1.1960	SSV Reutlingen 05 - VfB	3:1	12.000
20	31.1.1960	Karlsruher SC - VfB	3:1	35.000
21	7.2.1960	VfB - Stuttgarter Kickers	1:1	19.000
22	14.2.1960	Bayern Hof - VfB	2:2	11.000
23	21.2.1960	VfB - VfR Mannheim	2:3	5.000
24	6.3.1960	TSG Ulm 1846 - VfB	3:2	8.000
25	13.3.1960	VfB - FSV Frankfurt	1:0	7.500
26	27.3.1960	Bayern München - VfB	5:3	15.000
27	3.4.1960	VfB - 1. FC Nürnberg	2:3	15.000
28	10.4.1960	SpVgg Fürth - VfB	1:2	6.000
29	13.4.1960	VfB - TSV München 1860	5:0	4.000
30	24.4.1960	Kickers Offenbach - VfB	0:5	12.000

Abschlusstabelle

1. Karlsruher SC	30	20	5	5	78:39	45-15
2. Kickers Offenbach	30	17	5	8	75:45	39-21
3. Eintracht Frankfurt	30	16	5	9	81:57	37-23
4. TSV München 1860	30	14	7	9	65:56	35-25
5. Bayern München	30	17	4	9	81:55	34-26
6. 1. FC Nürnberg	30	15	4	11	73:54	34-26
7. VFB STUTTGART	30	13	7	10	66:57	33-27
8. SSV Reutlingen 05	30	12	7	11	55:57	31-29
9. FSV Frankfurt	30	11	6	13	59:53	28-32
10. VfR Mannheim	30	11	5	14	55:52	27-33
11. SpVgg Fürth	30	10	6	14	48:59	26-34
12. Schweinfurt 05	30	10	5	15	48:64	25-35
13. Bayern Hof (N)	30	10	5	15	45:84	25-35
14. TSG Ulm 1846	30	8	5	17	39:64	21-39
15. V. Aschaffenburg ▽	30	7	7	16	43:73	21-39
16. Stg. Kickers (N) ▽	30	5	5	20	38:80	15-45

DFB-Pokal

Südebene

1R	19.12.59	SV Spaichingen - VfB	0:2	5.000
2R	28.2.60	FC Singen 04 - VfB	1:3	
3R	16.4.60	VfB - SSV Reutlingen 05	4:1	10.000
4R	14.5.60	FSV Frankfurt - VfB	2:0	5.000

Oberligakader

Abgänge: keine. **Zugänge:** Gullasch, Theodor Hoffmann (VfB-Jugend), Portig, Rauser (SV Böblingen)
Trainer: Georg Wurzer (bis 30. April 1960

Tor		Erich Retter	15/0
Günter Sawitzki	30/0	Dieter Praxl	13/4
Lorenz Fischer	0/0	Günter Seibold	13/0
Feld		Erich Kaniber	12/0
Gerhard Strohmaier	30/10	Gerhard Marx	12/7
Rolf Geiger	29/13	Arno Loß	7/4
Rolf Blessing	27/6	Knut Tagliaferri	6/0
Oskar Hartl	27/1	Klaus Gullasch	0/0
Erwin Waldner	26/13	Theodor Hoffmann	0/0
Rudolf Hoffmann	26/0	Günter Kläger	0/0
Lothar Weise	23/8	Walter Portig	0/0
Dieter Ahrendt	18/0	Egon Rauser	0/0
Rolf Eisele	16/0	Robert Schlienz	0/0

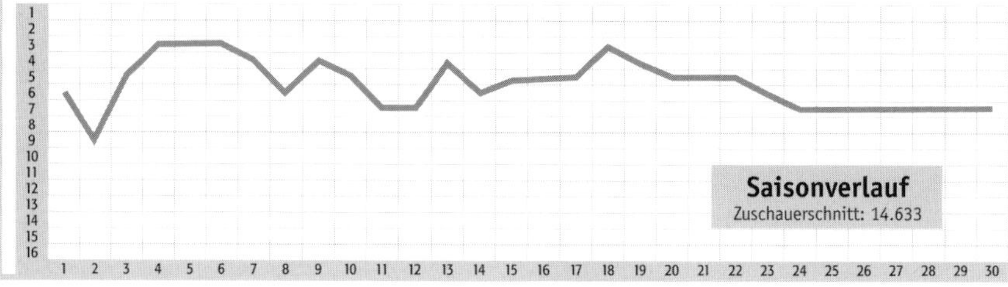

Ein 1:3 beim Angstgegner Reutlingen brachte den VfB aus dem Takt – obwohl sich Blessing in dieser Szene gegen Arnthof und Schießl durchsetzt.

Gleich drei Mal überwandt Rolf Blessing (rechts) beim 6:2 über den SSV Reutlingen 05 seinen ehemaligen Mannschaftskameraden Karl Bögelein.

[EREIGNIS]

Rache eines Boxers

Willi Knörzer puscht Kickers

Das Donnergrollen hoch oben in Degerloch war bis hinunter auf den Cannstatter Wasen zu hören: Als VfB-Mitglied Willi Knörzer Anfang des Jahres 1960 von den „Roten" zu den „Blauen" wechselte und den „Schleudersitz" des Kickers-Präsidenten übernahm, kochte die Stimmung im Neckartal über. Knörzer, Inhaber eines bekannten Radiogeschäfts mit sieben Filialen und nebenbei als Box-Promoter bzw. als „Sport-Mäzen" tätig, wollte die just aus der Oberliga abgestiegenen Kickers mit aller Macht wieder nach vorne bringen.

Und das auf Kosten des VfB, von dem er im Unfrieden geschieden war. Erste Maßnahme sollte die Verpflichtung eines namhaften Trainers sein. Ausgerechnet bei seinem Ex-Klub wurde der umtriebige Geschäftsmann diesbezüglich fündig und lotste VfB-Erfolgscoach Wurzer zur Spielzeit 1960/61 nach Degerloch. Wurzers Wechsel brachte das fragile VfB-Gebäude gehörig ins Wanken, zumal Außenstürmer Waldner zeitgleich mit diversen spanischen Vereinen verhandelte (sowie dem SSV Reutlingen 05...) und Rolf Geiger als Neuzugang beim Hamburger SV im Gespräch war.

Doch Knörzers Fußballrevolte endete tragisch. Am 25. Mai 1960 meldete die Fachpresse: „Kickers-Vorsitzender Willi Knörzer ist verschwunden", und berichtete, Knörzer habe beim Amtsgericht Stuttgart die „Liquidation seiner Unternehmen beantragt" und befände sich „auf dem Weg nach Paris". Das stimmte nur bedingt, denn der mit seinen Unternehmen tatsächlich in die Pleite gerutschte Knörzer war nicht etwa in der französischen Hauptstadt untergetaucht, sondern hatte am selben Tag Selbstmord begangen. Mehr als 400.000 DM, so wurde vermutet, habe der Geschäftsmann zuvor im Boxgeschäft verloren.

Angesichts des Chaos' auf Degerlochs Höhen hatte auch „Schorsch" Wurzer bald genug und verabschiedete sich noch vor dem Saisonstart in Richtung FC Zürich. Dort traf er übrigens Nationalspieler Waldner wieder, der den VfB zwischenzeitlich ebenfalls verlassen hatte. Schwere Tage für Stuttgarts Fußball.

■ Ungewohnte Härte: Nach nur fünf Saisonspielen saßen beim VfB bereits zwei Akteure auf der **„Strafbank"** der Platzverweissünder. Gerhard Strohmaier hatte beim 1:5 in München die Grenzen des sportlichen Anstandes überschritten. Stürmerkollege Lothar Weise leistete sich drei Wochen später beim 2:3 in Mannheim ebenfalls einen sportlichen Blackout. Die Disziplinlosigkeiten waren Ausdruck der inneren Probleme der Oberligaelf.

[SAISON]

Wurzer wechselt nach Degerloch

Der Abschlusskommentar passte zu einer in vielerlei Hinsicht verkorksten Saison. „Nachdem der VfB neulich in Ulm gewonnen hatte, enttäuschte er diesmal seine Anhänger in kaum noch zu überbietender Weise: Der Angriff bestand fast ausschließlich aus Versagern und in der Abwehr häuften sich die Pannen", hämte das »Sport-Magazin« nach der 2:3-Heimniederlage gegen den FSV Frankfurt, die den FSV rettete und stattdessen Ulm 46 absteigen ließ.

Abgesehen von Ulmer Manipulationsvorwürfen („Der VfB hat seine beiden Spiele gegen Waldhof und den FSV ‚kläglich verschoben'") sahen sich die Bewegungsspieler einem neuen Tiefpunkt ihrer jüngeren Geschichte gegenüber und blickten auf eine in jeglicher Hinsicht turbulente Saison zurück. Das Theater hatte mit dem überraschenden Wechsel von Erfolgstrainer Wurzer zu den Kickers begonnen. Mit dem Ostpreußen Kurt Baluses war gerade ein geeigneter Nachfolger gefunden worden, als Erwin Waldner seinen Wechsel zum FC Zürich verkündete, wo ihm unwiderstehliche 35.000 DM Handgeld und monatlich 1.000 DM versprochen worden waren.

Der VfB suchte die gesamte Saison über seine Form. Obwohl von der Spielkultur mit Technikern wie Geiger, Blessing und Retter noch immer zu den stärksten Vertretern des Südens zählend, versuchte der neue Trainer das berühmte Cannstatter Kombinationsspiel durch rustikalen Kampffußball zu ersetzen, was weder die Fans anlockte (durchschnittlich 11.000 Zuschauer bedeuteten den geringsten Zuspruch der Oberligaära), noch Erfolg brachte. „Der VfB aber wird bis zur neuen Saison viel an sich arbeiten müssen", hieß es prompt, denn ausgerechnet, als sich endlich die 1. Bundesliga am Horizont abzeichnete (sie sollte nun zur Saison 1963/64 kommen), steckte der VfB in einer fundamentalen Krise.

Und ob er mit derartigen Leistungen in der neuen Eliteklasse dabei sein würde, stand ernsthaft in Frage

[LEGENDEN]

ROLF BLESSING

Nach dem schleichenden Abschied von Robert Schlienz waren Erich Retter und Rolf Blessing die letzten „Überbleibsel“ aus der großen VfB-Elf der frühen 1950er Jahre. Damit endete zugleich die Ära der „Lokalspieler“ auf dem Wasen, wo sich immer mehr aus dem gesamten Bundesgebiet verpflichtete Akteure verdingten. Das Eigengewächs Rolf Blessing indes wurde vom Sportjournalisten Hans Blickensdörfer mit den Worten geadelt, „er ist der beste regionale Eigenbau gewesen, den es je gegeben hat“. In der Tat: zweimal Deutscher Meister, zweimal Pokalsieger – der 1948 vom TSV Wendlingen gekommene Linksaußen war bei allen großen Erfolgen des VfB dabei. Mit seiner Spielweise erinnerte der technisch beschlagene und kopfballstarke Allrounder an den berühmten Ungarn Nándor Hidegkuti. Allerdings wurde dem Wendlinger eine etwas „verschlafene“ Spielweise nachgesagt. „Naturtalent“ Blessing betrieb neben Fußball auch Tennis und Speerwurf (für den Fall der Fälle war er beim VfB zudem als Ersatztorhüter nominiert!) und war das genaue Gegenteil des arroganten Stars. In der Nationalelf blieb ihm bedauerlicherweise eine große Karriere verwehrt. Zwar stand er am 22. November 1950 beim ersten Nachkriegsländerspiel gegen die Schweiz (1:0) im Aufgebot, kam aber nicht zum Einsatz. Lediglich drei B-Länderspiele stehen in den Annalen von Rolf Blessing, der mit seiner wortkargen und bescheidenen Art auch im Verein häufig unterzugehen drohte. Das betraf vor allem die ausklingenden 1950er Jahre, als beim VfB „Medienstars“ wie Rolf Geiger und Erwin Waldner agierten und das Interesse auf sich zogen. Dennoch blieb der variabel einsetzbare Blessing bis zu seinem Karriereende im Jahre 1962 in 348 Oberligaspielen (125 Tore) Leistungsträger beim VfB, dem er auch nach seiner Karriere treu blieb. Bis zu seinem Tod am 1. August 2004 drückte Rolf Blessing den Bewegungsspielern von der Tribüne aus die Daumen.

[SPIEL]

VfB 6:2 Reutlingen

VfB ohne Schnörkel

Rolf Blessing trifft drei Mal

Eine Woche nach dem 1:5-Debakel bei Bayern München steht der VfB vor einer neuen Bewährungsprobe. Angstgegner SSV Reutlingen 05 kommt ins Neckarstadion und will dem angeschlagenen Rivalen die erste Heimniederlage verpassen.
Doch Trainer Baluses hat gut aufgepasst in München. Weil seine Elf an der Isar in Schönheit gestorben war und das berühmte Kombinationsspiel übertrieben hatte, ordnet der knorrige Ostpreuße nun nüchterne Sachlichkeit an. „Baluses schaffte die VfB-Schnörkel ab“, wird die Fachpresse nach dem überzeugenden 6:2-Erfolg über den Rivalen von der Kreuzeiche schreiben. Mit gradlinigem Spiel und ohne die auch die eigene Mannschaft verwirrenden Kurzpässe wird der Ball zügig nach vorne getrieben, wo Rolf Blessing Ex-VfB-Keeper Bögelein gleich dreimal überwindet. Beim VfB überzeugt das ganze Team. Torhüter Sawitzki ist auf dem Posten, mit Rolf Eisele und Seibold steht ein harmonisches Verteidigerpaar parat und Theodor Hoffmann (Bruder des nach Pirmasens gewechselten Rudi Hoffmann), sowie Hartl verdammen den gefürchteten Reutlinger Angriff um Uli Biesinger zur Bedeutungslosigkeit.
Schade nur, dass die Bewegungsspieler ihre glänzende Form nicht kompensieren können – schon sieben Tage später klemmt es beim 2:3 in Mannheim wieder in allen Mannschaftsteilen...

Oberliga Süd

1	14.8.1960	SpVgg Fürth - VfB	1:3	8.000
2	21.8.1960	VfB - Schweinfurt 05	2:0	10.000
3	26.8.1960	Bayern München - VfB	5:1	14.000
4	4.9.1960	VfB - SSV Reutlingen 05	6:2	12.000
5	11.9.1960	VfR Mannheim - VfB	3:2	10.000
6	18.9.1960	VfB - Bayern Hof	4:0	8.000
7	25.9.1960	VfB - TSV München 1860	1:2	10.000
8	2.10.1960	Karlsruher SC - VfB	4:1	15.000
9	9.10.1960	VfB - 1. FC Nürnberg	2:0	30.000
10	16.10.1960	Kickers Offenbach - VfB	1:0	6.000
11	30.10.1960	VfB - Eintracht Frankfurt	1:2	17.000
12	6.11.1960	Jahn Regensburg - VfB	0:0	7.000
13	13.11.1960	VfB - SV Waldhof	4:0	8.000
14	27.11.1960	VfB - TSG Ulm 1846	1:2	8.000
15	4.12.1960	FSV Frankfurt - VfB	1:3	2.000
16	11.12.1960	VfB - SpVgg Fürth	1:0	4.000
17	18.12.1960	Schweinfurt 05 - VfB	2:1	3.600
18	8.1.1961	VfB - Bayern München	3:1	4.000
19	15.1.1961	SSV Reutlingen 05 - VfB	2:1	9.000
20	22.1.1961	VfB - VfR Mannheim	2:1	5.000
21	29.1.1961	Bayern Hof - VfB	1:4	7.000
22	5.2.1961	TSV München 1860 - VfB	3:1	6.000
23	19.2.1961	VfB - Karlsruher SC	0:4	20.000
24	26.2.1961	1. FC Nürnberg - vfB	2:2	26.000
25	12.3.1961	VfB - Kickers Offenbach	2:1	20.000
26	19.3.1961	Eintracht Frankfurt - VfB	4:1	15.000
27	9.4.1961	VfB - Jahn Regensburg	3:2	3.000
28	15.4.1961	SV Waldhof - VfB	4:1	6.000
29	23.4.1961	TSG Ulm 1846 - VfB	0:2	11.000
30	30.4.1961	VfB - FSV Frankfurt	2:3	6.000

Abschlusstabelle

1. 1. FC Nürnberg	30	23	2	5	96:30	48-12
2. Eintracht Frankfurt	30	18	5	7	78:38	41-19
3. Karlsruher SC (M)	30	17	4	9	75:51	38-22
4. Kickers Offenbach	30	16	4	10	57:46	36-24
5. SSV Reutlingen 05	30	15	2	13	65:55	32-28
6. TSV München 1860	30	14	4	12	61:66	32-28
7. VFB STUTTGART	30	14	2	14	57:53	30-30
8. Bayern München	30	12	6	12	57:54	30-30
9. VfR Mannheim	30	13	3	14	53:51	29-31
10. Bayern Hof	30	9	9	12	41:60	27-33
11. SpVgg Fürth	30	11	4	15	40:47	26-34
12. FSV Frankfurt	30	9	8	13	45:59	26-34
13. SV Waldhof (N)	30	10	5	15	47:56	25-35
14. Schweinfurt 05	30	9	7	14	42:54	25-35
15. TSG Ulm 1846 ▽	30	9	6	15	48:62	24-36
16. J. Regensburg (N) ▽	30	3	5	22	27:107	11-49

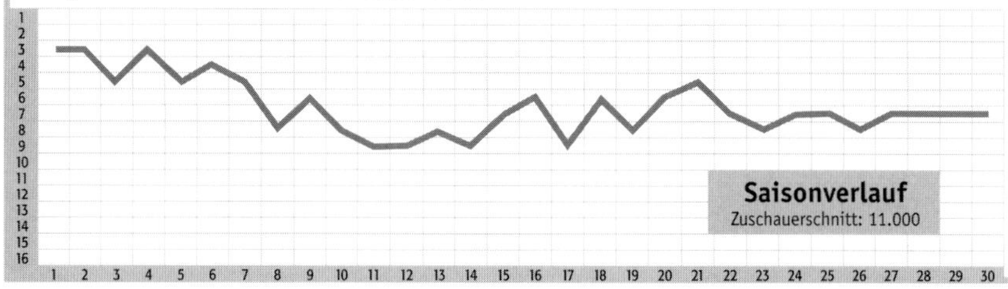

DFB-Pokal

Südebene				
1R	23.10.60	Offenburger FV - VfB	0:4	4.500
2R	20.11.60	Vikt. Aschaffenburg - VfB	1:3	
3R	11.2.61	Stuttgarter Kickers - VfB	1:3	
4R	5.3.61	Bayern Hof - VfB	1:3 n.V.	4.000
Bundesebene				
1HR	29.7.61	VfV Hildesheim - VfB	1:2	7.000
VF	16.8.61	VfB - Karlsruher SC	0:1	15.000

Oberligakader

Abgänge: Gullasch, Rudolf Hoffmann (FK Pirmasens), Loß (Alemannia Aachen), Praxl (Kickers Offenbach), Tagliaferri (Stuttgarter Kickers), Waldner (FC Zürich), Will (w.d.S. zu Spfr. Esslingen)
Zugänge: Hans Eisele (VfB-Amateure), Henzler (Höller (FC Bergheim), Neupert (Phönix Lübeck), Pfisterer (Salamander Kornwestheim), Sieloff (VfB-Jugend), Will (VfB-Amateure)
Trainer: Kurt Baluses (ab 1. Mai 1960)

Tor		Gerhard Marx	11/3
Günter Sawitzki	27/0	Egon Rauser	11/2
Lorenz Fischer	3/0	Manfred Will	11/2
Feld		Theodor Hoffmann	9/0
Rolf Eisele	30/0	Werner Walter	8/0
Rolf Geiger	28/15	Klaus-Dieter Sieloff	7/0
Günter Seibold	28/0	Erich Neupert	3/0
Oskar Hartl	26/0	Dieter Ahrendt	2/0
Gerhard Strohmaier	25/7	Hans Eisele	2/1
Dieter Höller	20/11	Hubert Henzler	1/0
Lothar Weise	19/5	Erich Kaniber	0/0
Rolf Blessing	18/10	Günter Kläger	0/0
Erich Retter	18/0	Walter Portig	0/0
Eberhard Pfisterer	13/1	Robert Schlienz	0/0

Später Dank – Dr. Fritz Walter überreicht Robert Schlienz Blumen.

[EREIGNIS]

Abschied in Trauer

Robert Schlienz unschön ausgebootet

Mehr als ein Jahrzehnt prägte Robert Schlienz das VfB-Spiel. Erzielte über 150 Tore für die Schwaben, diente als Symbolfigur für die sprichwörtliche Bodenständigkeit und erlangte einen Status, der dem eines Fritz Walters in Kaiserslautern oder eines Ernst Kuzorras auf Schalke in nichts nachstand.

Dennoch endete ausgerechnet die Karriere des Robert Schlienz in der Sommerpause 1961/62 nach 391 Oberligaspielen mit einem „G'schmäckle". Abgeschoben in die Alte-Herren-Mannschaft nahm die Stuttgarter Fußball-Legende leise Abschied, ohne dass ihm die VfB-Führung wirklich Gelegenheit dazu gab.

Die Demontage des Robert Schlienz hatte am 26. April 1959 begonnen. Beim damaligen 2:2 gegen Bayern München trug die VfB-Legende zum letzten Mal in einem Ligaspiel das VfB-Trikot. Wenige Tage später wurde Schlienz vor einem Freundschaftsspiel gegen die Wolverhampton Wanderers von Trainer Wurzer eiskalt abserviert: „Mitten im Dienstag-Training sagte mir Herr Wurzer, ich solle aufhören, ich würde nicht gegen die Wanderers spielen, denn ich sei zu alt und käme doch nicht mehr mit. Ich war wie vor den Kopf geschlagen, aber was nutzte es, ich durfte nicht spielen. Und habe dann auch nie mehr in der 1. Mannschaft gespielt", erinnerte sich der Zuffenhausener traurig.

Schlienz zählte zwar sowohl 1959/60 als auch 1960/61 zum Oberligakader, spielte in den Planungen des Vereins jedoch keine Rolle mehr. „Das Publikum fragt sich mit Recht, welche Gründe es gewesen sind, Schlienz so urplötzlich auszubooten und nie wieder auf ihn zurückzugreifen", gab das »Sport-Magazin« Volkes Unverständnis über den Umgang mit Stuttgarts Fußballidol wieder. Ausgerechnet die Karriere des wohl berühmtesten und beliebtesten VfB-Spieler aller Zeiten endete also mit einem Missklang. Es spricht für Schlienz, dass sein Groll schon bald verebbte. Der Vater zweier Töchter war schnell wieder im Neckarstadion zu finden und drückte „seinen" Weiß-Roten die Daumen. 1969 rückte er unter Hans Weitpert sogar kurz in die Führungsriege auf, zog sich aber bald wieder zurück.

[SAISON]

Stagnation auf dem Wasen

Es wollte einfach nicht vorwärts gehen beim VfB. Am Saisonende erreichte man zwar einen fünften Platz, der aber nur einem überzeugenden Schlussspurt zu verdanken war. Da zwischenzeitlich die Gründung der Bundesliga zur Saison 1963/64 beschlossen worden war, drohten dem VfB allmählich die Fälle davonzuschwimmen. Ausgerechnet jener Klub, der zwischen 1945 und 1958 zu den erfolgreichsten in Deutschland zählte, musste um seinen Status als „Erstligist" bangen!

Trainer Baluses war ratlos. „Wir haben eine Reihe talentierter Spieler, denen es jedoch an Klasse mangelt. Die Planung geht nun einmal auf lange Sicht", konstatierte er schon am zweiten Spieltag, als ein mühsames 2:1 über Fürth den drohenden Fehlstart verhindert hatte. Die Leistungen seiner Mannschaft blieben durchwachsen, und nach der 0:3-Heimpleite gegen Eintracht Frankfurt bekannte der Ostpreuße kleinmütig: „Mit der heutigen Leistung dürfte die Grenze der Leistungsfähigkeit erreicht sein."

Es war nicht nur die Mannschaft, die Probleme bereitete, denn auf Cannstatts Wasen lagen viele Dinge im Argen. Schon vor der Saison hatte das rüde Abschieben des verdienten Robert Schlienz ein bezeichnendes Licht auf die Stimmung im VfB-Lager geworfen. Die einst so berühmte Spielkultur des VfB war ebenso verloren gegangen wie die über Jahre hinweg erreichte Abwehrstabilität. Und im Sturm mangelte es den Bewegungsspielern seit Waldners Abgang an einem treffsicheren Vollstrecker. Lediglich Torsteher Sawitzki vermochte durch konstante Leistungen zu überzeugen und rettete seinen Farben wiederholt Punkte. Dezente Hoffnung verbreiteten außerdem die aus dem eigenen Nachwuchs stammenden Ausnahmetalente Hans Eisele, Klaus-Dieter Sieloff und Rudi Entenmann.

Doch die Zeit drängte, und um in die neue Bundesliga aufgenommen zu werden, musste der VfB wahrlich noch eine Schippe drauf legen.

■ Es war inzwischen lieb gewordene Routine: Wann immer die **Wahl zum Vorsitzenden** des VfB Stuttgart anstand, votierten die Mitglieder mit schöner Einmütigkeit für Dr. Fritz Walter. In schwerer Stunde hatte der Oberstudienrat 1944 das Führungsamt übernommen und das Vereinsschiff in den 1950er Jahren gemeinsam mit Obmann „Waggele" Haaga auf Erfolgskurs gebracht. Die VfB-Fans honorierten Dr. Walters Wirken: Im Juli 1961 wurde er auch im 17. Amtsjahr wieder in seinem Amt bestätigt.

■ Günter Sawitzki war wirklich nicht zu beneiden. Zwar reiste er im Sommer 1962 mit der deutschen Nationalmannschaft zur **Weltmeisterschaft nach Chile**, geriet dort jedoch in die Mühlen des Torhüterstreits zwischen Jungstar Wolfgang Fahrian und Stammkeeper Hans Tilkowski. Weil Bundestrainer Herberger den jungen Ulmer Fahrian bevorzugte und Tilkowski daraufhin erbost mit Herberger brach, wurde „Sawi" zwar zur „Nummer zwei", verbrachte das Turnier aber dennoch untätig auf der Ersatzbank. 1958 war der gebürtige Herner übrigens als erster Spieler in der Geschichte des VfB Stuttgart zu einer WM gereist. In Schweden hatte Sawitzki seinerzeit aber auch keinen Einsatz verbuchen können.

■ Nachdem **Robert Schlienz** keine Berücksichtigung mehr im Oberligakader fand, kümmerte sich der gebürtige Zuffenhausener verstärkt um seine berufliche Zukunft. Im Juni 1962 gab er sogar sein „zweites Standbein" auf – das Sportartikelgeschäft am Cannstatter Markt –, um sich ganz seinem neuen Job als Vertreter einer Waschmittelfirma zu widmen.

■ Auf eine regelrechte **Abenteuerreise** begab sich der VfB-Vertragsspielerkader im Mai 1962. Ziel der Weiß-Roten war das ferne Indonesien, wo nie zuvor ein deutscher Fußballverein sein Künste vorgeführt hatte. Der VfB vertrat die Heimat achtbar – gegen die indonesische Nationalmannschaft gelangen bei schwül-heißen Witterungsbedingungen ein 5:0 bzw. ein 2:0-Sieg. Organisiert wurde die Reise von VfB-Boss Dr. Walter sowie Geschäftsführer Carl Ruoff, die im deutschen Botschafter Carl Weis einen späteren ZDF-Korrespondenten als Ansprechpartner in Djakarta hatten.

[SPIEL]

VfB 8:4 Schweinfurt

Handballergebnis

Schwächen des VfB offengelegt

Stuttgart ist nervös. Nach sieben Spielen steht erst ein Sieg auf dem VfB-Konto. Es droht das Abrutschen in die Abstiegszone. Schweinfurt 05 kommt da als Aufbaugegner gerade recht. Und es beginnt gut für den Gastgeber. Reiner, Blessing und Marx bringen die Bewegungsspieler binnen 15 Minuten mit 3:0 in Führung und lassen Hoffnungen auf den zweiten Saisonsieg aufkommen. Doch der VfB steht sich selbst im Weg, denn nur zehn Minuten später heißt es plötzlich 3:2: „Die beiden ersten Gegentore gingen klar zu Lasten des Stoppers Sieloff, der mitunter zu schlafen schien", wird die Fachpresse später tadeln.

Es ist der Auftakt zu einem ereignisreichen Fußballspiel mit Handballergebnis, bei dem die Abwehrschwächen des VfB (Günter Seibold und Erich Retter wirken alles andere als überzeugend) überdeutlich werden. Einmal mehr rettet Keeper Günter Sawitzki sein Team. Er muss beim Stande von 4:3 sogar einen Strafstoß von Aumeier parieren – nicht auszudenken, was passiert wäre, hätten die 05er in dieser Phase den Ausgleich erzielt!

Anschließend reißen sich die Weiß-Roten zusammen und finden die nötige Einstellung zum Spiel. Plötzlich läuft der Ball schnell und über mehrere Stationen. Das Spiel wird schön in die Breite gezogen. Geiger, Reiner (2) und Blessing sorgen – bei einem weiteren Schweinfurter Treffer durch Gehling – schließlich für den kuriosen Endstand von 8:4.

Glück gehabt, VfB!

Oberliga Süd

1	6.8.1961	Bayern Hof - VfB	3:1	8.000
2	13.8.1961	VfB - SpVgg Fürth	2:1	7.000
3	20.8.1961	FSV Frankfurt - VfB	0:0	6.000
4	27.8.1961	VfB - BC Augsburg	3:3	13.000
5	3.9.1961	TSV München 1860 - VfB	2:2	13.000
6	10.9.1961	VfB - Kickers Offenbach	1:1	15.000
7	17.9.1961	1. FC Nürnberg - VfB	5:0	17.000
8	24.9.1961	VfB - Schweinfurt 05	8:4	6.000
9	1.10.1961	Schwaben Augsb. - VfB	4:2	5.000
10	15.10.1961	VfB - Eintracht Frankfurt	0:3	30.000
11	29.10.1961	Karlsruher SC - VfB	1:1	12.000
12	5.11.1961	VfB - SV Waldhof	2:1	5.000
13	12.11.1961	VfB - Bayern München	1:3	10.000
14	19.11.1961	VfR Mannheim - VfB	3:3	3.000
15	25.11.1961	VfB - SSV Reutlingen 05	5:1	15.000
16	10.12.1961	VfB - Bayern Hof	6:0	10.000
17	17.12.1961	SpVgg Fürth - VfB	1:0	6.000
18	7.1.1962	VfB - FSV Frankfurt	7:1	6.500
19	21.1.1962	VfB - TSV München 1860	1:1	15.000
20	28.1.1962	Kickers Offenbach - VfB	2:0	6.000
21	4.2.1962	VfB - 1. FC Nürnberg	1:2	40.000
22	11.2.1962	Schweinfurt 05 - VfB	2:3	5.000
23	18.2.1962	VfB - Schwaben Augsb.	4:0	5.000
24	25.2.1962	Eintracht Frankfurt - VfB	1:2	12.000
25	11.3.1962	VfB - Karlsruher SC	1:1	20.000
26	25.3.1962	SV Waldhof - VfB	1:3	7.000
27	1.4.1962	Bayern München - VfB	1:2	20.000
28	8.4.1962	VfB - VfR Mannheim	3:1	10.000
29	15.4.1962	SSV Reutlingen 05 - VfB	0:1	8.000
30	21.4.1962	BC Augsburg - VfB	4:1	8.000

Abschlusstabelle

1.	1. FC Nürnberg (M)	30	20	3	7	70:30	43-17
2.	Eintracht Frankfurt	30	19	5	6	81:37	43-17
3.	Bayern München	30	17	6	7	67:55	40-20
4.	Kickers Offenbach	30	16	5	9	65:50	37-23
5.	VFB STUTTGART	30	13	8	9	66:53	34-26
6.	Bayern Hof	30	12	8	10	55:56	32-28
7.	TSV München 1860	30	11	8	11	64:57	30-30
8.	SSV Reutlingen 05	30	12	5	13	57:51	29-31
9.	Karlsruher SC	30	8	12	10	47:44	28-32
10.	VfR Mannheim	30	9	10	11	47:59	28-32
11.	BC Augsburg (N)	30	9	8	13	55:63	26-34
12.	SpVgg Fürth	30	6	12	12	31:39	24-36
13.	Schwaben Abg. (N)	30	10	3	17	43:78	23-37
14.	Schweinfurt 05	30	9	4	17	39:63	22-38
15.	FSV Frankfurt ▽	30	7	7	16	35:65	21-39
16.	SV Waldhof ▽	30	6	8	16	39:61	20-40

DFB-Pokal

Südebene

1R	23.12.61	Kickers Lauterbach - VfB	1:6	2.500
2R	17.3.62	Norm. Gmünd - VfB	1:9	5.000
3R	29.4.62	VfB - TSG Ulm 1846	0:1	

Oberligakader

Abgänge: Henzler (Sportinvalide), Kaniber (TSV Berchtesgaden), Kläger, Portig, Schlienz (Laufbahnende), Will (Spfr. Esslingen). **Zugänge:** Christ (Spfr. Saarbrücken), Entenmann (TSV Benningen), Dieter Fischer (Salamander Kornwestheim), Raubacher (VfB-Amateure), Reiner (Karlsruher SC), Zipperer (VfB-Amateure)

Trainer: Kurt Baluses

Tor		Oskar Hartl	11/0
Günter Sawitzki	30/0	Erich Retter	11/0
Lorenz Fischer	0/0	Lothar Weise	9/2
Feld		Rolf Blessing	8/3
Manfred Reiner	29/14	Rudi Entenmann	8/2
Rolf Geiger	28/14	Rolf Eisele	5/0
Theodor Hoffmann	27/4	Josef Christ	3/0
Gerhard Strohmaier	25/11	Gerhard Marx	3/1
Werner Walter	25/0	Egon Rauser	1/0
Dieter Höller	23/7	Friedl Zipperer	1/0
Günter Seibold	23/1	Dieter Ahrendt	0/0
Hans Eisele	17/0	Dieter Fischer	0/0
Eberhard Pfisterer	16/4	Kurt Raubacher	0/0
Klaus-Dieter Sieloff	14/1	+ ein Eigentor	
Erich Neupert	13/1		

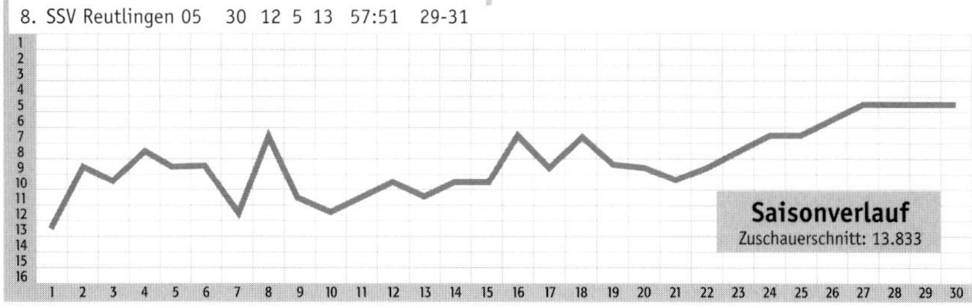

Saisonverlauf
Zuschauerschnitt: 13.833

Am 28. Juli 1962 schrieb der DFB in Dortmund Fußball-Geschichte und gründete die 1. Bundesliga.

[EREIGNIS]

Endlich Bundesliga

Schwieriger Auswahlprozess

Selten war in der deutschen Fußballgeschichte etwas mit einer derartigen Sehnsucht erwartet worden wie die 1. Bundesliga. Schon seit den 1920er Jahren existierte der Traum von einer landesweiten Spielklasse. Doch erst 1962 war es endlich so weit. „Der Bundestag möge beschließen, vom 1. 8. 1963 an eine zentrale Spielklasse unter Leitung des DFB einzuführen", lautete der vom Kölner Franz Kremer, dem Saarländer Hermann Neuberger, DFB-Präsident Hermann Gösmann sowie dem designierten DFB-Vize Ludwig Franz vorgebrachte Antrag, den die Delegierten am 28. Juli 1962 im Goldsaal der Dortmunder Westfalenhalle mit 102:26 Stimmen absegneten.

Zwar kam nicht die erhoffte völlige Freiheit des Profifußballs (stattdessen gab es „bezahlte Angestellte eines lizenzierten Vereins", deren monatliche Gehälter zwischen 250 und 1.200 DM lagen), der Durchbruch war dennoch gelungen, zumal auch die Gemeinnützigkeit der Vereine erhalten blieb – zuvor einer der größten Streitpunkte.

Allerdings entpuppte sich nun die Auswahl der künftigen Bundesligisten als problematisch. Schon früh begannen die Spekulationen, wer in der 16 Teilnehmer umfassenden neuen Eliteklasse wohl dabei sein würde. Der DFB ersann schließlich einen komplizierten Schlüssel, nach dem die Abschlusspositionen in den Spielzeiten 1951/52-54/55 einfach, die von 1955/56-58/59 doppelt und die von 1959/60-62/63 dreifach gewertet wurden. Für das Erreichen der Endrunde bzw. des Pokalfinales gab es zwischen fünf und zwanzig Zusatzpunkte. Außerdem mussten infrastrukturelle Rahmenbedingungen erfüllt werden. Dazu zählten ein Stadion mit mindestens 35.000 Plätzen sowie eine Flutlichtanlage.

46 der 74 Oberligavereine bewarben sich, woraufhin DFB-Präsident Gösmann stöhnte: „Suchen Sie mal 16 aus und machen sich keine Feinde." Grund zum Streit gab es reichlich – nicht zuletzt um den VfB, der zwar in der Vergangenheit reichlich Qualifikationspunkte gesammelt, sich in der Gegenwart jedoch nur selten als bundesligatauglich erwiesen hatte. Letztendlich war die am 6. Mai 1963 per Telegramm bestätigte Zulassung der Weiß-Roten jedoch nicht wirklich umstritten, schieden sich die Geister eher an Kandidaten wie Kickers Offenbach und Bayern München, die in die Zweitklassigkeit abgeschoben wurden. DFB-Boss Gösmann hatte sich definitiv ein paar Feinde gemacht...

[SAISON]

Bundesliga: Ziel knapp erreicht

War das ein Zitterspiel! Erst am vorletzten Spieltag beförderte ein 4:2-Sieg in Mannheim den VfB auf den sechsten Platz, der nötig war, um sich für die neue 1. Bundesliga zu qualifizieren. Zwischenzeitlich hatte es ganz düster ausgesehen, denn erstmals seit 1923 drohte wieder der Absturz in die Zweitklassigkeit. Als im Winter fünf von sechs Spielen in Folge verloren gingen, rutschte der VfB bis auf Platz 14 ab und sah seine Bundesligaträume bereits davonschwimmen. Doch mit einer Energieleistung arbeiteten sich die Baluses-Schützlinge wieder heran und schafften mit einem hart umkämpften 1:0 über den unmittelbaren Konkurrenten Bayern München sowie einem 1:1 in Offenbach den Anschluss. „Karlsruhe (419 Qualifikationspunkte), Stuttgart (408) und Offenbach (382) sind als gleichwertig anzusehen, weswegen der diesjährige Tabellenstand ausschlaggebend ist", verrät eine Agenturmeldung, wie knapp es am Ende war, zumal Offenbach nur aufgrund des schlechteren Torverhältnisses hinter dem VfB rangierte...

Angesichts der früheren Erfolge war die Qualifikation des VfB in den Augen der meisten Experten aber gerechtfertigt, und die Schwaben wurden als „natürliches Gründungsmitglied" der neuen Eliteklasse angesehen. Das konnte nicht darüber hinwegtäuschen, dass sich die Stuttgarter Talfahrt auch 1962/63 fortgesetzt hatte. Schon beim Auftaktspiel (2:1 gegen Ulm 46) waren Abwehrschwächen aufgetreten, hatte man den nach Italien gewechselten Rolf Geiger schmerzlich vermisst. Doch es gab Hoffnung. „Hier reift und wächst in aller Stille ein Team von Namenlosen und völlig unbekannten Talenten heran. In ein, zwei Jahren wird man ernten können und vorne mitsprechen", prophezeite das »Sport-Magazin« im November 1962 trotz der 0:3-Pleite in Fürth. Vor allem die Läuferreihe Entenmann, Sieloff und Pfisterer galt als zukunftsträchtig, während Hans Eisele bereits mit Weltmeister Horst Eckel verglichen wurde.

■ Gähnend **leere Ränge** gab es am 16. Dezember 1962 im Stuttgarter Neckarstadion: Vor wohlwollend geschätzten 1.200 Neugierigen stritten der VfB und Amateurligist VfR Schwenningen um den Einzug in die 2. Pokalrunde auf Südebene. Für den VfB war es die bis heute kleinste Kulisse bei einem Pflichtspiel im Neckarstadion.

■ Die Spannung über die Frage der künftigen Bundesligisten begleitete ein ungewöhnlich **strenger Winter** 1962/63, der den VfB besonders hart traf: Zwischen dem 17. Dezember und dem 17. März konnten die Bewegungsspieler nicht einmal auflaufen.

■ Große Aufregung gab es beim Stuttgarter 4:0-Sieg über Bayern Hof. Grund: Auf der Tribüne war **Italien-Legionär** Erwin Waldner (Foto) gesichtet worden. Der Nationalstürmer hatte wenige Tage zuvor in Ferrara die Brocken hingeworfen („Sportlich war es eine Riesenpleite, doch finanziell ein Bombenerfolg!") und war in seine Heimatstadt Altenburg am Neckar zurückgekehrt. Ob Waldner künftig wieder das VfB-Jersey tragen oder zum gleichfalls interessierten SSV Reutlingen 05 wechseln würde (wo mit „Schorsch" Wurzer sein Mentor wirkte), ließ er offen und bemerkte kryptisch „daheim ist daheim!"

■ Mehr als 10.000 Fans hatten sich am 2. März 1963 bereits zum Spiel gegen Aufsteiger Hessen Kassel auf den Rängen des Neckarstadions eingefunden, als Schiedsrichter Deuschle plötzlich den Kopf schüttelte. Auf diesem Geläuf, so der Unparteiische, könne man nicht spielen. Das entsprach zwar den Tatsachen, löste beim VfB dennoch Verärgerung aus. Angesichts der **„Seenplatte"**, die sich da auf dem Grün ausbreitete, war von den VfB-Verantwortlichen nämlich schon am Vormittag eine Absage erbeten worden.

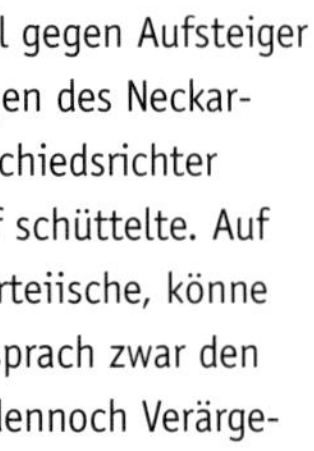

■ Am 16. März 1963 stand die VfB-Fahne auf Halbmast. **Otto Schmid**, stets nur „Gummi-Schmid" genannter Torhüter der Meistermannschaft von 1950, war im Alter von nur 41 Jahren verstorben. Der beliebte Keeper hatte bei einem Feuer auf dem Schlachthof versucht, zahlreichen Tieren das Leben zu retten. Er selbst erlag dabei einem Hirnschlag.

[EREIGNIS]

VfB verpasst Anschluss

Probleme auf der Führungsebene

Im Winter 1962 herrschte tiefe Ratlosigkeit auf dem Wasen. Der VfB taumelte von einer Niederlage zur nächsten, und die Erstklassigkeit war in Gefahr. „Noch besteht Hoffnung auf Bundesliga", tröstete das »Sport-Magazin« in seiner Ausgabe vom 19. Dezember und machte sich an eine Analyse der „VfB-Krise". Die Ursachen lagen auf der Hand, schließlich hatte der VfB in den letzten Jahren zahlreiche Ausnahmefußballer verloren und als Ersatz nur Durchschnittsspieler bekommen. „Alte Recken" wie Retter, Schlienz und Barufka hatten aufgehört, Blessing fehlte verletzt, Waldner und Geiger kickten anderswo, und auch Trainer Baluses stand in der Kritik.

Die sportlichen Schwierigkeiten warfen ein bezeichnendes Licht auf die Probleme des Vereins mit dem „modernen Fußball", der den VfB regelrecht zu überrollen drohte. „Wir im VfB wollen ein Verein bleiben, in dem es weiterhin sauber und ehrlich, meinetwegen wie in einem gut geführten Amateurverein zugeht. Wir wollen mit der Zeit gehen, dem Ungeist der Zeit aber nicht frönen. Wir werden auch weiterhin dem eigenen Nachwuchs die größte Sorgfalt zuwenden. Wir sind stolz darauf, dass in unserer 1. Mannschaft die Hälfte der Spieler aus dem eigenen Nachwuchs entstammt", versicherte der bereits seit 1944 amtierende Klubchef Dr. Walter. Ausgerechnet zu einem Zeitpunkt, an dem sich der deutsche Spitzenfußball endlich aus seiner Lethargie befreite, beschwor der VfB die Vergangenheit – wenn das nur gut ging!

Oberliga Süd

1	19.8.1962	VfB - TSG Ulm 1846	2:1	19.000
2	25.8.1962	Eintracht Frankfurt - VfB	1:0	18.000
3	1.9.1962	VfB - SSV Reutlingen 05	4:0	20.000
4	9.9.1962	Schwaben Augsburg - VfB	3:2	6.000
5	16.9.1962	VfB - 1. FC Nürnberg	2:2	74.000
6	23.9.1962	Bayern Hof - VfB	2:2	6.000
7	30.9.1962	Karlsruher SC - VfB	3:2	12.000
8	7.10.1962	VfB - BC Augsburg	3:1	10.000
9	14.10.1962	Hessen Kassel - VfB	4:3	15.000
10	28.10.1962	VfB - Kickers Offenbach	2:1	6.000
11	4.11.1962	Schweinfurt 05 - VfB	1:1	6.000
12	11.11.1962	VfB - TSV München 1860	2:3	20.000
13	24.11.1962	SpVgg Fürth - VfB	3:0	6.000
14	2.12.1962	Bayern München - VfB	2:1	16.000
15	9.12.1962	VfB - VfR Mannheim	1:2	5.600
16	30.12.1962	TSG Ulm 1846 - VfB	2:1	6.000
17	6.1.1963	VfB - Eintracht Frankfurt	1:0	18.000
18	13.1.1963	SSV Reutlingen 05 - VfB	1:1	10.000
19	20.1.1963	VfB - Schwaben Augsburg	3:1	6.000
20	27.1.1963	1. FC Nürnberg - VfB	2:3	9.000
21	3.2.1963	VfB - Bayern Hof	4:0	9.500
22	10.2.1963	VfB - Karlsruher SC	2:1	35.000
23	17.2.1963	BC Augsburg - VfB	0:0	7.000
24	17.3.1963	VfB - Schweinfurt 05	2:0	10.500
25	31.3.1963	TSV München 1860 - VfB	1:0	30.000
26	7.4.1963	VfB - SpVgg Fürth	0:0	13.000
27	14.4.1963	VfB - Hessen Kassel	0:0	13.500
28	21.4.1963	VfB - Bayern München	1:0	35.000
29	28.4.1963	VfR Mannheim - VfB	2:4	5.000
30	5.5.1963	Kickers Offenbach - VfB	1:1	15.000

Abschlusstabelle

1.	TSV München 1860*	30	19	6	5	72:38	44-16
2.	1. FC Nürnberg (M)*	30	18	5	7	87:41	41-19
3.	Bayern München	30	18	4	8	67:52	40-20
4.	Eintracht Frankfurt*	30	14	11	5	56:32	39-21
5.	Karlsruher SC*	30	13	8	9	59:48	34-26
6.	VFB STUTTGART*	30	12	8	10	49:40	32-28
7.	Kickers Offenbach	30	11	10	9	57:49	32-28
8.	TSG Ulm 1846 (N)	30	10	10	10	64:58	30-30
9.	SpVgg Fürth	30	11	7	12	49:48	29-31
10.	Hessen Kassel (N)	30	9	11	10	49:57	29-31
11.	Schweinfurt 05	30	10	6	14	43:53	26-34
12.	VfR Mannheim	30	9	8	13	49:62	26-34
13.	Bayern Hof	30	9	3	18	40:62	21-39
14.	SSV Reutlingen 05	30	6	9	15	48:75	21-39
15.	Schwaben Augsburg	30	7	5	18	49:73	19-41
16.	BC Augsburg	30	5	7	18	38:88	17-43

* = qualifiziert für die 1. Bundesliga

DFB-Pokal

1R	18.11.62	VfR Schwenning.- VfB	2:2 n.V.	3.500
	16.12.62	VfB - VfR Schwenningen	3:0	1.200
2R	23.12.62	SV Oberkirch - VfB	0:8	1.400
3R	24.3.63	Freiburger FC - VfB	1:0	7.000

Oberligakader

Abgänge: Ahrendt (im Februar Laufbahnende), Christ (Spfr. Saarbrücken), Dieter Fischer (Salamander Kornwestheim), Geiger (AC Mantova), Marx (im Januar als Spielertrainer zum FC-TV Urbach). **Zugänge:** Ender (Borussia Fulda), Kaiser (Normannia Gmünd), Schäffler, Wanner (SV Feuerbach)
Trainer: Kurt Baluses

Tor		Werner Walter	16/0
Günter Sawitzki	29/0	Lohar Weise	16/6
Lorenz Fischer	1/0	Gerhard Strohmaier	7/0
Feld		Oskar Hartl	5/0
Hans Eisele	30/0	Erich Neupert	3/0
Günter Seibold	30/0	Karl Ender	2/0
Rudi Entenmann	29/0	Jügen Kaiser	1/0
Dieter Höller	27/11	Rolf Blessing	0/0
Manfred Reiner	26/12	Rolf Eisele	0/0
Gerhard Wanner	26/12	Kurt Raubacher	0/0
Friedl Zipperer	22/7	Egon Rauser	0/0
Eberhard Pfisterer	21/0	Erich Retter	0/0
Theodor Hoffmann	20/0	Peter Schäffler	0/0
Klaus-Dieter Sieloff	19/0	+ ein Eigentor	

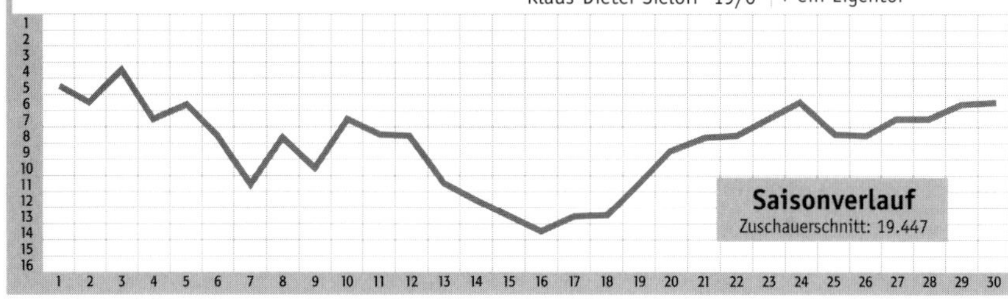

Gerhard Wanner traf beim wichtigen 2:1 über den Karlsruher SC zur 1:0-Führung.

[LEGENDEN]

KLAUS-DIETER SIELOFF

Ungeachtet der bis zum Saisonfinale andauernden Spannung um einen Bundesligaplatz war auf dem Wasen für die Zukunft Zuversicht zu spüren.
Das verdankte man vor allem dem stetigen Strom an Talenten. Einer der neuen Hoffnungsträger war Klaus-Dieter Sieloff. 1942 im damaligen Tilsit und heutigen russischen Sowetsk geboren, zeichnete sich Sieloff durch enormen Ehrgeiz aus und verstand es bestens, sich im Ländle zu assimilieren. Bald schon galt der Blondschopf als „hochdeutsch sprechender Schwabe" und avancierte zum verlässlichen „Feuerwehrmann" im eigenen Strafraum.
1959 von VfB-Spähern bei Rottweil 08 entdeckt, erkämpfte sich der Abwehrspezialist auch im VfB-Oberligateam rasch einen Stammplatz. Sein Talent fiel schließlich auch Bundestrainer Herberger auf, der Sieloff 1964 beim 4:1 über Finnland erstmals ins Nationalteam berief. Nachdem er mit dem VfB Stuttgart die Bundesliga erreicht hatte, stagnierte die Karriere des Stoppers ein wenig, was sich auch auf seine Länderspielkarriere auswirkte. 1966 durfte Sieloff zwar mit zur WM nach England reisen, blieb dort aber ohne Einsatz.
Drei Jahre später verließ er Stuttgart und wechselte nach 181 Spielen im VfB-Dress (22 Tore) zu Borussia Mönchengladbach. Hennes Weisweiler integrierte Sieloff erfolgreich in sein „Fohlen-Team", woraufhin der Blondschopf sichtlich auflebte. 1970 und 1971 feierte er mit Gladbach jeweils die Deutsche Meisterschaft und kämpfte sich schließlich auch in die Nationalelf zurück. Dennoch kam er auch bei der WM 1970 in Mexiko nicht zum Einsatz. Nach seinem Laufbahnende kehrte er nach Stuttgart zurück und übernahm eine Tätigkeit in der Sportbetreuung bei Mercedes-Benz. Nur sporadisch war Klaus-Dieter Sieloff noch im Neckarstadion zu finden und verlor zusehends das Interesse am Fußball.

[SPIEL]

VfB 2:1 Karlsruher SC

Sieg der Leidenschaft

Wichtiger Erfolg im Derby

Seit neun Jahren hat der VfB nicht mehr gegen den Karlsruher SC gewinnen können. Heute ist ein Sieg mehr als nötig – für beide Vereine geht es am 22. Spieltag um die Qualifikation zur Bundesliga. Rund 5.000 KSC-Fans sind angereist und verbreiten eine optimistische Stimmung im Neckarstadion.
Trainer Baluses hat den agilen Zipperer ins Sturmzentrum gestellt und Höller dafür zurückgenommen.
Ein Erfolgsrezept, denn der hochgelobte Gast aus Baden enttäuscht vor allem in der ersten Halbzeit, die dank eines Wanner-Treffers aus der elften Minute mit einer 1:0-Führung für den VfB endet. Erst in der 29. Minute musste Sawitzki im VfB-Gehäuse zum ersten Mal eingreifen. Kurz vor dem Seitenwechsel hatte Wanner das 2:0 auf dem Fuß, scheiterte aber an der Querlatte.
Nach dem Wiederanpfiff bietet sich plötzlich ein anderes Bild. Nun brillieren die Badener, die den VfB mit geschickten Querpässen regelrecht sezieren. Sawitzki muss Schwerstarbeit leisten, kann den Ausgleich durch „Tasso" Wild in der 61. Minute aber nicht verhindern. Doch der Treffer wirkt wie Doping auf den VfB, und erneut kippt die Partie. Kollektiv krempelt die junge Schwabenelf die Ärmel hoch und stellt sich dem technisch überlegenen Gegner mit inbrünstiger Leidenschaft entgegen. Eisele verdammt Marx zur Wirkungslosigkeit, Entenmann und Sieloff beweisen ihr herausragendes Talent, und im Sturm stiftet der ehemalige Karlsruher Reiner kräftig Unruhe.
Als Zipperer in der 77. Minute einen Konter zum 2:1-Endstand vollendet, steht das Neckarstadion Kopf. Begeisterte Zuschauer werfen ihre Sitzkissen in die Luft, die Fans brennen Raketen ab – „ein Bild, das an vergangene Zeiten erinnerte!", wie das »Sport-Magazin« befindet.
Für den VfB ist es ein extrem wichtiger Sieg. Mit 22:22 Punkten rangiert er zwar noch immer auf Platz acht, hat aber endlich Tuchfühlung zu den vorderen Tabellenplätzen aufgenommen und darf weiterhin von der Bundesliga träumen!

1963-76

Zwischen Himmel und Hölle

Mit der Qualifikation zur neugeschaffenen 1. Bundesliga löste sich der VfB Stuttgart vollends aus seiner Rolle als Regionalverein und wurde zum württembergischen Aushängeschild. Die neue Spielklasse stellte den Klub allerdings vor enorme sportliche und wirtschaftliche Herausforderungen, denen er nur bedingt gerecht wurde. Endete die Auftaktsaison 1963/64 noch mit einem zufriedenstellenden fünften Rang und der erstmaligen Qualifikation für einen Europapokalwettbewerb (Messepokal), so begann schon 1964/65 ein Parforceritt zwischen Himmel und Hölle. Drei magere Mittelfeldplätze in Folge sowie ein dramatisch sinkender Zuschauerschnitt von 40.000 (1963/64) auf kaum 28.000 im Spieljahr 1965/66 brachten den Verein bis in seine Grundfesten ins Wanken. Als am 24. Februar 1965 mit Kurt Baluses erstmals in der VfB-Geschichte ein Trainer vorzeitig entlassen wurde, schien der VfB endgültig im „modernen Fußball" angekommen zu sein.

Kritik an der Vereinsführung

Das galt allerdings nicht für die Führungsebene. Dort hielt seit 1944 Dr. Fritz Walter das Zepter fest in der Hand und schwärmte unverändert von jenen Tagen, als noch „elf Freunde" kickten und ein Sportverein kein Wirtschaftsunternehmen war. Die vom Lizenzspielerbereich geforderte bzw. von einer Spielerrevolte herbeigeführte Baluses-Entlassung hatte Dr. Walters Position geschwächt und deutlich gemacht, dass das Ende seiner Ära näher rückte. Zwei weitere Trainerwechsel (für Baluses-Nachfolger Rudi Gutendorf kam im Dezember 1966 Albert Sing, der 1967 entnervt vom VfB-Theater an Gunter Baumann weitergab) stärkten Dr. Walters Position keinesfalls, und auch die Verpflichtung des latent aufmüpfigen Publikumslieblings Gilbert Gress nagte an seiner Führungposition. Im Hintergrund formierte sich bereits die vom Großverleger Hans Weitpert angeführte Opposition. Der gebürtige Münchner und baden-württembergische Honorarkonsul von Togo hatte sich mit dem Kauf mehrerer Springer-Zeitschriften (u.a. „Bravo") in die Schlagzeilen gedrängt und wollte den VfB „modernisieren". Von Dr. Walter per Satzungsänderung in den erweiterten Vorstand aufgenommen, sorgten Weitperts mitunter eigentümliche Aktivitäten für viel Unruhe. Als er 1968 den ungeliebten Trainer Baumann eigenmächtig durch den Tschechen František Bufka ersetzte und ankündigte, „mit der Planierraupe" arbeiten zu wollen, „um fruchtbaren Boden für eine fruchtbare Zukunft zu schaffen", geriet das Neckarstadion endgültig zum Tollhaus. Wenig später fiel Bufka durch die Trainerprüfung, und der VfB wurde zum Gespött der ganzen Republik.

Bundesliga-Mittelmaß

Sportlich waren die ausklingenden 1960er Jahre vom Mittelmaß geprägt, die gelegentlich von Abstiegssorgen begleitet wurden. Erfolgreichstes Jahr war die Spielzeit 1968/69, als der VfB kurzzeitig berechtigte Titelhoffnungen hegte, um dann letztlich nur Fünfter zu werden. Personell befand sich der Klub im Umbruch. Zwar stand noch immer eine verhältnismäßig starke „schwäbische Fraktion" im Kader (darunter die Brüder Entenmann, Verteidiger Günter Seibold, Dauerbrenner Manfred Weidmann, Außenstürmer Horst Köppel sowie Hans und Günther Eisele), doch es drängten zusehends auswärtige Stars ins Rampenlicht und veränderten die Mentalität des Vereins. Sportlich vermochten

Trainer Gutendorf und seine schillernden Neuzugänge Bo Larsson (links) und Gilbert Gress (rechts).

aber selbst ausländische Ballkünstler wie Gilbert Gress, Bo Larsson oder Jan Olsson den VfB nicht aus seinem Tief zu reißen.

Zwischen Skandal und Schuldenberg

Nachdem Weitpert 1969 schließlich zum Klubchef gewählt worden war, geriet der VfB endgültig in sportliche und wirtschaftliche Turbulenzen. Weitpert war mit dem Vorsatz angetreten, den Klub wieder nach oben zu bringen, und erfreute sich dabei sowohl finanzieller als auch ideeller Unterstützung zahlreicher VfB-Freunde. Sein Versuch, mit Hilfes des als „Chefeinkäufer" deklarierten Managers Heinz Hübner hochkarätige Kicker wie Höttges, Grabowski oder Skoblar auf den Wasen zu locken, schlug allerdings fehl und vergrätzte das Publikum. Als es 1970/71 trotz der Verpflichtung des renommierten Trainers Branko Zebec nur zum zwölften Platz reichte, sank der Zuschauerzuspruch auf das Rekordtief von durchschnittlich 18.654 Anhängern. Geschockt von der Verwicklung in den Bundesligaskandal (Arnold, Weiß und Hans Eisele ließen sich 1971 für ein 0:1 in Bielefeld bezahlen lassen), verlor die Klubführung allmählich die Orientierung. Im Dezember 1970 war zudem Publikumsliebling Gilbert Gress nach Marseille verkauft worden, um der drohenden Überschuldung entgegenzuwirken. Stattdessen verpflichtete man mit „Buffy" Ettmayer und Horst Köppel zwei Akteure, die den VfB eine Zeitlang prägen sollten.

Erster Abstieg seit 1923

Nachdem der wegen seines Defensivfußballs vielfach kritisierte Trainer Zebec 1972 durch den Ex-Schalker Meisterspieler Hermann Eppenhoff ausgetauscht worden war, geriet der VfB in finanzielle Schwierigkeiten. Angesichts von rund 1,7 Mio. DM Schulden drohte der Lizenzentzug, der nur durch den Verkauf weiterer Leistungsträger verhindert werden konnte. Aus der Region stammende Nachwuchsspieler wie Ohlicher, Stickel und Martin füllten die Lücken und schossen den VfB 1974 sensationell bis ins Halbfinale um den UEFA-Cup. Dort verloren die Weiß-Roten unglücklich gegen Feyenoord Rotterdam.

Doch es war nur ein Strohfeuer. Zwölf Monate später steuerte eine verunsicherte und leidenschaftslos spielende Mannschaft den VfB erstmals seit 1923 wieder in die Zweitklassigkeit. In der setzte sich die Talfahrt 1975/76 mit Rang elf und einem Zuschauer-Minusrekord von rund 11.000 pro Begegnung fort. Zuvor hatte mit dem aufstrebenden Staatssekretär Gerhard Mayer-Vorfelder allerdings ein Mann die Führung übernommen, der gemeinsam mit Obmann Richard Steimle und Geschäftsführer Ulrich Schäfer die Wende eingeleitet hatte.

Erste Maßnahme des Trios war die Verpflichtung eines neuen Trainers: Jürgen Sundermann, der bald zum „Wundermann" werden sollte. ■

Elf der Epoche 1963–76

Sawitzki

W. Entenmann — Sieloff — Arnold — Hans Eisele

Larsson — Ettmayer — Gress

Weidmann — Handschuh — Köppel

[SAISON]

Absteiger Münster stoppt VfB

In der ersten Bundesligasaison wehte ein Hauch von Italien über dem Wasen. Mit Rolf Geiger und Erwin Waldner waren zwei Italien-Legionäre zurückgekehrt und nährten die Hoffnung, im neuen Oberhaus eine gute Rolle zu spielen. Das Duo sollte die bisherige Schwachstelle im Sturm beseitigen, während Trainer Baluses in der Abwehr auf bewährte Kräfte setzte. Weiterer Neuzugang war der Mannheimer Mittelfeldspieler Hans Arnold. Dass Baluses trotz der namhaften Neuzugänge lediglich das Ziel „gesicherter Mittelfeldplatz" ausgab, verärgerte viele VfB-Fans, die von mehr träumten.

Die 0:2-Auftaktniederlage auf Schalke sollte symptomatisch werden für den gesamten Saisonverlauf: „Gut gespielt und doch verloren", lautete das Fazit. Spielerisch durchaus ansprechend, hatte sich die Baluses-Elf in der Abwehr diverse Fehler erlaubt und es im Sturm trotz Geiger und Waldner an Durchschlagskraft vermissen lassen. Wenngleich die Angriffsprobleme bis zum Saisonende nicht behoben werden konnten (48 Treffer in 30 Spielen), agierten die Bewegungsspieler im weiteren Verlauf zumindest konstanter und drangen nach acht Spielen ohne Niederlage bis auf Platz zwei vor. Misserfolge gegen die Spitzenklubs aus Meiderich und Köln ließen die aufkommenden Titelträume rasch wieder abkühlen. Als der VfB mit einem 2:0 über Schalke erfolgreich in die Rückrunde startete, avancierte er zum hartnäckigsten Verfolger des weit enteilten Spitzenreiters aus Köln. Zu verdanken war dies vor allem der von Torsteher Sawitzki glänzend dirigierten Abwehr, die zu diesem Zeitpunkt mit 17 Gegentreffern in ebenso vielen Spielen die stärkste der Liga war.

Dann bejubelte Abstiegskandidat Preußen Münster ausgerechnet im Neckarstadion seinen einzigen Auswärtssieg, und weil der VfB in den letzten zehn Saisonspielen nur noch drei Siege errang, rutschte er noch auf einen fünften Platz ab, der weder Fisch noch Fleisch war.

Vor der Rekordkulisse von 75.000 Fans bringt Rolf Geiger (rechts) den VfB im Neckarstadion gegen den Hamburger SV mit 2:1 in Führung.

[EREIGNIS]

Zuschauerbastion VfB

Stuttgart glänzt mit Besucherrekorden

„Ein Traum ging in Erfüllung", teilte das »Sport-Magazin« vor dem ersten Spieltag der Saison 1963/64 mit und kündigte eine Erhöhung seines wöchentlichen Umfanges „um 32 Seiten" an.

Die Aufregung vor der ersten Bundesligasaison war verständlich. Wochenende für Wochenende standen sich nun die Spitzenteams des ganzen Landes gegenüber, durfte sich das Publikum auf attraktive Partien freuen. Für den VfB Stuttgart bedeutete die Bundesliga seinen endgültigen Aufstieg zur Nummer eins von Württemberg. Während langjährige Kontrahenten wie die Kickers, der SSV Reutlingen 05 oder die TSG Ulm 1846 regionale Größen blieben, zählten die Weiß-Roten nun zu den 16 besten Teams der Republik.

Die neue Rolle als Repräsentant des Landes schlug sich auch in der Zuschauerresonanz nieder. Schon das erste Bundesligaheimspiel der VfB-Geschichte gegen Hertha BSC Berlin lockte 45.000 Fans an.

Am Saisonende hatte der VfB einen Rekord aufgestellt: Mit durchschnittlich 40.459 Zuschauern verdoppelte sich der Besucherzuspruch im Vergleich zur letzten Oberligasaison 1962/63 (19.447) nicht nur – die Zahl bedeutete zudem den höchsten Besucherandrang aller 16 Bundesligisten!

Bei Kartenpreisen zwischen drei und zehn DM durfte sich der zum Saisonende durch Dieter Müller ersetzte Geschäftsführer Carl Ruoff über eine Gesamteinnahme in Höhe von rund 1,3 Mio. DM freuen. Die absolute Rekordkulisse wurde am 11. April 1964 beim 2:2 gegen den Hamburger SV erreicht, als 75.000 Fans für ein ausverkauftes Haus sorgten.

„VfB-Geschäftsführer Ruoff strahlte, aber nur angesichts der verkauften Karten", kommentierte das »Sport-Magazin« nach dem in sportlicher Hinsicht eher enttäuschenden Spiel.

■ Am 6. Juli 1963 brandete Jubel auf dem Wasen auf. Unter der Führung von Franz Seybold sicherten sich die **VfB-Amateure** erstmals die Trophäe des Deutschen Amateurmeisters und adelten damit ihren mitreißenden Aufschwung. Das erst 1951 gebildet Team um Kapitän Grau (Foto) war 1960 erstmals württembergischer Amateurmeister geworden. Auch 1963 agierten die „kleinen VfBler" bravourös. Zunächst sorgten ein 4:1 gegen Emmendingen, ein 4:2 über den VfB Gießen und ein 3:2 im Endspiel gegen den TSV Straubing für den Gewinn der Süddeutschen Meisterschaft. Im Halbfinale um die „Deutsche" war dann auch Viktoria Sulzbach chancenlos (3:0), ehe Talpai im Finale im Kasseler Auestadion mit dem Tor des Tages beim 1:0 über den VfL Wolfsburg die Saison beschloss.

■ Kein anderer Bundesligist konnte seinen Fans in der Saisonvorbereitung derart illustre Gäste präsentieren wie der VfB. Absoluter Höhpunkt war das Gastspiel von Pelé-Klub **Santos FC**, der am 8. Juni 1963 exakt 51.165 Zuschauer anzog. Obwohl Superstar Pelé gegen Günter Seibold kaum eine Chance bekam, siegten die brasilianischen Ballkünstler mit 3:1. Weitere VfB-Gäste waren Ferencváros Budapest, Partizan Belgrad, AC Mantova und Real Saragossa.

■ Mit Beginn der Bundesliga lief der VfB zu seinen Heimspielen in den Stuttgarter Stadtfarben **Schwarz und Gelb** auf – ein Dankeschön an die Landeshauptstadt, die sich mit dem Bau einer Flutlichtanlage im Neckarstadion gesputet hatte. Spötter verulkten den VfB nun allerdings als „FC Gaswerk", denn auch die Betriebsmannschaft der städtischen TWS lief in Schwarz und Gelb auf.

■ So trifft man sich wieder: Als der aus Mannheim verpflichtete Halbstürmer **Hans Arnold** (Foto) 1964 seinen Dienst als Rekrut in der Ludwigsburger Bundeswehrkaserne antrat, war sein Ausbilder ausgerechnet VfB-Lizenzspieler Rudi Entenmann.

■ Vor allem der Sturm stand in der Kritik, als der VfB im letzten Saisondrittel zusehends nachließ. „Was sich der Stuttgarter Angriff in diesen Wochen leistet, geht kaum noch auf die zitierte **Kuhhaut**. Wie lange wollen denn die Herren VfB-Stürmer eigentlich noch ihre treuen Anhänger auf die Palmen jagen?", fragte die Lokalpresse nach dem 0:2 in Braunschweig entrüstet. Als Hoffnungsträger für 1964/65 waren bereits der Kölner Ripkens, der Offenbacher „Sigi" Held und der Münchner Rainer Ohlhauser im Gespräch.

■ Große Ehre für Italien-Heimkehrer **Rolf Geiger**: Im April 1964 durfte der mit Gewichtsproblemen kämpfende Stürmer das Spiel der deutschen Nationalelf gegen die Tschechoslowakei anführen. Geiger fühlte sich offenbar nicht sonderlich wohl auf der ungewohnten Position des Regisseurs: „Er wirkte gehemmt, etwas zu langsam", lautete das Urteil nach der 3:4-Niederlage.

Am ersten Spieltag unterlag der VfB mit 0:2 auf Schalke. Manfred Reiner im Zweikampf mit dem Schalker Nowak. „Schönheitspreis für VfB – aber Punkte für Schalke", schrieb die Presse.

[SPIEL]

Karlsruher SC 0:3 VfB

Bann gebrochen

Erster Sieg in Karlsruhe seit 1945

Seit 1945 hat der VfB nicht in Karlsruhe gewinnen können. Dennoch überwiegt vor dem Duell beim Angstgegner Optimismus auf dem Wasen. Das 3:1 über Saarbrücken hat die schwach gestarteten Schwaben endlich ins solide Mittelfeld geführt. Nun ist man fest entschlossen, in Karlsruhe den ersten Auswärtssieg der Saison einzufahren. Doch auch die Mannen aus dem Wildpark wittern Morgenluft. Nach fünf Niederlagen in Folge haben sie beim 4:2 in Nürnberg ihren ersten Sieg erkämpft und wollen den Aufschwung auch gegen den Erzrivalen fortsetzen. VfB-Coach Baluses bangt um den Einsatz von Rolf Geiger, für den schon gegen Saarbrücken der junge Zipperer eingesprungen war. Diesmal ist der ehemalige Italienprofi jedoch dabei. 40.000 Fans auf den Rängen verbreiten beste Derbyatmosphäre und sehen eine Stuttgarter Mannschaft, die von Beginn an die Initiative ergreift. Vor allem Waldner und Geiger brillieren endlich so, wie man es sich zu Saisonbeginn von ihnen erhofft hat. Die Karlsruher hingegen verharren vor den Stuttgartern wie das berühmte Kaninchen vor der Schlange. Somit ist es nur eine Frage der Zeit, wann der VfB die Führung erzielt. In der 23. Minute ist es so weit, eröffnet Neuzugang Hans Arnold den Stuttgarter Torreigen. Geiger hat die Vorlage gegeben und leitet neun Minuten später auch das 2:0 ein, das Theo Hoffmann mit einem Distanzschuss vollstreckt.
Mit diesem Resultat geht es in die Halbzeitpause, an deren Ende sich der VfB vollends freispielt. Während bei den Schwaben kaum eine Schwachstelle zu erkennen ist, agiert der KSC weiterhin viel zu ängstlich und verhalten. Als sich Waldner nach 65 Minuten herrlich durch die Karlsruher Abwehr tankt und das Leder Höller zuschiebt, muss der kleine Linksaußen nur noch zum 3:0 einschieben.
Der Bann ist gebrochen: Erstmals seit Kriegsende hat der VfB in Karlsruhe gewonnen!
Für einen Wermutstropfen sorgen allerdings einige VfB-Fans, die nach dem dritten Treffer Raketen zünden. Als eine davon im hohen Bogen über das Feld fliegt und den VfBler Rudi Entenmann trifft, sinkt der zu Boden und muss minutenlang behandelt werden.

Die Stammformation der ersten Bundesligasaison. V. l.: Sawitzki, Hoffmann, Sieloff, Walter, Rudi Entenmann, Arnold, Waldner, Hans Eisele, Geiger, Pfisterer, Höller.

[LEGENDEN]

THEODOR HOFFMANN

Eigentlich war er schon weg gewesen.
Vor der letzten Oberligaspielzeit hatte sich Theodor Hoffmann gedanklich bereits aus Stuttgart verabschiedet und mit anderen Vereinen verhandelt.
Dass er schließlich doch beim VfB blieb, war Glück für die Weiß-Roten, denn 1963/64 avancierte der Bruder des 1961 nach Pirmasens gewechselten Rudi Hoffmann mit 28 Einsätzen unerwartet zu den Dauerbrennern im VfB-Team.
Die solide »kicker«-Durchschnittsnote von 3,1 unterstreicht die Konstanz des langjährige Mitläufers.
Hoffmann war 1959 aus Östringen zum Wasen gekommen und schlüpfte am 24. Oktober 1962 beim 0:1 der U23-Auswahl in Frankreich erstmals in das Nationaltrikot. Der zumeist ein wenig unauffällige Spieler agierte zwar am liebsten in der Läuferreihe, wusste aber auch als Vertreter von Klaus-Dieter Sieloff auf der Position des Abwehrchefs zu überzeugen. Nach 160 Bundesligaspielen (10 Tore) wechselte Theo Hoffmann 1970 zu Rapid Wien, wo er seine Karriere auch ausklingen ließ.

1. Bundesliga

1	24.8.1963	Schalke 04 - VfB	2:0	30.000
2	31.8.1963	VfB - Hertha BSC Berlin	2:0	40.000
3	7.9.1963	Werder Bremen - VfB	2:2	30.000
4	14.9.1963	VfB - TSV München 1860	1:1	45.000
5	21.9.1963	Preußen Münster - VfB	4:2	30.000
6	5.10.1963	VfB - 1. FC Saarbrücken	3:1	28.000
7	12.10.1963	Karlsruher SC - VfB	0:3	55.000
8	19.10.1963	VfB - Eintracht Frankfurt	0:0	50.000
9	26.10.1963	VfB - Borussia Dortmund	2:1	60.000
10	9.11.1963	1. FC Kaiserslautern - VfB	1:3	30.000
11	16.11.1963	VfB - 1. FC Nürnberg	1:0	38.000
12	23.11.1963	Hamburger SV - VfB	1:1	40.000
13	30.11.1963	VfB - Eintr. Braunschweig	5:0	32.000
14	7.12.1963	Meidericher SV - VfB	3:0	35.000
15	14.12.1963	VfB - 1. FC Köln	0:1	73.000
16	18.1.1964	Hertha BSC Berlin - VfB	0:2	35.000
17	8.2.1964	VfB - Schalke 04	2:0	28.000
18	15.2.1964	VfB - Preußen Münster	0:3	25.000
19	22.2.1964	1. FC Saarbrücken - VfB	0:1	20.000
20	29.2.1964	VfB - Karlsruher SC	4:1	28.000
21	7.3.1964	Eintracht Frankfurt - VfB	3:2	20.500
22	14.3.1964	Borussia Dortmund - VfB	7:1	28.000
23	21.3.1964	VfB - 1. FC Kaiserslautern	4:0	15.000
24	26.3.1964	TSV München 1860 - VfB	1:1	35.000
25	30.3.1964	VfB - Werder Bremen	2:0	40.000
26	4.4.1964	1. FC Nürnberg - VfB	0:0	28.000
27	11.4.1964	VfB - Hamburger SV	2:2	70.000
28	18.4.1964	Eintr. Braunschweig - VfB	2:0	15.000
29	25.4.1964	VfB - Meidericher SV	1:2	35.000
30	9.5.1964	1. FC Köln - VfB	2:1	30.000

Abschlusstabelle

1.	1. FC Köln	30	17	11	2	78:40	45-15
2.	Meidericher SV	30	13	13	4	60:36	39-21
3.	Eintracht Frankfurt	30	16	7	7	65:41	39-21
4.	Borussia Dortmund	30	14	5	11	73:57	33-27
5.	VFB STUTTGART	30	13	7	10	48:40	33-27
6.	Hamburger SV	30	11	10	9	69:60	32-28
7.	TSV München 1860	30	11	9	10	66:50	31-29
8.	Schalke 04	30	12	5	13	51:53	29-31
9.	1. FC Nürnberg	30	11	7	12	45:56	29-31
10.	Werder Bremen	30	10	8	12	53:62	28-32
11.	Eintr. Braunschweig	30	11	6	13	36:49	28-32
12.	1. FC Kaiserslautern	30	10	6	14	48:69	26-34
13.	Karlsruher SC	30	8	8	14	42:55	24-36
14.	Hertha BSC Berlin	30	9	6	15	45:65	24-36
15.	Preußen Münster ▽	30	7	9	14	34:52	23-37
16.	1. FC Saarbrücken ▽	30	6	5	19	44:72	17-43

DFB-Pokal

1. HR	14.4.64	VfB - SSV Reutlingen	2:2 n.V.	11.000
	22.4.64	SSV Reutlingen 05 - VfB	0:4	8.000
2. HR	2.5.64	Karlsruher SC - VfB	2:1	10.000

Bundesligakader

Abgänge: Blessing (Sportinvalide), Ender, Hartl, Kaiser, Raubacher (alle VfB-II.-Mannschaft), Retter (Laufbahnende), Strohmaier (VfB-II.-Mannschaft), Weise (als Spielertrainer zum VfB Vaihingen/Enz)
Zugänge: Arnold (VfR Mannheim), Geiger (AC Mantova), Menne (FSV Frankfurt), Waldner (SPAL Ferrara)
Trainer: Kurt Baluses

Tor		Hans Eisele	22/2
Günter Sawitzki	29/0	Klaus-Dieter Sieloff	22/1
Lorenz Fischer	1/0	Erwin Waldner	20/5
Feld		Gerhard Wanner	16/3
Eberhard Pfisterer	29/0	Werner Walter	15/0
Rudi Entenmann	28/0	Manfred Reiner	7/0
Theodor Hoffmann	28/5	Gerd Menne	2/0
Dieter Höller	28/15	Friedrich Zipperer	2/2
Rolf Geiger	27/9	S. Böhringer (Am)	1/0
Günter Seibold	27/0	+ zwei Eigentore	
Hans Arnold	26/3		

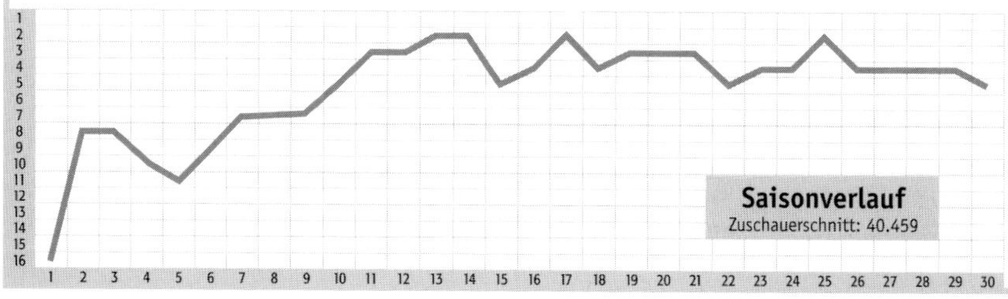

[SPIEL]

VfB 3:0 München 60

Erst seit gut zwei Wochen ist Rudi Gutendorf im Amt und hat schon die ersehnte Wende eingeleitet. Plötzlich strotzt der VfB wieder vor Selbstvertrauen und Siegeswillen.
Zum ersten Heimspiel unter „Riegel-Rudi" kommt mit dem TSV München 1860 jedoch ausgerechnet eine Mannschaft, die Deutschland seit Wochen mit phantastischen Europapokalauftritten geradezu den Kopf verdreht. Bis ins Halbfinale des Pokalsiegerwettbewerbs haben es die Löwen um Torjäger Brunnenmeier und Torhüterlegende „Radi" Radenkovic geschafft und heimsen dafür auch in Stuttgart anerkennenden Beifall der VfB-Fans ein. Doch in erster Linie sind die 60.000 Zuschauer natürlich gekommen, um ihren VfB siegen zu sehen.

Rudis Rollsystem

Unter Gutendorf gelingt die Wende

Im Vergleich zur 0:1-Niederlage in Bremen kann Gutendorf erstmals wieder auf den lange verletzten Erwin Waldner zurückgreifen, während Verteidiger Seibold noch immer an einer Verletzung laboriert. Der VfB ist kaum wiederzuerkennen. Wo die Mannschaft unter Baluses noch zutiefst verunsichert, beinahe lustlos und vor allem im Angriff erschreckend harmlos agierte, kämpft sie nun mit unbändigem Kampfgeist und gefürchteter Konterstärke um jeden Ball.
„Rollsystem" hat die Presse das getauft, was Gutendorf von seinen Männern verlangt und von dem er selbst sagt: „Mich hat überrascht, wie schnell der VfB das System verstanden hat." Das Geheimis des „Rollsystems" ist die unerhörte Flexibilität des Einzelnen: Die Verteidiger stoßen mit in den Sturm, die Stürmer verstärken im Bedarfsfall die Abwehr, und lediglich Torhüter Sawitzki darf auf seiner Position bleiben. „Die VfB-Elf war ständig in Bewegung, glich einer (meisterlichen) Ziehharmonika", wird das »Sport-Magazin« später loben. Gutendorf hat allerdings auch das Glück, dass Rückkehrer Waldner ein grandioses Comeback abliefert und er prächtig mit dem Wirbelwind Dieter Höller harmoniert. Da Abwehrchef Sieloff zudem 1860-Nationalstürmer Brunnenmeier fest im Griff hat, steht einem triumphalen 3:0-Erfolg durch Treffer von Pfisterer (23.), Höller (33.) und Waldner (64.) nichts im Weg. Den verdienten Lohn gibt es nach dem Schlusspfiff, als „60.000 Zuschauer vom Kampfgeist des VfB begeistert" sind (»Sport-Magazin«) – und mal ehrlich: wann hatte es das in der laufenden Saison schon einmal gegeben?

Nach seinem Wechsel zum VfB weihte Rudi Gutendorf seine Akteure mit modernster Technik in „Rollsystem" und „Riegelbildung" ein. Es lauschen v. l.: Hans Eisele, Rudi Entenmann, Peters, Höller, Weiß, Trainer Gutendorf, Sawitzki, Geiger, Menne, Pfisterer und Reiner.

[SAISON]

Baluses nach Revolution gefeuert

Das Neckarstadion war bislang ein Hort extremer Verlässlichkeit. Skandale gab es nicht, von Trainerwechseln hielt man nichts. Doch im Frühjahr 1965 zerbrach das letzte Idyll der Bundesliga: Eine von Rolf Geiger angeführte Spielerrevolte veranlasste den VfB-Vorstand um Dr. Walter, erstmals in der Vereinsgeschichte einen Trainer vorzeitig zu entlassen! „Mit Baluses wäre alles im gleichen Tritt weitergelaufen", argumentierte Verteidiger Seibold, und den meisten VfB-Fans fiel wohl ein Stein vom Herzen.
Der allzu gutmütige Ostpreuße stand schon seit langem in der Kritik. Bereits am fünften Spieltag hatten die Medien nach dem 1:1 gegen Hertha BSC von einem „VfB-Trauerspiel, das seinesgleichen nicht so schnell finden dürfte" gesprochen und auf „ehrgeizige Spieler" hingewiesen, die „in der Reserve lauern". Doch Baluses wollte davon nichts wissen und hielt an den vertrauten Recken fest, obwohl Bundeswehrrekrut Siebert als Vertreter des verletzten Waldner ein Totalausfall war und der mit großen Erwartungen aus Kassel gekommene Huttary seine Bundesligareife vermissen ließ.
Das Publikum hatte rasch genug. Als nach neun Spielen bereits sechs Unentschieden auf dem VfB-Konto standen, wurde das im Spiel gegen Braunschweig von einer Minuskulisse (10.000) quittiert. Im Verlauf der Rückrunde rutschte der VfB sogar in die Abstiegszone und war nach einer 1:2-Heimpleite gegen den KSC sowie einem 1:3 bei Schlusslicht Schalke nur noch einen Zähler von Rang 15 entfernt. Als sieben Tage später auch das Pokalspiel auf Schalke verloren ging, musste Baluses gehen.
Nachfolger Rudi Gutendorf hatte offenbar die richtigen Rezepte, denn ein 3:0 über München 1860 sorgte für die psychologische Wende. Mit einem 3:2 in Frankfurt (dem einzigen Auswärtssieg der Saison!) vertrieb der VfB vollends das Abstiegsgespenst und kletterte noch auf Platz zwölf. Revolution gelungen – zumindest vorerst!

■ **Arsenal London** hieß der letzte VfB-Prüfstein vor dem Saisonstart. 32.000 Fans überzeugten sich im Neckarstadion von der guten Frühform ihrer Elf. Selbst Arsenal-Trainer Billy Wright war nach dem verdienten 1:1 erstaunt und lobte neben Stopper Sieloff vor allem den dribbelstarken Ex-Karlsruher Manfred Reiner.

■ Gewohnt sparsam gab sich VfB-Chef Dr. Walter. Während andere Vereine ihre Stars umhegten und ihnen jeden Wunsch von den Lippen ablasen, setzte man auf dem Wasen auf **Eigenverantwortung**. Das betraf auch die viel diskutierte Lebensversicherung, die einige Klubs für ihre Aktiven abschlossen. „Die Spieler verdienen doch wirklich so gut, dass sie die Beiträge für eine solche Versicherung bequem selbst aufbringen können", erläuterte Dr. Walter.

■ 7.956 Leserstimmen erhielt Klaus-Dieter Sieloff im Frühjahr 1965 bei der Wahl des Fachblattes »Sport-Magazin« zur „**Wunsch-Nationalelf**". Mit deutlichem Vorsprung vor seinem Kontrahenten Willi Schulz (1.794 Stimmen) kürten die Leser den Stuttgarter zum besten Stopper des Landes. Der VfB musste allerdings um seinen Star zittern, weil Sieloff im März nach dem Länderspiel gegen Italien erklärt hatte: „Ich werde den VfB zum Saisonende verlassen. Auf alle Fälle. Anderswo wird mir eine große Existenzmöglichkeit geboten." Dr. Walter warf seinen ganzen Einfluss in die Waagschale, um ihn doch zum Bleiben zu bewegen.

■ Nach vier Spielen hatte der VfB bereits zwei **Strafstöße** verschossen – und beide Male war Hans Arnold der Unglücksrabe gewesen. Gegen Nürnberg traf der Blondschopf nur den Pfosten, und beim 3:3 gegen Köln fand er in FC-Keeper Ewert seinen Meister.

■ Im Zentrum der Kritik stand VfB-Star **Rolf Geiger**, der sich nicht nur als Rädelsführer beim Aufstand gegen Baluses entpuppte. Bei dem sichtlich übergewichtigen Sturmführer sei „im Moment nur das Bankkonto in Form", mäkelte das »Sport-Magazin« vor dem Rückrundenstart gegen Schalke 04 und konstatierte: „Mit seiner fast dreisten Einstellung, die Kameraden für sich mitschuften zu lassen, hat er in einer VfB-Elf nichts zu suchen!"

[EREIGNIS]

Ungeliebtes Debüt

Dunfermline sorgt für Europa-Aus

Mit dem fünften Platz in der ersten Bundesligaspielzeit hatte sich der VfB das Recht erworben, 1964 am Messepokal teilzunehmen. Dabei handelte es sich um den Vorgänger des heutigen UEFA-Cups, der ursprünglich Mannschaften aus Messestädten vorbehalten war und erst später zum dritten „Europapokal" nach dem Landesmeister- und Pokalsiegerwettbewerb wurde.
Das internationale Debüt des VfB Stuttgart fand auf der dänischen Ferieninsel Fünen statt, wo sich die Cannstatter mit dem Boldklubben 1913 Odense auseinanderzusetzen hatten. Nach einem mühsamen 3:1 im Hinspiel besiegelte ein 1:0 im Neckarstadion den Einzug in die zweite Runde, wo den Bewegungsspielern mit Dunfermline Athletic der Fünfte der schottischen Liga gegenüber stand. Dem krisengeschüttelten VfB passte der Zusatztermin gar nicht in den Kram. „Am liebsten wäre mir dichter Nebel", hoffte Betreuer „Erne" Schnaitmann sogar auf einen Spielausfall. Doch Wettergott Petrus spielte nicht mit, und so musste sich der VfB den vom legendären „Jock" Stein trainierten Schotten mit 0:1 geschlagen geben. Das Rückspiel stand im Schatten der drei Tage zuvor erlittenen ersten Heimniederlage (1:2 gegen Frankfurt) und endete mit einem trostlosen 0:0 („Der Sturm, von Waldner abgesehen, spielte katastrophal") bzw. dem Aus für den VfB.

1. Bundesliga

1	22.8.1964	Hamburger SV - VfB	2:2	45.000
2	29.8.1964	VfB - 1. FC Nürnberg	3:1	50.000
3	5.9.1964	Borussia Dortmund - VfB	1:0	40.000
4	12.9.1964	VfB - 1. FC Köln	3:3	65.000
5	19.9.1964	VfB - Hertha BSC Berlin	1:1	32.000
6	26.9.1964	Karlsruher SC - VfB	0:0	50.000
7	10.10.1964	VfB - Schalke 04	2:1	20.000
8	17.10.1964	Meidericher SV - VfB	3:3	12.000
9	24.10.1964	VfB - Werder Bremen	1:1	18.000
10	7.11.1964	TSV München 1860 - VfB	1:0	27.000
11	14.11.1964	VfB - Eintr. Braunschweig	3:1	10.000
12	21.11.1964	1. FC Kaiserslautern - VfB	2:1	18.000
13	28.11.1964	VfB - Eintracht Frankfurt	1:2	15.000
14	5.12.1964	Hannover 96 - VfB	2:1	27.000
15	12.12.1964	VfB - Bor. Neunkirchen	3:2	14.000
16	19.12.1964	VfB - Hamburger SV	2:4	40.000
17	2.1.1965	1. FC Nürnberg - VfB	1:1	23.000
18	9.1.1965	VfB - Borussia Dortmund	3:2	30.000
19	23.1.1965	1. FC Köln - VfB	2:1	22.000
20	30.1.1965	Hertha BSC Berlin - VfB	0:0	10.000
21	13.2.1965	VfB - Karlsruher SC	1:2	23.000
22	20.2.1965	Schalke 04 - VfB	3:1	18.000
23	6.3.1965	VfB - Meidericher SV	4:2	15.000
24	20.3.1965	Werder Bremen - VfB	1:0	25.000
25	27.3.1965	VfB - TSV München 1860	3:0	60.000
26	3.4.1965	Eintr. Braunschweig - VfB	2:1	23.000
27	10.4.1965	VfB - 1. FC Kaiserslautern	1:0	35.000
28	30.4.1965	Eintracht Frankfurt - VfB	2:3	13.000
29	8.5.1965	VfB - Hannover 96	0:3	25.000
30	15.5.1965	Bor. Neunkirchen - VfB	3:1	25.000

Abschlusstabelle

1. Werder Bremen	30	15	11	4	54:29	41-19
2. 1. FC Köln (M)	30	14	10	6	66:45	38-22
3. Borussia Dortmund	30	15	6	9	67:48	36-24
4. TSV München 1860	30	14	7	9	70:50	35-25
5. Hannover 96 (N)	30	13	7	10	48:42	33-27
6. 1. FC Nürnberg	30	11	10	9	44:38	32-28
7. Meidericher SV	30	12	8	10	46:48	32-28
8. Eintracht Frankfurt	30	11	7	12	50:58	29-31
9. Eintr. Braunschweig	30	10	8	12	42:47	28-32
10. Bor. Neunkirchen (N)	30	9	9	12	44:48	27-33
11. Hamburger SV	30	11	5	14	46:56	27-33
12. VFB STUTTGART	30	9	8	13	46:50	26-34
13. 1. FC Kaiserslautern	30	11	3	16	41:53	25-35
14. Hertha BSC Berlin	30	7	11	12	40:62	25-35
15. Karlsruher SC	30	9	6	15	47:62	24-36
16. Schalke 04	30	7	8	15	45:60	22-38

Keine Absteiger wegen Aufstockung auf 18 Teams

DFB-Pokal

1. HR	16.1.65	VfR Frankenthal - VfB	0:5	10.000
AF	6.2.65	Wormatia Worms - VfB	0:2	15.000
VF	27.2.65	Schalke 04 - VfB	4:2	12.000

Messepokal

1.R	8.9.64	B 1913 Odense - VfB	1:3	5.000
	22.9.64	VfB - B 1913 Odense	1:0	7.200
2. R	17.11.64	Dunfermline Athl. - VfB	1:0	15.000
	1.12.64	VfB - Dunfermline Athl.	0:0	10.000

Bundesligakader

Abgänge: Zipperer (SV Waldhof)
Zugänge: Böhringer (VfB-Amateure), Huttary (Hessen Kassel), Krauß (VfB-Amateure), Pfeifer (Fortuna Düsseldorf), Siebert (TSG Ulm 1846), Talpai, Weiß (beide VfB-Amateure)
Trainer: Kurt Baluses (bis zum 24. Februar 1965), Franz Seybold (24. Februar - 8. März 1965), Rudi Gutendorf (ab 8. März 1965)

Tor		Gerd Menne	18/1
Günter Sawitzki	30/0	Erwin Waldner	15/3
Lorenz Fischer	0/0	Hartmut Weiß	15/9
Werner Pfeifer	0/0	Hans Arnold	14/2
Feld		Helmut Huttary	13/1
Rolf Geiger	28/9	Siegfried Böhringer	9/1
Dieter Höller	28/7	Manfred Reiner	8/2
Klaus-Dieter Sieloff	27/0	Helmut Siebert	7/2
Rudi Entenmann	24/1	Gerhard Wanner	2/1
Hans Eisele	23/0	Hans Krauß	1/0
Theodor Hoffmann	23/4	Werner Walter	1/0
Günter Seibold	23/0	Gustav Talpai	0/0
Eberhard Pfisterer	21/3		

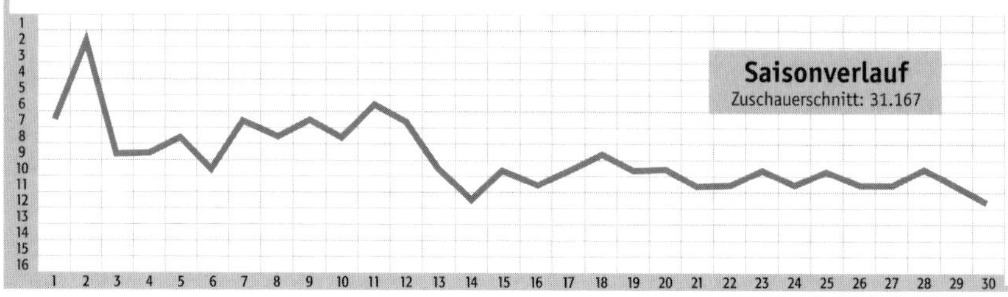

Der VfB im zweiten Bundesligajahr 1964/65. Hinten v. l.: Trainer Baluses, Weiß, Huttary, Menne, Hofmann, Walter, Siebert, Willi Entenmann, Reiner, Assistent Seybold. Mitte: Höller, Waldner, Geiger, Böhringer, Seibold, Wanner, Eisele, Sieloff. Vorn: Talpai, Pfisterer, Fischer, Sawitzki, Pfeifer, Arnold, Krauß, Rudi Entenmann.

[EREIGNIS]

Ein Idyll zerbricht

Vorstand zeigt Führungsschwäche

Am 24. Februar 1965 verlor Fußball-Stuttgart seine Unschuld. Schweren Herzens entließ der VfB-Vorstand Trainer Baluses und übertrug Rudi Gutendorf die sportliche Leitung. Nie zuvor war beim VfB ein Trainer „gefeuert" worden.

Und auch diesmal hätte Vorstandschef Dr. Walter wohl am liebsten darauf verzichtet. „Es ist doch jedem klar, dass unsere Bundesligatrainer etwas von ihrem Handwerk verstehen. Leider ist es aber heute so, dass dann und wann auftretende Schwächen rücksichtslos ausgeschlachtet werden. Und dann zumeist von Leuten, die vom Fußball herzlich wenig verstehen...", wetterte er – und beugte sich dem Druck aus Mannschafts- und Medienkreisen.

Doch so einfach war es nicht, denn der Sturz von Kurt Baluses wies auf schon seit längerem bestehende Strukturprobleme beim VfB hin. Vereinspräsident Dr. Walter – seit 1944 ohne Unterbrechung im Amt – schwelgte noch immer im Zeitalter des ehrenamtlich tätigen Funktionärs und verlor in der Ära des bezahlten Legionärfußballs zusehends die Übersicht.

Unter seiner Führung war der VfB zwar jener „ruhige, schwäbische Klub, in dem alles in so geordneten Bahnen zu laufen pflegt" (»Sport Magazin«) geblieben, hatte jedoch die Entwicklung des modernen Fußballs verpasst.

Intern war das antiquierte Weltbild allerdings nicht mehr praktikabel, ließen sich Spieler wie Ex-Italien-Profi Rolf Geiger nicht mehr gängeln wie Generationen vor ihnen, sondern handelten vornehmlich im eigenen Interesse.

Nicht umsonst hatte sich Rolf Geiger zu Baluses Gegenspieler aufgeschwungen, obwohl gerade die Leistung des Nationalspielers im Saisonverlauf deutlich zu wünschen übrig ließ.

Keine Frage: Mit dem Aus für Baluses wurde auch das Ende der Ära Dr. Walter eingeläutet. Das war überall zu spüren. Auf der Jahreshauptversammlung am 23. Juli 1965 musste sich der „VfB-Übervater" folglich erstmals deutliche Worte der Kritik erboster Mitglieder anhören...

[LEGENDEN]

DIETER HÖLLER

1963/64 mit 15 Treffern VfB-Torschützenkönig, 1964/65 mit sieben Toren in der internen Rangliste immerhin Nummer zwei – Dieter Höller war einer der treffsichersten Torschützen der ersten Stuttgarter Bundesligajahre. Dennoch wurde der 1960 vom rheinländischen Amateurklub Jugend 07 Bergheim verpflichtete Außenstürmer niemals so richtig „warm" in Schwaben. Grund: Das Angriffsspiel des VfB war allzu sehr auf Rolf Geiger ausgerichtet. Schon 1963/64 klagte der kleine Linksaußen: „Wie oft stehe ich herrlich frei, der Halblinke aber orientiert sich lieber nach rechts", und hatte mit dem Gedanken an einen Vereinswechsel gespielt.

Als Höller 1965/66 nach einem Krach mit dem Vorstand ausgebootet wurde, packte er seine Koffer und wechselte zum Regionalligisten SSV Reutlingen 05.

[SAISON]

Einbruch in der Rückrunde

Der VfB Stuttgart konnte sich glücklich schätzen, dass 1965/66 mit Borussia Neunkirchen und Tasmania Berlin zwei Mannschaften in der Bundesliga kickten, die frühzeitig beide Abstiegsränge belegten. So endete die dritte Bundesligaspielzeit der Cannstatter auf einem unscheinbaren elften Platz, obwohl der VfB in der Rückrunde die drittschlechteste Mannschaft der auf 18 Teilnehmer aufgestockten Liga gestellt hatte. Mit kargen 42 Saisontoren war dies vor allem der Sturmreihe zuzuschreiben. Und wäre die Heimstärke nicht gewesen (neun Siege, nur zwölf Gegentore), hätte die Bilanz noch düsterer ausfallen können.

Dabei hatte Rudi Gutendorf vor Saisonbeginn Großartiges versprochen. Auf sein Betreiben war mit dem Jugoslawen Popovic erstmals internationales Flair im Neckarstadion eingezogen, wo der VfB jedoch nur selten überzeugen konnte. Der von Roter Stern Belgrad losgeeiste Popovic wurde rasch als „Fehleinkauf" abgeschrieben, während der aus Wien gekommene Peter Aust zu keinem einzigen Einsatz kam.

Hatte die Elf in der Hinrunde zumindest noch auf Tuchfühlung zur Spitze gestanden, glitt sie im Frühjahr 1966 nach einer Serie von sieben Spielen ohne Sieg (sechs Niederlagen!) sogar in den Tabellenkeller ab. Erfolge über die Abstiegskandidaten Neunkirchen und Tasmania sowie Überraschungssiege gegen Mönchengladbach (5:0) bzw. beim FC Bayern (1:0) verhinderten Schlimmeres. Trainer Gutendorf sah sich dennoch der Kritik ausgesetzt. Sein mysteriöses „Riegel-Roll-System" mit seiner defensiven Ausrichtung vergraulte die Fans, und auch seine Sprüche kamen nicht gut an. „Gutendorf gackert wie ein Huhn, das ein Ei gelegt hat", spotteten Kritiker über den Übungsleiter, der sich zu allem Übel mit den Fans anlegte und sie als „das erbärmlichste Publikum der Welt" bezeichnete. Kein Wunder, dass der VfB mit durchschnittlich 27.000 Zahlenden seinen geringsten Zuspruch seit Bundesligagründung verbuchte.

[EREIGNIS]

Teetasse flog

Rudi Gutendorf beleidigt Publikum

Die Saison war noch keine 24 Stunden alt, da hing in Stuttgart schon wieder der Haussegen schief. Zwar hatte der VfB sein Auftaktspiel gegen Schalke mit 1:0 gewonnen, doch die Leistung der Bewegungsspieler hatte sehr zu wünschen übrig gelassen. „Das, was der VfB bot, war dürftigste Fußballkost. Keine Ideen, kein sprühender Spielwitz, kein Zusammenhang", tadelte die Lokalpresse.

Den 42.000 Fans, die voller Erwartung ins Neckarstadion gekommen waren, war schon nach wenigen Minuten der Kragen geplatzt. Sie hatten sich die Seele aus dem Leib gepfiffen und ihren Unmut über die hanebüchene Taktik lautstark kund getan. Verständlich, denn Abwehrspieler Böhringer stand als Außenstürmer auf verlorenem Posten, der als Stürmer aufgebotene Arnold irrte vornehmlich in der Abwehr umher, und so etwas wie Angriffsspiel war nicht zu erkennen. „Der VfB verteidigt mit neun Mann", staunte auch das »Sport-Magazin« – dabei galt der Gegner als Abstiegskandidat!

Auf der Pressekonferenz nach dem Spiel kam es zum Eklat. Während Mannschaftsbetreuer Schnaitmann und Spielausschussvorsitzender Haaga von einem „unbefriedigenden Spiel" sprachen, griff Trainer Gutendorf das Stuttgarter Publikum an und bezeichnete es als „das erbärmlichste, das ich je erlebt habe". In seiner Erregung schleuderte der Coach sogar den Inhalt seiner Teetasse an die Wand, an der Sekunden später auch das Porzellangefäß klirrend zerschellte! Ein unfassbarer Affront. „Keine Frage, der VfB wird diesen Zweikampf Gutendorf – Publikum zu spüren bekommen. Das Publikum hat scharfe Waffen, Gutendorf dagegen hat nur einen Pfeil abzuschießen: Erfolg", kommentierten die »Stuttgarter Nachrichten« und sahen schwere Zeiten auf den VfB zukommen. Doch Gutendorf war ein geschickter Psychologe. Vor dem nächsten Heimspiel gegen Meiderich entschuldigte er sich und wandte sich „an die Masse der echten VfB-Freunde, jedes Pfeifkonzert der VfB-Gegner sofort mit einer Beifallsorgie zu übertönen". Als der VfB die Zebras mit 2:0 schlug, herrschte wieder Frieden – zumindest vorläufig.

Rudi Entenmann war einer der wenigen Hoffnungsträger im VfB-Team. Auch er konnte die 1:4-Heimniederlage gegen den HSV (hier: Pohlschmidt) nicht verhindern.

■ Zwischen den Spielzeiten begab sich der VfB-Tross auf eine aufregende **Weltreise.** Nach 25-stündigem Flug mit Zwischenstopps in Genf, Kairo, Bombay und Kalkutta landete man schließlich in Vietnam, wo die USA zur selben Zeit einen umstrittenen Krieg führten. Die weiteren Stationen der Traumreise lauteten Hongkong, die Philippinen, Singapur, Australien, Tahiti, Numea und Neukaledonien.

■ Zum **Elfmeterkiller** wurde Günter „Sawi" Sawitzki. Beim 1:3 in Köln parierte er sowohl Overaths Schuss als auch die angeordnete Wiederholung durch Hans Sturm. Zwei Wochen später ließ er beim 0:0 in München dem 1860er Luttrop ebenfalls keine Chance.

■ **Rolf Geiger** stand auch in seiner dritten Bundesligasaison im Zentrum der Aufmerksamkeit. Dick sei er geworden, lästerten Fachleute mal wieder und meinten, Geiger habe in der Bundesliga nichts mehr zu suchen. Der Betroffene zeigte sich einsichtig und bat vor dem 0:0 gegen Eintracht Frankfurt um eine schöpferische Pause. „Der Rolf ist ehrgeizig, er wird schon wiederkommen", hoffte Trainer Gutendorf.

■ **„Torjäger verzweifelt gesucht"**, hieß es mit schöner Regelmäßigkeit bei VfB-Spielen. Manfred Reiner befand sich mit seinen Gedanken beim Aufbau einer beruflichen Zukunft als Elektrogroßhändler, der 33-jährige Waldner zeigte unübersehbare Ermüdungserscheinungen, Dieter Höller war nach einem Krach mit dem Vorstand ausgeschieden und Huttary, Arnold sowie Siebert rangen um ihre Form. Viele sahen in Willi Entenmann die Lösung – der Bruder von Rudi Entenmann schoss zur selben Zeit in der VfB-Reserve Tor um Tor.

■ Nach dem 1:3 in Bremen machte sich Angst vor einem möglichen Abstieg breit. „Wenn wir uns nicht umstellen, werden wir uns in der Bundesliga nicht halten können", mahnte Trainer Gutendorf und schob die Verantwortung der Führungsetage zu: „Wir arbeiten unter zu **amateurhaften Bedingungen.**" Im Gegensatz zur Konkurrenz waren die VfB-Spieler noch berufstätig und konnten nur nachmittags trainieren.

■ Vor dem 0:0 gegen München 1860 wurden Torhüter **Sawitzki** für sein 400. Spiel und Verteidiger **Seibold** für seine 350. Begegnung im VfB-Dress geehrt. Vereinspräsident Dr. Walter überreichte Blumensträuße.

Spielte der VfB sein Stadion leer? Dem 1:0-Siegtreffer des 1. FC Köln durch Hennes Löhr (rechts) schaut jedenfalls bis auf die Stuttgarter Abwehrspieler und Schiedsrichter Fritz niemand zu.

[SPIEL]

VfB
5:0
M'gladbach

Geiger brilliert

VfB schießt sich aus der Krise

Ausgerechnet gegen die sturmstarken Gladbacher Fohlen schießt sich der in der Rückrunde so arg gebeutelte VfB seinen ganzen Frust vom Leib: 5:0 – das schaut grandios aus und lässt das karge Torverhältnis der Bewegungsspieler auf stolze 33 Saisontore (in 28 Spielen...) anschwellen. Der höchste Sieg der Saison ist vor allem einem Mann zuzuschreiben: Rolf Geiger. Nach einer völlig missratenen Vorrunde zeigt der 31-jährige Ex-Nationalspieler gegen den Aufsteiger aus dem Westen endlich einmal, über welche Klasse er noch immer verfügt. „Mit ihm als Dirigenten wäre Hennes Weisweiler sicherlich besser gefahren", glaubt das »Sport-Magazin« – der Dirigent auf Gladbacher (also Weisweilers) Seite ist übrigens kein Geringerer als Günter Netzer, der gegen den kompromisslosen Seibold keinen Stich bekommt...

Aber nicht nur Geiger und Seibold können gefallen. Im Tor überzeugt der 24-jährige Ex-Düsseldorfer Werner Pfeifer, der anstelle des verletzten Stammtorhüters Sawitzki (hat sich im Training einen Finger verstaucht) zu seinem Bundesligadebüt kommt. Er absolviert es routiniert und ohne wirklich einmal in Gefahr zu geraten, denn Gladbachs Himmelsstürmer versagen auf der ganzen Linie. Lediglich in der ersten Viertelstunde bekommen die 15.000 Fans im Neckarstadion eine ausgeglichene Partie zu sehen. Doch als Waldner nach 29 Minuten die achte VfB-Ecke zur Stuttgarter 1:0-Führung verwandelt und keine 60 Sekunden später ein schönes Duett zwischen Geiger und Weiß zum 2:0 führt, gibt sich Gladbach vorzeitig geschlagen. Die Weisweiler-Elf überlässt dem VfB nun Raum und Ball und wartet nur auf den Schlusspfiff. Der Gastgeber erkennt die Gunst der Stunde und legt einen höheren Gang ein. Drei Minuten vor dem Seitenwechsel ackert sich Geiger auf halblinks durch, umspielt Torhüter Orzessek und darf sich bei Gegenspieler Lowin bedanken, von dessen Bein das Leder zum 3:0 in die Maschen saust. Nach dem Seitenwechsel müssen Waldner und Seibold verletzt vom Platz humpeln, doch auch in Unterzahl erhöht der VfB durch zwei Sieloff-Treffer auf 5:0. „Wir sind in der Substanz gesund und können in der Tabelle also schon noch Boden gutmachen", sieht der umstrittene „Riegelexperte" Gutendorf prompt das Ende der Krise seiner Mannschaft und freut sich, „weil wir gezeigt haben, dass man auch mit diesem System Tore machen kann".

Der VfB 1965/66. Hinten v. l.: Trainer Gutendorf, Popovic, Menne, Waldner, Huttary, Siebert, Eisele, Pfisterer, Reiner, Willi Entenmann, Peter, Krauß, Assistent Seybold. Vorn: Höller, Hoffmann, Weiß, Geiger, Sawitzki, Seibold, Rudi Entenmann, Böhringer, Sieloff.

[LEGENDEN]

HANS EISELE

Mit 32 Einsätzen war Hans Eisele neben Torsteher Sawitzki VfB-Dauerbrenner der Saison. Zugleich war der kantige Abwehrspieler einer der raren Lichtblicke im Team und verhinderte mit seinem kompromisslosen Einsatz so manchen Gegentreffer. Eisele stieß zwar bereits 1958 von 1896 Stuttgart zum VfB, konnte sich aber erst im letzten Oberligajahr 1962/63 in die Stammformation kämpfen. Am 26. Oktober 1962 wurde der Mittelläufer erstmals in die U23-Nationalmannschaft berufen und gab bei der 0:1-Niederlage in Frankreich ein gutes Spiel ab. Für den VfB agierte er bis 1971 als unverzichtbares Bindeglied in der Abwehr und trug viele Jahre die Kapitänsbinde. Sein Abschied nach 196 Bundesligabegegnungen (fünf Tore) wurde allerdings getrübt, weil Eisele in den Bundesligaskandal verwickelt war und eine lebenslange Sperre erhielt. Um jene zu umgehen, wechselte er zum österreichischen Erstligisten Alpine Donawitz. Nach Rückkehr in die schwäbische Heimat wurde Hans Eisele Stammgast im Neckarstadion. Eisele verstarb 2002 an einem Nierenleiden.

1. Bundesliga

1	14.8.1965	VfB - Schalke 04	1:0	42.000
2	21.8.1965	VfB - Meidericher SV	2:0	20.000
3	28.8.1965	1. FC Köln - VfB	3:1	35.000
4	4.9.1965	VfB - Werder Bremen	0:2	40.000
5	11.9.1965	TSV München 1860 - VfB	0:0	35.000
6	18.9.1965	VfB - Eintracht Frankfurt	0:0	28.000
7	2.10.1965	Eintr. Braunschweig - VfB	1:1	15.000
8	16.10.1965	VfB - Bor. Neunkirchen	2:0	15.000
9	20.10.1965	Tasmania Berlin - VfB	0:2	15.000
10	23.10.1965	VfB - Karlsruher SC	1:0	21.000
11	30.10.1965	Bor. M'gladbach - VfB	1:0	32.000
12	6.11.1965	VfB - Borussia Dortmund	1:1	45.000
13	20.11.1965	Hamburger SV - VfB	4:1	14.000
14	27.11.1965	VfB - Bayern München	0:1	32.000
15	4.12.1965	1. FC Nürnberg - VfB	1:1	16.000
16	11.12.1965	VfB - Hannover 96	4:2	18.000
17	18.12.1965	1. FC Kaiserslautern - VfB	1:2	6.000
18	8.1.1966	Schalke 04 - VfB	2:0	30.000
19	15.1.1966	Meidericher SV - VfB	5:2	8.000
20	29.1.1966	VfB - 1. FC Köln	0:1	38.000
21	5.2.1966	Werder Bremen - VfB	3:1	16.000
22	12.2.1966	VfB - TSV München 1860	0:0	50.000
23	26.2.1966	Eintracht Frankfurt - VfB	3:2	12.000
24	5.3.1966	VfB - Eintr. Braunschweig	0:1	12.000
25	12.3.1966	Bor. Neunkirchen - VfB	1:2	20.000
26	19.3.1966	VfB - Tasmania Berlin	2:0	10.000
27	26.3.1966	Karlsruher SC - VfB	3:0	22.000
28	2.4.1966	VfB - Bor. M'gladbach	5:0	15.000
29	16.4.1966	Borussia Dortmund - VfB	4:0	18.000
30	23.4.1966	VfB - Hamburger SV	1:3	30.000
31	30.4.1966	Bayern München - VfB	0:1	24.000
32	14.5.1966	VfB - 1. FC Nürnberg	1:0	19.000
33	21.5.1966	Hannover 96 - VfB	4:2	10.000
34	28.5.1966	VfB - 1. FC Kaiserslautern	4:1	27.000

Abschlusstabelle

1.	TSV München 1860	34	20	10	4	80:40	50-18
2.	Borussia Dortmund	34	19	9	6	70:36	47-21
3.	Bayern München (N)	34	20	7	7	71:38	47-21
4.	Werder Bremen (M)	34	21	3	10	76:40	45-23
5.	1. FC Köln	34	19	9	6	74:41	44-24
6.	1. FC Nürnberg	34	14	11	9	54:43	39-29
7.	Eintracht Frankfurt	34	16	6	12	64:46	38-30
8.	Meidericher SV	34	14	8	12	70:48	36-32
9.	Hamburger SV	34	13	8	13	64:52	34-34
10.	Eintr. Braunschweig	34	11	12	11	49:49	34-34
11.	VFB STUTTGART	34	13	6	15	42:48	32-36
12.	Hannover 96	34	11	8	15	59:57	30-38
13.	Bor. M'gladbach (N)	34	9	11	14	57:68	29-39
14.	Schalke 04	34	10	7	17	33:55	27-41
15.	1. FC Kaiserslautern	34	8	10	16	42:65	26-42
16.	Karlsruher SC	34	9	6	19	35:71	24-44
17.	Bor. Neunkirchen ▽	34	9	4	21	32:82	22-46
18.	Tasm. Berlin (N) ▽	34	2	4	28	15:108	8-60

DFB-Pokal

1. HR	22.1.66	Meidericher SV - VfB	2:0	5.000

Bundesligakader

Abgänge: Fischer (TSG Backnang), Wanner (VfR Pforzheim), Talpai (VfB-Amateure). **Zugänge:** Aust (SC Wiener Neustadt), Willi Entenmann (VfB-Amateure), Peters (Bayer Leverkusen), Popovic (Roter Stern Belgrad)
Trainer: Rudi Gutendorf

Tor		Rolf Geiger	15/1
Günther Sawitzki	33/0	Willi Entenmann	13/2
Werner Pfeifer	1/0	Theodor Hoffmann	13/0
Feld		Hartmut Weiß	13/4
Hans Eisele	32/1	Siegfried Böhringer	5/0
Günther Seibold	31/1	Dieter Höller	4/1
Helmut Huttary	28/4	Eberhard Pfisterer	4/0
Hans Arnold	26/1	Helmut Siebert	3/1
Manfred Reiner	26/3	Vladimir Popovic	2/0
Erwin Waldner	26/4	Hans Krauß	1/0
Hans-Otto Peters	25/6	Peter Aust	0/0
Klaus-Dieter Sieloff	25/6	Werner Walter	0/0
Rudi Entenmann	24/3	+ drei Eigentore	
Gerd Menne	24/1		

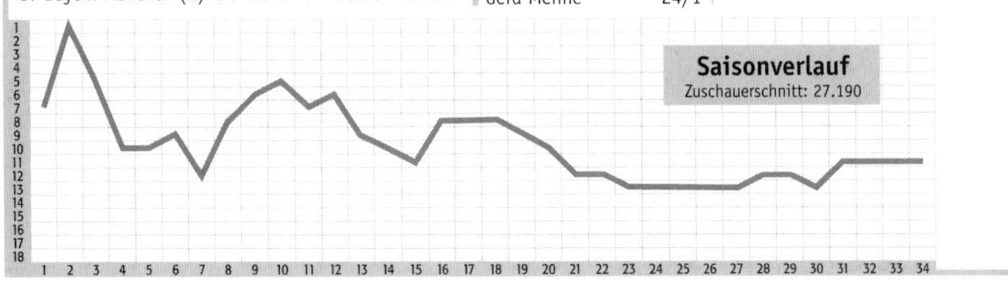

[EREIGNIS]

Beatle-Mania

Popstars auf dem Wasen

So schillernd hatte sich der VfB in seiner über 70-jährigen Geschichte noch nie präsentiert: Auf dem Trainerstuhl ein Lebemann (Rudi Gutendorf) und auf dem Spielfeld mit dem Franzosen Gilbert Gress sowie dem Schweden Bosse „Bo" Larsson umschwärmte Superstars. Aus dem eigenen Nachwuchs nachrückende Talente wie Karl-Heinz Handschuh oder Horst Köppel gingen in der Aufregung ebenso unter wie der Abschied von Ex-Helden wie Rolf Geiger (null Einsätze in der Spielzeit 1966/67) oder Erwin Waldner (zwei Spiele).
Der VfB war zweifelsohne auf dem Weg in die Moderne – zumindest äußerlich. Insbesondere Gilbert Gress verkörperte mit allen Fasern den Zeitgeist des Aufbruchs der späten 1960er. Konservative Zeitgenossen stöhnten über den „Langhaarigen", aufgeschlossene schwärmten verzückt vom „Beatle". Geschickt band Gress seine Frau in den Medienrummel ein („die hübsche Elsässerin", jubelte der Boulevard) und avancierte zum ersten Popstar auf dem Wasen.
Doch der konservative VfB, der um alles in der Welt Aufsehen vermeiden wollte, und die „neue Fußballwelt" harmonierten (noch) nicht miteinander. Im Verlauf der Saison wurde deutlich, dass die Neuzugänge einen Keil in die Mannschaft trieben und es der eitle Trainer Gutendorf nur schwer ertrug, dass ihn Gress' Glanz überstrahlte. Wie schlecht es um die Stimmung beim VfB bestellt war, machte Torsteher Sawitzki deutlich, der im November 1966 verärgert seinen Rücktritt ankündigte, weil „das Klima beim VfB ungesund" sei.
Die Entlassung Gutendorfs war ein erster Schritt in Richtung Revision, und dass Nachfolger Sing als eine der ersten Maßnahmen „Beatle" Gress zum Friseur schickte, machte deutlich, wohin die Richtung fortan wieder gehen sollte: „Schaffe, schaffe".

Der VfB im Beatle-Look. V. l.: Bo Larsson, Rudi Gutendorf, Gilbert Gress.

[SAISON]

Chaostage in Stuttgart

Am 6. Dezember 1966 endete ein Versuch, der von vornherein zum Scheitern verurteilt gewesen war. Rudi Gutendorf, publicitysüchtiger Fußballlehrer in Designeranzügen, und der VfB Stuttgart, bieder bis ins Mark und dem Motto „Schaffe, schaffe" verbunden, trennten sich. Auslöser war eine 1:4-Niederlage beim Karlsruher SC, mit der die Cannstatter auf Abstiegsrang 17 abrutschten. Die Ursachen lagen jedoch tiefer und waren im Grunde genommen schon kurz nach Gutendorfs Amtsantritt im März 1965 erkennbar gewesen. „Ihr Stuttgart ist die schönste Stadt der Welt", hatte der gebürtige Koblenzer seinerzeit zwar gewinnbringend verkündet, anschließend jedoch keinerlei Anstalten gemacht, sich auch in die schwäbische Seele hineinzudenken. Dem konservativen VfB-Präsidenten Dr. Walter war der Selbstdarsteller schon bald ein Dorn im Auge gewesen, und er hatte Kontakt zum in Zürich lebenden Ex-Kickers-Star Albert Sing aufgenommen, der Gutendorf zur Saison 1967/68 ablösen sollte.
Nach einem erfolgreichen Saisonstart (am dritten Spieltag übernahm der VfB Platz 1!) ging es steil bergab. Trotz schillernder Neuzugänge wie Gilbert Gress (Straßburg) und Bosse „Bo" Larsson (Malmö) schaufelte man vom 4. bis zum 16. Spieltag kümmerliche fünf Zähler auf sein Konto und fand sich in der Abstiegszone wieder. Dass Trainer Gutendorf zeitgleich mit dem Fußballverband der USA über einen Wechsel verhandelte, vergrätzte die VfB-Führung zusätzlich, und so kam sein Rauswurf wenig überraschend.
Nachfolger wurde erwähnter Sing, der das zerstrittene Team einte und es noch auf einen zwölften Rang führte. Doch dass beim VfB einiges mehr im Argen lag, bekam auch er zu spüren: Vor dem ersten Training wurde dem ehemaligen „Blauen" ein Kickers-Trikot in die Kabine gehängt, das symbolisierte, was viele dachten: „Du gehörst nicht hierher!". Sing zog die Konsequenzen und verließ Stuttgart nach vollbrachter Mission „Klassenerhalt" in Richtung München.

■ Einer der Hoffnungsträger inmitten der Stuttgarter Chaostage war das Nachwuchstalent **Horst Köppel**. Unter Gutendorf versauerte der „Horschtle“ jedoch zumeist in der Reserve, wo er Treffer um Treffer erzielte. „Mich traf fast der Schlag, als ich den Köppel am Samstag auf einem Nebenplatz in der Reserve spielen sah“, schimpfte VfB-Boss Dr. Walter im November 1966. Wenige Tage später verlor der VfB (mit Köppel!) in Karlsruhe, womit Gutendorfs Uhr abgelaufen war...

■ Nach der 1:2-Heimniederlage gegen die auswärts bis dato ohne eigenen Treffer gebliebene Mannschaft von Hannover 96 prasselte die **Häme der Presse** mit voller Wucht auf den VfB ein: „12.000 Getreue, die einfach nicht glauben konnten, dass der VfB Stuttgart längst kaum mehr als eine bedauernswerte Schar fußballerisch minderbemittelter Kellerkinder ist, fühlten sich (berechtigterweise) verschaukelt. Der VfB, so amateurhaft-zerfahren und so atembeklemmend-unfähig wie in keinem Heimspiel zuvor, jagte die kalte Angst auf die Gesichter der VfB-Gewaltigen. ‚Aufhör'n! Aufhör'n!'-Sprechchöre flatterten über den (gedemütigten) Rasen, und die Beleidigungen, die an die Adresse der VfB-Vorstandschaft gerichtet wurde, würden einem fleißigen Anwalt auf Monate hinaus Arbeit und Brot geben“, ätzte Wolf Schelling im »Sport-Magazin«.

■ Trainer-Wunschkandidat **Albert Sing** brachte Disziplin auf den Wasen zurück. Der mit monatlich 8.000 DM bis dato teuerste Trainer der VfB-Geschichte galt als „Schleifer“ und eichte die verunsicherte VfB-Elf in einem knochenharten Trainingslager in Besenfeld erfolgreich auf traditionelle Werte wie Kameradschaft und Disziplin.

■ Trotz sportlicher Talfahrt – auf seine Fans konnte sich der VfB verlassen. Mit **487.000 Zuschauern** in 17 Heimspielen führte er das Feld der Bundesligisten an. Die Rekordkulisse wurde am dritten Spieltag erreicht, als man vor 70.000 Fans mit einem 2:0 über München 1860 die Tabellenführung übernahm. Das letzte Heimspiel der Saison indes bescherte den Cannstattern mit kargen 9.000 gegen Essen zum zweiten Mal seit Mai 1966 (7.000 gegen Kaiserslautern) eine lediglich vierstellige Bundesligakulisse.

1. Bundesliga

1	20.8.1966	VfB - 1. FC Nürnberg	1:0	30.000
2	27.8.1966	Werder Bremen - VfB	1:2	16.000
3	3.9.1966	VfB - TSV München 1860	2:0	70.000
4	10.9.1966	1. FC Köln - VfB	3:1	35.000
5	17.9.1966	VfB - Eintr. Braunschweig	1:2	22.000
6	24.9.1966	Eintracht Frankfurt - VfB	4:0	28.000
7	1.10.1966	Meidericher SV - VfB	0:0	20.000
8	8.10.1966	VfB - Schalke 04	1:1	18.000
9	15.10.1966	1. FC Kaiserslautern - VfB	3:3	16.000
10	22.10.1966	VfB - Hamburger SV	1:3	45.000
11	29.10.1966	Borussia Dortmund - VfB	1:1	26.000
12	5.11.1966	VfB - Bayern München	2:4	35.000
13	12.11.1966	Fortuna Düsseldorf - VfB	3:3	18.000
14	26.11.1966	VfB - Hannover 96	1:2	12.000
15	3.12.1966	Karlsruher SC - VfB	4:1	13.000
16	10.12.1966	VfB - Bor. M'gladbach	0:2	10.000
17	17.12.1966	Rot-Weiß Essen - VfB	1:3	20.000
18	7.1.1967	1. FC Nürnberg - VfB	3:3	15.000
19	21.1.1967	VfB - Werder Bremen	1:1	23.000
20	28.1.1967	TSV München 1860 - VfB	1:1	25.000
21	11.2.1967	VfB - 1. FC Köln	2:2	28.000
22	28.2.1967	Eintr. Braunschweig - VfB	1:1	22.000
23	25.2.1967	VfB - Eintracht Frankfurt	3:0	40.000
24	4.3.1967	VfB - MSV Duisburg	1:3	25.000
25	11.3.1967	Schalke 04 - VfB	2:0	20.000
26	18.3.1967	VfB - 1. FC Kaiserslautern	0:1	11.000
27	1.4.1967	Hamburger SV - VfB	1:1	10.000
28	15.4.1967	VfB - Borussia Dortmund	1:0	45.000
29	22.4.1967	Bayern München - VfB	1:1	12.000
30	29.4.1967	VfB - Fortuna Düsseldorf	3:1	25.000
31	13.5.1967	Hannover 96 - VfB	2:2	8.000
32	20.5.1967	VfB - Karlsruher SC	2:0	43.000
33	27.5.1967	Bor. M'gladbach - VfB	1:2	11.000
34	3.6.1967	VfB - Rot-Weiß Essen	1:0	9.000

Abschlusstabelle

1.	Eintr. Braunschweig	34	17	9	8	49:27	43-25
2.	München 1860 (M)	34	17	7	10	60:47	41-27
3.	Borussia Dortmund	34	15	9	10	70:41	39-29
4.	Eintracht Frankfurt	34	15	9	10	66:49	39-29
5.	1. FC Kaiserslautern	34	13	12	9	43:42	38-30
6.	Bayern München	34	16	5	13	62:47	37-31
7.	1. FC Köln	34	14	9	11	48:48	37-31
8.	Bor. M'gladbach	34	12	10	12	70:49	34-34
9.	Hannover 96	34	13	8	13	40:46	34-34
10.	1. FC Nürnberg	34	12	10	12	43:50	34-34
11.	MSV Duisburg*	34	10	13	11	40:42	33-35
12.	VFB STUTTGART	34	10	13	11	48:54	33-35
13.	Karlsruher SC	34	11	0	14	54:62	31-37
14.	Hamburger SV	34	10	10	14	37:53	30-38
15.	Schalke 04	34	12	6	16	37:63	30-38
16.	Werder Bremen	34	10	9	15	49:56	29-39
17.	F. Düsseldorf (N) ▽	34	9	7	18	44:66	25-43
18.	RW Essen (N) ▽	34	6	13	15	35:53	25-43

* bis zum 9. Janar 1967 Meidericher SV

DFB-Pokal

1. HR	14.1.67	1. FC Saarbrücken - VfB	2:4	10.000
AF	4.2.67	VfB - Schalke 04	0:1	12.000

Messepokal

1.R	20.9.66	VfB - Burnley FC	1:1	8.000
	27.9.66	Burnley FC - VfB	2:0	27.716

Bundesligakader

Abgänge: Aust (Vienna Wien), Höller (SSV Reutlingen 05), Krauß (1. FC Pforzheim), Popovic (Stuttgarter Kickers), Siebert (Freiburger FC), Walter (Stuttgarter Kickers)
Zugänge: Gress (Racing Strasbourg), Handschuh, Köppel (beide VfB-Nachwuchs), Larsson (Malmö FF)
Trainer: Rudi Gutendorf (bis zum 6. Dezember 1966), Albert Sing (ab 7. Dezember 1966)

Tor		Hans Arnold	21/1
Günter Sawitzki	31/0	Hans Eisele	20/1
Werner Pfeifer	3/0	Willi Entenmann	19/1
Feld		Theodor Hoffmann	18/1
Gilbert Gress	34/3	Hans-Otto Peters	15/7
Günther Seibold	34/0	Manfred Reiner	11/1
Helmut Huttary	29/1	Karl-Heinz Handschuh	7/3
Gerd Menne	29/0	Rudi Entenmann	3/0
Horst Köppel	27/8	Erwin Waldner	2/0
Hartmut Weiß	25/8	Siegfried Böhringer	1/0
Bo Larsson	22/7	Eberhard Pfisterer	1/0
Klaus-Dieter Sieloff	22/6	Rolf Geiger	0/0

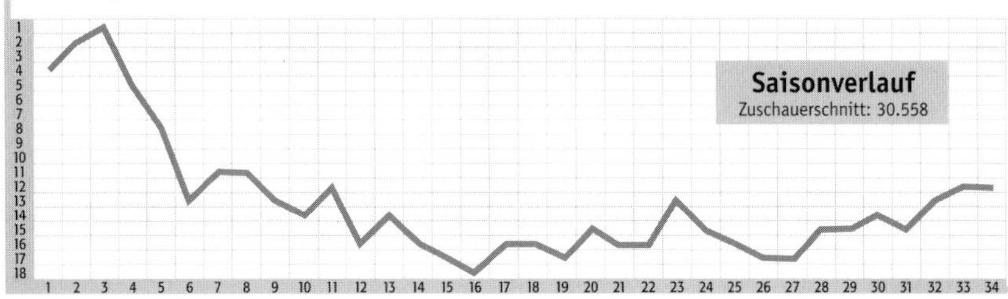

Der VfB in der Saison 1966/67. Hinten v. l.: Sawitzki, Pfeifer, Menne, Huttary, Hoffmann, Larsson, Gress, Trainer Gutendorf, Pfisterer, Rudi Entenmann, Willi Entenmann, Reiner, Assistent Seybold. Vorn: Haaga, Waldner, Peters, Geiger, Handschuh, Köppel, Weiß, Arnold, Seibold, Böhringer, Hans Eisele.

[SPIEL]

VfB 1:0 Dortmund

Ein Sieg des Kollektivs

VfB ringt Titelaspirant nieder

Sieben Spieltage vor Saisonende steht der VfB noch immer auf einem Abstiegsplatz. Der neue Trainer Sing hat zwar frischen Wind entfacht, doch nach drei Niederlagen in Folge und einem schmalen Pünktchen beim HSV schrillen im Neckarstadion schon wieder die Alarmglocken. Für die VfB-Fans ist klar: Gegen den Titelaspiranten Borussia Dortmund muss ein Sieg her, sonst kann man sich allmählich mit der Regionalliga und Gegnern wie TSG Backnang und Opel Rüsselsheim vertraut machen.

In einem kurzfristig anberaumten Testspiel gegen den Offenburger FV erreichen Trainer Sing neue Hiobsbotschaften. Die karge Mannschaftsleistung (bester Mann gegen die Amateure: Torhüter Sawitzki...) gibt keinerlei Anlass zur Hoffnung und auch Sings Verzweiflungsplan, Rolf Geiger aus dem Ruhestand zu holen und ihm die Führungsrolle zu übertragen, ist nicht vom Erfolg gekrönt.

Trotz allem finden 45.000 Fans den Weg ins Neckarstadion und bilden eine eindrucksvolle Kulisse, die dem VfB den Rücken stärkt. Das Team ist direkt aus dem Trainingslager in Besenfeld angereist und macht vom Anpfiff an deutlich, dass es gewillt ist, den vierten Heimsieg einzufahren und die Abstiegsränge endlich zu verlassen.

Trainer Sing hat den kampfstarken Gerd Menne mit der Bewachung des Dortmunder WM-Helden Lothar Emmerich betraut. Ein Glücksgriff, denn Menne verdammt „Emma“ zur Wirkungslosigkeit und verschafft seinem Team damit den nötigen Raum, um das eigene Spiel aufzuziehen. Das ist zwar nicht sonderlich attraktiv, doch es genügt, um den Titelanwärter aus Westfalen förmlich zu zermürben.

Der verdiente 1:0-Erfolg ist ein Sieg des Kollektivs: Sieloff organisiert die Abwehr vorzüglich, Larsson agiert wie immer extrem fleißig, und selbst „Schillbär“ Gress vermag im Zweikampf gegen den giftigen „Hoppy“ Kurrat zu überzeugen. „Die Stuttgarter wirkten nicht nur äußerst homogen, energisch und kraftgeladen, sie spielten auch überraschend beschwingt“, spart das »Sport-Magazin« nicht mit lobenden Worten.

Nur im Sturm hakt es. Entenmann ist zu umständlich, und Flügelläufer Weiß scheint in der Sturmmitte wertvoller zu sein. So ist es Abwehrchef Sieloff vorbehalten, das Tor des Tages zu erzielen und dem VfB jenen Sieg zu bescheren, der sich als entscheidend für den Klassenerhalt erweist. „Den Wert eines Trainingslagers hat dieses Spiel aufgezeigt. Unsere Mannschaft spielte groß auf und war voll bei Kräften“, freut sich der inzwischen zum Spielausschussvorsitzenden aufgestiegene Ernst Schnaitmann.

[LEGENDEN]

GÜNTER SEIBOLD

Stets verlässlich, hart im Zweikampf und unerbittlich bei der Erfüllung seiner Aufgaben: Für den VfB war Günter Seibold nicht nur in der Spielzeit 1966/67 ein Erfolgsgarant.

Der „Mann für alle Fälle“ absolvierte sämtliche 34 Ligaspiele und bewährte sich sowohl unter Rudi Gutendorf als auch unter Nachfolger Albert Sing. Als Zwölfjähriger war der gebürtige Cannstatter 1948 dem VfB beigetreten und hatte zehn Jahre später beim 4:3-Endspielsieg über Fortuna Düsseldorf tatkräftig mitgeholfen, zum zweiten Mal den DFB-Pokal auf den Wasen zu holen.

In insgesamt 255 Ligaspielen trug der linke Verteidiger bis 1968 das VfB-Jersey. Unvergessener Höhepunkt war der 8. Juni 1963, als er ausgerechnet in seinem 200. Spiel für den VfB im Freundschaftsspiel gegen den FC Santos keinen Geringeren als Brasiliens Fußballlegende Pelé abschirmen musste. Wie gewohnt überzeugte der liebevoll „Sippel“ genannte Verteidiger auch gegen den Weltstar durch solide sportliche Klasse.

„Er stoppte Pelé wirkungvoller, als es im Länderspiel Willi Schulz schaffte, der ja mit großer Härte und vielen Fouls arbeitete“, lobte die »Stuttgarter Zeitung«.

Seibold war nicht nur auf dem Feld vielseitig, sondern absolvierte parallel zur Karriere als Fußballer eine Ausbildung zum technischen Assistenten und wurde später Verkaufsleiter bei Daimler-Benz. Nachdem er mit 58 in Frühpension gegangen war, widmete er sich voller Leidenschaft der Malerei und erwarb auch als Hobbymaler Meriten.

Dem VfB blieb er stets treu – mit einer Ausnahme: 1969 von Trainer Gunter Baumann ausgemustert, wechselte er zur SpVgg Ludwigsburg 07, kehrte aber schon bald in die weiß-rote Heimat zurück. Heute ist Günter Seibold Mitglied des VfB-Ehrenrats.

[SAISON]

Suche nach Konstanz

Nach den Turbulenzen um Rudi Gutendorf und Albert Sing sehnte man sich auf dem Wasen vor allem nach Ruhe. Garant dafür sollte Neutrainer Gunter Baumann sein, der in Art und Mentalität an den legendären „Schorsch" Wurzer erinnerte. Der Sachse ging optimistisch an die „Herausforderung VfB" und hatte „keine Bange, dass es mit uns aufwärtsgeht". Bezüglich Neuzugängen hielt man sich nach den Paukenschlägen der Vorsaison diesmal zurück. Allenfalls der von den Kickers verpflichtete Horst Haug erregte Aufsehen – und wenn auch nur, weil sich VfB und Kickers zunächst nicht über die Wechselformalitäten einigen konnten...
Die Hinrunde verlief trotz Aussetzern wie dem 0:1 gegen Kaiserslautern und dem 1:5 in Nürnberg zufriedenstellend. Der zwischenzeitlich etwas in Ungnade gefallene und erst von Gunter Baumann reaktivierte Torsteher Sawitzki gab sich zur Winterpause optimistisch: „Wenn man nur einen Punkt hinter dem Tabellenzweiten liegt, ist es nicht schwer, den Wunsch zu erraten. Ich meine die Vizemeisterschaft." Von der Meisterschaft wollte der 35-jährige Zerberus hingegen nichts wissen. „0 je, so vermessen, daran zu glauben, will ich lieber nicht sein. Obwohl: erst neulich hat mir einer vorgerechnet, dass es eigentlich noch reichen könnte..."
Als die Saison abgepfiffen wurde, war der Abstand auf Meister Nürnberg auf zwölf

[SPIEL]

VfB 3:0 FC Bayern

Starkes Debüt

Junge VfB-Elf düpiert starke Bayern

Man schreibt den 30. Spieltag, und die Saison ist längst gelaufen für den VfB. Nach unten kann nichts mehr passieren, nach oben geht nichts mehr.
Eine gute Gelegenheit, dem Nachwuchs eine Chance zu geben. Trainer Baumann sieht dies ähnlich und stellt mit Gerhard Heinze sogar einen Neuling zwischen die Pfosten.
Im Juli 1967 hat das herausragende Torhütertalent mit dem VfB noch die Deutsche Jugendmeisterschaft gefeiert und soll nun ausgerechnet gegen Europapokalsieger Bayern München im „Haifischbecken Bundesliga" bestehen. Auch Verteidiger Hans-Dieter Koch fiebert einen Tag nach seinem 24. Geburtstag seinem Einsatz entgegen. Für ihn ist es „schon" das zweite Bundesligaspiel, doch an diesem Nachmittag geht es gegen keinen Geringeren als Bayern-Goalgetter Gerd Müller. Aufregung ist also garantiert.
Bei hochsommerlichen Temperaturen haben sich rund 45.000 Fans im Neckarstadion eingefunden und geraten schon nach zwei Minuten aus dem Häuschen. Debütant Heinze reagiert gegen einen Müller-Schuss blitzschnell, verhindert mit seiner tollkühnen Rettungstat den frühen Rückstand und holt sich zugleich das nötige Selbstvertrauen für ein rundherum gelungenes Bundesligadebüt. Dass der VfB am Ende sensationell hoch mit 3:0 gewinnt, liegt aber nicht nur am vielfach beklatschten Tausendsassa Heinze, sondern vor allem an der ungemein kompakt auftretenden und auch kämpferisch überzeugenden Heimelf: Entenmann deckt Brenninger komplett zu, Weiß bekämpft Ohlhauser bis zu dessen Bedeutungslosigkeit, und der junge Koch liefert gegen Gerd Müller eine derart überragende Partie, dass der spätere „Bomber der Nation" schier verzweifelt.
Wäre nicht Bayerns überragender Abwehrchef Franz Beckenbauer gewesen, die Begegnung hätte leicht mit einem Debakel für die Münchner enden können.
Doch auch so ziehen die VfB-Fans nach Treffern von Gress (15.), Haug (71.) und Handschuh (78.) zufrieden nach Hause, spendet das »Sport-Magazin« Hoffnung für die Zukunft und lobt die Entwicklung mit den Worten: „Wenn in Stuttgart alle fortan an einem Strang ziehen, kann man dem VfB vielleicht schon im nächsten Jahr den Durchbruch voraussagen." Dasselbe Blatt hat Torhüterheld Gerhard Heinze übrigens als „Eberhard Heinze" vorgestellt – da bestand also noch Lernbedarf...
Mit dem überzeugenden Auftritt endet sogleich ein kleiner „Putschversuch", der wenige Tage zuvor den VfB erschüttert hat, als „sich eine große Spielergruppe meldete, die Baumann ablehnte" (»kicker«). „Der Franzose Gilbert Gress scheint hier im Hintergrund eine gewichtige Rolle zu spielen", berichtet das Blatt weiter. Trainer Baumann, der den Machtkampf zu seinen Gunsten entschied, kommentiert trocken: „In ihren Forderungen sind unsere Spieler echte Profis, aber in ihren Leistungen sind viele Amateure geblieben".

■ Im Juli 1967 lieferte der VfB-Nachwuchs bei der Süddeutschen Jugendmeisterschaft einen vorzüglichen Eindruck der weiß-roten Jugendarbeit ab und wurde zum zweiten Mal in Folge **Süddeutscher Meister**. Nach einem 7:1 über Radolfzell und einem 3:1 gegen den 1. FC Bayreuth reichte im „Endspiel" gegen die Offenbacher Kickers ein 2:2. Für die VfB-Junioren liefen mit Gerhard Heinze und Roland Weidle zwei spätere Profis auf.

■ Zum wiederholten Mal wurden dem Abwehrspieler **Klaus-Dieter Sieloff** Wechselgerüchte unterstellt – diesmal allerdings ausnahmsweise in Sachen „fahrbarer Untersatz". „Ich wollte jetzt unbedingt einen Sportwagen haben", begründete der Nationalspieler den Kauf eines Fiat 124 Sport-Spider, den er persönlich im Heilbronner Fiat-Werk abholte. Zuvor war Sieloff bereits in einem weißen Porsche Carrera bzw. einem Mercedes 230 SL unterwegs gewesen.

■ Beim Trainingsauftakt gab es Aufregung um den „VfB-Beatle" **Gilbert Gress**. Der Superstar fehlte, und keiner wusste, wo er war. Aufklärung: Der VfB hatte das Schreiben mit der Terminplanung an Gress' Stuttgarter Wohnung gesandt – doch der Franzose weilte in seiner elsässischen Heimat, wo man ihn schließlich auch erreichte.

■ Große Ehre für den VfB: Auf dem **Sonderheft** des »Sport-Magazin« prangte eine Szene aus dem Vorjahrsspiel zwischen dem VfB und Düsseldorf. Schade nur, dass VfB-Jungstar Horst Köppel darauf ausgerechnet die ungeliebte gelb-schwarze Spielkluft trug.

Punkte angewachsen, trennten den VfB selbst vom Vizemeister Bremen elf Zähler. Hinter dem Verein lag eine nervenaufreibende Rückserie, die u. a. eine von Gilbert Gress und Helmut Huttary angeführte Minirevolte gegen Trainer Baumann sowie den zwischenzeitlichen Absturz in die Abstiegszone beschert hatte. Dass die Fans davon nichts wissen wollten, dokumentierte der mit 25.948 Zahlenden pro Begegnung geringste Zuspruch seit der Bundesligagründung.

Positiven Überraschungen wie einem 2:0 gegen Angstgegner 1. FC Köln und einem 3:0 gegen die Münchner Bayern standen herbe Enttäuschungen wie die 0:3-Heimpleite gegen Werder Bremen gegenüber. Zudem sorgte eine katastrophale Auswärtsbilanz (drei Punkte in der Rückrunde) sowie das Pokal-Aus gegen Regionalligist VfL Bochum, der seinen höherklassigen Gegner mit blitzschnellem Kombinationsspiel regelrecht vorführte, für Tristesse.

Trotz allem schien der VfB auf einem guten Weg zu sein. Insbesondere Jungnationalspieler Horst Köppel (Debüt am 8. März 1968 beim 3:1 in Belgien) sowie Karl-Heinz Handschuh gaben Anlass zur Freude. Und dann war da noch Torhütertalent Gerhard Heinze, der beim 3:0 gegen den FC Bayern zu seinem ersten Bundesligaeinsatz gekommen war und dessen famose Leistung die Fans mit Sprechchören gefeiert hatten. Dass er bereits der 23. VfB-Spieler war, der im Saisonverlauf zum Einsatz kam (Meister Nürnberg „verbrauchte" im selben Zeitraum nur 15 Akteure), dokumentierte wiederum, woran es den Bewegungsspielern 1967/68 vor allem mangelte: an Konstanz.

■ Weil sich die Fans im vierten Bundesligajahr bei ihren Stadionbesuchen zurückhaltend gezeigt hatten, schloss der VfB zum zweiten Mal in Folge ein Geschäftsjahr mit einem **Defizit** ab. War dies 1966/67 noch mit 133.000 DM exakt beziffert worden, so gab es diesmal keine konkreten Zahlen. Zusätzliche Belastung war die neu eingeführte Mehrwertsteuer, die die Steuerlast des Vereins auf 40 Prozent aller Einnahmen schraubte.

■ Weder verwandt noch verschwägert: Stammverteidiger Hans Eisele (links) und der aus dem eigenen Nachwuchs aufgerückte **Günther Eisele** (rechts).

■ Weil während des Spiels **dichter Nebel** durch das Marathontor waberte und sich wie ein Schleier über das Spielfeld legte, brach Schiedsrichter Hilker die Partie zwischen dem VfB und Borussia Neunkirchen in der 54. Minute beim Stande von 1:1 ab. Zum Glück für den VfB, der seine Fans bis dahin arg enttäuscht hatte. „Dichter Nebel rettete den VfB", kommentierte die Presse.

■ Ärger mit den Kickers. „Das kostet uns sicher einige Tausender, die wir so dringend nötig hätten" krittelten die „Blauen", als herauskam, dass nur einen Tag vor ihrem ins Neckarstadion verlegten Schlagerspiel gegen Offenbach der VfB an gleicher Stelle auf die Münchner Bayern traf. Die Idee eines **„Doppelspiels"** wies VfB-Boss Dr. Walter milde lächelnd zurück. „Bei aller Liebe zu den Kickers. Es geht nicht, nicht mehr. Wir können die Preise nicht aufschlagen. Also müssten wir den Kickers das Geld schenken, was aber eben auch uns mittlerweile unmöglich geworden ist."

Kein Durchkommen gab es für Karl-Heinz Handschuh gegen Bremens Abwehrbollwerk aus Torhüter Bernard und Verteidiger Höttges. Der VfB verlor sein Heimspiel gegen die Nordlichter mit 0:3.

Der VfB in der Saison 1967/68. Hinten v. l.: Weiß, Huttary, Menne, Sieloff, Arnold, Willi Entenmann, Gärtner, Trainer Baumann. Mitte: Hans Eisele, Handschuh, Rudi Entenmann, Günther Eisele, Hoffmann, Larsson, Koch, Weidle. Vorn: Köppel, Seibold, Pfeifer, Feller, Sawitzki, Heinze, Weidmann, Haug.

[LEGENDEN]

HANS ARNOLD

Mit 204 Ligaspielen (neun Treffer) zählte Hans Arnold zu den VfB-Dauerbrennern in den 1960er Jahren. Dennoch ist der Ruf des Allrounders merkwürdig verblasst, erinnern sich Experten zumeist nur an seine Verwicklung in den Bundesligaskandal. Am 29. Mai 1971 hatte Arnold sich gemeinsam mit Hans Eisele und Hartmut Weiß dafür bezahlen lassen, dass der VfB mit 0:1 in Bielefeld verlor.

Der anschließend als Trainer zu den Sportfreunden Stuttgart wechselnde Arnold hatte seine Laufbahn im Sturm begonnen, war aber schon bald ins Mittelfeld gerückt und verbrachte das Ende seiner Laufbahn in der Verteidigung. Er galt als Akteur alter Schule, der solide und pflichtbewusst spielte, es mitunter aber ein wenig an Initiative vermissen ließ. 1978 kehrte Arnold zum VfB zurück und löste den nach Freiburg wechselnden Co-Trainer Norbert Wagner ab. Später engagierte er sich vornehmlich im Jugendbereich und führte die A-Jugend der Weiß-Roten 1981 zur Deutschen Jugendmeisterschaft.

1. Bundesliga

1	19.8.1967	VfB - Eintracht Frankfurt	4:0	48.000
2	26.8.1967	Bor. M'gladbach - VfB	1:1	30.000
3	2.9.1967	VfB - Eintr. Braunschweig	0:0	57.000
4	9.9.1967	TSV München 1860 - VfB	3:3	20.000
5	13.9.1967	VfB - Schalke 04	2:0	40.000
6	16.9.1967	1. FC Köln - VfB	2:2	24.000
7	23.9.1967	Werder Bremen - VfB	3:1	30.000
8	6.10.1967	VfB - 1. FC Kaiserslautern	0:1	28.000
9	14.10.1967	1. FC Nürnberg - VfB	5:1	45.000
10	21.10.1967	VfB - MSV Duisburg	3:0	16.000
11	28.10.1967	Alemannia Aachen - VfB	3:2	18.000
12	4.11.1967	VfB - Hannover 96	2:0	18.000
13	11.11.1967	Bayern München - VfB	3:1	18.000
14	18.11.1967	VfB - Borussia Dortmund	4:1	33.000
15	25.11.1967	Karlsruher SC - VfB	1:4	25.000
	2.12.1967	VfB - Bor. Neunkirchen		12.000
		nach 54. Min. bei 1:1 abgebrochen		
16	9.12.1967	Hamburger SV - VfB	1:1	7.500
17	16.12.1967	VfB - Bor. Neunkirchen	2:1	11.000
18	13.1.1968	VfB - Bor. M'gladbach	1:3	8.000
19	20.1.1968	Eintr. Braunschweig - VfB	2:1	13.000
20	3.2.1968	VfB - TSV München 1860	2:1	24.000
21	10.2.1968	Schalke 04 - VfB	2:1	14.000
22	17.2.1968	VfB - 1. FC Köln	2:0	18.000
23	2.3.1968	VfB - Werder Bremen	0:3	8.000
24	9.3.1968	1. FC Kaiserslautern - VfB	2:0	12.000
25	16.3.1968	VfB - 1. FC Nürnberg	1:1	55.000
26	23.3.1968	MSV Duisburg - VfB	3:3	9.000
27	30.3.1968	VfB - Alemannia Aachen	4:1	10.500
28	3.4.1968	Eintracht Frankfurt - VfB	4:0	10.000
29	6.4.1968	Hannover 96 - VfB	2:1	8.500
30	20.4.1968	VfB - Bayern München	3:0	45.000
31	27.4.1968	Borussia Dortmund - VfB	2:1	11.000
32	11.5.1968	VfB - Karlsruher SC	3:2	5.000
33	18.5.1968	Bor. Neunkirchen - VfB	0:5	3.000
34	28.5.1968	VfB - Hamburger SV	4:1	12.000

Abschlusstabelle

1. 1. FC Nürnberg	34	19	9	6	71:37	47-21
2. Werder Bremen	34	18	8	8	68:51	44-24
3. Bor. M'gladbach	34	15	12	7	77:45	42-26
4. 1. FC Köln	34	17	4	13	68:52	38-30
5. Bayern München	34	16	6	12	68:58	38-30
6. Eintracht Frankfurt	34	15	8	11	58:51	38-30
7. MSV Duisburg	34	13	10	11	69:58	36-32
8. VFB STUTTGART	34	14	7	13	65:54	35-33
9. Eintr. Braunschw. (M)	34	15	5	14	37:39	35-33
10. Hannover 96	34	12	10	12	48:52	34-34
11. Alem. Aachen (N)	34	13	8	13	52:66	34-34
12. TSV München 1860	34	11	11	12	55:39	33-35
13. Hamburger SV	34	11	11	12	51:54	33-35
14. Borussia Dortmund	34	12	7	15	60:59	31-37
15. Schalke 04	34	11	8	15	42:48	30-38
16. 1. FC Kaiserslautern	34	8	12	14	39:67	28-40
17. B. Neunkirchen (N) ▽	34	7	5	22	33:93	19-49
18. Karlsruher SC ▽	34	6	5	23	32:70	17-51

DFB-Pokal

1. HR	27.1.68	VfB - 1. FC Kaiserslautern	1:0	4.600
AF	24.2.68	VfL Bochum - VfB	2:1	20.000

Bundesligakader

Abgänge: Böhringer (Stuttgarter Kickers Amateure), Geiger (Laufbahnende), Peters (Spielertrainer FC Biel), Pfisterer (FC Baden), Reiner (Stuttgarter Kickers), Waldner (TB Neckarhausen). **Zugänge:** Günther Eisele (VfB-Amateure), Feller (Preußen Münster), Gärtner (1. FC Saarbrücken), Haug (Stuttgarter Kickers), Heinze (VfB-Jugend), Koch (VfB-Amateure), Weidle (VfB-Jugend), Weidmann (VfB-Amateure)

Trainer: Gunter Baumann

Tor		Hans Eisele	18/0
Günter Sawitzki	21/0	Willi Entenmann	18/2
Dieter Feller	10/0	Günter Seibold	18/0
Gerhard Heinze	3/0	Helmut Huttary	17/2
Werner Pfeifer	0/0	Gerd Menne	16/2
Feld		Manfred Weidmann	15/2
Horst Köppel	34/17	Horst Haug	14/4
Gilbert Gress	33/8	Rudi Entenmann	6/1
Theodor Hoffmann	33/0	Hans-Dieter Koch	6/0
Bo Larsson	33/4	Günter Eisele	2/0
Klaus-Dieter Sieloff	27/6	Manfred Gärtner	4/0
Karl-H. Handschuh	26/11	Roland Weidle	1/0
Hartmut Weiß	21/2	+ vier Eigentore	
Hans Arnold	18/0		

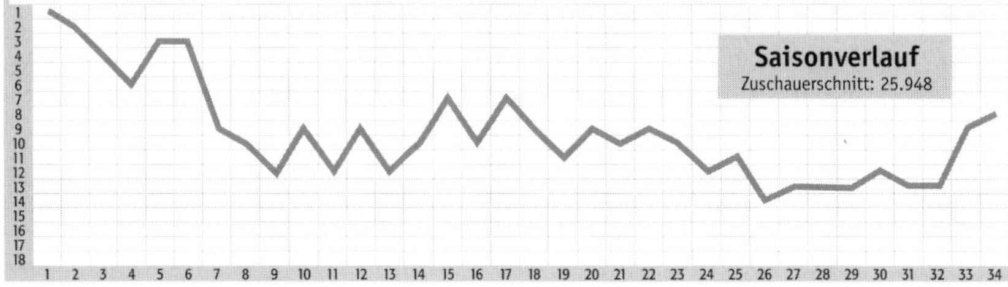

[SAISON]

Stuttgart träumt vom Titel

Vom 15. März bis zum 31. Mai 1969 schwankte der VfB zwischen Himmel und Hölle. Nach dem 3:0 im Gipfeltreffen gegen Tabellenführer FC Bayern bis auf einen Zähler an den Spitzenreiter herangerückt, hagelte es plötzlich Niederlagen en masse. Sieben sieglose Spiele in Folge, darunter sechs Niederlagen, ließen eine bis dahin tolle Saison zu einer Enttäuschung werden, an deren Ende das totale Chaos stand.

Vor Saisonbeginn überwog auf dem Wasen Gelassenheit. Mit Horst Köppel war zwar ein Leistungsträger nach Mönchengladbach abgewandert, doch mit dem Ulmer Mayer und Werner Haaga, Sohn von VfB-Schatzmeister Eberhard Haaga, war der Kader bestens ergänzt worden. Alles lief prima, und als der VfB zur Winterpause Platz fünf belegte, hätte eigentlich Zufriedenheit herrschen müssen. Doch davon konnte keine Rede sein. Zwischenzeitlich hatte nämlich der seit einiger Zeit als „Freund und Gönner" auftretende Großverleger Hans Weitpert den Tschechoslowaken František Bufka im Alleingang zum Wasen gelockt. Bufka, der zuvor mit großem Erfolg im österreichischen Linz gearbeitet hatte, wurde Trainer Baumann als „technischer Direktor" zur Seite gestellt. Faktisch hatte der VfB damit zwei Trainer! Chefcoach Baumann fand das verständlicherweise gar nicht lustig und kündigte an, Stuttgart zum Saisonende verlassen zu wollen.

Dessen ungeachtet preschte sein Team in der Tabelle bis auf Platz zwei vor und schürte in Stuttgart erstmals seit 17 Jahren wieder (berechtigte!) Titelträume. Nach dem mitreißenden 3:0-Traumsieg über Spitzenreiter Bayern brach die Schwabenwelt jedoch abrupt zusammen. Gress flog vom Platz und wurde vier Wochen gesperrt, Willi Entenmann verletzte sich, und der VfB gewann nur noch sein Schlussspiel gegen Kaiserslautern. Dass dem 4:3-Zittersieg lediglich die kärgliche Kulisse von 2.500 Unverdrossenen beiwohnte, krönte die missratene Schlussphase der Saison.

■ Wochenlang zogen sich die Verhandlungen zwischen dem VfB und Borussia Mönchengladbach um die Freigabe von **Horst Köppel** hin. Streitpunkt war eine Vertragsverlängerung zwischen dem VfB und Köppel, die zwar der 20-jährige Außenstürmer unterzeichnet hatte, nicht aber dessen Vater, der dies als Erziehungsberechtigter (volljährig wurde man seinerzeit erst mit 21) ebenfalls hätte tun müssen! Köppel Senior wollte seinen Filius aber lieber in Gladbach sehen, wo „Horschtle" schließlich auch unterschrieb. Nachdem der VfB zunächst einen Gang durch sämtliche Instanzen angekündigt hatte, „um die grundsätzliche Frage" zu klären, „ob bei Verlängerungen des Vertrages die Unterschrift der Eltern noch einmal nötig" ist, einigte man sich bei Zahlung von 215.000 DM Ablösesumme doch auf die Freigabe.

■ Schon im Herbst 1968 deutete sich an, dass der VfB zum Saisonende **Leistungsträger** verlieren würde. Zunächst äußerte Bo Larsson den Wunsch, in seine Heimat zurückzukehren, und dann hegte auch Gilbert Gress Wechselambitionen. „Ich bin eben keine zwanzig mehr", bekannte der „Fußballbeatle", dem ein Angebot aus Straßburg vorlag und der zudem beim FC Bayern im Gespräch war. Gress war zwar nicht abgeneigt, in Stuttgart zu bleiben, verlangte dafür aber 100.000 DM zum Aufbau einer beruflichen Existenz sowie weitere 3.000 DM pro Monat. „Wir werden uns natürlich noch mit Gress unterhalten, und es ist klar, dass wir ihn unbedingt behalten möchten", beschwichtigte Dr. Walter. Mit Erfolg: Der Elsässer verlängerte seinen Vertrag schließlich bis 1971.

[EREIGNIS]

Der doppelte Trainer

Senator Weitpert verpflichtet Bufka

Schon 1967 hatte VfB-Präsident Dr. Walter angekündigt, nach den Feierlichkeiten zum 75. Bestehen des VfB aus der Vereinsführung ausscheiden zu wollen. Der seit 1944 amtierende VfB-Boss sah die „Notwendigkeit der Scheidung zwischen dem professionellen Teil des Sports und dem geselligen Teil" auch auf seinen Klub zukommen. Ein Schritt, den er einerseits für unvermeidbar hielt, den er andererseits aber nicht mehr mitgestalten wollte.

Ein „moderner" Nachfolger stand schon parat: Hans Weitpert, erfolgreicher Großverleger, für den der VfB im Oktober 1968 eigens einen „Mitarbeiterstab für besondere Aufgaben" eingerichtet hatte. Von den Medien wurde der eloquente Herr stets als „Senator" bezeichnet – Weitpert war nicht nur Honorarkonsul der westafrikanischen Republik Togo für Baden-Württemberg, sondern auch Senator der in Mainz ansässigen internationalen Gutenberg-Gesellschaft. Und er war ehrgeizig. „Mit der Planierraupe" müsse man arbeiten, „um fruchtbaren Boden für eine fruchtbare Zukunft zu schaffen", befand er nach einer ersten Inaugenscheinnahme der VfB-Strukturen. Aus dem konservativ und mitunter etwas tapsig geführten Sportverein gedachte Weitpert ein erfolgreiches Unternehmen zu machen. Das betraf auch die Trainerfrage. Schon im August 1968 hatte sich Weitpert eigenmächtig mit Ex-Trainer Sing getroffen, um über die Ablösung des ungeliebten Gunter Baumanns zu verhandeln. Statt Sing kam dann jedoch der Tschechoslowake Bufka, dessen Verpflichtung als „technischer Direktor" allgemein auf Unverständnis stieß. „Welche stichhaltigen Argumente gibt es denn gegen die Person und das Training Gunter Baumanns?", fragte der »kicker« und konstatierte: „Dem Vorgang haftet der Ruch einer Überrumpelung an."

Baumann (Foto) weigerte sich prompt, mit Bufka (Monatssalär: 5.000 DM) zusammenzuarbeiten und übergab die Angelegenheit seinem Rechtsanwalt.

Die heftig kritisierte Mannschaft („allesamt Versager!") stellte sich geschlossen hinter ihren bisherigen Trainer („Wir sind eine gute Truppe und mit Baumann zufrieden") und drang wie zum Trotz mit Siegen über Hertha (1:0) und Frankfurt (2:0) in die Spitzengruppe vor. „Es war ein Sieg für Herrn Baumann", erklärte Gilbert Gress nach dem 2:0 über Frankfurt trotzig. Baumanns Galgenfrist wurde durch den Höhenflug jedoch nur verlängert. Entnervt gab der Sachse schließlich auf und kündigte an, den VfB zum Saisonende verlassen zu wollen.

Der VfB-Kader in der Saison 1968/69. Hinten: Trainer Baumann, Menne, Larsson, Sawitzki, Feller, Günther Eisele, Mayer, Willi Entenmann, Sieloff. Mitte: Gress, Handschuh, Weidle, Hoffmann, Arnold, Koch, Haug. Von: Rudi Entenmann, Hans Eisele, Seibold, Weidmann, Heinze, Haaga.

[EREIGNIS]

Im August 1968 geriet der VfB unangenehm in die Schlagzeilen. Ex-Vereins-Masseur Farid Girgis hatte Geschäftsführer Franz Seybold „wegen Beleidigung, Verleumdung und übler Nachrede" angezeigt und behauptete, über einen langen Zeitraum gemobbt und rassistisch beleidigt worden zu sein sein. Das »Sport-Magazin« zitierte Girgis, Seybold habe ihm gegenüber Bemerkungen wie „Wenn wir jetzt 1934 hätten, würde ich mir aus deiner Haut ein Paar Schuhe machen!" und „Ein Orientale lügt achtmal am Tag" geäußert. Ein Jahr zuvor hatte auch der damalige Chefcoach Albert Sing schon über den autoritären Seybold geklagt, weil der ihm ständig „Prügel in den Weg" werfe und zudem „die Ausländer" im Team ablehne. „Gewiss ist er kein Freund der Ausländer", hatte die Vereinsführung seinerzeit entgegnet – und Seybold im Amt belassen, nachdem Sing gegangen war.

Schwere Vorwürfe

Geschäftsführer Seybold in Kritik

Der „Fall Girgis" endete im Nichts. Man sprach von einer „Pressekampagne", die Girgis initiiert habe, um „seine Kündigung zu begründen", und vermutete, „Hintermänner" hätten den Ägypter, der seine Anzeige schließlich zurückzog, aufgewiegelt.

1. Bundesliga

1	17.8.1968	VfB - TSV München 1860	1:1	25.000
2	24.8.1968	Hamburger SV - VfB	2:1	18.000
3	31.8.1968	VfB - Schalke 04	1:1	12.000
4	3.9.1968	Hertha BSC Berlin - VfB	0:1	60.000
5	7.9.1968	VfB - Eintracht Frankfurt	2:0	21.000
6	13.9.1968	MSV Duisburg - VfB	2:0	26.000
7	21.9.1968	VfB - Eintr. Braunschweig	2:2	15.000
8	28.9.1968	Alemannia Aachen - VfB	1:3	15.000
9	5.10.1968	Bayern München - VfB	2:0	33.000
10	19.10.1968	VfB - Werder Bremen	2:2	15.000
11	26.10.1968	Borussia Dortmund - VfB	1:0	15.000
12	30.10.1968	VfB - 1. FC Köln	6:1	22.000
13	2.11.1968	1. FC Nürnberg - VfB	1:1	20.000
14	9.11.1968	VfB - Kickers Offenbach	1:0	17.000
15	16.11.1968	Bor. M'gladbach - VfB	4:4	9.000
16	30.11.1968	VfB - Hannover 96	1:0	13.000
17	7.12.1968	1. FC Kaiserslautern - VfB	1:3	10.000
18	11.1.1969	TSV München 1860 - VfB	3:1	10.000
19	18.1.1969	VfB - Hamburger SV	3:0	26.000
20	25.1.1969	Schalke 04 - VfB	1:1	18.000
21	1.2.1969	VfB - Hertha BSC Berlin	4:2	15.000
22	8.2.1969	Eintracht Frankfurt - VfB	3:0	10.000
23	22.2.1969	VfB - MSV Duisburg	3:2	15.000
24	1.3.1969	Eintr. Braunschweig - VfB	1:2	15.000
25	8.3.1969	VfB - Alemannia Aachen	3:1	2.000
26	15.3.1969	VfB - Bayern München	3:0	74.700
27	22.3.1969	Werder Bremen - VfB	1:0	22.000
28	29.3.1969	VfB - Borussia Dortmund	2:2	23.000
29	9.4.1969	1. FC Köln - VfB	5:2	22.000
30	26.4.1969	VfB - 1. FC Nürnberg	2:3	22.000
31	17.5.1969	Kickers Offenbach - VfB	2:1	17.000
32	24.5.1969	VfB - Bor. M'gladbach	0:3	10.000
33	31.5.1969	Hannover 96 - VfB	1:0	10.000
34	7.6.1969	VfB - 1. FC Kaiserslautern	4:3	2.500

Abschlusstabelle

1. Bayern München	34	18	10	6	61:31	46-22
2. Alemannia Aachen	34	16	6	12	57:51	38-30
3. Bor. M'gladbach	34	13	11	10	61:46	37-31
4. Eintr. Braunschweig	34	13	11	10	46:43	37-31
5. VFB STUTTGART	34	14	8	12	60:54	36-32
6. Hamburger SV	34	13	10	11	55:55	36-32
7. Schalke 04	34	14	7	13	45:40	35-33
8. Eintracht Frankfurt	34	13	8	13	46:43	34-34
9. Werder Bremen	34	14	6	14	59:59	34-34
10. TSV München 1860	34	15	4	15	44:59	34-34
11. Hannover 96	34	9	14	11	47:45	32-36
12. MSV Duisburg	34	8	16	10	33:37	32-36
13. 1. FC Köln	34	13	6	15	47:56	32-36
14. Hertha BSC Berlin (N)	34	12	8	14	31:39	32-36
15. 1. FC Kaiserslautern	34	12	6	16	45:47	30-38
16. Borussia Dortmund	34	11	8	15	49:54	30-38
17. 1. FC Nürnb. (M) ▽	34	9	11	14	45:55	29-39
18. Kickers O'bach (N) ▽	34	10	8	16	42:59	28-40

DFB-Pokal

1. HR	22.1.69	VfB - 1. FC Köln	1:0	17.000
AF	15.2.69	Hannover 96 - VfB	2:2 n.V.	6.500
	5.3.69	VfB - Hannover 96	0:1	18.000

Bundesligakader

Abgänge: Gärtner (Röchling Völklingen), Huttary (MSV Duisburg), Köppel (Borussia Mönchengladbach), Pfeifer (VfR Heilbronn), Weiß (Eintracht Braunschweig)

Zugänge: Haaga (VfB-Amateure), Mayer (SSV Ulm)

Trainer: Gunter Baumann

Tor		Horst Haug	24/7
Gerhard Heinze	33/0	Karl.-H. Handschuh	22/7
Dieter Feller	2/0	Werner Haaga	21/2
Günter Sawitzki	0/0	Hans Eisele	19/1
Feld		Klaus-Dieter Sieloff	18/2
Hans Arnold	34/3	Hans-Dieter Koch	4/0
Bo Larsson	33/9	Reinhold Zech (Am)	4/0
Gerd Menne	32/4	Roland Weidle	3/0
Gilbert Gress	31/6	Günther Eisele	2/0
Theodor Hoffmann	31/0	Rudi Entenmann	1/0
Willi Entenmann	27/4	Günther Seibold	0/0
Hans Mayer	27/1	+ drei Eigentore	
Manfred Weidmann	27/11		

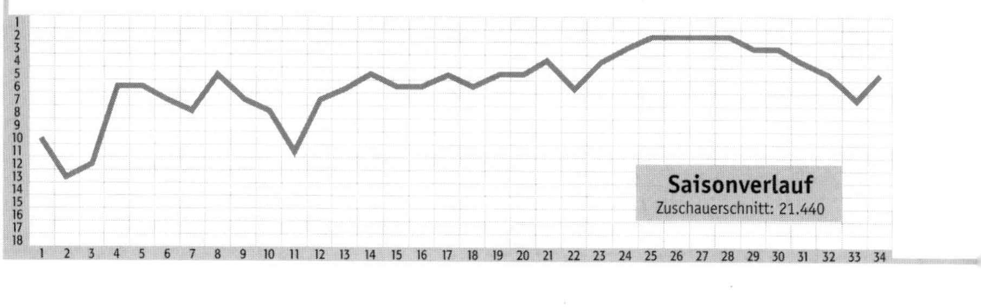

[SPIEL]

VfB 3:0 FC Bayern

Ein pausbäckiges 3:0

VfB ist „Mannschaft der Stunde"

Schon seit Wochen befindet sich der VfB in bestechender Form. Nicht einmal eine 0:1-Heimniederlage im Pokalwiederholungsspiel gegen Hannover 96 kann die Stimmung trüben, zumal 96-Trainer Cajkovski den VfB danach unverändert „als die Mannschaft der Stunde" bezeichnet.
Nun kommt der FC Bayern, der die Tabelle seit Monaten souverän anführt. Mit einem Sieg kann der VfB das Titelrennen noch einmal spannend machen und seinen Rückstand gegenüber den Münchnern auf einen Zähler verringern.
Schon seit Tagen steht Stuttgart Kopf. Erstmals in seiner Geschichte ist das Neckarstadion bereits im Vorverkauf komplett ausverkauft – 74.000 Tickets sind rasend schnell über den Ladentisch gegangen. Unter der Hand geht der Verkauf jedoch weiter, werden Schwarzmarktpreise von bis zu 70 DM gefordert – und gezahlt! Auch Päsident Dr. Walter kann sich vor Nachfragen kaum retten. „Am besten wäre es, ich würde hier im Sessel neben dem Telefon sitzen bleiben. Ununterbrochen klingelt es. Die Leute rufen auch von weither an. Wollen Karten, wollen Auskünfte", staunt seine Ehefrau.
Am Spieltag herrscht der Ausnahmezustand. Mehr als 25.000 Fahrzeuge rollen zum Wasen und wollen dort untergebracht werden. Doch als Schiedsrichter Fork die Begegnung freigibt, sind alle Kartenbesitzer anwesend, ist das weite Rund bis auf den letzten Platz gefüllt. VfB-Coach Baumann muss auf Sieloff verzichten und freut sich, dass seine Mannschaft die Turbulenzen um die eigenwillige Inthronisierung des „technischen Direktors" Bufka offenbar gut überstanden hat.
Seine Entscheidung ist längst gefallen – er wird den Klub zum Saisonende verlassen. „Auch wenn der VfB Meister wird?", fragen die Medien – „auch dann wird der Trainer Bufka heißen", entgegnet Baumann kühl.
Doch zuvor liefert seine Elf noch einmal eine unvergessene Galavorstellung. „Das pausbäckige Dreinull muss dem Letzten unter den 74.000 klar gemacht haben: Der Aufstieg vom verlorenen Haufen zum besten VfB, den es in der Bundesliga je gab, kann gar nicht so zufällig gewesen sein, wie es die Siebeng'scheiten glauben machen wollen", staunt der »kicker« tags darauf. In 90 mitreißenden Minuten hat der VfB die Bayern zunächst niedergekämpft und sie anschließend nach allen Regeln der Kunst demontiert. Begünstigt durch die frühe Führung (Menne, achte Minute) brillieren vor allem Publikumsliebling Gress, Müller-Bewacher Arnold sowie Entenmann als Abschirmer des gefürchteten Ohlhauser. Larsson unmittelbar vor dem Pausenpfiff und der starke Haug in der 78. Minute sorgen für die weiteren Treffer und bescheren Vereinsboss Dr. Walter ein perfektes Geschenk zum 69. Geburtstag.

[LEGENDEN]

BO LARSSON

Das schönste Kompliment erhielt er nach dem Freundschaftsspiel gegen Standard Lüttich (1:1) im Juli 1968. „Nehme ich Larsson nach vorne, fehlt er hundertprozentig im Mittelfeld", haderte VfB-Trainer Baumann und sinnierte: „Zwei Larsson wären zu schön!"
Doch Baumann hatte nur einen Larsson. Und der stand 1968/69 in 33 Ligaspielen zumeist im Sturm zuverlässig seinen Mann. Das war nicht ungewöhnlich für Bosse „Bo" Larsson, der 1966 gemeinsam mit „Beatle" Gress gekommen war, aber nicht annähernd so viele Schlagzeilen wie „Schil" schrieb. Extrem zuverlässig, weitestgehend unauffällig und menschlich eine große Bereicherung – das zeichnete den schwedischen Nationalspieler in VfB-Diensten aus. Trotz sportlicher Erfolge und einer schönen Wohnung in Obertürkheim wurde Larsson jedoch nicht glücklich in Stuttgart und verließ den Klub schon 1969, um nach Malmö zurückzukehren. „Ein bitterer Verlust. Bo war unser wertvollster Spieler", schickte VfB-Boss Dr. Walter traurig hinterher. 1974 kam Larsson zurück – mit der schwedischen Nationalelf nahm er zum zweiten Mal nach 1970 an einem WM-Turnier teil. 1978 war der Ex-Stuttgarter in Argentinien abermals beim Weltturnier dabei.

Bo Larsson hat den Ball zum 2:0 in Richtung Münchner Tor befördert – dem Bayern-Starensemble bleibt nur der verzweifelte Blick.

[SAISON]

„Neuer" VfB enttäuscht

Schon vor dem ersten Spieltag wurde der VfB zur Lachnummer der Liga. Nachdem Baumann-Nachfolger František Bufka wider Erwarten durch die Trainerprüfung gefallen war, verweigerte der DFB ihm folgerichtig die Lizenz, und der VfB stand ohne Übungsleiter da. Geschäftsführer Franz Seybold musste einspringen und erhielt einen Vertrag für, wie es hieß, „zumindest ein Jahr". Dem Trainer-Tohuwabohu folgte ein spektakulärer Wechsel auf der Führungsebene, als sich Senator Weitpert im August 1969 bei der Wahl zum Vorsitzenden gegen den Dr. Walter-Intimus „Waggele" Haaga durchsetzte und die Führung übernahm.

Der von Weitpert angekündigte „neue VfB" beherrschte fortan die Schlagzeilen und verdrängte mit ambitionierten Plänen („Ich will, dass man wieder vom VfB spricht") die Frage nach der sportlichen Entwicklung. Die hatte sich mit dem Verlust von Nationalmannschaftsstopper Sieloff sowie Bo Larsson spürbar verschlechtert, zumal sich der Verein bei der Verpflichtung von Neuzugängen zurückhielt. Den besten Eindruck hinterließ ausgerechnet der aus Rot stammende Nachwuchsverteidiger Reinhold Zech, der sich überraschend einen Stammplatz sicherte. Begleitet von Dauerturbulenzen auf der Führungsebene kam der VfB während der gesamten Saison nicht über Mittelmaß hinaus. Im Sturm fehlte es nach Larssons Abgang an Dynamik, in der Abwehr vermisste man einen Organisator, und das Mittelfeld geizte mit Impulsen.

Die Fans hatten bald genug. Schon nach fünf Spielen forderten sie bei der 1:4-Heimpleite gegen Hertha BSC den Kopf von Trainer Seybold und blieben anschließend verstärkt daheim. Als sich zum letzten Heimspiel gegen Eintracht Braunschweig kaum 3.500 Anhänger auf den Rängen des Neckarstadions verloren, musste der VfB einen neuen vereinseigenen Bundesliga-Minusrekord von 20.735 Zahlenden pro Begegnung hinnehmen und fand sich sportlich auf Rang sieben wieder...

[EREIGNIS]

Weitpert übernimmt

Großverleger will „neuen VfB"

Im 76. Jahr seines Bestehens drohte der VfB zu zerbrechen. Zwei Seiten standen sich herausfordernd gegenüber: die der Traditionalisten, die Dr. Walters bewährter Politik der Vorsicht folgten und nach Walters Verzicht auf eine weitere Amtszeit Schatzmeister Eberhard „Waggele" Haaga das Führungsamt übertragen wollten, sowie die des „neuen" VfB, angeführt vom ambitionierten Großverleger Hans Weitpert, der dem VfB erst am 1. August 1968 beigetreten war. Aus Furcht vor einem überschnellen Kurswechsel hatte Dr. Walter den Verleger seinerzeit sofort in den erweiterten Vorstand geholt und dafür eigens die Satzung ändern lassen, denn Vorstandsarbeit war eigentlich erst nach mindestens dreijähriger Vereinszugehörigkeit möglich. Der Großverleger hatte zuvor Schlagzeilen gemacht, als er vier auflagenträchtige Magazine vom Axel-Springer-Verlag übernommen (»Bravo«, »Jasmin«, »Eltern« und »Twen«) und den bundesdeutschen Zeitungsmarkt damit tüchtig aufgemischt hatte.

Nachdem die erste VfB-Jahreshauptversammlung am 18. Juli nach „tumultartigen Gefechten" (»kicker«) abgebrochen worden war, kamen die Mitglieder am 7. August 1969 im Gewerkschaftshaus erneut zusammen, um über den neuen Vorsitzenden zu entscheiden und damit den künftigen Kurs zu bestimmen. Als das Ergebnis der Abstimmung um exakt 22.46 Uhr bekannt gegeben wurde, begann eine neue Ära, denn Weitpert (Foto oben) hatte sich überraschend deutlich mit 280:165 Stimmen durchgesetzt.

Der Führungswechsel beendete eine Epoche, die für Realismus, Bescheidenheit und Kontinuität stand und für die sich 25 Jahre lang der am selben Abend zum Ehrenpräsidenten gekürte Oberstudienrat Dr. Fritz Walter verantwortlich zeigte. Gemeinsam mit Dr. Walter ging Ernst Schnaitmann, der seinen Posten als Spielausschussvorsitzender in einer Kampfabstimmung an VfB-Idol Robert Schlienz verlor. Das Amt des Schatzmeisters übernahm unterdessen mit dem 32-jährigen Richard Ulmer ein Steuerfachmann, der im Vorjahr aus Verärgerung über Dr. Walters Vereinsführung von seinem Posten als 3. Vorsitzender zurückgetreten war.

Die neue Crew kündigte große Taten an. „Ich will den VfB ganz nach oben führen", ließ der wegen seines grauen Haarschopfes auch „Lila Hans" genannte Weitpert wissen und baute dabei auf ein vielköpfiges Feld von Mitstreitern. Als er nach und nach Schlüsselpositionen mit Vertrauten besetzte, begann die Presse prompt von einem „konsultanischen Korps" zu sprechen.

Die Veränderungen sollten den gesamten Verein erfassen. Die Mitgliederzahl von 2.100 wollte Weitpert verdoppeln, die Firmen „im ganzen Land" sollten hinter dem VfB formiert und die „Kameradschaft unter den Mitgliedern eisern zusammengeschweißt" werden. Dabei dachte Weitpert u. a. an Vereinswanderungen sowie die Einrichtung einer Gymnastikgruppe für weibliche Mitglieder, „weil der Verein ja nicht nur aus dem Fußball besteht". Hinter den naiv anmutenden Vorschlägen stand ein knallhartes Programm, das auf offensives Forechecking setzte und den VfB in ein Wirtschaftsunternehmen verwandeln sollte. Weitpert wollte den VfB offensiv aus dem gefährlichen Mittelmaß reißen, erreichte allerdings das Gegenteil. Während seiner Amtszeit sollte der Klub die turbulentesten Jahre seiner Geschichte durchleben und sowohl sportlich als auch wirtschaftlich enorm unter Druck geraten.

Das lag nicht zuletzt an dem als „kantig und eigenwillig" umschriebenen Weitpert, der die Cannstatter zwar durchaus in Richtung Moderne stieß, mit Alleingängen à la Bufka und einer merkwürdigen Personalpolitik (Bremens Nationalverteidiger Höttges erfuhr beispielsweise erst aus der Zeitung vom VfB-Interesse und lehnte einen Wechsel brüsk ab) aber auch reichlich Unruhe verbreitete.

GILBERT GRESS

Keinen hatten die VfB-Fans (vor allem die weiblichen) so sehr ins Herz geschlossen, wie Gilbert Gress. Der Exzentriker aus Frankreich bestach nicht nur durch sportliche Topleistungen, sondern erwies sich auch außerhalb des Spielfeldes als unschlagbarer Sympathieträger.
„Schillbär" wurde Gilbert schwäbisch-französisch getauft – mehr als nur eine sprachliche Nuance, denn die Verniedlichung passte perfekt zum laut »kicker« ersten „Fußballbeatle" der Bundesliga- und VfB-Geschichte. In 149 Spielen stand der Elsässer zwischen 1966 und 1971 für den VfB auf dem Feld und markierte 24 Tore. Obwohl keine allzu berauschenden Zahlen, ist Gress trotz Elber, Sigurvinsson oder Soldo der bis heute schillerndste Ausländer der Vereinsgeschichte.
Ein Genie sei er, behauptete man über den Künstler am Ball, der so zeitgemäß eigenwillig sein konnte. Im Zeitalter der Beatles und der „68er" brauchte die Bundesliga so etwas. Mit Gress bekam der VfB eine Identifikationsfigur für jene Fans, die schon immer geahnt hatten, dass es zwischen Kehrwoche und „Schaffe, Schaffe" noch andere Lebensziele geben musste. Gilbert Gress und seine vom Boulevard als „hübsche Elsässerin" vorgestellte Frau lebten es vor und verweigerten sich der im Fußball (eigentlich) unumstößlichen Unterordnung. Dass Gress von einem zunächst unsicheren Kantonisten, der ständig gegen Trainer stänkerte und häufig durch Lustlosigkeit auffiel, zu einem wichtigen Leistungsträger im Schwabendress avancierte, würdigt seine Verdienste für den VfB noch mehr.
Doch auch Gress wurde Opfer der turbulenten Zustände unter Senator Weitpert. Als die Vereinskasse im Frühjahr 1971 ein bedrohliches Loch aufwies, nahm Weitpert ein Angebot von Olympique Marseille dankend an und schickte „Schillbär" zurück in seine Heimat. Später, als Gress längst erfolgreicher Trainer war, versuchte man mehrfach, wieder zueinander zu finden. Doch vergeblich. „Es ist wie verhext, wenn der VfB einen Trainer brauchte, hatte ich noch einen Vertrag. War ich frei, brauchte der VfB keinen Trainer", kommentierte der „Fußballbeatle" rückblickend.

Der VfB in der Saison 1969/70. Hinten v. l.: Olsson, Willi Entenmann, Gress, Weidmann, Mayer, Hoffmann, Wittfoht, Zech, Günther Eisele, Weidle, Trainer Seybold. Vorn: Haug, Haaga, Arnold, Heinze, Feller, Höbusch, Hans Eisele, Koch.

[LEGENDEN]

MANFRED WEIDMANN

Mit 234 Bundesligaspielen (32 Tore) zählte Manfred Weidmann zu den Dauerbrennern des ersten Stuttgarter Bundesligajahrzehnts.
Dennoch gehört der aus der VfB-Nachwuchsarbeit stammende 1,74 m-Mann zu den „vergessenen" Akteuren. Stets solide und verlässlich machte „Männe" kein großes Aufsehen aus seiner Tätigkeit im Brustringdress, den er zwischen 1968 und 1976 nahezu ohne Unterbrechung trug. In den ersten Jahren vornehmlich im Angriff eingesetzt (1968/69 wurde Weidmann mit elf Treffern sogar vereinsinterer Torschützenkönig!), rückte er später in die Abwehr und vermochte auch dort zu überzeugen. Nach dem Abstieg in die 2. Liga blieb er dem Klub zunächst noch treu, ehe er, wie so viele VfBler in jenen Tagen, 1976 zur SpVgg Ludwigsburg 07 wechselte. 1979 verließ Weidmann auch die Barockstadt und schloss sich dem SV Rot an.

1. Bundesliga

1	16.8.1969	VfB - Werder Bremen	1:1	28.000
2	23.8.1969	MSV Duisburg - VfB	1:1	16.000
3	30.8.1969	VfB - TSV München 1860	3:1	32.000
4	6.9.1969	Alemannia Aachen - VfB	4:2	18.000
5	13.9.1969	VfB - Hertha BSC Berlin	1:4	25.000
6	27.9.1969	Rot-Weiß Essen - VfB	3:3	25.000
7	4.10.1969	1. FC Köln - VfB	3:1	17.000
8	11.10.1969	VfB - Hannover 96	2:1	20.000
9	15.10.1969	Hamburger SV - VfB	1:3	25.000
10	25.10.1969	VfB - RW Oberhausen	4:2	27.000
11	31.10.1969	Schalke 04 - VfB	1:2	22.000
12	8.11.1969	VfB - Bayern München	2:3	72.000
13	15.11.1969	Bor. M'gladbach - VfB	3:0	25.000
14	29.11.1969	VfB - Eintracht Frankfurt	4:0	10.000
15	6.12.1969	1. FC Kaiserslautern - VfB	3:2	7.000
16	13.12.1969	VfB - Borussia Dortmund	2:1	10.000
17	20.12.1969	Eintr. Braunschweig - VfB	1:0	6.352
18	24.1.1970	TSV München 1860 - VfB	4:1	16.000
19	31.1.1970	VfB - Alemannia Aachen	5:0	6.000
20	14.2.1970	VfB - Rot-Weiß Essen	4:1	10.000
21	21.2.1970	VfB - 1. FC Köln	0:3	30.000
22	28.2.1970	Hannover 96 - VfB	2:0	13.000
23	7.3.1970	VfB - Hamburger SV	1:1	15.000
24	11.3.1970	Werder Bremen - VfB	1:1	14.000
25	14.3.1970	RW Oberhausen - VfB	3:0	16.000
26	17.3.1970	VfB - MSV Duisburg	4:3	7.000
27	21.3.1970	VfB - Schalke 04	2:0	12.000
28	28.3.1970	Bayern München - VfB	1:2	14.000
29	4.4.1970	VfB - Bor. M'gladbach	0:0	40.000
30	11.4.1970	Eintracht Frankfurt - VfB	4:0	10.000
31	18.4.1970	VfB - 1. FC Kaiserslautern	2:1	7.000
32	22.4.1970	Hertha BSC Berlin - VfB	3:1	18.000
33	30.4.1970	Borussia Dortmund - VfB	0:0	5.000
34	3.5.1970	VfB - Eintr. Braunschweig	3:2	3.500

Abschlusstabelle

1.	Bor. M'gladbach	34	23	5	6	71:29	51-17
2.	Bayern München (M)	34	21	5	8	88:37	47-21
3.	Hertha BSC Berlin	34	20	5	9	67:41	45-23
4.	1. FC Köln	34	20	3	11	83:38	43-25
5.	Borussia Dortmund	34	14	8	12	60:67	36-32
6.	Hamburger SV	34	12	11	11	57:54	35-33
7.	VFB STUTTGART	34	14	7	13	59:62	35-33
8.	Eintracht Frankfurt	34	12	10	12	54:54	34-34
9.	Schalke 04	34	11	12	11	43:54	34-34
10.	1. FC Kaiserslautern	34	10	12	12	44:55	32-36
11.	Werder Bremen	34	10	11	13	38:47	31-37
12.	Rot-Weiß Essen (N)	34	8	15	11	41:54	31-37
13.	Hannover 96	34	11	8	15	49:61	30-38
14.	RW Oberhausen (N)	34	11	7	16	50:62	29-39
15.	MSV Duisburg	34	9	11	14	35:48	29-39
16.	Eintr. Braunschweig	34	9	10	15	40:49	28-40
17.	München 1860 ▽	34	9	7	18	41:56	25-43
18.	Alem. Aachen ▽	34	5	7	22	31:83	17-51

DFB-Pokal

1. HR	3.1.70	1. FC Nürnberg - VfB	1:0	21.000

Messepokal

1. HR	17.9.69	VfB - Malmö FF	3:0	5.000
	1.10.69	Malmö FF - VfB	1:1	2.800
2. HR	12.11.69	VfB - SSC Napoli	0:0	25.000
	26.11.69	SSC Napoli - VfB	1:0	10.000

Bundesligakader

Abgänge: Rudi Entenmann (VfR Heilbronn), Larsson (Malmö FF), Menne (als Trainer zu Stuttgarter Kickers), Sawitzki (Laufbahnende), Seibold (Spielertrainer SpVgg Ludwigsburg 07), Sieloff (Borussia Mönchengladbach),
Zugänge: Höbusch (Schalke 04), Olsson (GAIS Göteborg), Wittfoht (VfB Lübeck), Zech (VfB-Amateure)
Trainer: Franz Seybold

Tor		Willi Entenmann	25/7
Gerhard Heinze	26/0	Hans Mayer	21/0
Dieter Feller	11/0	Günther Eisele	17/0
Feld		Karl-H. Handschuh	17/7
Gilbert Gress	34/5	Theodor Hoffmann	14/0
Manfred Weidmann	34/9	Werner Haaga	13/1
Reinhold Zech	30/4	Herbert Höbusch	11/0
Hans Eisele	33/0	Hans-J. Wittfoht	11/0
Hans Arnold	32/1	Roland Weidle	10/1
Jan Olsson	30/12	Hans-Dieter Koch	2/0
Horst Haug	26/10	+ zwei Eigentore	

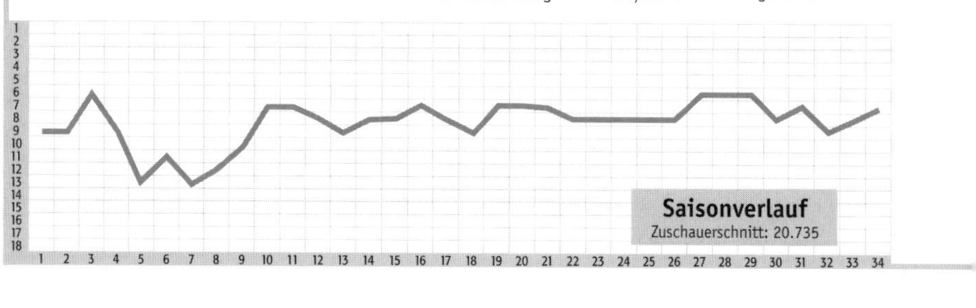

■ Ausgerechnet Malmö FF hieß der erste VfB-Gegner im **Messepokal** – der alte und neue Verein von Bo Larsson! 5.000 Fans warteten beim Hinspiel im Neckarstadion jedoch vergeblich auf den ehemaligen Publikumsliebling, der erst im Rückspiel zum Einsatz kam. Sportlich stellten Larssons neue Mannschaftskameraden keine große Hürde dar – mit einem 3:0-Sieg legte der VfB bereits in Stuttgart den Grundstein für das Erreichen der 2. Runde. Dort war der SSC Neapel mit Ausnahmefußballern wie Dino Zoff und Altafini allerdings unüberwindbar.

■ Der **„neue" VfB** war überall zu erkennen. Frauen wurden mit Freikarten ins Stadion gelockt, im Vorverkauf erworbene Billetts waren preisgünstiger als jene an der Tageskasse, und mit dem »tip top« gab es sogar ein neues, buntes Vereinsmagazin.

■ Der aus Lübeck verpflichtete **Hans-Jürgen Wittfoht** konnte in der ersten Saisonphase weder spielen noch regelmäßig trainieren. Grund: Das 20-jährige Nordlicht leistete in der alten Heimat noch seine Wehrpflicht ab. Erst als er Ende September 1969 ausgedient hatte, stand er dem VfB vollständig zur Verfügung.

■ Mit einem Skandal endete das Stuttgarter Gastspiel bei **Rot-Weiß Essen**. Nachdem der VfB einen 0:3-Rückstand aufgeholt und ein verdientes 3:3 mit nach Hause genommen hatte, brannten einigen RWE-Fans die Sicherungen durch. „Unseren Tormann Feller haben ein Eisstück, eine Flasche und drei bis vier Büchsen getroffen", klagte Trainer Seybold auf der Pressekonferenz.

■ Dass die Mannschaft in der Hinrunde, statt wie befürchtet in den Abstiegsstrudel zu geraten, die Kurve bekam und vor dem Gastspiel des FC Bayern mit vier Siegen in Folge sogar auf Platz sieben kletterte, war nach Ansicht von Insidern „Angst" zu verdanken. Ausgerechnet „Zuckerbrot-und-Peitschen-Mann" **Max Merkel** (Foto) war nämlich als Trainerkandidat auf dem Wasen gehandelt worden – kein Wunder, dass sich der umstrittene Interimscoach Seybold und sein Team plötzlich als „ein Herz und eine Seele" präsentierten und Spielausschussvorsitzender Schlienz „den herausragenden Mannschaftsgeist" lobte, „der Berge versetzen kann"...

[SPIEL]

VfB 4:0 Frankfurt

Cool zum Sieg

Eintracht spielt, VfB gewinnt

Wie gut für den VfB, dass es Eintracht Frankfurt gibt! Seit 1964 haben die Hessen im Neckarstadion kein Tor mehr erzielt und dienen traditionell als „Aufbaugegner" für kriselnde Schwaben. Und nach zwei Niederlagen in Folge (1:2 gegen den FC Bayern, 0:3 in Mönchengladbach) ist es im Ländle mal wieder so weit: ein Sieg muss her, sonst droht der Sturz in die zweite Tabellenhälfte. Wie schon so häufig erweisen sich die Adlerträger als verlässlicher Steigbügelhalter. Spielerisch mit ihrer jungen und talentierten Elf über weite Strecken des Spiels überlegen, vergessen sie, dass zum Siegen auch Tore notwendig sind.
Der VfB nutzt die Frankfurter Harmlosigkeit im Sturm, um mit nüchternem und einzig und allein auf das Ergebnis abgestellten Fußball zum ersehnten Erfolg zu kommen.
Am Ende steht ein angesichts des Eckenverhältnisses von 10:4 für die Eintracht absurd hoher 4:0-Sieg für den VfB, der in Torhüter Feller und Libero Willi Entenmann die stärksten Kräfte hat. Matchwinner ist allerdings der ehemalige Lübecker Hans-Jürgen Wittfoht, der mit klugen Pässen das brandgefährliche VfB-Konterspiel ankurbelt und sich nach seiner eindrucksvollen Vorstellung Hoffnungen auf einen Stammplatz machen kann.
Nicht alle im Ländle sind nach dem erlösenden Sieg jedoch glücklich. Mit Gerhard Heinze und Karl-Heinz Handschuh haben ausgerechnet zwei Hoffnungsträger den Erfolg nur von der Seitenauslinie aus verfolgt. Heinze, zu Jahresfrist immerhin noch als kommender Nationaltorhüter gehandelt, hat seinen Machtkampf mit Dieter Feller zunächst verloren und schmollt auf der Bank. Handschuh indes klagt über eine unangenehme Knochenhautentzündung am Schambein und weiss nicht, wann er endlich wieder trainieren kann. „Ich bekomme jetzt Bestrahlungen. Mir geht's wieder leidlich. Ich trainiere wieder. Aber in diesem Jahr ist sicher nichts mehr für mich drin", hadert der 21-jährige Blondschopf mit seiner Situation.
Ach ja: Natürlich vergeht in der Ära Weitpert auch dieser Tag nicht, ohne dass die brodelnde Gerüchteküche etwas Neues hervorbringt. Diesmal geht es um Horst Köppel, der angeblich aus Mönchengladbach zurückkommen soll. Er habe, so die Medien, bereits zu erkennen gegeben, dass er „am liebsten noch heute" zurückkäme.

Spielerisch leicht überwindet Horst Haug seinen Frankfurter Gegenspieler.

[SAISON]

Ein Skandal jagt den anderen

Als die Saison 1970/71 am 5. Juni 1971 endete, da begann sie eigentlich erst. Bielefeld hatte mit 1:0 bei Hertha BSC gewonnen und damit sensationell seinen Kopf aus der Abstiegsschlinge gezogen. „Schiebung" hatten die Fans gerufen – und damit ins Schwarze getroffen. Der Bundesligaskandal nahm seinen Lauf, und die VfB-Fans rätselten, ob auch ihr Team im Sumpf um verschobene Spiele stecken könnte.

Dabei war die abgelaufene Saison wahrlich nervenaufreibend genug gewesen. Mit Branko Zebec hatte die neue Führung um Senator Weitpert einen der ganz Großen der Trainergilde angeheuert. Zebec soll den Klub endlich in die Spitzengruppe führen. Hinter vorgehaltener Hand sprach man gar von der Meisterschaft, zumal der Sturm mit Heimkehrer Weiß adäquat verstärkt worden war.

Doch der VfB sollte nie auch nur Tuchfühlung zu den Spitzenplätzen aufnehmen. Das Problem lag ausnahmsweise in der Defensive. Schon zur Halbserie lamentierte Zebec angesichts des vielsagenden Torverhältnisses von 25:24: „Wir haben zu viele Stürmer, aber zu wenig Abwehrspieler." Weder hatte sich Hans Eisele oder Willi Entenmann als der erhoffte Abwehrchef entpuppt, noch vermochte Torhüter Heinze zu überzeugen. Die Rückrunde verlief mit 11:23-Punkten katastrophal, und weil der VfB zudem im Pokal eine wirtschaftlich folgenschwere 1:2-Pleite beim Regionalligisten Holstein Kiel erlitt, stand der Klub am Scheideweg.

Schon im Oktober 1970 begann man daher mit den Planungen für die neue Saison, in der u. a. Horst Köppel zurückkehren sollte. Der designierte „Chefeinkäufer" Manager Hübner jonglierte noch mit weiteren illustren Namen (Blankenburg, Höttges, Neuberger, Skoblar, Ettmayer, Skoric, Coordes, Grabowski etc.), wobei unklar war, wie solche Stars denn finanziert werden sollten. Auf der anderen Seite hatte der VfB im Dezember nämlich Publikumsliebling Gress nach Marseille verkauft, weil die Kasse leer war.

■ Zum zweiten Mal nach 1963 erreichten die VfB-Amateure das Endspiel um die **Deutsche Amateurmeisterschaft** – die Nachwuchsarbeit funktionierte also bestens. Das Erfolgsteam war eine Mischung aus „alten Hasen" wie Torsteher „Sawi" Sawitzki (Foto) und talentierten Jungsspunden, von denen vor allem Torjäger Wolfgang Frank, Außenstürmer Dieter Schwemmle sowie Regisseur Dieter Ungewitter überzeugten. Erst im Finale wurde die von Ex-Torhüter Karl Bögelein trainierte Elf von Titelverteidiger Jülich 10 gestoppt, der sich vor 5.600 Zuschauern in Würzburg mit 1:0 durchsetzte. Anschließend stand VfB-Geschäftsführer Franz Seybold im Blickpunkt. „Ich bin aus Protest gegen gewisse Dinge im Verein als Geschäftsführer ab 30. Juni 1971 zurückgetreten", teilte die VfB-Legende mit. Seybold konnte nicht verstehen, warum der VfB Talente wie Ungewitter nach Frankfurt ziehen ließ und gleichzeitig für viel Geld „fertige" Spieler verpflichtete.

[EREIGNIS]

Punkte für Geld

VfB in Skandal verstrickt

Es kam wie ein Schock: Auch der VfB war in den Bundesligaskandal verwickelt! Im Mai 1971 hatten Hans Arnold, Hans Eisele und Hartmut Weiß vor dem Spiel in Bielefeld 45.000 DM zugesteckt bekommen und dafür gesorgt, dass der VfB mit 0:1 auf der Alm verlor: Hartmut Weiß verschoss einen Elfmeter, und Bielefelds Torschütze Brücken konnte beim Tor des Tages Eisele, Arnold sowie Torhüter Heinze (der kurzzeitig ebenfalls in Skandalverdacht stand) wie Slalomstangen stehen lassen.

Die Schwaben gerieten damit in den größten Skandal der Bundesligageschichte, und als der mit Löscharbeiten gleich an mehreren internen „Brandherden" beschäftigte Dr. Weitpert im August 1971 davon erfuhr, dachte frustriert an Rücktritt: „Die Ereignisse haben uns überrollt. Für uns war es ein harter Schlag, so dass wir vor der Frage standen, ob wir weitermachen sollten oder nicht". Während Weitpert jedoch weitermachte, war die Zeit für die Skandalsünder beim VfB abgelaufen. Zunächst vom DFB lebenslang gesperrt, fielen sie später unter eine Amnestie. Arnold kehrte daraufhin als Jugendtrainer auf den Wasen zurück.

[SPIEL]

Kaiserslautern 0:5 VfB

Sieg der Konter

Rote Teufel gnadenlos düpiert

Es klingt fast ein bisschen trotzig: „Wir hatten uns 20 Punkte zum Ziel der 1. Serie gesetzt. Dem sind wir nun sehr nahe gekommen. Waren das nun gelungene Konter oder nicht?", blafft VfB-Trainer Zebec nach Spielschluss die versammelten Journalisten und Kritiker selbstzufrieden an. Ausgerechnet seine oft kritisierte Kontertaktik hat auf dem gefürchteten Betzenberg, auf dem zuvor allein die Braunschweiger Eintracht gewonnen hat und der FCK erst zwei Treffer kassierte, zum Kantersieg geführt. Endlich einmal läuft das Spiel des VfB, zeigt die Mannschaft Ansätze von jenem Spitzenfußball, den man sich im Neckarstadion von Startrainer Zebec erhofft hat. Auch der umstrittene Torsteher Gerhard Heinze beweist, dass er nichts verlernt hat, und beendet seine Formkrise mit einer eindrucksvollen Partie. Das Mittelfeld wird von Olsson und Gress vorbildlich angetrieben, und im Sturm liefert der lange Weiß eine Galavorstellung, obwohl ausgerechnet er torlos bleibt.

Die Tore fallen kurioserweise allesamt in der zweiten Halbzeit, als der VfB mit lange nicht erlebtem Selbstvertrauen den Gegner förmlich überrennt. Eiskalt eröffnet Karl-Heinz Handschuh zehn Minuten nach dem Seitenwechsel den Torreigen, dem sich im weiteren Verlauf Olsson (60.), Regitz (68.), Handschuh (75.) und Haug (87.) anschließen. So kann es weitergehen!

■ Seit dem 8. Juli 1966 stand es fest: Die WM 1974 würde in der Bundesrepublik Deutschland stattfinden. Einer der Kandidaten für die Austragung von Spielen war Stuttgart. Nach den Aussagen von Sportamtmitarbeiter Herbert Aupperle schreckten die Verantwortlichen allerdings vor den hohen Kosten des **Stadionumbaus** zurück: „Nach der ersten Begeisterung hat man kalte Füße bekommen. Ein neuer Plan sah Kosten von 16 Mio. DM vor, von denen je fünf Bund und Land, sechs die Stadt getragen hätten. Detailuntersuchungen ergaben, dass aber insgesamt 26 Mio. zu bewältigen gewesen wären. Das lehnte der Gemeinderat ab."

■ Keinen Schmerz kannte **Willi Entenmann**, der beim 3:0 gegen Bremen mit einem per Plastikmanschette gestützten gebrochenem Handgelenk auflief. Trotz Handicap zog sich der „eiserne Willi" gegen die Nordlichter souverän aus der Affäre.

■ Weil sich Stammkeeper Heinze verletzt hatte und Reservist Hauser ausfiel, stand der VfB vor dem Heimspiel gegen Eintracht Frankfurt ohne **Schlussmann** da. Geschäftsführer Seybold rief daraufhin den 38-jährigen Günther Sawitzki (Foto) an, der normalerweise bei den Amateuren das Tor hütete. Zweieinhalb Jahre nach seinem letzten Bundesligaspiel machte „Sawi" seine Sache beim 2:1-Sieg hervorragend.

■ Gleich viermal zeigte Schiedsrichter Bonacker beim **3:3 in Offenbach** auf den ominösen Punkt – zweimal für den OFC, zweimal für den VfB. Die Schwaben hatten offenbar bessere Nerven als der Abstiegskandidat: Während der Offenbacher Jungstar Helmut Kremers an VfB-Keeper Heinze scheiterte, egalisierten Weiß und Haug den 1:3-Rückstand des VfB vom Elfmeterpunkt aus.

■ Branko Zebec war noch keine drei Monate im Amt, da lag er schon mit Publikumsliebling **Gilbert Gress** über Kreuz. Grund: Gress hatte seinen vertraglich zugesicherten freien Montag zu einer (bezahlten) Autogrammstunde genutzt, was Zebec gar nicht gefiel. Als der Franzose daraufhin ein Geldbuße in Höhe von 500 DM berappen sollte, platzte ihm der Kragen. VfB-Chef Weitpert musste schlichten und erklärte, Zebec habe von der Vertragsklausel nichts gewusst. Konsequenz: Künftig hatte jeder VfB-Profi einen Tag zur freien Verfügung.

[EREIGNIS]

Gress geht

Wie verschuldet ist der VfB?

Kurz vor dem Weihnachtsfest 1970 überschlugen sich auf dem Wasen die Ereignisse: Superstar Gilbert Gress lag ein „Traumangebot" von Olympique Marseille vor, das der vertraglich noch bis 1973 an den VfB gebundene Franzose „überdenken" wollte. Im Ländle brach prompt die helle Panik aus. Ohne den Publikumsliebling und Ausnahmefußballer war das VfB-Team kaum vorstellbar, musste ein Abrutschen in die Abstiegszone befürchtet werden. Dabei war der 29-jährige keinesfalls unumstritten. Als Reinhold Appel, Sportchef der »Stuttgarter Zeitung«, seinen Lesern die Frage stellte: „Soll der VfB Gress halten oder ihn ziehen lassen?", erhielt er einen ganzen Berg wütender Briefe. „Erpresser soll man nicht halten", hieß es darin, und „Gress bringt mit seinen ständigen finanziellen Wünschen die ganze Mannschaft durcheinander". 884 Einsender plädierten schließlich für „gehen lassen", während nur 259 Leser Gress „halten" wollten – ein eindeutiges Votum. VfB-Chef Weitpert stand dennoch vor einer schweren Entscheidung: entweder weitere rund 250.000 DM hinblättern, die Marseille dem VfB-Star Gerüchten zufolge zusätzlich geboten hatte, oder aber auf den Publikumsliebling verzichten.

Unser Starschnitt (8) Netzer

101 | 70 Pf J 4143 B

kicker sportmagazin

DEUTSCHLANDS GRÖSSTE SPORTZEITUNG

Riesenwirbel um Gress!

Streit um den französischen Stuttgarter: Ist er 250 000 DM wert?

Aus dem Inhalt:

Keine Angst vor dem Finanzamt
Franz Beckenbauer erneut im Kreuzverhör der Leser

Der Chef Canellas mußte jetzt kapitulieren!
Offenbachs Präsident gab nach und sagt: „Ich beuge mich den Vorwürfen!"

Neuberger nimmt uns keiner weg!
Die Dortmunder wollen den Umworbenen halten

Die langen Haare fliegen und das Geld soll rollen

Trainer Piechaczek machte Roggensack Vorwürfe

Ihr habt gegen mich gespielt!
Krach in Bielefeld

„Unsere finanzielle Lage ist alles andere als rosig. Der Zuschauerschnitt ist gesunken", gab der Senator zu bedenken und löste damit neue Spekulationen über den finanziellen Zustand der VfB aus. Zweifelsohne brauchte der Klub „frisches" Geld, um einen Ausverkauf zu vermeiden, zumal zum Saisonende gleich zwölf Verträge ausliefen – darunter die von den Stammspielern Zech, Haug und Handschuh. Geld, das der VfB gegenwärtig nicht hatte, aber durch den Verkauf von Gress einnehmen konnte! Als Marseilles Fußballkönig und Weitperts Verlegerkollege Marcel Leclerc den Schwaben schließlich 200.000 DM Ablöse anbot, biss Weitpert an, und Gress, dem die Negativstimmung gegen seine Person mächtig aufs Gemüt geschlagen war, verschwand in Richtung Provence. Sehr zum Unwillen einiger Spieler: „Sicher, der Verein hat mit dieser entschlossenen Transaktion Geld gemacht, aber wir, die Spieler, werden weniger Geld sehen. Ganz einfach, weil wir, so befürchte ich, ohne Gress weniger Punkte machen werden. Die Situation anders zu sehen, wäre kurzsichtig", äußerte sich Gress-Kumpel Willi Entenmann recht deutlich über die sportliche Zukunft seines Klubs. Entenmann behielt Recht, denn ohne Gress stürzte der VfB von Rang fünf auf Platz 12 ab.

Der VfB im Spieljahr 1970/71. Stehend v. l.: Weiß. Olsson, Günther Eisele, Höbusch, Weidle, Trainer Zebec. Mitte: Gress, Arnold, Haaga, Weidemann, Handschuh, Martin, Zech. Vorn: Hans Eisele, Regitz, Heinze, Hauser, Wittfoth, Haug.

[LEGENDEN]

HARTMUT WEISS

1968 hatten sie ihn im Neckarstadion noch ausgelacht und verspottet. Nun wurde er als Retter gefeiert. Mit 15 Saisontoren stieg der zu Saisonbeginn aus Braunschweig zurückgekehrte Hartmut Weiß zum gefährlichsten Torschützen der VfB-Elf auf. „Es war nicht das Geld, das mich zu einer Rückkehr bewegte. Aber man fühlt sich einfach dort am wohlsten, wo man aufgewachsen, zuhause ist", bekannte „Filter-Gento", dessen Rückverpflichtung den VfB 100.000 DM gekostet hatte. Doch es gab kein Happy End für den baumlangen und gelegentlich ein wenig tapsig wirkenden Kopfballspezialisten. Schon vor dem letzten Saisonspiel erfuhr Weiß von Gerüchten, der VfB wolle ihn verkaufen, um Platz für Nachwuchsstürmer Wolfgang Frank zu schaffen. Als er daraufhin in die Geschäftsstelle eilte, wurde ihm dies bestätigt. „Man sagte mir, dass man vorne einen jüngeren Mann einbauen wolle, und für die Abwehr sei ich zu alt und zu langsam", empörte sich der 29-Jährige, der in 108 Bundesligaspielen immerhin 38 Treffer für den VfB erzielte. Es kam jedoch noch schlimmer, denn am 23. Oktober 1971 wurde Weiß auf Lebenszeit gesperrt – er war einer der drei Stuttgarter Beteiligten am Bundesligaskandal…

1. Bundesliga

1	15.8.1970	VfB - Bayern München	1:1	60.000
2	22.8.1970	RW Oberhausen - VfB	1:2	9.500
3	28.8.1970	VfB - Schalke 04	1:1	25.000
4	5.9.1970	1. FC Köln - VfB	2:1	18.000
5	11.9.1970	VfB - Werder Bremen	3:0	15.000
6	19.9.1970	Eintr. Braunschweig - VfB	4:0	16.419
7	23.9.1970	VfB - MSV Duisburg	1:0	11.500
8	26.9.1970	Kickers Offenbach - VfB	3:3	12.000
9	3.10.1970	Hertha BSC Berlin - VfB	2:0	30.000
10	7.10.1970	VfB - Borussia Dortmund	6:1	16.000
11	10.10.1970	Rot-Weiß Essen - VfB	1:1	23.000
12	24.10.1970	VfB - Eintracht Frankfurt	2:1	14.000
13	31.10.1970	Bor. M'gladbach - VfB	4:1	14.000
14	7.11.1970	VfB - Hamburger SV	3:3	18.000
15	14.11.1970	Hannover 96 - VfB	3:0	21.000
16	28.11.1970	VfB - Arminia Bielefeld	1:0	10.000
17	5.12.1970	1. FC Kaiserslautern - VfB	0:5	8.000
18	23.1.1971	Bayern München - VfB	1:0	22.000
19	30.1.1971	VfB - RW Oberhausen	2:1	13.000
20	6.2.1971	Schalke 04 - VfB	2:1	18.000
21	13.2.1971	VfB - 1. FC Köln	1:2	22.000
22	27.2.1971	Werder Bremen - VfB	3:1	12.000
23	6.3.1971	VfB - Eintr. Braunschweig	1:1	6.000
24	20.3.1971	VfB - Kickers Offenbach	1:0	13.000
25	27.3.1971	VfB - Hertha BSC Berlin	1:1	20.000
26	3.4.1971	Borussia Dortmund - VfB	3:1	11.000
27	13.4.1971	MSV Duisburg - VfB	1:0	10.000
28	17.4.1971	VfB - Rot-Weiß Essen	5:1	10.000
29	1.5.1971	Eintracht Frankfurt- VfB	1:0	28.000
30	8.5.1971	VfB - Bor. M',gladbach	1:1	55.000
31	15.5.1971	Hamburger SV - VfB	1:0	8.000
32	22.5.1971	VfB - Hannover 96	1:2	6.500
33	29.5.1971	Arminia Bielefeld - VfB	1:0	27.000
34	5.6.1971	VfB - 1. FC Kaiserslautern	2:0	6.000

Abschlusstabelle

1.	Bor. M'gladbach (M)	34	20	10	4	77:35	50-18
2.	Bayern München	34	19	10	5	74:36	48-20
3.	Hertha BSC Berlin	34	16	9	9	61:43	41-27
4.	Eintr. Braunschweig	34	16	7	11	52:40	39-29
5.	Hamburger SV	34	13	11	10	54:63	37-31
6.	Schalke 04	34	15	6	13	44:40	36-32
7.	MSV Duisburg	34	12	11	11	43:47	35-33
8.	1. FC Kaiserslautern	34	15	4	15	54:57	34-34
9.	Hannover 96	34	12	9	13	53:49	33-35
10.	Werder Bremen	34	11	11	12	41:40	33-35
11.	1. FC Köln	34	11	11	12	46:56	33-35
12.	VfB Stuttgart	34	11	8	15	49:49	30-38
13.	Borussia Dortmund	34	10	9	15	54:60	29-39
14.	Arm. Bielefeld (N)	34	12	5	17	34:53	29-39
15.	Eintracht Frankfurt	34	11	6	17	39:56	28-40
16.	RW Oberhausen	34	9	9	16	54:69	27-41
17.	K. Offenbach (N) ▽	34	9	9	16	49:65	27-41
18.	Rot-Weiß Essen ▽	34	7	9	18	48:68	23-45

DFB-Pokal

1. HR	13.12.70	Holstein Kiel - VfB	2:1	9.500

Bundesligakader

Abgänge: Feller (Austria Wien), Gress (im Dezember zu Olympique Marseille), Hoffmann (Rapid Wien), Koch (Reamateurisierung), Mayer (VfR Heilbronn)
Zugänge: Hauser (Borussia Neunkirchen), Martin (FK Pirmasens), Regitz (Borussia Neunkirchen), Sawitzki (reaktiviert), Weiß (Eintracht Braunschweig)
Trainer: Branko Zebec

Tor		Hans Arnold	33/0
Gerhard Heinze	30/0	Willi Entenmann	29/2
Hans Hauser	2/0	Karl-H. Handschuh	24/8
Günter Sawitzki	2/0	Herbert Höbusch	18/1
Bodo Jopp (Jug.)	1/0	Gilbert Gress	17/2
Feld		Roland Weidle	13/1
Horst Haug	34/8	Günther Eisele	12/0
Jan Olsson	34/8	Werner Haaga	5/0
Manfred Weidmann	34/3	Gerd Regitz	5/1
Hartmut Weiß	34/15	Jürgen Martin	3/0
Reinhold Zech	34/0	Hans-J. Wittfoht	1/0

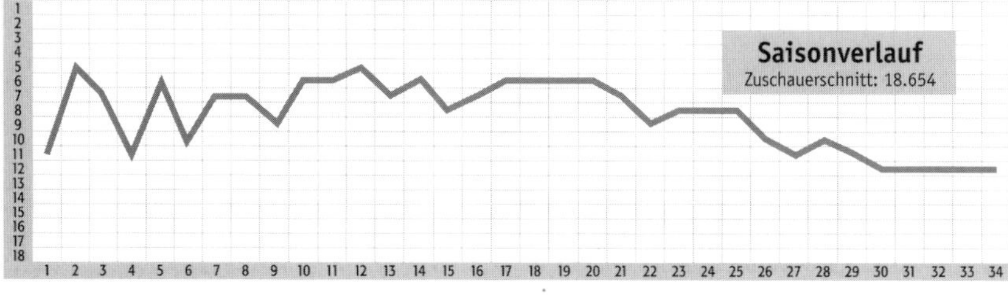

[EREIGNIS]

Lahme Österreicher

Ettmayer-Debüt lockt TV an

Sein Transfer machte Schlagzeilen: Hans, genannt „Buffy" Ettmayer kam 1971 vom frischgebackenen österreichischen Landesmeister Wacker Innsbruck zum VfB und wollte seinen Ruf als gefürchtetes „enfant terrible" fortan im Schwabenlande mehren.
Der Liebling der österreichischen Medien trat in Stuttgart eine regelrechte rot-weiß-rote Lawine los. Zum Auftaktspiel gegen die Berliner Hertha reiste sogar eigens das Österreichische Fernsehen an, um den Nationalspieler bei seinem Bundesligaeinstand zu beobachten!
Dass „Buffy" sich mit zwei Treffern bestens einführte, löste natürlich Feierstimmung aus und animierte den »kicker« zu der Schlagzeile: „Kein lahmer Österreicher!"
Das war als Provokation an jene Fachleute gerichtet, die Österreicher zuvor per se als „lahm" bezeichnet hatten. Auch Ettmayer wandte sich nach Spielschluss süffisant an seine Kritiker und beantwortete die Frage, ob er das Gefühl gehabt habe, „heute hart gedeckt worden zu sein", mit den Worten: „Ich hab's an den Füßen gespürt, dass ich gedeckt worden bin. Daraufhin habe ich mich mehr bewegt, weil die Leut' doch sagen, dass die Österreicher lahme Burschen sind."
Ungeachtet der Lobeshymnen sah VfB-Coach „Öhler" Ohligschläger, der den noch im Urlaub weilenden Zebec vertrat, allerdings konditionelle Defizite bei „Buffy". „Aber nicht, weil er Österreicher ist, sondern vor allem, weil er breiter gebaut, schwerer als die anderen ist."
Ettmayer war im Übrigen ebenso wie Rückkehrer Köppel über Darlehensverträge durch ein Präsidiumsmitglied finanziert worden und diesem als „Sicherheit" übertragen worden. Dank seiner Transfercoups verfügte der VfB über enorme Möglichkeiten. „Bei uns sind die Aufgaben nicht auf einen großen Mann verteilt. Da macht mal der Haug das Spiel, mal der Köppel und mal der Ettmayer", schwärmte Ohligschläger. Wie man sich doch täuschen kann...

Kein „lahmer Österreicher": Hans „Buffy" Ettmayer.

[SAISON]

„Schlafwagen-Fußball"

Handgezählte 1.993 Zahlende passierten am 28. Juni 1972 die Pforten des im Umbau befindlichen Neckarstadions. Selten zuvor hatten seit Kriegsende weniger Menschen am VfB Interesse gezeigt als an jenem tristen Mittwochabend, an dem sich die Bewegungsspieler und Fortuna Düsseldorf eine Begegnung lieferten, die vom »kicker« mit den Worten: „Was ein Gekicke!", charakterisiert wurde. Wenngleich der VfB mit 3:1 gewann, versinnbildlichte die Partie eine im höchsten Maße verkorkste Situation. Intern zusehends in die Wirren um Vorstandschef Weitpert verstrickt, finanziell trotz diverser Spielerverkäufe am Rande der Handlungfähigkeit und sportlich auf dem absteigenden Ast: Quo vadis, VfB?
Den hoffnungsvollen Tönen zum Saisonauftakt, als acht Neuzugänge (unter ihnen Rückkehrer „Horschtle" Köppel sowie „Buffy" Ettmayer) Aufbruchstimmung verbreiteten, war bald Ernüchterung gewichen. Trainer Zebec, dem es nie gelang, der VfB-Elf seinen Stempel aufzudrücken und dessen taktisches Konzept aus destruktivem „Reagieren" statt mutigem „Agieren" bestand, geriet bald in die Kritik. Zudem verfing sich der Jugoslawe in Scharmützel mit „Chefeinkäufer" Hübner. Im Frühjahr 1972 verschärfte eine Gallensteinoperation Zebec' Situation weiter. Dass die VfB-Führung die Gunst der Stunde nutzte und mit Hermann Eppenhoff schon mal einen Nachfolger für die kommende Saison präsentierte, spiegelte die vergiftete Stimmung auf dem Wasen anschaulich wider. Nach dem 1:0 über Duisburg (»kicker«: „Schlafwagen-Fußball") zog Zebec verständlicherweise die Konsequenzen und warf die Brocken hin.
Ex-Keeper Bögelein betreute das Team bis zum Saisonende, ohne eine Besserung einleiten zu können. Wie es beim VfB weitergehen sollte, wusste wohl niemand, zumal der deutsche Fußball zeitgleich durch den Bundesligaskandal erschüttert wurde. Und mit Arnold, Hans Eisele und Weiß war der VfB auch daran direkt beteiligt...

Der VfB im Spieljahr 1971/72. Stehend v. l.: Betreuer Becker, Köppel, Zech, Arnold, Berger, Höbusch, Coordes, Ettmayer, Weidmann, Eisele, Co-Trainer Ohligschläger. Vorn: Handschuh, Haug, Regitz. Skoric, Heinze, Komorowski, Mall, Frank.

[LEGENDEN]

WOLFGANG FRANK

Allzu viel Hoffnungsvolles gab es 1971/72 beim VfB nicht zu sehen. Wolfgang Frank indes durfte unumwunden als Verstärkung bezeichnet werden. Mit zwölf Treffern in 29 Begegnungen sicherte sich der von den Amateuren aufgerückte Stürmer sogar die vereinsinterne Torjägertrophäe und spielte sich in die Herzen der Fans. Frank erlernte das kleine Fußball-1 x 1 beim TSV Schlierbach und kam 1968 über die Zwischenstation VfL Kirchheim zum VfB. Nachdem er 1971 mit 25 Saisontoren erheblich zur Deutschen Meisterschaft der Amateure beigetragen hatte, schlug im selben Jahr auch seine Bundesligastunde. Franks Zeit in Stuttgart war jedoch begrenzt. Obwohl der Brillenträger auch 1972/73 elfmal traf, wechselte der als „schwieriger Typ" geltende Stürmer anschließend zum niederländischen Ehrendivisionär AZ Alkmaar. 1974 kehrte Frank bei Eintracht Braunschweig in die Bundesliga zurück und feierte in Niedersachsen ebenso Erfolge wie später noch in Dortmund und Nürnberg. 1984 wechselte er auf die Trainerbank und wirkte u. a. in Mainz, Unterhaching und Offenbach.

1. Bundesliga

1	14.8.1971	VfB - Hertha BSC Berlin	3:0	30.000
2	21.8.1971	Eintr. Braunschweig - VfB	1:1	12.405
3	28.8.1971	VfB - RW Oberhausen	1:1	26.000
4	31.8.1971	Bor. M'gladbach - VfB	0:0	22.000
5	4.9.1971	VfB - 1. FC Kaiserslautern	3:1	22.000
6	11.9.1971	Arminia Bielefeld - VfB	1:0	18.000
7	18.9.1971	VfB - VfL Bochum	3:2	20.000
8	25.9.1971	Werder Bremen - VfB	2:3	21.000
9	2.10.1971	Bayern München - VfB	2:2	44.000
10	13.10.1971	VfB - Hannover 96	3:2	32.000
11	16.10.1071	MSV Duisburg - VfB	1:2	13.000
12	23.10.1971	VfB - Hamburger SV	0:3	48.000
13	30.10.1971	1. FC Köln - VfB	4:1	17.000
14	6.11.1971	VfB - Eintracht Frankfurt	4:4	17.000
15	12.11.1971	Borussia Dortmund - VfB	0:4	8.000
16	27.11.1971	VfB - Schalke 04	0:1	50.000
17	11.12.1971	Fortuna Düsseldorf - VfB	4:0	8.000
18	22.1.1972	Hertha BSC Berlin - VfB	2:1	12.000
19	29.1.1972	VfB - Eintr. Braunschweig	3:1	4.500
20	19.2.1972	VfB - Bor. M'gladbach	0:1	30.000
21	26.2.1972	1. FC Kaiserslautern - VfB	3:1	13.000
22	4.3.1972	VfB - Arminia Bielefeld	2:2	3.500
23	7.3.1972	RW Oberhausen - VfB	1:1	10.000
24	11.3.1972	VfL Bochum - VfB	1:1	10.000
25	18.3.1972	VfB - Werder Bremen	1:0	12.000
26	25.3.1972	VfB - Bayern München	1:4	45.000
27	8.4.1972	Hannover 96 - VfB	3:0	16.000
28	15.4.1972	VfB - MSV Duisburg	1:0	2.500
29	22.4.1972	Hamburger SV - VfB	1:2	9.000
30	6.5.1972	VfB - 1. FC Köln	1:1	7.000
31	20.5.1972	Eintracht Frankfurt - VfB	4:1	11.000
32	3.6.1972	VfB - Borussia Dortmund	2:0	4.000
33	24.6.1972	Schalke 04 - VfB	2:1	18.000
34	28.6.1972	VfB - Fortuna Düsseldorf	3:1	1.993

Abschlusstabelle

1.	Bayern München	34	24	7	3	101:38	55-13
2.	Schalke 04	34	24	4	6	76:35	52-16
3.	Bor. M'gladbach (M)	34	18	7	9	82:40	43-25
4.	1. FC Köln	34	15	13	6	64:44	43-25
5.	Eintracht Frankfurt	34	16	7	11	71:61	39-29
6.	Hertha BSC Berlin	34	14	9	11	46:55	37-31
7.	1. FC Kaiserslautern	34	14	7	13	59:53	35-33
8.	VFB STUTTGART	34	13	9	12	52:56	35-33
9.	VfL Bochum (N)	34	14	6	14	59:69	34-34
10.	Hamburger SV	34	13	7	14	52:52	33-35
11.	Werder Bremen	34	11	9	14	63:58	31-37
12.	Eintr. Braunschweig	34	8	15	11	43:48	31-37
13.	Fort. Düsseldorf (N)	34	10	10	14	40:53	30-38
14.	MSV Duisburg	34	10	7	17	36:51	27-41
15.	RW Oberhausen	34	7	11	16	33:66	25-43
16.	Hannover 96	34	10	3	21	54:69	23-45
17.	Bor. Dortmund ▽	34	6	8	20	34:83	20-48
18.	Arminia Bielefeld**	(34	6	7	21	41:75	19-49)

** Alle Spiele von Arminia Bielefeld wurden wegen nachgewiesener Bestechung in der Saison 1970/71 mit 0:0 Toren für Bielefeld Gegner gewertet

DFB-Pokal

1. HR	5.12.71	VfR Heilbronn - VfB	1:1	12.000
	15.12.71	VfB - VfR Heilbronn	4:0	6.000
2. HR	12.2.72	VfB - 1. FC Kaiserslautern	3:1	5.000
	23.2.72	1. FC Kaiserslautern - VfB	3:1	12.000

Bundesligakader

Abgänge: Arnold (Trainer TSF Stuttgart), Hans Eisele (DSV Alpine Leoben), Haaga (VfR Heilbronn), Hauser (Tasmania Berlin), Martin (Linzer ASK), Olsson (GAIS Göteborg), Sawitzki (Laufbahnende), Weidle (Eintracht Frankfurt), Weiß (Stuttgarter Kickers), Wittfoht (VfB Lübeck). **Zugänge:** Berger (VfB-Amateure), Coordes (Werder Bremen), Ettmayer (Wacker Innsbruck), Frank (VfB-Amateure), Komorowski (VfB-Amateure), Köppel (Borussia Mönchengladbach), Mall (VfB-Amateure), Skoric (Olimpia Ljubljana)

Trainer: Branko Zebec

Tor	
Zlatko Skoric	24/0
Gerhard Heinze	12/0
Feld	
Herbert Höbusch	34/1
Horst Köppel	34/8
Karl-H. Handschuh	33/10
Reinhold Zech	32/0
Willi Entenmann	31/4
Egon Coordes	30/2
Wolfgang Frank	29/12
Horst Haug	29/2
Manfred Weidmann	28/3
Hans Ettmayer	24/8
Gerd Regitz	23/0
Günther Eisele	17/0
Karl Berger	13/2
Gerd Komorowski	6/0
Roland Mall	2/0

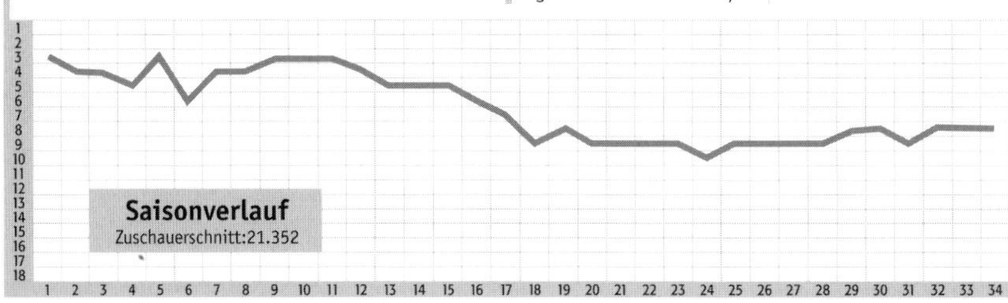

■ Vor dem Saisonstart konnte der VfB erneut mit einem attraktiven Freundschaftsspiel aufwarten: die französische Spitzenmannschaft von **Olympique Marseille**, in deren Reihen u. a. der ehemalige Hannoveraner Josip Skoblar sowie Ex-VfB-Spielgestalter Gilbert Gress standen. Mehr als 23.000 Fans wollten sich das Wiedersehen mit „Schillbär" nicht entgehen lassen und wurden von einem VfB in Galaform überrascht. Schon nach sechs Minuten hatte Handschuh zweimal getroffen, und wenngleich die Südfranzosen am Ende mit 3:2 gewannen (Siegtreffer: natürlich Gress), war man voll des Lobes für die Zebec-Elf.

■ Als geschäftstüchtig erwies sich Horst Köppel, der sein frühzeitig licht werdendes Haupthaar mit einem **Toupet** verdeckte. „Es ging nicht nur um Eitelkeit oder Schönheit, es war auch eine ganze Menge Geld, und da konnte ich nicht Nein sagen", verriet „Horschtle". Hintergrund: Ein Haarersatz-Hersteller hatte den Fußballer mit der hohen Stirn als perfekten Werbeträger für seine Produkte endeckt. Als Köppel am 2. Oktober 1971 beim 2:2 in München erstmals mit Kunsthaar auflief, wartete bereits eine große Fotografenschar auf ihn, während Bayern-Keeper Sepp Maier (vergeblich) versuchte, seinen „Skalp" zu ergreifen. Köppels Fazit nach 90 Minuten: „Wenn ich gewusst hätte, wie viel Arbeit das macht und wieviel du darunter schwitzt, also nein…"

■ Seit 1943 war der VfB nicht mehr zu einem Pflichtspiel im Unterland angetreten – nun bescherte der **DFB-Pokal** dem VfR Heilbronn die Neuauflage eines einst hochbrisanten Derbys. Beim erstmals in Hin- und Rückspiel durchgeführten Pokalwettbewerb musste sich der Bundesligist mächtig strecken, um die ambitionierten Vertragsamateure auszuschalten. Einem 1:1 in Heilbronn folgte ein souveränes 4:0 vor eigenem Publikum.

■ **Nachwuchsarbeit** stand beim VfB traditionell hoch im Kurs - das blieb auch unter Senator Weitpert so. „Wir wollen einen so genannten Fohlenstall aufbauen, mit jugendlichen Spitzenfußballern aus der nähreren und weiteren Umgebung", verkündete „Chefeinkäufer" Hübner im Frühjahr 1973, als mit Bernd Martin und Arno Schäfer erneut zwei Nachwuchsspieler in die Ligaelf aufrückten. Hoffnungsträger war zudem Torjäger Mario Salzinger, der den Sprung in die Bundesliga jedoch nicht schaffte.

[SPIEL]

VfB 3:0 Hertha BSC

VfB wie einst

Trotz Skandal überzeugend

Eine Woche vor dem Saisonauftakt erschüttert eine Agenturmeldung Stuttgart: „Hans Arnold hat gestanden, aus Bielefeld Bestechungsgelder erhalten zu haben", verkündet sie und zitiert den Stuttgarter Libero mit den Worten: „Ja, ich habe vor dem Spiel in Bielefeld in einem Hotel in Stuttgart 45.000 Mark erhalten." Plötzlich steckt der VfB mitten im Skandalsumpf. Während Arnold mit sofortiger Wirkung suspendiert wird, geraten auch die zwischenzeitlich nach Österreich bzw. zu den Kickers abgewanderten Ex-VfBler Hans Eisele und Hartmut Weiß ins Visier der Skandal-Aufklärer um Hans Kindermann. VfB-Assistenztrainer Peter Ohligschläger, für den über den Saisonstart hinaus im Urlaub befindlichen Zebec auf der Bank, ist wahrlich nicht zu beneiden. Nicht nur, dass ihm sein etatmäßiger Libero ausfällt, nun hat er auch noch mit der Verunsicherung seiner Mannschaft zu kämpfen, die ein Freundschaftsspiel beim Regionalligisten Heilbronn prompt mit 1:4 verliert. Dass nun zum Saisonauftakt ausgerechnet die als Mitfavorit geltende und gleichfalls im Skandalwust steckende Berliner Hertha ins Neckarstadion kommt, vereinfacht die Aufgabe keineswegs.

Doch es kommt ganz anders. Schon beim Aufwärmen wird deutlich, dass der VfB gewillt ist, das Spiel zu gewinnen: Hungrig stürzen sich die Schwaben auf die bereitgestellten Trainingsbälle, absolvieren bereitwillig Kurzsprints und brennen förmlich auf den Anpfiff. Als der ertönt, füllen 30.000 die Ränge des Neckarstadions und sparen in den folgenden 90 Minuten nicht mit Beifall. Vor allem der Innsbrucker Neuzugang Hans „Buffy" Ettmayer wird wiederholt mit Szenenapplaus bedacht, weil er seinen Bewacher Gergely ein ums andere Mal austanzt und den VfB mit zwei Treffern schon in der ersten Halbzeit 2:0 in Führung bringt. Mit Köppel und Coordes überzeugen zwei weitere Neuzugänge, während sich Torsteher Skoric als verlässlicher Vertreter des vorsorglich pausierenden (weil zunächst ebenfalls in Skandalverdacht stehenden) Gerhard Heinze auszeichnet.

Selbst der sonst so kritische Fachreporter Wolf Schelling ist voll des Lobes und schwärmt: „Noch Tage nach dem eindrucksvollen Auftakt-3:0 gegen Berlin wird die ‚neue' Stuttgarter Mannschaft umschwärmt, erinnert man sich, und das will einiges heißen, an die für den VfB so goldenen fünfziger Jahre, als es genauso blendend lief."

Doch leider war es nur ein Strohfeuer…

14 Tage nach dem Traumstart gegen Hertha BSC Berlin errang der VfB auf dem Mönchengladbacher Bökelberg ein wertvolles 0:0-Unentschieden. Am Ball Egon Coordes, rechts Höbusch.

[SAISON]

Meisterliche Jugend

Wochen der Extreme auf dem Wasen: Während sich die A-Jugend des VfB nach ihrem 3:1-Endspielsieg über Kickers Offenbach als Deutscher Meister 1973 feiern lassen durfte, versank die Bundesligaelf zusehends im trostlosen Mittelmaß: Platz sechs, ein Rückgang der durchschnittlichen Zuschauerzahl um weitere 6.000 und eine Zukunft, die infolge eklatanter wirtschaftlicher Probleme bedrohlich in Gefahr geriet.
Dabei hatte die zehnte Bundesligaspielzeit prächtig für den VfB begonnen. Aufgrund der Olympischen Spiele 1972 in München so spät wie nie zuvor in die Liga gestartet, gelang am 16. September ein 3:1-Auftaktsieg über Angstgegner 1. FC Köln. Doch schon zu diesem Zeitpunkt deutete sich an, dass es vermutlich eine weitere Saison mit mehr Schatten als Licht werden sollte. Statt der von Manager Heinz Hübner erwarteten 50.000 Fans zahlten nur 17.000 ihren Obolus für die Baustelle Neckarstadion, deren Gegengerade just für die WM 1974 überdacht wurde…
Mit Linksaußen „Mucki" Brenninger sowie Abwehrchef Koppenhöfer gezielt verstärkt, hatte Zebec-Nachfolger Hermann Eppenhoff einen Platz „im ersten Drittel der Tabelle" anvisiert. Obwohl er sein Ziel erreichte und den VfB als Sechster sogar in den UEFA-Cup führte, verrät ein genauerer Blick, dass durchaus mehr möglich gewesen wäre. Unerwartete Rückschlage wie das 1:3 in Hannover, ein 1:6 in Düsseldorf sowie ein peinliches 0:4 bei Aufsteiger Wuppertal warfen den VfB schon in der Hinrunde immer wieder zurück. Als dann die Rückrunde mit einem 1:5-Schock in Köln begann, war die Luft vollends raus und das Warten auf die nächste Spielzeit begann.
Das alles beherrschende Thema war anschließend die angespannte Finanzlage, die dafür sorgte, das gleich mehrere Stammspieler auf der Verkaufsliste standen. Regisseur Köppel liebäugelte schon mit einem Wechsel zum FC Bayern, und Torhüter Heinze sondierte sorgfältig die Angebote namhafter ausländischer Verein.

Horst Köppel (links) wurde während der Saison von Bayern München umworben.

[SPIEL]

M'gladbach 3:4 VfB

VfB stürmt in UEFA-Cup

Schwemmle und Brenninger stark

Am Ende einer enttäuschenden Rückrunde hat die VfB-Elf doch noch die Chance auf ein Happy End: Ein Sieg auf dem Gladbacher Bökelberg, und die Bewegungsspieler dürfen in der nächsten Spielzeit im UEFA-Cup starten! Doch wie soll man das anstellen gegen eine Gladbacher Fohlenelf, die auf eigenem Platz bis dahin nur sieben Zähler abgegeben hat und die über den zweitbesten Sturm nach dem FC Bayern verfügt? Hermann Eppenhoff weiß Rat: Schnelle Stürmer sollen den Gegner mit seinen eigenen (Konter-)Waffen bezwingen.
Zunächst sieht es allerdings nicht nach einem Erfolg aus. Nach nur 35 Sekunden bringt Jupp Heynckes den Gastgeber mit 1:0 in Führung, und obwohl Dieter Schwemmle schon zwei Minuten später ausgleichen kann, liegt die Borussia nach einer Viertelstunde erneut in Front. Doch der VfB lässt sich nicht beirren. Handschuh und Ettmayer verwandeln den Rückstand noch vor dem Halbzeitpfiff in eine 3:2-Führung. Nach dem Seitenwechsel kapitulieren die Gladbacher endgültig vor den schnellen VfB-Außenstürmern Dieter Schwemmle und „Mucki" Brenninger.

Als Handschuh vier Minuten nach dem Wiederanpfiff auf 4:2 erhöht, ist der UEFA-Cup-Platz gesichert, zumal sich „Flieger" Heinze in den verbleibenden 41 Minuten als Meister seines Faches erweist und nur noch einmal hinter sich greifen muss.
Das glückliche Ende einer turbulenten Saison!

■ Zur Überbrückung der olympiabedingt ungewöhnlich langen Sommerpause hatte sich der DFB ein Schmankerl ausgedacht: den **Ligapokal**. Der VfB traf dabei in Gruppe 8 auf die Regionalligisten Bayern Hof und München 1860 sowie Titelaspirant Bayern München. Sonderlich erfolgreich verlief der Wettbewerb für die Weiß-Roten allerdings nicht – lediglich zwei Siege (5:1 gegen 1860 und 2:1 gegen den FC Bayern in Ulm) in sechs Spielen reichten nicht zum Gruppensieg, der an Bayern Hof ging.

■ Spendabel zeigte sich der VfB vor dem Heimspiel gegen Kaiserslautern. 1.200 Freikarten wurden an die Teilnehmer eines „**Hefleswetzturniers**" (für Nicht-Schwaben: „Straßenfußballturnier") der Stuttgarter Nachwuchsfußballer verteilt. Das Endspiel der Knirpse fand unmittelbar vor dem Anstoß der Bundesligabegegnung gegen die „Roten Teufel" im Neckarstadion statt.

■ Einziger Stuttgarter im deutschen Erfolgskader der **EM 1972** war Horst Köppel. „Horschtle" fiel beim Endturnier in Belgien allerdings Helmut Schöns Blockbildung aus Münchnern und Mönchengladbachern zum Opfer und kam nicht zum Einsatz.

■ Die Saison war kaum drei Wochen alt, da stand Trainer Eppenhof schon in der Kritik. Beim 2:1 über das Schlusslicht Hamburger SV habe er die „**wertvollste Ersatzbank der Bundesliga**" präsentiert, meckerte die Presse. Mit Entenmann, Coordes, Haug und Handschuh hatten vier renommierte Akteure vergeblich auf ihren Einsatz gewartet.

[EREIGNIS]

Bürger pro Umbau

Neckarstadion wird WM-tauglich

Das zweite sportliche Großereignis in Deutschland nach den Olympischen Spielen 1972 von München warf auch in Stuttgart seinen Schatten voraus: 1974 sollte die Schwabenmetropole Gastgeber für vier WM-Spiele sein – darunter die Schlagerpartie zwischen Argentinien und Italien. Um den dafür notwendigen Umbau des Neckarstadions gab es jedoch Zank und Streit.

Nachdem der Stuttgarter Gemeinderat am 9. September 1971 mit der knappen Mehrheit von 29:22 Stimmen der Bewerbung als WM-Stadt zugestimmt hatte, war eine Dauerdiskussion um die Finanzierung des ca. 22 Mio. DM teuren Umbaus entbrannt. „Ein nutzloses Prestigeobjekt wird lebenswichtigen Investitionen vorgezogen", rügte der „Bund der Steuerzahler", und es bildete sich eine von der FDP angeführte Bürgerinitiative, die den Umbau durch einen Bürgerentscheid stoppen wollte. Nach Ansicht der Liberalen sollte das Geld stattdessen in den Bau zweier Schulen sowie eines neuen Polizeipräsidiums fließen. Die Antwort der Stuttgarter auf dieses Ansinnen: Gleichgültigkeit. Am 28. November 1971 eilten lediglich 95.771 Wahlberechtigte an die Urnen – viel zu wenige, um dem Bürgerentscheid Gültigkeit zu verleihen, denn dazu wären mindestens die Hälfte aller stimmberechtigen Einwohner erforderlich gewesen (zu jenem Zeitpunkt hätte man demnach exakt 207.763 Stimmen benötigt). Das von den abgegebenen Stimmen dann auch noch fast 45.000 „pro Umbau" ausfielen, düpierte die Gegner zusätzlich und ließ sämtliche Kritiker vollends verstummen.

Die Pläne sahen einen umfassenden Umbau der mächtig in die Jahre gekommenen Arena vor. Die Gegengerade sollte eine Überdachung erhalten, und die einst von Architekt Bonatz entworfene und bahnbrechende Haupttribüne musste einem modernen dreigeschossigen Neubau weichen. Zudem wurden beide Kurven generalüberholt und die 1963 errichtete Flutlichtanlage modernisiert.

Für den VfB war der Umbau ein zweischneidiges Schwert. Zwar sollte er damit eine topmoderne Arena bekommen, doch die beiden Jahre bis zur Fertigstellung musste er auf einer Baustelle verbringen, die den ohnehin schon dramatischen Zuschauerrückgang der frühen 1970er Jahre noch verstärkte. Übergeben wurde das „neue" Neckarstadion übrigens anlässlich des Deutschen Turnfestes 1973 – exakt vierzig Jahre zuvor war die damalige Adolf-Hitler-Kampfbahn ebenfalls mit einem Turnfest eingeweiht worden...

Das Neckarstadion nach dem Umbau zur WM 1974.

Der VfB im Spieljahr 1972/73. Stehend v. l.: Masseur Keller, Heinze, Haug, Brenninger, Entenmann, Frank, Lindner, Trainer Eppenhoff, Eisele, Berger, Coordes, Zech, Roleder. Vorn: Handschuh, Mall, Komorowski, Koppenhöfer, Weidmann, Schwemmle, Siegmann, Ettmayer, Höbusch, Köppel.

[LEGENDEN]

WILLI ENTENMANN

Ausgerechnet die Traumreise geriet für Willi Entenmann zum Alptraum. Auf der USA-Tournee des VfB im Sommer 1972 zog sich der Cannstatter Libero eine schwere Bänderverletzung zu, die für ihn das Aus für die Hinrunde bedeutete. Entenmann stammte aus einer sportbegeisterten Familie und begann seine Karriere beim TSV Benningen. „Die Entenmänner" nannte man den Klub Anfang der 1960er Jahre, denn neben Willi stritten auch sein älterer Bruder Rudi sowie der jüngere Werner für den TSV. Ein Jahr nach Bruder Rudi wechselte 1963 auch Willi zum VfB, für den er am 30. Oktober 1965 beim 1:0 gegen Mönchengladbach sein Bundesligadebüt gab. Seinerzeit noch als Mittelstürmer gefürchtet, rückte der gertenschlanke Sportlehrer an der Marbacher Realschule bald in die Position des defensiven Mittelfeldspielers, wo er seine volle Klasse ausspielte. In 245 Ligaspielen trug der spätere Verteidiger bis 1976 den Bustring und blieb dem Klub über sein Karriereende hinaus treu. Als Interimstrainer führte er ihn 1986 ins Pokalfinale und übernahm 1990 abermals die sportliche Leitung. Obwohl er sich beim Publikum außerordentlicher Wertschätzung erfreute, blieb sein Wirken erneut ein Intermezzo. „Williii" wechselte daraufhin nach Nürnberg und kehrte erst 1994 zum VfB zurück.

1. Bundesliga

1	16.9.1972	VfB - 1. FC Köln	3:1	17.000
2	20.9.1972	MSV Duisburg - VfB	0:1	16.000
3	23.9.1972	VfB - Hamburger SV	2:1	22.000
4	30.9.1972	Hannover 96 - VfB	3:1	15.500
5	4.10.1972	VfB - 1. FC Kaiserslautern	3:1	10.000
6	7.10.1972	Fortuna Düsseldorf - VfB	6:1	30.000
7	14.10.1972	VfB - VfL Bochum	4:0	12.000
8	21.10.1972	Kickers Offenbach - VfB	1:3	16.000
9	28.10.1972	VfB - Bayern München	0:1	59.000
10	31.10.1972	RW Oberhausen - VfB	2:2	6.000
11	4.11.1972	VfB - Werder Bremen	2:1	13.000
12	11.11.1972	Eintr. Braunschweig - VfB	1:0	8.315
13	18.11.1972	VfB - Hertha BSC Berlin	4:0	9.000
14	21.11.1972	Wuppertaler SV - VfB	4:0	18.000
15	25.11.1972	VfB - Schalke 04	6:2	9.000
16	2.12.1972	Eintracht Frankfurt - VfB	2:1	11.000
17	16.12.1972	VfB - Bor. M'gladbach	3:0	18.000
18	20.1.1973	1. FC Köln - VfB	5:1	8.800
19	27.1.1973	VfB - MSV Duisburg	3:4	5.000
20	3.2.1973	Hamburger SV - VfB	2:0	14.000
21	10.2.1973	VfB - Hannover 96	2:0	5.000
22	17.2.1973	1. FC Kaiserslautern - VfB	2:1	6.000
23	24.2.1973	VfB - Fortuna Düsseldorf	2:2	12.000
24	10.3.1973	VfL Bochum - VfB	3:1	10.000
25	17.3.1973	VfB - Kickers Offenbach	4:2	11.500
26	24.3.1973	Bayern München - VfB	5:1	33.000
27	31.3.1973	VfB - RW Oberhausen	3:0	6.000
28	7.4.1973	Werder Bremen - VfB	0:2	6.000
29	27.4.1973	VfB - Eintr. Braunschweig	4:0	8.800
30	5.5.1973	Hertha BSC Berlin - VfB	5:1	28.000
31	19.5.1973	VfB - Wuppertaler SV	4:2	9.000
32	26.5.1973	Schalke 04 - VfB	2:0	30.000
33	2.6.1973	VfB - Eintracht Frankfurt	2:2	9.000
34	9.6.1973	Bor. M'gladbach - VfB	3:4	8.400

Abschlusstabelle

1.	Bayern München (M)	34	25	4	5	93:29	54-14
2.	1. FC Köln	34	16	11	7	66:51	43-25
3.	Fortuna Düsseldorf	34	15	12	7	62:45	42-26
4.	Wuppertaler SV (N)	34	15	10	9	62:49	40-28
5.	Bor. M'gladbach	34	17	5	12	82:61	39-29
6.	VFB STUTTGART	34	17	3	14	71:65	37-31
7.	Kick. Offenbach (N)	34	14	7	13	61:60	35-33
8.	Eintracht Frankfurt	34	15	4	15	58:54	34-34
9.	1. FC Kaiserslautern	34	12	10	12	58:68	34-34
10.	MSV Duisburg	34	12	9	13	53:54	33-35
11.	Werder Bremen	34	12	7	15	50:52	31-37
12.	VfL Bochum	34	11	9	14	50:68	31-37
13.	Hertha BSC Berlin	34	11	8	15	53:64	30-38
14.	Hamburger SV	34	10	8	16	53:59	28-40
15.	Schalke 04	34	10	8	16	46:61	28-40
16.	Hannover 96	34	9	8	17	49:65	26-42
17.	Eintr. Braunschw. ▽	34	9	7	18	33:56	25-43
18.	RW Oberhausen ▽	34	9	4	21	45:84	22-46

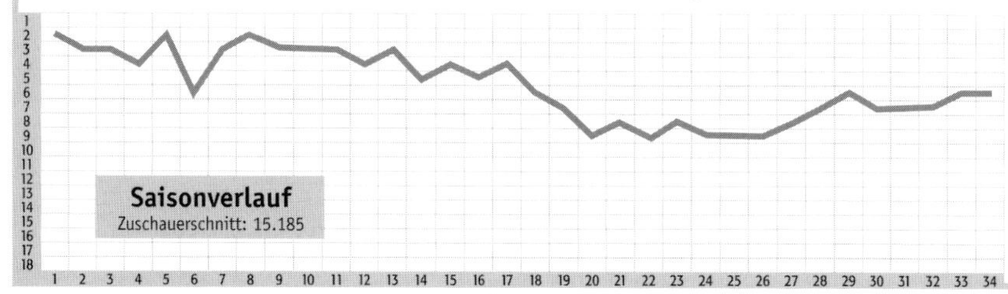

DFB-Pokal

1. HR	10.12.72	VfL Wolfsburg - VfB	2:2	8.000
	20.12.72	VfB - VfL Wolfsburg	3:2	3.500
AF	3.3.73	VfB - 1. FC Kaiserslautern	2:1	6.000
	14.3.73	1. FC K'lautern - VfB	2:0 n.V.	8.000

Ligapokal

2.8.1972	Bayern Hof - VfB	3:3	4.500
9.8.1972	VfB - TSV München 1860	5:1	6.000
13.8.1972	VfB - Bayern München	2:3	25.000
16.8.1972	TSV München 1860- VfB	0:0	3.000
19.8.1972	Bayern München - VfB	1:2	10.000
23.8.1972	VfB - Bayern Hof	2:2	2.500

Bundesligakader

Abgänge: Günter Eisele (w.d.s. ausgeliehen zu Karlsruher SC), Koppenhöfer (w.d.S. zu Kickers Offenbach), Regitz (Viktoria Neunkirchen), Skoric (Bayern München)

Zugänge: Brenninger (Young Boys Bern), Koppenhöfer (Bayern München), Lindner (TSV München 1860 Amateure), Roleder (VfB-Jugend), Schwemmle (VfB-Amateure), Siegmann (Tasmania Berlin)

Trainer: Hermann Eppenhoff

Tor		Egon Coordes	22/1
Gerhard Heinze	29/0	Norbert Siegmann	22/0
Helmut Roleder	5/0	Roland Mall	20/0
Bodo Jopp	1/0	Herbert Höbusch	18/1
Feld		Karl Berger	16/2
Manfred Weidmann	34/2	Willi Entenmann	15/1
Reinhold Zech	34/0	Gerd Komorowski	10/0
Dieter Schwemmle	33/6	Horst Haug	8/1
Horst Köppel	29/11	Hermann Lindner	6/1
Dieter Brenninger	27/9	Herward Koppenhöfer	5/0
Wolfgang Frank	26/11	Eckhard Müller (Am)	1/0
Hans Ettmayer	25/11	Günther Eisele	0/0
Karl-H. Handschuh	24/13	+ ein Eigentor	

So viel Euphorie gab es schon lange nicht mehr um den VfB: In der Bundesliga noch als wankelmütige Sphinx mit Überraschungen positiver (6:1 gegen Gladbach) wie negativer Art (0:3 gegen Essen) auftretend, verzauberte man im UEFA-Cup halb Europa und scheiterte erst im Halbfinale an Feyenoord Rotterdam.
Das überraschte, weil die Weiß-Roten vor Saisonbeginn eigentlich als Abstiegskandidat gehandelt worden waren. Nachdem der DFB angesichts eines Schuldenbergs in Höhe von rund 1,7 Mio. DM mit dem Entzug der Lizenz gedroht hatte, war Manager Hübner unfreiwillig vom „Chef*ein*käufer" zum „Chef*ver*käufer" geworden und hatte gleich acht Stammkräfte veräußert – darunter Nationalspieler Horst Köppel. „Wir müssen sehen, dass wir über die Runden kommen", hatte Trainer Eppenhof angesichts zugleich namenloser Neuzugänge frustriert bekannt.
Die vermeintliche Zittersaison begann wie im Traum. Mit einem 3:0 über Schalke übernahm der VfB sofort die Tabellenspitze und begeisterte den »kicker« mit „bärigem Einsatz, Harmonie und immensem Fleiß". Ohlicher als zurückhängender Mittelstürmer, Stickel als kopfballstarker Sprinter und der zwar schwergewichtige, fußballerisch aber umso leichtfüßigere Regisseur „Buffy" Ettmayer bestachen als umjubelte Schaltstellen im Erfolgsteam. Dass sich der VfB insbesondere daheim regelrecht zur Torfabrik entwickelte (40 Treffer in 17 Spielen), begeisterte wiederum das Publikum, das den Aufschwung reichlich entlohnte: Als am 1. September

[SAISON]

Siegeszug und Schuldenabbau

beim 2:1 gegen Köln exakt 49.121 Fans ihren Obolus entrichteten und für eine Einnahme in Höhe von 250.000 DM sorgten, war nicht nur der Schuldenberg völlig abgebaut, sondern das VfB-Konto sogar mit 200.000 DM im Plus!
Die Erfolgskette der namenlosen Elf riss erst mit dem verlorenen UEFA-Cup-Halbfinale gegen Rotterdam. Mit sechs sieglosen Bundesligaspielen verspielte der VfB anschließend gleich wieder ein wenig vom frischen Ruhm.

■ Hochzeitsläuten auf dem Wasen: **Gerhard Heinze** nutzte den spielfreien 12. Oktober 1973 und steuerte in den heiligen Hafen der Ehe. Seine Angetraute war die 19-jährige finnische Studentin Maria Stenberg, die der „Flieger" erst wenige Monate zuvor kennengelernt hatte.

■ Neben Ohlicher und Stickel war der 18-jährige Nachwuchsstürmer **Bernd Martin** dritter VfB-Shootingstar der Saison – und entpuppte sich als echter Schwabe. Seine erste Siegprämie landete nämlich direkt auf seinem Sparbuch. Allerdings nicht für das „Häusle", sondern für ein neues Auto: „Mein VW ist mir doch ein bisschen zu langsam", befand der Jungprofi.

■ Noch immer unter den Folgen des **Bundesligaskandals** litten die Ex-VfBler Hans Arnold und Hartmut Weiß. Kaum hatte der DFB ihre lebenslange Sperre in eine zweijährige verkürzt, brummte der WFV dem inzwischen zur SpVgg Ludwigsburg 07 gewechselten Arnold bzw. dem nunmehr beim TSV Bernhausen aktiven Weiß drei weitere Monate Sperre wegen „Vereinswechsel" auf. „Ich bin, um es vorsichtig auszudrücken, maßlos enttäuscht...", ärgerte sich Arnold.

■ Umschwärmter Held des ersten Spieltages war Hermann Ohlicher, der beim 3:0 über Schalke 04 sämtliche Tore markierte. „Ohlicher schoss die Tore wie ein gewisser Gerd Müller", staunte der »kicker«. Abends besuchte der 23-jährige Student dann das »Aktuelle Sportstudio«. Sein Versagen an der berühmten Torwand nahm er gelassen: „Besser, ich treffe für den VfB ins Schwarze...".

[EREIGNIS]

Angespannte Finanzlage

Hübner wird zum Chefverkäufer

„Wir stehen vor einer schweren Saison. Ich bitte Sie alle, unserer neu formierten Mannschaft und vor allem den jungen Spielern den Rücken zu stärken", bat Senator Weitpert im Herbst 1973 auf der Jahreshauptversammlung die VfB-Mitglieder und gab als Saisonziel aus: „Wir wollen die Bundesliga erhalten."
Einst mit dem Vorsatz angetreten, den Klub in die Spitze zu führen, musste der Verleger vor einem Schuldenberg in Höhe von rund 1,7 Mio. DM kapitulieren und forderte jedem Vereinsmitglied eine einmalige „finanzielle Unterstützung" in Höhe von 100 DM ab.
Eine weitere Einnahmequelle war zwischenzeitlich ausgefallen: Ähnlich wie Günter Mast bei Eintracht Braunschweig wollte Präsidiumsmitglied Helmut Sigloch auch beim VfB Trikotwerbung einführen und beantragte beim DFB, ein „S" für „Sigloch" auf die Jerseys sticken zu dürfen. Als der Dachverband dies ablehnte, verlor Sigloch prompt das Interesse, empfahl dem VfB die „Rückgabe der Lizenz" und legte sich mit Manager Hübner an, den er am liebsten „in der Wüste" gesehen hätte. Als dies nicht geschah, trat er selbst zurück. Dem angesprochenen Heinz Hübner (Foto oben rechts), ein bisweilen etwas dünnhäutiger Chef einer Handelsfirma, war die schwierige Aufgabe zugefallen, die Schuldenlast durch Spielerverkäufe zu verringern. Rund eine Mio. DM spülten die Abgänge von Köppel, Berger, Schwemmle, Haug, Frank und Höbusch in die leere Kasse, aus der für Ohlicher und Stickel lediglich 100.000 DM abflossen. Um Köppels Abgang gab es wie schon 1968 Theater. Mit Hermann Illg hatte sich gerade ein Mann aus der Werbebranche bereit erklärt, dem VfB die fehlenden 440.000 DM für eine Vertragsverlängerung zur Verfügung zu stellen, als der Nationalspieler eine Nachforderung von „jährlich 44.000 DM plus Prämien" stellte und der VfB die Verhandlungen abbrach...

Dass aus dem Abstiegskandidaten eine Spitzenmannschaft wurde, war vor allem der verbesserten Hierarchie zuzuschreiben. „Der Zusammenhalt hier bei uns ist einfach phantastisch. Hinzu kommt ein Klassetrainer wie Hermann Eppenhoff", lobte der neue Torjäger Hermann Ohlicher.
Auch beim Zuschauerzuspruch gab es Erfreuliches zu melden. Während Schatzmeister Heinz Bandke stolz verkündete, mit 1.700 Dauerkarten „viermal mehr als im letzten Jahr" verkauft zu haben, plante Verwaltungsratvorsitzender Gerhard Mayer-Vorfelder vorsichtig mit nur 15.000 Besuchern pro Spiel und warnte: „Wir dürfen keinen Illusionen nachjagen." Erreicht wurden mehr als 25.000!

Der VfB im Spieljahr 1973/74. Hinten v. l.: Masseur Keller, Entenmann, Martin, Eckhard Müller, Trainer Eppenhoff, Siegmann, Eisele, Zech, Konditionstrainer Ohligschläger. Mitte: Ettmayer, Brenninger, Schäfer, Heinze, Elmer, Roleder, Mall, vorn: Handschuh, Weidmann, Ohlicher, Jank, Stickel, Lindner.

[LEGENDEN]

HEINZ STICKEL

Gemeinsam mit Hermann Ohlicher und „Buffy" Ettmayer war Heinz Stickel Garant für die plötzliche Wiederauferstehung des vermeintlichen Abstiegskandidaten VfB Stuttgart.
Mit insgesamt zwölf Saisontreffern belegte er gemeinsam mit Regisseur Ettmayer Rang zwei der vereinsinternen Torjägerliste, wobei der pfeilschnelle Polizeimeister mit der imponierenden Schuhgröße 47 vor allem für die entscheidenden Treffer verantwortlich war. Beim 5:1 gegen Hannover 96 sorgte er durch einen Doppelschlag für die Entscheidung, beim 2:1 gegen Köln erzielte er das erlösende zweite Tor und beim 2:2 in Setúbal avancierte er zum Matchwinner, als er nach einem hinreißenden Sololauf den Ausgleich markierte. Neben seiner Schnelligkeit (100 Meter in 10,8 sec.) überzeugte der aus Ludwigsburg gekommene Rechtsaußen vor allem durch seine Kopfballstärke. Nach der traumhaften Auftaktsaison war jedoch bereits 1974/75 wieder Schluss mit dem „Stickel-Torfestival" im Neckarstadion, denn Polizeimeister Stickel war ins defensive Mittelfeld gerückt und traf nur noch viermal ins Schwarze. Nach dem Abstieg in die 2. Liga wechselte er zum 1. FC Kaiserslautern.

1. Bundesliga

1	11.8.1973	VfB - Schalke 04	3:0	28.000
2	17.8.1973	Werder Bremen - VfB	1:1	24.000
3	22.8.1973	VfB - Hannover 96	5:1	45.000
4	25.8.1973	Eintracht Frankfurt - VfB	4:3	30.000
5	1.9.1973	VfB - 1. FC Köln	2:1	49.121
6	7.9.1973	MSV Duisburg - VfB	1:0	17.000
7	15.9.1973	VfB - 1. FC Kaiserslautern	3:4	28.000
8	22.9.1973	Fortuna Düsseldorf - VfB	2:0	12.000
9	29.9.1973	VfL Bochum - VfB	0:0	16.000
10	6.10.1973	VfB - Hamburger SV	3:0	22.000
11	17.10.1973	Kickers Offenbach - VfB	2:1	9.000
12	20.10.1973	VfB - Bor. M'gladbach	6:1	60.000
13	27.10.1973	Bayern München - VfB	3:0	38.000
14	3.11.1973	VfB - Fortuna Köln	2:1	12.500
15	10.11.1973	Rot-Weiß Essen - VfB	3:3	13.000
16	17.11.1973	VfB - Hertha BSC Berlin	2:0	15.000
17	8.12.1973	Wuppertaler SV - VfB	3:4	6.800
18	5.1.1974	Schalke 04 - VfB	2:3	40.000
19	12.1.1974	VfB - Werder Bremen	2:2	25.000
20	19.1.1974	Hannover 96 - VfB	3:0	12.000
21	26.1.1974	VfB - Eintracht Frankfurt	3:1	50.000
22	2.2.1974	1. FC Köln - VfB	5:2	21.800
23	9.2.1974	VfB - MSV Duisburg	0:1	11.700
24	2.3.1974	1. FC Kaiserslautern - VfB	4:0	10.000
25	9.3.1974	VfB - Fortuna Düsseldorf	0:0	15.000
26	16.3.1974	VfB - VfL Bochum	2:0	8.000
27	23.3.1974	Hamburger SV - VfB	1:0	28.000
28	30.3.1974	VfB - Kickers Offenbach	4:0	13.000
29	6.4.1974	Bor. M'gladbach - VfB	3:1	21.000
30	20.4.1974	VfB - Bayern München	1:1	72.000
31	27.4.1974	Fortuna Köln - VfB	1:0	8.000
32	4.5.1974	VfB - Rot-Weiß Essen	0:3	7.000
33	11.5.1974	Hertha BSC Berlin - VfB	1:0	10.000
34	18.5.1974	VfB - Wuppertaler SV	2:2	6.500

Abschlusstabelle

1. Bayern München (M)	34	20	9	5	95:53	49-19
2. Bor. M'gladbach	34	21	6	7	93:52	48-20
3. Fortuna Düsseldorf	34	16	9	9	61:47	41-27
4. Eintracht Frankfurt	34	15	11	8	63:50	41-27
5. 1. FC Köln	34	16	7	11	69:56	39-29
6. 1. FC Kaiserslautern	34	15	8	11	80:69	38-30
7. Schalke 04	34	16	5	13	72:68	37-31
8. Hertha BSC Berlin	34	11	11	12	56:60	33-35
9. VFB STUTTGART	34	12	7	15	58:57	31-37
10. Kickers Offenbach	34	11	9	14	56:62	31-37
11. Werder Bremen	34	9	13	12	48:56	31-37
12. Hamburger SV	34	13	5	16	53:62	31-37
13. Rot-Weiß Essen (N)	34	10	11	13	56:70	31-37
14. VfL Bochum	34	9	12	13	45:57	30-38
15. MSV Duisburg	34	11	7	16	42:56	29-39
16. Wuppertaler SV	34	8	9	17	42:65	25-43
17. Fortuna Köln (N) ▽	34	8	9	17	46:79	25-43
18. Hannover 96 ▽	34	6	10	18	50:66	22-46

DFB-Pokal

1. HR	1.12.73	Fortuna Köln - VfB	3:2 n.V.	2.000

UEFA-Cup

1. HR	20.9.73	VfB - Olympiakos Nikosia	9:0	10.000
	3.10.73	Olympiakos Nikosia - VfB	0:4	4.000
2. HR	24.10.73	VfB - Tatran Prešov	3:1	10.000
	7.11.73	Tatran Prešov - VfB	3:5 n.V.	15.000
3. HR	28.11.73	Dinamo Kiew - VfB	2:0	22.000
	12.12.73	VfB - Dinamo Kiew	3:0	27.000
VF	5.3.74	VfB - Vitória Setúbal	1:0	18.000
	20.3.74	Vitória Setúbal - VfB	2:2	11.000
HF	10.4.74	Feyenoord Rotterd. - VfB	2:1	63.000
	24.4.74	VfB - Feyenoord Rotterd.	2:2	70.000

Bundesligakader

Abgänge: Berger (Karlsruher SC), Frank (AZ Alkmaar), Haug (Stuttgarter Kickers), Höbusch (FC Augsburg), Komorwoski (Karlsruher SC), Köppel (Borussia Mönchengladbach), Schwemmle (Twente Enschede), Siegmann (w.d.S. zu Tennis Borussia Berlin)
Zugänge: Elmer, Jank (beide VfB-Amateure), Martin (eigener Nachwuchs), Eckard Müller (VfB-Amateure), Ohlicher (FV Ravensburg), Schäfer (eigener Nachwuchs), Stickel (SpVgg Ludwigsburg 07)
Trainer: Hermann Eppenhoff

Tor		Manfred Weidmann	32/0
Gerhard Heinze	33/0	Roland Mall	31/0
Helmut Roleder	2/0	Egon Coordes	24/2
Feld		Bernd Martin	16/0
Dieter Brenninger	34/5	Eckhard Müller	15/0
Reinhold Zech	34/0	Markus Elmer	9/0
Willi Entenmann	33/4	Arno Schäfer	8/0
Hans Ettmayer	33/12	Norbert Siegmann	6/0
Hermann Ohlicher	33/17	Klaus-Dieter Jank	5/0
Karl-H. Handschuh	32/6	Günther Eisele	2/0
Heinz Stickel	32/12	Hermann Lindner	1/0

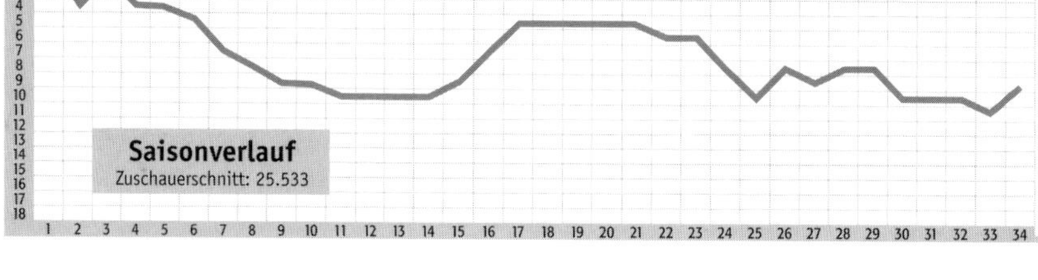

■ 50.000 DM ließ sich der VfB das Vergnügen kosten, sein UEFA-Cup-Rückspiel gegen **Olympiakos Nikosia** statt auf Zypern in heimischen Gefilden auszutragen. Nach dem souveränen 4:0 im „neutralen" Biberach/Riß konstatierte Manager Hübner: „Kein billiger Spaß, aber wenn man allein schon an die Reisestrapazen denkt, die Plätze dort unten, auf Zypern, die sanitären Einrichtungen."

■ Große Freude löste bei Trainer Eppenhoff die Auslosung zur dritten Europapokalrunde aus. Noch lieber als Kiew wäre dem ehemaligen Schalker Meisterspieler allerdings Tiflis gewesen. „Dort war ich früher in **Gefangenschaft**, und ich hätte gerne Erinnerungen aufgefrischt." Sein Wunsch wurde bald erfüllt: Als der sowjetische Dynamo-Dachverband davon erfuhr, lud er den VfB zur für Dezember 1974 geplanten Eröffnung des im Bau befindlichen Tifliser Großstadions ein.

■ Regelrecht zur **Odyssee** geriet die Anreise zum Europacupspiel in Kiew, die am Samstag um 19 Uhr in Stuttgart begann und erst am Montag um 13 Uhr in der ukrainischen Hauptstadt endete. In Moskau war der VfB-Tross von heftigem Schneetreiben und orkanartigen Winden gestoppt worden. Nachdem der Weiterflug immer wieder um eine Stunde nach hinten verschoben worden war, war er schließlich auf den nächsten Tag verlegt worden. „Wäre dies Bayern München oder dem 1. FC Köln passiert, die hätten das nächstbeste Flugzeug in Richtung Heimat genommen. Wir aber haben ausgehalten wie sehr brave Schafe", lamentierte „Buffy" Ettmayer.

■ Das Rückspiel gegen **Dynamo Kiew** wurde zur Galavorstellung von Jungstar Bernd Martin, der 150 Sekunden vor dem Schlusspfiff das 3:0 erzielte, das dem VfB nach dem 0:2 im Hinspiel die Tür zum Halbfinale öffnete. Die Fans im Neckarstadion waren völlig aus dem Häuschen und feierten mit Raketen (»kicker«: „die zuvor um ein Haar noch einen Spielabbruch besorgt hätten...") die sportliche Sensation.

■ Als Bundestrainer Helmut Schön im Mai 1974 seinen erweiterten Kader für die **WM 1974** bekannt gab, befand sich kein VfBler darunter. Stuttgart genoss die WM trotzdem. Die von Hansi Müller angeführte VfB-Jugend trat zum Freundschaftsspiel gegen Italiens Squadra Azzurra an, und auf dem Schlossplatz herrschte während des Turniers ausgelassene Partystimmung.

[SPIEL]

VfB 2:2 Feyenoord

Geplatzter Finaltraum

Früher Rückstand verwirrt VfB

Europa entdeckt den VfB! Seit Beginn der Europapokalgeschichte eher eine „graue Maus" im kontinentalen Spitzenfußball, eilt der VfB 1973/74 im UEFA-Cup eindrucksvoll von Erfolg zu Erfolg. Nach einem 3:0-Rückspielsieg über Dynamo Kiew steht den Schwaben endgültig die europäische Fußballwelt offen, zumal sie im Viertelfinale „nur" auf den portugiesischen Underdog Vitória Setúbal treffen. Gegen den brillieren Ohlicher und Stickel als Matchwinnern, die in Portugal einen 0:2-Rückstand in ein 2:2 verwandeln.
Halbfinalgegner ist Feyenoord Rotterdam, dessen Trainer Wiel Coerver großen Respekt vor dem VfB hat.
Sein Gegenüber Hermann Eppenhoff hingegen hat ein Problem: Ettmayer und Ohlicher haben in Setúbal jeweils zum zweiten Mal „Gelb" gesehen und fallen für die Begegnung in Rotterdam ebenso aus wie der verletzte Erwin Coordes. Stattdessen spielen Schäfer und Mall. Vor 63.000 Zuschauern im „De Kuip" entwickelt sich eine mitreissende Abwehrschlacht. Torsteher Heinze sowie die Verteidiger Weidmann und Zech überragen in einer Begegnung voller Leidenschaft, in der „Mucki" Brenninger den VfB nach 24 Minuten überraschend mit 1:0 in Führung bringt. Am Ende gehen die Niederländer zwar als 2:1-Sieger vom Feld, doch der notorisch auswärtsschwache VfB hat sich mehr als tapfer geschlagen und nebenbei eine prima Ausgangsposition für das Rückspiel vor eigenem Publikum geschaffen.
Zwei Wochen später steht Stuttgart Kopf. Vier Tage nach dem 1:1 gegen den FC Bayern ist das Neckarstadion erneut prall gefüllt. Die Fans hoffen auf den heimstarken VfB, der in der laufenden Saison erst sieben Punkte auf eigenem Platz abgegeben hat. „Nur wenn wir ein schnelles Tor erzielen, haben wir eine Chance, das Finale zu erreichen", meint Trainer Eppenhoff. Es beginnt katastrophal für die Schwaben, die mit Feyenoords kompromissloser Manndeckung nicht zurechtkommen und von den Niederländern eiskalt ausgekontert werden.
Als Schoenmaker in der 47. Minute das 2:0 für den Gast erzielt, scheint alles gelaufen zu sein.
Erst als „Mucki" Brenninger in der 55. Minute auf 1:2 verkürzt, läuft das Stuttgarter Spiel besser, und als Brenninger vier Minuten später einen Strafstoß nach Foul an Stickel zum Ausgleich verwandelt, tobt das Neckarstadion. Doch das 3:2 will einfach nicht fallen, und so rettet sich Feyenoord mit letzter Kraft ins Finale.
„Das frühe Gegentor brachte den VfB Stuttgart aus dem Tritt", resümiert der »kicker«.

Karl-Heinz Handschuh setzt sich gegen einen Rotterdamer Gegenspieler durch.

[SAISON]

Der Abstieg

Keine zwölf Monate nach einer der erfolgreichsten Spielzeiten seiner Geschichte musste der VfB Stuttgart aus der 1. Bundesliga absteigen!

Das sportliche Scheitern war die Quittung für eine unsägliche Personalpolitik. Am Ende der Erfolgssaison 1973/74 hatte der VfB trotz prall gefüllter Kasse mit Spielmacher Handschuh einen weiteren Leistungsträger ziehen lassen und die Mannschaft damit entscheidend geschwächt. Trainer Eppenhoff hatte zwar im Gegenzug seinen Wunschspieler „Hanjo" Weller vom Regionalligisten München 1860 erhalten, bei dessen Leistung es jedoch mehr Schatten als Licht gab und der sich außerdem als Unruheherd entpuppte. Weil darüber hinaus der in der Vorsaison noch zu den Leistungsträgern zählende „Buffy" Ettmayer diesmal abseits des Spielfeldes für deutlich mehr Furore sorgte, taumelte der auswärts erschreckend harmlose VfB orientierungslos dahin und hatte niemanden, der ihn hätte stabilisieren können.

Das galt auch für die Führungsebene, wo Senator Weitpert und „Chefeinkäufer" Hübner zusehends unter Druck gerieten. Mit Gerhard Mayer-Vorfelder hatte sich zwischenzeitlich ein ambitionierter Politiker zum Chefkritiker aufgeschwungen, der am 18. April 1975 in einer turbulen-

Ratlos: Vorsitzender Hans Weitpert (links) und „Chefeinkäufer" Hübner (rechts).

[SPIEL]

TeBe Berlin 1:1 VfB

Kampflos ergeben

Letzte Chance fahrlässig verspielt

Die Chance ist zwar nur noch hauchdünn, doch die leidgeprüften VfB-Fans hoffen, dass ihre Mannschaft sie trotzdem beim Schopfe ergreift. Ein Sieg beim bereits feststehenden Absteiger Tennis Borussia Berlin, und der rettende 15. Platz würde doch noch einmal in greifbare Nähe rücken, zumal Mitkonkurrent Werder Bremen in der Krise steckt und fleißig Punkte abgibt.

Ganze 2.200 Unverdrossene wollen beim Schicksalsspiel des VfB im Berliner Olympiastadion dabei sein – Stuttgart interessiert an der Spree offenbar ebensowenig wie Tennis Borussia.

Ähnlich leer wie die Ränge der Berliner Riesenschüssel sind auch die Akkus der Stuttgarter Spieler. „Kein Biss, wenig Einsatz und viel Resignation", staunt der »kicker« tags darauf und urteilt, der VfB habe sich wohl „damit abgefunden, Zweitligist zu werden".

Das Spiel ist Sinnbild für den gesamten Saisonverlauf. Ein paar Arbeitswillige wie Roleder, Coordes, Schäfer und Ohlicher bemühen sich redlich um ein gutes Ergebnis, während der Großteil der Mannschaft als Totalausfall lustlos über den Platz schlendert.

Selbst Berlins Trainer Gawliczek wundert sich: „Ich weiß auch nicht, was bei den Stuttgartern los ist. Ich weiß nur, meine Mannschaft hätte in der Situation des VfB noch ganz anders gekämpft."

Der völlig überforderte VfB-Trainer Albert Sing versucht sogar noch, sein Team mit falschen Zwischenständen von den Spielen der Konkurrenz aufzuwecken.

Vergeblich.

„Ich schäme mich", sind Sings letzte Worte auf der Pressekonferenz – so, wie es wohl jeder „echte" VfBler an diesem schwarzen Nachmittag tut.

■ Weil zu Saisonbeginn mit den verletzten Entenmann, Brenninger, Coordes und Zech sowie Bundeswehr-Rekrut Hermann Ohlicher gleich fünf Stammspieler ausfielen, bemühte sich Manager Hübner um **personelle Verstärkungen**. Doch weder der in Basel spielende Ottmar Hitzfeld noch die Schweden Arnström und Magnusson, der Däne Ole Skoubö oder Bayern Hofs Torjäger Werner wollten zum kriselnden VfB kommen. Erst im November wurde Hübner fündig und verpflichtete den Ex-Aalener Erwin Hadewicz vom FC Bayern sowie Lorenz Hilkes aus Mönchengladbach.

■ Der von Senator Weitpert einst zum „**Chefeinkäufer**" deklarierte Heinz Hübner musste sich nach der 1:2-Heimpleite gegen Hertha BSC als „Totengräber des Vereins" bezeichnen lassen, weil er mehr Spieler *ver*- als *ge*kauft hatte. „Man tut mir Unrecht an. Ich opfere mich für den Verein auf. Wenn ich seinerzeit nicht Spieler so günstig verkauft hätte, wäre der VfB, mit damals noch 1,7 Mio. Mark an Schulden, heute pleite", klagte der Holzkaufmann.

■ Große Erfolge gab es für die „**VfB-Filiale**" SpVgg Ludwigsburg 07 zu feiern. Nachdem die Schwarz-Gelben 1973 mit einer Legionärself aus der Regionalliga abgestiegen waren, hatte man am Fuchshof auf Eigengewächse gesetzt und träumte nun vom Sprung in die 2. Liga. „Vor ihrem Aufstieg zittert sogar der VfB", titelte der »kicker« ob der Euphorie in der Barockstadt. Mit Franz Seybold und Hans Arnold zeichneten sich übrigens zwei Ex-VfBler für den Aufschwung der 07er verantwortlich.

■ Wesentlich erfolgreicher als die „Erste" agierten die **VfB-Amateure**, die im DFB-Pokal u. a. Bayer Leverkusen und Erstligist Tennis Borussia Berlin ausschalteten. Erst im Viertelfinale kam gegen Borussia Dortmund das Aus.

ten Jahreshauptversammlung folgerichtig die Führung übernahm.

Zu jenem Zeitpunkt war es jedoch längst zu spät, war der VfB vor dem Abstieg schon nicht mehr zu retten. Ein winziges Detail verdeutlicht, wie umfassend der Niedergang des vorjährigen UEFA-Cup-Halbfinalisten war: Mit Zech, Ettmayer, Heinze und Coordes verschliss der VfB im Saisonverlauf gleich vier Kapitäne – kein Wunder, dass die Presse von einem „zerrissenen Haufen" sprach. Eine weitere, folgenschwere Personalie: Als der völlig überforderte Trainer Eppenhoff nach dem 0:6 in Kaiserslautern nicht mehr zu halten war, übergab die ratlose Vereinsführung nicht etwa dem beliebten Assistenztrainer Ohligschläger die sportliche Leitung, sondern holte den 57-jährigen Albert Sing, der mit seinen veralteten Methoden (beim Training wurde nun wieder gesungen...) gnadenlos scheiterte. Der Deutsch-Schweizer verkrachte sich zudem mit „Buffy" Ettmayer und verspielte rasch jeglichen Respekt in Mannschaftskreisen.

Doch es gab auch einen Lichtstreif am düsteren VfB-Horizont: Die A-Jugend um den überragenden Hansi Müller erreichte zum dritten Mal binnen vier Jahren das Endspiel um die Deutsche Meisterschaft und sicherte sich mit einem 4:0 über Schalke 04 zum zweiten Mal nach 1973 den Titel. „Schizophrenie des Spitzenfußballs: Der VfB Stuttgart steigt erstmals in seiner Geschichte aus der ersten Klasse ab und hat zugleich die beste Fußballjugend!", schüttelte nicht nur der »kicker« den Kopf.

■ Der Abgang von Spielmacher **Karl-Heinz Handschuh** schlug hohe Wellen. Der in 185 Bundesligaspielen für den VfB aktive Blondschopf war zu Saisonbeginn nach Braunschweig abgeschoben worden, weil er laut Trainer Eppenhoff „vom VfB zu viel Geld" forderte. „Das stand nicht im Einklang mit seiner Leistung", konstatierte Eppenhoff.

■ Stinksauer war die VfB-Führung, als das mit Spannung erwartete **Kellerduell** bei Werder Bremen am 2. November 1974 wegen angeblicher Unbespielbarkeit des Platzes abgesagt wurde. „Ich werde Spielleiter Baresel über den Vorfall informieren, damit künftig nicht wieder willkürlich Spiele abgesagt werden können", giftete Manager Hübner. „Buffy" Ettmayer vermutete gar ein abgekartetes Spiel: „Wir wären lieber angetreten, lieber jedenfalls als die Bremer mit ihren vielen Verletzten." Das Nachholspiel verlor der VfB übrigens mit 2:5 – ein entscheidender Schritt in Richtung Abstieg...

■ Keine Lust auf einen eigenen Hausstand hatte offenbar Neutrainer **Albert Sing**, der lieber im Sporthotel des „Herza-Baeck" unmittelbar neben dem Neckarstadion residierte. „Mir behagt das Geschirrspülen und das Saubermachen nicht", begründete der 57-jährige Deutsch-Schweizer seine Entscheidung.

■ Einen aufmerksamen Schutzengel hatte VfB-Funktionär **Gerhard Mayer-Vorfelder**, dem bei Tempo 140 auf der Autobahn ein Reifen platzte. Wie durch ein Wunder stieg „MV" unverletzt aus dem Autowrack, das sich zuvor mehrmals überschlagen und drei Bäume gestreift hatte. Auch seinen Humor hatte der neue starke Mann nicht verloren, sondern unkte tags darauf nach dem 2:1-Zittersieg über Tennis Borussia Berlin: „Mensch, das heute war ja fast nervenaufreibender als so'n Unfall auf der Autobahn..."

[EREIGNIS]

Stationen des Abstiegs

Fatale Auswärtsschwäche

Es war früh zu erahnen, dass der VfB diesmal Probleme mit dem Klassenerhalt bekommen würde. Zwar eröffnete er die Saison mit einem 1:0 über Bochum, verbuchte in den darauffolgenden sechs Spielen jedoch keinen einzigen Zähler und rutschte auf Rang 17 ab. Vor allem auswärts waren die Bewegungsspieler eine Farce – der letzte Sieg auf fremdem Platz datierte vom 5. Januar 1974, als ein 3:2 auf Schalke gelang. In den anschließenden 24 Auswärtsspielen bis zum Abstieg gab es kümmerliche fünf Auswärtspunkte, registrierte der VfB ein Torverhältnis von 22:74! Doch die Auswärtsschwäche war nicht der einzige Grund für den sportlichen Niedergang. Vorjährige Leistungsträger wie Ohlicher und Ettmayer schwankten in ihrer Form, interne Scharmützel zerrissen die Mannschaft (zwischen Ettmayer und Coordes soll es sogar zu Handgreiflichkeiten gekommen sein!), und auch Trainer Eppenhoff zeigte sich überfordert. „Wir müssen uns von der lähmenden Last des miesen Tabellenstandes befreien", dozierte er mit ermüdender Penetranz und bemühte mehr als einmal das „Pech" als Erklärung. Willi Entenmann sah das anders: „Anweisungen nützen nicht viel. Bei uns macht jeder, was er will", kritisierte er nach dem 0:6 in Kaiserslautern, das Eppenhoff den Kopf kostete. Die Führungsebene des Vereins zeigte sich ähnlich orientierungslos. Anstelle des Wunschkandidaten Rudi Faßnacht, für den man die von Heilbronn verlangte Ablöse in Höhe von 120.000 DM nicht zahlen wollte, kam Albert Sing, der den VfB 1967 schon einmal vor dem Abstieg gerettet hatte. Doch Sings auf Zucht und Ordnung basierende Methoden hatten im Zeitalter des mündigen Profis nichts mehr zu suchen. Am Ende half selbst der eilig beschworene „Geist von Besenfeld" nichts mehr: Trotz eines dort durchgeführten Kurztrainingslager reichte es im entscheidenden Spiel gegen Bremen nur zu einem schlappen 2:2.

Wieder kein Auswärtssieg! Nach dem 2:2 in Wuppertal schleichen Weidmann und Co. vom Platz.

HANS „BUFFY" ETTMAYER

Sie liebten ihn, und sie hassten ihn. Hans „Buffy" Ettmayer war die schillerndste Figur im VfB-Kader der frühen 1970er Jahre und stand im Zentrum nahezu jeder Diskussion. So natürlich auch im Abstiegsjahr 1974/75. In der Vorsaison noch umjubelter Publikumsliebling, ließ es der österreichische Ballvirtuose diesmal gemächlicher angehen und geriet prompt in die Schusslinie. Von Trainer Eppenhoff abserviert und beim turbulenten 5:5 in Frankfurt nur Tribünengast, wurde er von Nachfolger Albert Sing zunächst zurückgeholt, um kurz darauf erneut geschasst zu werden. Grund: Ettmayer hatte ein paar Pfund zu viel auf den Rippen. Obwohl der gebürtige Wiener noch im Januar 1975 beteuerte, „am liebsten möchte ich meine Karriere als Fußballprofi beim VfB abschließen. In Stuttgart habe ich doch sehr, sehr viele wirkliche Freunde gefunden" (er hatte in Notzingen sogar ein Eigenheim errichtet!), endete Ettmayers Engagement beim VfB zum Saisonende nach 97 Spielen (34 Tore) mit dem Wechsel zum HSV. Dass dort mit Dr. Peter Krohn eine schillernde Figur agierte, passte gut zu „Buffy", dem man in Stuttgart dennoch nachtrauerte. Na ja, meistens...

1. Bundesliga

1	24.8.1974	VfB - VfL Bochum	1:0	20.000
2	30.8.1974	Fortuna Düsseldorf - VfB	4:0	20.000
3	11.9.1974	VfB - Bayern München	1:2	65.000
4	14.9.1974	Kickers Offenbach - VfB	3:1	12.000
5	21.9.1974	VfB - Hertha BSC Berlin	1:2	15.000
6	28.9.1974	Hamburger SV - VfB	1:0	23.000
7	5.10.1974	1. FC Köln - VfB	4:2	12.000
8	9.10.1974	VfB - Wuppertaler SV	5:1	11.500
9	12.10.1974	Schalke 04 - VfB	2:0	30.000
10	19.10.1974	VfB - Eintr. Braunschweig	0:0	20.000
11	9.11.1974	VfB - Bor. M'gladbach	1:2	26.000
12	16.11.1974	Eintracht Frankfurt - VfB	5:5	15.000
13	23.11.1974	VfB - Tennis Bor. Berlin	2:1	13.000
14	26.11.1974	Werder Bremen - VfB	5:2	13.000
15	30.11.1974	1. FC Kaiserslautern - VfB	6:0	7.000
16	7.12.1974	VfB - MSV Duisburg	2:1	10.000
17	14.12.1974	Rot-Weiß Essen - VfB	3:1	9.000
18	25.1.1975	VfL Bochum - VfB	1:0	11.000
19	1.2.1975	VfB - Fortuna Düsseldorf	1:1	16.000
20	15.2.1975	Bayern München - VfB	1:1	63.000
21	22.2.1975	VfB - Kickers Offenbach	3:1	45.000
22	1.3.1975	Hertha BSC Berlin - VfB	4:0	30.000
23	8.3.1975	VfB - Hamburger SV	1:2	40.000
24	22.3.1975	VfB - 1. FC Köln	2:0	40.000
25	1.4.1975	VfB - Schalke 04	3:1	45.000
26	5.4.1975	Eintr. Braunschweig - VfB	6:0	13.000
27	12.4.1975	Wuppertaler SV - VfB	2:2	2.000
28	19.4.1975	VfB - Werder Bremen	2:2	52.500
29	3.5.1975	Bor. M'gladbach - VfB	5:1	15.000
30	10.5.1975	VfB - Eintracht Frankfurt	3:4	23.000
31	24.5.1975	Tennis Bor. Berlin - VfB	1:1	2.200
32	31.5.1975	VfB - 1. FC Kaiserslautern	0:1	10.189
33	7.6.1975	MSV Duisburg - VfB	3:3	5.000
34	14.6.1975	VfB - Rot-Weiß Essen	3:2	5.000

Abschlusstabelle

1. Bor. M'gladbach	34	21	8	5	86:40	50-18
2. Hertha BSC Berlin	34	19	6	9	61:43	44-24
3. Eintracht Frankfurt	34	18	7	9	89:49	43-25
4. Hamburger SV	34	18	7	9	55:38	43-25
5. 1. FC Köln	34	17	7	10	77:51	41-27
6. Fortuna Düsseldorf	34	16	9	9	66:55	41-27
7. Schalke 04	34	16	7	11	52:37	39-29
8. Kickers Offenbach	34	17	4	13	72:62	38-30
9. Eintr. Braunschweig	34	14	8	12	52:42	36-32
10. Bayern München	34	14	6	14	57:63	34-34
11. VfL Bochum	34	14	5	15	53:53	33-35
12. Rot-Weiß Essen	34	10	12	12	56:68	32-36
13. 1. FC Kaiserslautern	34	13	5	16	56:55	31-37
14. MSV Duisburg	34	12	6	16	59:77	30-38
15. Werder Bremen	34	9	7	18	45:69	25-43
16. VFB STUTTGART ▽	34	8	8	18	50:79	24-44
17. TeBe Berlin (N) ▽	34	5	6	23	38:89	16-52
18. Wuppertaler SV ▽	34	2	8	24	32:86	12-56

DFB-Pokal

1. HR	7.8.74	Bayern München - VfB	3:2	20.000

Bundesligakader

Abgänge: Eisele (DJK Konstanz), Handschuh (Eintracht Braunschweig), Lindner (Rot-Weiß Essen), Mall (w.d.S. an den VfR Heilbronn ausgeliehen)
Zugänge: Dietterle (VfR Aalen), Hadewicz (im November von Bayern München), Hilkes (im November von Borussia Mönchengladbach), Tochtermann (VfB-Jugend), Weller (TSV München 1860)
Trainer: Hermann Eppenhoff (bis zum 1. Dezember 1974), Fritz Millinger (Interimstrainer am 16. Spieltag), Albert Sing (ab 14. Dezember 1974)

Tor		Arno Schäfer	20/0
Gerhard Heinze	27/0	Markus Elmer	19/0
Helmut Roleder	7/0	Bernd Martin	19/1
Feld		Erwin Hadewicz	18/3
Hermann Ohlicher	34/17	Hans Ettmayer	15/3
Heinz Stickel	33/4	Klaus-Dieter Jank	15/0
Hans-J. Weller	32/10	Lorenz Hilkes	8/1
Egon Coordes	31/3	Eckhard Müller	6/1
Manfred Weidmann	30/2	Heinz Tochtermann	6/1
Reinhold Zech	29/0	Roland Mall	5/0
Willi Entenmann	27/1	Georg Müllner (Am)	3/1
Helmut Dietterle	23/1	Michael Hütt (Am)	1/0
Dieter Brenninger	20/1		

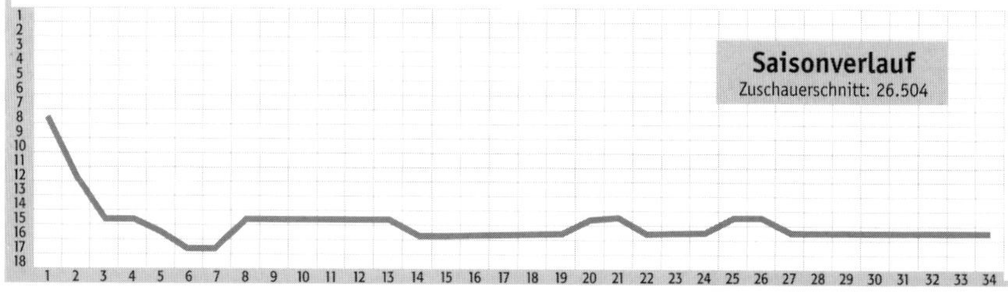

Der VfB in der Abstiegssaison 1974/75. Stehend v. l.: Trainer Eppenhoff, Entenmann, Martin, Ohlicher, Brenninger, Coordes, Stickel, Schäfer, Tochtermann, Eckhard Müller, Weller, Zech. Vorn: Mall, Weidmann, Jank, Roleder, Heinze, Ettmayer, Dietterle, Hangstörfer, Betreuer Keller.

Der neue starke Mann am VfB-Ruder: Gerhard Mayer-Vorfelder.

[EREIGNIS]

Im Frühjahr 1975 steckte der VfB tief in der Krise. „Es ist kein Geheimnis mehr, dass es selbst innerhalb der Führungsebene Uneinigkeit gibt", raunte die Presse und sprach von „zwei ‚Abteilungen', eine mit Präsident Weitpert und Hübner, die andere mit Renz, Bandke und Mayer-Vorfelder." „Er zankt und streitet sich noch in den Abgrund, der so traditionsreiche Klub aus dem ‚Musterländle'", spottete der »kicker« und billigte dem im Oktober 1974 gebildeten vereinsinternen Spielausschuss um Ministerialdirigent Gerhard Mayer-Vorfelder und Rechtsanwalt Gerhard Renz die besten Chance auf die neue Führung zu.

Das Duo hatte erstmals eingegriffen, als die desolate Mannschaft mit 0:6 in Kaiserslautern untergegangen war, während Vereinsboss Weitpert gemütlich unter der Sonne Teneriffas Urlaub machte. Seinerzeit hatte man auch Ex-Kickers-Trainer Fritz Millinger als Assistenztrainer verpflichtet und zudem die Kompetenz des umstrittenen Managers Heinz Hübner beschnitten.

Das Tohuwabohu im weiß-roten Lager war jedoch nicht abgerissen, zumal Senator Weitpert zusehends die Kontrolle über den Verein verlor. Eingriffe mehrerer Präsidiumsmitglieder in die sportlichen Belange entwerteten den ohnehin angeschlagenen Trainer Eppenhoff und endeten erst unter dessen Nachfolger Sing, der kategorisch sämtliche Vorstandsmitglieder aus der Kabine verbannte. Ausgerechnet am Abend vor dem Schicksalsspiel gegen Werder Bremen stand dann die entscheidende Jahreshauptversammlung an, auf der auch das Präsidium neu gewählt werden sollte.

Das Schicksal des VfB entschied sich zwischen dem 18. und dem 19. April 1975 also gleich in doppelter Hinsicht. Sportlich zeigte der Daumen nach unten: 52.500 Zahlende sahen am Samstagnachmittag ein enttäuschendes 2:2 gegen Werder, mit dem der VfB einen mächtigen Schritt in Richtung 2. Liga machte.

Wesentlich hoffnungsvoller waren die Ereignisse des Vorabends. Mit Weitpert, Mayer-Vorfelder sowie dem Ex-Boxer und „Heckmeck"-Disco-Betreiber Fritz Bihler

Der Führungswechsel

Mayer-Vorfelder setzt sich durch

hatte die Gerüchteküche gleich drei Präsidentschaftskandidaten parat, aus denen dann sogar vier wurden: Weitpert, Mayer-Vorfelder, Manager Hübner sowie mit Willi Stamer noch ein Schausteller vom Cannstatter Volksfest. War das etwa ein Omen...?

Bevor die rund 600 Mitglieder zur Wahlurne schritten, wurde nämlich viel schmutzige Wäsche gewaschen, wobei sich allerdings insbesondere der mit Pfiffen und Buhrufen begrüßte Heinz Hübner hervortat.

Erst am Samstagmorgen um 0.53 Uhr stand das Ergebnis des Machtkampfes fest: Nur 61 Mitglieder sprachen dem 70-jährigen Amtsinhaber Weitpert das Vertrauen aus, wohingegen der 42-jährige Herausforderer Mayer-Vorfelder stolze 375 Stimmen auf sich versammeln konnte! Die Überraschung des Abends waren allerdings jene 85 Stimmen, die der „Buhmann vom Dienst" (»kicker«) Heinz Hübner erhielt, der sich als Verlierer dennoch mit sofortiger Wirkung aus der Verantwortung zurückzog.

Rückblickend war es ein höchst erfreulicher Abend für den VfB, für den eine neue Ära begann. „Eine schlechte Wahl wurde gewiss nicht getroffen", befand der »kicker« schon damals, während sich Neupräsident Mayer-Vorfelder ob der schwierigen Ausgangssituation ebenso kämpferisch wie realistisch gab: „Abgestiegen sind wir noch längst nicht. In all den Gesprächen um den dritten Absteiger wird zudem etwa der 1. FC Kaiserslautern vergessen. Andererseits wäre es natürlich töricht, für den Fall des Falles nicht gewappnet zu sein. Sollten wir absteigen müssen, dann würden wir alles tun, um unter Vollprofibedingungen möglichst auf Anhieb wieder den Aufstieg zu schaffen."

Finanziell stand es um den Krisenklub paradoxerweise blendend. Im laufenden Jahr 1975 war bereits mehr als eine Mio. DM netto eingenommen worden. Angesichts von 2,5 Mio. DM Vereinsvermögen stöhnte „MV": „Mir wäre, ehrlich gesagt, wohler, wäre unsere Finanzlage etwas weniger gut geordnet, um so besser die sportliche Seite". Doch es half nichts: Der VfB ist der bis heute einzige Verein, der die Bundesliga als Millionär verließ...

[SAISON]

Die Talfahrt geht weiter

Die erste VfB-Zweitligasaison nach mehr als fünfzig Jahren Erstklassigkeit war ein Parforceritt der besonderen Art: Zurückhaltend in die Saison gegangen, schürte ein 8:0-Punkte-Traumstart Hoffnungen auf den sofortigen Wiederaufstieg, die nach dem ersten Punktverlust (1:1 gegen 1860) und nur drei Punkten aus sieben Spielen ebenso umgehend wie nachhaltig wieder zerstört wurden. In der Rückrunde setzte die lust- und konzeptlose Elf um ihren in seiner Form schwankenden Regisseur „Hanjo" Weller zu einer erschreckenden Talfahrt an, deren Tiefpunkt ein 2:3-Heimdebakel gegen das abgeschlagene Schlusslicht Reutlingen war. „Die Mannschaft resigniert zu schnell, ihre Moral ist zu schwach, ihr fehlt vor allem eine Leitfigur", klagte Präsident Mayer-Vorfelder und begann, sich Sorgen um die Kassenlage zu machen.

Zu Recht, denn der VfB hatte auch im Zweitligalager auf Vollprofitum gesetzt und die Mannschaft sogar für stolze 1,8 Mio. DM mit Ottmar Hitzfeld und dem jugoslawischen Nationalspieler Dragan Holcer verstärkt. Doch statt der benötigten 20.000 Fans pro Spiel genossen durchschnittlich lediglich 11.634 die Reise durch die Niederungen der Zweitligatabelle, was ein dickes Loch in die Kasse riss. Hinzu kamen Versuche der von Heinz Hübner angeführten Opposition, den neuen Vorstand wieder zu stürzen – auf dem Wasen ging es also ordentlich zur Sache.

Nachdem sich „MV" im Machtkampf durchgesetzt hatte, wurden frühzeitig die Weichen für die kommende Saison gestellt. So wurde anstelle des bereits im März nach dem 0:3 in Fürth suspendierten Trainer Szanti zur Saison 1976/77 ein ehemaliger Hertha-Profi verpflichtet, der seit längerem in der Schweiz lebte und von der Rückkehr in die Bundesliga träumte: Jürgen Sundermann. Sein Auftrag war rasch umrissen: Neuaufbau der Mannschaft vornehmlich mit eigenen Nachwuchskräften und die Rückkehr in die 1. Bundesliga binnen zwei Jahren.

[SPIEL]

Kickers 2:0 VfB

Sztani sprachlos

Kickers gewinnen 135. Lokalderby

Pünktlich zum Cannstatter Volksfest kommt es zum 135. „Bruderkampf" zwischen „Blau" und „Rot". Der VfB geht trotz Krise als Favorit in die Partie mit dem finanziell angeschlagenen Lokalrivalen. „Es gibt Begegnungen, vor denen man den Spielern nichts zu sagen braucht", versichert „MV" – und ärgert sich später, dass er nicht doch etwas gesagt hat... Lediglich in der Anfangsphase kann seine müde und aufreizend lustlose Elf die vom Ex-VfBler Haug prächtig dirigierten Kickers ein wenig in Bedrängnis bringen.

Als ein Hilkes-Schuss von der Torlinie geschlagen wird und es beim 0:0 bleibt, vergeht dem VfB endgültig die Lust. In der Folgezeit sehen die 29.000 zunehmend entsetzteren Zuschauer keine weitere Chance für den Lokalmatador, der sich stattdessen zwei Gegentore einfängt. Vor allem der Sturm um Hoffnungsträger Hitzfeld sowie den später eingewechselten Hoeneß enttäuscht, und Trainer Sztani stöhnt: „Nach so einer Vorstellung sage ich lieber ganz wenig."

2. Bundesliga

1	9.8.1975	VfB - 1. FC Saarbrücken	1:0	17.000
2	16.8.1975	FK Pirmasens - VfB	0:2	12.000
3	20.8.1975	VfB - Jahn Regensburg	3:0	20.000
4	24.8.1975	FSV Frankfurt - VfB	1:7	8.000
5	30.8.1975	VfB - TSV München 1860	1:1	55.000
6	5.9.1975	FC Augsburg - VfB	3:1	20.000
7	12.9.1975	VfB - Mainz 05	0:2	12.000
8	20.9.1975	SpVgg Bayreuth - VfB	1:0	10.000
9	26.9.1975	VfB - SpVgg Fürth	2:0	8.500
10	4.10.1975	Stuttgarter Kickers - VfB	2:0	29.000
11	15.10.1975	VfB - Röchling Völklingen	2:2	16.200
12	25.10.1975	FC Homburg - VfB	1:0	9.000
13	1.11.1975	VfB - SV Chio Waldhof	2:0	11.500
14	8.11.1975	Darmstadt 98 - VfB	2:3	14.000
15	16.11.1975	VfB - Schweinfurt 05	2:0	10.000
16	22.11.1975	SSV Reutlingen 05 - VfB	0:4	9.000
17	29.11.1975	VfB - Eintracht Kreuznach	4:1	7.000
18	6.12.1975	1. FC Nürnberg - VfB	1:0	50.500
19	21.12.1975	VfB - Bayern Hof	0:1	8.700
20	17.1.1976	1. FC Saarbrücken - VfB	4:0	2.500
21	24.1.1976	VfB - FK Pirmasens	5:3	5.000
22	8.2.1976	Jahn Regensburg - VfB	1:1	9.000
23	14.2.1976	VfB - FSV Frankfurt	3:1	3.800
24	21.2.1976	TSV München 1860 - VfB	3:0	18.000
25	5.3.1976	VfB - FC Augsburg	0:1	4.600
26	14.3.1976	Mainz 05 - VfB	4:2	4.500
27	20.3.1976	VfB - SpVgg Bayreuth	1:1	5.000
28	27.3.1976	SpVgg Fürth - VfB	3:0	5.500
29	3.4.1976	VfB - Stuttgarter Kickers	5:0	16.000
30	11.4.1976	Röchling Völklingen - VfB	5:3	3.500
31	15.4.1976	VfB - FC Homburg	0:2	5.500
32	27.4.1976	SV Chio Waldhof - VfB	1:0	8.000
33	8.5.1976	VfB - Darmstadt 98	2:3	4.000
34	15.5.1976	Schweinfurt 05 - VfB	2:3	2.800
35	21.5.1976	VfB - SSV Reutlingen 05	2:3	2.500
36	30.5.1976	Eintracht Kreuznach - VfB	1:2	600
37	5.6.1976	VfB - 1. FC Nürnberg	0:1	11.000
38	13.6.1976	Bayern Hof - VfB	3:4	1.300

Abschlusstabelle

1.	1. FC Saarbrücken △	38	23	11	4	66:28	57-19
2.	1. FC Nürnberg	38	24	6	8	78:42	54-22
3.	FC Homburg	38	19	13	6	72:41	51-25
4.	TSV München 1860	38	19	9	10	78:55	47-29
5.	SpVgg Bayreuth	38	18	11	9	71:55	47-29
6.	Röchling Völklingen	38	18	9	11	72:65	45-31
7.	Darmstadt 98	38	19	5	14	76:64	43-33
8.	SV Chio Waldhof	38	16	10	12	64:55	42-34
9.	Bayern Hof	38	18	5	15	60:56	41-35
10.	SpVgg Fürth	38	17	3	18	64:52	37-39
11.	VFB STUTTGART (A)	38	16	4	18	67:60	36-40
12.	Mainz 05	38	12	12	14	81:92	36-40
13.	FSV Frankfurt (N)	38	15	5	18	49:63	35-41
14.	FK Pirmasens	38	13	7	18	66:78	33-43
15.	FC Augsburg	38	12	8	18	57:56	32-44
16.	Stuttgarter Kickers	38	13	6	19	57:70	32-44
17.	Jahn Regensb. (N) ▽	38	8	14	16	48:74	30-46
18.	Schweinfurt 05 ▽	38	9	8	21	50:72	26-50
19.	E. Kreuznach (N) ▽	38	8	7	23	49:83	23-53
20.	Reutlingen 05 (N) ▽	38	5	3	30	35:99	13-63

DFB-Pokal

1. HR	2.8.75	Rapide Wedding - VfB	2:9	1200
2. HR	18.10.75	Hertha BSC Berlin - VfB	4:2	10000

2. Bundesligakader

Abgänge: Ettmayer (Hamburger SV), Heinze (MSV Duisburg), Hilkes (w.d.S. zur SpVgg Fürth), Jank (w.d.S. an Preußen Münster ausgeliehen), Müller (Stuttgarter Kickers), Müllner (Werder Bremen), Stickel (1. FC Kaiserslautern), Tochtermann (TSV München 1860), Zech (1. FC Saarbrücken)

Zugänge: Deck (PAOK Saloniki), Funk (VfB-Amateure), Gass (SC Geislingen), Hitzfeld (FC Basel), Dieter Hoeneß (VfR Aalen), Holcer (Hajduk Split), Hütt (VfB-Amateure), Mall (vom VfR Heilbronn zurück, war ausgeliehen), Schmider (Offenburger FV)

Trainer: Istvan Sztani (vom 1.8.1975-28.3.1976), Karl Bögelein (28.3.1976-30.6.1976)

Tor		Egon Coordes	20/0
Helmut Roleder	30/0	Markus Elmer	19/0
René Deck	5/0	Dieter Hoeneß	19/6
Klaus Funk	3/0	Dieter Brenninger	18/1
Feld		Hans Müller (Am)	12/3
Hans-J. Weller	37/11	Helmut Dietterle	10/4
Dragan Holcer	35/0	Willi Entemmann	8/0
Hermann Ohlicher	35/15	Roland Mall	7/0
Manfred Weidmann	34/1	Kh. Förster (Jug)	5/0
Bernd Martin	33/4	Manfr. Günther (Am)	4/0
Arno Schäfer	25/0	Lorenz Hilkes	4/0
Bernd Schmider	25/2	Klaus-Dieter Jank	4/0
Werner Gass	23/1	Harald Beck (Am)	1/0
Gerhard Wörn (Am)	22/1	Michael Hütt (A)	0/0
Erwin Hadewicz	21/4	+ drei Eigentore	
Ottmar Hitzfeld	21/11		

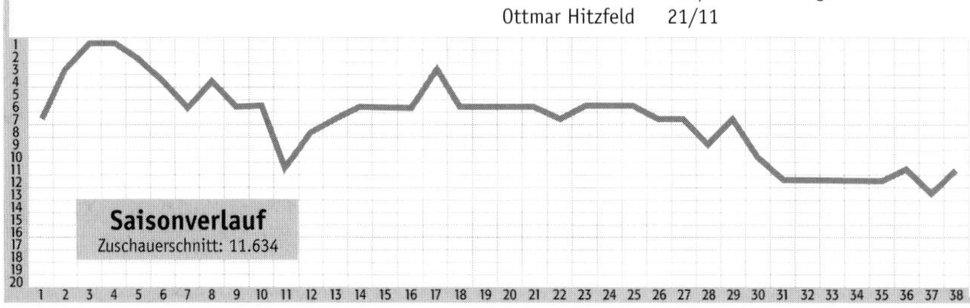

Mit einem Riesenaufgebot (aber ohne Brustring!) zog der VfB in seine erste Zweitligasaison seit 1923. Stehend v. l.: Trainer Sztani, Holcer, Hütt, Coordes, Hilkes, Schäfer, Deck, Roleder, Dieter Hoeneß, Gass, Dietterle, Martin, Entenmann, Masseur Kuhn. Vorn: Jank, Weidmann, Karlheinz Förster, Schmider, Hitzfeld, Brenninger, Hadewicz, Ohlicher, Elmer, Mall, Weller.

■ Theater um den „Flieger“. **Gerhard Heinze**, der in 193 Bundesligaspielen zwischen den VfB-Pfosten gestanden hatte, war stinksauer. Einerseits legte der Klub keinen Wert mehr auf seine Dienste, verlangte aber andererseits die astronomische Ablösesumme von 400.000 DM für ihn! „Wenn die Summe nicht auf 100.000 DM gesenkt wird, lasse ich mich reamateurisieren. Denn wer kauft schon einen Torhüter, der mehr als 400.000 DM kostet?“, schimpfte der Nationaltorhüter, der bereits beim Arbeitsamt vorstellig geworden war und „stempeln“ gehen musste.

■ Pech für **Hansi Müller**. Nach der 1:3-Niederlage in Augsburg wollte Trainer Sztani den A-Jugendlichen beim Heimspiel gegen Mainz 05 eigentlich als belebendes Element im Mittelfeld aufbieten. Doch Müllers Debütträume zerschlugen sich, als er sich beim Spiel der Amateure in Ulm einen Bänderriss zuzog und zwei Monate ausfiel.

■ Trauer um **Manfred Jost**. Das 18-jährige Vorstoppertalent geriet am 11. September 1976 auf regennasser Straße mit seinem VW ins Schleudern und verunglückte tödlich. Der einzige Sohn des ehemaligen SSV-Reutlingen-Idols Gerhard Jost war Mitglied der A-Jugend-Meistermannschaft von 1975 und wurde vor dem VfB-Spiel gegen Mainz 05 mit einer Gedenkminute geehrt.

■ Nach vielen Jahren im Block „L“ auf der Gegengerade bezogen die **VfB-Fans** in der Zweitklassigkeit erstmals die Blöcke „A“ und „B“ in der Cannstatter Kurve. Die neue Heimat sollte trotz der großen Entfernung zum Spielfeld zur Dauerheimat werden.

[EREIGNIS]

Lokaltermin VfB

Opposition greift „MV“ an

Präsident Mayer-Vorfelder hatte sich ganz weit aus dem Fenster gelehnt: 20.000 Zuschauer pro Spiel seien „auch in der 2. Liga möglich“, behauptet er – trotz Gegner wie Eintracht Kreuznach oder Röchling Völklingen. Sein Optimismus war nicht ganz uneigennützig, denn allein die Neuzugänge hatten stolze 1,8 Mio. DM gekostet, und der unverändert unter Vollprofibedingungen beschäftigte Kader verschlang Monat für Monat weitere 100.000 DM. Spätestens mit dem 0:1 in Bayreuth („Mit zwei VfB-Spielergehältern könnte man doch die komplette Bayreuther Mannschaft bezahlen“, tobte „MV“) geriet die Planung durcheinander. „Misserfolge steuern uns geradewegs in den finanziellen Ruin“, orakelte Mayer-Vorfelder schon bald. Fortan sollte der VfB nicht mehr zur Ruhe kommen. Erster Höhepunkt war die Suspendierung von Mall, Elmer und Jank, wobei die Begründung im Fall Elmer lautete, er sei „noch kurz vor dem Spiel gegen Mainz im offenen Hemd durch die Stadt gesaust“. Ein Benehmen, das, so der VfB, „als gutbezahlter Profi untragbar“ ist... Die 0:2-Derbyniederlage gegen die Kickers brachten das Fass schließlich zum Überlaufen. Während sich „MV“ mit einer Nierenbeckenentzündung plagte und Präsidiumsmitglied Steimle „Ruhe, Ruhe, Ruhe“ anmahnte, ging Oppositionsführer Hübner in die Offensive und klagte die Transferpolitik an. „Wenn das mir passiert wäre, hätte man mich gesteinigt“, wetterte er. In der Tat: Obwohl mit Ohlicher bereits ein Mittelstürmer im Kader stand, waren mit Hitzfeld und Dieter Hoeneß zwei weitere Sturmführer verpflichtet worden, und für den regelrecht abgeschobenen Nationaltorhüter Heinze war mit dem Schweizer Deck ein tapsiger Torwartriese gekommen, der schon bei seinem Debüt beim 1:3 in Augsburg sämtliches Vertrauen verspielt hatte. Dass zudem die Akteure der A-Jugend-Meistermannschaft um Hansi Müller kaum ein Bein an die Erde bekamen, stieß bei allen Beteiligten auf Unverständnis.

Angesichts dramatisch zurückgehender Zuschauerzahlen in der Rückrunde eskalierte die Finanzlage schließlich, so dass der als „Millionär“ abgestiegene Klub seine Lizenzspieler zum Teilverzicht auf die Bezüge auffordern musste.

Nach dem 2:0 über Waldhof beschäftigte sich sogar der »Südfunk« mit der Lage beim VfB und thematisierte sie in einem „Lokaltermin“, der normalerweise kommunalpolitischen Themen vorbehalten war. Unter Leitung von Roderich Klett diskutierten Dieter Hoeneß, Bruno Bienzle, Hermann Ohlicher, Mayer-Vorfelder, Hans Blickensdörfer sowie Trainer Sztani über das Wohl und Wehe von Stuttgarts darbendem Fußballstolz.

1976-91

Wundersames Stuttgart

Als Höhepunkt der zweiten Bundesligaepoche des VfB gelten neben der fulminanten Rückkehr in die 1. Bundesliga unter „Wundermann" Sundermann (1977) der Meistertitel von 1984 sowie das UEFA-Cup-Finale von 1989. Auf der Negativseite stehen neun Trainerwechsel in nur 15 Jahren, zahlreiche Turbulenzen auf der Führungsebene und eine umstrittene Personalpolitik. Wie erfolgreich der VfB insgesamt arbeitete, zeigt ein Blick auf die Ehrentafel der Deutschen Jugendmeister: Fünfmal ging der A-Junioren-Titel an den Neckar (von 1988-91 sogar viermal in Folge!), einmal (1986) feierte man zudem die B-Jugendmeisterschaft. Ebenfalls erwähnenswert ist der gelungene Umzug vom 1979 zugunsten der B 312 abgerissenen Vereinsheim in das bis heute genutzte Klubzentrum an der Mercedesstraße.

Verzaubernde Jungspunde

1976 stand der VfB vor einem Neuanfang. Nach der missratenen ersten Zweitligasaison war tüchtig ausgemistet und mit Jürgen Sundermann einem Nobody die sportliche Leitung übertragen worden. Dem „Wundermann" gelang schon im ersten Jahr die wundersame Wiederbelebung, woran Ausnahmetalente wie Hansi Müller und Karlheinz Förster wesentlich beteiligt waren. Mit jugendlichem Elan stürmte die Erfolgself auch in der 1. Bundesliga vor allem im Neckarstadion nahezu jeden Gegner in Grund und Boden. In der Aufstiegssaison 1977/78 verpasste sie nur aufgrund ihrer Auswärtsschwäche den Durchmarsch zur Deutschen Meisterschaft. Mit durchschnittlich 54.000 Zuschauern pro Begegnung stellte der VfB zudem einen neuen Bundesligarekord auf und galt als „Mannschaft der Zukunft". Doch als 1978/79 die Meisterschaft erneut verpasst wurde, bekam das Idyll erste Risse. Das einzigartige Stuttgarter Prämienmodell mit geringen Grund- aber hohen Erfolgs- und Zuschauerprämien konnte aufgrund lukrativer Angebote konkurrierender Vereine nicht aufrecht erhalten werden, und die zu Stars avancierten Jungprofis verlangten zusehends ihren „Marktwert". Trainer Sundermann verließ den Klub daraufhin Richtung Zürich und wurde von Lothar Buchmann abgelöst, der im Neckarstadion nie eine Chance bekam. Obwohl er erfolgreiche Arbeit ablieferte und den VfB 1979/80 sogar bis ins Halbfinale um den UEFA-Cup steuerte, nahm er nach Saisonende entnervt seinen Hut.

Unter Benthaus Deutscher Meister

Nachfolger wurde Vorgänger Sundermann, der diesmal jedoch kein „Wunder" vollbringen konnte. Im Gegenteil: Das zusehends fragiler werdende Mannschaftsgebilde trat verunsichert auf und musste sich 1980/81 mit Platz drei begnügen. Zugleich lastete der erheblich teurer als erwartet ausgefallene Vereinsheimbau auf dem Klub und band ihm finanziell die Hände. Dennoch griff die Vereinsführung zur Spielzeit 1981/82 tief in die Tasche. Für 2,5 Mio. DM wurden mit Didier Six und Dieter Müller zwei Stürmer verpflichtet, die die in sie gesetzten Hoffnungen jedoch nicht erfüllen konnten. Mit dem enttäuschenden neunten Platz für den selbsternannten Titelkandidaten VfB Stuttgart begann eine Ära der Turbulenzen, die die Fans zunächst jubeln ließ. Nachfolger des 1982 abermals ausscheidenden Jürgen Sundermann wurde mit Helmut Benthaus ein Mann, der das Team mit seiner ruhigen und gelassenen Art wieder auf Erfolgskurs steuerte. Angeführt vom Isländer Asgeir Sigurvinsson

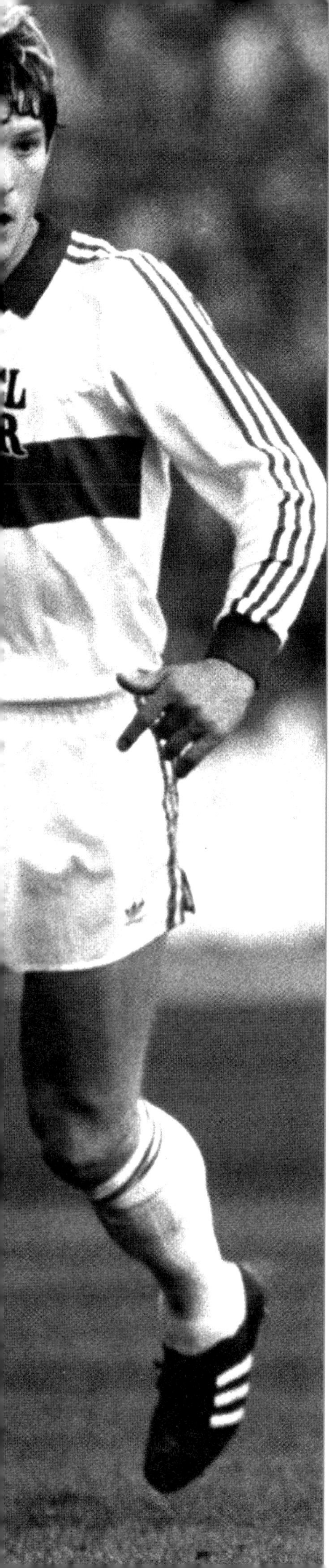

erreichte der VfB 1984 mit dem Gewinn der Deutschen Meisterschaft sogar den Höhepunkt seiner bisherigen Bundesligageschichte. Herausragende Akteure waren neben Sigurvinsson Vorstopper Karlheinz Förster, Torhüter Roleder und Oldie Hermann Ohlicher, der beim 2:1-Meisterstück in Bremen das entscheidende Tor markierte.

Ständige Trainerwechsel

Doch der Erfolg konnte nicht konserviert werden. Schon 1984/85 entzweiten sich Benthaus und die Mannschaft, die auf Rang zehn zurückfiel. Ein allgemeiner Zuschauerrückgang verstärkte die finanziellen Sorgen beim VfB, der immer wieder Leistungsträger abgeben musste. Zugleich sorgte jedoch mit Jürgen Klinsmann ein von den Kickers verpflichteter Stürmer für positive Schlagzeilen. Neben Klinsmann trugen mit Allgöwer und Buchwald zwei weitere ehemalige Kickers-Talente das weiß-rote Jersey. Die Jahre von 1985 bis 1990 waren geprägt von ständigen Trainerwechseln und einer diffusen Transferpolitik. Einerseits wurde das Motto „Sparen" ausgegeben, andererseits verpflichtete man mit Eike Immel den bis dahin teuersten Torhüter der Bundesligageschichte und stellte mit mit 2,3 Mio. DM-Ablöse für Maurizio Gaudino einen weiteren Bundesliga-Transferrekord auf. Weder Otto Baric (1985/86), Egon Coordes (1986/87) noch Arie Haan (1987-90) vermochten den VfB Stuttgart jedoch dauerhaft auf die Erfolgsspur zurückzubringen.

Traumfinale gegen Neapel

Die größten Erfolge verbuchte der Niederländer Arie Haan. 1987 als Nachfolger des verhassten Egon Coordes gekommen, brachte er sowohl Spaß als auch Offensivfußball ins Neckarstadion zurück. 1989 preschte die Mannschaft um die deutschen Nationalspieler Buchwald, Klinsmann, Immel und Allgöwer im UEFA-Cup bis ins Finale vor, wo sie aufgrund einer umstrittenen Schiedsrichterentscheidung dem Maradona-Klub SSC Neapel unglücklich unterlag. Die Hoffnung auf Etablierung in Europa zerschlug sich jedoch schon im Folgejahr, als Haan überraschend gefeuert wurde und der VfB die erneute Qualifikation für den UEFA-Cup verspielte. Zwischenzeitlich war mit Dieter Hoeneß ein Manager installiert worden, der das Führungsduo um Präsident Mayer-Vorfelder (als baden-württembergischer Kultusminister permant in Zeitnöten) und Geschäftsführer Schäfer (völlig in die Herausforderungen im Zeitalter des Privatfernsehens eingespannt) auf eine professionelle Ebene hieven sollte. Hoeneß gab das Ziel aus, den VfB zu einer „in Deutschland und Europa festen Größe zu machen". Anschließend verpflichtete er mit Christoph Daum einen Trainer, der die Wende einleiten und den VfB wieder auf Erfolgkurs bringen sollte. ■

Elf der Epoche 1976-91

Roleder

G. Schäfer — Buchwald — Kh. Förster — B. Förster

Sigurvinsson — H. Müller — Ohlicher — Allgöwer

Klinsmann — Walter

[SAISON]

Sundermann – Wundermann

„Wunder gibt es immer wieder", behauptete Katja Ebstein anno 1970 und stürmte damit in die Charts. Ein Wunder war auch die Entwicklung des VfB Stuttgart, der zum ersten Mal in seiner Geschichte exakt 100 Tore schoss und sich mit unerhört attraktivem Fußball sowohl Erstligastatus als auch Fanherzen zurückeroberte. Umjubelter Vater des Erfolgs war der charismatische und impulsive Trainer Jürgen Sundermann. „Sundermann cha-cha-cha – Wundermann cha-cha-cha!", sangen die Fans und strömten zuhauf ins Neckarstadion. Wo in der Vorsaison noch ein kümmerliches Häuflein von knapp 11.000 pro Spiel registriert worden war, passierten nun alle zwei Wochen mehr als doppelt so viele die Stadiontore, war die Arena bei Schlagerspielen gegen Offenbach, 1860 und Nürnberg sogar länderspielreif gefüllt.

Das „Wunder VfB" war natürlich kein Zufall, sondern Ergebnis harter Arbeit und glücklicher Fügung. Da waren Ausnahmetalente wie der 18-jährige Hansi Müller, der zwischen seinen Abi-Klausuren phantastischen Fußball zu spielen vermochte. Da war ein plötzlich brandgefährlicher Torjäger Ottmar Hitzfeld, der alle Unkenrufe vom „Fehleinkauf" widerlegte. Und da war Abwehrchef Dragan Holcer, der allein schon aufgrund seines Alters (32) „Anführer" der „jungen Wilden" war, die im Kern kaum das Durchschnittsalter von 20 Jahren überschritten hatten.

Zwei Spiele waren es, die den VfB auf Titelkurs brachten: das 3:3 in Schwenningen, bei dem ein 0:3 umgebogen wurde, sowie das 4:3 sieben Tage später gegen Waldhof, bei dem die VfB-Elf mit 1:3 in Rückstand gelegen hatte. „Da haben die Spieler langsam wieder an sich geglaubt. Das Selbstbewusstsein wuchs von Sieg zu Sieg", stellte Jürgen Sundermann fest.

Der Rest war ein einziger Sturmlauf. 5:1 gegen Homburg, 4:0 gegen Nürnberg, 2:1 in Offenbach, 4:0 in Nürnberg, 3:2 bei 1860 – der VfB fegte sämtliche Mitkonkurrenten vom Platz und lieferte mit einem 8:0 gegen Regensburg ein eindrucksvolles „Meisterstück" ab.

Trier ertrinkt im Stuttgarter Fußballjubel – die VfB-Fans feiern am 21. Mai 1977 die Südmeisterschaft bzw. die Rückkehr in die Bundesliga.

■ Drei Jahre nachdem mit Eintracht Braunschweig erstmals ein Profiklub in Deutschland mit **Trikotwerbung** aufgelaufen war, kam auch der VfB Stuttgart auf den Geschmack. Textilfabrikant Nestle aus dem schwäbischen Onstmettingen sicherte sich für „eine sechsstellige Summe" die Brust der Weiß-Roten, auf der seit Saisonbeginn der Schriftzug „Frottesana" prangte. „Als Traditionalist, der ich bin, bestand ich aber darauf, dass unser edler Brustring auf den Trikots erhalten bleibt", beteuerte Präsident Mayer-Vorfelder. Das hatte zur Folge, dass die Werbung anfänglich *unter* dem Brustring plaziert wurde. Im Laufe der Saison wurde dann getauscht und aus der „Bauch"- eine „Brust"-werbung.

[SPIEL]

Offenbach 1:2 VfB

Der Grundstein

Sieg im Offenbacher Hexenkessel

Jürgen Sundermann ist wahrlich zu beneiden: Er hat ein Überangebot an Ausnahmefußballern und steht vor dem Problem, nur elf von ihnen einsetzen zu können. Vor dem Schlagerspiel in Offenbach verzichtet er auf den als zu sensibel eingeschätzten Hansi Müller sowie auf Helmut Dietterle, der drei Tage zuvor noch mit der Amateurnationalmannschaft unterwegs war. Jungtalent Förster hingegen bekämpft seine Leistenschmerzen mit Medikamenten und läuft auf. 28.000 Zuschauer bereiten Tabellenführer VfB den erwarteten Hexenkessel. Für den seit elf Spielen ungeschlagenen Gastgeber geht es darum, den Anschluss zu halten. Entsprechend furios beginnt der OFC und setzt den VfB vom Anpfiff an vehement unter Druck. Doch die Schwaben wissen, was sie zu tun haben. Ohlicher und Hadewicz ziehen im Mittelfeld cool die Fäden, Außenverteidiger Elmer sorgt im Verbund mit Martin, Holcer und Förster dafür, dass der gefürchtete OFC-Sturm nicht zum Zuge kommt und vor dem gegnerischen Tor versprüht Hitzfeld permanent Gefahr. Sekunden vor dem Pausenpfiff schockt Dieter Hoeneß die OFC-Fans, als er ein Missverständnis in der Offenbacher Deckung zum 1:0 ausnutzt. Nach dem Seitenwechsel demonstriert der VfB Nervenstärke. Obwohl Offenbach nach dem Ausgleich durch Krause frenetisch nach vorne getrieben wird, gelingt Elmer sechs Minuten vor Schluss der 2:1-Siegtreffer. „Wir haben hier in Offenbach den Grundstein für den Aufstieg gelegt", ahnt Torjäger Hitzfeld, mahnt aber zugleich: „Wir dürfen uns nicht blenden lassen. Auf uns kommen noch schwere Aufgaben zu."

Die Wundermänner

Grünschnäbel auf Erfolgswelle

Als Vater des VfB-Erfolgs wurde allenthalben Jürgen Sundermann bezeichnet, dem die Fans rasch den Beinamen „Wundermann" verpassten. Die Medien griffen dieses Wortspiel ebenso begierig auf wie die Tatsache, dass Sundermanns Ehefrau Monika die „hübsche Assistentin des Showmasters Hans Rosenthal" („Dalli, dalli") war.
Als der in der Bundesliga einst für Hertha BSC verteidigende Westfale im Sommer 1976 nach Stuttgart kam, überwog dort Zurückhaltung. „Nicht ein Jahr, sondern zwei Jahre wird unser Ziel sein. Was andererseits nicht ausschließt, dass wir in der neuen Runde vorne mit dabei sein wollen", mahnte auch Sundermann zur Geduld – nach den Abgängen von Weller, Brenninger, Entenmann, Weidmann und Coordes waren ihm mit Ohlicher und Holcer lediglich zwei Leistungsträger geblieben! Durch geschickte Integration vereinseigener Nachwuchskräfte wie Hansi Müller und Karlheinz Förster formte der Motivationskünstler kurzerhand eine Mannschaft aus lauter „Grünschnäbeln", die eine der faszinierendsten Geschichten des deutschen Fußballs schrieb.
Erfolgsgarant Nummer eins war die stabile Abwehr (36 Gegentore in 38 Spielen), in der der 52fache jugoslawische Nationalspieler Dragan Holcer (Sundermann: „Ohne ihn wären wir bestimmt nicht aufgestiegen") das Zepter schwang und in der sich mit Helmut Roleder, Karlheinz Förster, Bernd Martin, Arno Schäfer und Markus Elmer gleich sechs Youngster bewährten.
Erfolgsgarant Nummer zwei war das kreative Mittelfeld um den zum Regisseur umfunktionierten Ex-Torjäger Ohlicher sowie Hansi Müller, die als Motor für das famose Offensivspiel des VfB fungierten. Erfolgsgarant Nummer drei lieferte der schussstarke Sturm um den plötzlich treffsicheren Torjäger Hitzfeld, den kopfballstarken Dieter Hoeneß sowie „Arbeitsbiene" Klaus Jank.
Hinzu kamen Leidenschaft und Teamgeist. „Die Moral ist eine ganz andere, und ein angenehmer Schuss Unbekümmertheit ist dabei", lobte Hermann Ohlicher, der sich nebenbei um Shootingstar Hansi Müller kümmerte, dem mitunter die Bodenhaftung zu entgleiten drohte. „Wenn dir jeder auf die Schultern klopft, das geht dir nach", erinnerte sich Ohlicher an jene Tage, in denen auch er als Riesentalent gefeiert worden war...
Weiteres Plus waren die unbändige Leidenschaft sowie eine erstaunliche personelle Vielfalt, die erstmals beim 3:3 in Schwenningen sichtbar wurde. Als der sieglose Neuling nach einer halben Stunde sensationell mit 3:0 in Führung lag, brachte Sundermann mit Wörn und Beck zwei Youngster, die das Spiel noch umdrehten. Eine Woche später war es der eingewechselte Hansi Müller, der aus einem 1:3-Rückstand gegen Waldhof einen 4:3-Sieg machte.
Während Trainer Sundermann im sportlichen Bereich für den Erfolg sorgte, taten dies auf der Führungsebene Präsident Mayer-Vorfelder, Geschäftsführer Ulrich Schäfer sowie Obmann Richard Steimle. Gemeinsam schuf man neue Vereinsstrukturen, bei denen u. a. auf eine enge Verzahnung zwischen Lizenzspieler- und Amateurlager Wert gelegt wurde. Auch der wirtschaftliche Aspekt fand Berücksichtigung und führte zum bundesweit bestaunten „Stuttgarter Modell". „Im Bereich des Spitzensports müssen die Spieler auch Risiken tragen. Die Chance, diese Erfolgsbezogenheit einzuführen, lag bei uns im absoluten Niedergang des Vereins. Wir haben diese Chance wahrgenommen. Und an diesem Prinzip wird nicht mehr gerüttelt", freute sich der zwischenzeitlich zur rechten Hand von Ministerpräsident Filbinger aufgestiegene Mayer-Vorfelder über den gelungenen Systemwechsel.
Beim VfB hatten es die Spieler selbst in der Hand, ihr verhältnismäßig geringes Grundgehalt durch eine an den Tabellenstand gekoppelte üppige Erfolgsprämie aufzustocken. Pro Punkt gab es 500 DM zu verdienen – sofern der VfB auf Platz 1 oder Platz 2 der Tabelle stand. Hinzu kam ein weiterer Bonus, sobald die Zuschauerzahl die 45.000-Marke überschritt.
Trotz 24 Saisonerfolgen und entsprechend hohen Siegprämien sorgte das Modell zudem für den Abbau der rund eine Mio. DM Verbindlichkeiten, womit der VfB finanziell gesund ins Oberhaus zurückkehrte!

Der Aufstiegskader 1976/77. Stehend v. l.: Trainer Sundermann, Martin, Schäfer, Beck, Wörn, Roleder, Funk, Hadewicz, Ohlicher, Müller, Hitzfeld, Masseur Kohn. Vorn: Schmider, Jank, Dieter Hoeneß, Gass, Elmer, Holcer, Günther, Förster, Dietterle.

■ Dass Harald Beck und Hansi Müller „nebenbei" ihr Abitur „bauten", sorgte mitunter für Probleme. Vor dem Spiel in Fürth beispielsweise mussten die beiden am Vormittag noch drei Stunden Sozialkunde, Mathematik und Englisch hinter sich bringen. Danach wurden sie im Privatflugzeug von VfB-Fan und Fabrikant Ott eilig in Richtung Franken transportiert. Ott war Mitglied des neu gebildeten **„VfB-Freundeskreis"**, dem bereits 75 „Edel-Fans" angehörten und zu dessen Aufnahmebedingungen die Zahlung von 2.000 DM zählte.

■ So erfreut man beim VfB über die beeindruckende **Fanunterstützung** auch bei Auswärtsspielen war – es gab auch ein paar „schwarze Schafe" unter den weiß-roten Anhängern. Als beim 3:0 in Völklingen aus der rund 1.000-köpfigen Stuttgarter Fangruppe Flaschen flogen, drohte sogar ein Spielabbruch.

■ Am 30. Oktober 1976 war Gerhard Mayer-Vorfelder, Präsident des VfB und im Zivilberuf Staatssekretär in Diensten von Baden-Württembergs Ministerpräsident Hans Filbinger, der wohl glücklichste Mensch auf Erden. Mehr als 50.000 Fans hatten gegen München 1860 die VfB-Kassen gefüllt, die „Wundermänner" waren ihrem Ziel „Aufstieg" mit einem 3:2-Erfolg ein gehöriges Stück näher gerückt, und dann war er auch noch Vater eines strammen Buben geworden. Die Geburt seines Sohnes Marc war aber nur der Auftakt eines wahren **Nachwuchssegens** auf dem Wasen: Wenig später präsentierten auch Offensivverteidiger Markus Elmer sowie Erwin Hadewicz Nachwuchs.

2. Bundesliga

1	14.8.1976	Stuttgarter Kickers - VfB	0:0	27.500
2	21.8.1976	VfB - FSV Frankfurt	2:0	8.000
3	25.8.1976	FK Pirmasens - VfB	0:4	3.500
4	28.8.1976	VfB - SpVgg Bayreuth	0:0	11.000
5	4.9.1976	SpVgg Fürth - VfB	0:0	14.500
6	8.9.1976	VfB - Darmstadt 98	1:1	14.000
7	11.9.1976	BSV Schwenningen - VfB	3:3	12.000
8	18.9.1976	VfB - SV Chio Waldhof	4:3	9.000
9	26.9.1976	FC Augsburg - VfB	1:4	13.500
10	2.10.1976	VfB - Kickers Offenbach	2:2	45.000
11	9.10.1976	VfB - FC Homburg	5:1	23.000
12	23.10.1976	Röchling Völklingen - VfB	0:3	4.000
13	30.10.1976	VfB - TSV München 1860	3:2	50.000
14	6.11.1976	Bayern Hof - VfB	2:1	6.000
15	13.11.1976	VfB - 1. FC Nürnberg	4:0	48.500
16	21.11.1976	Würzburg 04 - VfB	0:3	15.000
17	27.11.1976	VfB - KSV Baunatal	3:1	15.500
18	5.12.1976	Jahn Regensburg - VfB	3:0	6.000
19	11.12.1976	VfB - Eintracht Trier	1:0	9.000
20	26.12.1976	VfB - Stuttgarter Kickers	2:1	37.000
21	8.1.1977	FSV Frankfurt - VfB	0:0	6.000
22	16.1.1977	VfB - FK Pirmasens	7:2	7.000
23	22.1.1977	SpVgg Bayreuth - VfB	3:2	5.800
24	29.1.1977	VfB - SpVgg Fürth	3:0	8.500
25	5.2.1977	Darmstadt 98 - VfB	2:1	12.000
26	13.2.1977	VfB - BSV Schwenningen	7:0	9.000
27	27.2.1977	SV Chio Waldhof - VfB	1:2	12.000
28	5.3.1977	VfB - FC Augsburg	4:1	30.000
29	12.3.1977	Kickers Offenbach - VfB	1:2	27.500
30	19.3.1977	FC Homburg - VfB	3:1	12.000
31	26.3.1977	VfB - Röchling Völklingen	4:3	16.000
32	2.4.1977	TSV München 1860 - VfB	0:0	77.300
33	7.4.1977	VfB - Bayern Hof	2:0	25.000
34	16.4.1977	1. FC Nürnberg - VfB	0:4	36.500
35	23.4.1977	VfB - Würzburg 04	4:0	26.000
36	8.5.1977	KSV Baunatal - VfB	0:4	14.000
37	13.5.1977	VfB - Jahn Regensburg	8:0	38.500
38	21.5.1977	Eintracht Trier - VfB	0:0	18.000

Abschlusstabelle

1. VFB STUTTGART △	38	24	9	5	100:36	57-19
2. TSV München 1860	38	24	8	6	78:29	56-20
3. Kick. Offenbach (A)	38	22	9	7	86:52	53-23
4. FC Homburg	38	23	3	12	84:56	49-27
5. 1. FC Nürnberg	38	18	13	7	77:51	49-27
6. Darmstadt 98	38	18	10	10	68:48	46-30
7. FSV Frankfurt	38	14	12	12	65:58	40-36
8. SpVgg Fürth	38	15	10	13	55:51	40-36
9. FC Augsburg	38	17	6	15	72:73	40-36
10. Stuttgarter Kickers	38	16	7	15	59:53	39-37
11. SV Chio Waldhof	38	16	5	17	70:57	37-39
12. Bayern Hof	38	12	13	13	61:53	37-39
13. Würzburg 04 (N)	38	14	9	15	49:81	37-39
14. SpVgg Bayreuth	38	12	10	16	60:64	34-42
15. KSV Baunatal (N)	38	11	11	16	64:82	33-43
16. Röchl. Völklingen* ▽	38	13	6	19	47:71	32-44
17. Eintracht Trier (N)	38	12	4	22	46:68	28-48
18. FK Pirmasens	38	5	9	24	43:85	19-57
19. Jahn Regensburg ▽	38	7	5	26	42:87	19-57
20. BSV Schwenn. (N) ▽	38	4	7	27	31:102	15-61

* Völklingen verzichtet auf die Zweitligalizenz

DFB-Pokal

1. HR	7.8.76	VfB - SpVgg Fürth	3:0	7.000
2. HR	16.10.76	VfB - Union Solingen	2:0	6.000
3. HR	19.12.76	Bay. München Am. - VfB	2:1	2.500

Zweitligakader

Abgänge: Brenninger (TSV Rosenheim 1860), Coordes (als Trainer zu Bremerhaven 93), Deck (FC Winterthur), Entenmann (TSG Backnang), Hütt (FV Zuffenhausen), Mall (Preußen Münster), Weidmann (SpVgg Ludwigsburg 07), Weller (FC Zürich)
Zugänge: Beck (VfB-Amateure), Förster (VfB-Jugend), Frick (im Januar aus dem VfB-Nachwuchs), Günther (VfB-Amateure), Jank (aus Münster zurück), Müller, Wörn (beide VfB-Amateure)
Trainer: Jürgen Sundermann

Tor		Bernd Martin	32/7
Helmut Roleder	37/0	Hans Müller	31/8
Klaus Funk	1/0	Erwin Hadewicz	28/5
Feld		Arno Schäfer	27/0
Dragan Holcer	38/1	Dieter Hoeneß	23/13
Hermann Ohlicher	37/15	Helmut Dietterle	16/0
Markus Elmer	36/11	Harald Beck	15/1
Bernd Schmider	36/5	Werner Gass	10/0
Karlheinz Förster	34/5	Gerhard Wörn	6/1
Ottmar Hitzfeld	34/22	Bernd Frick	1/0
Klaus Jank	34/6		

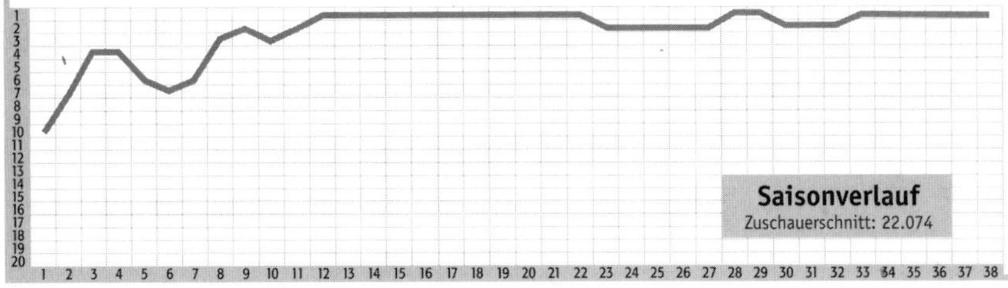

[SPIEL]

VfB 6:1 Schalke 04

Wahnsinn VfB

Nach 0:1-Rückstand noch 6:1-Sieg

Mit Schalke 04 kommt der vorjährige Vizemeister ins Neckarstadion, das zum fünften Mal in der laufenden Saison ausverkauft ist. Die rund 72.000 Anhänger hoffen, sofern ihr Herz für den VfB schlägt, auf ein weiteres Torfestival. 14:0 Punkte und 18:2 Tore haben die „Sundermänner“ seit September 1977 auf eigenem Platz erzielt. Doch gegen die cleveren Königsblauen läuft das VfB-Spiel zunächst gar nicht. Schalke begegnet den ungestüm angreifenden Schwaben mit gelassener Ballkontrolle und zügigen, brandgefährlichen Kontern. In der 16. Minute stockt den Fans erstmals der Atem, als Abramczik aus sechs Metern an den Pfosten köpft. Fünf Minuten vor dem Halbzeitpfiff ist VfB-Keeper Roleder gegen Klaus Fischer dann machtlos, und der VfB muss mit einem ungewohnten Rückstand in die Pause. Zur Halbzeit herrscht Ratlosigkeit auf den Rängen, fürchten viele eine Pleite der Stuttgarter Himmelsstürmer. Doch nach dem Seitenwechsel präsentiert sich ein völlig anderer VfB. Vom Anpfiff an stürmen die Sundermann-Schützlinge munter drauflos. Es dauert keine fünf Minuten, da versenkt der in der ersten Halbzeit noch blasse Jank einen abgefälschten Müller-Schuss zum Ausgleich im Schalker Gehäuse. Nun ist der VfB nicht mehr zu halten. Mit der stimmgewaltigen Kulisse im Rücken peitschen die Schwaben ihren

Gegner förmlich in dessen eigene Hälfte. Die Tore hageln nur so auf die staunenden Schalker ein. Fünf Minuten nach dem Ausgleich sorgt Hitzfeld bereits für das 2:1, dem Jank nur drei Minuten später das 3:1 folgen lässt. Ein Eigentor von Schipper sowie Treffer von Hitzfeld und Ohlicher schrauben den Spielstand schließlich auf 6:1 und versetzen das Publikum endgültig in Ekstase. „Heilig's Blechle, was für ein VfB!“, staunt nicht nur »kicker«-Korrespondent Werner-Joannes Müller nach einer in jeglicher Hinsicht eindrucksvollen Vorstellung.

Volles Haus im Neckarstadion – Normalzustand in der Saison 1977/78.

[SAISON]

Deutschland feiert den VfB

„Wir wollen mit aller Kraft den Klassenerhalt schaffen“, gab Präsident Mayer-Vorfelder vor dem Saisonstart als Ziel aus. Sein Wunsch wurde mehr als erfüllt. Schon zur Halbserie war beim Aufsteiger von Abstiegssorgen nichts mehr zu spüren, schwelgte das ganze Ländle im VfB-Rausch. Mitreißend hatten die schwäbischen Jungspunde trotz ihres Fehlstarts (3:9 Punkte, Platz 17) auch eine Spielklasse höher beinahe jeden Gegner respektlos ausgespielt und waren zur Sensation geworden. Das galt in jeglicher Hinsicht. Spielerisch, weil der VfB mit begeisterndem Offensivfußball Akzente setzte, personell, weil er mit Hansi Müller einen Spieler zur WM 1978 schickte, und finanziell, weil er mit rund 900.000 Zuschauern (54.186 pro Spiel) einen bis 1994/95 geltenden Bundesligarekord aufstellte, der stolze sieben Mio. DM in die Vereinskasse spülte.

Das Erfolgsgeheimnis waren Gelassenheit und Selbstvertrauen: „Ich persönlich bin der Meinung, dass wir nicht allzu viel im personellen Bereich ändern und damit experimentieren sollten. Die Bombenmoral unserer Mannschaft ist wichtiger als vielleicht der eine oder andere Klassespieler. Unsere Spielweise wurde bisher von den Zuschauern honoriert, und so soll es möglichst bleiben“, dozierte Trainer Sundermann vor dem Saisonstart.

Behutsam ergänzt durch den Tiroler Hattenberger sowie Kickers-Talent Walter Kelsch, überzeugte der VfB-Kader in der Tat durch Teamgeist und eine geradezu unbändige Spielfreude. Die mit einem turbulenten 3:3 gegen Weltpokalsieger FC Bayern eröffnete Saison sah etliche Höhepunkte. Vor allem im heimischen Neckarstadion spielten die Schwaben ihre Gegner mit Hurra-Fußball förmlich an die Wand (30:4 Punkte, 42:11 Tore) und qualifizierten sich schließlich sogar für den UEFA-Cup. Und hätte die Mannschaft auswärts ein wenig stärker agiert (in der Rückrunde gab es nur zwei Zähler auf fremden Plätzen), wäre wohl selbst der Meistertitel möglich gewesen…

■ Nach der Rückkehr in die Bundesliga ging es für die VfB-Kicker auf eine **Traumreise**: Ziel war Mexiko, wo man nicht nur einige Spiele bestritt, sondern vor allem im Club-Mediterrane-Dorf Cancun die Seele baumeln ließ. „So eine Tour ist eine Wiederholung wert. Na ja, wenn wir im nächsten Jahr mindestens den UEFA-Cup erreichen…", grinste Torjäger-Hüne Dieter Hoeneß nach der Rückkehr – ob er etwas geahnt hatte?

■ Glücklich war auch Neuzugang Walter Kelsch. „Ich bin doch **waschechter Stuttgarter**, hier habe ich meine ganzen Freunde, auch unter den VfB-Spielern", freute sich der Kickers-Shootingstar der abgelaufenen Saison über seinen Farbenwechsel von „Blau" zu „Rot".

■ Nicht nur sportlich näherte sich der VfB mit Riesenschritten wieder der Bundesligaspitze an: Im Februar 1978 fuhren die Profis erstmals in einem funkelnagelneuen **Daimler-Benz-Bus** vor, der mit sämtlichen Schikanen ausgestattet war. „Da kann man sich in Trainingsanzügen aufhalten, sich bestens vorbereiten. Ich finde das prima", lobte Trainer Sundermann.

[EREIGNIS]

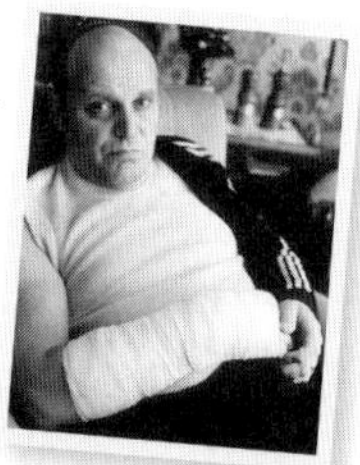

Die Bilder fehlen bis heute in keiner Rückschau auf die Geschichte der Bundesliga: Beim 1:1 zwischen dem VfB und Düsseldorf spurteten Schiedsrichter Ohmsen und Hansi Müller im selben Moment

Schiri geht k.o.

Diagnose: Unterarmbruch

los, rauschten zusammen und gingen nebeneinander zu Boden. Während Müller bald wieder aufstand, blieb Ohmsen liegen und musste mit Unterarmbuch ins Krankenhaus transportiert werden. Der in der Bundesligageschichte einzigartige Vorfall sorgte für eine zwölfminütige Spielunterbrechung, ehe der von Stadionsprecher Günther Willmann ausgerufene „geprüfte Schiedsrichter" gefunden war und die Begegnung fortsetzte.

■ Ganze 94 Sekunden dauerte die Abstimmung über das **VfB-Präsidium** im Herbst 1977. 382 der 383 anwesenden Mitglieder votierten für die bestehende Führungstroika Gerhard Mayer-Vorfelder, Geschäftsführer Ulrich Schäfer und Obmann Richard Steimle. Kein Wunder, konnte „MV" doch stolz verkünden: „Wir gingen mit 1,6 Mio. Schulden in die Saison, jetzt am Ende betragen unsere lang-, mittel- und kurzfristigen Schulden 500.000 DM." Und auch die sollten im Verlauf der Saison 1977/78 noch wegschmelzen…

■ Eine anstrengende Saison war es für **Hansi Müller**. Nach erfolgreicher Abi-Prüfung rief zunächst die Bundeswehr nach dem Teeniestar, der daraufhin mit einer BW-Auswahl an der Militär-WM teilnahm. Ungleich größer war allerdings die Freude, als er im Sommer 1978 mit der A-Nationalelf zur „richtigen" WM nach Argentinien durfte und dort mit vier Einsätzen sogar Stammspieler wurde.

■ Mit dem **„VfB-Shop"** wurde der Fanartikel- und Merchandisingbereich erstmals wirtschaftlich aus dem Hauptverein ausgelagert.

1. Bundesliga

1	6.8.1977	VfB - Bayern München	3:3	71.000
2	13.8.1977	Eintr. Braunschweig - VfB	3:1	21.533
3	17.8.1977	VfB - 1. FC Saarbrücken	1:0	30.000
4	27.8.1977	Schalke 04 - VfB	3:1	32.000
5	31.8.1977	VfB - Hamburger SV	1:2	71.000
6	3.9.1977	Borussia Dortmund - VfB	4:1	27.000
7	10.9.1977	VfB - Bor. M'gladbach	2:0	68.000
8	17.9.1977	Hertha BSC Berlin - VfB	1:1	19.000
9	23.9.1977	VfB - MSV Duisburg	1:0	45.000
10	1.10.1977	TSV München 1860 - VfB	1:2	40.000
11	12.10.1977	VfB - Eintracht Frankfurt	2:1	71.000
12	22.10.1977	1. FC Kaiserslautern - VfB	0:4	32.000
13	29.10.1977	VfL Bochum - VfB	1:0	20.000
14	5.11.1977	VfB - FC St. Pauli	1:0	37.000
15	12.11.1977	Fortuna Düsseldorf - VfB	1:0	19.000
16	26.11.1977	VfB - 1. FC Köln	3:0	71.500
17	3.12.1977	Werder Bremen - VfB	0:1	17.000
18	10.12.1977	Bayern München - VfB	2:0	37.000
19	17.12.1977	VfB - Eintr. Braunschweig	5:0	43.000
20	7.1.1978	1. FC Saarbrücken - VfB	1:1	27.000
21	14.1.1978	VfB - Schalke 04	6:1	72.000
22	21.1.1978	Hamburger SV - VfB	2:0	30.000
23	28.1.1978	VfB - Borussia Dortmund	4:1	54.000
24	4.2.1978	Bor. M'gladbach - VfB	3:1	25.000
25	11.2.1978	VfB - Hertha BSC Berlin	1:0	56.000
26	25.2.1978	VfB - TSV München 1860	3:1	60.000
27	4.3.1978	Eintracht Frankfurt - VfB	2:0	33.000
28	11.3.1978	VfB - 1. FC Kaiserslautern	3:0	50.000
29	17.3.1978	VfB - VfL Bochum	3:1	40.000
30	28.3.1978	MSV Duisburg - VfB	2:1	20.000
31	1.4.1978	FC St. Pauli - VfB	1:1	9.000
32	8.4.1978	VfB - Fortuna Düsseldorf	1:1	65.000
33	22.4.1978	1. FC Köln - VfB	2:1	60.000
34	29.4.1978	VfB - Werder Bremen	2:0	40.000

Abschlusstabelle

1.	1. FC Köln	34	22	4	8	86:41	48-20
2.	Bor. M'gladbach (M)	34	20	8	6	86:44	48-20
3.	Hertha BSC Berlin	34	15	10	9	59:48	40-28
4.	VFB STUTTGART (N)	34	17	5	12	58:40	39-29
5.	Fortuna Düsseldorf	34	15	9	10	49:36	39-29
6.	MSV Duisburg	34	15	7	12	62:59	37-31
7.	Eintracht Frankfurt	34	16	4	14	59:52	36-32
8.	1. FC Kaiserslautern	34	16	4	14	64:63	36-32
9.	Schalke 04	34	14	6	14	47:52	34-34
10.	Hamburger SV	34	14	6	14	61:67	34-34
11.	Borussia Dortmund	34	14	5	15	57:71	33-35
12.	Bayern München	34	11	10	13	62:64	32-36
13.	Eintr. Braunschweig	34	14	4	16	43:53	32-36
14.	VfL Bochum	34	11	9	14	49:51	31-37
15.	Werder Bremen	34	13	5	16	48:57	31-37
16.	München 60 (N) ▽	34	7	8	19	41:60	22-46
17.	1. FC Saarbrücken ▽	34	6	10	18	39:70	22-46
18.	FC St. Pauli (N) ▽	34	6	6	22	44:86	18-50

DFB-Pokal

1. HR	30.7.77	VfB - Eintracht Bremen	10:0	5.800
2. HR	20.8.77	MSV Duisburg - VfB	3:0	10.000

Bundesligakader

Abgänge: Frick, Gass, Günther, Wörn (alle VfB-Amateure)
Zugänge: Hattenberger (Fortuna Köln), Kelsch (Stuttgarter Kickers)
Trainer: Jürgen Sundermann

Tor	
Helmut Roleder	34/0
Klaus Funk	0/0
Feld	
Karlheinz Förster	34/1
Dragan Holcer	34/0
Hermann Ohlicher	34/11
Erwin Hadewicz	33/3
Hans Müller	33/14
Dieter Hoeneß	32/9
Bernd Martin	32/1
Markus Elmer	28/3
Walter Kelsch	26/3
Ottmar Hitzfeld	22/5
Helmut Dietterle	19/1
Roland Hattenberger	18/1
Bernd Schmider	12/1
Klaus-Dieter Jank	11/3
Harald Beck	9/0
Arno Schäfer	3/0
+ zwei Eigentore	

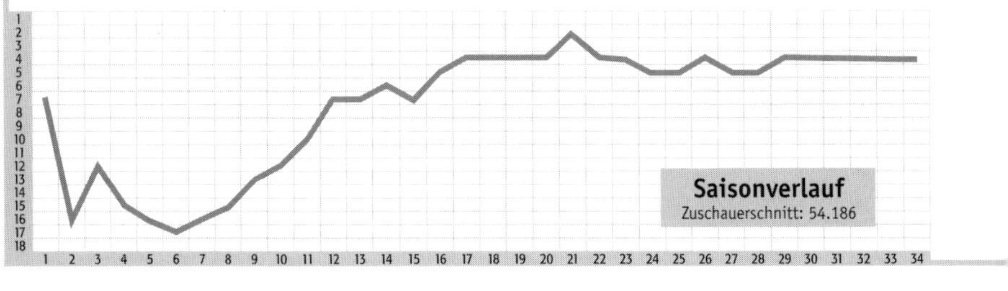

Der VfB vor der ersten Saison nach dem Wiederaufstieg. Stehend v. l.: Masseur Caneri, Martin, Wörn, Gass, Kelsch, Beck, Strehle, Hitzfeld, Hadewicz, Karlheinz Förster. Mitte: Betreuer Steimle, Hattenberger, Jank, Holcer, Günther, Schäfer, D. Hoeneß, Hansi Müller, Amateurtrainer Wagner, Trainer Sundermann. Vorn: Schmider, Frick, Roleder, Dietterle, Elmer, Funk, Werner Müller, Ohlicher.

[EREIGNIS]

Wie das? Mitten in der schönsten Erfolgsserie unterstellte der »kicker« dem VfB plötzlich „Angst vor dem eigenen Publikum". Beim 4:1 gegen Borussia Dortmund, mit dem das urspüngliche Saisonziel „Klassenerhalt" bereits am 23. Spieltag erreicht wurde und sich Aufsteiger VfB endgültig in der Verfolgergruppe von Spitzenreiter Köln etablierte, hatten 54.000 Fans das Neckarstadion zum wiederholten Mal in eine Partylandschaft verwandelt. „Der schon angstmachende Heißhunger der Zuschauermassen in der gefürchteten Neckarstadion-Arena wurde wieder einmal ‚standesgemäß' gestillt", berichtete »kicker«-Korrespondent Wolf Schelling mit beinahe pflichtbewusster Lässigkeit.

Doch der „Heißhunger" der Fans hatte auch seine Nachteile. Siegestrunkene Anhänger jagten nämlich nach den Stuttgarter Toren Raketen in den Himmel, woraufhin Schiedsrichter Horstmann mit Spielabbruch drohte. Vor allem aber verwischte die grenzenlose Euphorie jeglichen Realismus. „Nochmal ois, Bube!", wurde beispielsweise Hansi Müller zugerufen – obwohl er gerade erst auf 4:1 erhöht hatte! Nach dem Schlusspfiff bekannte Jürgen Sundermann: „Ich bin froh, dass der Sieg diesmal nicht so spektakulär war, denn unser Publikum muss sich daran gewöhnen, dass wir nicht einfach jeden Gegner nur so über den Haufen rennen können." „Getrieben praktisch nach dem Motto: jetzt seid ihr in die Spitzengruppe hineingeraten, jetzt macht gefälligst auch den Meister", attestierte der »kicker« dem VfB eine geradezu paradoxe Situation, bei der der Verein vom eigenen Erfolg überrollt zu werden drohte.

Heißhunger der Massen

Euphoriewelle überrollt VfB

Der Hype um die Weiß-Roten hatte bereits in der Sommerpause begonnen, als mehr als 6.000 Dauerkarten verkauft worden waren und sich die Geschäftsstellenmitarbeiter einem unglaublichen Fan-Ansturm ausgesetzt gesehen hatten.

Am Ende der Saison gab es aber auch Missklänge. „Begeisterung: ja, 83 Prozent Preiserhöhung: nein", pinselten einige Fans beim 3:0 über Kaiserslautern auf ein Transparent. Grund: Die VfB-Führung hatte für 1978/79 eine saftige Dauerkarten-Preiserhöhung angekündigt. „Auch nach diesen angehobenen Preisen liegen wir in der Bundesliga noch in etwa in der Mitte", rechtfertigte Präsident Mayer-Vorfelder den Anstieg – und gewährte jenen Fans, die bereits seit zwei oder mehr Jahren im Besitz einer Dauerkarte für die Haupttribüne oder die Gegengerade waren, dennoch eine Preisermäßigung.

[LEGENDEN]

HANSI MÜLLER

Ein Spieler stand symbolisch für den sensationellen Saisonauftritt des VfB Stuttgart: Hans-Peter „Hansi" Müller. Der Jungstar brillierte schon im Auftaktspiel gegen Bayern München mit zwei verwandelten Strafstößen und schaffte am Ende sogar den Sprung in den WM-Kader für Argentinien, wo er zur Stammformation zählte. Obwohl auch Müller natürlich nur ein Teil des VfB-Erfolgsmotors war, war er zugleich mehr als nur ein sportlich begabter Ausnahmefußballer. „Kann Hansi was dafür, dass er so schön ist?", fragte etwa der »kicker« im September 1977 ketzerisch und stellte seinen Lesern (und Leserinnen…) den „schönen Hansi" in einer zweiseitigen Farbreportage vor. „Er hat alles, was ein Star braucht: begnadetes Talent, brillante spielerische Anlagen, Personality, auch die rechte Bescheidenheit und ein gutes Einschätzungsvermögen seiner selbst und der Umwelt. Und nicht zu vergessen: ein blendendes Äußeres."

Für den VfB war Müller ein Glücksfall. Der „schöne Hansi" öffnete dem Klub just zu einem Zeitpunkt, an dem er ohnehin die attraktivste Mannschaft seit Jahrzehnten aufwies, auch noch den Zugang zu einem Publikum, das ihm ansonsten eher die kalte Schulter zeigte. Vor allem Stuttgarts weibliche Einwohnerschaft bekam durch den einst vom SV Rot gekommenen „Hansi" „Lust" auf den VfB, der sich dadurch endgültig von einem profanen Sportverein in eine lokale Attraktion verwandelte. Müller blieb dennoch auf dem Teppich. „Ich weiß nicht mehr, wann ich das letzte Mal in einer Diskothek war. Ich gehe zwischen 22 und 23 Uhr schlafen und ernähre mich vorbildlich", beteuerte er. 186 Ligaspiele bestritt Müller bis zu seinem Wechsel nach Mailand für den VfB, kam auf 42 Länderspiele und verdingte sich später als „PR-Manager" sowie WM 2006-Botschafter. Dem VfB ist er noch immer verbunden, und auch sein Ruf als „der schöne Hansi" wird ihm wohl für alle Ewigkeiten anhängen.

[SAISON]

Traurige Vizemeister

Auch 1978/79 schwamm der VfB auf einer Euphoriewelle, die das ganze Ländle erfasste. Unverändert strömten die begeisterten Fans ins Neckarstadion (Durchschnitt: 41.297 Zuschauer), unverändert waren die Sundermann-Schützlinge auf heimischem Terrain nahezu unbezwingbar (30:4 Punkte), und unverändert schwärmte die gesamte Republik für die Schwaben-Combo, deren Entwicklung an die des FC Bayern und Borussia Mönchengladbach Mitte der 1960er Jahre erinnerte. Mit Kelsch, Bernd und Karlheinz Förster, Hoeneß, Martin sowie Hansi Müller stellte man im Saisonverlauf sechs Nationalspieler und feierte am Ende die Vizemeisterschaft.
Nur wer genau hinschaute, konnte erste Schatten auf der VfB-Jubelweste erkennen. So beim 1:5-Startdebakel in Kaiserslautern, als die viel zu verspielt agierenden Bewegungsspieler eiskalt ausgekontert wurden und Trainer Sundermann mit Blick auf die allgegenwärtige Meisterschaftshysterie befand: „Einige Relationen wurden heute zurechtgerückt." In der Tat brachte ausgerechnet der Erfolg das „Erfolgsmodell VfB" in Gefahr. Die geteilte Verantwortung mit den an die Besucherzahlen gekoppelten Prämien war angesichts lukrativer Angebote konkurrierender Vereine an VfB-Spieler nur noch schwer aufrecht zu erhalten, und die Erwartungshaltung des Stuttgarter Publikums war längst ins

[EREIGNIS]

Sundermann geht

„Modell VfB" droht zu scheitern

Die Meldung schlug ein wie eine Bombe: „Jürgen Sundermann verlässt den VfB Stuttgart!" Über die Gründe der Entscheidung des „Wundermannes", der wenige Wochen zuvor seinen Vertrag noch per Handschlag bis Sommer 1980 verlängert hatte, wurde viel spekuliert. „Waren es nur persönliche, rein familiäre Gründe? Oder sah er das vielbewunderte Modell gefährdet? Glaubt er, der nach außen hin so kühle Realist, nicht an eine Steigerung?", rätselte der »kicker«.
Persönliche Gründe spielten zweifelsfrei eine gewichtige Rolle. Sundermanns Familie wollte zurück in die Schweiz, wo sie das Leben geruhsamer empfand. „Man erlebt es doch oft genug, wie viele Ehen von Trainern auseinandergehen", erläuterte „Sund" seinen Entschluss, zu Grasshoppers Zürich zu wechseln, und ergänzte: „Wenn ich Junggeselle wäre, bliebe ich natürlich beim VfB." Das aber war wohl nur die halbe Wahrheit, denn zugleich war Sundermann offensichtlich genervt von der Entwicklung im Profifußball. Der wegen seiner unterkühlten Art auch als „Miesepeter" bezeichnete Wahl-Schweizer sah spätestens in jenem Moment, in dem der designierte FC-Bayern-Manager Uli Hoeneß seinem Bruder und VfB-Goalgetter Dieter Hoeneß ein unwiderstehliches Angebot machte (man munkelte von 1,4 Mio. DM in drei Jahren), keine Zukunft mehr für das „Modell VfB". Die „Insel im Sturm der Bundesliga" (Sundermann über den VfB) musste sich den allgemeinen Gepflogenheiten anpassen – oder untergehen. Für Sundermann schlug die Stunde des Abschieds, zumal die Verträge mit zwölf Spielern ausliefen (darunter die Nationalspieler Hansi Müller und Karlheinz Förster) und das VfB-Modell der Einnahmebeteiligung auch deshalb keine Zukunft hatte. Präsident Mayer-Vorfelder (»kicker«: „In seinem Klub ein Vorreiter für wirklich solide Finanzpolitik") stand frustriert vor der Entwicklung und kündigte vorsorglich an, „wenn es aber einmal so weit sein sollte, dann steige ich aus, dann will ich nicht mehr Präsident sein". Am Ende ging nur Sundermann, dessen Nachfolger mit Lothar Buchmann ein eher ruhiger Vertreter der Trainergilde wurde. Wunschkandidat Gilbert Gress hatte zuvor abgesagt, weil er seinen Vertrag in Straßburg erfüllen musste.
Im Umgang mit den Spielern überwog indes Gelassenheit. „Wir wollen die Mannschaft zusammenhalten. Aber wenn uns Spieler verlassen wollen, können wir es auch nicht ändern", grantelte „MV" nach dem Abgang von Dieter Hoeneß.

■ Am 22. September 1978 hingen die Flaggen beim VfB auf Halbmast. Mit **Franz Seybold** war ein Urgestein der Vereinsgeschichte verstorben. Das Mitglied der Vizemeisterelf von 1935 hatte 54 seiner 66 Lebensjahre dem VfB angehört und 1951 nach seiner Rückkehr aus sowjetischer Gefangenschaft mit dem Aufbau der Amateurabteilung begonnen.

■ Bei der Auslosung zur ersten Europapokalrunde erhielt der VfB mit dem **FC Basel** einen Verein zum Gegner, zu dem herzliche Verbindungen bestanden. Basels Trainer Helmut Benthaus war Patenonkel von Trainersohn Leif Sundermann, und Präsident Mayer-Vorfelder war Stammgast bei den Sitzungen des gut betuchten Basler VfB-Freundeskreises in der „Walliser Kanne".

■ Die außersportlichen Aktivitäten seiner Profis waren Trainer Sundermann schon lange ein Dorn im Auge. Er plädierte sogar für ein Verbot von **Autogrammstunden**. „Ein Vollprofi hat die Pflicht, seine Zeit für den Verein zu opfern. Wer aber von Autogrammstunde zu Autogrammstunde hetzt, kann sich doch nicht voll auf seinen Verein konzentrieren", unterstützte Präsident Mayer-Vorfelder das Ansinnen und unterstellte seinen Spielern „Fetischismus". Eine Sonderrolle nahm allerdings Regisseur Hansi Müller ein, der nebenbei sogar als Dressman aktiv sein durfte und u. a. für das renommierte internationale Modemagazin „Der Herr" posierte.

■ Beim 2:1 in Bochum musste **VfB-Regisseur Hansi Müller** nach einer Rangelei mit Bochums Oswald vorzeitig das Spielfeld verlassen. Schiedsrichter der Partie war ausgerechnet Klaus Ohmsen, der sich ein Jahr zuvor bei einem Zusammenprall mit Müller einen Unterarmbruch zugezogen hatte.

Unermessliche gestiegen. Zum Sportlichen: Mit „Schorsch“ Volkert und Bernd Förster hatte sich der VfB punktgenau verstärkt und nach dem Auftaktdebakel rasch auf die Erfolgsspur zurückgefunden. Beim 3:2 auf Schalke, wo man sieben Tage zuvor noch aus dem Pokal geflogen war, konnte sogar die schwarze Niederlagenserie im Ruhrgebiet durchbrochen werden („MV“: „Das Revier stellt für uns keine Schlachtbank mehr dar“), und die von einem endlosen und schneereichen Winter beeinträchtigte Rückrunde verlief lange Zeit wie im Traum. Dank eines regelrecht explodierenden Torjägers Dieter Hoeneß gewann der VfB mit 2:1 bei Titelverteidiger Köln, eroberte er sich mit einem 3:0 gegen Kaiserslautern erstmals seit August 1973 die Tabellenführung und durfte ernsthaft von der dritten Deutschen Meisterschaft träumen. Der erste Dämpfer kam am 12. Mai 1979, als ein 2:2 gegen Braunschweig Platz eins kostete. Drei Wochen später setzte es beim 1:4 gegen Köln die erste Heimniederlage seit dem 31. August 1977. „Aus, vorbei, dahin der Traum von der Meisterschaft. 56.000, die in der Erwartung eines Volksfestes gekommen waren, zogen enttäuscht von dannen“, umschrieb der »kicker« den Moment, an dem Stuttgarts seit drei Jahren dauerjubelndes Fußballherz schwer getroffen wurde. Die Vizemeisterschaft spendete nur wenig Trost, zumal es hinter den Kulissen ungewohnt turbulent zuging. Erfolgstrainer Sundermann kehrte zurück in die Schweiz (wobei seine Gründe im Dunkel blieben), Neu-FC-Bayern-Manager Uli Hoeneß wilderte ungeniert im Schwabenlager, und vor der Zukunft war allen ein wenig bange.

■ **Hans Arnold**, von 1963-71 in 204 Spielen für den VfB am Ball und im Zuge des Bundesligaskandals gesperrt, löste im August den zum SC Freiburg gewechselten Co-Trainer Norbert Wagner ab. Nebenbei führte er die VfB-Reserve in das Endspiel um die deutsche Nachwuchsmeisterschaft 1979, das mit 2:0 gegen Kaiserslautern gewonnen wurde.

■ Pech hatte Amateurnationalspieler **Gerhard Wörn**. Im Sommer 1978 fest für die dreiwöchige USA-Reise des VfB gebucht, erhielt der heutige Physiotherapeut kurzfristig eine Einladung zur Amateur-EM in Griechenland und jettete freudig nach Athen. Dort angekommen, erfuhr er jedoch, dass er keinen Platz im 16er-Turnierkader gefunden hatte und wieder heimfliegen müsse. Weil ihm durch das Hin und her der USA-Trip entging, fragte der »kicker«: „Hätte man diesen Härtefall nicht eleganter lösen können?“

■ Zu zwei ungewöhnlichen Freundschaftsspielen trat die VfB-Elf im Verlauf der Saison an. Im September 1978 fegte sie das u. a. mit Franz Beckenbauer spielende Starensemble von **Cosmos New York** mit 6:1 vom Platz und begeisterte rund 55.000 Fans im Neckarstadion. Im Februar 1979 war dann an gleicher Stelle sogar die deutsche Nationalmannschaft chancenlos und unterlag vor 27.000 staunenden Zuschauern der laut »kicker« „besseren Nationalelf VfB“ mit 1:3 - obwohl Karlheinz Förster und Hansi Müller auf Seiten des „Gegners“ standen.

■ Auf 88 **Fan-Clubs** kam der VfB – das war Bundesligarekord! Unter den in der „Interessengemeinschaft der VfB-Fans“ vereinten Klubs fand sich neben den noch existierenden „Rot-Weiße Schwaben Berkheim“ die „Vierteleschlorzer Urma“, das „Samstag-Nachmittags-Fieber“ sowie die „Aktion zur Rettung der Fußballkunst – ARF“.

[SPIEL]

VfB 3:0 Kaiserslautern

Besser beschuht

Stuttgart übernimmt Tabellenführung

Einmal mehr stehen die Zeichen in Stuttgart auf „Spitzenspiel“. Trotz klirrender Kälte und hart gefrorenem Boden füllen 71.000 Zuschauer die Ränge, als Spitzenreiter Kaiserslautern seine Aufwartung macht. „Auch ein Stadion mit 100.000 Plätzen hätten wir leicht gefüllt“, seufzt Geschäftsführer Ulrich Schäfer und freut sich über rund 900.000 DM Einnahme. Auf den Rängen überwiegt Optimismus. Daheim seit 22 Spielen ungeschlagen, sind die VfB-Anhänger zuversichtlich, dass auch das „Spiel des Jahres“ mit einem Erfolg endet. Es beginnt vorzüglich, wobei der VfB mit dem glatten Schneeboden deutlich besser zurechtkommt als die Roten Teufel, die von der Presse später als „billige Kopie eines Titelanwärters“ verspottet werden. „Da hätten wir auch gleich auf der Autobahn spielen können“, gibt FCK-Keeper Hellström den Platzverhältnissen die Schuld an dem 0:3-Debakel, das dem VfB erstmals seit dem 11. August 1973 wieder die Tabellenspitze beschert. Stuttgarts Erfolgsgeheimnis ist ein neuer „Wunderschuh“, der wenige Tage zuvor aus den „adidas“-Laboren gekommen ist. „TRX“ heißt das Modell, das bessere Stabilität bei glattem Boden gewährleisten soll. „Sicher, laufen konnte man in diesen Dingern auf dem Boden prima. Dafür aber fehlte, etwa bei Eckbällen oder Freistößen, irgendwie die Präzision“, zieht Hansi Müller ein zwiespältiges Fazit.

Dieter Hoeneß und Walter Kelsch im Duell gegen die Lauterer Abwehr.

[LEGENDEN]

DIETER HOENESS

Um seine Person drehte sich in der Rückrunde so ziemlich alles. Längst als Fehleinkauf abgeschrieben und mit zahlreichen unschönen Attributen verspottet, explodierte der gebürtige Ulmer Dieter Hoeneß plötzlich und trug mit insgesamt 16 Saisontoren maßgeblich dazu bei, dass sich der VfB in der Spitze etablierte. Namentlich beim wichtigen 2:1-Sieg in Köln war der kantige Torjäger Matchwinner und profitierte von Sundermanns Mut, auch auf gegnerischen Plätzen offensiv zu spielen. Zugleich weckten seine Tore, die ihn bis in die Nationalmannschaft führten, das Interesse der Konkurrenz, zumal Hoeneß in seinem Vertrag die geradezu lächerliche Ablösesumme von 175.000 DM festgeschrieben hatte. Wochenlang zogen sich die Verhandlungen hin, ehe Dieter Hoeneß im Mai 1979 seinen Wechsel zum FC Bayern verkündete, wo Bruder Uli das Amt des Managers übernommen hatte – so wie es Dieter elf Jahre später in Stuttgart tun sollte.

Der VfB 1978/79. Hinten v. l.: Masseur Caneri, Holcer, Schäfer, Kelsch, Rühle, Hadewicz, Bernd Förster, Karlheinz Förster, Volkert. Mitte: Betreuer Steimle, Hattenberger, Jank, Dietterle, Klotz, Beck, Hoeneß, Müller, Trainer Sundermann. Vorn: Martin, Elmer, Funk, Roleder, Ohlicher, Schmider.

1. Bundesliga

1	12.8.1978	1. FC Kaiserslautern - VfB	5:1	38.000
2	19.8.1978	VfB - 1. FC Nürnberg	4:0	54.000
3	25.8.1978	Fortuna Düsseldorf - VfB	2:0	23.000
4	2.9.1978	VfB - Hamburger SV	1:0	50.000
5	9.9.1978	Borussia Dortmund - VfB	4:3	30.700
6	16.9.1978	VfB - MSV Duisburg	2:0	25.000
7	30.9.1978	Schalke 04 - VfB	2:3	20.000
8	7.10.1978	VfB - Eintracht Frankfurt	3:1	42.000
9	14.10.1978	Arminia Bielefeld - VfB	1:1	28.000
10	21.10.1978	VfB - Bayern München	2:0	71.000
11	28.10.1978	Bor. M'gladbach - VfB	0:0	24.000
12	4.11.1978	VfB - Werder Bremen	1:1	27.000
13	11.11.1978	VfL Bochum - VfB	1:2	30.000
14	18.11.1978	VfB - Eintr. Braunschweig	3:0	29.000
15	25.11.1978	Hertha BSC Berlin - VfB	0:0	16.500
16	15.12.1978	VfB - Darmstadt 98	3:0	18.000
17	23.12.1978	1. FC Köln - VfB	1:2	33.000
18	13.1.1979	VfB - 1. FC Kaiserslautern	3:0	71.000
19	20.1.1979	1. FC Nürnberg - VfB	1:0	36.000
20	3.2.1979	Hamburger SV - VfB	1:1	58.000
21	3.3.1979	VfB - Fortuna Düsseldorf	5:0	35.000
22	10.3.1979	VfB - Borussia Dortmund	1:1	33.000
23	16.3.1979	MSV Duisburg - VfB	3:1	22.600
24	24.3.1979	VfB - Schalke 04	4:0	40.000
25	4.4.1979	Eintracht Frankfurt - VfB	1:2	52.000
26	7.4.1979	VfB - Arminia Bielefeld	5:1	26.000
27	12.4.1979	Bayern München - VfB	1:1	77.600
28	18.4.1979	VfB - Bor. M'gladbach	2:0	63.000
29	21.4.1979	Werder Bremen - VfB	0:2	30.000
30	5.5.1979	VfB - VfL Bochum	2:0	34.000
31	12.5.1979	Eintr. Braunschweig - VfB	2:2	22.321
32	19.5.1979	VfB - Hertha BSC Berlin	3:0	35.000
33	2.6.1979	VfB - 1. FC Köln	1:4	56.000
34	9.6.1979	Darmstadt 98 - VfB	1:7	19.000

Abschlusstabelle

1. Hamburger SV	34	21	7	6	78:32	49-19
2. VFB STUTTGART	34	20	8	6	73:34	48-20
3. 1. FC Kaiserslautern	34	16	11	7	62:47	43-25
4. Bayern München	34	16	8	10	69:46	40-28
5. Eintracht Frankfurt	34	16	7	11	50:49	39-29
6. 1. FC Köln (M)	34	13	12	9	55:47	38-30
7. Fortuna Düsseldorf	34	13	11	10	70:59	37-31
8. VfL Bochum	34	10	13	11	47:46	33-35
9. Eintr. Braunschweig	34	10	13	11	50:55	33-35
10. Bor. M'gladbach	34	12	8	14	50:53	32-36
11. Werder Bremen	34	10	11	13	48:60	31-37
12. Borussia Dortmund	34	10	11	13	54:70	31-37
13. MSV Duisburg	34	12	6	16	43:56	30-38
14. Hertha BSC Berlin	34	9	11	14	40:50	29-39
15. Schalke 04	34	9	10	15	55:61	38-40
16. A. Bielefeld (N) ▽	34	9	8	17	43:56	26-42
17. 1. FC N'berg (N) ▽	34	8	8	18	36:67	24-44
18. Darmstadt 98 (N) ▽	34	7	7	20	40:75	21-47

DFB-Pokal

1. HR	5.8.78	VfB - Spandauer SV	12:0	6.400
2. HR	23.9.78	Schalke 04 - VfB	3:2	25.000

UEFA-Cup

1. R	13.9.78	FC Basel - VfB	2:3	25.000
	27.9.78	VfB - FC Basel	4:1	20.000
2. R	18.10.78	Torpedo Moskau - VfB	2:1	18.000
	1.11.78	VfB - Torpedo Moskau	2:0	63.500
3. R	21.11.78	VfB - Dukla Prag	4:1	71.500
	6.12.78	Dukla Prag - VfB	4:0	30.000

Bundesligakader

Abgänge: Hitzfeld (FC Lugano), Schmider (im Oktober zum 1. FC Nürnberg). **Zugänge:** Bernd Förster (1. FC Saarbrücken), Klotz (eigene Amateure), Volkert (Hamburger SV). **Trainer:** Jürgen Sundermann

Tor		Bernd Martin	29/2
Helmut Roleder	34/0	Erwin Hadewicz	28/0
Klaus Funk	0/0	Markus Elmer	27/0
Feld		Roland Hattenberger	27/1
Karlheinz Förster	34/2	Bernd Klotz	7/1
Georg Volkert	33/14	Harald Beck	5/1
Dieter Hoeneß	32/16	Klaus-Dieter Jank	3/0
Walter Kelsch	32/10	Rainer Rühle (Am.)	4/0
Dragan Holcer	31/1	Bernd Schmider	4/1
Hans Müller	30/13	Arno Schäfer	2/0
Hermann Ohlicher	30/6	Helmut Dietterle	0/0
Bernd Förster	29/4	+ ein Eigentor	

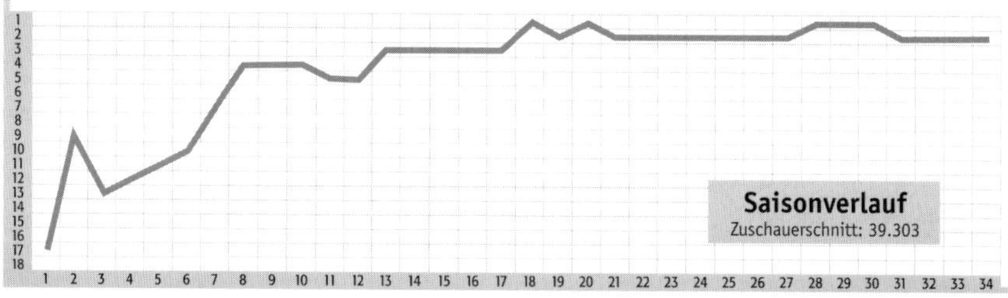

Wimpeltausch im deutsch-deutschen Duell: VfB-Kapitän Ohlicher und Dynamo-Spielführer „Dixie" Dörner.

[SPIEL]

Dresden 1:1 VfB

Erfolgreiche Notelf

Wertvolles Unentschieden in Dresden

Vor dem brisanten deutsch-deutschen UEFA-Cup-Duell zwischen Dynamo Dresden und dem VfB Stuttgart plagen Trainer Buchmann Sorgen. Nur 13 gesunde Spieler stehen ihm noch zur Verfügung – das Verletzungspech hat die Schwaben mit voller Wucht erwischt: Der gesamte Sturm fällt aus, und zwischen den Pfosten steht mit Uwe Greiner ein „Greenhorn". „Wir haben drei Jahre lang einen Erfolgsfußball gespielt, der von der ganzen Mannschaft getragen wurde. Jetzt versuchen einige für sich alleine zu glänzen. Mag sein, dass wir dadurch verletzungsanfälliger geworden sind. Wir müssen aber wieder lernen, dass jeder für jeden rennt", weist Edelreservist Markus Elmer auf eine mögliche Ursache hin. Auch die Verantwortlichen des VfB sind besorgt. Nach der legendären „Schlacht" im Erstrundenrückspiel beim AC Turin (1:2 durch ein Ohlicher-Tor kurz vor Schluss der Verlängerung) hat die UEFA den VfB mit einer Geldstrafe belegt, weil einigen Spielern die Nerven durchgegangen waren. „Wir haben schließlich einen guten Ruf zu verlieren", ermahnt Geschäftsführer Schäfer sein Team vor der Abreise in die DDR und gibt ihm Souvenirartikel im Wert von rund 5.000 DM mit.

Doch der VfB ist nicht Bayern München, und so finden sich lediglich 100 jugendliche Fans vor dem Mannschaftshotel ein, um eine Anstecknadel oder einen Wimpel zu ergattern. Das Rudolf-Harbig-Stadion indes ist mit 37.000 Fans bis auf den letzten Platz besetzt, als Schiedsrichter Wöhrer anpfeift. Die heimischen Dynamos um Nationalspieler „Dixie" Dörner ergreifen sofort die Initiative und setzen den VfB mächtig unter Druck. Leichtfüßig, ideenreich und enorm druckvoll rotiert das Dresdner Mittelfeldspiel. Doch Abwehrchef Karlheinz Förster sowie Ersatzkeeper Greiner sind auf dem Posten und verhindern zunächst den Rückstand. Ausgerechnet Greiner ist es, der in der 34. Minute Kotte mit einer unglücklichen Handbewegung im Strafraum zu Fall bringt. Als Weber den fälligen Foulelfmeter zum 1:0 verwandelt, scheint es um den VfB geschehen zu sein. Doch die Schwaben überstehen die Dresdner Drangperiode, und als Karlheinz Förster Sekunden vor dem Halbzeitpfiff eine Ohlicher-Ecke per Kopf zum 1:1 einnetzt, hat der VfB das Spiel wieder im Griff. Das 1:1 ist die halbe Miete für die Buchmann-Elf, die 14 Tage später mit einem torlosen Unentschieden im Neckarstadion den Einzug ins Viertelfinale besiegelt.

[SAISON]

Buchmann ohne Chance

Gleich auf drei Hochzeiten tanzte der VfB – und stand am Ende doch mit leeren Händen da. Weitaus folgenschwerer war indes, dass das seit 1976 unwiderstehlich auf Erfolgskurs segelnde VfB-Schiff erstmals vom Kurs abkam und gleich zu zerbrechen drohte.

Während die Weiß-Roten sportlich nach einem durchwachsenen Ligaauftakt zusehends besser in Fahrt kamen und erneut um den Titel mitspielten, kamen sie abseits des Spielfeldes nie zur Ruhe. Da war die Trainerfrage: Anstelle von Jürgen Sundermann schwang seit Saisonbeginn mit Lothar Buchmann ein Mann das Zepter, der weder von den Spielern noch von den Fans und schon gar nicht von den Medien akzeptiert wurde. Konsequenz: Als der Ex-Darmstädter feststellte, dass Vorgänger Sundermann vom fernen Zürich fleißig Intrigen sponn und sich als Nachfolger ins Gespräch brachte, kündigte er vorzeitig seinen Abgang zum Saisonende an. Dann war da die Frage nach dem Nachfolger von Torjäger Dieter Hoeneß. Nachdem sämtliche internen Lösungen (Klotz, Beck und Birner) gescheitert waren und Präsident Mayer-Vorfelder einen möglichen Rückkauf Hoeneß' kategorisch abgelehnt hatte, verwaiste die Position des Sturmführers. Thema Nummer drei war Hansi Müller. Der in National- wie Vereinself nicht unumstrittene Regisseur drohte mit einem Wechsel nach Mailand und erhandelte sich damit einen neuen Vertrag, der das VfB-Gehaltsgefüge deutlich sprengte. Damit verbunden war das endgültige Ende des „Stuttgarter Modells" der Risikobeteiligung und der Eintritt des Vereins in die „Geldelite". Ein Vorgang, der durch Verhandlungen mit Italiens Stürmerstar Graziani unterstrichen wurde.

Sportlich lief es trotz allem phantastisch. Im UEFA-Cup scheiterte der VfB erst im Halbfinale an Mönchengladbach, im DFB-Pokal gelang der Vorstoß bis ins Viertelfinale (1:3 gegen Dortmund), und in der Meisterschaft hoffte man bis zum 3. Mai 1980 auf den Titel, ehe der nach einem 2:2 gegen den HSV unerreichbar geworden war.

Saison 1979/80 - das Jahr zwischen Sundermann und Sundermann. Hinten v. l.: Karlheinz Förster, Dietterle, Rühle, Kelsch, Hadewicz, Beck, Martin. Mitte: Betreuer Steimle, Masseur Caneri, Hattenberger, Klotz, Birner, Bernd Förster, Müller, Assistenztrainer Mayer, Trainer Buchmann. Vorn: Holcer, Schmider, Elmer, Roleder, Greiner, Ohlicher, Jank, Volkert.

■ Amtsmüde zeigte sich **VfB-Boss Gerhard Mayer-Vorfelder**. „Ein Präsident wird nicht auf Lebenszeit gewählt", sinnierte „MV" auf der Jahreshauptversammlung im Herbst 1979 und kündigte an, 1981 nicht wieder antreten zu wollen. „Bis dahin aber will ich noch vollenden, was ich begonnen habe", versicherte der angehende baden-württembergische Kultusminister – und meinte damit sowohl das im Bau befindliche Klubhaus als auch die anvisierte Deutsche Meisterschaft.

■ Die Saison war noch keine drei Wochen alt, da geriet **Trainer Buchmann** erstmals in die Kritik. „Bis September sind sie abgeschossen", hatte ein lokaler Journalist dem Sundermann-Nachfolger schon vor dem Saisonstart prophezeit – und nach dem 0:2 in Frankfurt schien es so weit zu sein. Buchmann blieb dann zwar doch im Amt, doch Ex-Coach Sundermann, der von Zürich aus im ständigen Kontakt mit seiner alten Mannschaft stand, torpedierte die erfolgreiche (!) Arbeit regelrecht. Brisant: In der dritten Runde des UEFA-Cups traf der VfB ausgerechnet auf Sundermann-Klub Grasshoppers Zürich!

■ „Im Herzen immer noch ein VfB-Fan geblieben", sei er, betonte **Gilbert Gress**, der das 3:0 über den 1. FC Köln auf der Tribüne des Neckarstadions verfolgte. Der vor Saisonbeginn als Sundermann-Nachfolger gehandelte Elsässer trauerte noch immer seinem Abgang vor zehn Jahren nach.

1. Bundesliga

1	11.8.1979	MSV Duisburg - VfB	1:1	20.000
2	18.8.1979	VfB - 1. FC Kaiserslautern	3:1	43.000
3	28.8.1979	Eintracht Frankfurt - VfB	2:0	40.000
4	1.9.1979	VfB - 1. FC Köln	3:0	48.000
5	8.9.1979	Werder Bremen - VfB	2:3	21.000
6	15.9.1979	VfB - Bayer Uerdingen	2:0	25.000
7	22.9.1979	TSV München 1860 - VfB	1:1	32.000
8	6.10.1979	VfB - Borussia Dortmund	1:2	60.000
9	20.10.1979	Fortuna Düsseldorf - VfB	6:2	21.000
10	27.10.1979	VfB - VfL Bochum	1:3	23.000
11	3.11.1979	VfB - Eintr. Braunschweig	2:0	20.000
12	10.11.1979	Bayer Leverkusen - VfB	1:3	18.000
13	17.11.1979	VfB - Schalke 04	0:0	37.000
14	24.11.1979	Hamburger SV - VfB	3:2	56.000
15	1.12.1979	VfB - Bor. M'gladbach	4:0	32.000
16	8.12.1979	Bayern München - VfB	4:0	60.000
17	15.12.1979	VfB - Hertha BSC Berlin	5:0	15.000
18	19.1.1980	VfB - MSV Duisburg	2:0	19.000
19	26.1.1980	1. FC Kaiserslautern - VfB	2:1	23.082
20	2.2.1980	VfB - Eintracht Frankfurt	4:2	25.000
21	9.2.1980	1. FC Köln - VfB	2:2	42.000
22	23.2.1980	VfB - Werder Bremen	5:1	18.000
23	1.3.1980	Bayer Uerdingen - VfB	4:2	11.000
24	8.3.1980	VfB - TSV München 1860	1:1	28.000
25	15.3.1980	Borussia Dortmund - VfB	2:4	30.000
26	22.3.1980	VfB - Fortuna Düsseldorf	5:1	24.000
27	29.3.1980	VfL Bochum - VfB	0:1	15.000
28	12.4.1980	Eintr. Braunschweig - VfB	0:2	15.000
29	19.4.1980	VfB - Bayer Leverkusen	3:2	18.000
30	26.4.1980	Schalke 04 - VfB	0:4	10.000
31	3.5.1980	VfB - Hamburger SV	2:2	75.500
32	17.5.1980	Bor. M'gladbach - VfB	1:1	15.850
33	24.5.1980	VfB - Bayern München	1:3	71.000
34	31.5.1980	Hertha BSC Berlin - VfB	4:2	51.000

Abschlusstabelle

1. Bayern München	34	22	6	6	84:33	50-18
2. Hamburger SV (M)	34	20	8	6	86:35	48-20
3. 1. FC Kaiserslautern	34	18	5	11	75:53	41-27
4. VFB STUTTGART	34	17	7	10	75:53	41-27
5. 1. FC Köln	34	14	9	11	72:55	37-31
6. Borussia Dortmund	34	14	8	12	64:56	36-32
7. Bor. M'gladbach	34	12	12	10	61:60	36-32
8. Schalke 04	34	12	9	13	40:51	33-35
9. Eintracht Frankfurt	34	15	2	17	65:61	32-36
10. VfL Bochum	34	13	6	15	41:44	32-36
11. Fortuna Düsseldorf	34	13	6	15	62:72	32-36
12. Bayer Leverkusen (N)	34	12	8	14	45:61	32-36
13. München 1860 (N)	34	10	10	14	42:53	30-38
14. MSV Duisburg	34	11	7	16	43:57	29-39
15. Bayer Uerdingen (N)	34	12	5	17	43:61	29-39
16. Hertha BSC Berlin ▽	34	11	7	16	41:61	29-39
17. Werder Bremen ▽	34	11	3	20	52:93	25-43
18. Eintr. Braunschw. ▽	34	6	8	20	32:64	20-48

DFB-Pokal

1. HR	25.8.79	VfL Wolfsburg - VfB	0:3	8000
2. HR	28.9.78	VfB - Wattenscheid 09	10:2	7000
3. HR	12.1.80	E. Braunschw. - VfB	2:3 n.V.	8459
AF	16.2.80	VfB - Eintracht Frankfurt	3:2	25000
VF	5.4.80	Borussia Dortmund - VfB	3:1	31000

UEFA-Cup

1. R	19.9.79	VfB - Torino Calcio	1:0	65000
	3.10.79	Torino Calcio - VfB	2:1 n.V.	50000
2. R	24.10.79	Dynamo Dresden - VfB	1:1	37000
	7.11.79	VfB - Dynamo Dresden	0:0	71000
3. R	28.11.79	Grasshoppers Zürich - VfB	0:2	30000
	12.12.79	VfB - Grasshoppers Zürich	3:0	65000
VF	5.3.80	VfB - Lokomotive Sofia	3:1	38000
	19.3.80	Lokomotive Sofia - VfB	0:1	30000
HF	9.4.80	VfB - Bor. M'gladbach	2:1	42000
	23.4.80	Bor. M'gladbach - VfB	2:0	22000

Bundesligakader

Abgänge: Birner (w.d.s. zu VfB-Amateure), Dietterle (w.d.S. Sportinvalide), Funk (Eintracht Frankfurt), Hoeneß (Bayern München), Schäfer (eigene Amateure)

Zugänge: Birner, Greiner (beide VfB-Amateure), Rühle (VfB-Amateure), Schmider (zurück aus Nürnberg), Welz (im Oktober von Tennis Borussia Berlin)

Trainer: Lothar Buchmann (seit 1. Juli 1979)

Tor		Dragan Holcer	28/0
Helmut Roleder	25/0	Georg Volkert	27/12
Uwe Greiner	9/0	Erwin Hadewicz	25/1
Gerhard Welz	1/0	Bernd Klotz	25/7
Feld		Bernd Schmider	25/1
Bernd Förster	34/7	Markus Elmer	22/1
Hermann Ohlicher	34/10	Klaus-Dieter Jank	10/1
Hans Müller	32/14	Rainer Rühle	6/0
Karlheinz Förster	31/2	Harald Beck	2/0
Roland Hattenberger	30/3	Robert Birner	0/0
Walter Kelsch	30/11	Helmut Dietterle	0/0
Bernd Martin	29/5		

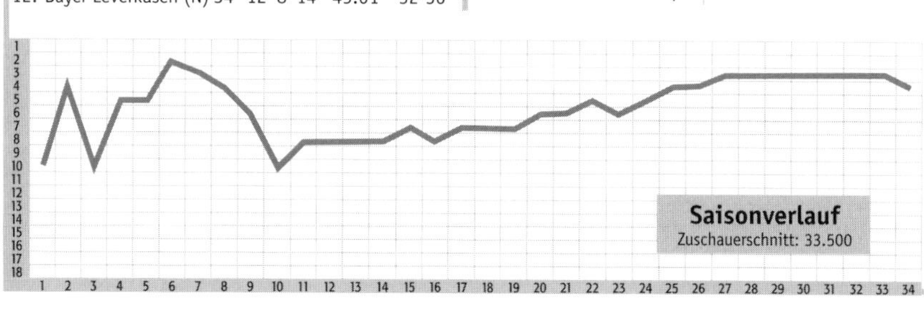

■ Neuer **Werbepartner**: Seit Saisonbeginn warb der VfB für den japanischen Kamerahersteller „Canon".

■ Bei der 1:2-Heimniederlage gegen Dortmund prallte **Torsteher Roleder** unglücklich mit dem Ex-VfBler Wolfgang Frank zusammen und musste ins Katharinenhospital eingeliefert werden. Erst auf nachdrücklichen Wunsch von Vereinsarzt Dr. Laschner wurde dort eine Urinprobe durchgeführt, bei der eine schwere Nierenquetschung festgestellt wurde. „Hätte Dr. Laschner das nicht angeordnet, würde ich heute wohl nicht mehr hier stehen", zeigte sich der Keeper nach seiner Genesung dankbar. Weil Rolender länger ausfiel, verpflichtete der VfB mit Gerhard Welz einen zusätzlichen Schlussmann, der allerdings seit fünf Jahren kein Bundesligaspiel mehr bestritten hatte und dessen Debüt beim 0:4 in München prompt in die Hose ging.

■ Nach dem 2:0 über Duisburg trat ein strahlender VfB-Präsident vor die Presse. Nach tagelangem Hickhack habe man sich endlich mit **Hansi Müller** über eine Vertragsverlängerung geeinigt, verkündete „MV" stolz. Freilich zu einem hohen Preis, denn die Bezüge des von Inter Mailand umworbenen VfB-Regisseurs wurden deutlich erhöht. Außerdem erhielt der Spieler „freie Hand in Sachen Werbedingen". „Ich habe nicht vor, so zu einem reinen Werbeprodukt zu werden wie Kevin Keegan", kündigte Müller aber wohlweislich an.

■ Für die seit Hoeneß' Abgang verwaiste Mittelstürmerposition war dem VfB nichts zu teuer. Heißester Kandidat war der Turiner **Francesco Graziani**, für den man bis zu zwei Mio. DM Ablöse zahlen wollte. Aus dem Transfer des 27-jährigen Nationalspielers wurde dennoch nichts – Turins Vereinsführung versagte die Freigabe. „In Italien werden die Fußballer wie Leibeigene behandelt", staunte VfB-Geschäftsführer Schäfer.

■ Jubel gab es um die von Willi Entenmann trainierten **VfB-Amateure**, die am 20. Juni 1980 mit einem 2:1 über den FC Augsburg zum zweiten Mal nach 1963 Deutscher Amateurmeister wurden. Die Tore für den VfB schossen Bernd Frick und Gunnar Weiß.

[EREIGNIS]

„Sund" kehrt zurück

Erneuter Trainerwechsel beim VfB

Im März 1980 brodelte in Stuttgart die Gerüchteküche. „Sundermann kommt zurück", hieß es, denn der in Zürich lebende Wahl-Schweizer leide unter großer Sehnsucht nach der Bundesliga. Es habe bereits erste Gespräche zwischen „Sund" und „MV" über seine Rückkehr nach Stuttgart gegeben, wo Nachfolger Buchmann im ungeliebten Focus von Fans, Medien sowie Spielern wie Hansi Müller und Karlheinz Förster stand. Wenig später bestätigte der Ex-„Wundermann", dass er in Zürich aufhören und in die Bundesliga zurückkehren werde.
„Gefühlsmäßig zieht es mich zwar nach Stuttgart, aber der Bundesliga-Fußball ist ein Geschäft, in dem Gefühle an letzter Stelle stehen", ließ der auch von Frankfurt, Hertha, Köln und Schalke umworbene Heimkehrwillige wissen. Der mitten im Wahlkampf stehende VfB-Chef Mayer-Vorfelder hatte angesichts der gemeinsamen Vergangenheit freilich die beste Chancen und konnte schon bald eine Einigung mit dem „Wundermann" erzielen.
Die Rückkehr des Erfolgstrainers war der Schlussstrich unter ein Missverständnis, das den VfB-Kahn sichtlich vom Kurs abgebracht hatte. Zwar war man auch unter Lothar Buchmann erfolgreich und tanzte gleich auf drei Hochzeiten (Meisterschaft, DFB-Pokal und UEFA-Cup), intern war es jedoch vorbei mit der einstigen Harmonie. Superstar Hansi Müller kritisierte Buchmann, der ihn mehrfach ausgewechselt hatte, die Fans kreideten dem „Buhmann" die Aufgabe des geliebten „Hurra-Stils" zugunsten eines unattraktiven Defensivfußballs an und die Medien ließen kein gutes Haar an dem ehemaligen Grundstücksachbearbeiter des Landratsamtes Heppenheim.
Dass mit Dieter Hoeneß eine zentrale Figur des Angriffsfußballs verlustig gegangen war und sich schon 1978/79 – also noch unter Sundermann – erste Abnutzungserscheinungen des „Erfolgsmodells VfB" gezeigt hatten, wurde geflissentlich übersehen... Nachdem sich der von Zürich aus ständig gegen Buchmann attackierende Sundermann dem VfB als Nachfolger angeboten hatte, wusste Buchmann, was die Stunde geschlagen hatte. „Ich bestehe auf der Erfüllung meines Vertrages, da ich bisher ordentliche Arbeit geleistet habe. Doch wenn das Präsidium der Meinung ist, dass ein Trainerwechsel der Sache dienlich ist, dann gehe ich!", stellte der schließlich zu Eintracht Frankfurt wechselnde Coach klar.
Für den VfB erwies sich der erneute Trainerwechsel als tiefer Einschnitt. Der doppelte Bruch in der Trainingsphilosophie verwirrte viele Spieler. Kein Wunder, denn dem Disziplinfanatiker Sundermann, der selbst Autogrammstunden verbot, folgte der „väterliche Freund" Buchmann, der die Spieler an der langen Leine ließ und ihnen Raum zur Entwicklung gab. Nun kehrte ein Jürgen Sundermann zurück, der es allen (und vor allem sich selbst) „zeigen" wollte und mit einem ungleich höheren Erfolgsdruck als anno 1976 leben musste.
Hinzu kam die veränderte Einstellung der Spieler, denn aus den „elf Freunden" von 1976 waren „elf Geschäftsleute" geworden, die sich vor allem um den eigenen Vorteil bemühten. Schlechte Voraussetzungen für ein neues „Wunder".

[SAISON]

Das „Wunder" blieb aus

Die Erwartungshaltung war kaum noch messbar, als Jürgen Sundermann am 1. Juli 1980 seinen Dienst im Neckarstadion wieder aufnahm. „Mit Sundermann wird die Begeisterungsfähigkeit in die Mannschaft zurückkehren, wird überschlagen auf das Publikum", hoffte Präsident Mayer-Vorfelder, der den gestörten Entwicklungsprozess seiner Mannschaft zudem durch „hohe Hausnummern" fördern wollte. „MV" meinte damit Verstärkungen vom Kaliber des tschechoslowakischen Nationalliberos Anton Ondruš, der aber ebenso wenig kam wie der gleichfalls gehandelte Bochumer Franz-Josef Tenhagen. Mit Allgöwer, Löw und Kohnle heuerten die Schwaben stattdessen drei Zweitligaspieler an, während Dragan Holcer „letzter Mann" blieb und man mit „Schorsch" Volkert einen Publikumsliebling an Nürnberg abgab.
Die Fans ließen sich davon nicht beirren. Mehr als 9.000 Dauerkarten gingen über den Ladentisch – neuer Rekord in der Vereinsgeschichte. Die Titelträume der euphorischen Massen gedachte Sundermann mit einem Zwei-Mann-Angriff, „einem lebendigen und für Dampf sorgenden Mittelfeld dahinter" sowie Hansi Müller als hängenden Linksaußen zu erfüllen. Daraus wurde jedoch nichts. „Warten auf das neue Wunder", titelte der »kicker« bereits im Oktober und sah den VfB nach einem 2:3 auf Schalke (Obmann Steimle: „So schwach habe ich unsere Mannschaft schon seit Jahren nicht mehr spielen sehen") bei 10:10 Punkten „am Scheideweg". Erst in der Rückrunde fand das Team um den im November 1980 in der Nationalmannschaft debütierenden Shootingstar Karl Allgöwer allmählich zusammen und ließ sogar noch dezente Titelhoffnungen aufkommen. Ein 0:1 in Bielefeld versetzte diesen jedoch einen Knacks, den selbst ein mitreißender Schlussspurt nicht mehr beheben konnte. Trotz Rang drei und der erneuten Qualifikation für den UEFA-Cup blieb somit ein schaler Beigeschmack, der durch den Zuschauerrückgang auf rund 30.000 unterstrichen wurde.

Franz Beckenbauer im Neckarstadion.

■ Mit dem **FC Liverpool** präsentierte der VfB seinen Fans zum Saisonstart mal wieder einen attraktiven Freundschaftsspielgegner. Allerdings sahen lediglich 15.000 Fans den 3:2-Sieg über den mit britischen Fußball-Legenden wie Dalglish, Souness und Hansen besetzten englischen Landesmeister.

■ Voller Hoffnungen waren der Ulmer Dieter Kohnle sowie der Freiburger Joachim „Jogi" Löw zum Wasen gekommen – und fanden sich schon bald gemeinsam auf Zimmer 544 des Stuttgarter **Katharinenhospitals** wieder: Kohnle mit Kapsel- und Bänderriss, Löw mit Schienbeinbruch. „Beide hatten sich mit großem Ehrgeiz hineingekniet, waren auf dem besten Wege, versprachen viel", bedauerte Trainer Sundermann.

[SPIEL]

VfB 3:2 Hamburger SV

„Kaiser"-Weihen

Franz Beckenbauer beim VfB

Am 15. November blickt ganz Deutschland nach Stuttgart. Schon seit Tagen fiebert das Ländle der Begegnung zwischen dem VfB und Tabellenführer Hamburger SV entgegen. Obwohl es sich nach Ansicht von Jürgen Sundermann für den VfB um „eine Partie mit Signalwirkung" handelt, steht jedoch nicht der Gastgeber, sondern der Gast im Focus der Öffentlichkeit. „Am Tag, als der Kaiser wiederkam", wird der »kicker« tags darauf melden, denn nach dem Seitenwechsel war der HSV mit einem namhaften Einwechselspieler aufgelaufen: Franz Beckenbauer. Der bei Cosmos New York unglückliche „Kaiser" hatte sich den Hanseaten angeschlossen, nachdem er zuvor auch in Stuttgart im Gespräch gewesen war: „Beckenbauer wurde uns damals auch angeboten, wäre nicht abgeneigt gewesen, zum VfB zu wechseln. Doch finanziell war die Geschichte nicht realisierbar. Die Verpflichtung Beckenbauers hätte uns alles durcheinandergebracht", erläuterte VfB-Coach Sundermann, der stattdessen den rumänischen Nationalspieler Szatmari bekam. Nun kehrt Beckenbauer ausgerechnet in Stuttgart in die Bundesliga zurück – doch niemand ist darauf vorbereitet! Eigentlich wollte der HSV seinen neuen Star nämlich erst beim folgenden Heimspiel gegen Karlsruhe der Öffentlichkeit präsentieren und die unattraktive Partie damit in einen Schlager verwandeln. Entsprechend groß ist das Erstaunen, als vor der Partie im Neckarstadion durchsickert, Beckenbauer säße mit der „12" auf der Bank. Als der „Kaiser" nach dem Seitenwechsel anstelle von Caspar Memering tatsächlich das Spielfeld betritt, steht Fußball-Deutschland für Sekunden still, erstrahlt die Tribüne des Neckarstadions im Blitzlichtgewitter.
Doch während dem HSV und Beckenbauer die Aufmerksamkeit gehören, feiert der VfB beim 3:2 den Gewinn zweier extrem wichtiger Punkte, die seinen Rückstand auf den HSV auf sechs Zähler schrumpfen lassen. Ohne den zum Länderspiel abgestellten Hattenberger überzeugen die Bewegungsspieler vor allem durch ihren Einsatzwillen. „Dieser VfB-Kampfgeist versetzte Berge", lobt der »kicker« entsprechend und bezeichnet Hansi Müller sowie Jung-Nationalspieler Karl Allgöwer als „überragend".

■ Im Januar 1981 trauerte der VfB Stuttgart erneut um einen der ganz Großen seiner Geschichte: **Ehrenpräsident Dr. Fritz Walter** war am 5. Januar 1981 im Alter von 80 Jahren verstorben. Auf der Trauerfeier wurden die Verdienste des von 1944-69 als VfB-Präsident amtierenden Oberstudienrats noch einmal gewürdigt.

■ 1974 war **Etepe Kakoko** mit Zaire bei der WM in Deutschland aufgelaufen. Später landete der kopfballstarke Stürmer bei den VfB-Amateuren und bot bei deren Pokalspiel gegen Borussia Dortmund eine derart vorzügliche Leistung, dass Jürgen Sundermann ihn in den Profikader holen wollte. Problem: Mit Hattenberger und Holcer standen dort bereits zwei Nicht-EU-Ausländer – und mehr waren nicht erlaubt. Das Dilemma traf auch Newcomer Ilyas Tüfekci, der beim 4:1 UEFA-Cup-Sieg in Larnaka als Notbehelf für den rotgesperrten Hattenberger überzeugte. Während Tüfekci Amateur blieb und auf immerhin 24 Bundesligaeinsätze kam, verschwand Kakoko bald wieder in der Versenkung.

■ Keine Freunde machte sich der VfB mit einem **Topzuschlag** beim Gastspiel des FC Bayern. „Ich bin der Meinung, dass hier die treuen Zuschauer regelrecht ausgenommen werden“, mokierte sich ein Fan. Präsident Mayer-Vorfelder hielt dagegen, die „treuen Fans“ hätten sich zuvor mit einer Dauerkarte versorgen können, und ohnehin würde „der, der ein wirklich treuer Anhänger des VfB ist, das Aufgeld nicht scheuen“. Die Begegnung bescherte dem VfB mit rund 1,1 Mio. DM eine Rekordeinnahme.

[EREIGNIS]

Bauherr VfB

Neues Vereinsheim teurer als erwartet

Seit Frühjahr 1979 herrschte beim VfB das schwäbische Motto „Schaffe, schaffe, Häusle baue“. Weil das 1937 errichtete bzw. 1951 neu aufgebaute Vereinsheim am Martin-Schrenk-Weg ebenso wie Teile des ehemaligen VfB-Stadions der neuen B 312 im Weg stand, brauchte der VfB eine neue Heimat. Einen Steinwurf vom Neckarstadion entfernt wurde dem Klub von der Stadt ein Ersatzgelände zur Verfügung gestellt, auf dem in 22-monatiger Bauzeit das heutige Robert-Schlienz-Stadion sowie ein neues Verwaltungsgebäude entstand. Rund 5 Mio. DM wurden anfänglich für den hochmodernen Bau veranschlagt, der am Ende rund das Doppelte verschlang. „Von dieser Entwicklung der Baukosten sind wir genauso überrascht worden, wie es leider heutzutage vielen Bauherren geht“, bekannte Präsident Mayer-Vorfelder und zeigte sich zugleich zuversichtlich, „mit unserem neuen Vereinsheim eine zukunftsorientierte Investition vorgenommen zu haben“. Nachdem am 16. Dezember 1980 das Richtfest des vom Architekturbüro Wilfried Beck-Erlang & Partner konzipierten Mehrzweckbaus gefeiert worden war, wurde die Anlage schließlich vom 16. bis zum 18. Oktober 1981 in mehreren Schritten ihrer Bestimmung übergeben. „Möge das neue Clubzentrum zu einer weiteren Aufwärtsentwicklung des traditionsreichen VfB Stuttgart beitragen“, hoffte Oberbürgermeister Rommel bei der Einweihung.
Genau das wurde von Kritikern jedoch bezweifelt. Der VfB habe sich einen „Palazzo Protzo“ errichtet, lästerten Lokalzeitungen und spotteten, man habe zum Bau „nur vom Besten, sprich Teuersten“ genommen. Ein besorgter Fan warnte derweil per Leserbrief im »kicker«: „Der VfB besinnt sich anscheinend wieder auf das alte Schwabenmotto ‚Schaffe, schaffe, Häusle baue'. Dies kann leicht der erste Schritt zum sportlichen Rückschritt sein. Die Zuschauer werden es durch vermehrte Abwesenheit honorieren!“
Tatsächlich sollte der Klubheimbau dem VfB in den kommenden Jahren finanziell schmerzhaft die Hände binden und zum Verkauf von Leistungsträgern bzw. zur Zurückhaltung bei Spieler-Neuverpflichtungen führen.

Das alte und das neue VfB-Heim aus der Vogelperspektive. Oben links sieht man den alten VfB-Platz mitsamt Vereinsheim, das der Spitzhacke zum Opfer fiel. Auf der rechten Bildseite ist das heutige „VfB-Clubzentrum“ zu erkennen.

1980/81 – der „Wundermann" ist zurück. Hinten v. l.: Masseur Caneri, Masseur Braun, Martin, Hadewicz, Beck, Kelsch, Karlheinz Förster, Co-Trainer Dietterle. Mitte: Betreuer Steimle, Hattenberger, Kohnle, Löw, Klotz, Allgöwer, Bernd Förster, Trainer Sundermann. Vorn: Schmider, Holcer, Obermüller, Greiner, Roleder, Tüfekci, Elser, Ohlicher.

[LEGENDEN]

DRAGAN HOLCER

In 179 Erst- bzw. Zweitligaspielen hatte Dragan Holcer seine Knochen für den VfB hingehalten.
1977 war er als Garant für den Aufstieg gefeiert worden und hatte auch in der ersten Saison nach dem Wiederaufstieg als verlässlicher und ruhiger „Anführer" der „jungen Wilden" erheblichen Anteil am Erfolg. Nun endete ausgerechnet die Karriere des kampfstarken Jugoslawen mit einem „G'schmäckle". Zu Beginn der Saison 1980/81 bereits klammheimlich reamateurisiert, weil der VfB den Tschechen Anton Ondruš als seinen Nachfolger verpflichten wollte und dafür einen „Ausländerplatz" brauchte, gingen die Schwaben schließlich doch mit Holcer als Stammlibero ins Rennen. Doch auch an dem 35-Jährigen hatte der Zahn der Zeit genagt, und so konnte Holcer nicht verhindern, dass der VfB nach zehn Spielen bereits 19 Gegentore auf dem Konto hatte. Mit dem Rumänen Alexander Szatmari verpflichtete der Klub daraufhin einen neuen Libero, der das Problem allerdings nur bedingt löste. Holcer erklärte indes, zum Saisonende ausscheiden zu wollen, und rang Präsident Mayer-Vorfelder immerhin noch das Versprechen ab, mit einem Freundschaftsspiel gegen seinen Ex-Klub Hajduk Split geehrt zu werden.

1. Bundesliga

1	16.8.1980	VfB - 1. FC Nürnberg	2:1	55.000
2	20.8.1980	1. FC Kaiserslautern - VfB	1:0	36.000
3	23.8.1980	VfB - 1. FC Köln	3:0	42.000
4	3.9.1980	Eintracht Frankfurt - VfB	2:1	40.000
5	6.9.1980	VfB - Bor. M'gladbach	4:2	32.000
6	13.9.1980	Bayer Uerdingen - VfB	3:3	7.500
7	20.9.1980	VfB - Bayern München	1:2	71.500
8	27.9.1980	Borussia Dortmund - VfB	3:3	36.500
9	15.10.1980	VfB - Fortuna Düsseldorf	4:2	25.000
10	18.10.1980	Schalke 04 - VfB	3:2	15.000
11	25.10.1980	VfB - Arminia Bielefeld	2:1	23.000
12	31.10.1980	Bayer Leverkusen - VfB	1:1	16.000
13	8.11.1980	Karlsruher SC - VfB	0:0	35.000
14	15.11.1980	VfB - Hamburger SV	3:2	53.000
15	29.11.1980	TSV München 1860 - VfB	0:0	21.000
16	6.12.1980	VfB - VfL Bochum	4:1	13.600
17	13.12.1980	MSV Duisburg - VfB	0:3	8.000
18	17.1.1980	1. FC Nürnberg - VfB	1:2	25.000
19	24.1.1980	VfB - 1. FC Kaiserslautern	1:0	35.000
20	7.2.1981	1. FC Köln - VfB	3:1	20.000
21	14.2.1981	VfB - Eintracht Frankfurt	1:1	27.000
22	7.3.1981	VfB - Bayer Uerdingen	3:2	16.000
23	14.3.1981	Bayern München - VfB	1:1	61.000
24	21.3.1981	VfB - Borussia Dortmund	3:1	30.000
25	28.3.1981	Fortuna Düsseldorf - VfB	3:1	16.000
26	4.4.1981	VfB - Schalke 04	3:0	25.000
27	11.4.1981	Arminia Bielefeld - VfB	1:0	26.000
28	18.4.1981	VfB - Bayer Leverkusen	2:1	18.000
29	24.4.1981	Bor. M'gladbach - VfB	1:3	30.700
30	9.5.1981	VfB - Karlsruher SC	5:2	32.000
31	16.5.1981	Hamburger SV - VfB	1:3	56.000
32	30.5.1981	VfB - TSV München 1860	2:1	25.000
33	6.6.1981	VfL Bochum - VfB	1:1	.353
34	13.6.1981	VfB - MSV Duisburg	2:0	16.500

Abschlusstabelle

1.	Bayern München (M)	34	22	9	3	89:41	53-15
2.	Hamburger SV	34	21	7	6	73:43	49-19
3.	VFB STUTTGART	34	19	8	7	70:44	46-22
4.	1. FC Kaiserslautern	34	17	10	7	60:37	44-24
5.	Eintracht Frankfurt	34	13	12	9	61:57	38-30
6.	Bor. M'gladbach	34	15	7	12	68:64	37-31
7.	Borussia Dortmund	34	13	9	12	69:59	35-33
8.	1. FC Köln	34	12	10	12	54:55	34-34
9.	VfL Bochum	34	9	15	10	53:45	33-35
10.	Karlsruher SC (N)	34	9	14	11	56:63	32-36
11.	Bayer Leverkusen	34	10	10	14	52:53	30-38
12.	MSV Duisburg	34	10	9	15	45:58	29-39
13.	Fortuna Düsseldorf	34	10	8	16	57:64	28-40
14.	1. FC Nürnberg (N)	34	11	6	17	47:57	28-40
15.	Arm. Bielefeld (N)	34	10	6	18	46:65	26-42
16.	München 1860 ▽	34	9	7	18	49:67	25-43
17.	Schalke 04 ▽	34	8	7	19	43:88	23-45
18.	Bayer Uerdingen ▽	34	8	6	20	47:79	22-46

DFB-Pokal

1. HR	30.8.80	VfB - Fortuna Köln	4:0	6.100
2. HR	4.10.80	SpVgg Bayreuth - VfB	1:3	9.000
3. HR	22.11.80	VfB - 1. FC Nürnberg	2:0	23.000
AF	31.1.81	VfL Osnabrück - VfB	1:3	15.600
VF	28.2.81	Eintracht Frankfurt - VfB	2:1	26.000

UEFA-Cup

1. R	17.9.80	VfB - Pezoporikos Larnaka	6:0	10.000
	1.10.80	Pezoporikos Larnaka - VfB	1:4	5.000
2. R	22.10.80	VfB - Vorw. Frankfurt/O.	5:1	30.000
	5.11.80	Vorw. Frankfurt/O. - VfB	1:2	19.000
3. R	26.11.80	VfB - 1. FC Köln	3:1	37.000
	10.12.80	1. FC Köln - VfB	4:1 n.V.	26.000

Spielerkader

Abgänge: Elmer (Bayer Leverkusen), Jank (Werder Bremen), Rühle (Alemannia Aachen), Schmider (im Dezember zu Borussia Mönchengladbach), Volkert (1. FC Nürnberg), Welz (Fortuna Köln)
Zugänge: Allgöwer (Stuttgarter Kickers), Elser (eigene Amateure), Kohnle (SSV Ulm 1846), Löw (SC Freiburg), Obermüller (eigene Amateure), Sztamari (im Januar von Dinamo Bukarest), Tüfekci (VfB-Amateure)
Trainer: Jürgen Sundermann

Tor		Bernd Klotz	22/5
Helmut Roleder	19/0	Bernd Martin	21/2
Uwe Greiner	15/0	Dragan Holcer (VA)	13/0
Feld		G. Schäfer (Am)	13/0
Bernd Förster	34/2	Alexander Szatmari	12/2
Hermann Ohlicher	33/6	Bernd Schmider	8/1
Karl Allgöwer	32/10	Harald Beck	4/0
Hans Müller	32/11	Joachim Löw	4/0
Erwin Hadewicz	31/0	Rainer Adrion (Am)	2/0
Walter Kelsch	31/11	Frank Elser	2/0
Karlheinz Förster	30/2	Dieter Kohnle	2/0
Roland Hattenberger	24/4	Ralf Obermüller	0/0
Ilyas Tüfekci (VA)	24/13	+ ein Eigentor	

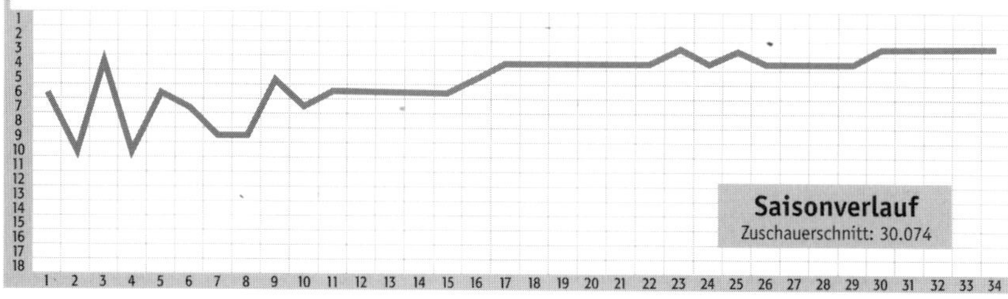

[SAISON]

Das Ende der Bescheidenheit

Seit 1977 war es beim VfB nahezu ständig nach oben gegangen. Aus einem mittelmäßigen Bundesligisten war eine attraktive „Marke" geworden, die regelmäßig Besucherrekorde knackte. Nun wollte man mehr. Nun sollte endlich die dritte Deutsche Meisterschaft nach 1950 und 1952 her. Dafür griff die sonst so zurückhaltende Führungsriege tief in die Tasche. Für 2,5 Mio. DM heuerte sie mit dem französischen Linksaußen Didier Six und Nationalmittelstürmer Dieter Müller zwei Ausnahmefußballer an, die den VfB in den Rang eines „Titelkandidaten" erhoben. Vor allem im Angriff besaß Trainer Sundermann nun phantastische Möglichkeiten: Mit der offensiven Mittelfeldachse Ohlicher – Hansi Müller – Allgöwer, den Flankengebern Six und Kelsch, Dieter Müller im Sturmzentrum sowie Beck und Tüfekci als „Joker" verfügte der VfB über die wohl bestbesetzte Offensivformation der Bundesliga und wurde nicht nur vom »kicker« „als der härteste Konkurrent der Bayern angesehen".

Doch die grenzenlose Euphorie verwandelte sich rasch in grenzenlose Enttäuschung. Schon nach dem mühsamen 3:2-Auftakt über Düsseldorf sparten die 36.000 Fans nicht mit Pfiffen, und als es bereits am vierten Spieltag die erste Niederlage gab, geriet der „Meisterexpress" vollends ins Stottern. Ein schwaches Zweikampfverhalten entlarvte eine Mannschaft, in der laut Trainer Sundermann „nicht jeder bereit ist, bedingungslos für den anderen zu kämpfen", und die monatelang auf ihren verletzten Regisseur Hansi Müller verzichten musste. Nach dem 1:4 in Frankfurt orientierte sich der Titelaspirant allmählich nach unten und verpasste erstmals seit 1978 den UEFA-Cup. Das sportliche Scheitern zog umwälzende Veränderungen nach sich: Trainer Sundermann wechselte zum Lokalrivalen Kickers, Hansi Müller unterschrieb in Mailand, und die bereits durch den Klubhausbau angespannte Kassenlage wurde durch einen um 10.000 Zuschauer geringeren Besucherschnitt zusätzlich belastet.

■ „Der geht ab wie ein Ferrari!", freute sich VfB-Busfahrer Wolfgang Pfisterer nach der ersten Testfahrt mit dem neuen **330-PS-Mannschaftsbus**. VfB-Nachbar Daimler-Benz hatte das wuchtige Mobil zur Verfügung gestellt und es exquisit ausgestattet. Neben TV- und Radiogeräten gab es sogar eine Mikrowelle, damit den Spielern ein Imbiss gereicht werden konnte!

■ Shootingstar der Saison war **Peter Reichert**. Beim 4:0 über Kaiserslautern gelangen dem 20-jährigen Oberderdinger gleich drei Treffer. Zudem harmonierte der Jungstar prächtig mit Didier Six und stach seinen 1,6 Mio. DM teuren Sturmkollegen Dieter Müller völlig aus.

■ Erstaunt über die modernen Arbeitsbedingungen im Neckarstadion zeigte sich Neuzugang **Didier Six**. „Das Profitum in Stuttgart ist unnachahmlich. In Frankreich sind die Verhältnisse im Vergleich amateurhaft. Ein Beispiel gefällig? Jeden Tag erhalten wir zum Training eine Ausrüstung, sauber, gewaschen. Die Schuhe sind geputzt. Meine Frau Dominique schätzt das ungemein; sie hat keine Sorgen mehr mit der dreckigen Wäsche."

■ Beim brisanten **Derby** zwischen dem KSC und dem VfB am zweiten Spieltag kam es zu hässlichen Ausschreitungen. Mehr als 200 VfB-Anhänger randalierten, 20 von ihnen wurden festgenommen. Kapitän Hermann Ohlicher forderte daraufhin, man dürfe „solche Gewalttäter nicht mehr transportieren".

[SPIEL]

VfB **2:3** Bielefeld

UEFA-Cup ade

Individuelle Fehler schlagen VfB

Die Nachholpartie gegen die biedere Arminia aus Bielefeld gerät zum Sinnbild einer in jeglicher Hinsicht verkorksten Saison.

In der Hoffnung, ihren VfB vielleicht doch noch in Richtung UEFA-Cup-Plätze schreien zu können, strömen immerhin 14.500 Zuschauer ins Neckarstadion, wo sie jedoch erneut eine desolate Heimelf erleben. Das Drama beginnt schon vor dem Anpfiff. Regisseur Hansi Müller, der sieben Tage zuvor bei Inter Mailand unterschrieben hat und seitdem im Kreuzfeuer der Fankritik steht, muss passen. Müller kündigt an, in den nächsten Tagen den Freiburger Professor Klümper aufsuchen zu wollen, um sein malträtiertes Knie wieder in Ordnung bringen zu lassen.

Ohne seinen Spielmacher wirkt der VfB wie paralysiert. Einfache Bälle verspringen, im Mittelfeld können weder die ausgebrannt wirkenden Hadewicz und Ohlicher noch Nationalspieler Allgöwer für Impulse sorgen, und der Sturm um Peter Reichert, Dieter Müller und Didier Six bleibt zum wiederholten Mal blass. Einziger Hoffnungsschimmer ist U21-Nationalspieler Günther Schäfer, der die Gunst der Stunde nutzt und sich mit einer soliden Leistung in die Stammelf spielt.

Der Spielverlauf spiegelt das ganze VfB-Dilemma anschaulich wider. Schon in der achten Minute droht erstmals Gefahr, als Reiss mit einem Heber nur knapp an Roleder scheitert. In der 26. Minute ist es derselbe Armine, der Bernd Förster narrt und Bielefeld mit 1:0 in Führung bringt. 13 Minuten später steht es bereits 2:0 für den Underdog aus dem Teutoburger Wald – Krobbach hat eine Unachtsamkeit in der Stuttgarter Deckung genutzt. Drei Minuten vor dem Seitenwechsel verkürzt Dieter Müller durch einen verwandelten Foulelfmeter (Kneib an Reichert) dann zumindest auf 1:2 und beschert seiner Elf aufmunternden Beifall der Fans.

Als Dieter Müller nach einer Stunde sogar den Ausgleich erzielt, wirft der VfB alles nach vorne. Ohlicher und Six vergeben jedoch ihre Möglichkeiten.

Erneut ist es ein individueller Fehler, der den VfB schließlich schlägt: In Minute 72 bringt Kelsch Schröder im Strafraum zu Fall, und als Pagelsdorf den fälligen Elfmeter zum 3:2-Siegtreffer für Bielefeld verwandelt, gehen Stuttgarts Hoffnungen auf das internationale Geschäft endgültig baden.

Der VfB 1981/82. Hinten v. l.: Betreuer Steimle, Masseur Braun, Dieter Müller, Szatmari, Kelsch, Hansi Müller, Co-Trainer Dietterle, Trainer Sundermann. Mitte: Karlheinz Förster, Allgöwer, Hadewicz, Weiß, Adrion, Habiger, Six, Masseur Caneri. Vorn: Martin, Schäfer, Beck, Roleder, Grüninger, Tüfekci, Ohlicher, Bernd Förster.

■ Beim vorjährigen UEFA-Cup-Spiel gegen Köln hatten **Bernd und Karlheinz Förster** Schiedsrichter Eriksson genarrt, indem sich Bernd (Foto links) anstelle des bereits gelbbelasteten Karlheinz (rechts) eine Verwarnung abholte. Weil Bernd Förster den listigen Trick jedoch anschließend bei einem Besuch der TV-Sendung „Sport im Dritten" stolz nacherzählte, schaltete sich die UEFA ein und bestrafte das Pärchen nachträglich mit fünf Spielen Sperre. Immerhin: Später wurde die Strafe auf drei Spiele reduziert.

■ Abermals gab es Ärger um das unliebsame Thema „**Topzuschläge**". Geschäftsführer Ulrich Schäfer begründete den Griff zu dieser „ebenso unpopulären wie nicht zu umgehenden Maßnahme" mit der „so genannten Alltagskost". In der Vorsaison hatten gegen Uerdingen nur 15.770 und gegen Bochum gar nur 13.621 ihren Obolus bezahlt. Zahlen, die „einfach zu kärglich sind, um auf Dauer davon leben zu können". Pech für die Fans, dass es für den VfB bei den „Topzuschlagsspielen" gegen den FC Bayern sowie den HSV eher darum ging, nicht vollends in die Abstiegszone zu rutschen...

1. Bundesliga

1	8.8.1981	VfB - Fortuna Düsseldorf	3:2	36.000
2	15.8.1981	Karlsruher SC - VfB	0:2	40.000
3	22.8.1981	VfB - Eintr. Braunschweig	2:0	33.000
4	25.8.1981	1. FC Kaiserslautern - VfB	3:2	32.438
5	5.9.1981	VfB - Borussia Dortmund	0:2	30.400
6	12.9.1981	1. FC Nürnberg - VfB	0:0	25.000
7	19.9.1981	VfB - 1. FC Köln	1:1	30.000
8	26.9.1981	Eintracht Frankfurt - VfB	4:1	25.000
9	3.10.1981	VfB - Hamburger SV	1:2	37.600
10	17.10.1981	MSV Duisburg - VfB	1:2	9.000
11	24.10.1981	VfL Bochum - VfB	3:3	20.000
12	31.10.1981	VfB - Bor. M'gladbach	2:2	33.000
13	7.11.1981	Arminia Bielefeld - VfB	1:0	23.000
14	14.11.1981	VfB - Bayern München	0:3	69.000
15	28.11.1981	Bayer Leverkusen - VfB	0:0	6.000
16	12.12.1981	VfB - Darmstadt 98	1:0	12.300
17	19.12.1981	Werder Bremen - VfB	2:2	20.000
18	16.1.1982	Fortuna Düsseldorf - VfB	2:3	8.500
19	6.2.1982	VfB - 1. FC Kaiserslautern	4:0	17.000
20	13.2.1982	Borussia Dortmund - VfB	2:3	30.000
21	27.2.1982	VfB - 1. FC Nürnberg	1:2	22.500
22	6.3.1982	1. FC Köln - VfB	3:0	18.000
23	13.3.1982	VfB - Eintracht Frankfurt	5:2	17.000
24	16.3.1982	VfB - Karlsruher SC	5:1	28.000
25	31.3.1982	Hamburger SV - VfB	1:1	35.000
26	3.4.1982	VfB - MSV Duisburg	4:1	17.500
27	8.4.1982	Eintr. Braunschweig - VfB	2:0	20.116
28	17.4.1982	VfB - VfL Bochum	3:0	17.000
29	24.4.1982	Bor. M'gladbach - VfB	0:0	16.025
30	28.4.1982	VfB - Arminia Bielefeld	2:3	14.500
31	8.5.1982	Bayern München - VfB	1:0	35.000
32	15.5.1982	VfB - Bayer Leverkusen	4:2	12.500
33	22.5.1982	Darmstadt 98 - VfB	3:3	15.000
34	29.5.1982	VfB - Werder Bremen	2:4	17.500

Abschlusstabelle

1.	Hamburger SV	34	18	12	4	95:45	48-20
2.	1. FC Köln	34	18	9	7	72:38	45-23
3.	Bayern München (M)	34	20	3	11	77:56	43-25
4.	1. FC Kaiserslautern	34	16	10	8	70:61	42-26
5.	Werder Bremen (N)	34	17	8	9	61:52	42-26
6.	Borussia Dortmund	34	18	5	11	59:40	41-27
7.	Bor. M'gladbach	34	15	10	9	61:51	40-28
8.	Eintracht Frankfurt	34	17	3	14	83:72	37-31
9.	VFB STUTTTGART	34	13	9	12	62:55	35-33
10.	VfL Bochum	34	12	8	14	52:51	32-36
11.	E. Braunschweig (N)	34	14	4	16	61:66	32-36
12.	Arminia Bielefeld	34	12	6	16	46:50	30-38
13.	1. FC Nürnberg	34	11	6	17	53:72	28-40
14.	Karlsruher SC	34	9	9	16	50:68	27-41
15.	Fortuna Düsseldorf	34	6	13	15	48:73	25-43
16.	Bayer Leverkusen	34	9	7	18	45:72	25-43
17.	Darmstadt 98 (N) ▽	34	5	11	18	46:82	21-47
18.	MSV Duisburg ▽	34	8	3	23	40:77	19-49

DFB-Pokal

1. HR	28.8.81	VfB - FC Rastatt 04	5:0	3.000
2. HR	10.10.81	VfB - TuS Oberwinter	10:1	2.300
3. HR	5.12.81	VfB - Bor. M'gladbach	0:2	15.000

DFB-Pokal

1. R	16.9.81	Hajduk Split - VfB	3:1	50.000
	30.9.81	VfB - Hajduk Split	2:2	40.000

Spielerkader

Abgänge: Elser (Alemannia Aachen), Greiner (Bayer Leverkusen), Hattenberger (SWW Innsbruck), Holcer (Schalke 04), Klotz (Borussia Dortmund), Löw (Eintracht Frankfurt, ausgeliehen), Obermüller (Freiburger FC, ausgeliehen), Szatmari (im April zu Fort Lauderdale Strikers), Tüfekci (im September zu Schalke 04), Kohnle (SSV Ulm 46). **Zugänge:** Adrion, Grüninger, Habiger (alle VfB-Amateure), Dieter Müller (1. FC Köln), Schäfer (VfB-Amateure), Six (Racing Strasbourg), Weiß (VfB-Amateure)

Trainer: Jürgen Sundermann

Tor		Peter Reichert (Am)	23/7
Helmut Roleder	34/0	Rainer Adrion (VA)	20/0
Siegfried Grüninger	0/0	Alexander Szatmari	20/1
Feld		Hans Müller	16/2
Bernd Förster	34/2	Harald Beck	12/3
Hermann Ohlicher	34/5	Günther Schäfer	12/0
Karl Allgöwer	31/3	Werner Habiger	9/0
Walter Kelsch	31/7	Bernd Martin	8/1
Dieter Müller	30/14	Ilyas Tüfekci	3/0
Didier Six	30/12	Gunnar Weiß	3/0
Erwin Hadewicz	29/2	Etepe Kakoko (Am)	1/0
Karlheinz Förster	26/3		

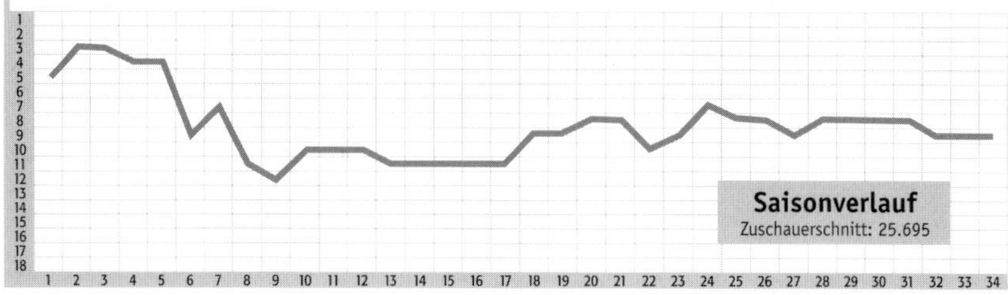

[LEGENDEN]

DIDIER SIX

Mit Elsässern hatte man beim VfB gute Erfahrungen gemacht. Anno 1966 war mit Gilbert „Schillbär" Gress erstmals ein Elsässer auf den Wasen gekommen und hatte sich mit seiner komplexen Persönlichkeit rasch zum Publikumsliebling aufgeschwungen. Nun sollte mit Frankreichs Nationalmannschaftslinksaußen Didier Six erneut ein Elsässer das Ländle verzaubern.
Six' Auswärtsdebüt beim 2:0 in Karlsruhe geriet auch prompt zum Feuerwerk der Spielkunst. „Dieser Six ist ein Weltklasse-Spieler!", schwärmte die Presse nach dem starken Auftritt des dribbelstarken Wirbelwindes, der sogar Beifall von den KSC-Fans erhielt und mit seiner wilden Lockenpracht wie einst Gilbert Gress für „modernen Zeitgeist" stand.
Doch anders als bei Gress war der Rausch um Six rasch wieder verflogen. Der Linksaußen agierte viel zu ballverliebt und drängte zudem ins Mittelfeld, wo er die Kreise von Hansi Müller störte. Als der VfB-Regisseur wiederum monatelang verletzt ausfiel, klagte Six über mangelnde Ideen aus dem Mittelfeld, während Trainer Sundermann schimpfte: „Ihm fällt es schwer, sich permanent zu konzentrieren, was in der Bundesliga nötig ist." Trotz zwölf Saisontoren fiel das Fazit nach Six' erster Spielzeit auf dem Wasen folglich durchwachsen aus. „Die Persönlichkeit, ein Spiel aus dem Feuer zu reißen, ist er nicht", konstatierte der »kicker« nüchtern. Das Kapitel „Didier Six und VfB" wurde auch 1982/83 zu keiner Erfolgsstory. Der neue Trainer Benthaus warf dem französischen Wirbelwind Mängel in der Defensivarbeit vor und bestrafte den mit elf Toren durchaus treffsicheren Außenstürmer durch Nichtbeachtung. Als auch noch Geschäftsführer Ulrich Schäfer ätzte, „Künstler können wir nicht gebrauchen", hatte der Franzose endgültig genug und verließ den VfB in Richtung Mulhouse.
Fazit: Obwohl Six in 59 Spielen stolze 23 Treffer erzielte, war er nur selten in seine ihm zugedachte Rolle geschlüpft. Die Fans aber mochten ihn trotzdem.

[EREIGNIS]

Baustelle VfB

Ende einer Traumehe

Im Frühjahr 1982 überschlugen sich die Ereignisse im Neckarstadion. Zunächst gab Hansi Müller seinen Wechsel zu Inter Mailand bekannt, dann wechselte Trainer Sundermann ausgerechnet zum Lokalrivalen Stuttgarter Kickers. Seitdem Brillenhersteller Axel Dünnwald-Metzler im April 1979 die Führung der „Blauen" übernommen hatte, herrschte dort Aufbruchstimmung, wollte man aus dem langen Schatten des VfB heraustreten. Ausgerechnet Sundermann sollte den Angriff auf den VfB forcieren.
VfB-Boss Mayer-Vorfelder war entsetzt und sprach von einem „gestörten Grundverhältnis" zu seinem ehemaligen Vertrauten, mit dem er 1976 den „neuen" VfB aus der Taufe gehoben hatte. Das Tischtuch zwischen den beiden war jedoch schon länger zerschnitten. Schlagzeilenträchtig hatte „MV" vor dem Saisonstart das Ziel „Meisterschaft" ausgegeben und die Erwartungshaltung der Fans damit angeheizt. Doch als nach 6:0-Startpunkten plötzlich Sand ins Getriebe geriet, war es natürlich der Trainer, der sich die Kritik zuzog. Auch die von „MV", der sich nach dem 1:4 in Frankfurt wunderte, „ob es unserer Mannschaft denn überhaupt liegt, auf defensiv zu spielen".
Stück für Stück zerbrach das einstige „Erfolgsmodell VfB". Die einst für den Erfolg bürgende Heimstärke wich Nervenschwäche (nur neun Siege im Neckarstadion), Leistungsträger wie Hadewicz und Ohlicher durchlitten Formkrisen, der 2,5 Mio. DM schwere „Wundersturm" um Dieter Müller und Didier Six wurde nie integriert, und mit Ilyas Tüfekci gab man ohne Not eine wertvolle Angriffsalternative an Schalke 04 ab. Mit Tüfekcis Wechsel zerbrach zudem das Vertrauen der Fans in die Vereinsführung, die derweil über den explodierenden Kosten des Vereinsheimbaus brütete, der doppelt so viel verschlang wie geplant.
Trainer Sundermann, mit einem Monatsgehalt von rund 35.000 DM alles andere als ein Kleinverdiener, zeigte wenig Selbsteinsicht und sah die Ursache der sportlichen Krise in der mangelnden Belastungsfähigkeit seiner Kicker sowie in deren moralischem Verfall. „Es ist wirklich ein Kreuz, wie schlecht viele Profis heutzutage Druck von außen ertragen können", wetterte er und sprach von einer „Traumwelt", in der die Akteure leben würden: „In den Köpfen von vielen Fußballern läuft wenig, bis nichts mehr ab."
Dass von jener überschäumenden Begeisterung, mit der er in seiner ersten Amtszeit die Mannschaft noch mitgerissen hatte, kaum etwas geblieben war, hatte allerdings auch andere Gründe. Vor allem die unter Lothar Buchmann einsetzende Emanzipation des einst zu 100 Prozent Sundermann-hörigen Kaders zeigte Wirkung. „Wir haben ihm klar gemacht, dass wir nicht mehr die kleinen Jungs von früher sind, mehr Freiheiten haben wollen", erklärte Hansi Müller nach einem Gespräch mit dem Trainer, der sich zusehends dünnhäutiger zeigte. Bei einem Auftritt im ZDF-Sportstudio ließ sich Sundermann sogar zu einer Hetztirade gegen die Stuttgarter Presse hinreißen, die ihm daraufhin kollektiv die Freundschaft kündigte.
Der Vereinsführung bescherte die Entwicklung wachsende wirtschaftliche Nöte. Als abzusehen war, dass weder aus den Titelträumen noch aus den UEFA-Cup-Plänen etwas werden würde, erhielt Hansi Müller die Freigabe für Mailand, während Mayer-Vorfelder eine Rückkehr zum „Stuttgarter Modell" mit niedrigem Grundgehalt und zuschauerbezogenen Prämien ankündigte. Das wiederum löste unter den begehrten Nationalspielern des VfB prompt neue Unruhe aus. Stuttgart im Frühjahr 1982: eine einzige Baustelle...

[SAISON]

Tanz auf zwei Hochzeiten

Nur zwölf Monate nach einer der schwierigsten Spielzeiten der Stuttgarter Bundesligageschichte überraschte der VfB plötzlich wieder mit erfrischend attraktivem Angriffsspiel und tanzte gleich auf zwei Hochzeiten. Dass die Mannschaft ihre guten Leistungen weder im Pokal (Halbfinalaus in Köln) noch in der Bundesliga (Platz 3) krönen konnte, tat der Erleichterung keinen Abbruch.

Unter Sundermann-Nachfolger Helmut Benthaus präsentierten sich die Weiß-Roten mit neuem Elan. Etwas überraschend aus einem Kreis deutlich namhafterer Kandidaten ausgewählt (Gilbert Gress, Miljan Miljanic, Jörg Berger), erwies sich der ehemalige Kölner Bundesligaprofi, der ebenso wie sein Vorgänger Sundermann viele Jahre erfolgreich in der Schweiz (Basel) gearbeitet hatte, als Glückstreffer. Es gelang ihm, Talente wie Schäfer, Habiger, Makan und Reichert an die Bundesliga heranzuführen, es gelang ihm, die zerstrittene Elf zu einen und ihr wieder Spielfreude zu vermitteln, und es gelang ihm, den Funken auf das Publikum überspringen zu lassen. All das tat Benthaus mit dem modernen 4-4-2-System, das zugleich das Ende des Stuttgarter „Hurra-Fußballs" signalisierte. Hinzu kam ein glückliches Händchen bei Neuverpflichtungen. Vor allem Bayern-Edelreservist Asgeir Sigurvinsson entpuppte sich als Volltreffer und ließ den nach Mailand gewechselten Regisseur Hansi Müller rasch vergessen.

Die Saison begann mit einem verheißungsvollen 1:1 in Dortmund und erreichte ihren ersten Höhepunkt beim 4:1 gegen Bremen, das laut »kicker« ein „Brillantfeuerwerk an Spielkunst" war und „in einer begeisternden Art, erfrischend offensiv, jeder für jeden kämpfend" erzielt wurde. Der Zenit wurde Anfang März 1983 erreicht, als der VfB sowohl im Halbfinale des DFB-Pokals stand als auch mit einem 2:1-Derbysieg in Karlsruhe Ansprüche auf den Meistertitel anmeldete. Wenngleich der große Erfolg schließlich doch ausblieb – der Anfang war gemacht!

■ **Neuer Werbepartner**: Nachdem es bei „Canon" Veränderungen im Management gegeben hatte, trennte sich der VfB von seinem bisherigen Trikotsponsor, obwohl der Vertrag noch auf drei weitere Jahre ausgelegt war. Neuer Partner wurde die Brauerei Dinkelacker, die für einen Dreijahreskontrakt rund zwei Mio. DM zahlte. Nur im Klubhaus hatte man nun ein Problem – dort wurde nämlich Schwabenbräu ausgeschenkt...

■ Zwei Ablösespiele hatten **Inter Mailand** und der VfB für Hansi Müller vereinbart. Die erste Partie fand am 14. August 1982 im Neckarstadion statt und lockte 23.000 Fans an. Rechte Freude wollte beim Stuttgarter Anhang allerdings nicht aufkommen. Einerseits hatte ihre Mannschaft mit 1:2 verloren (Müller gelang ein Traumtor für sein neues Team), andererseits zog sich Neuzugang Makan ausgerechnet bei einem Duell mit dem „schönen Hansi" einen Knöchelbruch zu, der ihn für die gesamte Vorrunde ausfallen ließ.

■ Am 6. August 1982 erlitt Ex-Meistermacher **Georg „Schorsch" Wurzer** bei einem Spaziergang am Fellbacher Kappelberg einen Herzschlag und verschied im Alter von 75 Jahren. Wurzer hatte den VfB in den ruhmreichen 1950er Jahren betreut und zweimal zur Deutschen Meisterschaft geführt. Weil er 1960 nach 13 Erfolgsjahren auf dem Wasen auf Degerlochs Höhen gewechselt war und auch dort zahlreiche Erfolge gefeiert hatte, trauerten Kickers und VfB vor ihrem freundschaftlichen Derby zur Saisoneröffnung gemeinsam um den erfolgreichsten Trainer der Stuttgarter Fußballgeschichte.

■ **Karl Allgöwer** war stocksauer auf Bundestrainer Jupp Derwall. Nach dem 4:1-Sieg über den KSC platzte dem Mittelfeldspieler der Kragen. Mit den Worten: „Es gibt noch andere Sachen als die Nationalelf, ich lege auch keinen Wert auf Marktwert und solche Dinge, wie andere Spieler", verkündete „Karle" seinen Verzicht auf die Nationalmannschaft. Allgöwer fühlte sich seit längerem vom Bundestrainer ungerecht behandelt.

■ Trotz attraktiver Spielweise und wiederentdeckter Freude am Erfolg: Der Besuch bei den **VfB-Heimspielen** ließ mit durchschnittlich 27.526 Zahlenden zu wünschen übrig – fünf Jahre zuvor hatten noch mehr als 54.000 Zuschauer pro Begegnung die Stadiontore passiert. Der Rückgang war einer allgemeinen Fußballmüdigkeit zuzuschreiben. Fanrandale, ein trotz Finaleinzug erbärmlicher deutscher Auftritt bei der WM 1982, schwache Leistungen hochbezahlter und arroganter Bundesligaprofis sowie der beginnende Tennisboom drückten das Publikumsinteresse landesweit auf ein Rekordtief.

Bayern-Edelreservist Asgeir Sigurvinsson erwies sich als perfekter Nachfolger von Hansi Müller und schwang sich im Neckarstadion zum Publikumsliebling auf.

[LEGENDEN]

KARLHEINZ FÖRSTER

Bei der Wahl zum Fußballer des Jahres stehen traditionell Stürmer und Mittelfeldspieler im Zentrum. Nach Karl-Heinz Schnellinger (1962) und Berti Vogts (1971 und 1979) wurde 1982 mit Karlheinz Förster erst zum vierten Mal ein Abwehrspieler mit dem Ehrentitel ausgezeichnet. Mit 164 Stimmen wählten Deutschlands Sportjournalisten Stuttgarts Abwehrchef zum besten Balltreter des Landes – „Verfolger" Pierre Littbarski vereinte lediglich 146 Stimmen auf sich. „Die Zuverlässigkeit in Person", wie der jüngere der beiden Försters mangels eines „richtigen" Spitznamens genannt wurde, hatte sich den Titel redlich verdient.
Konstant gute Leistungen sowohl im Verein als auch in der Nationalmannschaft (Förster war einer der Garanten des deutschen Finaleinzugs bei der WM 1982) hatten den 24-jährigen Odenwälder zu einer unersetzlichen Größe gemacht. Dabei wäre Försters Karriere 1981 beinahe vorzeitig zu Ende gewesen. Eine ebenso rätselhafte wie hartnäckige Infektion im rechten Sprunggelenk brachte den Blondschopf lange ins Krankenlager. „Ich habe mich damals immer wieder gequält, bis der Schmerz auf einmal weg war", wunderte er sich und bekundete zugleich: „Ich möchte durch eine gewisse Haltung immer zeigen, das ich gerne für Jugendliche ein Vorbild abgebe!"
Für den VfB tat er dies in insgesamt 272 Erst- bzw. Zweitligaspielen, in denen dem kompromisslosen Vorstopper 17 Tore gelangen. Neben der Meisterschaft von 1984 zählt das Pokalfinale 1986 zu Försters größten Erfolgen. Anschließend verabschiedete er sich in Richtung Frankreich und wurde zum „le Kaiser de Marseille" – wahrlich ein Vorbild.

[SPIEL]

SV Werder 3:2 VfB

Spitzenspiel im Orkan

Schiedsrichter bringt VfB um Punkt

Wir schreiben den 22. März 1983. Seit dem 27. November 1982 hat der VfB Stuttgart nicht mehr verloren. Dem damaligen 0:1 in Berlin folgten 14:2 Punkte und der Sprung auf Tabellenplatz vier.
Nun steht das Gipfeltreffen bei Werder Bremen an, in das der VfB vier Tage nach dem witterungsbedingten Ausfall der Begegnung in Bielefeld voll brennender Ungeduld geht. „Da kann und muss die Mannschaft zeigen, was wirklich in ihr steckt", weiß Trainer Benthaus um die Bedeutung des Schlüsselspiels, bei dem sich für den VfB die Frage stellt, ob er bis zum Schluss um die Meisterschaft oder doch „nur" um einen UEFA-Cup-Platz mitspielen wird.
Ärgster VfB-Gegner vor 33.000 Zuschauern im Bremer Weserstadion ist ein ungebetener Gast: Orkanböen bis zu Windstärke elf, die durch das an den Kurven offene Sportareal fegen, sorgen für irreguläre Bedingungen in einem Spiel, das die Zuschauer dennoch in seinen Bann zieht. Für den VfB sieht es zunächst allerdings zappenduster aus. Gastgeber Werder, in der ersten Halbzeit vom Wind regelrecht „angetrieben", verbucht in den ersten drei Minuten gleich acht Eckstöße und liegt nach einer Viertelstunde durch Treffer von Sidka und Meier bereits mit 2:0 in Führung.
Stuttgart droht ein Debakel, zumal die Norddeutschen auch nach dem 2:0 weiter offensiv agieren und die VfB-Verteidigung kaum Zeit zum Luftholen hat.
Nach dem Seitenwechsel treibt der Orkan jedoch den VfB nach vorne und unterstützt die Angriffsbemühungen der Schwaben. 14 Minuten sind seit dem Wiederanpfiff gespielt, als Peter Reichert auf 1:2 verkürzt und damit frische Kräfte in seiner Mannschaft weckt. Nur 120 Sekunden später jubelt der überragende Reichert erneut – sein Doppelschlag hat ein scheinbar entschiedenes Spiel wieder geöffnet und den Weg frei gemacht für eine mitreißende Bundesligapartie.
Vor dem Tor von Bremens Schlussmann Burdenski häufen sich nun die Torchancen, und die 33.000 auf den Rängen ahnen, dass ihrem SV Werder die erste Saisonheimniederlage droht. Doch mitten in den Stuttgarter Angriffswirbel platzt ein Vorstoß von Rudi Völler, den Bernd Förster kurz vor der Strafraumgrenze nur durch ein Foul stoppen kann. Zum Entsetzen der VfB-Fans verlegt Schiedsrichter Risse den Tatort jedoch in den Strafraum und entscheidet auf Elfmeter, den Frank Neubarth zum 3:2-Endstand nutzt. „Wir hatten uns nach unserem Rückstand so schön herangearbeitet, und wenn das irreguläre dritte Gegentor nicht gefallen wäre, hätte ich sogar mit einem Sieg für uns gerechnet", seufzt Karlheinz Förster nach der bitteren Niederlage im „Orkan-Gipfel".

Karl Allgöwer und Peter Reichert jubeln über den 2:2-Ausgleich in Bremen.

Der VfB 1982/83. Hinten v. l.: Makan, Sigurvinsson, Allgöwer, Reichert, Bialon, Niedermayer, Six, Betreuer Konietzko. Mitte: Trainer Benthaus, Co-Trainer Entenmann, Flad, Müller, Weiß, Habiger, Kelsch, Karlheinz Förster, Masseur Braun, Betreuer Steimle. Vorn: Jeske, Ohlicher, Schlierer, Roleder, Hadewicz, Bernd Förster, Schäfer.

■ Für einen neuen **Kickers-Boom** sollte Jürgen Sundermann auf Degerlochs Höhen sorgen – so hoffte es zumindest Kickers-Boss und Brillenhersteller Axel Dünnwald-Metzler. Daraus wurde jedoch nichts. Nach einem Fehlstart geriet der ehemalige „Wundermann" rasch in die Kritik, entschwand im Januar 1983 Hals über Kopf zu Schalke 04 und stieg mit den Königsblauen in der Relegation gegen Uerdingen aus dem Oberhaus ab. Auf dem Wasen sah man „Sunds" doppeltes Scheitern nicht ohne Genugtuung.

■ Für Aufregung sorgte **Hans-Peter Makan**, der aus dem badischen Sandhausen kam. Zunächst zierte sich der Blondschopf, einen Profivertrag zu unterschreiben, dann fiel er wegen einer beim Freundschaftsspiel gegen Inter Mailand erlittenen Fraktur am Sprunggelenk die gesamte Vorrunde über aus und entpuppte sich schließlich bei seinem Debüt am 18. Spieltag (2:1 gegen Dortmund) als der lange vermisste Libero.

■ Turbulenzen gab es auch um **Didier Six**. Der Publikumsliebling verscherzte sich viele Sympathien, weil er seine beabsichtigte Vertragsverlängerung wochenlang hinauszögerte. Erst als der VfB eigenmächtig die Option auf ein weiteres Jahr zog, handelte Six und verkündete seinen Wechsel zum französischen Erstligaabsteiger FC Mulhouse.

1. Bundesliga

1	20.8.1982	Borussia Dortmund - VfB	1:1	30.000
2	24.8.1982	VfB - Schalke 04	2:1	30.000
3	1.9.1982	1. FC Nürnberg - VfB	0:5	40.000
4	4.9.1982	VfB - Werder Bremen	4:1	26.000
5	11.9.1982	Fortuna Düsseldorf - VfB	1:1	8.000
6	18.9.1982	VfB - Karlsruher SC	4:1	30.400
7	25.9.1982	Bayer Leverkusen - VfB	0:3	6.000
8	2.10.1982	VfB - Arminia Bielefeld	2:2	31.600
9	9.10.1982	Eintracht Frankfurt - VfB	3:0	25.000
10	23.10.1982	VfB - VfL Bochum	5:2	13.500
11	30.10.1982	Bayern München - VfB	4:0	68.000
12	6.11.1982	VfB - Hamburger SV	1:2	61.000
13	13.11.1982	Bor. M'gladbach - VfB	1:4	12.000
14	20.11.1982	VfB - Eintr. Braunschweig	4:0	18.000
15	27.11.1982	Hertha BSC Berlin - VfB	1:0	15.418
16	4.12.1982	1. FC Köln - VfB	1:2	24.000
17	11.12.1982	VfB - 1. FC Kaiserslautern	1:1	27.500
18	22.1.1983	VfB - Borussia Dortmund	2:1	21.600
19	29.1.1983	Schalke 04 - VfB	1:3	25.000
20	5.2.1983	VfB - 1. FC Nürnberg	3:0	15.800
21	26.2.1983	VfB - Fortuna Düsseldorf	1:1	14.000
22	5.3.1983	Karlsruher SC - VfB	1:2	25.000
23	12.3.1983	VfB - Bayer Leverkusen	5:3	15.000
24	22.3.1983	Werder Bremen - VfB	3:2	33.100
25	26.3.1983	VfB - Eintracht Frankfurt	4:1	15.000
26	9.4.1983	VfL Bochum - VfB	2:2	18.000
27	16.4.1983	VfB - Bayern München	1:1	71.685
28	30.4.1983	Hamburger SV - VfB	2:0	33.000
29	3.5.1983	Arminia Bielefeld - VfB	2:2	13.000
30	6.5.1983	VfB - Bor. M'gladbach	3:2	23.000
31	14.5.1983	Eintr. Braunschweig - VfB	1:2	10.900
32	20.5.1983	VfB - Hertha BSC Berlin	4:1	15.350
33	28.5.1983	VfB - 1. FC Köln	2:1	34.000
34	4.6.1983	1. FC Kaiserslautern - VfB	2:3	23.700

Abschlusstabelle

1.	Hamburger SV (M)	34	20 12	2	79:33	52-16
2.	Werder Bremen	34	23 6	5	76:38	52-16
3.	VFB STUTTGART	34	20 8	6	80:47	48-20
4.	Bayern München	34	17 10	7	74:33	44-24
5.	1. FC Köln	34	17 9	8	69:42	43-25
6.	1. FC Kaiserslautern	34	14 13	7	57:44	41-27
7.	Borussia Dortmund	34	16 7	11	78:62	39-29
8.	Arminia Bielefeld	34	12 7	15	46:761	31-37
9.	Fortuna Düsseldorf	34	11 8	15	63:75	30-38
10.	Eintracht Frankfurt	34	12 5	17	48:57	29-39
11.	Bayer Leverkusen	34	10 9	15	43:66	29-39
12.	Bor. M'gladbach	34	12 4	18	64:63	28-40
13.	VfL Bochum	34	8 12	14	43:49	28-40
14.	1. FC Nürnberg	34	11 6	17	44:70	28-40
15.	Eintr. Braunschweig	34	8 11	15	42:65	27-41
16.	Schalke 04 (N)	34	8 6	20	48:68	22-46
17.	Karlsruher SC ▽	34	7 7	20	39:86	21-47
18.	Hertha BSC B. (N) ▽	34	5 10	19	43:67	20-48

DFB-Pokal

1. HR	28.8.82	VfL Osnabrück - VfB	0:2	10.000
2. HR	16.10.82	Fortuna Düsseldorf - VfB	0:2	7.500
AF	18.12.82	Wormatia Worms - VfB	0:4	6.000
VF	1.3.83	VfB - Hertha BSC Berlin	2:0	7.000
HF	2.4.83	1. FC Köln - VfB	3:2 n.V.	35.000

Bundesligakader

Abgänge: Adrion (SpVgg Unterhaching), Beck (Stuttgarter Kickers Amateure), Kakoko (1. FC Saarbrücken), Martin (Bayern München), Hansi Müller (Inter Mailand), Dieter Müller (Girondins Bordeaux)
Zugänge: Kempe (MSV Duisburg), Makan (SV Sandhausen), Niedermayer (Bayern München), Reichert, Schlierer (beide eigene Amateure), Sigurvinsson (Bayern München)
Trainer: Helmut Benthaus (seit 1. Juli 1982)

Tor:		Didier Six	29/11
Helmut Roleder	30/0	Kurt Niedermayer	27/4
Siegfried Grüninger	5/0	Walter Kelsch	23/6
Feld		Asgeir Sigurvinsson	23/4
Peter Reichert	34/14	Werner Habiger	20/1
Karl Allgöwer	33/21	Erwin Hadewicz	20/0
Karlheinz Förster	32/2	Hans-Peter Makan	13/0
Hermann Ohlicher	32/8	Horst-W. Schlierer	4/0
Bernd Förster	31/2	Gunnar Weiß	3/0
Thomas Kempe	30/7	Arthur Jeske (Am)	2/0
Günther Schäfer	29/0	Uwe Bialon (Am)	1/0

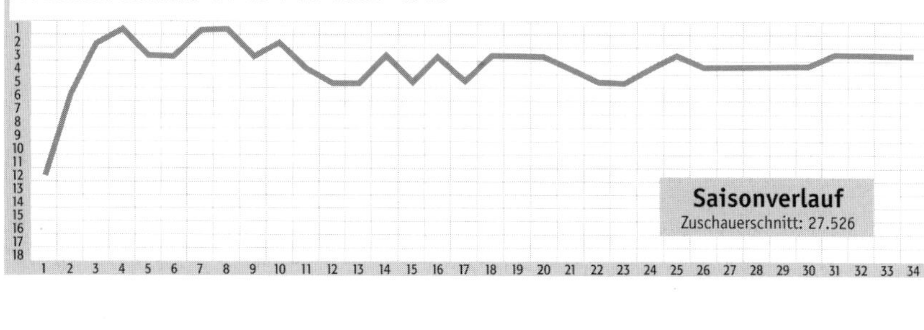

Am 22. Oktober 1983 glaubte man in Stuttgart erstmals daran, Deutscher Meister werden zu können. „Der VfB wie entfesselt", staunte der »kicker« nach dem 1:0-Sieg über den FC Bayern, den der VfB zuletzt fünf Jahre zuvor hatte bezwingen können. Es war der entscheidende Moment einer Saison, die mit dem dritten Meistertitel der Vereinsgeschichte endete und in der die Schwaben landesweit viele neue Freunde fanden.

Begonnen hatte sie mit vorsichtigem Optimismus. Der 1,4-Mio.-DM-Neuzugang Dan Corneliusson sollte den nach Frankreich gewechselten Six ersetzen, während das Degerlocher Ausnahmetalent Guido Buchwald als Abräumer vor der Abwehr eingeplant war. Präsident Mayer-Vorfelder warnte angesichts der kostspieligen Verpflichtungen eindringlich davor, dass es sich um einen „nicht mehr wiederholbaren finanziellen Kraftakt" handele, und forderte, dass die Mannschaft endlich „die psychologische Schwelle überspringt" und auch mal „gegen Große" gewinnt. Das tat sie! Ein rauschendes 5:1 im Freundschaftsspiel über Hajduk Split legte die Grundlage für einen gelungenen Saisonstart, der den VfB mit einem 3:0-Auftaktsieg über Braunschweig erstmals auf jene Position führte, die er auch am Saisonende bekleidete: Platz 1. Benthaus hatte ein meisterliches Team geformt. Torsteher Roleder war selbst mit Kontaktlinsen in der Form seines Lebens, die kompakte Abwehr um die Förster-Brüder agierte kompromisslos, das offensivorientierte Mittelfeld um Spielmacher Sigurvinsson, „Karle" Allgöwer und Dauerrenner Ohlicher brillierte, und im Sturm schossen Reichert, Kelsch sowie der nicht immer überzeugende Corneliusson die nötigen Tore. Eine starke Ersatzbank mit Kräften wie Joker Andy Müller, Rainer Zietsch und Ersatzkeeper Jäger ermöglichten Trainer Benthaus weitere Spielräume.

Schon die Hinrunde lieferte unvergessene Momente wie das erwähnte 1:0 über die Bayern, bei dem laut »kicker« „aus Lämmern wieder Wölfe wurden" und das „die über 70.000 restlos begeisterte". Trübten im ersten Saisondrittel noch

[SAISON]

Nach 35 Jahren wieder Meister

Negativerlebnisse wie das 0:3 in Düsseldorf die Stimmung, präsentierte sich der VfB im Winter vollends meisterlich. Einem 3:0 gegen Werder folgte ein 2:0 beim HSV, das die Elf zum Herbstmeister machte. In der Rückrunde geriet man lediglich ins Wanken, als beim 2:2 gegen Frankfurt ein 2:0-Vorsprung verspielt wurde. Ausgerechnet die Hessen spielten dann Zünglein an der Waage, als sie am vorletzten Spieltag mit 2:0 beim HSV gewannen und der VfB zur gleichen Zeit dank eines 2:1 in Bremen vorzeitig Meister wurde. Das vermeintliche „Finale" gegen Hamburg geriet dadurch zur Jubelfeier, die auch eine 0:1-Niederlage nicht trübten konnte. Nach 35 Jahren war der VfB endlich wieder Meister!

[LEGENDEN]

HELMUT BENTHAUS

Wie von der berühmten Tarantel gestochen sprang Helmut Benthaus am 19. Mai 1984 um 17.15 Uhr von seiner Trainerbank auf, rammte ZDF-Reporter Töpperwien, verfing sich kurz in dessen Mikrofonkabel und stürzte sich ausgelassen in die Menge. „Mein schönster Titel!", jubelte der Mann, der im zweiten Jahr das „Wunder" geschafft und den VfB zum Meister gemacht hatte!

Für die Weiß-Roten war der 17 Jahre in der Schweiz wirkende Benthaus ein Glücksgriff. „Der kennt doch die Bundesliga nur aus der Peep-Show", hatte Max Merkel 1982 gelästert. „Na, und?", mochte man antworten, denn Benthaus impfte der zerstrittenen Elf Harmonie ein, baute Nachwuchskräfte wie Andy Müller auf und formte das wohl beste Mittelfeld der Bundesliga. Gänzlich unumstritten war der schließlich zum „Trainer des Jahres" gekürte Wahl-Schweizer allerdings nicht. „Wir hatten das Gefühl, dass sich Benthaus den Erfolg an seine Fahnen heften wollte. Außerdem war er kein überragender Taktiker und ließ nie mit sich reden. Er wollte immer sture Manndeckung spielen", kritisierte Karlheinz Förster später.

■ Dass das **Gipfeltreffen** zwischen dem VfB und dem FC Bayern München am 22. Oktober auf 17 Uhr verschoben werden musste, hatte einen ungewöhnlichen Grund: Im Rahmen einer Kundgebung der Friedensbewegung wollten rund 200.000 Aufrüstungsgegner eine Menschenkette zwischen dem NATO-Befehlsstand in Stuttgart und dem US-Standort in Neu-Ulm bilden. „Die demonstrieren nur einmal. Aber wenn VfB-Fans nicht zum Spiel gegen Bayern kommen können, weil sie von einer Menschenkette vom Stadion abgedrängt werden, kommen sie nie mehr zu einem VfB-Heimspiel", glaubte Geschäftsführer Ulrich Schäfer.

■ Weil der VfB im Sommer 1984 an einem lukrativen Turnier in Bordeaux teilnehmen wollte, einigte er sich mit **Pokalgegner Mainz 05** auf eine Vorverlegung der Erstrundenpartie. Der Drittligist verlangte dafür eine Einnahmegarantie in Höhe von 60.000 DM, die bei 5.500 Zuschauern erreicht werden würde. Exakt so viele waren dann nach Mainzer Angaben tatsächlich am Bruchweg dabei – obwohl die VfB-Verantwortlichen schworen, auf den Rängen mindestens 7.000 Fans gezählt zu haben...

■ Nach dem 4:2 über Bochum war Neuzugang **Dan Corneliusson** rundherum glücklich. Nach zwei Monaten in einem Stuttgarter Sporthotel hatte er endlich ein eigenes Appartement beziehen können, woraufhin Freundin Lisa aus der Heimat nachgekommen war. Derart erleichtert spielte der Schwede wie befreit auf und begeisterte die Fans gegen die Westfalen mit drei herrlichen Kopfballtoren.

ΛC

■ Im UEFA-Cup gab es eine Enttäuschung für den VfB. Der allgemein als „Glückslos" empfundene Erstrundengegner **Levski-Spartak Sofia** erwies sich als unüberwindlicher Brocken. Nachdem im Hinspiel vor eigenem Publikum nur ein 1:1 erreicht wurde, unterlag der VfB in Sofia trotz ansprechender Leistung mit 0:1 und schied vorzeitig aus.

■ Ewiges Thema **Walter Kelsch**. Nachdem der anvisierte Verkauf des einstigen Hoffnungsträgers gescheitert war, weil Kelsch nur zu „einem Europacupteilnehmer" wechseln wollte, entpuppte sich der 28-Jährige plötzlich als Erfolgsgarant. Gegen Köln bereitete er drei Treffer vor und erzielte beim wichtigen 1:0 gegen Bayern sogar das Tor des Tages. „Gut, das wir ihn nicht verkauft haben", schmunzelte VfB-Boss „MV".

[SPIEL]

SV Werder 1:2 VfB

Warten auf das Ende

Frankfurt machte Stuttgart zum Meister

Das eigene Spiel interessiert niemanden mehr. Mit 2:1 führt der VfB im Bremer Weserstadion, doch Spannung herrscht woanders. In Hamburg versucht der HSV zeitgleich, seinen 0:1-Rückstand gegen Kellerkind Frankfurt auszugleichen. Gelingt ihm das, muss die Meisterfeier des VfB auf das nächste Wochenende vertagt werden, an dem die Hamburger zum Gipfeltreffen nach Stuttgart kommen! Niemanden hält es mehr auf der Stuttgarter Bank. Aufgepuscht tigern Ersatzspieler und Betreuer auf der Tartanbahn umher. Plötzlich entsteht Verwirrung. Peter Schmid, »Südfunk«-Reporter mit Knopf im Ohr, brüllt „Elfmeter für Hamburg!" Sekunden der Stille folgen. Dann die Korrektur: „Nein, 'tschuldigung, für Frankfurt!". Als Ralf Falkenmayer Sekunden später das 2:0 für Frankfurt erzielt, brechen in Bremen die Dämme. „Dann sind wir Meister?", fragt Trainer Benthaus noch kurz – und rast nach einem bestätigenden „Ja!" jubelnd auf das Spielfeld. Nur rechnerisch kann jetzt noch etwas anbrennen. 5:0 müsste der HSV im Neckarstadion gewinnen – und bei aller Vorsicht: Das scheint unmöglich! „Ich kann mir nicht vorstellen, dass die Moral des Hamburger SV im Moment so gut ist und dass unsere Moral so schlecht ist!", witzelt Obmann Steimle, der 1950 und 1952 jeweils mit dem VfB Meister wurde.
Auch die VfB-Führung gibt sich den Feierlichkeiten hin. Geschäftsführer Schäfer, der den Frankfurter Coup nicht vorausgeahnt hat, eilt hektisch durch die Katakomben, um Kaltgetränke für seine Meister aufzutreiben. „Könnten Sie uns Sekt borgen?", bekniet er Werder-Manager Lemke, der tatsächlich mit fünf Flaschen „Söhnlein Brillant" aushelfen kann.

Die Mannschaft feiert mittlerweile mit den 3.000 mitgereisten Fans eine ausgelassene Party. Hermann Ohlicher, beinahe ausgemusterter Leistungsträger, wirft sein Trikot in die jubelnde Menge und muss aufpassen, nicht von einem Polizeihund gebissen zu werden. Doch an diesem Nachmittag ist alles egal. Der VfB ist Deutscher Meister! Zum dritten Mal! Nach 32 Jahren! Was zählt da schon ein Hundebiss?

[EREIGNIS]

Stuttgart umjubelt VfB

Zuschauerschnitt trübt Stimmung

Dass am Ende eine Niederlage stand, interessierte wirklich niemanden. Als am 26. Mai 1984 um 17.15 Uhr der Schlusspfiff ertönte, war der VfB Stuttgart zum dritten Mal in seiner Vereinsgeschichte Deutscher Meister. Es war die Krönung eines Aufschwungs, der 1976 mit dem Abstieg aus der 1. Bundesliga begonnen hatte und dessen Handschrift vor allem Präsident Gerhard Mayer-Vorfelder trug. Er hatte das leckgeschlagene Vereinsschiff wieder auf Kurs gebracht und später auch beim Abebben der Euphorie nach der Sundermann-Ära die richtigen Rezepte parat. Mit Helmut Benthaus fand er den perfekten Trainer für die erwachsen gewordenen Jungspunde, mit Asgeir Sigurvinsson kam ein isländisch-schwäbischer „Häuptling", und die erfolgreiche Jugendarbeit (1984 wurde auch die A-Jugend Deutscher Meister!) sicherte eine sorgenfreie Zukunft.

Stuttgart bedankte sich mit einer rauschenden Meisterfeier. In offenen Mercedes-Cabrios wurde die Meisterelf vom Stadion bis zum Rathaus chauffiert. Eineinhalb Stunden benötigte der von den Förster-Brüdern und Präsident Mayer-Vorfelder angeführte Tross für die knapp zehn Kilometer, die gesäumt waren von jubelnden Fanmassen.

Als Karlheinz Förster auf der Treppe des Rathauses die „Salatschüssel" in die Höhe reckte, brüllte Mayer-Vorfelder heiser ins Mikrophon: „Auf diesen Tag haben wir 32 Jahre lang gewartet. Jetzt sind wir Deutscher Meister. Diesen Titel kann uns keiner mehr nehmen!" Mit fast südländische Begeisterung intonierten die Fans „So ein Tag, so wunderschön wie heute".

Einem Vergleich mit den Meisterfeiern der 1950er Jahre konnte die Party allerdings nicht standhalten. Jubelten seinerzeit noch bis zu 300.000 Menschen im Nachkriegs-Stuttgart Schlienz und Co. zu, versammelten sich diesmal „nur" 25.000 Anhänger auf dem Rathausvorplatz.

Ohnehin war der Zuschauerzuspruch nicht ganz nach dem Geschmack der Vereinsführung ausgefallen. Nur zweimal war das Neckarstadion im Saisonverlauf ausverkauft gewesen – natürlich gegen die Bayern sowie im „Finale" gegen den HSV. Selbst Werder Bremen hatten lediglich 34.700 Fans sehen wollen. Insgesamt überschritt der Schnitt nicht einmal die 32.000er Marke.

[LEGENDEN]

HERMANN OHLICHER

„Ausgerechnet Ohlicher", muss sich VfB-Präsident Mayer-Vorfelder in der 82. Minute des Spiels bei Werder Bremen gedacht haben. Ausgerechnet der Mann, den er zwölf Monate zuvor noch abschieben wollte, machte den VfB mit seinem 2:1-Treffer in Bremen zum Deutschen Meister. Eine unglaubliche Genugtuung für den 33-Jährigen, der seit einiger Zeit mit einem zeitgemäßen Schnauzbart auftrat und für sein Meister-Tor prompt mit einem weiteren Vertragsjahr belohnt wurde. „Mich hat es besonders getroffen, dass mich ausgerechnet der Präsident so behandelte, denn mit ihm verbindet mich ein freundschaftliches Verhältnis", kommentierte Ohlicher und behielt ein ungutes Gefühl.

Dass er sportlich zu seinem dritten Frühling aufbrechen konnte, hatte er Trainer Benthaus zu verdanken. Der entließ ihn aus der Rolle des fleißigen Lieschens, das im Mittelfeld ständig Löcher stopfte, und räumte ihm Offensivfreiheiten ein, die der gelernte Mittelstürmer bestens erfüllte. Schon beim 3:0-Auftaktsieg gegen Braunschweig lieferte Ohlicher mit zwei Treffern einen wichtigen Beitrag zum gelungenen Saisonstart, und sein Treffer in Bremen öffnete schließlich die Meisterpforte. Trotz beständig guter Leistungen nie in die A-Nationalmannschaft berufen, war die Meisterschaft der sportliche Höhepunkt in Ohlichers Karriere und läutete gleichzeitig deren Ende ein. 1984/85 litt der „Dauerläufer" zunächst an einem Kahnbeinbruch und blühte erst in der Rückrunde noch einmal auf, ehe er bei der Werbeagentur „JBW" seine zweite Karriere begann.

Als er am 10. September 1986 offiziell verabschiedet wurde, reiste Prominenz aus zwölf Jahren VfB-Geschichte an, feierten 20.000 Fans die „Seele des Stuttgarter Spiels" (»kicker«). 1987 kehrte Ohlicher als „Manager" zurück, doch seine Amtszeit war von Turbulenzen geprägt. Nach zweieinhalb Jahren wurde er von Dieter Hoeneß abgelöst und kehrte dem VfB endgültig den Rücken.

Deutscher Meister 1984. Hinten v. l.: Masseur Braun, Sigurvinsson, Corneliusson, Kelsch, Makan, Buchwald, Niedermayer, Masseur Konietzko. Mitte: Trainer Benthaus, Co-Trainer Entenmann, Reichert, Müller, Bialon, Zietsch, Allgöwer, Betreuer Seitz, Betreuer Steimle. Vorn: Karlheinz Förster, Kempe, Glückler, Roleder, Jäger, Ohlicher, Bernd Förster.

■ Unter den 70.000 Fans beim 1:0 über Bayern München im Neckarstadion saß auch Box-Weltmeister **René Weller**. Ganz in Wildleder gekleidet und mit extravaganten Turnschuhen samt Goldstreifen ausgerüstet, outete sich der in Pforzheim lebende „schöne René" als treuer VfB-Fan und bekannte: „Das Spiel hat mir erstklassig gefallen".

■ Zur Meisterschaft gab es nicht nur eine **Meistersingle**, sondern beim Empfang im Rathaus auch ein Festmahl. Zum Runterspülen kredenzte der VfB einen 81er „Stuttgarter Mönchhalde Trollinger" sowie einen „Riesling-Kabinett", jeweils vom stadteigenen Weinberg.

■ Nach der Saison ist vor der Saison. Der Kater der rauschenden Meisterfeier war noch nicht abgeklungen, da hob der VfB schon zur Urlaubstournee in die USA ab. Fans und Medien rätselten schon über potenzielle **Verstärkungen**. Unterschrieben hatte bereits Außenstürmertalent Klinsmann von den Kickers, der den zu Jürgen Sundermann nach Strasbourg wechselnden Kelsch ersetzen sollte. Ein weiterer Wunschkandidat sagte dem VfB ab: Nationalstürmer Rudi Völler wollte in Bremen bleiben.

1. Bundesliga

1	13.8.1983	VfB - Eintr. Braunschweig	3:0	25.000
2	19.8.1983	1. FC Kaiserslautern - VfB	2:2	27.600
3	23.8.1983	VfB - SVW Mannheim	0:0	54.900
4	31.8.1983	Borussia Dortmund - VfB	0:3	21.500
5	3.9.1983	VfB - VfL Bochum	4:2	20.000
6	10.9.1983	Bayer Uerdingen - VfB	3:2	20.000
7	17.9.1983	VfB - Bor. M'gladbach	0:0	20.400
8	24.9.1983	Bayer Leverkusen - VfB	1:1	13.000
9	1.10.1983	VfB - 1. FC Köln	3:2	29.000
10	15.10.1983	Arminia Bielefeld - VfB	0:0	19.800
11	22.10.1983	VfB - Bayern München	1:0	71.000
12	29.10.1983	Fortuna Düsseldorf - VfB	3:0	30.000
13	5.11.1983	VfB - 1. FC Nürnberg	7:0	17.000
14	12.11.1983	Kickers Offenbach - VfB	1:2	18.000
15	27.11.1983	Eintracht Frankfurt - VfB	1:3	20.000
16	3.12.1983	VfB - Werder Bremen	3:0	34.700
17	7.12.1983	Hamburger SV - VfB	0:2	38.000
18	21.1.1984	Eintr. Braunschweig - VfB	1:0	18.000
19	28.1.1984	VfB - 1. FC Kaiserslautern	5:1	19.000
20	4.2.1984	SVW Mannheim - VfB	2:2	35.000
21	11.2.1984	VfB - Borussia Dortmund	3:1	17.400
22	10.3.1984	Bor. M'gladbach - VfB	2:0	25.000
23	16.3.1984	VfB - Bayer Leverkusen	2:2	18.400
24	20.3.1984	VfB - Bayer Uerdingen	4:0	18.500
25	24.3.1984	1. FC Köln - VfB	2:2	15.000
26	31.3.1984	VfB - Arminia Bielefeld	1:0	18.000
27	7.4.1984	Bayern München - VfB	2:2	78.000
28	13.4.1984	VfB - Fortuna Düsseldorf	6:0	34.900
29	21.4.1984	VfL Bochum - VfB	0:1	25.000
30	27.4.1984	1. FC Nürnberg - VfB	0:6	18.000
31	4.5.1984	VfB - Kickers Offenbach	5:1	36.500
32	12.5.1984	VfB - Eintracht Frankfurt	2:2	36.000
33	19.5.1984	Werder Bremen - VfB	1:2	38.500
34	26.5.1984	VfB - Hamburger SV	0:1	71.100

Abschlusstabelle

1. VFB STUTTGART	34	19	10	5	79:33	48-20
2. Hamburger SV (M)	34	21	6	7	75:36	48-20
3. Bor. M'gladbach	34	21	6	7	81:48	48-20
4. Bayern München	34	20	7	7	84:41	47-21
5. Werder Bremen	34	19	7	8	79:46	45-23
6. 1. FC Köln	34	16	6	12	70:57	38-30
7. Bayer Leverkusen	34	13	8	13	50:50	34-34
8. Arminia Bielefeld	34	12	9	13	40:49	33-35
9. Eintr. Braunschweig	34	13	6	15	54:69	32-36
10. Bayer Uerdingen (N)	34	12	7	15	66:79	31-37
11. SVW Mannheim (N)	34	10	11	13	45:58	31-37
12. 1. FC Kaiserslautern	34	12	6	16	68:69	30-38
13. Borussia Dortmund	34	11	8	15	54:65	30-38
14. Fortuna Düsseldorf	34	11	7	16	63:75	29-39
15. VfL Bochum	34	10	8	16	58:70	28-40
16. Eintracht Frankfurt	34	7	13	14	45:61	27-41
17. K. Offenbach (N) ▽	34	7	5	22	48:106	19-49
18. 1. FC Nürnberg ▽	34	6	2	26	38:85	14-54

DFB-Pokal

1. HR	16.8.83	Mainz 05 - VfB	0:1	7.000
2. HR	9.10.83	1. FC Köln Am. - VfB	1:8	4.500
AF	14.1.84	VfB - Hamburger SV	1:1 n.V.	54.000
	31.1.84	Hamburger SV - VfB	3:4 n.V.	28.500
VF	13.3.84	Werder Bremen - VfB	1:0	34.500

UEFA-Cup

1. R	14.9.183	VfB - Levski-Spartak Sofia	1:1	17.500
	28.9.83	Levski-Spartak Sofia - VfB	1:0	60.000

Bundesligakader

Abgänge: Bialon (im August zum BV Lüttringhausen), Flad (Stuttgarter Kickers), Grüninger (SC Freiburg), Habiger (1. FC Nürnberg), Hadewicz (als Spielertrainer zum FC Baden), Jeske (Stuttgarter Kickers), Schlierer (Thor Waterschei), Six (FC Mulhouse), Weiß (SSV Ulm 1846). **Zugänge:** Bialon (VfB-Amateure), Buchwald (Stuttgarter Kickers), Corneliusson (IFK Göteborg), Glückler (VfB-Jugend), Jäger, Müller (beide VfB-Amateure), Zietsch (SV Sandhausen Jugend)
Trainer: Helmut Benthaus

Tor		Walter Kelsch	29/3
Helmut Roleder	29/0	Dan Corneliusson	28/12
Armin Jäger	6/0	Kurt Niedermayer	27/3
Feld		Günther Schäfer	26/2
Guido Buchwald	34/3	Hans-Peter Makan	24/1
Hermann Ohlicher	32/8	Andreas Müller	20/5
Bernd Förster	31/2	Thomas Kempe	13/1
Peter Reichert	31/13	Rainer Zietsch	10/0
Asgeir Sigurvinsson	31/12	Achim Glückler	1/0
Karl Allgöwer	29/12	Rudi Lorch (Am)	1/0
Karlheinz Förster	29/2	Uwe Bialon	0/0

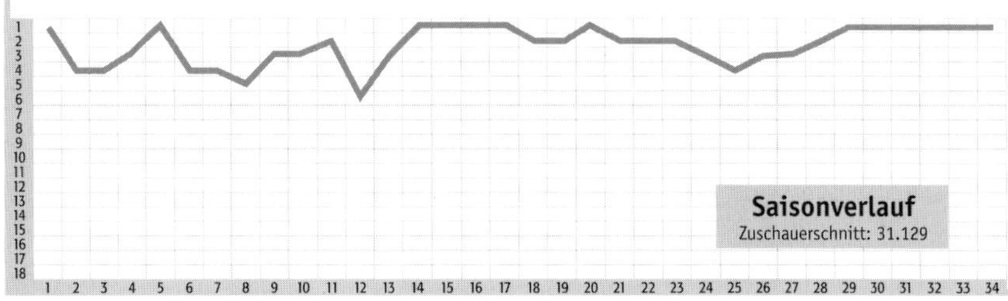

[EREIGNIS]

Benthaus in der Kritik

Gestörte Harmonie beim VfB

Mit der Harmonie zwischen Mannschaft und Trainer war es schon im Meisterjahr nicht weit her gewesen. Zwar lobten die Förster-Brüder Benthaus mit den Worten: „Wir hatten noch nie einen Trainer, der uns so gut erklären konnte, warum etwas falsch war und wie wir etwas besser machen können", doch hinter vorgehaltener Hand gab es reichlich Kritik am Coach. Der galt als unnahbar und langweilig. „Wir wussten jeden Tag ganz genau, was er machen würde", schimpfte Regisseur Sigurvinsson über das eintönige Training des Wahl-Schweizers, während Edeljoker Peter Reichert verbittert feststellte: „Er spricht zu wenig mit manchen Spielern und hat seine Lieblinge". Kritik kam auch aus der VfB-Nachwuchsabteilung, die bemängelte, dass Benthaus Talente wie Lorch und Peuckert links liegen lassen würde. Kurz vor dem Saisonstart noch als Nachfolger für den zurückgetretenen Bundestrainer Jupp Derwall gehandelt, distanzierte sich Benthaus im Saisonverlauf zusehends von seiner Mannschaft. Als er schließlich im März verkündete, zum Saisonende nach Basel zurückzukehren, wurde der Bruch offensichtlich. Dem verunsicherten Team gelang nun nichts mehr, und zwischen Benthaus und Chefkritiker Karlheinz Förster kam es zu einem hässlichen Disput über „Verantwortlichkeiten". Ausgerechnet der Mann, der den VfB nach 32 Jahren endlich wieder zur Deutschen Meisterschaft geführt hatte, fiel dadurch spürbar in Ungnade. Nur der Präsident, als baden-württembergischer Kultusminister in extremen Zeitnöten, stellte sich auf Benthaus' Seite und urteilte nonchalant: „Vielleicht war er zu intelligent für unsere Mannschaft." Benthaus hielt zwar bis zum letzten Spieltag durch, befand aber: „In Stuttgart sind alle froh, wenn diese Saison bald vorüber ist." Das traf wohl auch für ihn selbst zu.

Symbol einer Trennung: Helmut Benthaus und seine Mannschaft gehen getrennte Wege.

■ Wie im Jahr 1950 beglückte die VfB-Führung ihre Meisterelf auch diesmal mit einer **Traumreise**: Ganze drei Tage nach dem Ende der Erfolgssaison 1983/84 hob der Flieger Richtung Nordamerika ab, wo der Meister 17.000 Flugkilometer binnen 20 Tagen zurücklegte, in sechs Spielen vier Niederlagen kassierte und mit Niedermayer, Müller, Kempe sowie Schäfer vier Verletzte mit nach Hause brachte. Trainer Benthaus zog ein entsprechend zwiespältiges Fazit: „Von der sportlichen Seite sollte man diese Reise schnell vergessen. Insgesamt aber war es, trotz einiger Pannen, ein tolles Erlebnis".

■ Mit einer absoluten **Notelf** stellte sich der VfB seinem Europapokalgegner Levski-Spartak Sofia, auf den man auch in der Vorsaison – damals im UEFA-Cup – getroffen war: Sigurvinsson und Karlheinz Förster waren gesperrt, Bernd Förster, Buchwald, Niedermayer, Ohlicher und Zietsch verletzt. Die mit den Amateuren Achim Feyl, Herbert Briem, Werner Gass und Axel Thoma angereiste Verlegenheitself brachte aus Sofia ein 1:1 mit, das allerdings nicht reichte. Im Rückspiel präsentierte sich der VfB nämlich in Bestbesetzung „außer Rand und Band" (»kicker«) und schied mit einem 2:2 aus.

[SAISON]

Absturz eines Meisters

Nach der Meisterschaft wuchs in Stuttgart die Hoffnung, sich auf internationalem Terrain zu etablieren. „Wir nehmen es mit den europäischen Größen auf", kündigte Trainer Benthaus selbstbewusst an. Nur drei Monate später war der Meistermacher ungewohnt kleinlaut. Sein Team hatte sowohl in der Meisterschaft als auch im Europapokal komplett versagt und steckte bis über beide Ohren in der Krise. Auf den ersten Blick war der Absturz des Deutschen Meisters einer schier unglaublichen Verletzungsmisere zuzuschreiben. Im ersten Saisondrittel fielen bisweilen neun der 19 VfB-Profis aus – darunter Leistungsträger wie Buchwald, Ohlicher, Niedermayer und die Förster-Brüder. Dazu kam eine nicht enden wollende Formschwäche von Spielmacher Sigurvinsson, der wegen Buchwalds Ausfall mannschaftsdienlicher spielen musste und damit nicht zurechtkam.

Doch es war nicht nur Verletzungspech, das den VfB in die Krise rutschen ließ. Beim schmeichelhaften 5:4-Pokalsieg über den Zweitligisten Oberhausen sah Bernd Förster sein Team „desolat in allen Mannschaftsteilen" und wetterte: „Es geht nicht, dass im Spiel jeder einfach blind nach vorne rennt und keiner mehr zurückkommt." Neuzugang Claesen enttäuschte über weite Strecken, und nur der von den Kickers gekommene Jürgen Klinsmann verbreitete frischen Wind. Nach einem winterlichen Zwischenhoch machten sich in der Rückrunde erneut Disziplin- und Lustlosigkeit breit. Mit einer peinlichen 1:2-Heimpleite gegen Bochum (»kicker«: „Bochum führte den Meister vor") wurde selbst das „Minimalziel" UEFA-Cup-Platz verpasst. Der mit Ausnahme von Sigurvinsson inzwischen in Bestbesetzung auflaufende VfB hatte sich den 17.400 Fans ohne Moral präsentiert und drohte, gar in den Abstiegsstrudel zu geraten. Als der längst nicht mehr unumstrittene Benthaus wenig später seine Rückkehr nach Basel verkündete, standen die Weiß-Roten nur zwölf Monate nach ihrem Sturm auf den Fußballgipfel endgültig am Scheideweg.

Der VfB in der Saison 1984/85. Hinten v. l.: Masseur Braun, Sigurvinsson, Buchwald, Makan, Kempe, Allgöwer, Zietsch, Reichert, Masseur Konietzko. Mitte: Trainer Benthaus, Co-Trainer Entenmann, Karlheinz Förster, Peuckert, Müller, Thoma, Klinsmann, Betreuer Steimle. Vorn: Bernd Förster, Wolff, Niedermayer, Roleder, Jäger, Claesen, Ohlicher, Schäfer.

■ Ein Meister ist mehr wert: Auf annähernd 800.000 DM im Jahr erhöhte die Brauerei „Dinkelacker" ihr finanzielles Engagement beim **Trikotsponsoring** des VfB. Zugleich wurde der Vertrag vorzeitig verlängert.

■ Irgendwie klappte 1984/85 gar nichts. Zum Auswärtsspiel beim 1. FC Köln vergaß der VfB sogar sein **Arbeitswerkzeug**: die Fußballschuhe! Vereinsheim-Hausmeister Alois Rehberger musste daher eilig einen Flieger besteigen und landete eine knappe Stunde vor Anpfiff der um zehn Minuten nach hinten verlegten Partie auf dem Flughafen Köln-Wahn.

■ **Peter Reichert** war gar nicht gut auf Trainer Benthaus zu sprechen. Als der auf der Ersatzbank schmorende Torjäger beim 3:0 über Waldhof einmal mehr zum „Weltmeister in Sachen Warmlaufen" zu werden drohte, rieten ihm einige Fans: „Schmeiß dem Benthaus doch das Trikot vor die Füße." Erst in der 79. Minute hatte Benthaus ein Einsehen und brachte den besten VfB-Torschützen der letzten Spielzeit für den blassen Belgier Claesen. Obwohl Reichert prompt einen Treffer erzielte, giftete er nach dem Spiel: „Ich rechne nicht damit, nächstes Mal von Anfang an zu spielen."

1. Bundesliga

1	25.8.1984	1. FC Kaiserslautern - VfB	2:1	21.600
2	28.8.1984	VfB - Eintr. Braunschweig	6:1	22.000
3	5.9.1984	VfB - Bayern München	1:3	70.000
4	8.9.1984	Arminia Bielefeld - VfB	2:7	12.000
5	15.9.1984	VfB - Werder Bremen	1:3	25.000
6	22.9.1984	Bayer Uerdingen - VfB	3:2	15.000
7	6.10.1984	1. FC Köln - VfB	1:1	17.000
8	10.10.1984	VfB - Borussia Dortmund	2:0	18.000
9	20.10.1984	VfB - SVW Mannheim	3:0	26.000
10	27.10.1984	Fortuna Düsseldorf - VfB	2:2	10.000
11	2.11.1984	VfB - Eintracht Frankfurt	4:2	27.000
12	10.11.1984	Schalke 04 - VfB	4:3	25.900
13	13.11.1984	VfB - Hamburger SV	1:1	36.300
14	17.11.1984	Bor. M'gladbach - VfB	2:1	18.700
15	24.11.1984	VfB - VfL Bochum	1:2	17.400
16	30.11.1984	Bayer Leverkusen - VfB	0:2	9.000
17	8.12.1984	VfB - Karlsruher SC	5:0	19.000
18	2.2.1985	VfB - 1. FC Kaiserslautern	5:0	13.100
19	9.2.1985	Eintr. Braunschweig - VfB	3:1	12.000
20	27.2.1985	VfB - Arminia Bielefeld	2:0	11.700
21	2.3.1985	Werder Bremen - VfB	3:1	21.000
22	8.3.1985	VfB - Bayer Uerdingen	5:2	14.500
23	16.3.1985	Bayern München - VfB	3:2	44.000
24	23.3.1985	VfB - 1. FC Köln	3:1	25.000
25	30.3.1985	Borussia Dortmund - VfB	4:1	23.000
26	3.4.1985	SVW Mannheim - VfB	1:1	23.500
27	12.4.1985	VfB - Fortuna Düsseldorf	5:2	13.500
28	20.4.1985	Eintracht Frankfurt - VfB	2:0	18.000
29	4.5.1985	VfB - Schalke 04	1:0	18.500
30	11.5.1985	Hamburger SV - VfB	3:1	19.700
31	18.5.1985	VfB - Bor. M'gladbach	2:3	22.000
32	25.5.1985	VfL Bochum - VfB	2:1	10.000
33	1.6.1985	VfB - Bayer Leverkusen	4:1	11.000
34	8.6.1985	Karlsruher SC - VfB	1:1	8.000

Abschlusstabelle

1. Bayern München	34	21	8	5	79:38	50-18
2. Werder Bremen	34	18	10	6	87:51	46-22
3. 1. FC Köln	34	18	4	12	69:66	40-28
4. Bor. M'gladbach	34	15	9	10	77:53	39-29
5. Hamburger SV	34	14	9	11	58:49	37-31
6. SVW Mannheim	34	13	11	10	47:50	37-31
7. Bayer Uerdingen	34	14	8	12	57:52	36-32
8. Schalke 04 (N)	34	13	8	13	63:62	34-34
9. VfL Bochum	34	12	10	12	52:54	34-34
10. VFB STUTTGART (M)	34	14	5	15	79:59	33-35
11. 1. FC Kaiserslautern	34	11	11	12	56:60	33-35
12. Eintracht Frankfurt	34	10	12	12	62:67	32-36
13. Bayer Leverkusen	34	9	13	12	52:54	31-37
14. Borussia Dortmund	34	13	4	17	51:65	30-38
15. Fortuna Düsseldorf	34	10	9	15	53:66	29-39
16. Arminia Bielefeld ▽	34	8	13	13	46:61	29-39
17. Karlsruher SC (N) ▽	34	5	12	17	47:88	22-46
18. E. Braunschweig ▽	34	9	2	23	39:79	20-48

DFB-Pokal

1. HR	31.8.84	VfB - RW Oberhausen	5:4	4.500
2. HR	20.11.84	VfL Bochum Am. - VfB	1:2	2.000
AF	22.12.84	VfB - 1. FC S'brücken	0:0 n.V.	10.700
	5.2.85	1. FC Saarbrücken - VfB	2:2 n.V., 3:0 n.E.	25.000

Europapokal der Landesmeister

1. R	19.9.84	Levski-Spartak Sofia - VfB	1:1	25.000
	3.10.84	VfB - Levski-Spartak Sofia	2:2	30.000

Spielerkader

Abgänge: Corneliusson (AC Como), Glückler (Karlsruher SC), Kelsch (Racing Strasbourg)
Zugänge: Claesen (RFC Seraing), Klinsmann (Stuttgarter Kickers), Lorch (eigene Jugend), Maurer (im Oktober von Bayern München), Wolff (FC Marbach)
Trainer: Helmut Benthaus

Tor		Rudi Lorch	20/0
Helmut Roleder	34/0	Kurt Niedermayer	19/0
Armin Jäger	0/0	Asgeir Sigurvinsson	16/3
Feld		Guido Buchwald	15/4
Karl Allgöwer	32/19	Hans-Peter Makan	15/0
Jürgen Klinsmann	32/15	Reiner Maurer	11/0
Andreas Müller	31/2	Rainer Zietsch	8/0
Peter Reichert	31/6	Jörg Wolff	6/0
Karlheinz Förster	29/2	Herbert Briem (Am)	2/0
Bernd Förster	28/1	Victor Lopes (Am)	2/0
Günther Schäfer	27/1	Axel Thoma	2/1
Thomas Kempe	26/5	Martin Fritz (Jug)	1/0
Nicolaas Claesen	22/10	+ zwei Eigentore	
Hermann Ohlicher	22/8		

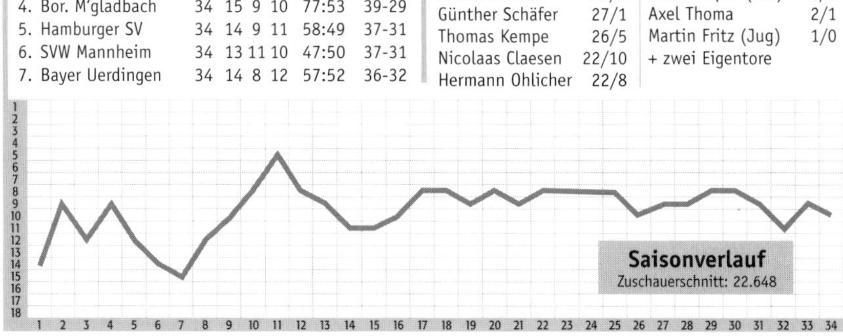

[LEGENDEN]

JÜRGEN KLINSMANN

Über all der Tristesse einer missratenen Saison ging über dem Wasen ein neuer Fußballstern auf, der nicht nur wegen seiner blonden Haare auffiel: Jürgen Klinsmann. Zu Saisonbeginn von Degerlochs Höhen zum VfB gekommen (Trainer Benthaus: „Ein unberechenbarer Draufgänger, der gute Chancen besitzt, einen Stammplatz zu bekommen") spielte sich der gelernte Bäcker sofort in die Herzen der VfB-Fans. Schon bei seinem Heimdebüt gegen Braunschweig traf Klinsmann zweimal ins Schwarze und „stahl den Stars die Show" (»kicker«). Am Saisonende standen 15 Treffer zu Buche, und ganz Deutschland schwärmte vom „Mann, der so schön jubeln kann" (»kicker«). Klinsmanns Erfolgsrezept war unbändiger Ehrgeiz und schwäbische Bodenständigkeit. Er behielt seinen Wohnsitz in Geislingen, denn „wenn ich in Stuttgart wohnen würde, hätte ich keine Ruhe vor dem Fußball". Er vertraute unverändert der Clique aus ehemaligen Schulkameraden und Mannschaftskollegen, denn „wir reden über alles, bloß nicht über Fußball". Zudem fand er beim VfB mit Karl Allgöwer einen Freund, der für ihn zu einer wichtigen Bezugsperson wurde. Das zahlte sich vor allem in Krisenmomenten aus, wie sie das kopfballstarke Temperamentsbündel reichlich durchlebte. Wochenlange Torlosigkeit ließen ihn fast verzweifeln, und beim Pokalaus in Saarbrücken flog er nach einem Foul sogar vom Platz. „Ich versteh' das alles nicht. Ich werde dauernd von meinem Gegenspieler umgerissen, umgemäht, doch der Schiedsrichter lacht nur. Und mich schmeißt er wegen so etwas raus", verstand Jürgen Klinsmann die Welt nicht mehr. Fünf Jahre trug „Klinsi" das Trikot des VfB, erzielte im November 1987 beim 3:0 über Bayern München per Fallrückzieher das „Tor des Jahres" und wurde 1988 zum „Fußballer des Jahres" gewählt. Doch Klinsmann wollte mehr. 1989 wechselte er zu Inter Mailand, wobei das Geld nur ein Teilaspekt war. „Der Jürgen erzählt dauernd von der neuen Sprache, der neuen Mentalität und dem neuen Land. Den kannst du nicht halten", stöhnte Verhandlungspartner Mayer-Vorfelder. Dennoch: In Stuttgart wurde aus dem Schwaben jener Weltmann, der Deutschland 2006 in die größte WM-Euphorie aller Zeiten führte. Da durfte auch der VfB ein wenig stolz sein.

[SPIEL]

FC Bayern 3:2 VfB

2:0 verspielt

VfB brilliert nur eine Halbzeit

Man kennt diesen dämlichen Spruch: „Erst hat man kein Glück, und dann kommt auch noch Pech dazu". Genau so ergeht es dem VfB am 16. März 1985 im Münchner Olympiastadion. Eine Halbzeit lang glänzen die krisengeschüttelten Schwaben vor 44.000 Zuschauern und demonstrieren eindrucksvoll, warum sie 1984 Deutscher Meister wurden. Oldie Ohlicher unmittelbar vor dem Seitenwechsel und Allgöwer direkt nach Wiederanpfiff bringen den VfB mit 2:0 in Führung. Der Tabellenführer aus München findet nicht statt. Aggressives Forechecking hat ihm die Lust genommen. Ideenlos versuchen es Matthäus und Co. immer wieder mit unplatzierten Weitschüssen. Dann verkürzt Søren Lerby plötzlich auf 1:2 und verleiht seinen Spielkameraden neue Motivation. Jetzt geht bei den Bayern alles und beim VfB nichts. Roleder und Bernd Förster patzen beim 2:2-Ausgleich, Ohlicher fliegt nach einer Schiedsrichterbeleidigung vom Platz, und als Olympiaauswahlspieler Schäfer den Bayern „Wiggerl" Kögl im Strafraum regelrecht über den Haufen rennt, besiegelt Matthäus vom 11-m-Punkt das Stuttgarter Schicksal.

Im VfB-Lager kann man es kaum fassen. „Wenn'd des ned hoimbringscht", schüttelt Co-Trainer Entenmann den Kopf. Trainer Benthaus gehen prompt die Nerven durch. Auf die Journalistenfrage, ob die Mannschaft für oder gegen ihn gespielt habe, giftet er knapp: „Drecksau".
2:3 in München – das Abbild einer verkorksten VfB-Saison.

[SAISON]

Maximales Fiasko

Es begann mit maximalem Getöse – und endete im maximalen Fiasko: das Engagement des Otto Baric. Mit schier unglaublichen Vorschusslorbeeren zum Wasen gekommen, zeigte der impulsive und redefreudige Trainer rasch Ermüdungserscheinungen und lästerte ständig über die zurückhaltende Personalpolitik von Geschäftsführer Schäfer, der ihm die gewünschten Starspieler einfach nicht kaufen wollte.
Nach einer von Pleiten, Pech und Pannen übersäten Hinrunde setzten sich die Turbulenzen auch in der Rückrunde fort und veranlassten Baric am 4. März 1986 nach der 1:2-Niederlage bei Kellerkind Köln zur nicht ganz freiwilligen Aufgabe.
Zugegeben, der als Kontrastprogramm zum unnahbaren Benthaus verpflichtete quirlige Jugoslawe hatte mit einem ganzen Bündel von Problemen zu kämpfen. Mit dem Ziel, „endlich wieder Spaß am Spiel" zu haben, in die Saison gegangen, verdarb ihm Verletzungspech frühzeitig das Konzept. Bernd Förster und Hans-Peter Makan mussten sogar ihre Laufbahnen beenden. Weiteres Problem war die Liberofrage: Weder die erwähnten Sorgenkinder Makan und Bernd Förster noch Zietsch oder Gomminginger erwiesen sich als der geeignete „letzte Mann". So musste zeitweise sogar Vorstopper Karlheinz Förster den Libero-

[EREIGNIS]

Otto Maximal

Baric scheitert in Stuttgart

„Maximal" – so ein Wort reizt natürlich zu Wortspielen. „Maximal" war das Lieblingswort des neuen VfB-Trainers Otto Baric, der sich selbst „Otto Maximal" nannte und die These ausgab: „Der VfB wird den Leuten wieder Spaß bereiten. Wir wollen maximal dafür arbeiten."
Das tat der quirlige Jugoslawe dann auch – er war nahezu pausenlos für den VfB im Einsatz. Doch der Fußballlehrer musste bald erkennen, dass sein Wechsel vom Europapokalfinalisten Rapid Wien zum VfB möglicherweise ein Fehler war.
„Leider hat der Verein auf dem Transfermarkt wenig unternehmen können", kommentierte er die namenlosen Neuzugänge und bedauerte bei einem Besuch im »ZDF-Sportstudio« unverblümt, nach Stuttgart gekommen zu sein, zumal nur wenige Tage nach seiner Entscheidung zugunsten des VfB Spaniens Spitzenklub Real Madrid um seine Dienste gebuhlt hatte. Die Medien schossen sich bald auf den Mann ein, der mit seinem Elan und seinen Sprüchen so große Erwartungen geweckt hatte. „Na, ja, Maximal war das sicher nicht, Herr Baric", lästerte der »kicker« nach dem Auftakt-0:0 gegen Mönchengladbach.
Baric sollte das vom Hamburger Hieronymus abfällig als „Kirmestruppe" bezeichnete VfB-Team nie in den Griff bekommen. Unter ihm kassierte man die bis dahin höchste Heimniederlage in der VfB-Bundesligageschichte (0:4 gegen Bochum), erstarrte beim 0:6 in Bremen ehrfürchtig vor dem modernen Bremer Angriffsfußball und lieferte reichlich Anlass für Hohn und Spott. Obwohl der VfB Baric' Transferwünschen durchaus nachkam und u. a. Lieblingsschüler Predrag Pasic verpflichtete („Er passt voll in unsere Mannschaft"), war im März Schluss: „Der Verein hat für die Zukunft augenscheinlich andere Vorstellungen als ich", erklärte „Otto Maximal" – und ging.

■ Gut, wer solche Fans hat: German Weh, Bürgermeister der **Gemeinde Scheidegg** im Allgäu, war seit vielen Jahren als „VfB-Superfan" bekannt, der einmal im Jahr mit einem gewaltigen Allgäuer Käse ins Schwabenland reiste. Im Sommer 1985 indes lud er seine Lieblinge zum Trainingslager ins heimische Scheidegg ein. „Uns geht's gut hier", lobte Asgeir Sigurvinsson – kein Wunder, hisste Weh doch frühmorgens um acht die VfB-Fahne vor dem Rathaus, versorgte die Profis mit landwirtschaftlichen Erzeugnissen und sorgte rund um die Uhr für sie.

■ Ein Wiedersehen mit **Jürgen Sundermann** gab es im August 1985. Den Ex-Wundermann hatte es inzwischen zum türkischen Erstligisten Trabzonspor verschlagen, mit dem der VfB vor 4.000 Fans (davon die Hälfte türkische Gastarbeiter) in einem Freundschaftsspiel die Kräfte maß. Allzu glücklich wurde Sundermann in der Türkei übrigens nicht, denn schon wenige Wochen später wurde er mit Schimpf und Schande aus dem Amt gejagt und ließ danach kein gutes Haar an den Türken.

Neuer VfB-Trainer Otto Baric

Hervorragend

Vor dem Bundesligaspiel des VfB Stuttgart in München besuchte ich ein Training des VfB. Dabei war ich begeistert von der hervorragenden Trainingsleitung von Otto Baric, der mit sehr viel Engagement und Fachwissen die anwesenden Zuschauer überzeugte. Daß das anschließende Bundesligaspiel die bessere Stuttgarter Mannschaft mit 1:4 verlor, lag gewiß nicht an Otto Barics Taktik, der die Mannschaft hervorragend eingestellt hatte, sondern allein an der Tatsache, daß der VfB-Sturm nicht die nötige Kaltschnäuzigkeit vor dem gegnerischen Tor hat. Wenn Otto Baric dies noch abstellen kann, steht der VfB bald wieder dort, wo er hingehört, nämlich in der Spitzengruppe der Bundesliga.

Karl Kendel, Heilbronn

posten übernehmen – und fehlte prompt bei der Bewachung gegnerischer Stürmer. Auch die dem Vereinsheimneubau geschuldete klamme Kasse, die zum „Weg der Vernunft" führte und den Abgängen von Ohlicher, Kempe und Niedermayer lediglich aus dem Amateurlager stammende Zugänge gegenüberstellte, erleichterte seine Arbeit nicht unbedingt.
Doch der Coach zeigte durchaus eigene Defizite – vor allem im psychologischen Bereich. So kommentierte er Klinsmanns Ladehemmungen mit den Worten: „Ich kann nichts dafür, wenn mein Stürmer den Ball im Spiel fünf Meter vor dem Tor verstolpert", und verunsicherte mit ähnlichen Sprüchen selbst Routiniers wie Sigurvinsson und Roleder. Lediglich Karlheinz Förster sowie der in die Nationalelf zurückgekehrte Allgöwer verhinderten mit konstanten Leistungen, dass der VfB noch in Abstiegsgefahr geriet.
Kaum hatte Baric die Brocken hingeworfen und Co-Trainer Willi Entenmann die Leitung übernommen, lief es plötzlich. Mit 17:3-Punkten in Folge erreichte der VfB sogar noch einen UEFA-Cup-Platz und stürmte nebenbei ins Pokalfinale. Doch obwohl Harmonie und Erfolg mit Entenmann zurückkehrten, hatte auch die VfB-Ikone keinen Grund zur Freude: Zur Saison 1986/87 sollte nämlich Bayern Münchens Co-Trainer Egon Coordes die Trainingsleitung beim VfB übernehmen und Entenmann ablösen.
Die VfB-Fans reagierten stocksauer und bescherten ihrem Coach beim Pokalfinale gegen (ausgerechnet!) Coordes' FC Bayern einen unvergessenen Abschied.

■ Glücklich wurde er nie im Neckarstadion: der Belgier **Nicolaas Claesen**. Im Sommer 1985 als große Sturmhoffnung gekommen, endete seine Ära auf dem Wasen im September 1986 schon wieder. Für 1,2 Mio. DM wechselte Claesen zu Standard Lüttich, wo er deutlich besser zurechtkam und bei der WM 1986 mit Belgien sogar das Spiel um den 3. Platz erreichte. Der VfB investierte einen Teil des Geldes und heuerte für 800.000 DM Baric-Liebling Predrag Pasic an, der jedoch blass blieb.

■ Jungstürmer **Erwin Waldner** trug nicht nur den Namen seines berühmten Vaters, der von 1952-67 (mit einer Unterbrechung) für den VfB gekickt hatte, sondern verfügte offenbar auch über dessen berüchtigte Allüren. „Wir stehen jetzt neun Wochen im Training, doch der Erwin hat noch nie fünf Tage am Stück trainiert. Immer waren da Probleme. Er muss aber erkennen, dass er sich so alle Wege verbaut", warnte Trainer Baric.

[SPIEL]

VfB 6:2 Schalke 04

Reine Nervensache

Pasic entscheidet Pokalschlacht

Weihnachten ist die Zeit der Bescherung, und drei Tage vor Heiligabend werden die 17.200 Fans im Neckarstadion in der Tat reich beschenkt. Im Achtelfinale um den DFB-Pokal liefern sich der VfB und Schalke 04 eine packende Schlacht mit acht Toren, unglaublicher Dramatik und einem glücklichen Sieger. Vier Tage nach dem 0:0 gegen Bayern steht der VfB unter Zugzwang. In der Meisterschaft ist der Zug längst abgefahren. Nur im Pokal winkt noch Ruhm. Doch Schalke geht nach nur drei Minuten in Führung, und als Buchwald einen Elfmeter verschießt bzw. Frank Hartmann auf 2:0 erhöht, sieht es zappenduster aus. Nur Allgöwer hält die Hoffnung durch den 1:2-Anschlusstreffer quasi im Gegenzug aufrecht und sorgt sechs Minuten nach dem Wiederanpfiff auch für den Ausgleich, dem Zietsch nach exakt einer Stunde die Stuttgarter Führung folgen lässt. Nun kommt es zu einem offenen Schlagabtausch. Als Schalke mit Schatzschneider einen weiteren Stürmer bringt und das 3:3 in der Luft liegt, erlöst Pasic in der 85. Minute mit dem erkonterten 4:2 die zitternden VfB-Fans, die anschließend zwei weitere Treffer durch Klinsmann und Allgöwer bejubeln können. „Nichts für schwache Nerven", stöhnt der »kicker.«

[EREIGNIS]

Kapitän von Bord

Förster-Ära endet

Acht Jahre lang waren sie das wohl härteste Brüderpaar der Bundesliga. „Wer an den Försters vorbei will, ist selber schuld", stellte man respektvoll fest. Nun endete die Ära Förster gleich auf einen Schlag: Karlheinz (auf dem Foto links) wechselte im Sommer 1986 zu Olympique Marseille und schloss mit seiner 3,5-Mio.-DM-Ablöse ein bedrohliches Finanzloch im VfB-Etat. Bernd (rechts) musste derweil als Sportinvalide vorzeitig Abschied vom großen Fußball nehmen. Im Auftaktspiel gegen Mönchengladbach war er unglücklich mit Ewald Lienen zusammengeprallt und hatte sich einen Bänderriss im linken Knie zugezogen. Monatelang quälte sich der 33fache Nationalspieler in der Reha – und musste seine Karriere schließlich doch vorzeitig aufgeben. Mit der Ära Förster erfuhr das VfB-Gefüge einen tiefen Einschnitt. Namentlich Karlheinz galt seit langem als heimlicher „starker Mann", der bei den vorzeitigen Abgängen von Jürgen Sundermann und Helmut Benthaus die Finger im Spiel gehabt haben soll. Gemeinsam mit Bruder Bernd sowie Asgeir Sigurvinsson hatte sich der VfB-Kapitän zudem mehrfach um Verstärkungen für seinen Klub bemüht. „Wir haben Fußballer wie Klaus Fischer oder Tscha-Bum oder Uli Stielike vom VfB überzeugt – und dann wurden sie vom VfB abgelehnt, weil sie angeblich zu alt waren", resümierte Förster und ließ kein gutes Haar an der Vereinsführung, denn „mit Mayer-Vorfelder und Geschäftsführer Schäfer an der Spitze erreicht der VfB nie das Niveau der Bayern".
Nach Försters Ansicht hätte der Klub nach der Meisterschaft von 1984 „mehr auf Risiko und auf große Transfers setzen" müssen. „Nur so kann man sich in der europäischen Spitze etablieren." Und genau das versuchte Karlheinz nun in Marseille.

■ Schwere Geschütze gegenüber dem Deutschen Fußball-Bund fuhr **VfB-Präsident Gerhard Mayer-Vorfelder** in einem Interview mit dem Magazin »Stern« auf. Der DFB, so „MV" in seiner Eigenschaft als Sprecher des Ligaausschusses, gängele die Vereine. Außerdem gäbe es im Verband „Zuständigkeiten wie in einer südamerikanischen Bananenrepublik". Für den Fall, dass sich das nicht grundlegend ändere, drohte der VfB-Boss mit der Gründung eines separaten Verbandes der Lizenzspielervereine. Das Fachblatt »kicker« kommentierte bissig: „Mit der Drohung, sich abzuspalten, machen sich die Bundesliga-Präsidenten lächerlich. Platzpatronen à la Mayer-Vorfelder vergiften nur die Atmosphäre."

■ Dass der VfB zur Verstärkung der wackeligen Abwehr im November 1986 mit **Dirk Schlegel** einen neuen Mann aus Leverkusen holte, stieß bei der vereinseigenen Amateurabteilung auf Verärgerung. Man sah in Schlegels Verpflichtung einen Widerspruch zur propagierten Zielsetzung, konsequent auf den eigenen Nachwuchs setzen zu wollen. Michael Spies beispielsweise, so hieß es, sei längst reif für die Profielf. Trainer Baric sah dies jedoch anders und urteilte barsch: „Keiner drängt sich auf."

1. Bundesliga

1	10.8.1985	VfB - Bor. M'gladbach	0:0	31.000
2	17.8.1985	Bayern München - VfB	4:1	45.000
3	21.8.1985	Bayer Uerdingen - VfB	1:4	10.000
4	31.8.1985	VfB - Schalke 04	0:1	24.000
5	4.9.1985	Hannover 96 - VfB	1:3	35.000
6	7.9.1985	VfB - 1. FC Saarbrücken	3:1	15.600
7	14.9.1985	Hamburger SV - VfB	2:0	20.000
8	21.9.1985	VfB - 1. FC Köln	5:0	20.000
9	28.9.1985	1. FC Nürnberg - VfB	0:1	35.000
10	5.10.1985	VfB - Fortuna Düsseldorf	5:0	22.500
11	9.10.1985	SVW Mannheim - VfB	5:3	25.000
12	26.10.1985	VfB - VfL Bochum	0:4	17.000
13	2.11.1985	Eintracht Frankfurt - VfB	1:1	12.000
14	9.11.1985	VfB - 1. FC Kaiserslautern	2:0	12.500
15	20.11.1985	Borussia Dortmund - VfB	2:0	23.000
16	29.11.1985	Werder Bremen - VfB	6:0	21.000
17	3.12.1985	VfB - Bayer Leverkusen	2:2	10.000
18	7.12.1985	Bor. M'gladbach - VfB	1:1	12.000
19	14.12.1985	VfB - Bayern München	0:0	36.000
20	25.1.1986	VfB - Bayer Uerdingen	0:2	10.000
21	1.2.1986	Schalke 04 - VfB	1:2	13.700
22	8.2.1986	VfB - Hannover 96	7:0	10.000
23	25.2.1986	1. FC Saarbrücken - VfB	1:1	7.500
24	1.3.1986	1. FC Köln - VfB	2:1	8.000
25	8.3.1986	VfB - 1. FC Nürnberg	3:1	15.000
26	15.3.1986	Fortuna Düsseldorf - VfB	0:7	12.000
27	22.3.1986	VfB - SVW Mannheim	3:1	17.700
28	29.3.1986	VfL Bochum - VfB	0:2	8.000
29	1.4.1986	VfB - Hamburger SV	1:0	31.600
30	5.4.1986	VfB - Eintracht Frankfurt	2:1	19.000
31	11.4.1986	1. FC Kaiserslautern - VfB	2:2	16.123
32	19.4.1986	VfB - Borussia Dortmund	4:0	16.000
33	22.4.1986	Bayer Leverkusen - VfB	2:1	10.700
34	26.4.1986	VfB - Werder Bremen	2:1	62.000

Abschlusstabelle

1. Bayern München (M)	34	21	7	6	82:31	49-19
2. Werder Bremen	34	20	9	5	83:41	49-19
3. Bayer Uerdingen	34	19	7	8	63:60	45-23
4. Bor. M'gladbach	34	15	12	7	65:51	42-26
5. VFB STUTTGART	34	17	7	10	69:45	41-27
6. Bayer Leverkusen	34	15	10	9	63:51	40-28
7. Hamburger SV	34	17	5	12	52:35	39-29
8. SVW Mannheim	34	11	11	12	41:44	33-35
9. VfL Bochum	34	14	4	16	55:57	32-36
10. Schalke 04	34	11	8	15	53:58	30-38
11. 1. FC Kaiserslautern	34	10	10	14	49:54	30-38
12. 1. FC Nürnberg (N)	34	12	5	17	51:54	29-39
13. 1. FC Köln	34	9	11	14	46:59	29-39
14. Fortuna Düsseldorf	34	11	7	16	54:78	29-39
15. Eintracht Frankfurt	34	7	14	13	35:49	28-40
16. Borussia Dortmund	34	10	8	16	49:65	28-40
17. 1. FC S'brücken (N) ▽	34	6	9	19	39:68	21-47
18. Hannover 96 (N) ▽	34	5	8	21	43:92	18-50

DFB-Pokal

1. HR	24.8.85	VfB - Eintr. Braunschweig	6:3	7.300
2. HR	19.10.85	1. FC Nürnberg - VfB	0:1	16.700
AF	13.11.85	VfB - Werder Bremen	2:0	24.000
VF	21.12.85	VfB - Schalke 04	6:2	17.200
HF	26.3.86	VfB - Borussia Dortmund	4:1	34.000
F	3.5.86	Bayern München - VfB	5:2	76.000

Bundesligakader

Abgänge: Claesen (im September zu Standard Lüttich), Kempe (VfL Bochum), Lorch (im Dezember zum SSV Ulm 1846), Niedermayer (FC Locarno), Makan (ab Oktober Sportinvalide, 1986/87 VfR Mannheim), Maurer (Karlsruher SC), Ohlicher (Karriereende)
Zugänge: Fritz (eigene Jugend), Gomminginger (SV Sandhausen), Hartmann (Offenburger FV), Nushöhr (1. FC Saarbrücken), Pasic (im Oktober vom FK Sarajevo), Perfetto (SC Geislingen), Schlegel (im November von Bayer Leverkusen), Waldner (eigene Jugend)
Trainer: Otto Baric (bis zum 4. März 1986), Willi Entenmann (ab 5. März 1986)

Tor		Predrag Pasic	22/5
Helmut Roleder	27/0	Peter Reichert	20/2
Armin Jäger	7/0	Dirk Schlegel	12/0
Feld		Jörg Wolff	10/2
Karl Allgöwer	33/21	Nicolaas Claesen	7/1
Jürgen Klinsmann	33/16	T. Gomminginger	7/0
Rainer Zietsch	33/1	Martin Fritz	6/0
Guido Buchwald	32/1	Michael Spies (Am)	4/1
Asgeir Sigurvinsson	32/9	Bernd Förster	1/0
Michael Nushöhr	30/4	Rudi Lorch	3/0
Andreas Müller	29/2	Hans-Peter Makan	0/0
Günther Schäfer	29/1	Klaus Perfetto	0/0
Karlheinz Förster	27/1	Erwin Waldner	0/0
Jürgen Hartmann	27/1	+ ein Eigentor	

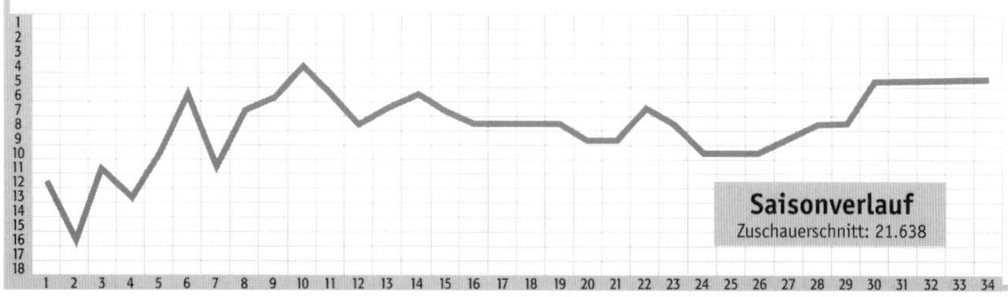

Der VfB 1985/86. Hinten v. l: Masseur Braun, Buchwald, Klinsmann, Zietsch, Gomminginger, Waldner, Nushöhr, Müller, Allgöwer. Mitte: Co-Trainer Entenmann, Karlheinz Förster, Fritz, Claesen, Hartmann, Perfetto, Makan, Masseur Konietzko, Zeugwart Seitz, Betreuer Steimle. Vorn: Sigurvinsson, Wolff, Lorch, Roleder, Trainer Baric, Jäger, Reichert, Schäfer, Bernd Förster.

Oben: Beim Pokalfinale saß Willi Entenmann zum letzten Mal auf der VfB-Bank. Unten: Laufduell zwischen Matthäus und Sigurvinsson.

■ **Werbung in eigener Sache** machte der VfB beim Pokalfinale in Berlin. 20.000 Plastik-Trompeten sowie 25.000 Papierfähnchen mit der Aufschrift „Stuttgart grüßt Berlin" wurden an die Fans verteilt. Das von „adidas" vorsorglich gedruckte Plakat „Pokalsieger 1986 – VfB Stuttgart" musste hingegen eingestampft werden.

■ Überschattet wurde das Endspiel von den Querelen um Trainer **Willi Entenmann.** „Vielleicht war es mein Fehler, 17:3 Punkte zu holen...", wetterte der scheidende Trainer nach dem Schlusspfiff und ärgerte sich für die Fans, die „wir schwer enttäuscht haben".

■ Bangen musste der VfB um Regisseur **Asgeir Sigurvinsson.** Der FC Bayern hätte den Isländer gerne nach München zurückgeholt, wo er die Nachfolge von Søren Lerby antreten sollte. „Doch der VfB hat mich nicht weggelassen", verriet „Siggi" ein wenig traurig auf dem Pokal-Bankett.

[SPIEL]

FC Bayern 5:2 VfB

Eiskalte Bayern

VfB unterliegt im DFB-Pokalfinale

Ausgerechnet der Mann, der den kränkelnden VfB wieder aufgepäppelt hat, nimmt heute unfreiwillig und unwillig Abschied: Willi Entenmann. Nach Baric' Demission vom „Co" zum „Chef" aufgestiegen, sitzt zum letzten Mal auf der Trainerbank des VfB. Nachfolger Egon Coordes will die bei den Fans überaus beliebte VfB-Legende nicht einmal als „Co" beschäftigen, denn „zum Bälleaufpumpen brauche ich ihn nicht". Ausgerechnet Bayern München, wo Coordes noch als „Co" beschäftigt ist, steht dem VfB im Pokalfinale im Berliner Olympiastadion gegenüber – für Brisanz ist also gesorgt. Eigentlich müssten sich die Bayern beim VfB bedanken. Der hat ihnen nämlich in der Vorwoche mit seinem 2:1-Sieg über Werder Bremen das Meistertor geöffnet. Doch „herschenken werden die Bayern den Cup ganz sicher nicht", weiß Entenmann – und dann ist da ja auch noch Coordes, dem die Bayern einen Pokalsieg zum Abschied bescheren wollen...

Trost für den VfB: Dank Münchens Meisterschaft steht man unabhängig vom Ausgang des Spiels bereits als Teilnehmer am Europapokal der Pokalsieger fest.

Der VfB kann sein stärkstes Team aufbieten, wenngleich Ersatzkeeper Jäger das Tor hütet, weil Stammkeeper Roleder noch nicht wieder fit ist. Auch Bernd Förster ist niedergeschlagen – seinen 30. Geburtstag erlebt der Langzeitverletzte nur am Spielfeldrand. Die VfB-Fans unter den 76.000 Zuschauern sind in der Überzahl und sehen ihr Team in den ersten zwanzig Minuten mit den größeren Spielanteilen. Doch die Bayern sind wie gewohnt clever. In der 22. Minute zieht Klaus Augenthaler, der einige Monate zuvor Rudi Völler brutal zuammengetreten hat, Klinsmann die Beine weg und sieht dafür nur Gelb. Elf Minuten später drückt Wohlfahrt aus 16 Metern ab, und der von Förster abgefälschte Ball trudelt zum 0:1 ins Netz. Als Wohlfahrt drei Minuten vor dem Halbzeitpfiff gar auf 2:0 erhöht, ist die Vorentscheidung gefallen.

Nach dem Seitenwechsel schickt Entenmann Spies und Hartmann anstelle von Allgöwer und Nushöhr ins Rennen, doch die ausgebufften Bayern bleiben am Drücker. Gegen einen ausgepumpten und desillusionierten VfB erhöhen sie per Doppelschlag auf 4:0, und für die Cannstatter bahnt sich ein Debakel an.

In der Schlussviertelstunde sorgen Buchwald und Klinsmann (bei einem weiteren Bayern-Tor durch Wohlfahrt) immerhin für Ergebniskosmetik. „Viele von uns haben sich heute vor Angst in die Hosen gemacht, die haben die Belastung vor dieser Wahnsinnskulisse nicht verkraftet", konstatiert Guido Buchwald enttäuscht.

Bayern: *Pfaff – Augenthaler, Nachtweih, Eder, Pflügler, Matthäus, Lerby, Rummenigge (84. Willmer), Wohlfarth (84. Frank Hartmann), Hoeneß, Mathy* ◆ ***VfB:*** *Jäger - Zietsch, Schäfer, Karlheinz Förster, Nushöhr (46. Spies), Buchwald, Andreas Müller, Sigurvinsson, Allgöwer (46. Jürgen Hartmann), Klinsmann, Pasic* ◆ ***Tore:*** *1:0 Wohlfarth (34.), 2:0 Wohlfarth (42.), 3:0 Rummenigge (64.), 4:0 Rummenigge (72.), 4:1 Buchwald (76.), 5:1 Wohlfarth (78.), 5:2 Klinsmann (85.)* ◆ ***SR:*** *Pauly (Rheydt)* ◆ ***ZS:*** *76.000 im Berliner Olympiastadion*

[SAISON]

Egon Coordes: Allein gegen alle

„Ich gehe davon aus, dass die Mannschaft nicht schwächer, sondern stärker geworden ist", legte VfB-Präsident Mayer-Vorfelder die Messlatte recht hoch. Der neue Trainer Egon Coordes stieß ins gleiche Horn: „Wir haben uns auf jeder Position gezielt mit einem Mann verstärkt und können uns mit unserem Kader sicherlich sehen lassen." In der Tat: Personell war der VfB so gut besetzt wie lange nicht. Der Verkauf von Abwehrchef Karlheinz Förster nach Marseille hatte 3,5 Mio. DM eingebracht, für die mit Förster-Ersatz Bertram Beierlorzer, Sturmhoffnung Leo Bunk, dem vielseitigen Michael Schröder sowie Torwart Eike Immel hochkarätiger Ersatz gefunden worden war. Dass Immel mit 1,6 Mio. DM der bis dahin teuerste Keeper der Bundesligageschichte war, fand „MV" gerechtfertigt – er sei schließlich „der kommende Nationaltorhüter". Ergänzt wurde der Kader durch Andreas Merkle vom aufstrebenden Zweitligisten Stuttgarter Kickers.

Es dauerte keine drei Monate, da hatte sich der Optimismus in Verzweiflung verwandelt. Der Absturz begann mit einem 0:4 in Gladbach, wurde verschärft vom Europacup-Aus gegen Moskau und erreichte seinen Höhepunkt beim Heimspiel gegen Bremen, vor dem die Mannschaft durch ein Flugblatt für ihren offen angefeindeten Trainer werben musste. Mit seiner schroffen und verbissenen Art hatte der ehemalige Polizist Spieler, Fans, Funktionäre, Sponsoren und Journalisten gleichermaßen gegen sich aufgebracht.

Sportlich stand der VfB als Tabellenfünfter gar nicht mal schlecht da – doch seine Auftritte waren merkwürdig glanzlos, und auswärts galt er als Punktelieferant. Die Rückrunde geriet zum Desaster. Nachdem die Titelträume bereits am 22. Spieltag mit einem 1:2 auf Schalke zerplatzt waren, verspielte der VfB mit sieben Niederlagen in Folge auch noch die UEFA-Cup-Teilnahme. Als Egon Coordes daraufhin verkündete, seinen Drei-Jahres-Vertrag nicht erfüllen zu wollen, war allenthalben ein Seufzer der Erleichterung zu hören.

[SPIEL]

VfB 3:5 Torpedo Moskau

Ins offene Messer

Fanatiker warten auf Coordes

Nach der 0:2-Hinspielniederlage in Moskau steht der VfB mit dem Rücken zur Wand. Gegen Torpedo Moskau muss ein hoher Sieg her, um die dritte Runde im europäischen Pokalsiegerwettbewerb zu erreichen und vor allem die schlechte Stimmung zu vertreiben. Drei Tage zuvor haben VfB-Fans beim 0:4 in Mönchengladbach erneut nach Coordes-Vorgänger Entenmann verlangt, und nur ein überzeugender Auftritt könnte die Gemüter wieder beruhigen. Der umstrittene Coach ist zuversichtlich: „Wir können es packen. Wir dürfen nur nicht ins offene Messer laufen." Doch genau das passiert dem verunsicherten VfB vor 30.000 zunächst geschockten und schon bald erzürnten Fans. Zwölf Minuten sind gespielt, da liegen die konterstarken Sowjets bereits mit 2:0 in Führung. Gegentreffer von Klinsmann und Pasic helfen dem VfB nicht – zur Pause steht es 4:2 für die Gäste, und das genervte Publikum verhöhnt Trainer Coordes, der keine Miene verzieht. Nach dem Seitenwechsel setzt sich das Drama fort. Sigurvinsson verkürzt zwar auf 3:4, zieht sich aber wenig später einen Schultergelenkriss zu und muss vom Platz getragen werden. Weil Coordes bereits zweimal gewechselt hat, muss der VfB in Unterzahl weiterspielen und kassiert in der Schlussminute sogar noch das 3:5.

Danach bricht ein Sturm der Entrüstung los. Egon Coordes muss ernsthaft um seine körperliche Unversehrtheit fürchten. Einige Fanatiker warten sogar vor seiner Wohnung in Aldingen. Um die Situation zu entspannen, verfassen Kapitän Sigurvinsson und Geschäftsführer Schäfer vor dem anstehenden Heimspiel gegen Bremen ein Flugblatt, das in Block A verteilt wird. Tenor: Wir brauchen „Ruhe". Die Idee stamme vom Präsidenten höchstpersönlich verrät Obmann Steimle – „der ist ja Politiker, und weiß, was in solchen Situationen zu tun ist".

Doch die Aktion verpufft. In der ersten Halbzeit bleibt Block A aus Protest gegen Coordes ohnehin leer, und dann vergessen Stuttgarts Profis nach ihrem überzeugenden 4:0-Sieg, sich bei ihren Fans zu bedanken. Stattdessen eilen sie lieber zur Hochzeitsfeier des an die Kickers ausgeliehenen Schlussmanns Jäger...

Hallo Fans!

Als Mannschaftskapitän des VfB Stuttgart wende ich mich heute vom Krankenbett aus mit einer ganz großen Bitte an Euch.

Meine Mannschaftskameraden und ich wissen, wie wichtig Eure Unterstützung für uns ist – gerade wenn es gilt, schwierige Situationen zu meistern.

Wir brauchen wieder den Erfolg!

Hierfür benötigen wir Eure lautstarke, aber faire Unterstützung. Um erfolgreich sein zu können, muß man uns aber auch in

Ruhe

arbeiten lassen.

Zur Mannschaft gehört auch unser Trainer; wir stehen zu ihm!

Helft uns in dieser Weise – damit erweist Ihr uns die größte Unterstützung.

Euer

Asgeir Sigurvinsson
Mannschaftskapitän

Guido Buchwald beim 0:0 in Köln im Zweikampf mit dem Kölner Klaus Allofs.

■ „Sanwald extra" – ein neuer Trikotsponsor beim VfB? Ja und nein! **„Sanwald extra"** war ein alkoholfreies Bierprodukt des bisherigen Werbepartners „Dinkelacker", dessen auf jährlich 800.000 DM bezifferter Vertrag noch bis 1987 lief. Die Stuttgarter Brauherren reagierten mit dem neuen Produkt auf das zwischenzeitlich eingeführte Alkoholverbot in deutschen Stadien.

■ **Egon Coordes zum 1.**: Die Saison hatte noch gar nicht begonnen, da lag der neue Trainer schon im Clinch mit Karl Allgöwer. Der WM-86-Edelreservist habe seinen Urlaub bis zum Anschlag ausgereizt, giftete der Trainernovize, während der in Mexiko ebenfalls auf der Bank schmorende Eike Immel vorzeitig zurückgekommen sei. Allgöwer wurde daraufhin die Kapitänsbinde entzogen. Im Oktober fiel „Karle" erneut in Ungnade, als er sich mit Muskelriss vom Dienst abmeldete. Kommentar Coordes: „Der Sigurvinsson quält sich auch seit Wochen mit einer Wadenverletzung herum, lenkt aber damit nicht von einer eventuell schwachen Leistung ab."

■ **Egon Coordes zum 2.**: „Unter Coordes spiele ich nicht mehr", mokierte sich Predrag „Pajo" Pasic nach dem 1:1 gegen Kaiserslautern. Coordes hatte den Jugoslawen zuvor suspendiert, weil er sich angeblich eigenmächtig aus dem Trainingslager entfernt hatte. Schon im September hatte Coordes Pasic verärgert, als er ihn beim 0:0 in Köln mit den Worten: „Was du gebracht hast, das schaffe ich auch noch" auswechselte. „Meine Moral wurde dadurch sicher nicht besser", maulte der zur selben Zeit Vaterfreuden entgegensehende Stürmer.

■ **Egon Coordes zum 3.**: Auch Michael Spies, talentierter Angreifer im ersten Profijahr, hatte vom VfB bald die Nase voll. „Notfalls gehe ich auch ins Ausland oder in die 2. Liga", kündigte der spätere Freiburger Aufstiegsheld im Oktober an. Grund: Trainingskrach mit Trainer Coordes...

■ Am 9. April 1987 trauerte die VfB-Gemeinde. Mit **Eberhard „Waggele" Haaga** war eine der treuesten Seelen der Vereinsgeschichte verstorben. Bereits 1933 war der Steuerberater in den Spielausschuss aufgerückt und hatte viele Jahrzehnte wie eine Art „Manager" für die Ligamannschaft gearbeitet.

Umstritten: Egon Coordes.

[EREIGNIS]

Das Image leidet

Diffuse Personalpolitik des VfB

Dass der VfB ein wenig die Orientierung verloren hatte, zeigte sich vor allem an seiner Personalpolitik. Während für Stars wie Corneliusson, Claesen, Six und Dieter Müller viel Geld ausgegeben wurde, schmorte die berühmte Nachwuchsarbeit im eigenen Saft. Schon unter Helmut Benthaus waren Talente wie Lorch und Peuckert regelrecht verprellt worden. Nun standen den Hoffnungsträger wie Strehmel, Spies und Ralf Allgöwer parat – bekamen aber keine Chance, sich im Bundesligafeuer zu bewähren. Einer der Gründe war, dass der Trainerstuhl im Neckarstadion seit Sundermanns erstem Abgang im Jahr 1979 zum Schleudersitz geworden war. Buchmann, Sundermann, Benthaus, Baric, Coordes – beinahe jährlich hatte der VfB einen neuen Übungsleiter bekommen – und damit jeweils eine andere Trainingsphilosophie.

Aber auch die Führungsebene um Präsident Mayer-Vorfelder und Geschäftsführer Schäfer hatte Souveränität eingebüßt. Dass man beispielsweise Trainerneuling Coordes gleich einen Dreijahresvertrag gab, löste allgemeine Verwunderung aus. „Natürlich gehen wir ein Risiko ein, aber wir haben eben großes Vertrauen zu Herrn Coordes", entgegnete „MV". Die Fans hatten bald genug und forderten beim 0:3 in Kaiserslautern den Rauswurf von „MV, Schäfer und Coordes". 24 Stunden zuvor war bekannt geworden, dass nach Maurizio Gaudino und Rainer Schütterle mit Waldhofs Torjäger Fritz Walter ein dritter „Hochkaräter" für die Saison 1987/88 verpflichtet worden war: Stolze 1,7 Mio. DM war der VfB bereit, für den Mittelstürmer zu zahlen, obwohl mit Klinsmann, Merkle und Bunk bereits drei Innenstürmer im Kader standen! Schon 1986 hatte man sich gewundert, warum die 3,5-Mio-Einnahme aus dem Förster-Transfer nahezu vollständig in Neuverpflichtungen flossen, deren sportlicher Wert zumindest umstritten war. Dass nun trotz zurückgehender Zuschauerzahlen (Schnitt 1986/87: 20.678) sowie einer sieben Mio. Hypothekenlast durch den Vereinsheimneubau Transferausgaben in Höhe von rund fünf Mio. DM getätigt wurden (von denen allerdings 2,3 Mio. der „Freundeskreis" übernahm), machte nicht nur Jürgen Klinsmann stutzig: „Zu uns heißt es, keine Zuschauer, kein Geld. Jetzt muss man uns mal erklären, wo das Geld für die Großeinkäufe herkommt! Generell hoffe ich, dass man uns die einmal darlegt, wie die ganz Politik aussieht."

Die Antwort war erschreckend einfach: Notfalls, so hieß es, müssten eben Leistungsträger wie Buchwald, Allgöwer oder Klinsmann verkauft werden...

Die Erfolge in der VfB-Transferpolitik waren an einer Hand abzuzählen (z. B. Bayern-Edelreservist Sigurvinsson) bzw. der Aufbauarbeit vom Nachbarn Stuttgarter Kickers geschuldet. Mit Allgöwer, Buchwald, Klinsmann und Merkle dienten inzwischen vier ehemalige „Blaue" als Eckpfeiler beim VfB. Kaum auszudenken, hätte der 1987 bis ins Pokalfinale vordringende Ortsrivale seine Talente noch in den eigenen Reihen...

Die diffuse Personalpolitik wirkte sich auch auf das Image aus: „Es hat sich doch in Trainerkreisen schon herumgesprochen, dass der Job in Stuttgart keine große Freude ist", stöhnte „MV" im Frühjahr 1987 verzweifelt, nachdem Wunschkandidat Ottmar Hitzfeld abgesagt hatte.

Der VfB in der Spielzeit 1986/87: Hinten v. l.: Beierlorzer, Merkle, Zietsch, Kirchstetter, Strehmel, Nushöhr, Müller. Mitte: Trainer Coordes, Betreuer Steimle, Buchwald, Schröder, Spies, Schmitt, Bunk, Perfetto, Masseur Braun, Zeugwart Seitz, Masseur Konieztko. Vorn: Sigurvinsson, Fritz, Gomminginger, Klinsmann, Roleder, Immel, Pasic, Schäfer, Hartmann.

[LEGENDEN]

HELMUT ROLEDER

„Ich werde um meinen Platz kämpfen", versicherte Helmut Roleder, als er im Sommer 1986 von der Verpflichtung des Dortmunder WM-Torhüters Eike Immel erfuhr. Doch kämpfen half dem langjährigen VfB-Zerberus nicht mehr. Kein einziger Einsatz stand 1986/87 für den Ebersbacher an, der zuvor in 280 Spielen das VfB-Tor gehütet hatte und der nun abgeschoben wurde. Grund war vor allem die Saison 1985/86, in der Kontaktlinsenträger Roleder wiederholt gepatzt und seine Abwehr damit verunsichert hatte. Zugleich laborierte der seit 1969 den Brustring tragende 1,86-m-Hüne allerdings auch an einer schmerzhaften Hüft-Arthrose, die ihn schließlich im Sommer 1987 endgültig Abschied vom Leistungsfußball nehmen ließ.
Vier Länderspiele bestritt Roleder in seiner Laufbahn, die 1975 im ersten Zweitligajahr als Nachfolger von „Flieger" Heinze begonnen hatte. Sein größter Erfolg war die Meisterschaft von 1984, als er mit 33 Treffern die wenigsten Gegentore aller Bundesligatorhüter kassierte. Zwei Jahre später kosteten ihn die Nachwehen einer Verletzung den Einsatz im Pokalfinale gegen die Bayern.

1. Bundesliga

1	8.8.1986	SVW Mannheim - VfB	3:2	32.000
2	12.8.1986	VfB - FC Homburg	4:0	17.500
3	23.8.1986	Bayer Uerdingen - VfB	2:2	16.000
4	3.9.1986	VfB - Blau-Weiß Berlin	1:1	17.000
5	6.9.1986	VfB - Schalke 04	4:0	20.000
6	13.9.1986	Borussia Dortmund - VfB	1:2	36.500
7	20.9.1986	VfB - Fortuna Düsseldorf	3:0	16.000
8	27.9.1986	1. FC Köln - VfB	0:0	12.000
9	4.10.1986	VfB - 1. FC Nürnberg	1:1	29.000
10	10.10.1986	Hamburger SV - VfB	2:0	35.000
11	18.10.1986	VfB - 1. FC Kaiserslautern	1:1	18.000
12	1.11.1986	Bor. M'gladbach - VfB	4:0	24.000
13	8.11.1986	VfB - Werder Bremen	4:0	19.000
14	15.11.1986	VfL Bochum - VfB	0:1	15.000
15	22.11.1986	VfB - Eintracht Frankfurt	4:1	18.000
16	29.11.1986	Bayern München - VfB	1:0	45.000
17	6.12.1986	VfB - Bayer Leverkusen	1:0	23.000
18	28.2.1987	FC Homburg - VfB	2:1	8.000
19	8.3.1987	VfB - SVW Mannheim	2:1	19.500
20	14.3.1987	VfB - Bayer Uerdingen	2:0	14.000
21	28.3.1987	Schalke 04 - VfB	2:1	13.500
22	4.4.1987	VfB - Borussia Dortmund	3:0	15.000
23	11.4.1987	Fortuna Düsseldorf - VfB	1:0	6.000
24	15.4.1987	VfB - 1. FC Köln	5:1	22.000
25	25.4.1987	1. FC Nürnberg - VfB	2:1	28.500
26	2.5.1987	VfB - Hamburger SV	1:1	29.500
27	5.5.1987	Blau-Weiß Berlin - VfB	0:2	9.557
28	9.5.1987	1. FC Kaiserslautern - VfB	3:0	24.585
29	15.5.1987	VfB - Bor. M'gladbach	2:4	20.000
30	22.5.1987	Werder Bremen - VfB	1:0	20.500
31	29.5.1987	VfB - VfL Bochum	2:4	10.000
32	5.6.1987	Eintracht Frankfurt - VfB	3:1	8.200
33	13.6.1987	VfB - Bayern München	1:3	40.000
34	17.6.1987	Bayer Leverkusen - VfB	4:1	7.500

Abschlusstabelle

1.	Bayern München (M)	34	20	13	1	67:31	53-15
2.	Hamburger SV	34	19	9	6	69:37	47-21
3.	Bor. M'gladbach	34	18	7	9	74:44	43-25
4.	Borussia Dortmund	34	15	10	9	70:50	40-28
5.	Werder Bremen	34	17	6	11	65:54	40-28
6.	Bayer Leverkusen	34	16	7	11	56:38	39-29
7.	1. FC Kaiserslautern	34	15	7	12	64:51	37-31
8.	Bayer Uerdingen	34	12	11	11	51:49	35-33
9.	1. FC Nürnberg	34	12	11	11	62:62	35-33
10.	1. FC Köln	34	13	9	12	50:53	35-33
11.	VfL Bochum	34	9	14	11	52:44	32-36
12.	VFB STUTTGART	34	13	6	15	55:49	32-36
13.	Schalke 04	34	12	8	14	50:58	32-36
14.	SVW Mannheim	34	10	8	16	52:71	28-40
15.	Eintracht Frankfurt	34	8	9	17	42:53	25-43
16.	FC Homburg (N)	34	6	9	19	33:79	21-47
17.	Fort. Düsseldorf ▽	34	7	6	21	42:91	20-48
18.	BW 90 Berlin (N) ▽	34	3	12	19	36:76	18-50

DFB-Pokal

1. HR	30.8.86	B. Uerdingen - VfB	6:4 n.V.	10.000

Europapokal der Pokalsieger

1. R	17.9.86	VfB - Spartak Trnava	1:0	20.500
	1.10.86	Spartak Trnava - VfB	0:0	20.000
2. R	22.10.86	Torpedo Moskau - VfB	2:0	12.000
	5.11.86	VfB - Torpedo Moskau	3:5	30.500

Bundesligakader

Abgänge: Bernd Förster (Sportinvalide), Karlheinz Förster (Olympique Marseille), Fritz (im Januar zu den VfB-Amateuren), Jäger (Stuttgarter Kickers), Kirchstetter (im März zum 1. FC Pforzheim), Reichert (Racing Strasbourg), Rolder (Co-Trainer/Sportinvalide), Schlegel (Blau-Weiß Berlin), Spies (im Dezember zum SSV Ulm 1846), Waldner (Stuttgarter Kickers), Wolff (SpVgg Bayreuth). **Zugänge:** Beierlorzer (Bayern München), Bunk (Blau-Weiß Berlin), Immel (Borussia Dortmund), Kirchstetter (eigene Jugend), Merkle (Stuttgarter Kickers), Schmitt (SGK Heidelberg), Schröder (Hamburger SV), Spies (VfB-Amateure), Stremel (VfB-Jugend)
Trainer: Egon Coordes (seit 1. Juli 1986)

Tor		Leo Bunk	23/1
Eike Immel	33/0	Karl Allgöwer	21/10
E. Trautner (Am)	1/0	Michael Schröder	21/0
Helmut Roleder	0/0	Bertram Beierlorzer	20/0
Feld		Alexander Strehmel	16/0
Guido Buchwald	33/2	Stefan Schmitt	14/1
Jürgen Klinsmann	32/16	Klaus Perfetto	10/1
Andreas Merkle	32/8	Michael Nushöhr	8/0
Andreas Müller	31/4	T. Gomminginger	5/0
Rainer Zietsch	31/2	Ralf Allgöwer (Am)	2/1
Günther Schäfer	29/1	Michael Spies	1/0
Jürgen Hartmann	25/3	Martin Fritz	0/0
Asgeir Sigurvinsson	25/1	Bernd Kirchstetter	0/0
Predrag Pasic	24/2	+ zwei Eigentore	

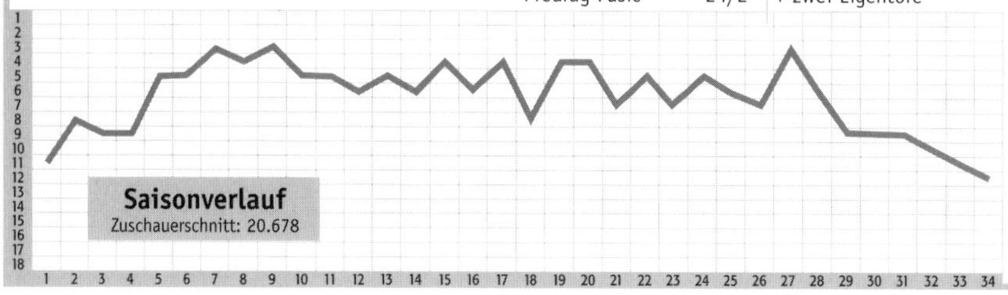

[EREIGNIS]

VfB wird Trendsetter

Arie Haan mit modernen Methoden

„Die revolutionäre Idee aus Stuttgart: Mehr Training + mehr Technik + mehr Tempo + mehr Tore = Traumfußball", staunte der »kicker« im Oktober 1987 und stellte seinen Lesern die „neuen Trainingsmethoden" vor, mit denen „VfB-Trainer Haan den Bundesliga-Fußball verbessern will". Stuttgart als Trendsetter für modernen Fußball? In der Tat, denn nach Ansicht des Niederländers trainierten die Bundesligaprofis viel zu wenig. Der tief vom holländischen „totaal voetbal" beeinflusste Haan träumte demnach von einem „Superfußball der Zukunft. Von Spielen, in denen die 90 Minuten bis auf die letzte Sekunde ausgefüllt sind mit Tempo, Toren und verwirrenden Kombinationen, in denen endgültig Schluss ist mit den Leerlaufphasen. Spiele, in denen die Zuschauer sich schon ärgern müssen, wenn sie nur einmal kurz wegschauen."

Dafür musste laut Haan vor allem der Fitnessstand der Aktiven erhöht werden: „Wir müssen mehr trainieren. Zwei- bis zweieinhalb Stunden täglich sind zu wenig. Nur bei längerer Übungsdauer kann das Kombinationsspiel so verbessert werden, dass die Zusammenarbeit auch bei höchstem Tempo traumhaft sicher wird."

Nach einer berauschenden Hinrunde, in der sich der VfB noch zwischen triumphalen Kantersiegen und bösen Pleiten bewegte, sorgte allerdings erst die Einführung von „kontrollierter Offensive" für den Durchbruch. Klug ermauerte Siege wie das 1:0 in Mönchengladbach zeugten von einem inzwischen unvergleichlich hohen Fitnessstand der VfB-Spieler, deren Selbstbewusstsein Haan nebenbei ebenso einfühlsam wie erfolgreich gesteigert hatte. Exemplarisch für den neuen „Traumfußball à la VfB" stand das Sturmduo Fritz Walter und Jürgen Klinsmann. Die „ungleichen Zwillinge" waren kaum auszuschalten und erzielten insgesamt 35 Treffer für die Schwaben.

■ **Jürgen Klinsmann** Superstar! Fußballer des Jahres 1988, EM-Teilnehmer, Torschützenkönig der Bundesliga – der „blonde Engel" war in aller Munde. Zugleich machte Klinsmann mit ungewöhnlichen Aktionen auf sich aufmerksam. So vereinbarte er mit dem VfB eine begrenzte Ablösesumme für den Fall eines Vereinswechsels. Grund: „Ich will mir bei Auslaufen meines Vertrages den neuen Verein aussuchen können." Klinsmann fürchtete, dass es ihm sonst ähnlich ergehen würde wie Lothar Matthäus, dessen Ablösesumme vom FC Bayern auf acht Mio. DM festgelegt worden war. „Da gibt es doch nur noch ganz wenige Klubs in Europa, die den betreffenden Spieler bezahlen können", kritisierte Klinsmann – seine begrenzte Ablösesumme sollte ihn gegen diese Art von „Menschenhandel" schützen.

■ Erneut machte der VfB mit vorzüglicher **Nachwuchsarbeit** auf sich aufmerksam. „Produkt" diesmal: Gerhard Poschner, 18 Jahre alter Jugend-Nationalspieler, der als „größtes Talent seit Hansi Müller" bezeichnet wurde, sowie Klaus Mirwald, 19-jähriger Hühne. Beide rückten zu Saisonbeginn in den Profikader auf und glänzten erstmals beim 4:1 über Leverkusen, als sie die verletzten Allgöwer und Sigurvinsson vergessen ließen.

Mit Arie Haan kehrte die Zuversicht zurück.

[SAISON]

Haan bringt Spaß zurück

Endlich kehrte der Spaß zurück ins Neckarstadion. Er hieß Arie Haan, kam aus Holland und löste den verhassten Edelgrantler Egon Coordes ab. 5.000 Fans waren dabei, als der 38-Jährige beim Trainingsauftakt analysierte: „Der VfB hat in der vergangenen Saison 49 Tore kassiert, da müssen wir noch was tun", und einen „Platz im UEFA-Cup" als Ziel ausgab. Präsident Mayer-Vorfelder warnte angesichts der für fast fünf Mio. DM mit Fritz Walter, Maurizio Gaudino und Rainer Schütterle exzellent verstärkten Mannschaft: „Verpassen wir wieder unser Ziel, dann müssen Spieler verkauft werden. Was wir jetzt gemacht haben, war der letzte Kraftakt."

Es gab noch weitere neue Gesichter auf dem Wasen: Willi Entenmann kehrte auf den Posten des Co-Trainers zurück (und diente zugleich als „Strohmann" für Arie Haan, der keine deutsche Trainerlizenz besaß), und für den langjährigen Obmann Richard Steimle rückte mit Helmut Ohlicher eine andere VfB-Legende in den Vorstand auf. Ohlicher sollte Geschäftsführer Schäfer entlasten und wurde eine Art „Manager", ohne dass ihm explizite Befugnisse eingeräumt wurden.

Haans angekündigter „Offensivfußball mit druckvollem Flügelspiel" sah den von Verletzungspech gebeutelten VfB (vor allem Sigurvinsson wurde schmerzlich vermisst) zwischen grandiosen Siegen (z. B. 6:0 gegen Mönchengladbach) und peinlichen Niederlagen (1:5 in Bremen) pendeln. Die Winterpause im sonnigen Costa Rica zur Taktikschulung nutzend, fand das Team in der Rückrunde allmählich die nötige Konstanz und preschte mit sensationellen 15:1-Punkten in Folge noch auf einen UEFA-Cup-Platz vor. „Der VfB knüpft an Glanzleistungen aus dem Meisterjahr 1984 an", jubelte der »kicker« und lobte Trainer Haan, der „aus den verunsicherten Schwaben Siegertypen" formte. Prunkstück war die Offensive, die mit 69 Treffern die zweitmeisten Tore aller Bundesligisten erzielte. Kommentar »kicker«: „Haan hat die Schwaben in die Umlaufbahn geschossen."

Der VfB in der Saison 1987/88: Hinten v. l.: Beierlorzer, Baumann, Allgöwer, Buchwald, Sigurvinsson, Klinsmann, Poschner, Schütterle. Mitte: Co-Trainer Entenmann, Trainer Haan, Strehmel, Gaudino, Schröder, Merkle, Schmitt, Zietsch, Masseur Braun, Zeugwart Seitz. Vorn: Walter, Bunk, Prange, Trautner, Immel, Perfetto, Hartmann, Schäfer.

■ Neuer Trikotsponsor des VfB war die Molkerei **„Südmilch"**, die den Profis als besondere Serviceleistung einen regelmäßig mit frischen Molkerei-Produkten gefüllten Kühlschrank in die Kabine stellte. Optisch wurde erstmals der charakteristische Brustring beschnitten: Das Sponsorenlogo ragte ein gehöriges Stück in den schon seit längerem nur noch „halben" Ring hinein (bis Ende der 1960er Jahre war er auch auf dem Rücken zu sehen gewesen). Auch das Vereinswappen fand einen neuen Platz: Wie vor Einführung der Trikotwerbung prangte es nun wieder über dem Herzen.

■ Gar nicht glücklich war **Maurizio Gaudino**, mit 2,3 Mio. DM bis dahin teuerster Transfer der Bundesligageschichte. „Ich bin eben noch ein Fremder", zauderte der langmähnige Beau im März 1988 nach dem 1:0 über Frankfurt. Einmal mehr war der konditionsschwache „Mauri" ausgepfiffen worden und träumte von einem Wechsel. Sein erhoffter Transfer nach Verona zerschlug sich allerdings.

■ **Glück und Pech** lagen dicht beieinander im Hause Günther Schäfer. Am 18 Juni 1988 ehelichte der 25-jährige Manndecker Yvonne Rühle, Tochter des ehemaligen Kickers-Amateurnationalspieler Helmut Rühle. Wenige Tage zuvor hatte sich die heftig vom 1. FC Köln umworbene Arbeitsbiene beim Training einen Muskelfaserriss zugezogen.

1. Bundesliga

1	1.8.1987	VfB - FC Homburg	2:1	20.000
2	8.8.1987	1. FC Nürnberg - VfB	0:0	37.500
3	15.8.1987	VfB - Bor. M'gladbach	6:0	50.000
4	19.8.1987	Eintracht Frankfurt - VfB	0:2	30.000
5	25.8.1987	VfB - 1. FC Köln	0:2	56.000
6	2.9.1987	Werder Bremen - VfB	5:1	26.100
7	5.9.1987	VfB - Schalke 04	4:0	21.000
8	12.9.1987	Hannover 96 - VfB	3:3	22.100
9	19.9.1987	VfB - Karlsruher SC	2:2	28.500
10	26.9.1987	1. FC Kaiserslautern - VfB	2:1	19.900
11	3.10.1987	VfB - VfL Bochum	3:0	17.000
12	9.10.1987	Bayer Uerdingen - VfB	2:5	10.000
13	17.10.1987	Hamburger SV - VfB	3:0	18.500
14	31.10.1987	VfB - Bayer Leverkusen	4:1	16.500
15	7.11.1987	Borussia Dortmund - VfB	2:2	24.400
16	14.11.1987	VfB - Bayern München	3:0	70.700
17	21.11.1987	SVW Mannheim - VfB	2:1	16.000
18	28.11.1987	FC Homburg - VfB	2:2	8.000
19	5.12.1987	VfB - 1. FC Nürnberg	0:1	27.000
20	20.2.1988	Bor. M'gladbach - VfB	0:1	15.500
21	5.3.1988	1. FC Köln - VfB	1:1	10.000
22	12.3.1988	VfB - Werder Bremen	1:0	23.300
23	15.3.1988	VfB - Eintracht Frankfurt	1:0	18.000
24	19.3.1988	Schalke 04 - VfB	3:4	16.000
25	22.3.1988	VfB - Hannover 96	3:1	16.500
26	26.3.1988	Karlsruher SC - VfB	0:2	25.000
27	9.4.1988	VfB - 1. FC Kaiserslautern	3:0	17.000
28	16.4.1988	VfL Bochum - VfB	5:1	13.000
29	23.4.1988	VfB - Bayer Uerdingen	1:3	15.000
30	30.4.1988	VfB - Hamburger SV	5:1	20.000
31	7.5.1988	VfB - Borussia Dortmund	2:2	15.000
32	10.5.1988	Bayer Leverkusen - VfB	2:1	6.000
33	14.5.1988	Bayern München - VfB	2:1	35.000
34	21.5.1988	VfB - SVW Mannheim	1:1	15.500

Abschlusstabelle

1.	Werder Bremen	34	22	8	4	61:22	52-16
2.	Bayern München (M)	34	22	4	8	83:45	48-20
3.	1. FC Köln	34	18	12	4	57:28	48-20
4.	VFB STUTTGART	34	16	8	10	69:49	40-28
5.	1. FC Nürnberg	34	13	11	10	44:40	37-31
6.	Hamburger SV	34	13	11	10	63:68	37-31
7.	Bor. M'gladbach	34	14	5	15	55:53	33-35
8.	Bayer Leverkusen	34	10	12	12	53:60	32-36
9.	Eintracht Frankfurt	34	10	11	13	51:50	31-37
10.	Hannover 96 (N)	34	12	7	15	59:60	31-37
11.	Bayer Uerdingen	34	11	9	14	59:61	31-37
12.	VfL Bochum	34	10	10	14	47:51	30-38
13.	Borussia Dortmund	34	9	11	14	51:54	29-39
14.	1. FC Kaiserslautern	34	11	7	16	53:62	29-39
15.	Karlsruher SC (N)	34	9	11	14	37:55	29-39
16.	SVW Mannheim	34	7	14	13	35:50	28-40
17.	FC Homburg ▽	34	7	10	17	37:70	24-44
18.	Schalke 04 ▽	34	8	7	19	48:84	23-45

DFB-Pokal

1. HR	29.8.87	1. FC Köln - VfB	3:0	30.000

Bundesligakader

Abgänge: Ralf Allgöwer (Stuttgarter Kickers), Bunk (im Januar zu Alemannia Aachen), Gomminginger (VfR Mannheim), Müller (Hannover 96), Nushöhr (1. FC Kaiserslautern), Pasic (TSV München 1860), Perfetto (Im Januar zum SSV Ulm 1846), Prange (im August zum SV Meppen), Schmitt (im Januar zum SV Sandhausen). **Zugänge:** Baumann (VfL Kichheim/Teck), Gaudino (SV Waldhof-Mannheim), Prange (VfB Oldenburg), Schütterle (Karlsruher SC), Trautner (eigene Amateure), Walter (SV Waldhof-Mannheim)
Trainer: Arie Haan

Tor		Jürgen Hartmann	25/1
Eike Immel	29/0	Michael Schröder	25/3
E. Trautner (VA)	6/0	Klaus Mirwald (Am)	18/1
Feld		Asgeir Sigurvinsson	16/5
Jürgen Klinsmann	34/19	G. Poschner (Jug)	15/0
Fritz Walter	33/16	Bertram Beierlorzer	11/0
Rainer Schütterle	32/4	Andreas Merkle	9/0
Klaus Allgöwer	31/9	Stefan Schmitt	9/0
Guido Buchwald	30/1	Rolf Baumann	3/0
Maurizio Gaudino	30/2	Klaus Perfetto	3/2
Günther Schäfer	28/2	Jürgen Prange	0/0
Alexander Strehmel	26/1	Leo Bunk	0/0
Rainer Zietsch	26/1	+ zwei Eigentore	

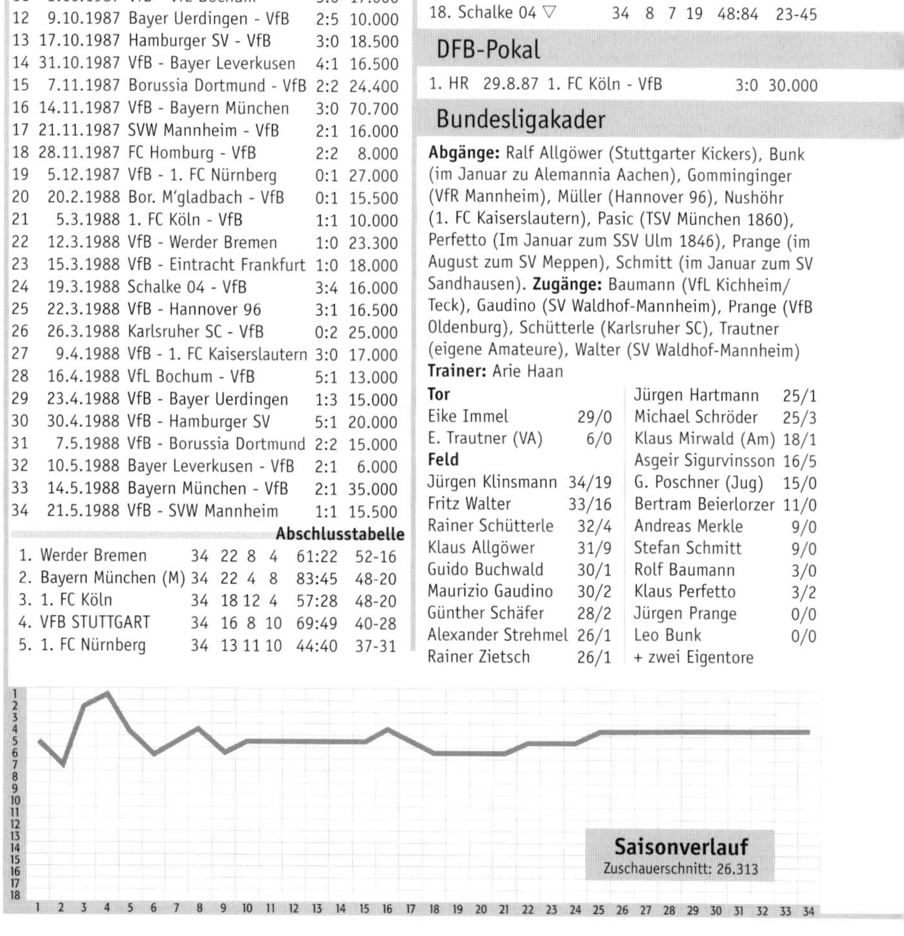

[LEGENDEN]

GUIDO BUCHWALD

Im Oktober 1987 hallten ungewohnte Töne durch das Neckarstadion: Obwohl der VfB den VfL Bochum mit 3:0 distanziert hatte, forderte ein Teil des Publikums wütend „Buchwald raus". Ausgerechnet Guido Buchwald, der doch die personifizierte schwäbische Seele war und regionale Eigenschaften wie Fleiß, Solidität und Bescheidenheit perfekt repräsentierte, stand im Focus der Fan-Kritik. Seit er 1986 drei Tage vor dem Abflug der deutschen Nationalmannschaft zur WM nach Mexiko aus dem Kader geflogen war, stand Buchwald ein wenig neben sich. „Vor allem im Spiel nach vorne habe ich schon besser ausgesehen", gab er selbstkritisch zu, wies aber zugleich auf die großen Probleme bei der Umstellung von Mann- auf Raumdeckung hin, die vor allem im Mittelfeld Löcher riss und ihn und seine Abwehr überforderte. Ohnehin hatte „Diego", wie er ab 1990 nach seinem grandiosen Auftritt im WM-Finale gegen Diego Maradona genannt wurde, die Fans bald wieder auf seiner Seite. Die wiederum liebten ihn, seit er 1983 von Degerlochs Höhen auf den Wasen gekommen war und es schon im ersten Bundesligajahr bis in die Nationalmannschaft geschafft hatte. Seinen sportlichen Höhepunkt erreichte der verlässliche Kämpfer 1990, als er als unauffälliger Stammspieler zur WM nach Italien reiste und als Leistungsträger des neuen Weltmeisters heimkehrte. Gerne wäre Buchwald seinerzeit gleich in Italien geblieben und war sich mit dem AC Parma bereits einig. Doch „MV" wollte eine neue Mannschaft um „Diego" aufbauen und ließ ihn nicht ziehen. Zwei Jahre später schoss der geschäftstüchtige Buchwald den VfB in Leverkusen zur zweiten Meisterschaft nach 1984 und verließ das Neckarstadion schließlich 1994 nach 325 Bundesligaspielen (28 Tore) in Richtung Japan, wo er bis heute tätig ist.

[SPIEL]

VfB
3:0
FC Bayern

Das Jahrhunderttor

Endlich Sieg gegen die Bayern

Seit vier Jahren hat der VfB nicht mehr gegen die Bayern gewonnen. Nun soll der Erzrivale endlich bezwungen werden – schon allein wegen Trainer Haan, der zwei Tage später seinen 39. Geburtstag feiern will. Wie immer, wenn die Bayern kommen, ist das Neckarstadion bis auf den letzten Platz gefüllt. Nach einer Phase des gegenseitigen Abtastens dreht der VfB an der Temposchraube. Nimmermüder Einsatz und geradliniger, schnörkelloser Angriffsfußball bringen den Rekordmeister in die Bredouille. Der VfB lässt sich vom großen Namen nicht schrecken. Er spielt *sein* Spiel, wie es Arie Haan seit seinem Amtsantritt unablässig lehrt. Und er hat Erfolg. Der lange verletzte Regisseur Sigurvinsson feiert gegen seinen Ex-Klub ein brillantes Comeback, und selbst der formkriselnde Buchwald zeigt im Duell mit Bayerns walisischem Torjäger Mark Hughes endlich wieder seine zuletzt vermisste Klasse.
Mann des Tages aber ist Jürgen Klinsmann. In der 18. Minute schwebt der Blondschopf waagerecht durch den Bayern-Strafraum und bugsiert den Ball mit dem rechten Fuß herrlich ins Münchner Gehäuse. Für Sekunden fällt das Neckarstadion in beinahe erschrockenes Schweigen – dann brandet der Jubel umso euphorischer auf. So ein Tor hat man noch nie gesehen! Auf der Tribüne schwärmt Hansi Müller aufgeregt: „Das war das Tor des Jahres, ach was: des Jahrzehnts." Danach läuft alles wie von selbst, und Fritz Walter sowie Jürgen Hartmann erhöhen gegen hilflose Bayern auf 3:0. Am Ende steht erneut Klinsmann im Rampenlicht, als er Schiedsrichter Pauly bittet, auf eine rote Karte für Bayern-Libero Nachtweih zu verzichten, obwohl der ihn zuvor von hinten umgegrätscht hatte. „Der Schutzengel", schreibt der »kicker« tags darauf.
Der Rest ist Jubel: Eike Immel schleudert gleich seine komplette Torhüterausrüstung in den begeisterten A-Block, in der Kabine knallen die Sektkorken und Arie Haan strahlt: „Endlich sind wir den Frust los, dass wir gegen die Bayern nicht gewinnen können".

[SAISON]

Diego und die „Hand Gottes"

Im Mai 1989 stand Stuttgart komplett im Bann des Fußballs. Zunächst verwandelte der VfB in einem atemberaubenden Spiel gegen Waldhof-Mannheim einen 1:3-Rückstand in einen 4:3-Sieg, dann bezwang Bundesligaaufsteiger Stuttgarter Kickers den großen FC Bayern mit 2:0 – und schließlich versuchte sich der VfB am Sturm auf den europäischen Fußballolymp. Die UEFA-Cup-Finalspiele gegen den SSC Neapel um Diego Armando Maradona zählen trotz negativem Ausgang für den VfB zu den absoluten Highlights der Vereinsgeschichte. Es gibt nicht wenige Fans, die bis heute behaupten, es seien die legendärsten Spiele der gesamten Vereinshistorie!

Dass der VfB derart umjubelt werden sollte, wie es die 66.800 Zuschauer im ausverkauften Neckarstadion am 17. Mai 1989 gegen die Süditaliener taten, war lange Zeit kaum vorstellbar gewesen. Im Jahr zwei unter Arie Haan steckte nämlich reichlich Sand im Getriebe. Von Meisterschaft war die Rede gewesen. Als Mindestziel hatte man einen Platz im UEFA-Cup ausgegeben. Das schien berechtigt, war doch der lange verletzte Kapitän Sigurvinsson wieder fit, konnte Notregisseur Allgöwer auf die Liberoposition zurückkehren, hatte man in Srecko Katanec den lange vermissten ruhenden Pol im defensiven Mittelfeld gefunden. Hinzu kamen die Braunschweiger Schmäler-Zwillinge sowie Jüptner aus dem eigenen Nachwuchs. Der hatte übrigens zuvor sowohl im Endspiel um die Deutsche A- als auch um die B-Jugendmeisterschaft 1988 gestanden!

Mit dem Aufstieg des Lokalrivalen Kickers war der VfB erstmals seit 23 Jahren Bundesliga nicht automatisch Württembergs Nummer eins. Doch während sich die Kickers erwartungsgemäß mit dem

Geschäftsführer Ulrich Schäfer.

[EREIGNIS]

Vertrauter von „MV"

Geschäftsführer seit 13 Jahren

Nach der 1:2-Niederlage beim HSV stand der VfB am Scheideweg. „Schwere Last des VfB", titelte der »kicker« und warnte: „Tolle Saison, tolle finanzielle Bilanz – doch Stuttgart droht das Nichts."

Wenige Wochen zuvor hatte Präsident Mayer-Vorfelder gefordert: „Die Qualifikation für den UEFA-Cup ist für uns lebenswichtig." Für den gegenteiligen Fall kündigte er tiefe Einschnitte an. Dieser Fall schien nun einzutreten, und auf dem Wasen grassierte trotz der rund zehn Mio. DM Zusatzeinnahmen aus dem UEFA-Cup sowie den angepeilten Spielerverkäufen nach Ende der Saison 1988/89 die Furcht vor dem finanziellen Crash. Einer musste dabei die Übersicht bewahren: Geschäftsführer Ulrich Schäfer. Seit dem 1. Januar 1976 führte der ehemalige Bürgermeister einer kleinen schwäbischen Gemeinde die VfB-Geschäfte und fungierte als Vertrauter sowie Vordenker des viel beschäftigten Präsidenten. Während „MV" als Kultusminister im Einsatz war oder als Vertreter des Ligaausschusses mit dem DFB um eine Reform der Bundesliga stritt, lenkte Schäfer mittels Generalvollmacht die VfB-Geschicke. Unumstritten war der als „zurückhaltend" umschriebene Schäfer jedoch nicht. Vor allem seine Machtfülle war einigen ein Dorn im Auge. Der 1987 zurückgekehrte Hermann Ohlicher z. B. sollte ursprünglich als Bindeglied zwischen Präsidium und Mannschaft agieren, musste sich in der Praxis jedoch auf ein paar Ratschläge und Spielerbeobachtungen beschränken. „Wir brauchen keine Vertrauensperson", argumentierte Schäfer – und sprach auch für „MV". Für die Zukunft strebte das mächtige VfB-Duo weitere Strukturveränderungen an: „Wir müssen weg von der Abhängigkeit einer Mitgliederversammlung, um vielleicht mittelfristig ohne emotionalen Druck das mittelständische Unternehmen Profiverein vor allem unter unternehmerischen Gesichtspunkten führen zu können."

■ Sie waren das wohl **begehrteste Duo** des deutschen Fußballs: Die Schmäler-Zwillinge Olaf (Sturm) und Nils (Abwehr). Die halbe Bundesliga umwarb das Braunschweiger Bruderpaar, doch der VfB machte das Rennen. Grund war Trainer Arie Haan, der den beiden Jugendnationalspielern glänzende Perspektiven im Schwabenland vorhergesagt hatte. Beim VfB stiftete das vierte Zwillingspaar der Bundesligageschichte sowohl auf als auch neben dem Spielfeld tüchtig Verwirrung, denn niemand wusste, wer Nils und wer Olaf war! „Die meisten kommen jetzt ganz nahe heran und schauen uns unauffällig ins Gesicht, ehe sie uns ansprechen", schmunzelte Nils, nachdem bekannt geworden war, dass er im Gegensatz zu seinem Bruder ein kleines Muttermal unter dem linken Auge hatte…

■ Arie Haan hatte die Hoffnung schon aufgegeben. Wunschkandidat **Srecko Katanec** war mit 24 Jahren schlicht zu jung, um die Freigabe vom jugoslawischen Fußballverband zu bekommen. Doch Geschäftsführer Ulrich Schäfer blieb eisern – und konnte schließlich Vollzug melden. Für 1,3 Mio. DM unterschrieb der Belgrader Nationalspieler mit Gardemaß 1,90 m einen Dreijahresvertrag beim VfB.

■ **Jürgen Klinsmann** war als emotionaler Typ bekannt. Im UEFA-Cup-Rückspiel beim ungarischen Vertreter Bányász Tatabánya flippte „Klinsi" in der 54. Minute aus. Zum wiederholten Mal von seinem Gegenspieler Vincze gefoult, stürmte der Nationalstürmer auf Schiedsrichter Nikakis zu und forderte „Pfeif' doch, du Arsch!" Pech für Klinsmann, dass der Grieche hervorragend deutsch sprach und die Aufforderung mit einer gelben Karte bestrafte – für „Klinsi"!

Abstiegskampf beschäftigen mussten (und jenem zum Opfer fielen), tanzte der VfB lange Zeit auf drei Hochzeiten. Am Ende standen die auswärtsschwachen Schwaben jedoch mit leeren Händen da. In der Bundesliga sorgten diverse Aussetzer (0:2 in Hannover, 0:3 in Köln, 1:3 in Dortmund) für das Aus im Titelrennen. Die Pokalträume platzten vorzeitig, als es im Halbfinale eine unglückliche Niederlage gegen Borussia Dortmund gab. Nur im UEFA-Cup drangen die Weiß-Roten bis ins Endspiel vor, wo sie auf den SSC Neapel trafen. Dessen argentinische Gallionsfigur Maradona bemühte dabei im Hinspiel skandalträchtig seine seit 1986 berühmt-berüchtigte „Hand Gottes" – und stellte im Rückspiel seine außergewöhnliche sportliche Klasse unter Beweis.

Erfolgstrainer Haan war zwischenzeitlich ein wenig in die Kritik geraten. Zunächst hatte er zum Entsetzen des DFB seinen Trainerlehrgang abgebrochen. Begründung: Er habe sich nicht ausreichend um sein Team kümmern können. Später trübten Dispute mit Präsident Mayer-Vorfelder und dem wechselwilligen Klinsmann den Ruf des Holländers, dessen Team statt „kontrollierter" häufig „unkontrollierte" Offensive spielte. Auch Haans Einwechslungen wurden kritisiert – beim 1:2 gegen die Bayern nahm er beim Stande von 1:1 mit Fritz Walter die gefährlichste Spitze aus dem Spiel. Dabei litt Haan auch unter den Personalproblemen im Saisonverlauf. Sigurvinsson hatte lediglich Luft für 60 Minuten, Nachfolger Poschner fiel wochenlang aus, Gaudino wandelte ständig zwischen Welt- und Kreisklasse, und das vorjährige Erfolgsduo Klinsmann/Walter beschied sich diesmal mit 26 Treffern. Dass am Ende trotz eines 0:3 in Bremen ein UEFA-Cup-Platz heraussprang, weil Mönchengladbach zeitgleich gegen den HSV verlor, spiegelt den durchwachsenen Saisonverlauf anschaulich wider.

Zum Schluss hieß es Abschied nehmen, weil der VfB mit Jürgen Klinsmann erneut einen Leistungsträger verlor.

■ Im Januar 1989 konnten die Stuttgarter Fans aufatmen: „**Buchwald bleibt beim VfB**", meldeten die Gazetten. Nach wochenlangem Pokerspiel und intensivem Flirt mit Bayer Leverkusen hatte der Nationalverteidiger bis zum 30. Juni 1993 verlängert. „Beide Seiten haben Kompromisse gemacht. Aber ich bin zufrieden", versicherte Buchwald, der dem VfB auch das Versprechen einer Absicherung nach der Karriere abringen konnte. „Wir können jetzt noch nicht entscheiden, was Guido Buchwald nach seiner Karriere machen kann. Aber wir haben uns verpflichtet, ihn zu unterstützen", bestätigte Geschäftsführer Schäfer.

■ Die Zwischenbilanz nach dem ersten Halbjahr in der 1. Bundesliga von Aufsteiger und VfB-Rivalen **Stuttgarter Kickers** war ein Desaster. 5:11-Heimpunkte hatten die Fans vergrault, und mit exakt 9.234 Besuchern pro Begegnung war der angepeilte Zuschauerschnitt von 15.000 weit verfehlt worden. Kein Wunder, dass Kickers-Schatzmeister Dengler (Foto) und Manager Dollmann sauer auf den VfB waren, weil der entgegen einer mündlichen Absprache eine Einnahmeteilung bei den Derbys abgelehnt hatte. Nach den über 40.000 im Hinspiel (und VfB-Heimspiel) am dritten Spieltag zahlten beim Rückspiel (und Kickers-Heimspiel) im März nur noch 29.000 Fans ihren Obolus und sahen zudem eine 0:2-Niederlage der „Blauen" im 157. Lokalderby.

[SPIEL]

FC Bayern **3:3** VfB

Wut nach Traumspiel

Schiedsrichter verhindert VfB-Sieg

Gefeiert wird schon vorher: Trainer Arie Haan wird 40, und die Mannschaft möchte ihrem Coach mit einem Sieg im Münchner Olympiastadion das passende Geschenk bereiten. Ansonsten muss der VfB einiges gutmachen: Drei Tage zuvor ist die Mannschaft mit 1:6 in Kaiserslautern untergegangen.

Heute nun können Millionen von Fans dank der Übertragung des Privatsenders »RTL plus« live zuschauen, wie sich der VfB um Rehabilitierung bemüht.

Den Fans im Stadion und vor den Bildschirmen steht ein unvergessener Abend bevor. „Dieser echte Fußball-Leckerbissen, dieser offene Schlagabtausch zweier hochkarätiger Teams hat die Bundesliga in sich aufgewertet und kann vielleicht helfen, die zuletzt auftretenden Probleme wie beispielsweise den Zuschauerschwund zu lösen", schwärmt Bayerns Manager Uli Hoeneß nach dem Schlusspfiff.

Begünstigt durch VfB-Führungen unmittelbar nach dem Anpfiff (Walter, 7. Minute) bzw. dem Wiederanpfiff (Gaudino, 55.) entwickelt sich ein „Super-, ein Wahnsinnsspiel" (»kicker«), bei dem die Bayern enormen Druck entfachen und der VfB durch brandgefährliche Konter zwischenzeitlich mit 3:1 in Führung liegt. Zünglein an der Waage ist Schiedsrichter Osmers, der mehrfach unglücklich entscheidet und VfB-Keeper Immel damit auf die Palme bringt. „Der A... hat uns klar benachteiligt", erregt er sich über den Baustoffhändler aus Bremen. Doch irgendwie ist der VfB auch selbst schuld, dass es am Ende „nur" zu einem Unentschieden reicht. Während es die Schwaben nämlich versäumen, ihre zahlreichen hochkarätigen Chancen zu nutzen und die Führung damit weiter auszubauen, ermöglichen Konzentrationsschwächen in der Abwehr den Bayern noch zwei Treffer. Sieben Minuten vor Schluss markiert Ekström schließlich das 3:3. „VfB: Wut nach dem Traumspiel", titelte der »kicker« zu Recht.

Fritz Walter.

Hinten v. l.: Allgöwer, Nils Schmäler, Olaf Schmäler, Buchwald, Katanec, Mirwald, Zietsch, Schütterle. Mitte: Manager Ohlicher, Co-Trainer Entenmann, Trainer Haan, Strehmel, Gaudino, Schröder, Poschner, Klinge, Bufka, Masseur Braun, Zeugwart Seitz, Masseur Frölich. Vorn: Sigurvinsson, Klinsmann, Walter, Trautner, Immel, Jüptner, Lang, Schäfer, Hartmann.

[LEGENDEN]

GÜNTHER SCHÄFER

Eigentlich war er der perfekte Schwiegersohn: solide, bescheiden und höflich. Nur auf dem Fußballplatz, da war Günther Schäfer ein Ausbund an Kraft und körperlicher Härte. In jeder Rangliste der gelben Karten nahm der Rechtsverteidiger eine Spitzenposition ein und stand bei den Unparteiischen in keinem guten Ruf. „Das stammt noch aus der Zeit, als die Förster-Brüder und Makan bei uns gespielt haben. Damals stand immer wieder in der Presse: Das ist die härteste Abwehr der Bundesliga", berichtete der Mann, der mit 77 Bundesligaverwarnungen den VfB-Rekord hält. Vom Platz gestellt wurde er lediglich zweimal – allerdings beide Male in der Saison 1991/92. Die VfB-Fans liebten den „besten Manndecker der Liga" (»kicker«). Kein Wunder, denn in 331 Ligaspielen verteidigte der im zarten Alter von 13 Jahren aus Neustadt gekommene heutige Fanbeauftragte bis 1997 mit hoher Verlässlichkeit für die Weiß-Roten. Obwohl mehrfach auf dem Sprung stehend, wurde Schäfer allerdings nie in die Nationalelf berufen: Dort standen ihm mit Kaltz, Kohler und Berthold stets unüberwindbare Rivalen gegenüber.

1. Bundesliga

1	22.7.1988	Borussia Dortmund - VfB	1:2	40.200
2	29.7.1988	VfB - Hannover 96	2:1	21.000
3	20.8.1988	VfB - Stuttgarter Kickers	4:0	67.940
4	26.8.1988	FC St. Pauli - VfB	2:1	20.000
5	3.9.1988	VfB - 1. FC Köln	2:0	29.000
6	10.9.1988	Bayer Uerdingen - VfB	0:0	20.000
7	13.9.1988	VfB - 1. FC Nürnberg	4:0	26.000
8	8.10.1988	VfB - Eintracht Frankfurt	2:0	19.500
9	22.10.1988	Karlsruher SC - VfB	2:0	35.000
10	29.10.1988	VfB - SVW Mannheim	2:0	17.500
11	1.11.1988	VfL Bochum - VfB	1:0	26.000
12	5.11.1988	VfB - Hamburger SV	4:2	24.300
13	12.11.1988	1. FC Kaiserslautern - VfB	6:1	23.806
14	15.11.1988	Bayern München - VfB	3:3	63.000
15	19.11.1988	VfB - Bayer Leverkusen	0:0	18.000
16	26.11.1988	Bor. M'gladbach - VfB	2:2	15.000
17	3.12.1989	VfB - Werder Bremen	3:3	31.700
18	18.2.1989	VfB - Borussia Dortmund	1:3	17.500
19	25.2.1989	Hannover 96 - VfB	2:0	18.805
20	4.3.1989	VfB - Bayern München	1:2	63.000
21	11.3.1989	Stuttgarter Kickers - VfB	0:2	29.000
22	19.3.1989	VfB - FC St. Pauli	2:1	21.000
23	25.3.1989	1. FC Köln - VfB	3:0	22.000
24	1.4.1989	VfB - Bayer Uerdingen	2:2	15.600
25	8.4.1989	1. FC Nürnberg - VfB	1:0	22.300
26	14.4.1989	VfB - VfL Bochum	3:1	11.200
27	29.4.1989	Eintracht Frankfurt - VfB	1:3	26.500
28	6.5.1989	VfB - Karlsruher SC	2:0	22.000
29	12.5.1989	SVW Mannheim - VfB	3:4	13.000
30	20.5.1989	Hamburger SV - VfB	2:1	13.800
31	23.5.1989	VfB - 1. FC Kaiserslautern	3:1	17.700
32	3.6.1989	Bayer Leverkusen - VfB	0:0	8.600
33	10.6.1989	VfB - Bor. M'gladbach	2:1	35.000
34	17.6.1989	Werder Bremen - VfB	3:0	16.117

Abschlusstabelle

1. Bayern München	34	19	12	3	67:26	50-18
2. 1. FC Köln	34	18	9	7	58:30	45-23
3. Werder Bremen (M)	34	18	8	8	55:32	44-24
4. Hamburger SV	34	17	9	8	60:36	43-25
5. VFB STUTTGART	34	16	7	11	58:49	39-29
6. Bor. M'gladbach	34	12	14	8	44:43	38-30
7. Borussia Dortmund	34	12	13	9	56:40	37-31
8. Bayer Leverkusen	34	10	14	10	45:44	34-34
9. 1. FC Kaiserslautern	34	10	13	11	47:44	33-35
10. FC St. Pauli (N)	34	9	14	11	41:42	32-36
11. Karlsruher SC	34	12	8	14	48:51	32-36
12. SVW Mannheim	34	10	11	13	43:52	31-37
13. Bayer Uerdingen	34	10	11	13	50:60	31-37
14. 1. FC Nürnberg	34	8	10	16	36:54	26-42
15. VfL Bochum	34	9	8	17	37:57	26-42
16. Eintracht Frankfurt	34	8	10	16	30:53	26-42
17. Stg. Kickers (N) ▽	34	10	6	18	41:68	26-42
18. Hannover 96 ▽	34	4	11	19	36:71	19-49

DFB-Pokal

1. HR	6.8.88	SV Ottfingen - VfB	0:5	15.000
2. HR	29.11.88	VfB - VfL Bochum	3:2 n.V.	8.500
AF	10.12.88	VfB - 1. FC S'brücken	2:0 n.V.	6.150
VF	28.3.89	VfB - 1. FC Kaiserslautern	4:0	22.000
HF	9.5.89	Borussia Dortmund - VfB	2:0	50.120

UEFA-Cup

1. R	7.9.88	VfB - Bányász Tatabánya	2:0	22.000
	5.10.88	Bányász Tatabánya - VfB	2:1	8.000
2. R	26.10.88	Dinamo Zagreb - VfB	1:3	40.000
	9.11.88	VfB - Dinamo Zagreb	1:1	17.000
3. R	23.11.88	FC Groningen - VfB	1:3	18.000
	7.12.88	VfB - FC Groningen	2:0	8.500
VF	1.3.89	VfB - Real San Sebastián	1:0	25.200
	15.3.89	Real San Sebastián - VfB	1:0 n.V., 3:4 n.E.	28.000
HF	5.4.89	VfB - Dynamo Dresden	1:0	50.000
	19.4.89	Dynamo Dresden - VfB	1:1	38.000
F	3.5.89	SSC Neapel - VfB	2:1	81.000
	17.5.89	VfB - SSC Neapel	3:3	66.800

Bundesligakader

Abgänge: Baumann (FC Basel), Beierlorzer (TSV Vestenbergsreuth), Merkle (Hamburger SV). **Zugänge:** Bufka (VfB-Jugend), Jüptner (VfB-Amateure), Katanec (Partizan Belgrad), Klinge (SpVggLudwigsburg 07), Lang (VfB-Jugend), Mirwald (VfB-Amateure), Poschner (VfB-Jugend), Nils Schmäler, Olaf Schmäler (beide Eintracht Braunschweig Jugend), Trautner (VfB-Amateure)
Trainer: Arie Haan

Tor		Nils Schmäler	18
Eike Immel	29/0	Günther Schäfer	20
Eberhard Trautner	5/0	Olaf Schmäler	10
Feld		Michael Schröder	26/1
Karl Allgöwer	32/12	Rainer Schütterle	25/1
Guido Buchwald	30/1	Asgeir Sigurvinsson	28/3
Maurizio Gaudino	30/8	Alexander Strehmel	14/1
Jürgen Hartmann	33/2	Fritz Walter	33/13
Axel Jüptner (VA)	2	Rainer Zietsch	26/1
Srecko Katanec	26/1	Dirk Klinge (VA)	0/0
Jürgen Klinsmann	25/13	Dietmar Bufka (VA)	0/0
Klaus Mirwald	7	Hansjörg Lang (VA)	0/0
Gerhard Poschner	17	+ ein Eigentor	

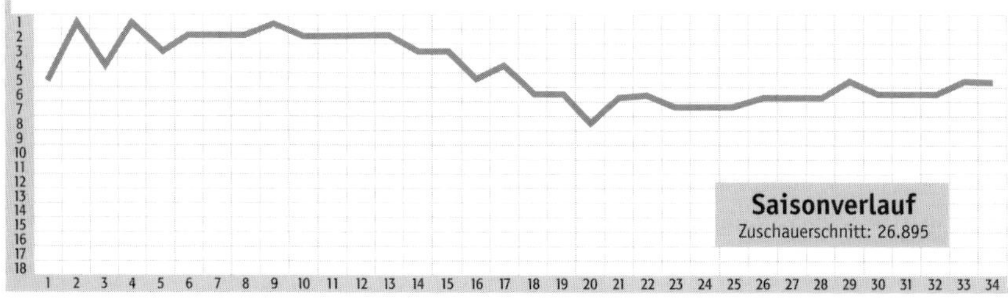

■ Für Maurizio Gaudino war das erste UEFA-Cup-Finale gegen Neapel ein ganz besonderes Spiel. Grund: 30 Jahre zuvor war sein Vater aus der Stadt am Vesuv ausgewandert, seine Brüder Salvatore und Arcangelo lebten keine zehn Minuten vom Stadio San Paolo entfernt, und wann immer es ging, jettete SSC-Fan Gaudino selbst zu den Spielen nach „bella Napoli". Als der »kicker« den **italienischen Schwaben** bei einer Stippvisite in die alte Heimat begleitete, wurde „Mauri" von den neapolitanischen Tifosi regelrecht umschwärmt und als „Maradona tedesco" („deutscher Maradona") gefeiert. Dass ausgerechnet Gaudino dann im Hinspiel einen Torwartfehler zur VfB-Führung nutzte, schmeckte den SSC-Fans weniger. Gaudino hoffte, eines Tages selbst im blauen Napoli-Dress aufzulaufen: „In zwei oder drei Jahren könnte ich so weit sein. Dann könnte ich stark genug sein für den SSC Neapel".

■ Einen Tag vor dem Rückspiel in Stuttgart erfuhr **Diego Armando Maradona**, dass er zum zweiten Mal Papa geworden war. Nur mit Mühe konnten die Verantwortlichen den kleinen Argentinier daraufhin davon abhalten, das Sindelfinger Hotel zu verlassen und nach Argentinien zu düsen, um den neuen Erdenbürger Giannina Dinova zu begrüßen.

■ Mit 4,5 Mio. DM verbuchte der VfB beim UEFA-Cup-Finale die bis dahin **höchste Einnahme der Vereinsgeschichte**. Neben jeweils einer Mio. durch Bandenwerbung sowie Fernsehgelder schwemmte der Kartenverkauf rund 2,5 Mio. DM in die Kasse. „Wir hätten über 200.000 Karten verkaufen können", schüttelte Geschäftsführer Schäfer entgeistert den Kopf. Binnen zwei Stunden waren die 21.000 nach Abzug aller Vorbestellungen verbliebenen Karten über den Tisch gegangen – viele Fans hatten vor den Kassenhäuschen des Neckarstadions campiert, um ein Ticket zu ergattern. Unter den Zuschauern waren mehr als 20.000 italienische Tifosi, die im Neckarstadion phantastische Stimmung verbreiteten.

■ Nicht nur der VfB machte gegen Napoli ordentlich Reibach: Bis zu 2.000 DM wurden auf dem **Schwarzmarkt** verlangt – und gezahlt. „Wir haben uns bei den Preisen für unsere treuen Fans Zurückhaltung auferlegt, und dann kommen solche Profitgeier", schimpfte Geschäftsführer Schäfer.

[SPIEL]

VfB 3:3 SSC Neapel

Der kurze Europatraum

Skandalschiedsrichter im Finale

Die Wut über die ungerechte 1:2-Hinspielniederlage ist noch längst nicht verraucht, als der SSC Neapel zum Rückspiel an den Neckar kommt. Zwischenzeitlich hat der VfB eine Protestnote wegen Schiedsrichter Germanakos verfasst, der im Hexenkessel von Neapel skandalös gepfiffen hat. Höhepunkt war ein von Günther Schäfer verursachter Handelfmeter, dem ein nicht geahndetes Handspiel von Maradona vorausgegangen war. Der Argentinier hatte den unberechtigten Strafstoß cool zum 1:1-Ausgleich verwandelt, wodurch das Spiel gekippt war. „Wir werden Napoli im Rückspiel keinen Meter Boden schenken. Ich bin überzeugt, dass wir den Cup holen", beteuert der in Neapel gelbgesperrte Klinsmann vor dem Rückspiel wütend. Doch Trainer Haan hat ein Problem: Nicht nur, dass sein Team das zwischenzeitlich ausgetragene Pokalhalbfinale gegen Dortmund in den Knochen hat – Buchwald sah in Neapel die zweite gelbe Karte (noch ein Germanikos-Fehler...) und ist gesperrt. Schäfer rückt auf seine Position, während Jürgen Hartmann wie im Hinspiel die wohl schwierigste Aufgabe übernimmt: die Bewachung von Diego Armando Maradona. „Ich glaube, dass es schwieriger wird, weil der wohl noch 'ne Schippe drauflegen wird. Er hat sicher noch ein paar Sachen in der Kiste", ist „Hardy" skeptisch. Im Gegensatz zur abwartenden Haltung in Italien legt der VfB vor eigenem Publikum rasant los. Doch die Italiener kontern eiskalt. Als Alemao in der 18. Minute das 1:0 erzielt, stockt den VfB-Fans erstmals der Atem. Neapel

ist in beeindruckender Verfassung: Homogen und kompakt in der Abwehr, schnell bei der Überbrückung des Mittelfeldes, gefährlich durch die schnellen Careca und Carnevale. Nur kurzzeitig kann der VfB seinen Europatraum beleben, als Klinsmann in der 27. Minute ausgleicht. Anschließend greifen die Haan-Schützlinge viel zu ungestüm an und werden klassisch ausgekontert. Als Ferrara sechs Minuten vor dem Pausenpfiff das 2:1 erzielt, ist die Entscheidung gefallen. Es spricht für den VfB, dass er in der zweiten Halbzeit den offenen Schlagabtausch sucht und den Millionen Fans vor den Bildschirmen ein unvergessenes Spiel liefert. Ohnehin: Die Entscheidung fiel bereits im Hinspiel – durch den Schiedsrichter!

VfB *Immel – Schäfer, Schröder, Katanec, Hartmann, Nils Schmäler, Allgöwer, Walter (77. Olaf Schmäler), Klinsmann, Sigurvinsson, Gaudino* ♦ ***Neapel*** *Giuliani – Ferrara, Francini, Corradini, Alemao (30. Carranante), Renica, Fusi, De Napoli, Careca (70. Bigliardi), Maradona, Carnevale* ♦ ***Tore:*** *0:1 Alemao (18.), 1:1 Klinsmann (27.), 1:2 Ferrara (39.), 1:3 Careca (62.), 2:3 De Napoli (70./ET), 3:3 Olaf Schmäler (89.)* ♦ ***SR:*** *Sanchez Arminio (Spanien)* ♦ ***ZS:*** *66.800*

Schiedsrichter Sanchez Arminio mit den Kapitänen bei der Seitenwahl.

[SAISON]

Fußball zweiter Wahl

Das »kicker«-Urteil nach dem schmeichelhaften 0:0 beim FC St. Pauli fiel knallhart aus. „Der VfB Stuttgart im April 1990. Eine Spitzenmannschaft beim Kampf um die Qualifikation für einen internationalen Wettbewerb, die sich mit ‚Fußball zweiter Wahl' zufrieden gibt. Ein Team, das längst im Mittelmaß steckt, herabgewirtschaftet in der Haan-Ära."

Keine zwölf Monate nach dem rauschenden UEFA-Cup-Finale gegen Neapel stand der VfB erneut vor Problemen. Vor allem der Verlust von Leitwolf Klinsmann konnte nie kompensiert werden, zumal mit Srecko Katanec kurzfristig noch ein weiterer Stammspieler abgegeben worden war. Die eingenommenen rund neun Mio. DM Transfergelder konnten an diesem Dilemma nur wenig ändern, denn der als neuer Leitwolf auserkorene Allgöwer wollte und konnte diese Rolle nicht übernehmen. Von den Neuzugängen schlugen nur Basualdo und Frontzeck ein. Trainer Haan geriet derweil in die Diskussion, weil er seinen Urlaub eigenmächtig verlängerte, gleich mehrfach öffentlich mit anderen Klubs flirtete und zudem Kritik am VfB-Vorstand übte, weil der ihm ungefragt Demir Hotic gekauft hatte.

Mit frischem Optimismus aus dem winterlichen Trainingslager in Costa Rica heimgekehrt, schlug die Stimmung in der Rückserie vollends um. Während die katastrophale Auswärtsbilanz (7:27-Punkte) sogar das „Mindestziel" UEFA-Cup-Platz kostete, begann das „Großreinemachen". Mit Dieter Hoeneß stellte der VfB erstmals einen „richtigen" Manager an, während Haan nach der 0:1-Heimpleite gegen Kaiserslautern von Co-Trainer Entenmann abgelöst wurde. Der beteuerte gleich „Mir schauet net zurück, mir schauet nur nach vorn", machte sich gemeinsam mit Manager Hoeneß auf die Suche nach Verstärkungen für die nächste Saison und erlebte am letzten Spieltag beim 2:2 gegen Absteiger Homburg den „peinlichen Schlusspunkt einer peinlichen Saison für den VfB Stuttgart" (»kicker«).

Maurizio Gaudino am Boden – der VfB verlor mit 0:2 in Dortmund.

[SPIEL]

Dortmund 2:0 VfB

UEFA-Cup verpasst

VfB in Dortmund ausgekontert

Es ist die letzte Chance, einer verkorksten Saison doch noch die Wende zu geben. Ein Sieg im Dortmunder Westfalenstadion, und der VfB bliebe im Rennen um einen UEFA-Cup-Platz. Doch wie soll das gelingen, wo man doch mit der miserablen Auswärtsbilanz von sieben Punkten aus 15 Spielen auf die drittbeste Heimelf der Liga (nur eine Niederlage) trifft?

Einen Monat nach seiner Amtsübernahme versucht es Trainer Entenmann mit einer überraschend offensiv eingestellten Mannschaft, die mit den Sturmspitzen Maurizio Gaudino und Olaf Schmäler aufläuft. Die Partie ist noch keine fünf Minuten alt, da humpelt Jüptner verletzt vom Platz, und der VfB muss umstellen. Mutig wirft Entenmann mit Fritz Walter einen weiteren Stürmer ins Rennen und zieht Gaudino dafür ins Mittelfeld zurück. Das zahlt sich zunächst aus – allerdings nur optisch. Basualdo und Gaudino erzeugen viel Druck, die VfB-Abwehr agiert offensiv, und Dortmund muss mächtig kämpfen, um einen Rückstand zu verhindern. Doch BVB-Trainer Köppel, einst selbst für den VfB am Ball, erkennt die Schwachstelle der offensiven Schwaben: Sie sind konteranfällig.

Vor allem BVB-Spielmacher Andy Möller nutzt seine Freiräume und schwingt sich zu einer Weltklasseleistung auf. In der 15. Minute bedient er Michael Zorc, der dem VfB mit dem 1:0 den ersten Tiefschlag versetzt. Stuttgart bleibt auch danach offensiv. Wie zuvor versagen Walter und Co. vor dem gegnerischen Tor jedoch die Nerven. Sekunden vor dem Halbzeitpfiff kommt die Quittung: Michael Rummenigge tankt sich durch, bedient den überragenden Möller, und es steht 2:0.

Das ist zugleich der Endstand, denn auch nach dem Seitenwechsel vermögen die Schwaben den Ball nicht hinter Teddy de Beer unterzubringen. Auch wenn die als „lebenswichtig" bezeichnete UEFA-Cup-Qualifikation damit verpasst ist, zeigt man sich im Stuttgarter Lager nicht unzufrieden. „Entenmanns Handschrift ist zu erkennen. Wir lassen uns auswärts nicht mehr abschlachten. Zahlenmäßig hat sich das nicht niedergeschlagen, weil das Quäntchen Glück fehlte", macht Manager Hoeneß sogar erste Anzeichen eines Aufschwungs aus.

■ Zum Heimspiel gegen Kaiserslautern ließ sich VfB-Sponsor **„Südmilch"** mal wieder etwas Besonderes einfallen: Die Trainerbänke wurden mit Werbeschriftzügen für den neuen Mineral-Joghurt „Fruttis" versehen. Kommentar des »kicker« nach dem 0:1: „Was der VfB spielte, war dagegen eher Tutti Frutti – alles durcheinander."

■ Transferstreit um **Harald Kohr**. Der aus Kaiserslautern verpflichtete Stürmer hatte sich am 14. April 1989 beim FCK-Spiel gegen Uerdingen eine schwere Verletzung zugezogen und musste am Knie operiert werden. Weil der VfB daraufhin Abstand von dem bereits unterzeichneten Vertrag nahm, klagte der FCK und zog vor Gericht.

■ Einer der Gründe für die sportliche Talfahrt des VfB war seine **Überbelastung**. Mit 51 Pflichtspielen hatten die Weiß-Roten in der Saison 1988/89 das größte Programm aller Bundesligisten zu absolvieren.

■ Glück hatte **Alex Strehmel**, der beim 4:0 über Düsseldorf plötzlich zur Ersatzbank eilte und das Trikot wechselte. Er hatte in der Halbzeitpause statt der „2" versehentlich die „4" übergestreift. „Zum Glück hat der Schiri das nicht gesehen, sonst hätte es Gelb gegeben", grinste der US-Deutsche.

■ Vor dem Europacupspiel gegen Zenit Leningrad war „MV" erbost über die Stadtväter und ließ den **Schriftzug „Stuttgart"** von den Trikots entfernen. Man wolle nicht mehr Werbeträger für eine Kommune sein, die „eine um die andere Veranstaltung in der Schleyer-Halle mit hunderttausenden von Mark unterstützt", während sie bei dem Klub, „der in all den Jahren den Namen der Stadt am meisten verbreitet habe, höchstens die Erhöhung der Stadionmiete ins Kalkül fasse und bei der Bandenwerbung kräftig mitkassiere". Einmal in Fahrt beklagte der VfB-Präsident auch gleich den Zustand des Neckarstadions, das „nicht mehr dem neuesten Stand" entspräche.

■ Männer der Tat benötigte es beim **Pokalspiel** des VfB in Gütersloh. Nachdem vor dem Anpfiff ein bemannter Heißluftballon in die Lüfte gegangen war, stellte man fest, dass der VW-Bus, der die Insassen herangekarrt hatte, noch immer auf dem Spielfeld stand. Problem: Der Fahrer schwebte mitsamt Zündschlüssel über dem Heidewaldstadion… Zur Gaudi der Zuschauer mussten Profis wie Amateure daraufhin „anpacken" und das Gefährt beiseite tragen.

[EREIGNIS]

Bizarre Entlassung

Warum muss Arie Haan gehen?

Die Meldung kam am frühen Morgen des 27. März 1990: „Ich habe den Trainer entlassen! Das Präsidium glaubt, dass der UEFA-Cup-Platz eher mit Willi Entenmann zu schaffen ist", teilte VfB-Boss Gerhard Mayer-Vorfelder kurz und bündig mit.
Die vermeintliche „Traumehe" zwischen dem sympathischen Niederländer Arie Haan und dem zurückhaltenden Ländle Klub war geschieden. Und alle rätselten warum. Sportlich war zweifelsohne die 0:1-Heimniederlage gegen Kaiserslautern der Auslöser gewesen, durch die der laut „MV" „lebensnotwendige" UEFA-Cup-Platz in Gefahr geraten war. Das FCK-Tor hatte zudem ausgerechnet der von Haan beim VfB vergraulte Hotic erzielt. Doch es ging nicht nur um sportliche Belange, denn das Verhältnis zwischen Trainer und Präsident war seit längerem zerrüttet. Zunächst hatte es „MV" nicht gefallen, dass Haan mit Olympique Marseille bzw. dem KV Mechelen über einen Wechsel verhandelt hatte. Als der von der Doppelbelastung „Manager und Trainer" entnervte Holländer dann nach dem Herbstball des VfB auch noch den Flieger zur Gegnerbeobachtung in Moskau verschlief, schien es gar, als provoziere er seinen Rauswurf. Das war durchaus vorstellbar, stand doch in seinem Vertrag, dass er im Entlassungsfall weiterhin volle Bezüge kassieren würde – wohingegen bei eigener Kündigung eine Rückzahlung seinerseits fällig wäre…
Doch während sich „MV" noch über „Einfallslosigkeit" und das „an Arbeitsverweigerung grenzende Verhalten der Spieler" echauffierte, trat für Haan mit der Verpflichtung von Manager Dieter Hoeneß eine neue Situation ein. Endlich konnte sich der wegen seiner Eheprobleme zusätzlich ins Visier der Boulevardpresse geratene Coach wieder auf seine Traineraufgaben konzentrieren und schmiedete prompt Pläne für eine goldene VfB-Zukunft.
Seine Entlassung kam daher wie aus heiterem Himmel. „Wir waren alle total überrascht. Ich bin nicht der Meinung, dass uns Arie Haan nicht mehr motivieren konnte", staunte Guido Buchwald, während einige Fans beim Heimspiel gegen Leverkusen Präsident Mayer-Vorfelder angriffen und mit einem Transparent verkündeten: „Arie Haan ist ein Verlust, MV nicht". Der baden-württembergische Kultusminister geriet auch bei den Medien in die Kritik. Da war die Rede von „gekränkten Eitelkeiten", und dass „MV" die „Muskeln spielen" lasse.
Arie Haan übergab die Sache seinem Rechtsanwalt, denn: „Ich lasse mich vom VfB-Präsidenten nicht in eine Ecke drängen. Was MV zu sagen hat, ist nicht das Evangelium".
Für die Mannschaft nahm das Trainertheater kein gutes Ende. Unter dem wie 1986 wieder zum Chef aufgerückten „Co" Willi Entenmann holte sie lediglich sieben Punkte und verpasste tatsächlich noch den „lebensnotwendigen" UEFA-Cup-Platz.

Als Dieter Hoeneß (rechts) kam, konnte Trainer Arie Haan seine nebenbei erfüllte Managertätigkeit aufgeben. Links VfB-Präsident Gerhard Mayer-Vorfelder.

Hinten v. l.: Allgöwer, Nils Schmäler, Olaf Schmäler, Buchwald, Katanec (später ausgeschieden), Mirwald, Schnalke, Kurz. Mitte: Manager Ohlicher, Co-Trainer Entenmann, Trainer Haan, Strehmel, Gaudino, Frontzeck, Poschner, Keller, Bufka, Masseur Braun, Zeugwart Seitz, Masseur Frölich. Vorn: Sigurvinsson, Walter, Hotic, Trautner, Immel, Jüptner, Latifovic, Schäfer, Hartmann.

[LEGENDEN]

ASGEIR SIGURVINSSON

Ausgerechnet sein letztes Spiel im weiß-roten Dress geriet zum Fiasko, denn beim 2:2 gegen Homburg klappte auf VfB-Seite gar nichts. So verabschiedete sich Asgeir Sigurvinsson mit gesenktem Haupt aus dem Neckarstadion.

1982 als Edelreservist beim FC Bayern ausgemustert, war der Isländer in Stuttgart acht Jahre lang sportliche Gallionsfigur und uneingeschränkter Publikumsliebling gewesen. Seinen größten Erfolg hatte „Eismeer-Zico“ im Spieljahr 1983/84 gefeiert, als er den VfB mit zahlreichen Traumpässen entscheidend zum Meistertitel führte.

Als „Siggis“ Kraft 1989 nach 17 Profijahren und zahlreichen Verletzungen allmählich nachließ, musste er zeitweise sogar auf der Bank Platz nehmen. Doch der Isländer blieb am Ball. Beim 4:0 über Gladbach riss er seine Mitspieler mit, beim 1:2 in Rotterdam schoss er den VfB in die nächste Europacuprunde.

Nun aber war Schluss, nahm der symphatische Isländer nach 194 Spielen (38 Tore) Abschied vom VfB.

1. Bundesliga

1	29.7.1989	VfB - Karlsruher SC	2:0	34.000
2	9.8.1989	1. FC Köln - VfB	0:0	33.000
3	12.8.1989	VfB - SVW Mannheim	1:0	28.000
4	16.8.1989	Hamburger SV - VfB	1:0	12.500
5	23.8.1989	VfB - Eintracht Frankfurt	1:1	31.000
6	26.8.1989	VfL Bochum - VfB	2:0	13.000
7	2.9.1989	Fortuna Düsseldorf - VfB	4:2	13.500
8	9.9.1989	VfB - Bayer Uerdingen	1:0	16.300
9	16.9.1989	1. FC Kaiserslautern - VfB	1:2	18.917
10	20.9.1989	VfB - Bayern München	2:1	68.000
11	30.9.1989	Bayer Leverkusen - VfB	1:1	12.000
12	7.10.1989	VfB - FC St. Pauli	4:0	19.000
13	13.10.1989	Werder Bremen - VfB	6:1	18.854
14	21.10.1989	VfB - Borussia Dortmund	3:1	25.000
15	28.10.1989	1. FC Nürnberg - VfB	0:2	37.000
16	4.11.1989	VfB - Bor. M'gladbach	4:0	28.000
17	18.11.1989	FC Homburg - VfB	4:2	10.000
18	25.11.1989	Karlsruher SC - VfB	1:0	25.000
19	2.12.1989	VfB - 1. FC Köln	3:1	33.200
20	9.12.1989	SVW Mannheim - VfB	2:1	10.235
21	16.12.1989	VfB - Hamburger SV	3:0	15.000
22	24.2.1990	Eintracht Frankfurt - VfB	5:1	35.500
23	3.3.1990	VfB - VfL Bochum	1:0	14.000
24	10.3.1990	VfB - Fortuna Düsseldorf	4:0	16.500
25	17.3.1990	Bayer Uerdingen - VfB	4:1	7.000
26	24.3.1990	VfB - 1. FC Kaiserslautern	0:1	19.000
27	31.3.1990	Bayern München - VfB	3:1	47.000
28	7.4.1990	VfB - Bayer Leverkusen	0:0	21.000
29	12.4.1990	FC St. Pauli - VfB	0:0	20.551
30	21.4.1990	VfB - Werder Bremen	3:1	24.700
31	28.4.1990	Borussia Dortmund - VfB	2:0	47.293
32	1.5.1990	VfB - 1. FC Nürnberg	4:0	16.000
33	5.5.1990	Bor. M'gladbach - VfB	3:1	25.500
34	12.5.1990	VfB - FC Homburg	2:2	14.200

Abschlusstabelle

1. Bayern München (M)	34	19	11	4	64:28	49-19
2. 1. FC Köln	34	17	9	8	54:44	43-25
3. Eintracht Frankfurt	34	15	11	8	61:40	41-27
4. Borussia Dortmund	34	15	11	8	51:35	41-27
5. Bayer Leverkusen	34	12	15	7	40:32	39-29
6. VFB STUTTGART	34	15	6	13	53:47	36-32
7. Werder Bremen	34	10	14	10	49:41	34-34
8. 1. FC Nürnberg	34	11	11	12	42:46	33-35
9. Fort. Düsseldorf (N)	34	10	12	12	41:41	32-36
10. Karlsruher SC	34	10	12	12	32:39	32-36
11. Hamburger SV	34	13	5	16	39:46	31-37
12. 1. FC Kaiserslautern	34	10	11	13	42:55	31-37
13. FC St. Pauli	34	9	13	12	31:46	31-37
14. Bayer Uerdingen	34	10	10	14	41:48	30-38
15. Bor. M'gladbach	34	11	8	15	37:45	30-38
16. VfL Bochum	34	11	7	16	44:53	29-39
17. SVW Mannheim ▽	34	10	6	18	36:53	26-42
18. FC Homburg (N) ▽	34	8	8	18	33:51	24-44

DFB-Pokal

1. HR	19.8.89	VfL Wolfsburg - VfB	1:3	6.000
2. HR	23.9.89	FC Gütersloh - VfB	0:2 n.V.	12.000
AF	9.11.89	VfB - Bayern München	3:0	67.750
VF	12.12.89	Werder Bremen - VfB	3:0	22.678

UEFA-Cup

1. R	13.9.89	VfB - Feyenoord R'dam	2:0	22.500
	27.9.89	Feyenoord R'dam - VfB	2:1	24.000
2. R	18.10.89	Zenit Leningrad - VfB	0:1	15.000
	1.11.89	VfB - Zenit Leningrad	5:0	15.000
3. R	22.11.89	RFC Antwerpen - VfB	1:0	15.000
	6.12.89	VfB - RFC Antwerpen	1:1	17.100

Bundesligakader

Abgänge: Hotic (im Dezember zum 1. FC Kaiserslautern), Katanec (Sampdoria Genua), Klinge (Lausanne Sports), Klinsmann (Inter Mailand), Lang (FC Marbach), Schröder (Hamburger SV), Schütterle (Karlsruher SC), Zietsch (Bayer Uerdingen). **Zugänge:** Basualdo (Deportivo Mandyiu Corrientes), Frontzeck (Borussia Mönchengladbach), Hotic (Stuttgarter Kickers), Kastl (Bayer Leverkusen), Keller (VfB-Jugend), Kohr (1. FC Kaiserslautern/Vertrag nicht angetreten), Kurz (VfL Sindelfingen), Latifovic (VfB-Amateure), Rasmussen (Aalborg BK), Schnalke (FC Marbach), Sverisson (im Dezember vom UMF Tindastoll)

Trainer: Arie Haan (bis zum 26. März 1990), Willi Entenmann (ab 27. März 1990)

Tor		Günther Schäfer	22/0
Eike Immel	27/0	Manfred Kastl	18/4
Eberhard Trautner	7/0	Axel Jüptner	15/0
Feld		Gerhard Poschner	14/0
Karl Allgöwer	32/4	Olaf Schmäler	14/5
Michael Frontzeck	31/4	Peter Rasmussen	13/1
Jürgen Hartmann	31/2	Demir Hotic	11/3
Fritz Walter	31/13	Manfred Schnalke	6/1
José H. Basualdo	28/2	E. Sverisson (VA)	3/1
Guido Buchwald	28/5	Marco Kurz (VA)	1/0
Maurizio Gaudino	27/4	Klaus Mirwald	0/0
Alexander Strehmel	27/0	Jens Keller (VA)	0/0
Nils Schmäler	24/1	Irsen Latifovic (VA)	0/0
Asgeir Sigurvinsson	23/1	+ zwei Eigentore	

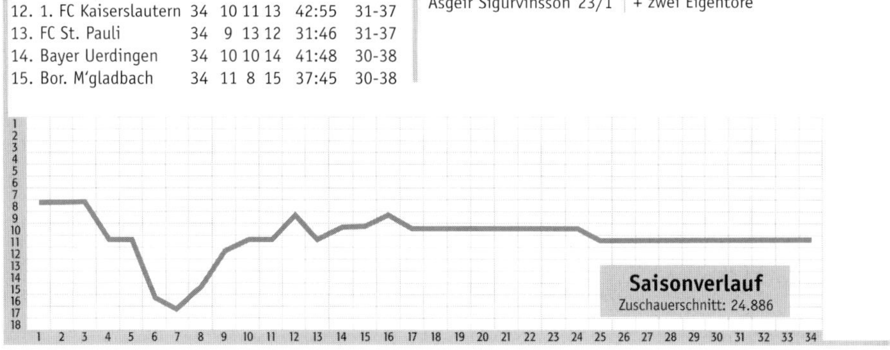

[EREIGNIS]

Beginn einer neuen Ära

Entenmann-Kündigung umstritten

Nach dem 0:1 gegen Bremen versicherte Guido Buchwald noch: „Wir stehen zu Willi Entenmann. Es stehen schließlich elf Spieler auf dem Platz und nicht ein Trainer." Doch die anhaltende Talfahrt forderte ihren Tribut, und so zog Willi Entenmann eine Woche später selbst einen Schlussstrich und bat um Auflösung seines Vertrages.
Soweit die offizielle Darstellung. Hinter vorgehaltener Hand munkelte man indes, Entenmann sei vom Vorstand massiv unter Druck gesetzt worden, seinen Rücktritt zu erklären. Ohnehin machten bei einer Blitzumfrage des »Südfunk« 73 Prozent der Befragten „MV" für die VfB-Krise verantwortlich - und lediglich sieben Prozent Trainer Entenmann! Ein Nachfolger stand schon parat. „Es war am Montag gegen 12.30 Uhr. Meine Familie und ich saßen am Mittagstisch, als das Telefon klingelte. Der Anrufer: Dieter Hoeneß. Der Manager des VfB Stuttgart fragte an, ob ich Interesse hätte, beim VfB Trainer zu werden", erklärte der im Juli 1990 in Köln geschasste Christoph Daum gegenüber dem »kicker«.
Eine Nachtsitzung später hatten sich beide Seiten geeinigt, und für den VfB begann eine neue Ära. Mit Daum war nicht nur einer der profiliertesten, sondern auch umstrittensten Trainer verpflichtet worden. Auf den ersten Blick passten der forsche Rheinländer und der biedere Klub aus dem „Musterländle" eigentlich gar nicht zueinander. Doch dass Daum genau der Richtige war, um das fragile Nervenkostüm von Buchwald und Co. wieder aufzurichten, zeigte sich schon im ersten Spiel. Ausgerechnet Köln hieß der Gegner - und erstmals nach zehn sieglosen Spielen ging der VfB wieder als Gewinner vom Platz! „Fünf Sätze hat er gesagt und uns damit sofort wachgerüttelt. Ich bekam regelrecht eine Gänsehaut", staunte Maurizio Gaudino.
Für die Zukunft hatte Daum Großes vor mit dem Klub. „Ich will mich jetzt nicht auf eine bestimmte Platzierung festlegen, aber der VfB ist ein Klub mit internationalen Perspektiven und deshalb eine echte Herausforderung für mich."

Die neue sportliche Leitung beim VfB: Trainer Christoph Daum (links) und Manager Dieter Hoeneß.

■ Zwei Treffer gelangen VfB-Neuzugang **Matthias Sammer** (Foto) beim letzten Spiel der DDR-Nationalmannschaft in Belgien. Während viele Stars beim Ausklang der DDR-Länderspielgeschichte fehlten, empfand es der 23-jährige Rotschopf als Ehre, in Brüssel dabei zu sein. Nach dem Ende des Kapitels DDR hoffte Sammer allerdings auch auf einen baldigen Einsatz im DFB-Auswahlteam. Beckenbauer-Nachfolger Berti Vogts machte ihm diesbezüglich Hoffnungen und erklärte: „Matthias Sammer könnte es als erster DDR-Spieler packen."

■ Eher unglücklich in Stuttgart war indes **Manfred Kastl**. Der im Vorjahr für 2,1 Mio. DM aus Hamburg verpflichtete Stürmer schmorte zumeist auf der Bank und hegte Wechselgedanken. Fachleute wunderten sich, warum Trainer Entenmann dem verhinderten Torjäger angesichts der wiederholt schwachen Auftritte von Fritz Walter und Co. keine Chance gab. „Manfred Kastl - eine verschenkte Alternative", kommentierte der »kicker«.

[SAISON]

Am Tag, als Christoph kam

17. November 1990. Nach dem zehnten sieglosen Spiel in Folge trennen den VfB ganze drei Tore vom vorletzten Tabellenplatz. Statt Titelträume rauben Abstiegsängste den Anhängern den Schlaf, und Geschäftsführer Schäfer fürchtet um die wirtschaftliche Handlungsfähigkeit.
Sieben Monate später. 41.500 Fans feiern ein 2:0 über den HSV, das dem VfB einen UEFA-Cup-Platz beschert, falls Werder Bremen das Pokalfinale gegen Köln gewinnt. Als die Norddeutschen wenig später genau das tun, knallen auch in Stuttgart die Sektkorken. Eine sensationelle Wiedergeburt ist vollbracht, und der zwischenzeitliche Abstiegskandidat VfB darf sich im internationalen Geschäft die Kasse füllen! Im Zentrum der Feierlichkeiten steht ein Mann, der ein wenig grantelig wirkt, unverkennbar stolz ist und gemeinhin als „Lautsprecher" bezeichnet wird: Christoph Daum. Während der WM 1990 überraschend in Köln gefeuert, löste er am 14. Spieltag den glücklosen Willi Entenmann als VfB-Cheftrainer ab und führte die Weiß-Roten mit 28:12-Punkten sensationell auf Rang sechs.
Es war das Happy End einer turbulenten Saison, die voller Zuversicht begonnen hatte. Mit Matthias Sammer und „Wiggerl" Kögl hochkarätig verstärkt, legte der VfB einen Traumstart hin und führte das Feld nach zwei Spielen mit 7:0 Toren an. Ein 1:2 beim FC Bayern stoppte den Schwaben-Express, der plötzlich auf allen Zylindern stotterte. Erster Tiefpunkt war eine 1:4-Heimpleite gegen Aufsteiger Wattenscheid, bei der sämtliche VfB-Probleme deutlich wurden: Weltmeister Buchwald verletzt, Allgöwer als Libero seiner Offensivkünste beraubt, Gaudino ein Schatten seiner selbst, Torjäger Walter mit Ladehemmung und auf der Ersatzbank kaum Alternativen. Weil es dem emsig arbeitenden Entenmann nicht gelang, eine Wende herbeizuführen, war der Trainerwechsel zu Motivationskünstler Daum (der mit einem 3:2-Sieg über Ex-Klub Köln begann!) beinahe die logische Konsequenz.

■ Nach dem 1:1 gegen Fortuna Düsseldorf gab es unüberhörbare **Dissonanzen** zwischen Präsident Mayer-Vorfelder und Manager Dieter Hoeneß. 3:11-Punkte in Folge hatten das Nervenkostüm sichtlich angegriffen, und dass Hoeneß entgegen seiner sonstigen Gepflogenheiten auf der Pressekonferenz fehlte, passte „MV" gar nicht. „Es ist in der Bundesliga nicht üblich, dass der Manager in den Pressekonferenzen sitzt", kommentierte Hoeneß kühl.

■ Über 8.000 Fans begrüßten **Guido Buchwald** nach seiner Rückkehr aus Italien, wo er mit Deutschland Weltmeister geworden war, auf dem Rathausplatz. „Das war ein tolles Gefühl. Ich bekam eine Gänsehaut. Erst da wurde mir bewusst, dass wir etwas ganz Großes geleistet hatten", zeigte sich der Abwehrspezialist gerührt. Gegen Argentiniens Superstar Maradona hatte der 1,88 m große Modellathlet eine derart überzeugende Leistung geboten, dass er sogar einen neuen Spitznamen erhielt: „Diego". Am liebsten wäre Buchwald gleich in Italien geblieben, denn „dort kannst du dich an jedem Spieltag mit einem Weltstar messen. Ich hätte noch mal etwas neues erleben können." Doch das VfB-Präsidium spielte nicht mit. Obwohl sich Buchwald bereits mit dem AC Parma einig war, legte der VfB sein Veto ein und verfügte: „Unter zehn Mio. DM Ablöse läuft nichts."

1. Bundesliga

1	8.8.1990	Borussia Dortmund - VfB	0:3	41.034
2	17.8.1990	VfB - Bor. M'gladbach	3:0	19.255
3	25.8.1990	Bayern München - VfB	2:1	73.153
4	1.9.1990	VfB - 1. FC Nürnberg	2:1	34.000
5	7.9.1990	Bayer Uerdingen - VfB	2:0	9.200
6	15.9.1990	VfB - Bayer Leverkusen	0:2	27.000
7	22.9.1990	FC St. Pauli - VfB	2:2	14.900
8	29.9.1990	VfB - Wattenscheid 09	1:4	19.500
9	6.10.1990	VfB - Karlsruher SC	2:2	22.600
10	13.10.1990	1. FC Kaiserslautern - VfB	2:0	32.670
11	20.10.1990	VfB - Fortuna Düsseldorf	1:1	17.400
12	26.10.1990	VfL Bochum - VfB	1:1	17.501
13	10.11.1990	VfB - Werder Bremen	0:1	24.000
14	17.11.1990	Bor. M'gladbach - VfB	2:0	12.900
15	24.11.1990	VfB - 1. FC Köln	3:2	35.000
16	8.12.1990	Hamburger SV - VfB	2:0	14.600
17	16.12.1990	VfB - Eintracht Frankfurt	2:1	19.500
18	23.2.1991	VfB - Borussia Dortmund	7:0	22.000
19	2.3.1991	Hertha BSC Berlin - VfB	0:2	13.273
20	9.3.1991	VfB - Bayern München	0:3	68.000
21	16.3.1991	1. FC Nürnberg - VfB	0:1	35.700
22	22.3.1991	VfB - Bayer Uerdingen	3:1	15.000
23	2.4.1991	Bayer Leverkusen - VfB	0:0	11.000
24	6.4.1991	VfB - FC St. Pauli	2:1	19.000
25	12.4.1991	Wattenscheid 09 - VfB	2:2	5.945
26	16.4.1991	Karlsruher SC - VfB	0:0	26.000
27	20.4.1991	VfB - 1. FC Kaiserslautern	2:2	43.000
28	4.5.1991	Fortuna Düsseldorf - VfB	0:4	18.000
29	10.5.1991	VfB - VfL Bochum	2:2	15.000
30	17.5.1991	Werder Bremen - VfB	0:1	17.023
31	25.5.1991	VfB - Bor. M'gladbach	1:1	32.000
32	1.6.1991	1. FC Köln - VfB	1:6	20.000
33	8.6.1991	VfB - Hamburger SV	2:0	41.500
34	15.6.1991	Eintracht Frankfurt - VfB	4:0	39.800

Abschlusstabelle

1.	1. FC Kaiserslautern	34	19	10	5	72:45	48-20
2.	Bayern München (M)	34	18	9	7	74:41	45-23
3.	Werder Bremen	34	14	14	6	46:29	42-26
4.	Eintracht Frankfurt	34	15	10	9	63:40	40-28
5.	Hamburger SV	34	16	8	10	60:38	40-28
6.	VFB STUTTGART	34	14	10	10	57:44	38-30
7.	1. FC Köln	34	13	11	10	50:43	37-31
8.	Bayer Leverkusen	34	11	13	10	47:46	35-33
9.	Bor. M'gladbach	34	9	17	8	49:54	35-33
10.	Borussia Dortmund	34	10	14	10	46:57	34-34
11.	Wattenscheid 09 (N)	34	9	15	10	42:51	33-35
12.	Fortuna Düsseldorf	34	11	10	13	40:49	32-36
13.	Karlsruher SC	34	8	15	11	46:52	31-37
14.	VfL Bochum	34	9	11	14	50:52	29-39
15.	1. FC Nürnberg	34	10	9	15	40:54	29-39
16.	FC St. Pauli ▽	34	6	15	13	33:53	27-41
17.	Bayer Uerdingen ▽	34	5	13	16	34:54	23-45
18.	Hertha BSC B. (N) ▽	34	3	8	23	37:84	14-54

DFB-Pokal

1. HR	4.8.90	Eintracht Trier - VfB	0:1	5.500
2. HR	3.11.90	Karlsruher SC - VfB	0:2	16.500
AF	30.11.90	Preußen Münster - VfB	0:1	18.000
VF	30.3.91	1. FC Köln - VfB	1:0 n.V.	37.000

Bundesligakader

Abgänge: Bufka (VfB-Amateure), Kurz (1. FC Nürnberg), Latifovic (SV Böblingen), Mirwald (VfB-Amateure), Poschner (Borussia Dortmund), Rasmussen (im Januar zu Aalborg BK), Sigurvinsson (Laufbahnende)
Zugänge: Buck (SC Freiburg), Keller (VfB-Jugend), Kögl (Bayern München), Kramny (VfB-Jugend), Sammer (Dynamo Dresden), Schneider (VfB-Jugend)
Trainer: Willi Entenmann (bis zum 19. November 1990), Christoph Daum (ab 20. Oktober 1990)

Tor		Maurizio Gaudino	18/2
Eike Immel	34/0	Manfred Kastl	17/2
Eberhard Trautner	0/0	José H. Basualdo	16/0
Feld		Nils Schmäler	16/1
Jürgen Hartmann	33/1	Alexander Strehmel	16/1
Karl Allgöwer	32/8	Uwe Schneider	14/0
Michael Frontzeck	32/5	Manfred Schnalke	13/0
Matthias Sammer	30/11	Axel Jüptner	8/0
Fritz Walter	26/12	Olaf Schmäler	5/0
Ludwig Kögl	22/3	Jürgen Kramny	4/0
Günther Schäfer	22/0	Peter Rasmussen	3/0
Guido Buchwald	21/3	Jens Keller (VA)	1/0
Andreas Buck	21/1		
E. Sverrisson (VA)	20/5		

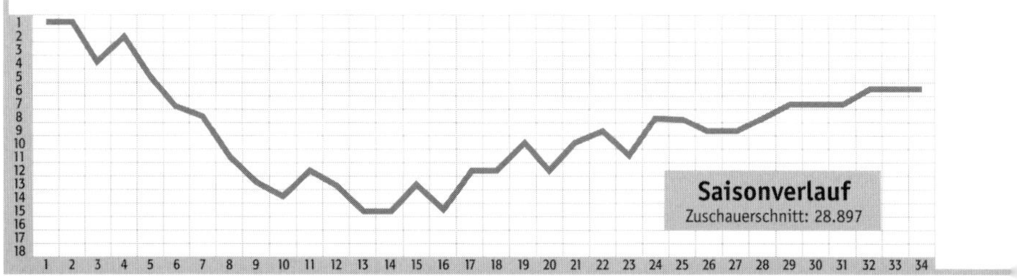

Der VfB 1990/91. Hinten v. l.: Allgöwer, Nils Schmäler, Olaf Schmäler, Schnalke, Sverrisson, Kramny, Schneider. Mitte: Trainer Entenmann, Co-Trainer Köstner, Kastl, Strehmel, Frontzeck, Gaudino, Sammer, Keller, Vereinsarzt Dr. Frölich, Zeugwart Seitz, Masseur Wörn. Vorn: Walter, Rasmussen, Buck, Immel, Trautner, Jüptner, Schäfer, Hartmann.

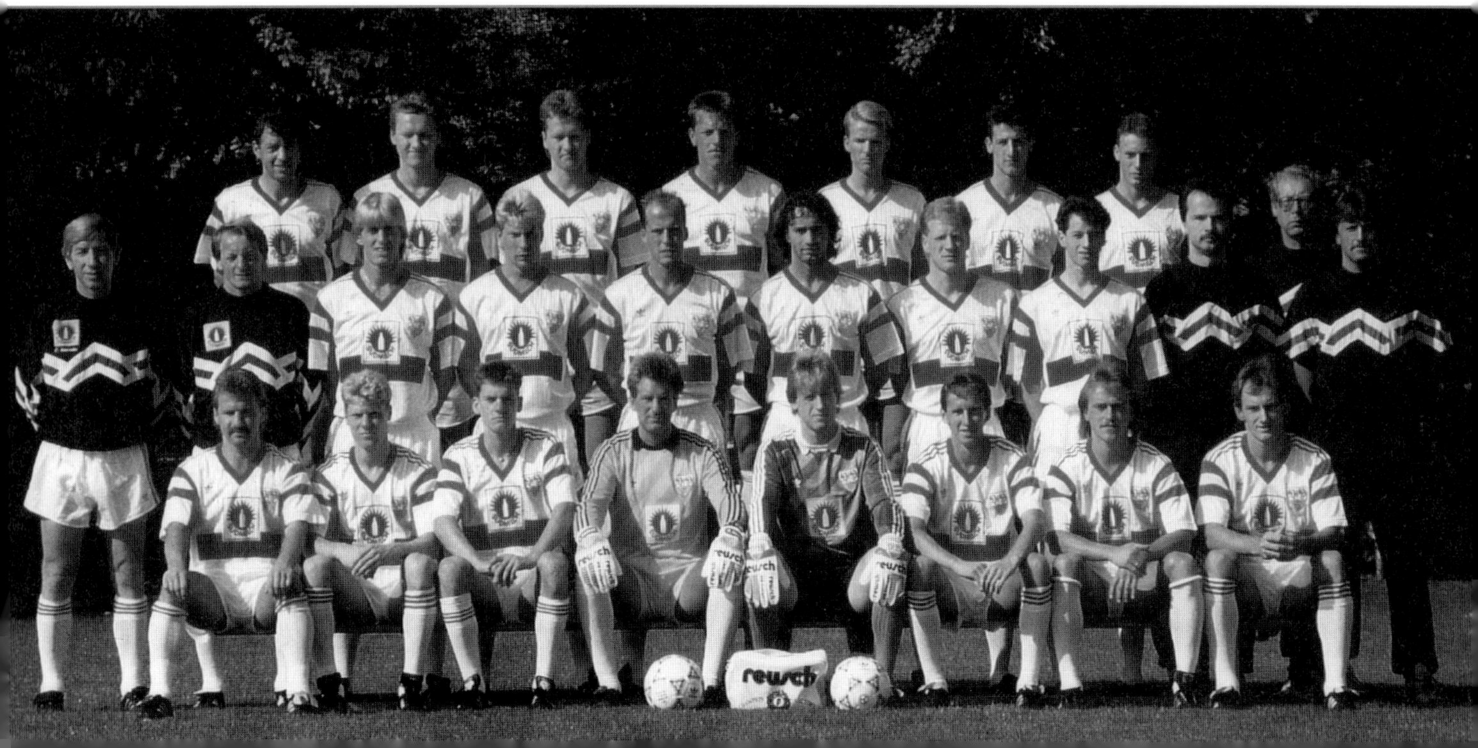

Allgöwer, Sammer, Frontzeck und Walter jubeln – in Köln feierte der VfB einen Kantersieg.

[LEGENDEN]

KARL ALLGÖWER

338 Bundesliga-spiele – VfB-Rekord. 129 Tore – VfB-Rekord. Einmal Deutscher Meister, zehn Länderspiele. Karl Allgöwer war einer der erfolgreichsten Spieler in der Geschichte des VfB Stuttgart – und einer der umstrittensten. Das betraf allerdings weder seine stets tadellose sportliche Leistung noch die Fans, bei denen „Karle" einen Stein im Brett hatte. Abseits des Spielfeldes hingegen legte Allgöwer stets Wert auf seine Meinung, die nicht immer konform mit den Beteiligten im Bundesligageschäft ging. Schon gar nicht mit der von VfB-Präsident Mayer-Vorfelder, der als Erzkonservativer für die Deutsche Nationalhymne vor Unterrichtsstunden plädierte, während Allgöwer sich eher Sorgen um die Zukunft des Planeten Erde machte.

Erfolge aber feierten sie gemeinsam und auch reichlich. Die Fans trauerten entsprechend, als sie am 8. Juni 1991 beim 2:0 über den HSV zum letzten Mal im Neckarstadion „Karle, laaaaaden" forderten, als sich der Offensivverteidiger den Ball zum Freistoß zurechtlegte. Mit Karl Allgöwer verlor die Bundesliga eines ihrer interessantesten Gesichter.

[SPIEL]

1. FC Köln 1:6 VfB

Traumfußball

Sensationssieg gegen Ex-Daum-Klub

„Ihr siegt für euch, aber auch für mich", schickt Christoph Daum seinen Jungs mit auf den Weg. Am 1. Juni 1991 kommt sein Tag der „Rache". „Rache" für seine unverständliche Entlassung in Köln, mit der ihm FC-Präsident Artzinger im Sommer 1990 einen Lebenstraum zerstörte.

Er, Christoph Daum, hatte den FC wieder zum Deutschen Meister und europäischen Spitzenklub machen wollen. Nun hat er es als VfB-Trainer in der Hand, den Rheinländern sogar die UEFA-Cup-Qualifikation zu verderben!

Schon das erste VfB-Spiel unter seiner Leitung hatte pikanterweise gegen seinen Ex-Klub stattgefunden und die Talfahrt des VfB mit einem 3:2-Sieg gestoppt. Inzwischen sind die Schwaben in der Tabelle bis auf zwei Zähler an die Geißböcke herangerückt. In Köln-Müngersdorf geht es also für beide Teams um die Qualifikation für den lukrativen UEFA-Cup. Gewinnen muss aber nur der VfB, während die Kölner auch mit einem Unentschieden zufrieden sein könnten.

Der VfB spielt somit nicht nur für sich und seinen Trainer, sondern auch für Manager Hoeneß, der gerne mit Zusatzeinnahmen aus den europäischen Töpfen planen würde. Zudem liegt ihnen die 0:1-Niederlage im Pokal-Viertelfinale an selber Stelle noch im Magen. Kölns hochdotierter Sportdirektor Udo Lattek hatte seinerzeit gelästert: „Der Christoph Daum gewinnt nie ein wichtiges Spiel."

Am 1. Juni 1991 wird Lattek eines besseren belehrt. Matthias Sammer und der unter Daum wieder als offensiver Mittelfeldspieler agierende Karl Allgöwer übernehmen früh die Initiative und drängen auf ein schnelles Führungstor.

In der 17. Minute ist es so weit. Sammer jagt einen Schuss auf das Kölner Gehäuse, Littbarski kann nur mit der Hand abwehren, und Fritz Walter bringt den VfB mit dem fälligen Elfmeter in Führung. Anschließend spielen die Schwaben wie befreit und zelebrieren Fußball wie von einem anderen Stern. Die Kölner können nur konsterniert zuschauen, wie Allgöwer in der 40. Minute mit einem Traumtor auf 2:0 erhöht. Nach dem Seitenwechsel schrauben Frontzeck, Sammer, noch einmal Frontzeck und Sverrisson bei einem Gegentreffer von Higl das Ergebnis auf ein sensationelles 6:1.

1991-2006

Zwischen Magie und Lethargie

Das Zeitalter des modernen Medienfußballs hätte für den VfB nicht besser beginnen können. Am 16. Mai 1992 sicherten sich die Weiß-Roten mit einem 2:1 in Leverkusen zum vierten Mal nach 1950, 1952 und 1984 die Deutsche Meisterschaft. Kaum jemand hatte sie auf der Rechnung gehabt. Trainer Daum und Spielmacher Sammer galten als Eckpfeiler einer Mannschaft, deren Stärke der Teamgeist war.
Nur wenige Monate später lag auf dem Wasen plötzlich alles brach. Ein Wechselfehler von Trainer Daum beim Europacupspiel in Leeds hatte den VfB um den möglichen Einzug in die Champions League gebracht und den Vereinsfrieden bis in die Grundfesten erschüttert. Als Meistertrainer Daum am 10. Dezember 1993 seinen Rücktritt verkündete, begann für den VfB eine Epoche voller Pleiten, Pech und Pannen. Acht Trainer versuchten sich bis 2001 erfolglos am „Schleudersitz VfB". Sie alle zwangen dem Klub „ihre" Philosophie auf und verstärkten die Mannschaft mit „ihren" Spielern. Heraus kam eine explosive Mischung aus verunsicherten Spielern, unzufriedenen Fans, sportlichen Unzulänglichkeiten und wirtschaftlichen Problemen.

Das „Magische Dreieck"

Daum-Nachfolger Jürgen Röber begann zwar mit einem 3:1-Erfolg beim FC Bayern, wo man seit 24 Jahren nicht mehr gewonnen hatte, stürzte mit seinem Team aber bald in Tristesse. Nachdem bereits langjährige Schlüsselspieler wie Guido Buchwald, Eike Immel, Günther Schäfer, Maurizio Gaudino, Fritz Walter und Michael Frontzeck den Verein verlassen hatten, kam es 1994/95 erneut zur personellen Zäsur. Trotz einer acht Mio.-DM-Investition für Elber, Bobic, Poschner und Foda reichte es jedoch nur zu Platz zwölf, woraufhin Röber gehen musste. Nach einem Intermezzo von Ex-„Wundermann" Sundermann übernahm Rolf Fringer die Trainingsleitung. Der mit Vorschusslorbeeren förmlich überschüttete Schweizer formte zwar eine spielstarke Mannschaft um das gefeierte „magische Dreieck" Giovane Elber, Fredi Bobic und Krassimir Balakov, vermochte ihr jedoch keine Konstanz einzuflößen und eckte zudem häufig an. Der auf die Wettbewerbsfähigkeit seines Vereins bedachte Präsident Mayer-Vorfelder sorgte unterdessen mit seiner ultimativen Forderung für die Qualifikation zu den europäischen Vereinswettbewerben für zusätzliche Unruhe.

Pokalsieg und Europacupfinale

Nachdem Fringer kurz vor Beginn der Saison 1996/97 überraschend das Handtuch geworfen hatte, kehrte der VfB unter „Jogi" Löw auf die Erfolgsspur zurück und sicherte sich mit einem 2:0-Finalsieg über Zweitligaaufsteiger Energie Cottbus zum dritten Mal nach 1954 und 1958 den DFB-Pokal. Als in der Folgesaison auch das Endspiel um den Europapokal der Pokalsieger erreicht wurde (0:1 gegen Chelsea London), schien der Klub endgültig auf dem richtigen Weg zu sein. Doch Ungeduld auf der Führungsebene und eine mangelhafte Hierarchie innerhalb der Mannschaft hatten schon im Verlauf der Erfolgssaison Probleme aufkommen lassen. Der bei den Fans beliebte Löw wurde daraufhin gegen den langjährigen Karlsruher Trainer Winfried Schäfer ausgetauscht, der bei den VfB-Anhängern aufgrund seiner Vergangenheit im Wildpark und seiner vielfältigen Attacken gegen den VfB als „rotes Tuch" galt. Unter Schäfer

Am Ziel: Gerhard Mayer-Vorfelder im Kreis seiner Lieben beim Gewinn des DFB-Pokals.

geriet der VfB in eine der bedrohlichsten Krisen seiner Geschichte. Während das Publikum vehement die Ablösung von „Winnie" forderte, taumelte die zerstrittene Mannschaft von einer Pleite in die nächste. Selbst Leistungsträger Krassimir Balakov wurde von der umfassenden Krise ergriffen, und obwohl der VfB in der Saison 1998/99 insgesamt vier Trainer verschliss, musste bis zum Schluss um den Klassenerhalt gezittert werden.

„MV" geht nach 25 Dienstjahren

Der neue Mann auf dem Stuttgarter „Trainer-Schleudersitz" hieß Ralf Rangnick und wurde „Professor" genannt. Er wollte mit einer einzigartigen Vision zum Erfolg kommen: Von der Bundesligaelf bis zur jüngsten Jugendmannschaft sollten beim VfB alle Teams nach derselben taktischen Ausrichtung spielen. Rangnick legte mit seiner Arbeit zwar den Grundstein für die später so erfolgreichen „jungen Wilden", vermochte während seiner eigenen Cheftrainertätigkeit jedoch kaum Erfolge zu feiern. Mangelnde Souveränität im Umgang mit den hochbezahlten Profis sowie inkonstante Mannschaftsleistungen führten schließlich im Februar 2001 auch zu seiner Entlassung. Zwischenzeitlich war der VfB zudem auf der Führungsebene in Turbulenzen geraten. Präsident Mayer-Vorfelder und Geschäftsführer Ulrich Schäfer sahen sich verstärkter Kritik ausgesetzt. Zahlreiche kostspielige Fehleinkäufe und eine rigide Führungspolitik hatten vor allem das Vertrauen in den nach Gutsherrenart vorgehenden Berufspolitiker Mayer-Vorfelder dramatisch sinken lassen. Nachdem sich die zwischenzeitlich installierten Sportdirektoren Hansi Müller und Karlheinz Förster zusehends gegen „MV" auflehnten, endete dessen Ära im Oktober 2000 mit der Amtsübernahme durch Manfred Haas.

Magath und die „jungen Wilden"

Als Felix Magath im Februar 2001 nach Stuttgart kam, fand er einen Verein vor, der am Boden lag. Mit 18 Mio. Euro verschuldet, musste der VfB zwangsläufig auf den eigenen Nachwuchs setzen – und wurde belohnt. Die „jungen Wilden" um Aliaksandr Hleb, Andreas Hinkel, Kevin Kuranyi und Timo Hildebrand verzauberten die ganze Liga, erreichten 2002/03 als Vizemeister die Champions League und lieferten dort beim 2:1 über Manchester United eine denkwürdige Partie ab. Keine zwei Jahre später stand Stuttgart erneut am Scheideweg. Nachdem der später auch als Manager tätige Magath zum FC Bayern gewechselt war, kam Matthias Sammer, der die „jungen Wilden" jedoch nicht in den Griff bekam. Statt europäischer Fußballklasse mussten sich die Fans wieder mit mittelmäßigem Bundesligagekicke zufrieden geben, und obwohl 2005/06 der renommierte Giovanni Trapattoni kam, verschärfte sich die sportliche Talfahrt noch.

Elf der Epoche 1991-06

Hildebrand

Hinkel – Verlaat – Bordon – Berthold

Soldo – Balakov – Sammer – Hleb

Bobic – Elber

[SAISON]

Zum vierten Mal Deutscher Meister

Nur dreimal zierte der VfB Stuttgart im Verlauf der ersten gesamtdeutschen Bundesligasaison die Tabellenspitze: Am 10. Spieltag, am 32. Spieltag – und am letzten Spieltag! Man schrieb den 16. Mai 1992, als ein 2:1-Sieg in Leverkusen ein Herzschlagfinale zugunsten des VfB entschied, bei dem eigentlich Frankfurt und Dortmund die besseren Chancen eingeräumt worden waren.

Schon zu Saisonbeginn hatte kaum jemand die Weiß-Roten auf seiner Meisterrechnung. Allein für Dortmunds Coach Ottmar Hitzfeld gehörten sie zum Kreis der Titelanwärter. Die Zurückhaltung war verständlich, denn angesichts eines Schuldenbergs in Höhe von 13 Mio. DM hatte der DFB angeordnet, rund 2,5 Mio. DM aus Transfererlösen zu erwirtschaften, um die Lizenz nicht zu gefährden. Nach Karl Allgöwer (Karriereende) musste daraufhin mit Jürgen Hartmann ein weiterer Leistungsträger abgegeben werden, während mit Preuss und Dubajic ausschließlich kostengünstige Nobodys kamen.

Dessen ungeachtet verbreitete Trainer Daum Optimismus: „Wir wollen von Beginn an in den UEFA-Cup-Rängen mitspielen und im UEFA-Cup so weit wie möglich kommen." Der Motivationskünstler baute auf den Schwung der mitreißenden Rückrunde 1990/91 und wurde nicht enttäuscht. Nach der 0:1-Auftaktniederlage in Duisburg rückte der VfB am fünften Spieltag bereits auf Platz drei vor und etablierte sich trotz einiger Rückschläge (u. a. das frühe UEFA-Cup-Aus gegen Osasuna) in der Spitzengruppe. Mit einem 4:1 über Titelverteidiger Kaiserslautern übernahmen die Schwaben am zehnten Spieltag sogar erstmals die Pole-Position. Weite Teile der Rückrunde verbrachte der VfB in Lauerstellung hinter dem Favoritenduo aus Frankfurt und Dortmund. Zugleich ließ die Elf um den überragenden Matthias Sammer den Kontakt nach oben jedoch nie abreißen und übernahm schließlich am 11. April nach neun Spielen ohne Niederlage durch ein 2:0 über Nürnberg abermals Platz 1.

[SPIEL]

Leverkusen 1:2 VfB

Das Meisterstück

Guido Buchwald Matchwinner

Im Grunde genommen kann der VfB völlig gelassen an seine Schlussaufgabe im Leverkusener Ulrich-Haberland-Stadion gehen: Eintracht Frankfurt liegt mit dem besseren Torverhältnis auf Platz eins und hat mit Absteiger Rostock die leichteste Aufgabe aller Titelanwärter vor sich. Und sollten die Hessen wider Erwarten patzen, ist da noch die punktgleiche Dortmunder Borussia, die in Duisburg ebenfalls vor einem sicheren Sieg steht. Der VfB hingegen hat es mit einem Gegner zu tun, der selbst noch um seine (wenn auch nur hauchdünne) Chance kämpft, 1992 im UEFA-Cup zu spielen – alles spricht also gegen Stuttgart.

Trainer Daum ist dennoch optimistisch. „Der VfB wird Meister! Vor Dortmund und vor Frankfurt", prognostiziert er und nagelt eine aufrüttelnde Botschaft an die Kabinentür: „15.30 - Krieg in Leverkusen!" Im Vergleich zum enttäuschenden 1:1 gegen Wattenscheid hat er sein Team auf einer Position verändert: Für den verletzten Sverrisson spielt „Wiggerl" Kögl. Hinter Sturmführer Fritz Walter sollen Gaudino und Sammer, der zum letzten Mal für den VfB aufläuft, nach vorne stoßen und dabei von Buck wie auch Kögl unterstützt werden.

Vor rund 3.000 mitgereisten VfB-Fans kommt das Stuttgarter Spiel nicht in Schwung. Sammer und Co. haben große Mühe mit der Bayer-Elf, die verbissen um ihre letzte Chance kämpft. Als Dortmund in Duisburg nach nur neun Minuten in Führung geht, werden die Schwaben noch nervöser und geraten in der 20. Minute durch einen Handelfmeter prompt in Rückstand. Nach dem zwischenzeitlichen Ausgleich durch einen von Fritz Walter verwandelten Foulelfmeter muss der VfB elf Minuten

vor Schluss den nächsten Rückschlag hinnehmen: Eine Schiedsrichterentscheidung beklatschend muss ausgerechnet „Feuerkopf" Sammer vorzeitig duschen gehen.

„Aus, das war das Aus", murmelt Präsident Mayer-Vorfelder auf der Tribüne; „tödlich, das war tödlich", stammelt Manager Hoeneß.

Doch vier Minuten vor Schluss überschlagen sich plötzlich die Ereignisse. Der zuvor eher blasse „Wiggerl" Kögl flankt auf Guido Buchwald, der durch den Leverkusener Strafraum fliegt und wuchtig zum 2:1 einköpft! Zwei Minuten später pfeift Schiedsrichter Dellwing die Partie ab. Der VfB ist Deutscher Meister 1992!

Der Rest war pure Dramatik. Nach einem 4:2 im Gipfeltreffen gegen Borussia Dortmund sowie einem hart erkämpften 3:1 gegen den Lokalrivalen Kickers (die bis zur 77. Minute 1:0 führten!) lag der VfB plötzlich vorzüglich im Titelrennen, als es am vorletzten Spieltag nur zu einem 1:1 gegen Wattenscheid reichte. „Jetzt sind wir die Deppen", schimpfte der vor dem Wechsel nach Mailand stehende Sammer, denn nun war der VfB auf die Hilfe anderer angewiesen.

Am letzten Spieltag hockte das halbe Land an den Radioapparaten. Frankfurt, Dortmund und Stuttgart lagen punktgleich an der Spitze. Während Favorit Frankfurt durch eine umstrittene Schiedsrichterentscheidung in Rostock unterlag, steuerte Dortmund in Duisburg souverän dem Sieg entgegen. Erst vier Minuten vor dem Ende der längsten Bundesligasaison der Geschichte wendete Guido Buchwald das Blatt zugunsten des VfB, als er in Leverkusen das 2:1 erzielte und die Schwaben zum vierten Mal zum Deutschen Meister machte!

Wenngleich der VfB nicht den spielerischen Glanz Frankfurts verbreitete und auch nicht über Dortmunds Leidenschaft verfügte – er war ein würdiger Meister. Mit den Worten „unsere relative Geschlossenheit und die disziplinierte Spielweise. Wir gewinnen nicht immer mit Glanz und Gloria, aber mit Disziplin", beschrieb Matthias Sammer die Stärken seiner Mannschaft, die mit 32 Gegentreffern die beste Abwehr und mit Fritz Walter den erfolgreichsten Torjäger der Liga stellte.

■ Angstgegner FC Bayern. Seinen letzten Sieg beim Rekordmeister hatte der VfB Stuttgart am 28. März 1970 gefeiert. Seinerzeit trafen Weidmann und Olsson zu einem 2:1-Erfolg. Am 18. April 1992 reiste der VfB im sicheren Gefühl an die Isar, die schwarze Serie endlich durchbrechen zu können. Grund: Der VfB war Spitzenreiter, die Bayern drohten in die Abstiegszone zu rutschen. Die Punkte blieben dennoch im Olympiastadion, denn Stefan Effenberg nutzte einen Konter zum Tor des Tages. Zu allem Übel sah Manndecker Günther Schäfer auch noch zum zweiten Mal im Saisonverlauf die Rote Karte.

■ Bei der Arbeit war VfB-Trainer Daum normalerweise kaum zu bremsen. Wild gestikulierend tigerte er dann am Spielfeldrand entlang. Den Schiedsrichtern passte das gar nicht, und so hatte Daum bereits mehrfach Geldstrafen zahlen müssen. Nach dem 1:1 in Hamburg war es mal wieder so weit. Als „Wichtigtuer" soll Daum den Linienrichter bezeichnet haben und wurde zu einer Buße in Höhe von 6.500 DM verdonnert. Der Coach zeigte sich entsetzt über die Ignoranz des DFB. „Ich wollte mit dem Gericht einmal konstruktiv über die Problematik von uns Trainern während des Spiels diskutieren. Inwieweit zum Beispiel die Emotionalität eine Rolle spielt, inwieweit die Durchführungsbestimmungen für uns in der seit Jahrzehnten praktizierten Form überhaupt noch durchführbar sind", schüttelte er frustriert den Kopf, weil er in der Verhandlung kaum zu Wort gekommen war. Kommentar des vorsitzenden Richters Dietmar Pfeiffer: „Es wäre besser, sich mit Anregungen für Änderungen an die zuständigen Stellen zu wenden."

[EREIGNIS]

Der Meistermacher

Motivationskünstler Christoph Daum

Die Experten waren sich einig: Ohne Christoph Daum wäre der VfB 1992 niemals Deutscher Meister geworden. Zu bieder und unscheinbar wirkte die Schwaben-Elf, in der mit Buchwald, Frontzeck und Sammer zwar drei EM-92-Teilnehmer standen, die aber dennoch merkwürdig glanzlos erschien.

Unter Daum war ein Team entstanden, das sich weniger durch Individualität als vielmehr durch Kameradschaft auszeichnete. „Früher waren wir nahezu 22 Einzelgänger. Jetzt gehen wir nach dem Spiel manchmal zusammen ein Bier trinken. Die Stimmung stimmt", umschrieb Torhüter Immel den Klimawandel auf dem Wasen.

Hinzu kam ein enormer Erfolgshunger, denn kaum ein VfB-Spieler hatte bis dato einen Titel gewonnen. Motivationskünstler Daum, selbst noch ohne Titel, wusste dies geschickt zu nutzen und trieb sein Team gezielt zu weiteren Leistungssteigerungen.

Selbst als der VfB in der Hinrunde eine Krise durchlitt, in Leverkusen durch ein Buchwald-Eigentor unglücklich aus dem Pokal flog und sich im UEFA-Cup gegen Osasuna blamierte, blieb er unerschütterlicher Optimist. Mit Sprüchen wie: „Kämpfen – die Mannschaft ist alles, der einzelne nichts!", schweißte er sein Team zusammen und wurde mit einem leidenschaftlich erarbeiteten 3:1 in Wattenscheid belohnt, das den moralischen Treibstoff für eine erfolgreiche Rückrunde lieferte.

Selbst den 0:2-Rückrundenstart in Rostock verwandelte Daum noch in Motivation, denn am selben Abend schwor sich das VfB-Team: „Wir wollen Meister werden – aber wir wollen öffentlich nicht darüber reden." Wenngleich der Abstand auf Spitzenreiter Dortmund zu jenem Zeitpunkt drei Punkte betrug, wusste Daum danach: „Wir packen's." Und tatsächlich: Mit 24:8 Punkten wurde der VfB zur erfolreichsten Rückrundenelf und ließ sich auch von Rückschlägen wie dem 0:1 in München und dem 1:1 gegen Wattenscheid nicht aufhalten. Prunkstück der Meisterelf war die Abwehr um Torhüter Immel, Manndecker Schäfer und Libero Dubajic. Im Mittelfeld trieben „Feuerkopf" Sammer, der vielseitige Buchwald und Frontzeck das Spiel an. Im Sturm stand Daum zwar mit Fritz Walter lediglich ein gelernter Angreifer zur Verfügung, der aber Torschützenkönig wurde und mit Gaudino einen effektiven Partner an seiner Seite hatte.

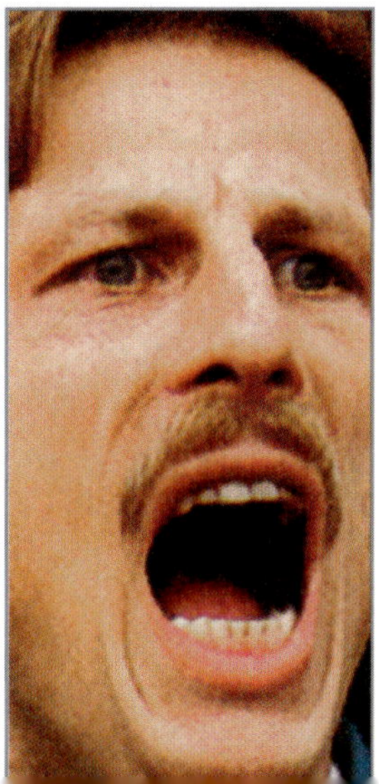

Deutscher Meister 1991/92! Hinten v. l.: Vereinsarzt Dr. Frölich, Sammer, Uwe Schneider, Keller, Nils Schmäler, Olaf Schmäler, Preuss, Frontzeck, Manager Hoeneß. Mitte: Masseur Buchholzer, Physiotherapeut Wörn, Mannschaftsarzt Dr. Stumpf, Dubajic, Gaudino, Sverrisson, Trautner, Immel, Grüninger, Thomas Schneider, Simanic, Strehmel, Co-Trainer Köstner, Zeugwart Seitz. Trainer Daum. Vorn: Walter, Kögl, Kienle, Kastl, Präsident Mayer-Vorfelder, Buchwald, Kramny, Buck, Schäfer.

■ Der traditionsreiche Brustring des VfB erfuhr 1991/92 einen weiteren Einschnitt. Ohnehin längst zu einem „Bauchbalken" degradiert, wurde er nun auch noch durch die Aufnahme des Werbeschriftzugs entwertet. Traditionspflege sieht anders aus!

■ Im April 1992 glaubten viele VfB-Fans ihren Ohren nicht zu trauen: „Jürgen Klinsmann kehrt aus Mailand zurück. Im Tausch für Matthias Sammer!", meldete ein Radiosender. Doch das war ein Aprilscherz – zudem ein „halber", denn während der in Mailand unzufriedene „Klinsi" in Bella Italia blieb, wechselte Sammer nach Saisonende tatsächlich über den Brenner. Rund 12 Mio. DM legte Inter Mailand für den 24-jährigen Ex-DDR-Nationalspieler auf den Tisch.

■ Traurig war Liberoentdeckung Slobodan Dubajic. Im April 1992 im letzten Moment noch auf den EM-Zug der jugoslawischen Nationalmannschaft gehüpft, zerplatzte „Bobos" EM-Traum, weil die UEFA Jugoslawien wegen des Bürgerkriegs kurzfristig vom Turnier in Schweden ausschloss.

1. Bundesliga

1	2.8.1991	MSV Duisburg - VfB	1:0	22.600
2	10.8.1991	VfB - Karlsruher SC	1:0	30.000
3	14.8.1991	Werder Bremen - VfB	1:1	18.500
4	21.8.1991	VfB - Hansa Rostock	3:0	51.000
5	24.8.1991	Fortuna Düsseldorf - VfB	0:3	9.000
6	27.8.1991	VfB - Schalke 04	1:0	45.000
7	31.8.1991	Dynamo Dresden - VfB	1:0	17.000
8	7.9.1991	VfB - VfL Bochum	4:1	17.500
9	14.9.1991	1. FC Köln - VfB	1:1	19.000
10	21.9.1991	VfB - 1. FC Kaiserslautern	4:1	35.000
11	28.9.1991	Hamburger SV - VfB	1:1	26.000
12	5.10.1991	VfB - Eintracht Frankfurt	1:2	48.500
13	11.10.1991	1. FC Nürnberg - VfB	4:3	46.000
14	19.10.1991	VfB - Bayern München	3:2	62.300
15	26.10.1991	Borussia Dortmund - VfB	0:0	45.371
16	2.11.1991	VfB - Stuttgarter Kickers	3:1	40.200
17	9.11.1991	VfB - Bor. M'gladbach	0:1	19.000
18	15.11.1991	Wattenscheid 09 - VfB	1:3	3.200
19	23.11.1991	VfB - Bayer Leverkusen	2:0	21.000
20	30.11.1991	VfB - MSV Duisburg	2:0	17.000
21	7.12.1991	Karlsruher SC - VfB	0:0	18.000
22	14.12.1991	VfB - Werder Bremen	1:1	18.000
23	8.2.1992	Hansa Rostock - VfB	2:0	10.000
24	15.2.1992	VfB - Fortuna Düsseldorf	3:1	15.000
25	22.2.1992	Schalke 04 - VfB	0:1	40.300
26	29.2.1992	VfB - Dynamo Dresden	1:1	22.000
27	7.3.1992	VfL Bochum - VfB	0:2	13.000
28	14.3.1992	VfB - 1. FC Köln	1:0	26.500
29	21.3.1992	1. FC Kaiserslautern - VfB	0:0	38.500
30	28.3.1992	VfB - Hamburger SV	3:2	25.000
31	4.4.1992	Eintracht Frankfurt - VfB	1:1	47.000
32	11.4.1992	VfB - 1. FC Nürnberg	2:0	44.000
33	18.4.1992	Bayern München - VfB	1:0	65.000
34	25.4.1992	VfB - Borussia Dortmund	4:2	68.000
35	2.5.1992	Stuttgarter Kickers - VfB	1:3	36.500
36	5.5.1992	Bor. M'gladbach - VfB	0:1	22.000
37	9.5.1992	VfB - Wattenscheid 09	1:1	33.500
38	16.5.1992	Bayer Leverkusen - VfB	1:2	22.500

Abschlusstabelle

1. VfB Stuttgart	38	21	10	7	62:32	52-24
2. Borussia Dortmund	38	20	12	6	66:47	52-24
3. Eintracht Frankfurt	38	18	14	6	76:41	50-26
4. 1. FC Köln	38	13	18	7	58:4	44-32
5. 1. FC K'lautern (M)	38	17	10	11	58:42	44-32
6. Bayer Leverkusen	38	15	13	10	53:39	43-33
7. 1. FC Nürnberg	38	18	7	13	54:51	43-33
8. Karlsruher SC	38	16	9	13	48:50	41-35
9. Werder Bremen	38	11	16	11	44:45	38-38
10. Bayern München	38	13	10	15	59:61	36-40
11. Schalke 04 (N)	38	11	12	15	45:45	34-42
12. Hamburger SV	38	9	16	13	32:43	34-42
13. Bor. M'gladbach	38	10	14	14	37:49	34-42
14. Dynamo Dresden (N)	38	12	10	16	34:50	34-42
15. VfL Bochum	38	10	13	15	38:55	33-43
16. Wattenscheid 09	38	9	14	15	50:60	32-44
17. Stg. Kickers (N) ▽	38	10	11	17	53:64	31-45
18. Hansa Rostock (N) ▽	38	10	11	17	43:55	31-45
19. MSV Duisburg (N) ▽	38	7	16	15	43:55	30-46
20. Fort. Düsseldorf ▽	38	6	12	20	41:69	24-52

DFB-Pokal

1. HR		Freilos		
2. HR	16.8.91	Werder Bremen Am. - VfB	1:5	1.154
3. HR	4.9.91	VfL Wolfsburg - VfB	1:3	6.700
AF	25.9.91	Freiburger FC - VfB	1:6	12.500
VF	31.10.91	B. Leverkusen - VfB	1:0 n.V.	10.000

UEFA-Pokal

1. R	18.9.91	VfB - Pécsi MSC	4:1	8.000
	2.10.91	Pécsi MSC - VfB	2:2	7.800
2. R	23.10.91	Osasuna Pamplona - VfB	0:0	15.000
	6.11.91	VfB - Osasuna Pamplona	2:3	9.500

Bundesligakader

Abgänge: Allgöwer (Laufbahnende), Basualdo (Racing Avellaneda), Hartmann (Hamburger SV), Jüptner (Bayer Uerdingen), Schnalke (SV Waldhof-Mannheim)
Zugänge: Dubajic (Proleter Zrenjanin), Kienle (VfB-Jugend), Mayer (VfB-Amateure), Preuss (Eintracht Haiger), Simanic (im Februar von Proleter Zrenjanin)
Trainer: Christoph Daum

Tor		Günther Schäfer	28/1
Eike Immel	38/0	Alexander Strehmel	25/0
Siegfried Grüninger	0/0	Manfred Kastl	24/2
Eberhard Trautner	0/0	Ludwig Kögl	16/1
Feld		Marc Kienle	10/0
Slobodan Dubajic	38/2	Jürgen Kramny	10/0
Maurizio Gaudino	38/8	Nils Schmäler	6/0
Michael Frontzeck	38/5	T. Schneider (Am)	2/0
Fritz Walter	38/22	Michael Mayer (VA)	1/0
Guido Buchwald	37/5	Jens Keller	0/0
Matthias Sammer	33/9	Harald Preuss	0/0
Uwe Schneider	33/0	Olaf Schmäler	0/0
Eyjölfur Sverrisson	31/3	Jovica Simanic (VA)	0/0
Andreas Buck	30/1	+ drei Eigentore	

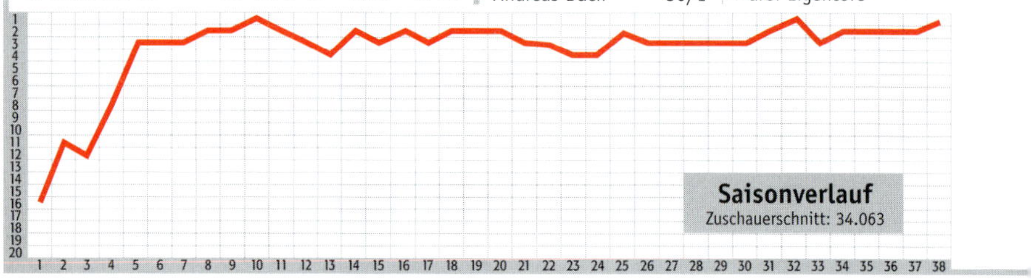

[SPIEL]

VfB 4:2 Dortmund

Spitzenreiter stürzt

VfB schießt sich zurück an die Spitze

Für Borussia Dortmund ist es die große Chance, für eine Vorentscheidung im Titelrennen zu sorgen. Ein Sieg im ausverkauften Neckarstadion, und der Vorsprung des BVB auf den VfB würde vier Spieltage vor Saisonende auf vier Zähler anwachsen.
VfB-Trainer Daum plagen Personalsorgen. Manndecker Schäfer ist nach seinem Platzverweis in München gesperrt, und Torsteher Immel hat tagelang nicht trainieren können, weil er sich bei einem Trainingsulk eine Oberschenkelverletzung zuzog. Während Uwe Schneider Schäfer ersetzt, läuft Immel gegen seinen Ex-Klub auf und fungiert in einer hektisch und ruppig geführten Partie wie gewohnt als verlässlicher Rückhalt seiner Mannschaft.
Dortmund attackiert früh und sucht die schnelle Vorentscheidung. Franck engt die Kreise von Sammer erfolgreich ein, Schulz nötigt Gaudino mit an der Grenze zum Erlaubten stehenden Körpereinsatz Respekt ab. Keine Viertelstunde ist gespielt, da bringt Flemming Povlsen den Favoriten in Führung. Doch in der Folgezeit agiert der BVB hektisch und nervös. Der VfB nutzt die Gunst der Stunde, und als Helmer in der 32. Minute durch ein Eigentor unfreiwillig für den Ausgleich sorgt, sind die Schwaben zurück im Spiel. Wenige Sekunden nachdem Schiedsrichter Harder einem Schulz-Treffer wegen Abseits die Anerkennung verweigert hat, bringt Fritz Walter den VfB sogar in Führung. „Von mir aus könnt' jetzt Schluss sein. Mir reicht's", ächzt Präsident Mayer-Vorfelder daraufhin in der Halbzeitpause.
Doch Gott sei Dank

gibt es auch heute die gewöhnliche zweite Halbzeit, denn in der präsentiert sich der VfB in beeindruckender Weise als würdiger Titelanwärter. Mit der Führung im Rücken zieht die Daum-Elf souverän ihr Spiel auf und lässt den BVB-Sturm um den übermotivierten und rotgefährdeten Michael Rummenigge cool abblitzen. Fritz Walter (71.) sowie Maurizio Gaudino mit einem herrlichen Sololauf in der Schlussminute schießen den BVB nach dessen zwischenzeitlichem Anschlusstreffer durch Helmer (84.) nicht nur von der Tabellenspitze, sondern verschaffen dem VfB eine vorzügliche Ausgangsposition im Titelrennen.

Matthias Sammer läuft Stéphane Chapuisat davon. Rechts Michael Frontzeck.

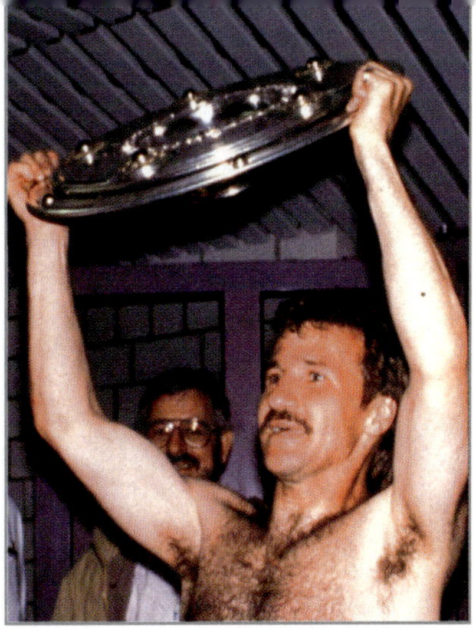

[LEGENDEN]

FRITZ WALTER

Am letzten Spieltag durchlitt Fritz Walter ein Wechselbad der Gefühle. Er zitterte nicht nur um die Meisterschaft, er zitterte auch um die Führung im Rennen um die Torjägerkanone, die er 1987 schon einmal knapp verpasst hatte. Diesmal saß ihm der Dortmunder Chapuisat im Nacken – und ausgerechnet der brachte den BVB in Duisburg früh in Führung. Doch Walter hatte die richtige Antwort parat. Als der VfB in Leverkusen einen Elfmeter zugesprochen bekam, schnappte sich der nur 1,72 m große Torjäger das Leder und drosch es zum Ausgleich in die Maschen. Neun Minuten vor Schluss stürzte Walter abermals ins Tal der Tränen. Trainer Daum hatte ihn vom Feld genommen – was, wenn Chapuisat nun noch einen weiteren Treffer markieren würde? Doch „Chappi" traf kein weiteres Mal, und weil Buchwald stattdessen für den VfB traf, durfte Walter schließlich Meisterschaft *und* Torjägerkanone feiern. Auf den Schultern seines Waldhof-Kumpels Maurizio Gaudino hockend, stemmte Walter stolz die Meisterschale in die Höhe und forderte im schönsten Dialekt: „Wo isch mei' Kanon?" Für den 22-fachen Torschützen war es das Happy End einer Saison, in der Walter häufig allein im gegnerischen Strafraum gestanden hatte. Sein größtes Spiel absolvierte der „Mann mit der eingebauten Tor-Garantie" (Trainer Daum) beim 4:2 über Dortmund, als er zwei Treffer erzielte und damit sowohl das Titelrennen als auch sein Privatduell mit dem (torlosen) Chapuisat offen hielt. Nur ein Traum erfüllt sich für den in 216 Bundesligaspielen für den VfB auflaufenden Walter (102 Tore) nicht: ein Einsatz im Nationaltrikot. Die Nationalelf reiste nämlich ohne ihn zur EM nach Schweden.

Stuttgart bejubelt seine Meister.

■ Wie schon der erste Versuch in der Saison 1988/89 misslang auch der zweite Anlauf der Stuttgarter Kickers, sich in der 1. Bundesliga zu etablieren. Trotz ansehnlicher Leistungen war der Abstieg nicht zu vermeiden. Finanziell mussten die „Blauen" eine deutliche Absage des Publikums hinnehmen: Statt der benötigten 17.500 Zahlenden im ungeliebten Ausweichquartier Neckarstadion zahlten durchschnittlich nur 11.981 Neugierige ihren Obolus. Als selbst Spitzenreiter Eintracht Frankfurt ganze 9.500 Fans anlockte, seufzte Stürmer Marcus Marin: „Wir haben aufgehört, uns darüber zu ärgern."

■ Auch beim VfB war man mit dem Zuschauerzuspruch nicht zufrieden. Zwar war der erforderliche Schnitt von 27.000 mit 34.063 deutlich überschritten worden, das Neckarstadion konnte im Saisonverlauf aber nur gegen Dortmund „ausverkauft" melden. Als der VfB am 14. März 1992 gegen Köln nur 26.500 Fans begrüßte, unkte Hansi Müller auf der Tribüne: „Der VfB wird Meister, und die Leute merken's erst am letzten Spieltag."

■ Wie ausgeglichen der VfB war, belegte die vom »kicker« anhand der Spieltagnoten aufgestellte „Elf der Saison": Mit Torhüter Eike Immel, Regisseur Matthias Sammer und den Stürmern Maurizio Gaudino und Fritz Walter waren gleich vier VfBler dabei – Dortmund indes stellte nur drei Akteure, Frankfurt gar nur deren zwei.

[EREIGNIS]

Der Sekt war geborgt

Stuttgart feiert seinen Meister

Spontane Feiern sind die schönsten. Trotz aussichtsreicher Tabellenposition war der VfB offenbar nicht darauf vorbereitet, am 16. Mai 1992 zum vierten Mal nach 1950, 1952 und 1984 Deutscher Meister werden zu können. Champagner suchte man jedenfalls vergeblich im Gepäck des 2:1-Siegers von Leverkusen, der sich wie 1984 beim Gegner prickelnde Kaltgetränke für die Meisterfeier borgen musste.
Zum Glück hatte Bayer für sein (theoretisch noch) mögliches Erreichen des UEFA-Cups ein paar Fläschchen kalt gestellt, deren Inhalt nun durch schwäbische Kehlen floss.
Kaum war Lufthansa-Flug LH 3077 in Stuttgart-Echterdingen gelandet, ging die Spontanparty weiter. Mehrere tausend Fans empfingen ihre Helden mit südländischer Begeisterung. Während die Mannschaft ein gemeinsames Festmahl im „Alten Simpl" einnahm und den Jubeltag in der Diskothek „Perkins Park" ausklingen ließ, machten die VfB-Fans in den Kneipen die Nacht zum Tag.
Tags darauf verlief dann alles ein wenig organisierter. Flankiert von über 50.000 Fans bahnte sich ein Autocorso den Weg durch die Stadt und wurde begeistert umjubelt. Der Marktplatz stand allerdings nicht zur Verfügung – dort fand zeitgleich ein Flohmarkt statt... Inzwischen waren auch die rund 3.000 nach Leverkusen mitgereisten Anhänger eingetroffen und berichteten stolz von ihren Eindrücken beim „Meisterstück".
Die gute Stimmung ließ man sich auch von den Worten ewiger Nörgler nicht verderben. „Wer behauptet, wir sind nur durch Glück Meister geworden, dem spreche ich jede Ahnung vom Fußball ab. Im Gegensatz zu den Frankfurtern und Dortmundern waren wir bereit, das Glück zu zwingen", giftete Manager Hoeneß in Richtung all jener, die im VfB keinen würdigen Meister sahen.
Seine eigene Arbeit beurteilte der Manager mit Sarkasmus: Dass er zwei Jahre zuvor angekündigt habe, „zum 100. Geburtstag des VfB wollen wir Meister werden", sei ein „klarer Fall von Missmanagement."
Der Präsident sah darin allerdings keinen Grund zur Klage...
Das von Trainer Daum gelobte „größte Fest, das das Schwabenland jemals erlebt hat", war es freilich nicht. 1950 hatten nämlich mehr als 300.000 Fans dem damaligen Deutschen Meister VfB ihre Aufwartung gemacht und das öffentliche Leben völlig zum Stillstand gebracht.

[SAISON]

Der Absturz ins Leistungsloch

Am letzten Spieltag der Saison 1992/93 befand sich die Meisterschale erneut in Stuttgart. Allerdings wurde sie nicht dem VfB übergeben, sondern Werder Bremen, das sich mit einem souveränen 3:0-Erfolg am Neckar seine dritte Meisterschaft gesichert hatte. Der VfB raufte sich derweil die Haare über ein Spieljahr, in dem man als Siebter sogar das „Minimalziel UEFA-Cup-Platz" verpasst hatte.

Das Unwort des Jahres lautete „Leeds". In der nordenglischen Industriestadt hatte sich Trainer Daum einen verhängnisvollen Wechselfehler erlaubt, der dem VfB eine Millioneneinnahme kostete und Team wie Trainer bis ins Mark verunsicherte. Zu Saisonbeginn war Daum noch optimistisch gewesen und hatte nach dem 3:1-Erfolg im Supercupspiel gegen Zweitligist Hannover 96 verkündet: „Ich sage nicht, dass wir Meister werden – aber wer uns den Titel abjagen will, muss erstmal besser sein." Mit Golke und Strunz war kostspieliger Ersatz (jeweils 2,5 Mio. DM) für den nach Mailand gewechselten Sammer gekommen, der die Erwartungen im Gegensatz zum „Schnäppchen" Adrian Knup (480.000 DM) jedoch nicht erfüllte.

Parallelen zur Meisterschaft von 1984 waren unverkennbar. Wie seinerzeit litt der VfB auch diesmal an einer Auswärtsschwäche und stürzte in ein Leistungsloch. Grund: Unter Daum hatten viele Akteure an der obersten Leistungsgrenze gespielt und waren schlicht ausgelaugt. Neben der sportlichen Durststrecke in der Bundesliga ereilte den VfB das frühe Pokal-Aus in Rostock sowie das Europapokal-Aus gegen Leeds, das man sportlich eigentlich bereits ausgeschaltet hatte.

Nach „Leeds" beherrschten andere Dinge das Bild. Christoph Daum trug schwer an seinem Fehler und ließ sich bereitwillig von Bayer Leverkusen umwerben. Erst als Präsident Mayer-Vorfelder, der den Coach nach seinem verhängnisvollen Fauxpas zum Weitermachen aufgefordert hatte, unmissverständlich eine Zukunftsentscheidung verlangte, entschloss sich Daum zur Vertragsverlängerung. In Mannschaftskreisen wurde derweil Kritik laut. Walter und Gaudino mäkelten über das Training, Kögl spielte mit Abwanderungsgedanken und Schäfer fühlte sich ungerecht behandelt. „Dieser VfB Stuttgart ist derzeit bestenfalls Mittelmaß. Völlig verunsichert, ohne jede Harmonie innerhalb der Mannschaft. Und Daum versucht sich als ‚Gesundbeter'", kommentierte der »kicker« nach Abschluss der Vorrunde. Ein Bild, das sich in der Rückrunde nicht mehr ändern sollte.

[EREIGNIS]

Stadionumbau

Aus Neckar- wird Daimler-Stadion

Mit Wirkung vom 23. Mai 1993 mussten sich die VfB-Fans an einen neuen Namen gewöhnen: Aus dem Neckarstadion wurde das „Gottlieb-Daimler-Stadion".

Für die aus heutiger Sicht geradezu absurd geringe Summe von elf Mio. DM hatte sich der Daimler-Konzern die Namensrechte ohne zeitliche Befristung (!) gesichert und damit finanziell den Weg geebnet für den Umbau der Arena auf dem Wasen.

Der Umbau war notwendig geworden, da Stuttgart die Leichtathletik-WM 1993 ausrichten sollte. Er wurde am 20. Dezember 1990 mit einer Mehrheit von 34 „Ja"-Stimmen (bei 60 Abstimmungsberechtigten) vom Gemeinderat beschlossen. Neben den elf Daimler-Millionen (von denen allerdings 2,5 Mio. DM in die Hofüberbauung der benachbarten Hanns-Martin-Schleyer-Halle flossen) trugen das Land Baden-Württemberg mit 25 Mio. DM sowie die Stadt Stuttgart mit 22 Mio. DM die Gesamtumbaukosten in Höhe von 55 Mio. DM.

Binnen zwei Jahren wurde die traditionsreiche Arena komplett umgestaltet. Prunkstück war die mit 34.200 Quadratmetern größte Membrandachkonstruktion Europas, die sämtliche Besucher nicht nur vor den Naturgewalten schützte, sondern der Arena zudem ein futuristisches Aussehen verlieh. Darüber hinaus wurden die Kurvenbereiche mit Sitzplätzen ausgestattet und somit eine neue FIFA-Vorgabe erfüllt. Nach den Stadiontragödien von Bradford, Heysel und Hillsborough forderte der Weltverband reine Sitzplatzarenen. Obwohl in der Cannstatter Kurve Sitz-/Stehkombinationen installiert wurden, reduzierte sich das Fassungsvermögen der VfB-Heimat dadurch auf 53.400 Plätze. Last but not least wurde auch die Flutlichtanlage erneuert. Die vier Großmasten wichen einer modernen Anlage mit annähernd 300 Scheinwerfern, die in das Dach integriert wurden.

Für den VfB endete mit der Eröffnung des Daimler-Stadions zu Beginn der Leichtathletik-WM am 13. August 1993 eine wirtschaftlich schwierige Phase. Während der Baumaßnahmen hatte die Arena phasenweise nur 26.000 Plätze aufgewiesen, was wiederholt zu Kapazitätsproblemen geführt hatte. Der Verein war zudem nicht sonderlich glücklich mit der neuen Arena. Gerhard Mayer-Vorfelder bekundete mehrfach, er würde sie „am liebsten in die Luft" sprengen. Neben bautechnischen Mängeln (zwischen Tribüne und Dach klaffte anfänglich eine Lücke, die bei starkem Wind und Regen für nasse Besucher sorgte) stießen vor allem die Laufbahn und die damit verbundene große Entfernung zum Spielfeld auf Kritik.

Komplett überdacht: Das Daimler-Stadion.

[LEGENDEN]

MAURIZIO GAUDINO

In den 1990er Jahren sahen sich Fußballer gelegentlich dem Vorurteil ausgesetzt, sie seien intellektuell etwas grob gestrickt, vornehmlich mit sich selbst beschäftigt und im Umgang mit Geld dem Protz verfallen. Maurizio Gaudino, von 1987 bis 1993 in 171 Bundesligapartien für den VfB Stuttgart im Einsatz, durfte sich derartige Vorurteile während seiner Tage in Stuttgart häufiger als seine Kollegen anhören. Kein Wunder: Der Sohn italienischer Einwanderer provozierte mit seinen langen Haaren, dem offen getragenen Goldkettchen und seinem gepflegten Dreitagebart die Stuttgarter Öffentlichkeit, die es mental eher mit gestandenen Mannsbildern wie Guido Buchwald hielt. Doch wenngleich der Paradiesvogel Gaudino immer für eine lustige Eskapade gut war – legendär seine Verhaftung während einer Late Night Show bei Thomas Gottschalk, nachdem er in den Verdacht der Autoschieberei geraten war –, der Offensivspieler hatte vor allem sportlichen Wert für den VfB. Insbesondere in der Meistersaison 1991/92 brillierte er mit seinem Waldhofer Kumpel Fritz Walter, den er fleißig mit Vorlagen fütterte, während er mit dem eigenen Toreschießen so seine Probleme hatte. 1987 für stolze zwei Mio. DM vom SV Waldhof zum VfB gekommen, hatte „Mauri" erhebliche Eingewöhnungsprobleme und erreichte erst unter Arie Haan konstante Leistungen. Die größten sportlichen Momente waren die UEFA-Cup-Endspiele 1989 gegen den SSC Neapel, jener Stadt, aus der Gaudinos Familie stammte und in der er eines Tages zu spielen hoffte. 1993 wechselte der drei Jahre zuvor von Berti Vogts erstmals in den erweiterten Nationalmannschaftskader berufene Beau zur Frankfurter Eintracht.

[SPIEL]

VfB 1:2 Uerdingen

Verdorbenes Jubiläum

Biedere Uerdinger erringen 2:1-Sieg

Wenige Stunden vor dem Festakt zum 100. Jubiläum des VfB Stuttgart hängt der Haussegen im Schwabenlager schief.
Beim 0:1 auf Schalke ist der VfB auch im 23. Saisonspiel in Folge ohne Auswärtssieg geblieben. Dennoch spricht Trainer Daum unverändert von einem Europapokalplatz. „Träumt der Mann? Versucht er, das niveaulose Zweitliga-Gekicke seiner verunsicherten Profis schönzureden?", spottet der »kicker« und sieht den VfB eher „mit dem Rücken zur Wand".
Die sportliche Talfahrt setzt sich beim Jubiläumsspiel gegen Schlusslicht Uerdingen fort. Nach einer Gedenkminute für den wenige Tage zuvor verstorbenen Ex-Präsidenten Hans Weitpert präsentiert sich der ohne Knup (Jochbeinbruch), Kögl (Bänderriss) und Schäfer (Muskelfaserriss) auflaufende Meister gegen den Abstiegskandidaten ohne Ideen und Esprit.
Die Westdeutschen bauen 25 Meter vor dem eigenen Tor einen dichten Abwehrwall auf, an dem die Stuttgarter Angriffsbemühungen wie an einer Gummiwand abprallen. Als Adler nach 19 Minuten gar einen Uerdinger Konter zur Führung nutzt, kippt die Stimmung im mit 13.000 Zuschauern ohnehin nur spärlich gefüllten Neckarstadion vollends um. Pfiffe gellen durch die Arena, in der viele Anhänger ungläubig die Köpfe schütteln.
Selbst als es mit Dubajic bezeichnenderweise der VfB-Abwehrchef schafft, das Uerdinger Bollwerk nach exakt einer Stunde endlich zu durchbrechen, und den Ausgleich erzielt, erntet er nur spärlichen Beifall.
Nach dem Seitenwechsel stürmt der VfB vehement in Richtung gegnerisches Tor. Doch 95 Prozent

Spielanteilen steht am Ende eine 1:2-Niederlage gegenüber, weil die Hausherren selbst hundertprozentige Torchancen nicht nutzen (allein Golke vergibt deren vier) und zudem in der Schlussminute bei einem weiten Abschlag von Uerdingens Keeper Dreher nicht aufpassen: Sverrisson lässt das Leder auf Zuruf von Strehmel passieren, dem US-Boy springt der Ball durch die Beine, und Laessig jagt ihn zum Uerdinger Siegtor ins Netz.
„Angesichts der 100-jährigen Geschichte des VfB ist die Niederlage gegen Uerdingen nur ein Wimpernschlag", wird Präsident Mayer-Vorfelder abends in seiner Jubiläumsansprache witzeln – auch wenn ihm nicht nach Lachen zumute ist.

Auch Fritz Walter (hier im Hinspiel in Uerdingen) blieb gegen die Bayer-Elf erfolglos.

■ Zum 100. Jubiläum erhielt der VfB erstmals in seiner Geschichte ein Maskottchen. Aus einer Vielzahl von Vorschlägen wurde ein lustiger Alligator ausgewählt, der den in einer Umfrage ermittelten Namen „Fritzle" erhielt. Das Debüt des neuen Glücksbringers gelang: Im ersten Saisonheimspiel bezwang der VfB mit „Fritzles" Hilfe Nürnberg glatt mit 3:0.

■ Finanziell hatte sich die Situation nach der Meisterschaft deutlich entspannt. Schon im Geschäftsjahr 1991 waren die Verbindlichkeiten um 1,8 Mio. DM auf 8,7 Mio. reduziert worden, von denen rund vier Mio. kurzfristig zurückzuzahlen waren. Die neuen TV-Verträge bescherten dem VfB weitere drei Mio. DM, von denen allerdings ein Teil die Einnahmeverluste im Zusammenhang mit dem Stadionumbau ausgleichen musste.

■ Beim 1:1 in Mönchengladbach wurde VfB-Torhüter Eike Immel Opfer eines Fanatikers, dessen Wurfgeschoss den Stuttgarter Keeper in der Nierengegend traf. Während Immel rasch weiterspielen konnte, legte sich Michael Frontzeck nach Spielschluss mit einem Gladbacher Ordner an. Im Zuge des nicht nur verbalen Streits rückte sogar die Polizei an und nahm die Personalien des Nationalspielers in VfB-Diensten auf.

■ Im Herbst 1992 sprach halb Stuttgart von Italien. Während der in Mailand unglückliche Matthias Sammer Rückkehrgelüste äußerte, träumten Guido Buchwald und Maurizio Gaudino von einem Wechsel über den Brenner. Am Ende kam es anders: Sammer ging nach Dortmund, Buchwald blieb (und paukte nach Verhandlungen mit Urawa schon mal Japanisch...) und Gaudino zog es nach Frankfurt.

■ Vor dem Saisonstart standen sich im Supercup Meister VfB und Pokalsieger Hannover 96 gegenüber. Vor 21.300 Zuschauern im Niedersachsenstadion Hannover gewann der VfB mit 3:1.

■ Jovica Simanic war wirklich vom Pech verfolgt. Während der Jugoslawe in Leeds die folgenschwersten acht Spielminuten seiner Karriere bestritt, erlag in seiner Heimat Bruder Zelijko einem Krebsleiden. Sportlich gab es für den sympathischen „Jovo" keine Chance beim VfB: Trainer Daum sah in dem Jugoslawen das personifizierte Symbol für „Leeds" und ignorierte ihn.

[EREIGNIS]

„Leeds"

Der Patzer des Jahres

Man schrieb den 9. Oktober 1992, als aus dem Motivationskünstler Christoph Daum der „Narr vom Neckar" wurde.

Obwohl beim Europapokalrückspiel in Leeds mit Sverrisson, Knup und Dubajic bereits drei Nicht-EU-Ausländer auf dem Platz standen, schickte Daum mit dem Jugoslawen Simanic einen vierten ins Rennen und verstieß damit gegen ein seit Saisonbeginn geltendes UEFA-Statut. Zunächst bemerkte niemand den Fauxpas, und so feierte der VfB trotz seiner 1:4-Niederlage den Einzug in die zweite Runde des Europapokals der Landesmeister.

Erst auf dem Rückflug fiel es den Verantwortlichen wie Schuppen von den Augen. Inzwischen hatten auch die Engländer nachgerechnet und Protest bei der UEFA eingelegt. Die entschied nicht zuletzt auf Betreiben von VfB-Boss Gerhard Mayer-Vorfelder salomonisch und wertete die Rückspielbegegnung mit 3:0 für Leeds, was aufgrund des 3:0-Hinspielerfolgs des VfB zum Entscheidungsspiel führte. Die Begegnung wurde in Barcelona angesetzt und endete mit einem 2:1-Sieg für die Briten, die damit in Runde zwei auf die Glasgow Rangers trafen.

Für den VfB Stuttgart, seinen Trainer Christoph Daum und seinen Manager Dieter Hoeneß war fortan nichts mehr wie zuvor. „Leeds" hing wie ein Schatten über dem Gottlieb-Daimler-Stadion und raubte den Beteiligten Kraft und Nerven. Der Fehler, für den Manager Dieter Hoeneß die Verantwortung übernahm („Es hat einfach nicht ‚klick' gemacht"), kostete den VfB viel Geld, das er beim möglichen Erreichen der Gruppenspiele eingenommen hätte, und zerstörte das Erfolgsimage von Trainer Daum.

Plötzlich verschworen sich die Medien gegen den VfB-Coach, der wegen ungeschickter Äußerungen über Dopingpraktiken beim VfB ohnehin in der Diskussion stand. Im Zusammenhang mit dem Doping-Skandal um die Leichtathletin Katrin Krabbe hatte Daum zugegeben, das Chlenbuterol auch beim VfB zur Rehabilitation verwendet wurde. Hilflos musste er nun mit ansehen, wie die Öffentlichkeit aus dem gefeierten (und geachteten!) Meistermacher wieder den durchgeknallten „Schreihals und Sprücheklopfer" von einst machte: „Etiketten, von denen ich glaubte, dass sie für mich nicht wieder zutreffen würden".

Weil auch Manager Hoeneß im Zuge der „Leeds-Affäre" einen erheblichen Autoritätsverlust erlitt, war die erfolgreiche Arbeit des VfB-Duos ernsthaft in Frage gestellt.

Die Mannschaft reagierte verunsichert, ging drei Tage nach dem UEFA-Urteil mit 0:4 in Frankfurt unter und stürzte anschließend ins Mittelmaß. Daum, der zunächst sogar mit dem Gedanken an Aufgabe gespielt hatte (was Präsident Mayer-Vorfelder zu verhindern wusste), ließ sich daraufhin von Bayer Leverkusen umwerben und musste von „MV" ultimativ zu einer Aussage über seine Zukunft aufgefordert werden.

Am 11. Dezember 1992 entschloss er sich schließlich für eine Vertragsverlängerung beim VfB: „Eigentlich habe ich nur eine geringe Chance, in Stuttgart zu überleben. Doch es ist besonders reizvoll, mich zu beweisen. ... Man muss sich zu seinen Fehlern bekennen. Das ist wie eine Krankheit, über die man hinweggekommen ist. Eine Krise, aus der heraus sich neuer Optimismus entwickelt, neue Kreativität. Mich hier durchzubeißen – das bin ich meinem Ego einfach schuldig." Daums Hoffnung waren neue Erfolge, die das Trauma von Leeds baldmöglichst übertünchen sollten...

1. Bundesliga

1	15.8.1992	Hamburger SV - VfB	1:1	32.500
2	22.8.1992	VfB - 1. FC Nürnberg	3:0	32.000
3	25.8.1992	Bayer Leverkusen - VfB	4:0	14.700
4	29.8.1992	VfB - Karlsruher SC	2:1	26.000
5	2.9.1992	VfL Bochum - VfB	0:0	15.000
6	5.9.1992	VfB - Schalke 04	1:0	26.000
7	19.9.1992	Bayer Uerdingen - VfB	3:3	8.500
8	26.9.1992	VfB - 1. FC Kaiserslautern	3:1	32.000
9	4.10.1992	Eintracht Frankfurt - VfB	4:0	28.000
10	17.10.1992	VfB - Dynamo Dresden	4:0	19.000
11	24.10.1992	1. FC Köln - VfB	3:1	25.000
12	31.10.1992	VfB - Bayern München	2:3	55.000
13	14.11.1992	Wattenscheid 09 - VfB	0:0	6.000
14	21.11.1992	VfB - Borussia Dortmund	1:0	28.000
15	28.11.1992	Bor. M'gladbach - VfB	1:1	15.000
16	5.12.1992	VfB - 1. FC Saarbrücken	2:2	18.600
17	12.12.1992	Werder Bremen - VfB	1:1	18.921
18	20.2.1993	VfB - Hamburger SV	1:1	16.000
19	27.2.1993	1. FC Nürnberg - VfB	3:2	29.300
20	6.3.1993	VfB - Bayer Leverkusen	0:3	18.700
21	13.3.1993	Karlsruher SC - VfB	1:1	30.000
22	20.3.1993	VfB - VfL Bochum	4:1	19.000
23	27.3.1993	Schalke 04 - VfB	1:0	30.200
24	3.4.1993	VfB - Bayer Uerdingen	1:2	13.000
25	8.4.1993	1. FC Kaiserslautern - VfB	0:0	34.698
26	17.4.1993	VfB - Eintracht Frankfurt	2:2	32.000
27	24.4.1993	Dynamo Dresden - VfB	0:0	14.600
28	27.4.1993	VfB - 1. FC Köln	2:0	23.000
29	30.4.1993	Bayern München - VfB	5:3	56.000
30	8.5.1993	VfB - Wattenscheid 09	4:1	17.000
31	14.5.1993	Borussia Dortmund - VfB	0:4	42.800
32	22.5.1993	VfB - Bor. M'gladbach	3:2	46.000
33	29.5.1993	1. FC Saarbrücken - VfB	1:4	15.000
34	5.6.1993	VfB - Werder Bremen	0:3	52.000

Abschlusstabelle

1. Werder Bremen	34	19	10	5	63:30	48-20
2. Bayern München	34	18	11	5	74:45	47-21
3. Eintracht Frankfurt	34	15	12	7	56:39	42-26
4. Borussia Dortmund	34	18	5	11	61:43	41-27
5. Bayer Leverkusen	34	11	12	8	64:45	40-28
6. Karlsruher SC	34	14	11	9	60:54	39-29
7. VfB Stuttgart (M)	34	12	12	10	56:50	36-32
8. 1. FC Kaiserslautern	34	13	9	12	50:40	35-33
9. Bor. M'gladbach	34	13	9	12	59:59	35-33
10. Schalke 04	34	11	12	11	42:43	34-34
11. Hamburger SV	34	8	15	11	42:44	31-37
12. 1. FC Köln	34	12	4	18	41:51	28-40
13. 1. FC Nürnberg	34	10	8	16	30:47	28-40
14. Wattenscheid 09	34	10	8	16	46:67	28-40
15. Dynamo Dresden	34	7	13	14	32:49	27-41
16. VfL Bochum	34	8	10	16	45:52	26-42
17. B. Uerdingen (N) ▽	34	7	10	17	35:64	24-44
18. 1. FC S'brücken (N) ▽	34	5	13	16	37:71	23-45

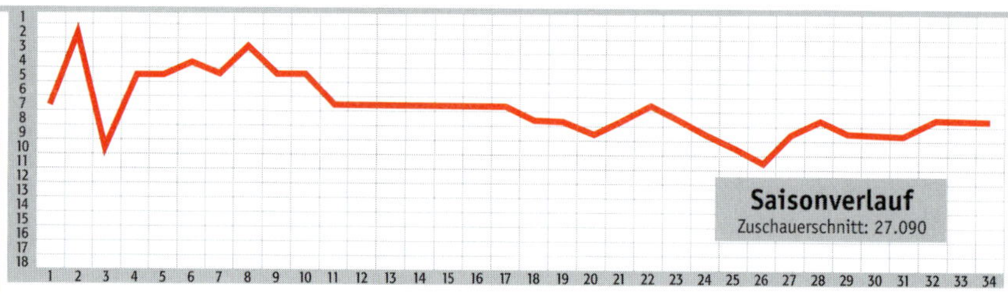

DFB-Pokal

1. HR	19.8.92	Spfr. Siegen - VfB	0:6	17.000
2. HR	12.9.92	Hansa Rostock - VfB	2:0 n.V.	10.000

Supercup

11.8.92	VfB - Hannover 96	3:1	21.300

Europapokal der Landesmeister

1. R	19.9.92	VfB - Leeds United	3:0	36.000
	30.9.92	Leeds United - VfB	4:1*	26.000

* wegen Einsatz eines vierten Ausländers mit 3:0 für Leeds gewertet, woraufhin ein Entscheidungsspiel in Barcelona angesetzt wurde

9.10.92	Leeds United - VfB	2:1	8.000

Bundesligakader

Abgänge: Grüninger (SC Pfullendorf), Kastl (SSV Ulm 1846), Keller (TSV München 1860), Kramny (1. FC Nürnberg), Mayer (SSV Reutlingen 05), Sammer (Inter Mailand), Nils Schmäler (Dynamo Dresden), Olaf Schmäler (SV Waldhof-Mannheim)
Zugänge: Beierle, Endreß (beide VfB-Amateure), Golke (1. FC Nürnberg), Knup (FC Luzern), Otto, Thomas Schneider (beide VfB-Amateure), Strunz (Bayern München), Ziegler (VfB-Jugend)
Trainer: Christoph Daum

Tor	
Eike Immel	30/0
Eberhard Trautner	5/0
Feld	
Guido Buchwald	33/1
Slobodan Dubajic	32/4
Michael Frontzeck	32/1
Thomas Strunz	32/5
E. Sverrisson (VA)	32/7
Alexander Buck	31/1
Ludwig Kögl	30/1
Maurizio Gaudino	28/6
Fritz Walter	28/13
Adrian Knup	26/10
André Golke	25/1
Günther Schäfer	24/1
Alexander Strehmel	20/2
Uwe Schneider	15/0
Marc Kienle	6/3
Marcus Ziegler	1/0
Markus Beierle (VA)	0/0
Jochen Endreß (VA)	0/0
Oliver Otto (VA)	0/0
Harald Preuss	0/0
Thomas Schneider	0/0
Jovica Simanic (VA)	0/0

■ Eines der mitreißendsten Spiele seiner Geschichte lieferte der VfB beim 3:0-Hinspielerfolg über Leeds United. Fritz Walter per Doppelschlag (63. und 68.) und Andreas Buck besiegelten einen komfortablen Vorsprung, der im Rückspiel auf so tragische Art und Weise „schmelzen" sollte.

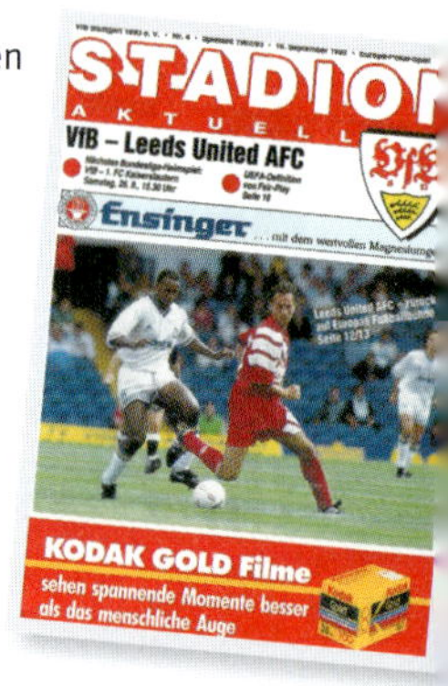

Der VfB Stuttgart 1992/93. Hinten v. l.: Strunz, Sverrisson, Thomas Schneider, Beierle, Simanic, Dubajic, Uwe Schneider, Torwarttrainer Rücker. Mitte: Co-Trainer Köstner, Trainer Daum, Gaudino, Knup, Kienle, Endreß, Preuss, Strehmel, Otto, Physiotherapeut Wörn, Zeugwart Seitz. Vorn: Physiotherapeut Buchholzer, Walter, Kögl, Golke, Trautner, Immel, Buck, Ziegler (es fehlen die EM- bzw. Olympiateilnehmer Buchwald, Frontzeck, Schäfer).

[EREIGNIS]

Der Schatten von Leeds

Röber startet mit Traumsieg

Nach dem 0:0 gegen Bremen sickerte es allmählich durch: „Christoph Daum will weg", enthüllte der »kicker«, der einige Tage zuvor bereits behauptet hatte, der VfB-Trainer verhandle schon mit Besiktas Istanbul.
Vier Tage später wurde es dann offiziell: „Christoph Daum geht, betreut die Mannschaft aber noch bei den noch ausstehenden Spielen gegen Leipzig und Duisburg."
Der Grund für Daums Scheitern lag auf der Hand: Auch 15 Monate nach „Leeds" verfolgte ihn noch immer sein damaliger Wechselfehler. Darüber hinaus war auch sein Verhältnis zu Manager Dieter Hoeneß seit jenem schicksalsträchtigen Tag bedenklich abgekühlt.
Während der öffentlich von Mayer-Vorfelder gestützte Daum im Rampenlicht stand, wirkte Hoeneß verdrossen im Hintergrund und kassierte die Prügel. Neben dem Vorwurf, er investiere zu wenig Zeit, wurden dem Manager die Fehleinkäufe von Golke, Kracht und Kruse angelastet. Zudem fehlte seit Sammers Abgang eine Führungspersönlichkeit beim VfB, und als der in Italien unglückliche „Feuerkopf" statt zum VfB zurückzukehren nach Dortmund ging, machten viele Dieter Hoeneß dafür verantwortlich. Allerdings hätten die für Sammer geforderten acht Mio. DM den VfB wirtschaftlich an den Rand seiner Belastungsfähigkeit gebracht und zudem ein enormes Risiko bedeutet. Mit Daums Abgang nahm der Druck auf Manager Hoeneß nun spürbar zu.
Über Daums Nachfolge wurde viel spekuliert. Zum wiederholten Mal favorisierte der VfB Ex-Regisseur Gilbert Gress, der allerdings wie schon 1979 auch diesmal nicht aus seinem Vertrag in Straßburg herauskam. Während noch über Trainerkoryphäen wie Jupp Heynckes und Guus Hiddink gemutmaßt wurden, verpflichtete der VfB mit Jürgen Röber schließlich einen Bundesliga-Novizen. Röber hatte zuvor Zweitligist Rot-Weiß Essen ins Pokalfinale geführt und zählte zur neuen, „jungen" Trainergeneration um Volker Finke (Freiburg) und Benno Möhlmann (HSV).
Seine erste Analyse fiel vernichtend aus: „Insgesamt kocht jeder Spieler sein eigenes Süppchen.
Es ist keine Bewegung im Spiel, jeder agiert starr auf seiner Position. In der Mannschaft ist kein Feuer drin. Sie spielt monoton", bilanzierte er während des winterlichen Trainingslagers in Portugal und appellierte: „Ich brauche verrückte Leute. Spieler, wie ich selbst einer war, die draufgehen, keine Angst haben und immer den Erfolg suchen."
Seine Arbeit zahlte sich schon im ersten Spiel aus: 3:1 beim FC Bayern, wo der VfB seit 1970 nicht mehr gewonnen hatte – optimaler hätte Röbers Start nicht ausfallen können!
Davon beflügelt, spielte sich die deutlich offensiver eingestellte Mannschaft anschließend in einen regelrechten Rausch, fegte den HSV mit 4:0 vom Platz, gewann mit 2:1 in Dortmund und durfte plötzlich vom UEFA-Cup träumen.
Doch als es im April eine 0:1-Niederlage in Nürnberg gab, war die frohe Stimmung längst schon wieder verflogen. „So kannst du einfach nicht in ein so entscheidendes Spiel gehen. Unsere kämpferische Einstellung war viel zu schwach", monierte Präsident Mayer-Vorfelder und übte unverhohlen Kritik an Jürgen Röber. Auch der zwischenzeitlich in die Nationalmannschaft zurückgekehrte Thomas Strunz sorgte für Unruhe, als er nach Spielschluss giftete: „Ich kann sagen, dass ich alles gegeben habe. Ich weiss nicht, ob das alle von sich behaupten können."
Wenngleich ein 3:0-Derbyerfolg über den Karlsruher SC die Gemüter vier Tage später wieder einigermaßen beruhigte, war unübersehbar, dass es beim VfB mehr als nur an der Oberfläche krankte…

[SAISON]

Christoph Daum verlässt den VfB

Christoph Daum war offensichtlich wieder der alte: „Ich verspreche, dass wir einen UEFA-Cup-Platz erreichen werden. Und der DFB-Pokal ist für uns der internationale Wettbewerb", verkündete er vor dem Start in die Saison 1993/94.
Große Worte, an denen der VfB-Coach natürlich gemessen wurde. Und an denen er scheiterte. Als der VfB am 21. November 1993 beim 0:1 in Dresden die dritte Niederlage in Folge kassierte und auf Rang 14 abstürzte, kündigte Daum seinen Abschied zur Winterpause an, um den „Spielern die Alibis" zu nehmen. Der Motivationskünstler hatte sein persönliches „Trauma Leeds" nie überwinden können, sich zusehends mit Manager Hoeneß entzweit und es nicht geschafft, die verunsicherte Mannschaft wieder aufzurichten.
Dabei sollte im dritten Jahr unter seiner Ägide eigentlich die Rückkehr auf die Erfolgsspur gelingen. Mit Kracht, Kruse, Berthold und Carlos Dunga, dem ersten Brasilianer der VfB-Geschichte, hatte man die Abgänge Golke und Gaudino mehr als adäquat ersetzt. Doch von Beginn an ging alles schief. Wegen der Leichtathletik-WM musste der VfB mit zwei Auswärtsspielen beginnen – und holte lediglich einen Punkt. Erst im fünften Spiel gelang beim 4:2 in Wattenscheid der erste Sieg, und auf heimischem Boden mussten die Fans sogar bis zum 16. Oktober warten, ehe es beim 1:0 gegen Nürnberg zum ersten doppelten Punktgewinn reichte. Im Pokal war zwischenzeitlich ebenfalls das Aus gekommen.
Unter Daum-Nachfolger Jürgen Röber präsentierte sich ein anderer VfB. Röber beorderte Libero Dubajic *vor* die Abwehr und verlieh seiner Mannschaft damit frischen Offensivgeist, der den VfB mit 23:11-Punkten zur besten Rückrundenmannschaft der Liga machte. Strunz und Berthold rückten in die Nationalmannschaft auf, und obwohl der UEFA-Cup-Platz am Ende verfehlt wurde und die Aufbruchstimmung durch Querelen nach dem 0:1 in Nürnberg getrübt wurde, überwog die Zuversicht.

[EREIGNIS]

Neubeginn mit Röber

Generationswechsel beim VfB

Am 7. Mai 1994 flossen Tränen im Gottlieb-Daimler-Stadion. Mit Guido Buchwald, Fritz Walter und Michael Frontzeck verabschiedeten sich gleich drei Eckpfeiler der legendären Meisterelf von 1992 vom VfB. Tosender Beifall ging auf das Trio nieder, als Präsident Mayer-Vorfelder mit Blumen ein letztes Mal „Danke" sagte.

Die harmonische Stimmung trog, denn vor allem Manager Dieter Hoeneß stand bei den Verabschiedeten in der Kritik. Vorwurf: Er sei in den Verhandlungen viel zu unnachgiebig gewesen. So erregte sich Fritz Walter wenige Tage, nachdem er beim Drittligisten Bielefeld unterschrieben hatte: „Dienstag sprach ich nochmals mit Dieter Hoeneß, aber der VfB blieb stur, wollte mir lediglich einen Einjahresvertrag geben. Berufliche Perspektiven wurden mir überhaupt nicht aufgezeigt. Gerade diese sind in meinem Alter wichtig, und die hat Bielefeld mir geboten."

Auch die in die japanische J-League wechselnde VfB-Legende Guido Buchwald fühlte sich nicht sonderlich gut behandelt und erklärte gegenüber dem »kicker«: „Als ich 1991 in die Vertragsverhandlungen ging, war ich optimal vorbereitet, hatte verschiedene Möglichkeiten einer langfristigen Zusammenarbeit vorgelegt. Aber der Manager hat alles abgeblockt. Mein Herz hängt am VfB. Ich hätte damals auch ein niedrigeres Gehalt akzeptiert, wenn mir eine Zukunftsperspektive geboten worden wäre."

Unabhängig davon war ein personeller Schnitt beim VfB aber zwingend erforderlich, denn die Stammformation der Schwaben kam auf ein stolzes Durchschnittsalter von 29,2 Jahren, wobei Buchwald und Walter mit jeweils 33 Jahren zu den Oldies zählten. Während der Vertrag mit dem ebenfalls 33-jährigen Torhüter Immel noch einmal verlängert wurde, nutzte die Vereinsführung die Gelegenheit gleich 14 zum Saisonende auslaufender Verträgen, um „auszumisten" und dem VfB frisches Blut zuzuführen. Das geschah im Einklang mit dem neuen Übungsleiter Jürgen Röber, der für eine moderne Trainergeneration stand und den VfB wieder nach oben führen sollte. Vereinsboss Mayer-Vorfelder mahnte unterdessen vor dem, was im gegenteiligen Fall eintreten würde: „Ich habe immer betont, dass sich ein Verein wie der VfB auf Dauer wirtschaftlich und sportlich nicht halten kann, wenn er nicht an internationalen Wettbewerben teilnimmt und nichts vom ‚warmen Regen' der immensen Fernsehgelder abbekommt. Wenn der VfB über einige Jahre nicht international spielen kann, wird die derzeitige Gehaltsstruktur nicht gehalten werden können, sondern ein massiver Schnitt unausweichlich sein."

Seine Warnung hing wie ein Damoklesschwert über dem Daimler-Stadion, als 23.000 Zuschauer ihren VfB am 7. Mai beim 3:0 gegen Dresden in die Sommerpause 1994 entließen. Mann des Tages war übrigens ein Abgänger: Fritz Walter. Nach wochenlangem Warten auf sein 100. Tor im VfB-Dress hatte es in der sechsten Minute endlich geklappt, woraufhin Walter regelrecht explodierte und gleich noch zwei weitere Tore markierte.

Im Gegensatz zu den bereits auf gepackten Koffern sitzenden WM-Teilnehmern Thomas Berthold, Guido Buchwald, Thomas Strunz, Adrian Knup und Carlos Dunga musste „der Fritz" das WM-Turnier in den USA allerdings auf der heimischen Couch verbringen, denn sein Traum von der Nationalmannschaft war längst geplatzt.

Gefeiert wurde das Saisonende übrigens im Hause Buck – Mittelfeldflitzer Andy Buck hatte das Team zum Polterabend eingeladen. Altes Porzellan zerschlagen: Irgendwie passte das zum VfB-Neuanfang im Sommer 1994!

■ Unglücklicher Ausflug ins Ländle. Torsten Kracht, vom Bundesligaaufsteiger VfB Leipzig verpflichteter Innenverteidiger, wurde in Stuttgart nicht warm. Neben Verletzungspech hatte das offenbar auch andere Gründe. „Die Leipziger Luft bekommt mir halt besser", bekundete der Lockenkopf, als es nach seiner Rückkehr zum VfB Leipzig plötzlich wieder besser lief.

■ Beim Stuttgarter Hallenturnier im Januar 1994 trat Zweitligist Stuttgarter Kickers mit einem frechen Jüngling auf, der die Gegner regelrecht schwindelig spielte: Fredi Bobic, in Bad Cannstatt aufgewachsener Slowene, der in der VfB-Jugend geschult worden und später aus Verdruss zu den „Blauen" gewechselt war. VfB-Trainer Röber hätte ihn am liebsten sofort auf den Wasen zurückgeholt. Manager Hoeneß mahnte jedoch zur Zurückhaltung: „Er gehört zu den Spielern, die wir beobachten. Aber wir wollen ja keinen für die Hallenrunde holen..."

■ Vier Stunden vor dem triumphalen 4:0 über den Hamburger SV ehrte VfB-Präsident Gerhard Mayer-Vorfelder Robert Schlienz, der am selben Tag seinen 70. Geburtstag feierte. Schlienz, der über 400 Pflichtspiele für den VfB bestritten hatte, wurde außerdem zum Ehrenmitglied ernannt.

■ „Das wird ein schöner arroganter Arsch sein!", fürchtete Fritz Walter vor der Saison, weil er mit Neuzugang Thomas Berthold eine „Zimmergemeinschaft" gründen sollte. Wenige Wochen später war Walter voll des Lobes über den Nationalspieler, den der VfB dem 1. FC Köln vor der Nase weggeschnappt hatte. „Sagenhaft, der Thomas ist schwer in Ordnung - und ein Superfußballer dazu", schwärmte er nun. Berthold beseitigte nicht nur Walters Vorurteile. „Wir wollen diesen Frührenter und Absahner nicht", hatten die Fans anfänglich gezetert, um Berthold dann am Spielzeitende zum „Spieler der Saison" zu wählen. Der umstrittene Abwehrstratege freute sich unterdessen über seine Rückkehr in die Nationalmannschaft und reiste mit der Vogts-Elf sogar zur WM in die USA.

■ Am 30. April 1994 feierte Eike Immel ein seltenes Jubiläum: sein 500. Bundesligaspiel! Immel hatte 17-jährig bei Borussia Dortmund debütiert und war seit seinem Wechsel nach Stuttgart unumstrittene Nummer eins beim VfB. Im Dezember 1993 hatte sich der Jubilar spaßeshalber auch mal beim Eishockey-Bundesligisten Schwenninger ERC zwischen die Pfosten gestellt.

[LEGENDEN]

SLOBODAN DUBAJIC

In der Meistersaison 1991/92 war Slobodan Dubajic Stuttgarts Entdeckung Nummer eins gewesen. Für schlappe 280.000 DM aus dem jugoslawischen Zrenjanin geholt, hatte sich „Bobo“ als verlässlicher Abwehrchef entpuppt. Anschließend war der offensivfreudige Serbe jedoch wie so viele VfBler im Mittelmaß untergetaucht. Trainer Daum verbot ihm sogar, über die Mittellinie zu gehen, weil in jenen Momenten stets Abstimmungsprobleme in der VfB-Abwehr auftauchten. Dubajic bereitete daraufhin bereits seinen Abgang vor, als Jürgen Röber kam und ihn wieder in die Offensive beorderte und meinte: „‚Bobo‘ ist ein sehr guter Fußballer. Nur als Ausputzer ist er verschenkt!“ Der Erfolg gab ihm Recht. In sieben Heimspielen kassierte der VfB nur fünf Tore (davon gleich vier gegen Freiburg) und kletterte in der Tabelle nach oben. Für den kopfballstarken und stellungssicheren 1,90-m-Mann gab es dennoch kein Happy End in Stuttgart. 1994/95 mutierte der Serbe plötzlich zum Unsicherheitsfaktor und musste sich von Trainer Röber vorhalten lassen, er verfüge über das Zweikampfverhalten einer „Fahnenstange“. Wenig später verließ Dubajic den VfB nach 116 Bundesligaspielen in Richtung Türkei.

[SPIEL]

FC Bayern 1:3 VfB

Doppeltes Trainerdebüt

Erster Sieg bei Bayern seit 1970

Am 12. Februar 1994 gibt es im Münchner Olympiastadion gleich zwei Trainerpremieren: die von Jürgen Röber beim VfB – und die von Franz Beckenbauer beim FC Bayern! Der „Kaiser“ steht natürlich im Mittelpunkt, als Schiedsrichter Wiesel die Mannschaften bei eisigen sieben Grad unter Null auf das Spielfeld führt. Während Beckenbauer umringt ist von Kameras, kann Jürgen Röber nahezu unbemerkt zur Trainerbank marschieren und fühlt sich in seiner Rolle pudelwohl.
Mit Ausnahme von Kögl, für den Uwe Schneider spielt, schickt der neue VfB-Coach dieselbe Elf aufs Feld, die auch das letzte Daum-Spiel (4:0 gegen Duisburg) bestritten hat. Libero Dubajic agiert nun allerdings vor den Manndeckern Berthold und Buchwald, was dem VfB seinen lange vermissten Offensivgeist zurückgibt. Dass Buchwald nach nur vier Minuten für die Stuttgarter Führung sorgt, trägt erheblich zur Nervenberuhigung der Schwaben bei, während es bei den Beckenbauer-Schützlingen Nervosität auslöst. Beim Bayern-Ausgleich muss sogar Schiedsrichter Wiesel Unterstützung leisten: „Ich kriege von hinten einen Stoß und gerate dann mit der Hand zum Ball“, beschreibt Thomas Strunz die Szene, die in der 22. Minute zum von Matthäus verwandelten Handelfmeter führt...
In der 50. Minute bringt Fritz Walter den VfB erneut in Führung, und diesmal brennt nichts mehr an. Intelligente Schwaben-Konter entnerven die Bayern, die von Glück reden können, dass der VfB im Abschluss haarsträubend inkonsequent ist. Erst sechs Minuten vor dem Schlusspfiff krönt Libero Dubajic seine

grandiose Leistung, als er Buck auf die Reise schickt und der pfeilschnelle Außen den 3:1-Endstand herstellt. Erstmals seit 24 Jahren hat der VfB wieder beim FC Bayern gewonnen – Präsident Mayer-Vorfelder honoriert die Sensation mit einer zusätzlichen Siegprämie in Höhe von 5.000 DM pro Nase und schwärmt von einem „Traumstart ins Jahr 1994“.
Jürgen Röber hat es schon vorher gewusst. „Bei meinem Einstand als Trainer gewann ich mit Rot-Weiß Essen gegen Bocholt 3:0. Franz Beckenbauer dagegen verlor bei seiner Premiere als DFB-Teamchef gegen Argentinien 1:3. Unser Sieg war doch programmiert, oder?“, grinst er in die nunmehr auf ihn gerichteten Kameras...

Der VfB Stuttgart im Spieljahr 1993/94. Hinten v. l.: Dubajic, Knup, Strehmel, Brdaric, Ziegler, Uwe Schneider, Sverrisson, Frontzeck. Mitte: Trainer Daum, Co-Trainer Koch, Ruta, Otto, Kienle, Endreß, Seifert, Remmler, Kracht, Physiotherapeut Wörn, Torwarttrainer Rücker. Vorn: Walter, Kögl, Maier, Trautner, Immel, Schäfer, Buck, Kruse.

■ Obwohl der südkoreanische Autohersteller Hyundai dem VfB stolze drei Mio. DM pro Jahr für einen Trikotwerbevertrag bot, verlängerte der Klub im März 1994 für drei weitere Jahre mit dem bisherigen Geschäftspartner „Südmilch". Über die Summe wurde Stillschweigen vereinbart – man durfte aber davon ausgehen, dass sie über der von Hyundai lag…

■ Für Axel Kruse war die Saison 1993/94 ein Alptraum. Für 1,7 Mio. aus Frankfurt gekommen, misslang dem umstrittenen Blondschopf so ziemlich alles. Beim 2:6-Pokalaus gegen Kaiserslautern wurde er nach einer Attacke auf Schiedsrichter Osmers des Feldes verwiesen und für zehn Wochen gesperrt, in der Winterpause zog er sich einen Muskelanriss an der Ferse zu, und am 31. März 1994 wurde er nach nur zehn Spielen im VfB-Dress zum Schweizer Zweitligisten FC Basel ausgeliehen.

■ Der Beginn einer neuen Freundschaft? Beim Derby gegen den KSC (4:0) unterschrieb KSC-Präsident Roland Schmider einen Aufnahmeantrag beim VfB. „Nicht zuletzt, weil uns Gerhard Mayer-Vorfelder als Finanzminister Baden-Württembergs beim Stadionbau unterstützt hat." Die Antwort von „MV" ließ nicht lange auf sich warten: „Klar, dass ich auch KSC-Mitglied werde…"

1. Bundesliga

1	8.8.1993	Werder Bremen - VfB	5:1	24.600
2	21.8.1993	MSV Duisburg - VfB	2:2	19.000
3	29.8.1993	VfB - Bayern München	2:2	53.700
4	1.9.1993	Wattenscheid 09 - VfB	2:4	6.000
5	4.9.1993	VfB - Borussia Dortmund	2:2	33.000
6	8.9.1993	Hamburger SV - VfB	3:2	23.353
7	11.9.1993	VfB - VfB Leipzig	0:0	17.500
8	17.9.1993	VfB - 1. FC Köln	1:1	22.000
9	29.9.1993	Bor. M'gladbach - VfB	0:2	21.000
10	2.10.1993	VfB - Eintracht Frankfurt	0:2	45.000
11	9.10.1993	1. FC Kaiserslautern - VfB	5:0	33.754
12	16.10.1993	VfB - 1. FC Nürnberg	1:0	24.000
13	30.10.1993	VfB - Schalke 04	3:0	21.000
14	6.11.1993	SC Freiburg - VfB	2:1	15.000
15	10.11.1993	Karlsruher SC - VfB	0:0	31.000
16	13.11.1993	VfB - Bayer Leverkusen	1:4	19.000
17	21.11.1993	Dynamo Dresden - VfB	1:0	10.600
18	27.11.1993	VfB - Werder Bremen	0:0	17.000
19	4.12.1993	VfB Leipzig - VfB	0:0	5.800
20	10.12.1993	VfB - MSV Duisburg	4:0	14.000
21	13.2.1994	Bayern München - VfB	1:3	34.000
22	18.2.1994	VfB - Wattenscheid 09	3:0	16.000
23	8.3.1994	Borussia Dortmund - VfB	1:2	41.517
24	5.3.1994	VfB - Hamburger SV	4:0	34.000
25	13.3.1994	1. FC Köln - VfB	3:1	28.000
26	19.3.1994	VfB - Bor. M'gladbach	3:0	26.000
27	26.3.1994	Eintracht Frankfurt - VfB	0:0	34.049
28	31.3.1994	VfB - 1. FC Kaiserslautern	1:1	36.000
29	5.4.1994	1. FC Nürnberg - VfB	1:0	38.000
30	9.4.1994	VfB - Karlsruher SC	3:0	43.000
31	16.4.1994	Schalke 04 - VfB	0:1	35.840
32	23.4.1994	VfB - SC Freiburg	0:4	38.000
33	30.4.1994	Bayer Leverkusen - VfB	1:1	16.400
34	7.5.1994	VfB - Dynamo Dresden	3:0	23.000

Abschlusstabelle

1. Bayern München	34	17	10	7	68:37	44-24
2. 1. FC Kaiserslautern	34	18	7	9	64:36	43-25
3. Bayer Leverkusen	34	14	11	9	60:47	39-29
4. Borussia Dortmund	34	15	9	10	49:45	39-29
5. Eintracht Frankfurt	34	15	8	11	57:4	38-30
6. Karlsruher SC	34	14	10	10	46:43	38-30
7. VfB Stuttgart	34	13	11	10	51:43	37-31
8. Werder Bremen (M)	34	13	10	11	51:44	36-32
9. MSV Duisburg (N)	34	14	8	12	41:52	36-32
10. Bor. M'gladbach	34	14	7	13	65:59	35-33
11. 1. FC Köln	34	14	6	14	49:51	34-34
12. Hamburger SV	34	13	8	13	48:5	34-34
13. Dynamo Dresden	34	10	14	10	33:44	30-34*
14. Schalke 04	34	10	9	15	38:50	29-39
15. SC Freiburg (N)	34	10	8	16	54:57	28-40
16. 1. FC Nürnberg ▽	34	10	8	16	41:55	28-40
17. Wattenscheid 09 ▽	34	6	11	17	48:70	23-45
18. VfB Leipzig (N) ▽	34	3	11	20	32:69	17-51

* Dresden wurden vier Punkte abgezogen

DFB-Pokal

1. HR	Freilos			
2. HR	25.8.93	VfB - 1. FC K'lautern	2:6 n.V.	24.000

Bundesligakader

Abgänge: Beierle (SSV Ulm 1846), Gaudino (Eintracht Frankfurt), Golke (1. FC Nürnberg), Kracht (im Dezember zum VfB Leipzig), Kruse (im April ausgeliehen an den FC Basel), Preuss (SV Waldhof-Mannheim), Simanic (Benfica Lissabon). **Zugänge:** Addo (im September von Hearts of Oak Accra), Berthold (Bayern München), Brdaric (VfL Kirchheim/Teck), Dunga (Pescara Calcio), Kracht (VfB Leipzig), Kruse (Eintracht Frankfurt), Maier, Remmler (beide VfB-Amateure), Ruta (VfB-Jugend), Seifert (VfB-Amateure)
Trainer: Christoph Daum bis zum 10. Dezember 1993), Jürgen Röber (ab 15. Dezember 1993)

Tor		Alexander Strehmel	13/0
Eike Immel	34/0	Thomas Brdaric (VA)	10/1
Eberhard Trautner	0/0	Axel Kruse	10/0
Feld		Uwe Schneider	10/0
Guido Buchwald	32/2	Günther Schäfer	8/0
Thomas Berthold	31/0	Oliver Otto	6/1
Ludwig Kögl	31/3	M. Bochtler (Jug)	4/0
Michael Frontzeck	30/1	Marcus Ziegler	4/0
Carlos Dunga	28/4	Jochen Endreß (VA)	1/0
Adrian Knup	27/10	Sascha Maier	0/0
Fritz Walter	27/13	Thomas Schneider	0/0
Slobodan Dubajic	26/1	Jochen Ruta (VA)	0/0
Thomas Strunz	25/3	Stefan Remmler (VA)	0/0
E. Sverrisson (VA)	24/5	Joseph Addo (VA)	0/0
Marc Kienle	23/2	Sascha Maier (VA)	0/0
Andreas Buck	20/3	Frank Seifert (VA)	0/0
Torsten Kracht	13/0	+ zwei Eigentore	

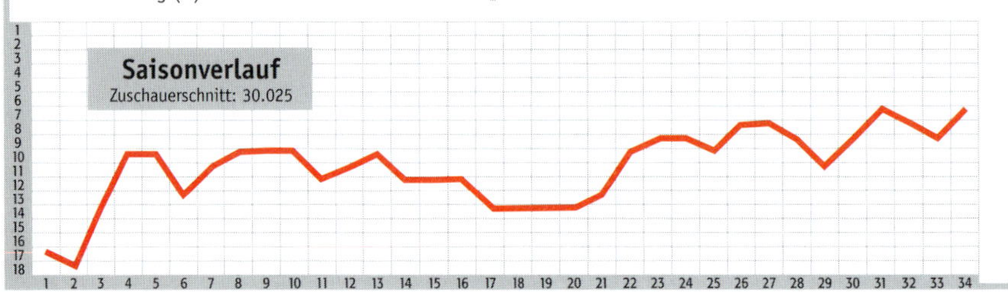

Voller Optimismus ging der VfB ins Spieljahr 1994/95. Für rund 8,4 Mio. DM waren Elber, Bobic, Poschner und Foda verpflichtet worden, mit denen man (mindestens) den UEFA-Cup erreichen wollte.
Bedenken, dass der Kader möglicherweise etwas „dünn" und der Konkurrenzdruck zu gering sei, waren gerade von einem Traumstart verwischt worden, als die Weiß-Roten im sechsten Saisonspiel aus allen Träumen gerissen wurden: 0:5 in Dortmund – ein Debakel markierte den Beginn einer Krise, die sich über die gesamte Saison erstrecken sollte. Plötzlich war der VfB ein Nervenbündel. Gegen Bayern führte er 2:0 – und gab noch einen Punkt ab. Gegen Gladbach führte er 2:0 – und verlor sogar! 1:9 Punkte in Folge ließen die Röber-Elf zur Winterpause auf Platz 10 abrutschen, woraufhin das Ziel „UEFA-Cup" in „UI-Cup" umformuliert werden musste. Einziger Hoffnungsschimmer war der in Bad Cannstatt aufgewachsene Allroundstürmer Fredi Bobic, der im Saisonverlauf zwölf Tore erzielen und aufgrund von Personalproblemen sogar als Verteidiger glänzen sollte.
In der Rückrunde setzte sich die Talfahrt fort. Individuelle Fehler kosteten wiederholt Punkte. Vor allem Libero Dubajic geriet in die Kritik und wurde von Jürgen Röber nach dem 1:4 in Uerdingen sogar als „Fahnenstange" verspottet. Intern brodelte es. Nachdem Dunga, Strunz, Kögl und Kruse Wechselabsichten geäußert hatten, kritisierte Thomas Berthold öffentlich die ungeklärte Personalpolitik. Am 25. April 1995 hatte der Präsident

[SAISON]

„MV" greift durch

schließlich genug: Wenige Tage nach seinem 20. Dienstjubiläum feuerte er Trainer Röber und Manager Hoeneß. „Der Fußball steht unter Erfolgszwang, und da erfordert es manchmal auch menschlich unangenehme Entscheidungen", begründete er sein umstrittenes Vorgehen.
Unter Röbers Nachfolger Jürgen Sundermann hielt die Talfahrt jedoch an. Am Saisonende belegte der VfB mit Rang 12 die schlechteste Position seit 1987 und stand vor einem Scherbenhaufen.

■ Am 19. Juni 1995 trauerte Fußball-Stuttgart um den Größten aller Zeiten: Robert Schlienz, Kopf der VfB-Meisterelf von 1950 und 1952, war einem Herzinfarkt erlegen. Mehr als 300 Trauergäste wohnten bei strömendem Regen der Beerdigung in Dettenhausen bei. Wenig später benannte der VfB sein Amateurstadion in „Robert-Schlienz-Stadion" um.

■ Das 1990 zum 1. FC Nürnberg gewechselte VfB-Idol Willi Entenmann kehrte im Sommer 1994 nach Bad Cannstatt zurück und wurde Jugendkoordinator beim VfB Stuttgart. Dass Eigengewächse wie Covic, Bochtler und Wildmann zwischenzeitlich in die VfB-Bundesligaelf aufgerückt waren, erfüllte Entenmann mit Stolz, denn „beim VfB setzen wir die hervorragende Jugendarbeit im Amateurbereich fort".

■ Pech für Neuzugang Giovane Elber. Zwei Treffer in den ersten beiden Saisonspielen hatten gerade Hoffnung aufkommen lassen, dass der 3,3 Mio. DM teure Neuzugang aus Zürich der erwartete Sturmführer sein könnte, als er sich im Zweikampf mit 1860-Verteidiger Alexander Kutschera den linken Knöchel brach und ein halbes Jahr ausfiel.

■ Am 25. Februar 1995 feierte der VfB Stuttgart ein seltenes Jubiläum: Die Partie gegen den TSV München 1860 war das 500. Heimspiel seiner Bundesligageschichte! Der Klub und sein Nachbar Daimler-Benz spendeten 3.000 Freikarten für Nachwuchsmannschaften bzw. soziale Einrichtungen.

Zwischen Manager Dieter Hoeneß (links) und dem VfB-Vorsitzenden Gerhard Mayer-Vorfelder kam es wiederholt zu Dissonanzen.

[SPIEL]

VfL Bochum 4:0 VfB

Offenbarungseid

Jürgen Sundermann ist ratlos

„Unfassbar, unfassbar!", stöhnt VfB-Trainer Sundermann auf dem Weg in die Pressekonferenz. Seit vier Wochen führt er das Ruder beim VfB Stuttgart – und ist gerade gegen die hoffnungslos dem Abstieg entgegenpaddelnde Sportgruppe des VfL Bochum untergegangen. 0:4 – ein Offenbarungseid, dem in der VfB-Geschichte kaum eine schlechtere Leistung gegenübersteht. Torhüter Immel klagt über das „Schlimmste, was ich je erlebt habe", Axel Kruse „schämt sich für eine absolut desolate Leistung", und der mitgereiste Anhang lässt seiner Wut mit Schmährufen gegen Mannschaft und Präsident freien Lauf.
Zum Spiel: Nach dem frühen Rückstand (siebte Minute) geht beim VfB gar nichts mehr, und die international besetzte Elf wird vom Nobody aus dem Westen regelrecht vorgeführt. „Das Problem liegt in der Psyche der Spieler begründet, sie strotzen nicht gerade vor Selbstbewusstsein", doziert Trainer Sundermann, der seinen Libero Dubajic übrigens nach nur elf Minuten schon wieder vom Feld geholt hatte...

Der VfB Stuttgart 1994/95. Hinten v. l.: Dubajic, Bobic, Brdaric, Büttner, Bochtler, Poschner, Physiotherapeut Egger. Mitte: Trainer Röber, Co-Trainer Storck, Schneider, Otto, Kienle, Addo, Marcus Ziegler, Kruse, Physiotherapeut Wörn, Zeugwart Seitz. Vorn: Foda, Elber, Kögl, Trautner, Immel, Marc Ziegler, Schäfer, Buck, Dinzey.

[LEGENDEN]

EIKE IMMEL

Es ist immer ein bedenkliches Zeichen, wenn die „erfahrenen" Spieler einer Mannschaft plötzlich Fehler machen. Als Trainer Röber Torhüter Eike Immel, in über 500 Bundesligaspielen nervengestählt, nach dem 2:2 gegen Kaiserslautern mit der Bank drohte, hatte die VfB-Krise einen neuen Höhepunkt erreicht. Seit seinem Wechsel von Borussia Dortmund im Sommer 1986 war der gebürtige Hesse schließlich ein verlässlicher Erfolgsgarant zwischen den VfB-Pfosten gewesen – und es spricht für Immel, dass er dies nach seiner kleinen Krise auch rasch wieder wurde. Immel hatte 1991/92 bei nur 32 Gegentreffern erheblich zur vierten Deutschen Meisterschaft des VfB beigetragen. Dass er nun nur drei Jahre später mit 66 Gegentoren die nach den Absteigern Dresden (68) und Bochum (67) meisten Treffer kassierte, war vor allem seiner wackeligen Abwehr zuzuschreiben. Die Zeit des 1,86-m-Mannes neigte sich dennoch ihrem Ende zu. Als Marc Ziegler 1995/96 völlig überraschend den Vorzug erhielt, verabschiedete sich Eike Immel in Richtung Manchester City. Dass er sich dort etablierte, während der VfB mit einem Torwartproblem kümpfte, dürfte er mit einer gewissen Genugtuung zur Kenntnis genommen haben.

1. Bundesliga

1	19.8.1994	VfB - Hamburger SV	2:1	41.000
2	23.8.1994	TSV München 1860 - VfB	0:2	37.000
3	27.8.1994	VfB - 1. FC Köln	2:2	30.000
4	3.9.1994	1. FC Kaiserslautern - VfB	3:2	36.357
5	18.9.1994	VfB - Eintracht Frankfurt	4:1	35.000
6	24.9.1994	Borussia Dortmund - VfB	5:0	42.800
7	1.10.1994	Bayer Leverkusen - VfB	3:1	19.100
8	8.10.1994	VfB - Bayer Uerdingen	3:1	18.000
9	15.10.1994	Schalke 04 - VfB	1:1	31.590
10	22.10.1994	VfB - Karlsruher SC	4:0	50.000
11	29.10.1994	Bayern München - VfB	2:2	63.000
12	4.11.1994	VfB - Dynamo Dresden	4:2	22.000
13	12.11.1994	Werder Bremen - VfB	4:0	24.423
14	19.1.1994	VfB - VfL Bochum	2:2	16.000
15	26.11.1994	SC Freiburg - VfB	2:0	18.000
16	3.12.1994	VfB - Bor. M'gladbach	2:4	38.000
17	10.12.1994	MSV Duisburg - VfB	2:0	16.000
18	18.2.1995	Hamburger SV - VfB	0:2	23.813
19	25.2.1995	VfB - TSV München 1860	1:1	23.000
20	5.3.1995	1. FC Köln - VfB	1:0	24.000
21	11.3.1995	VfB - 1. FC Kaiserslautern	2:2	27.500
22	18.3.1995	Eintracht Frankfurt - VfB	2:2	21.000
23	25.3.1995	VfB - Borussia Dortmund	0:0	47.000
24	1.4.1995	VfB - Bayer Leverkusen	4:2	17.500
25	7.4.1995	Bayer Uerdingen - VfB	4:1	8.800
26	15.4.1995	VfB - Schalke 04	1:1	26.000
27	21.4.1995	Karlsruher SC - VfB	3:1	32.500
28	29.4.1995	VfB - Bayern München	0:2	53.700
29	6.5.1995	Dynamo Dresden - VfB	1:1	9.000
30	13.5.1995	VfB - Werder Bremen	1:4	26.000
31	20.5.1995	VfL Bochum - VfB	4:0	14.490
32	27.5.1995	VfB - SC Freiburg	1:0	53.072
33	10.6.1995	Bor. M'gladbach - VfB	3:1	30.500
34	17.6.1995	VfB - MSV Duisburg	3:1	15.000

Abschlusstabelle

1.	Borussia Dortmund	34	20	9	5	67:33	49-19
2.	Werder Bremen	34	20	8	6	70:39	48-20
3.	SC Freiburg	34	20	6	8	66:44	46-22
4.	1. FC Kaiserslautern	34	17	12	5	58:41	46-22
5.	Bor. M'gladbach	34	17	9	8	66:4	43-25
6.	Bayern München (M)	34	15	13	6	55:41	43-25
7.	Bayer Leverkusen	34	13	10	11	62:51	36-32
8.	Karlsruher SC	34	11	14	9	51:47	36-32
9.	Eintracht Frankfurt	34	12	9	13	41:49	33-35
10.	1. FC Köln	34	11	10	13	54:54	32-36
11.	Schalke 04	34	10	11	13	48:54	31-37
12.	VfB Stuttgart	34	10	10	14	52:66	30-38
13.	Hamburger SV	34	10	9	15	43:50	29-39
14.	München 1860 (N)	34	8	11	15	41:57	27-41
15.	Bayer Uerdingen (N)	34	7	11	16	37:52	25-43
16.	VfL Bochum (N) ▽	34	9	4	21	43:67	22-46
17.	MSV Duisburg ▽	34	6	8	20	31:64	20-48
18.	Dynamo Dresden ▽	34	4	8	22	33:68	16-52

DFB-Pokal

1. HR	14.8.94	Carl Zeiss Jena - VfB	0:2	3.951
2. HR	10.9.94	SSV Ulm 1846 - VfB	0:2	18.000
AF	8.11.94	Bayern München Am. - VfB	2:2 n.V., 7:6 n.E.	3.500

Bundesligakader

Abgänge: Brdaric (im Oktober zu Fortuna Düsseldorf), Buchwald (Urawa Red Diamonds), Frontzeck (VfL Bochum), Knup (Karlsruher SC), Otto (im September zu SSV Ulm 1846), Remmler, Ruta (beide VfB-Amateure), Uwe Schneider (VfL Bochum), Seifert (Chemnitzer FC), Strehmel (Wattenscheid 09), Sverrisson (Besiktas Istanbul), Walter (Arminia Bielefeld)

Zugänge: Bobic (Stuttgarter Kickers), Bochtler (VfB-Jugend), Büttner (VfB-Jugend), Dinzey (VfB Lichterfelde), Elber (Grasshopper Zürich), Foda (Bayer Leverkusen), Kruse (zurück vom FC Basel, war ausgeliehen), Poschner (Borussia Dortmund), Sigurdsson (im Oktober von Fram Reykjavik), Ziegler (VfB-Amateure)

Trainer: Jürgen Röber (bis zum 25. April 1995), Jürgen Sundermann (ab 25. April 1995)

Tor	
Eike Immel	33/0
Eberhard Trautner	2/0
Marc Ziegler (VA)	0/0
Feld	
Franco Foda	33/0
Fredi Bobic	32/12
Gerhard Poschner	32/2
Thomas Berthold	29/1
Ludwig Kögl	29/6
Marc Kienle	28/2
Axel Kruse	27/8
Andreas Buck	26/3
Carlos Dunga	26/3
Giovane Elber	23/8
Thomas Strunz	22/1
Slobodan Dubajic	20/0
Thomas Schneider	16/2
Michél Dinzey (VA)	14/0
Michael Bochtler	13/1
Ante Covic (Am)	13/2
Jochen Endreß (VA)	5/0
Günther Schäfer	5/0
Mario Wildmann (Am)	4/0
Helgi Sigurdsson	2/0
Sascha Maier (VA)	1/0
Frank Posch (Am)	1/0
Marcus Ziegler	1/0
Joseph Addo (VA)	0/0
Tobias Büttner (VA)	0/0
H. Sigurdsson (VA)	0/0
Oliver Otto	0/0
Thomas Brdaric	0/0
+ ein Eigentor	

■ Seit Saisonbeginn trug der VfB ein modifiziertes Vereinswappen. Das Schild mit den württembergischen Hirschangeln war sichtlich „geglättet“ worden. Auch der Schriftzug „1893“ trug neue Züge. Die Veränderung sollte den Weg des VfB in die Moderne dokumentieren.

■ Am 18. April 1995 jährte es sich zum 20. Mal, dass Gerhard Mayer-Vorfelder in einer turbulenten Mitgliederversammlung die Führung über den VfB übernommen hatte. „MV“ nahm das Jubiläum zum Anlass, rund 250 Gäste aus Politik, Wirtschaft und Sport ins Stuttgarter „Maritim“-Hotel zu laden. Bis morgens um 1.30 Uhr wurden Lobeshymnen auf den VfB-Boss gesungen. Das Bundesligateam indes bereitete ihm wenig Freude: „Ich bin stinksauer! Fußball ist nicht nur Freizeitvergnügen, sondern auch Arbeit. Die Spieler verdienen viel Geld. Dafür müssen sie etwas tun. Leistung als Bringschuld“, hatte „MV“ drei Tage zuvor beim 1:1 gegen Schalke geschimpft.

■ Zwei besonders treue Fans begleiteten den VfB im Januar 1995 bis ins winterliche Trainingslager an die portugiesische Algarve. Dass das unscheinbare Trainingsplätzchen im Pinienwald von Valo do Garrao von ihnen mit weiß-roten Fahnen verschönert wurde, erfreute vor allem Manager Hoeneß: „Toll, wie die beiden zu ihrem Klub stehen“, lobte er und überreichte Trikots mit den Unterschriften aller Spieler.

■ Bitter enttäuscht zeigte sich Gilbert Gress, der als Wunschkandidat für die Nachfolge von Interimscoach Jürgen Sundermann galt. Völlig unerwartet zog der VfB jedoch für die Saison 1995/96 den in Deutschland weitestgehend unbekannten Rolf Fringer vor, der den Schweizer Provinzklub FC Aarau in die Champions League geführt hatte. Auf die Frage, ob er den VfB schon einmal live gesehen habe, entgegnete Fringer übrigens: „Leider nein, nur im Fernsehen. Ich werde mir aber noch Videokassetten besorgen und mir ein genaueres Bild machen.“

■ Er war schon ein Jahr in Japan und dachte gerade über seine Rückkehr ins Ländle nach, als Guido Buchwald am 31. Mai 1995 offiziell vom VfB verabschiedet wurde. Zunächst traf dabei ein mit „Buffy“ Ettmayer und „Sepp“ Maier verstärktes VfB-Meisterteam von 1984 auf die „Guido Allstars“ (5:4), ehe die Meisterelf von 1992 die deutsche Nationalmannschaft herausforderte (3:4).

[EREIGNIS]

Tollhaus VfB

Manager und Trainer gefeuert

Mit dem Aus des Trainers kam auch das Aus des Managers. Die Personalie Dieter Hoeneß war allerdings schon seit längerem fraglich. Seit dem Wechselfehler von Leeds war die Autorität des VfB-Managers sichtlich angeschlagen, und so überraschte es nicht, dass sich Dieter Hoeneß unter den Opfern befand, als Mayer-Vorfelder nach dem 1:3 in Karlsruhe der Kragen platzte.

Zugleich offenbarte der Vorgang den bedenklichen Zustand des VfB Stuttgart. Erst vier Monate zuvor hatte Hoeneß schließlich seinen Vertrag beim VfB um zwei Jahre verlängert – übrigens im gegenseitigen Einvernehmen. „Wir hatten ein offenes Gespräch. Dabei wurden Konflikte deutlich angesprochen. Wir wollen weiter mit dem Dieter zusammenarbeiten“, hatte Mayer-Vorfelder seinerzeit beteuert – Hoeneß aber gleichzeitig den von einer Gerlinger Druckerei zurückgekehrten Ex-Geschäftsführer Ulrich Schäfer vor die Nase gesetzt. Der „MV“-Intimus sollte die „Entscheidungswege verkürzen“ und wurde von Spöttern wahlweise als „Ober-Kontrolleur“ oder „MV-Beauftragter“ bezeichnet. Hoeneß machte gute Miene zum bösen Spiel. „Im Idealfall erleichtert das die Abläufe. Ich habe jedenfalls keine Probleme damit“, bekundete er und wies Behauptungen, die Entwicklung stelle einen Kompetenzverlust dar, brüsk zurück. Schon bald war der Manager erneut in die Kritik geraten. In einem Gespräch mit der »Stuttgarter Zeitung« zog Thomas Berthold kräftig vom Leder: „Ich muss wissen, wie es weitergeht, im Mittelfeld versinken, das kann's nicht sein“, blaffte der Nationalspieler und klagte: „Ich habe bisher noch keine sportliche Planung für die nächste Saison gesehen. Der VfB ist spät dran. Außerdem: Welcher gute Spieler will denn im Moment zum VfB wechseln? ... Der einzige, der in diesem Verein etwas zu sagen hat, ist der Präsident. Jeder kann sich einen Reim darauf machen, was Mayer-Vorfelder damit bezweckt hat, Ulrich Schäfer zurückzuholen. Ich frage mich nur, wer nun für die Transfergeschäfte bei uns zuständig ist.“ Bertholds Äußerungen schlugen ein wie eine Bombe. „Von einem Kapitän erwarte ich, dass er die Vereinsinteressen im Auge hat und nicht Konflikte schafft und Dinge nach außen falsch darstellt. Das lasse ich mir jedenfalls nicht mehr gefallen!“, schoss Hoeneß zurück. Das Ende vom Lied: Berthold zahlte 5.000 DM „Strafe“ an eine Kinderkrebsklinik und verlängerte seinen Vertrag beim VfB um drei Jahre – allerdings nach Gesprächen mit „MV“...

Dann kam das 1:3 von Karlsruhe, nach dem der Präsident Gerüchten zufolge gesagt haben soll: „Wir planen die nächste Saison ohne Röber und Hoeneß.“ Dem folgte zwar prompt das Dementi („Da ist nichts dran“), drei Tage später wurden Röber und Hoeneß dann aber doch entlassen. Während sich „MV“ wegen des öffentlichen Treueschwurs rechtfertigen musste, kehrte mit Jürgen Sundermann ein weiterer „Alter“ zurück und kritisierte zunächst einmal die „Absahner-Mentalität“ der Profis. Rezepte, die sportliche Talfahrt zu stoppen, hatte der Ex-Wundermann angesichts von 5:9 Punkten unter seiner Regie offenbar auch nicht. Der VfB brauchte eben mehr als nur ein Wunder.

Auch Thomas Berthold (hinten, mit Lauterns Sforza) kritisierte Manager Hoeneß.

[SAISON]

Zwischen Magie und Lethargie

Die Fans mussten sich an neue Dinge gewöhnen: Erstmals gab es drei Punkte für einen Sieg, fortan waren drei statt zwei Einwechslungen erlaubt, und die Spieler trugen nun feste Rückennummern.
Auf der VfB-Bank saß mittlerweile mit Rolf Fringer ein Bundesliganeuling. Dass Fringer 1993 den Schweizer Provinzklub FC Aarau zum Landesmeister gemacht hatte, galt als gutes Omen: Auch Jürgen Sundermann und Helmut Benthaus waren einst als erfolgreiche Nobodys von den Eidgenossen gekommen und hatten den VfB zum Erfolg geführt.
Unter Fringer zog „moderner Fußball" ein. Das galt sowohl optisch – der Trainer trat stets in Anzug und Krawatte auf, denn „der Spieltag ist der Festtag" –, als auch taktisch. Mit Einführung von Viererkette und Raumdeckung wollte der Schweizer das Offensivspiel stärken und forderte jeden Spieler auf, „seine Fähigkeiten in den Dienst der Mannschaft zu stellen. Wer nicht mitzieht, findet sich auf der Bank oder Tribüne wieder."
Erstes Opfer wurde Keeper Immel, der nach 534 Bundesligaspielen das Tor räumen musste und verärgert nach Manchester wechselte. Sein Nachfolger war der 19-jährige Marc Ziegler, der im Saisonverlauf gelegentlich Nerven zeigen sollte. Mit Strunz und Dunga hatte der VfB zwar zwei Führungsspieler verloren, begrüßte im Gegenzug jedoch für rund zwölf Mio. DM mit Balakov, Hendrik, Haber, Verlaat,

[EREIGNIS]

Gegenwind für „MV"

Fringer bleibt VfB-Trainer

Wie dramatisch der Niedergang des VfB in der Rückrunde war, verdeutlichen schon die Schlagzeilen des »kicker« an den fünf letzten Spieltagen: „Kritische Fragen an Rolf Fringer", hieß es nach dem 0:1 gegen Köln, „Fringers Draht zum Team gestört", nach dem 0:2 auf Schalke, „Fringer: Rauswerfen oder Rauswurf?" nach dem 2:3 gegen Düsseldorf, „Fringer zweifelt an sich selbst" nach dem 0:3 beim HSV und „Die Wende: Fringer bleibt" nach dem 3:1 über Karlsruhe. Fünf Spiele binnen drei Wochen, in denen die VfB-Fans durch die Hölle gingen. Einziger Trost: Der Abschlusssieg über den Erzrivalen KSC, dem man damit die UEFA-Cup-Qualifikation verdarb.
Im Zentrum der Kritik stand neben Trainer Fringer vor allem Präsident Mayer-Vorfelder. Der hatte bereits vor dem KSC-Spiel mit Christoph Daum über eine mögliche Rückkehr nach Stuttgart verhandelt und war fest entschlossen, Fringer zu feuern. Doch seine Präsidiumskollegen zogen nicht mit, denn Ulrich Schäfer und Heinz Bandke votierten gegen die Entlassungsbefürworter Hubert H. Schäfer, Matthias Kleinert und „MV". Sie hielten Fringer keineswegs für den richtigen Trainer, fürchteten sich aber vor den finanziellen Konsequenzen einer Entlassung. Zähneknirschend beugte sich „MV" den Gegenstimmen und klagte später: „Der Fringer hat es beinahe fertiggebracht, dass meine Freundschaft zu Ulrich Schäfer und Heinz Bandke in die Brüche gegangen ist."
Die Spieler hingegen zeigten sich erleichtert. „Jetzt kann endlich Ruhe einkehren. Nur so kommen wir auf die richtige Bahn. Wenn alle an einem Strang ziehen. Oben wie unten", freute sich Bundesliga-Torschützenkönig Fredi Bobic in seiner Eigenschaft als Mitglied des Mannschaftsrates.
Zweifelsohne mangelte es dem VfB in der Trainerfrage seit längerem an Geduld, und es schien sinnvoll, Fringer mehr Zeit einzuräumen, damit die taktischen und personellen Konzepte greifen konnten. Dessen ungeachtet bot der Schweizer mit österreichischem Pass aber durchaus Anlass zur Kritik. Ihm wurde der Abgang von Torhüter Immel angelastet, er vergrätzte langjährige Stammspieler wie Schäfer, Dubajic und Buck, und er bezeichnete bewährte Leistungsträger wie Thomas Berthold als „Altlast", von der man sich „befreien" müsse. Zudem nervte er Fans wie Verantwortliche mit seiner ausgeprägten Neigung, schlechte Spiele schön zu reden und seinen unübersehbaren Taktikdefiziten im Defensivbereich.
Präsident Mayer-Vorfelder distanzierte sich schon früh von Fringer und mäkelte im März nach dem 0:5 gegen Dortmund vieldeutig: „Das war das erbärmlichste Spiel, das ich je von einer VfB-Mannschaft gesehen habe! Ich habe keinen einzigen Spieler gesehen, der sich aufgebäumt hat. Das war schlichtweg mangelnde Berufsauffassung."
Auf die Frage nach den Konsequenzen entgegnete er garstig: „Ich bin nicht der Trainer..."

Giovane Elber und der in der Rückrunde von Trainer Fringer als „Altlast" ausgemusterte Axel Kruse feiern den 1:1-Ausgleich in Mönchengladbach.

Gilewicz und Legat hochkarätige Neuzugänge. Der Kader war damit deutlich breiter besetzt als in der abgelaufenen Saison. Ziel war der UEFA-Cup, den man nach drei Jahren ohne internationales Geschäft aus finanziellen Gründen auch dringend benötigte. Intern strebten Fringer und Co. sogar die Meisterschaft an.
Die neuformierte Mannschaft hatte zunächst erhebliche Probleme mit den taktischen Veränderungen. Nach einem spektakulären Pokal-Aus in Sandhausen (12:13 im Elfmeterschießen, Libero Verlaat flog vom Platz) hagelte es gegen Leverkusen (1:4) und in Dortmund (3:6) zehn Gegentore. „Stuttgarts taktische Trauervorstellung ist nur schwer nachvollziehbar“, hatte der »kicker« gerade konstatiert, als ein mitreißendes 5:0 gegen Mönchengladbach die Wende brachte. Erstmals fand sich bei diesem Spiel das „magische Dreieck“ aus Balakov, Bobic und Elber, das im Verlauf der Hinrunde noch für viel Furore sorgen sollte.
Als Dritter in die Winterpause gehend (allerdings mit zwölf Zählern Rückstand auf Tabellenführer Dortmund), steuerte der VfB souverän auf UEFA-Cup-Kurs, als in der Rückrunde ein Einbruch kam. Ohne den an einem Bandscheibenvorfall laborierenden Libero Verlaat setzte es beim 0:5 gegen Dortmund die höchste Heimpleite der VfB-Bundesligageschichte, und nach zwölf sieglosen Spielen fanden sich die Weiß-Roten plötzlich auf Rang elf wieder. Präsident Mayer-Vorfelder wollte daraufhin Trainer Fringer gegen Christoph Daum austauschen, stieß damit aber auf Widerstand in Vorstandskreisen und erntete wütende Fanproteste. Wann sollte der VfB endlich wieder zur Ruhe kommen?

■ Publikumsliebling Günther Schäfer meldete sich zu Saisonbeginn als „fit“ zurück. Muskelverletzungen, Faserrisse, Zerrungen, ein Rippenbruch – der Manndecker hatte in der Saison 1994/95 so ziemlich jede mögliche Verletzung erlitten und war lediglich fünfmal zum Einsatz gekommen. Trainer Fringer betrachtete die VfB-Ikone jedoch nur als „Ergänzungsspieler“ und bevorzugte stattdessen Marco Grimm.

■ Stuttgarts neuer Mittelfeldstratege Krassimir Balakov entpuppte sich als Sprachtalent. Neben seiner Heimatsprache Bulgarisch beherrschte der 29-Jährige Russisch, Serbokroatisch, Spanisch, Portugiesisch und Englisch. Auch Deutsch war kein Problem für den frischgebackenen Papa (Stammhalter Krassimis Krassimirov kam am 8. Juli 1995 zur Welt). Bis zur Winterpause absolvierte „Bala“ ein intensives Sprachtraining und vermochte Interviewfragen schon bald in exzellentem Deutsch zu beantworten.

■ Nicht nur im sportlichen Bereich ging der VfB moderne Wege. Mit der Agentur „GPP“ fand man einen Partner, der sich fortan um „Sponsoring, Merchandising und Marketing“ kümmerte. Unter Ex-Manager Hoeneß habe es „da zuletzt erhebliche Defizite“ gegeben, hieß es zur Begründung. Im Februar 1996 erschien zudem erstmals das Magazin »VfB-exklusiv«, das vor jedem Heimspiel als Beilage im »Stadtanzeiger« und in einer Auflage von 728.000 Exemplaren kostenlos verteilt wurde. Geschäftsführer Schäfer: „Wir können damit unsere Fans mit Informationen und Serviceleistungen versorgen.“ Geplant wurde zudem der Bau von VIP-Logen im Daimler-Stadion, die dem VfB weitere Zusatzeinnahmen bescheren sollten.

Giovane Elber düpiert Mönchengladbachs Verteidigung.

[SPIEL]

VfB 5:0 M'gladbach

Das magische Dreieck

VfB schießt sich aus der Krise

Trainer Fringer ist erleichtert. Die vierwöchige Sperre von Libero Verlaat aus dem Pokalspiel in Sandhausen ist endlich abgelaufen. Verlaat, da ist sich der Schweizer sicher, wird die VfB-Abwehr, die zuvor gegen Leverkusen und Dortmund zehn Tore kassiert hat, stabilisieren. Und tatsächlich: Souverän dirigiert der Holländer die Viererkette der Schwaben, in der sich Herzog vornehmlich um Dahlin kümmert und Berthold bzw. Bochtler die Außenbahnen absichern. Foda als Staubsauger vor der Abwehr festigt das Schwaben-Bollwerk zusätzlich, so dass der VfB endlich einmal seine Offensivqualitäten ausspielen kann. Überragend agiert dabei das Trio Krassimir Balakov, Giovane Elber und Fredi Bobic, das an diesem Nachmittag erstmals zum „magischen Dreieck“ wird. Angeführt vom in Offensive wie Defensive gleich starken Balakov, verwirren Elber und Bobic mit ständigen Positionswechseln die Gladbacher Abwehr und zelebrieren Traumfußball. Schon zur Halbzeit sorgen sie für einen beruhigenden 2:0-Vorsprung, der dem VfB nach dem Seitenwechsel Raum für weitere Traumkombinationen verschafft.

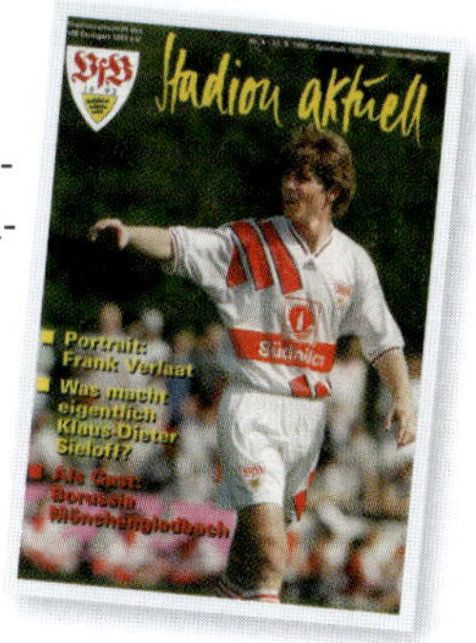

Ehrfurchtsvoll verneigen sich die 34.000 Zuschauer nach dem Schlusspfiff vor ihrem Team, das sich mit dem 5:0-Kantersieg eindrucksvoll aus der Krise geschossen hat. „Kein Zweifel, die VfB-Mannschaft zeigte gegen Gladbach, welch großes Potenzial in ihr steckt. Wenn sie versteht, es optimal umzusetzen, zählt sie sicher zum Besten in der Liga“, lobt der »kicker«.
Trainer Fringer ist derweil glücklich, dass Frank Verlaat endlich wieder dabei ist, denn „er ist als Libero unser absoluter Kopf“.

Der VfB Stuttgart 1995/96. Hinten v. l.: Berthold, Bobic, Herzog, Schneider, Legat, Poschner, Grimm, Sigurdsson, Elber, Bochtler. Mitte: Trainer Fringer, Co-Trainer Löw, Verlaat, Marcus Ziegler, Oelkuch, Büttner, Gilewicz, Kruse, Torwarttrainer Rücker, Physiotherapeuten Egger und Wörn, Zeugwart Seitz. Vorn: Foda, Haber, Balakov, Trautner, Immel, Marc Ziegler, Schäfer, Buck, Maier.

[LEGENDEN]

FREDI BOBIC

Im Frühjahr 1996 fieberten viele VfB-Fans Montag für Montag dem »kicker« entgegen. Grund: „Stuttgarts neuer Strahlemann" Fredi Bobic wurde in 15 Ausgaben als lebensgroßer Starschnitt geliefert! Der neue VfB-Star erreichte damit einen Popularitätsgrad, den zuvor allenfalls Jürgen Klinsmann erreicht hatte.

Wie „Klinsi" kam auch Bobic von den Stuttgarter Kickers. Allerdings war der gebürtige Slowene in Bad Cannstatt aufgewachsen und hatte in der Jugend beim VfB gespielt, den er auch stets als „Klub seines Herzens" bezeichnete. In jungen Jahren stand er noch im Tor, dann entwickelte sich das kampfstarke Energiebündel rasch zum vielseitigen Vollblutstürmer und schaffte bereits im ersten Bundesligajahr den Sprung in die Nationalelf. 1995/96 sicherte er sich mit 17 Treffern die Torjägerkanone und stieg endgültig zum Führungsspieler beim VfB auf. Als das junge und dynamische Mitglied des „magischen Dreiecks" überzeugte er nicht nur mit Toren, sondern zudem mit seiner erfrischend emotionalen Art. Seinen größten Moment erlebte der selbsternannte „waschechte Schwabe" 1998 beim Europacupspiel in Rotterdam, als ihm in der Nachspielzeit das entscheidende 3:0 für den VfB gelang.

1. Bundesliga

1	11.8.1995	VfB - KFC Uedingen 05	0:0	28.000
2	19.8.1995	TSV München 1860 - VfB	1:1	43.000
3	30.8.1995	VfB - SC Freiburg	3:1	48.000
4	2.9.1995	1. FC Kaiserslautern - VfB	1:1	35.185
5	9.9.1995	VfB - Bayer Leverkusen	1:4	23.000
6	16.9.1995	Borussia Dortmund - VfB	6:3	42.000
7	23.9.1995	VfB - Bor. M'gladbach	5:0	34.000
8	29.9.1995	FC St. Pauli - VfB	1:3	20.402
9	13.10.1995	Hansa Rostock - VfB	3:3	23.620
10	21.10.1995	VfB - Eintracht Frankfurt	3:2	33.000
11	28.10.1995	Bayern München - VfB	5:3	63.000
12	4.11.1995	VfB - Werder Bremen	1:1	30.000
13	11.11.1995	1. FC Köln - VfB	2:2	25.000
14	19.11.1995	VfB - Schalke 04	2:2	22.000
15	24.11.1995	Fortuna Düsseldorf - VfB	1:2	13.500
16	2.12.1995	VfB - Hamburger SV	3:0	35.000
17	9.12.1995	Karlsruher SC - VfB	1:2	32.000
18	17.2.1996	VfB - TSV München 1860	2:3	25.000
19	24.2.1995	SC Freiburg - VfB	2:1	22.500
20	2.3.1996	VfB - 1. FC Kaiserslautern	2:0	24,000
21	8.3.1996	Bayer Leverkusen - VfB	0:0	21,400
22	16.3.1996	VfB - Borussia Dortmund	0:5	51.000
23	19.3.1996	KFC Uerdingen 05 - VfB	3:4	8.450
24	24.3.1996	Bor. M'gladbach - VfB	1:1	30.000
25	30.3.1996	VfB - FC St. Pauli	1:1	21.000
26	4.4.1996	VfB - Hansa Rostock	1:1	19.000
27	9.4.1996	Eintracht Frankfurt - VfB	2:2	30.000
28	13.4.1996	VfB - Bayern München	0:1	53.218
29	20.4.1996	Werder Bremen - VfB	2:2	30.000
30	27.4.1996	VfB - 1. FC Köln	0:1	33.000
31	30.4.1996	Schalke 04 - VfB	2:0	37.880
32	4.5.1996	VfB - Fortuna Düsseldorf	2:3	18.500
33	11.5.1996	Hamburger SV - VfB	3:0	28.232
34	18.5.1996	VfB - Karlsruher SC	3:1	32.500

Abschlusstabelle

1.	Bor. Dortmund (M)	34	19	11	4	76:38	68
2.	Bayern München	34	19	5	10	66:46	62
3.	Schalke 04	34	14	14	6	45:36	56
4.	Bor. M'gladbach	34	15	8	11	52:51	53
5.	Hamburger SV	34	12	14	8	52:47	50
6.	Hansa Rostock (N)	34	13	10	11	47:43	49
7.	Karlsruher SC	34	12	12	10	53:47	48
8.	TSV München 1860	34	11	12	11	52:46	45
9.	Werder Bremen	34	10	14	10	39:42	44
10.	VfB Stuttgart	34	10	13	11	59:62	43
11.	SC Freiburg	34	11	9	14	30:41	42
12.	1. FC Köln	34	9	13	12	33:35	40
13.	F. Düsseldorf (N)	34	8	16	10	40:47	40
14.	Bayer Leverkusen	34	8	14	12	37:38	38
15.	FC St. Pauli (N)	34	9	11	14	43:51	38
16.	1. FC K'lautern ▽	34	6	18	10	31:37	36
17.	Eintr. Frankfurt ▽	34	7	11	16	43:68	32
18.	KFC Uerdingen 05 ▽	34	5	11	18	33:56	26

DFB-Pokal

1. HR 26.8.95 SV Sandhausen - VfB 2:2 n.V., 13:12 n.E. 5.200

Bundesligakader

Abgänge: Addo (FSV Frankfurt), Covic (1. FC Nürnberg), Dinzey (FC St. Pauli), Dunga (Jubilo Iwata), Immel (Manchester City), Kienle (MSV Duisburg), Kögl (im März zum FC Luzern), Strunz (Bayern München), Marcus Ziegler (im Februar zu Strömsgodset IF)
Zugänge: Balakov (Sporting Lissabon), Gilewicz (FC St. Gallen), Grimm (Bayern München Amateure), Haber (1. FC Kaiserslautern), Herzog (Schalke 04), Legat (Eintracht Frankfurt), Oelkuch (VfL Kirchheim/Teck), Schwarz (FC Eislingen), Verlaat (AJ Auxerre), Walther (im Januar vom FC Augsburg)
Trainer: Rolf Fringer

Tor
25 Marc Ziegler 29/0
22 Eberhard Trautner 5/0
35 T. Walther (VA) 0/0

Feld
10 Krassimir Balakov 34/7
9 Giovane Elber 33/16
2 Hendrik Herzog 30/2
6 Franco Foda 28/0
16 Gerhard Poschner 28/1
4 Thomas Berthold 27/0
12 Axel Kruse 27/6
11 Fredi Bobic 26/17
8 Marco Haber 25/2
15 R. Gilewicz (VA) 23/5
17 Marco Grimm 21/0
7 Andreas Buck 19/0
14 Th. Schneider 18/0
5 Frank Verlaat 18/1
19 Michael Bochtler 17/0
3 Thorsten Legat 15/0
31 Ludwig Kögl 11/0
18 Michael Oelkuch 11/1
34 D. Schwarz (VA) 9/0
13 Günther Schäfer 8/0
23 Marcus Ziegler 2/0
24 T. Büttner (VA) 0/0
26 S. Dubajic (VA) 0/0
J. Endreß (VA) 0/0
21 Sascha Maier (VA) 0/0
Frank Posch (VA) 0/0
20 H. Sigurdsson (VA) 0/0

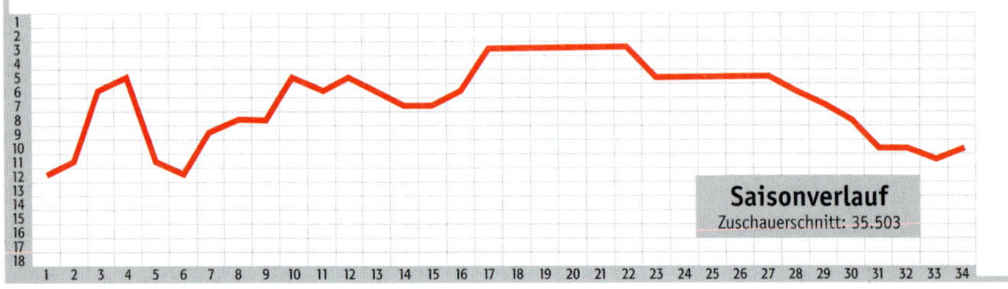

[SAISON]

Verein für Ballzauber

Am Ende überwog der Jubel. Der Jubel über eine Mannschaft, die den attraktivsten Fußball aller 18 Bundesligisten spielte und sich mit einem 2:0 über Energie Cottbus den DFB-Pokal sicherte. Nur dezent trübten einzelne Wehmutstropfen die Stuttgarter Jubelstimmung. Was wäre wohl gewesen, wenn nicht ausgerechnet vor dem Gipfeltreffen gegen Leverkusen mit Verlaat, Schneider, Soldo und Legat vier Leistungsträger ausgefallen wären und Bobic, statt die Liberoposition zu bekleiden, im Sturm hätte spielen können? Hätte der VfB dann möglicherweise nicht mit 1:2 verloren und seine Titelträume am Leben erhalten? Doch „hätte, wenn und aber" – die Schwaben durften auch so stolz auf ihre erfolgreichste Saison seit 1991/92 sein und vor allem auf eine Mannschaft, vor der sich die Fans bundesweit verneigten.

Wer davon im Juli 1996 gesprochen hätte, wäre ausgelacht worden. Eine peinliche Personalposse um den bereits als Neuzugang gemeldeten Nationaltorhüter „Andy" Köpke, indiskutable Auftritte im UI-Cup und ein schmeichelhafter Pokalsieg gegen Zweitligist Fortuna Köln hatten eher vermuten lassen, dass die Talfahrt weitergehen würde. Doch vier Tage vor dem Saisonstart gegen Schalke 04 floh der umstrittene Trainer Fringer Richtung Schweiz, und Co-Trainer „Jogi" Löw übernahm vorübergehend die Verantwortung. Unter dem 37-Jährigen legte der VfB einen Blitzstart hin und verzauberte das ganze Land. 4:0 gegen Schalke, 2:1 gegen Bremen, 4:0 beim HSV, 4:0 in Köln, 1:1 in Dortmund, 2:0 gegen den KSC – nach sechs Spielen standen die Weiß-Roten mit 16 von 18 möglichen Punkten und 17:3 Toren an der Tabellenspitze.

Das Erfolgsrezept war ganz einfach: Während der nach dem 2:0 in Karlsruhe zum „Chef" ernannte Löw die umstrittene Viererkette gegen eine Dreierkette austauschte, stellten die etablierten Spieler um Berthold, Bobic, Verlaat und Balakov die interne Hierarchie wieder her und übernahmen Verantwortung. Folge: Die Neuzugänge Soldo, Hagner und Wohlfahrt passten perfekt ins VfB-System, Manndecker Schneider schaffte es bis in den erweiterten Kreis der Nationalmannschaft und das „magische Dreieck" um Balakov, Bobic und Elber schoss sensationelle 49 Saisontreffer. Die vom »kicker« zum „Verein für Ballzauber" geadelte Elf überstand selbst ihre übliche Winterkrise.

Erst als in der Rückrunde das Verletzungspech zuschlug und unglückliche Schiedsrichterentscheidungen weitere Punkte kosteten, wurden sowohl die Meisterschaft als auch die Qualifikation für die Champions League verpasst. Das Trostpflaster folgte 14 Tage nach Saisonende, als der VfB das Pokalfinale gegen Zweitligaaufsteiger Cottbus gewann und zum dritten Mal die zweitwichtigste deutsche Fußballtrophäe errang.

Der Matchwinner: Krassimir Balakov mit DFB-Pokal und Töchterchen Gloria.

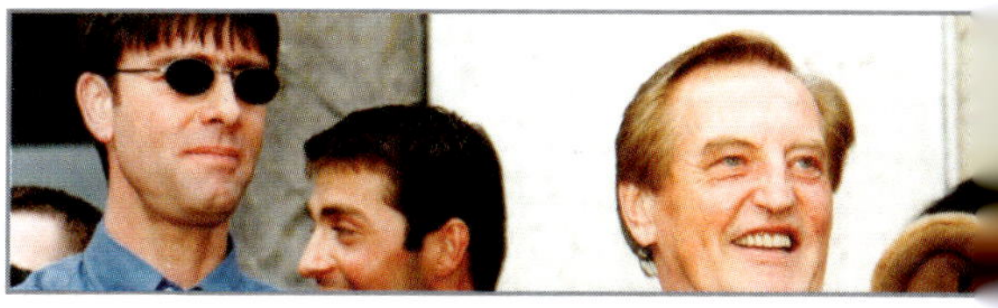

[EREIGNIS]

Normalerweise ist man entsetzt, wenn ein Trainer vier Tage vor dem Saisonstart die Brocken hinwirft.

In Stuttgart indes waren alle froh, als Rolf Fringer am 13. August 1996 verkündete, er werde Nationaltrainer der Schweiz. Zu deutlich trat hervor, dass die Krise unter dem umstrittenen Coach anhalten würde, zumal Fringer längst sämtliches Vertrauen verspielt hatte.

Chance genutzt

„Jogi" Löw wird Cheftrainer

Nachfolger Joachim „Jogi" Löw musste sich die Gunst der VfB-Führung allerdings hart erarbeiten. Während die noch mit dem AC Parma um die Freigabe von Nevio Scala rang, stellte Löw Präsident Mayer-Vorfelder mit einer ungeahnten Erfolgsserie vor vollendete Tatsachen und ließ ihm kaum eine andere Wahl, als aus dem „Co" einen „Chef" zu machen. Überzeugt war „MV" allerdings nicht…

■ Dass Rolf Fringer Souveränität und Übersicht verloren hatte, musste auch Gerhard Poschner erfahren. Weil er im Trainingslager verschlafen und 15 Minuten zu spät zum Frühstück gekommen war, sollte er stolze 300 DM Strafe zahlen. Fringer wollte damit ein Zeichen setzen, erntete aber lediglich ungläubiges Kopfschütteln.

■ Vor dem Auftaktspiel gegen Schalke 04 verteilte der VfB vorsorglich Flugblätter an seine Fans, mit denen er um Unterstützung bat. Tenor der Postille: „Verein, Mannschaft und Fans müssen zusammenhalten, um erfolgreich zu sein." Die Aufforderung fiel auf fruchtbaren Boden, denn während der abtrünnige Fringer mit Hohn und Spott bedacht wurde, ließen die Fans Interimscoach „Jogi" Löw und sein Team nach dem überzeugenden 4:0-Erfolg hoch leben.

■ Thomas Schneider war mit sich und der Welt zufrieden. Nach dem 5:2 bei 1860 erfuhr der Stuttgarter Manndecker, dass Bundestrainer Vogts ihn für das WM-Qualifikationsspiel gegen Armenien berufen habe. Ein halbes Jahr zuvor hatte sich das „ewige Talent" noch mit Abwanderungsgedanken beschäftigt: „Peter Neururer wollte mich nach Köln holen, als Libero." Doch weil der VfB „Paragraph 11" zog, musste Schneider bleiben und avancierte als rechter Verteidiger in Löws Dreierkette unverhofft zum Leistungsträger. Nur das mit der Nationalmannschaft klappte nicht – in Eriwan saß Schneider nur auf der Bank.

■ Mit minutenlangen Ovationen feierte die Cannstatter Kurve Günther Schäfer, der am 4. Oktober 1996 vor dem 4:2 gegen Freiburg offiziell verabschiedet wurde. Nach 21 Jahren in VfB-Diensten suchte der auf die Tribüne verbannte Publikumsliebling beim Aufsteiger Bielefeld einen Neubeginn.

■ Kehrt Guido Buchwald aus Japan zurück? In der Rückrunde 1996/97 sollte „Diego" dem Vernehmen nach wieder im VfB-Dress um die Lederkugel ringen und anschließend in der vereinsnahen Werbeagentur „GPP" seine „zweite Karriere" beginnen. Trainer Löw war keineswegs begeistert: „Guido hat sich große Verdienste um den VfB erworben, doch so ohne weiteres geht das nicht. Ich muss mir erst ein Bild von ihm machen." Buchwald blieb daraufhin lieber in Japan.

■ Fredi Bobic, Gerhard Poschner und Marco Haber produzierten eine Rap-CD mit dem Titel „Steh auf". Symbolträchtiger Name der Band: „Das tragische Dreieck".

[EREIGNIS]

Der Köpke-Flop

Nationalkeeper auf der Durchreise

Da stand der VfB ganz schön dumm da: Wenige Tage, nachdem er stolz verkündet hatte, Andreas Köpke würde von Absteiger Eintracht Frankfurt zum VfB wechseln, erklärte der Nationaltorhüter frohen Mutes, er habe gerade beim FC Barcelona unterschrieben. Mündliche Absprachen mit dem VfB seien im vorgelegten Vertrag nicht eingehalten worden, begründete er seinen plötzlichen Sinneswandel. Dass der frischgebackene Europameister von den Katalanen offensichtlich als Marionette missbraucht wurde und nie für Barça spielen sollte, machte die Farce komplett.
Leidtragender der Angelegenheit war Marc Ziegler, der ein Wechselbad der Gefühl durchlitt. Völlig verunsichert von dem Gezerre um die „Nummer 1" patzte er im UI-Cup-Spiel gegen Aalborg und verletzte sich anschließend im Training. Mit dem österreichischen Nationalkeeper Franz Wohlfahrt heuerte der VfB daraufhin namhaften Ersatz an, der sich in der Hinserie zwar diverse Patzer erlaubte, im DFB-Pokal jedoch als Elfmeterheld gegen Hertha und Freiburg überzeugte.

[LEGENDEN]

GIOVANE ELBER

Als Giovane Elber nach seinem starken Finalauftritt gegen Cottbus den DFB-Pokal entgegennahm, hatte er die Querelen um seinen Vertrag noch längst nicht verdaut. „Der VfB hat die Situation verschlafen. Die Gespräche liefen nicht gut, zweimal haben wir geredet, nie hatte ich das Gefühl, dass sie mich unbedingt halten wollten", hatte er im Winter geschimpft – und einen Vorvertrag beim FC Bayern unterzeichnet. Dass der Brasilianer nach drei Jahren (87 Spiele, 41 Tore) das „magische Dreieck" sprengen sollte, war keinesfalls in seinem Sinne. „Mayer-Vorfelder muss sich entscheiden, ob er ganz vorne dabeisein oder nur um den fünften Platz spielen will", blaffte der Brasilianer die VfB-Führung an. Gerhard Mayer-Vorfelder ließ sich das nicht gefallen. Er versicherte, man habe Elber halten wollen, und machte dessen Berater Branchini für die fehlgeschlagenen Verhandlungen verantwortlich. Immerhin: Der VfB kassierte rund 12,5 Mio. DM für den brasilianischen Publikumsliebling.

Stuttgarter Fans verbreiteten beim Pokalfinale in Berlin fröhliche und ausgelassene Stimmung.

[SPIEL]

VfB 2:0 Energie Cottbus

Matchwinner Balakov

VfB zum dritten Mal Pokalsieger

Zum vierten Mal in seiner Geschichte steht der VfB im Finale um den DFB-Pokal – und nie zuvor war er so hoch favorisiert!

Gegner Energie Cottbus hat erst wenige Tage zuvor den Aufstieg in die 2. Bundesliga geschafft und fühlt sich in der Rolle des Außenseiters, dem die neutralen Fanherzen zufliegen, pudelwohl.

VfB-Trainer Löw ist nicht nur wegen des allgemein erwarteten klaren Stuttgarter Sieges ein wenig mulmig. Nach Giovane Elber, der zum letzten Mal für den VfB aufläuft, hat sich nun auch der von Betis Sevilla umworbene Fredi Bobic kritisch über die stockenden Vertragsverhandlungen geäußert und gedroht: „Ich lasse mich nicht wie der letzte Dreck behandeln. So wie die Sache steht, spüre ich keinen Drang zu verlängern."

20.000 mitgereiste VfB-Fans hoffen im Berliner Olympiastadion dennoch auf ihre Elf, die sich von Beginn an ein deutliches Übergewicht erspielt, ohne dass die Berichterstatter jedoch Torchancen notieren können. Cottbus tritt äußerst kompakt auf und hat nur einen Auftrag: „So lange wie möglich das 0:0 halten."

Ohne dabei zu brillieren, warten Balakov und Co. geduldig auf Fehler in der Hintermannschaft der Amateure, die sich dann tatsächlich einstellen.

In der 18. Minute ist es erstmals so weit. Krassimir Balakov dreht einen Eckstoß gefühlvoll in den Strafraum, Giovane Elber steigt am höchsten, und es steht 1:0 für den VfB.

Angesichts der harmlosen Cottbusser Offensivdarbietungen stellt das zugleich die Vorentscheidung dar, denn anschließend hat der Favorit das Spiel fest in der Hand. Vor allem Krassimir Balakov kann trotz der Sonderbewachung von Willi Kronhardt nach Lust und Laune schalten und walten.

Nur in der 50. Minute müssen die VfB-Fans zittern, als Irrgang mit einer geschickten Körperdrehung die gesamte VfB-Deckung düpiert und frei vor Wohlfahrt auftaucht. Doch der Österreicher reagiert glänzend, und als Elber zwei Minuten später nach einem tollen Balakov-Solo auf 2:0 erhöht, ist der dritte VfB-Pokalsieg nach 1954 und 1958 perfekt.

Die Siegesfeier im Hotel „Esplanade" steht bereits im Zeichen der Frage, wie es nach dem „magischen Dreieck" weitergehen soll.

■ Beim Pokalfinale gegen Cottbus lief der VfB bereits in den Trikots der Saison 1997/98 auf. Grund: Der Vertrag mit Südmilch war wortwörtlich zum „Ende der Bundesligasaison 1996/97" ausgelaufen, und weil das Pokalfinale erst 14 Tage später stattfand, griff bereits der zwischenzeitlich geschlossene neue Kontrakt mit der „Göttinger Gruppe". Der wegen seiner rüden Geschäftspraktiken umstrittene Finanzkonzern zahlte dem VfB mit sechs Mio. DM im Jahr deutlich mehr als der langjährige Sponsor, dessen Engagement sich auf offiziell 2,2 Mio. DM belaufen hatte. Wie schon gelegentlich in der Saison 1995/96 hatte der VfB 1996/97 übrigens für das Südmilch-Produkt „Vifit" geworben.

■ Mehr als 20.000 Fans begrüßten den VfB am Tag nach dem gewonnenen Pokalfinale auf dem Marktplatz, wo tags zuvor rund 10.000 Fans Zeugen der Live-Übertragung auf einer 34 Quadratmeter großen Leinwand gewesen waren. Besonders umjubelt wurde der scheidende Torschütze Giovane Elber, der seine Tränen kaum verbergen konnte. Auch Trainer Löw wurde gefeiert. Er musste sich von Gerhard Poschner sogar eine „Erfolgsglatze" schneiden lassen.

■ Die Pokalfinalisten aus Stuttgart und Cottbus kannten sich gut. Im Winter hatten sie im Trainingslager in Portugal das gleiche Hotel bewohnt und ein Freundschaftsspiel bestritten (1:1). Nach dem Aufstieg des FC Energie in die 2. Bundesliga zollte der VfB seine Anerkennung und schaltete eine Anzeige in der »Lausitzer Rundschau«. Text: „Respekt FC Energie Cottbus".

VfB: Wohlfahrt - Verlaat, Haber, Berthold, Hagner (71. Schneider), Soldo, Balakov, Poschner, Legat, Bobic (81. Gilewicz), Elber (89. Schwarz) ◆ Cottbus: Wehner - Hoßmang, Benken, Melzig, Schneider (65. Lazic), Irrgang, Kronhardt, Zöphel, Woltmann (81. Enguelle), Konetzke, Seifert (65. Zimmerling) ◆ Tore: 1:0 Elber (18.), 2:0 Elber (52.) ◆ SR: Steinborn (Sinzig) ◆ ZS: 76.436 im Berliner Olympiastadion

Der Pokalsieger 1996/97! Hinten v. l.: Berthold, Bobic, Herzog, Bochtler, Schneider, Legat, Soldo, Grimm, Sigurdsson, Schwarz, Elber. Mitte: Trainer Fringer, Co-Trainer Löw, Verlaat, Maric, Oelkuch, Djordjevic, Hagner, Gilewicz, Fournier, Torwarttrainer Rücker, Physiotherapeuten Egger und Wörn, Zeugwart Seitz. Vorn: Foda, Haber, Balakov, Trautner, Ziegler, Walther, Schäfer, Buck, Poschner.

1. Bundesliga

1	17.8.1996	VfB - Schalke 04	4:0	37.000
2	24.8.1996	VfB Werder Bremen	2:1	27.000
3	27.8.1996	Hamburger SV - VfB	0:4	31.139
4	8.9.1996	VfB - 1. FC Köln	4:0	53.000
5	14.9.1996	Borussia Dortmund - VfB	1:1	48.800
6	17.9.1996	Karlsruher SC - VfB	0:2	33.500
7	21.9.1996	VfB - Fortuna Düsseldorf	0:2	37.000
8	28.9.1996	TSV München 1860 - VfB	2:5	53.000
9	4.10.1996	VfB - SC Freiburg	4:2	53.000
10	12.10.1996	Hansa Rostock - VfB	2:2	22.000
11	18.10.1996	Bayer Leverkusen - VfB	0:0	21.000
12	26.10.1996	VfB - Bor. M'gladbach	5:0	53.000
13	2.11.1996	FC St. Pauli - VfB	2:1	20.725
14	16.11.1996	VfB - VfL Bochum	3:1	40.000
15	24.11.1996	MSV Duisburg - VfB	3:1	22.000
16	1.12.1996	VfB - Bayern München	1:1	53.000
17	7.12.1996	Arminia Bielefeld - VfB	2:0	22.512
18	15.2.1997	Schalke 04 - VfB	1:0	36.200
19	22.2.1997	VfB - Karlsruher SC	1:0	42.000
20	1.3.1997	Werder Bremen - VfB	2:2	30.792
21	8.3.1997	VfB - Hamburger SV	4:1	32.500
22	11.3.1997	1. FC Köln - VfB	1:5	27.000
23	15.3.1997	VfB - Borussia Dortmund	4:1	53.000
24	21.3.1997	Fortuna Düsseldorf - VfB	0:4	15.000
25	27.3.1997	VfB - TSV München 1860	1:1	53.000
26	6.4.1997	SC Freiburg - VfB	1:1	22.500
27	12.4.1997	VfB - Hansa Rostock	5:1	30.000
28	20.4.1997	VfB - Bayer Leverkusen	1:2	50.000
29	26.4.1997	Bor. M'gladbach - VfB	0:1	34.000
30	3.5.1997	VfB - FC St. Pauli	3:0	35.000
31	10.5.1997	VfL Bochum - VfB	2:1	34.393
32	17.5.1997	VfB - MSV Duisburg	0:2	27.500
33	24.5.1997	Bayern München - VfB	4:2	63.000
34	31.5.1997	VfB - Arminia Bielefeld	4:2	44.000

Abschlusstabelle

1. Bayern München	34	20	11	3	68:34	71
2. Bayer Leverkusen	34	21	6	7	69:41	69
3. Bor. Dortmund (M)	34	19	6	9	63:41	63
4. VfB Stuttgart	34	18	7	9	78:40	61
5. VfL Bochum (N)	34	14	11	9	54:51	53
6. Karlsruher SC	34	13	10	11	55:44	49
7. TSV München 1860	34	13	10	11	56:56	49
8. Werder Bremen	34	14	6	14	53:52	48
9. MSV Duisburg (N)	34	12	9	13	44:49	45
10. 1. FC Köln	34	13	5	16	62:62	44
11. Bor. M'gladbach	34	12	7	15	46:48	43
12. Schalke 04	34	11	10	13	35:40	43
13. Hamburger SV	34	10	11	13	46:60	41
14. Arm. Bielefeld (N)	34	11	7	16	46:54	40
15. Hansa Rostock	34	11	7	16	35:46	40
16. Fort. Düsseldorf ▽	34	9	6	19	26:57	33
17. SC Freiburg ▽	34	8	5	21	43:67	29
18. FC St. Pauli ▽	34	7	6	21	32:69	27

DFB-Pokal

1. HR	10.8.96	VfB - Fortuna Köln	0:0 n.V., 4:1 n.E.	6.000
2. HR	1.10.96	Hertha BSC Berlin - VfB	1:1 n.V., 4:5 n.E.	37.470
AF	23.10.96	VfB - FSV Zwickau	2:0	10.500
VF	13.11.96	SC Freiburg - VfB	1:1 n.V., 2:4 n.E.	22.500
HF	16.4.97	VfB - Hamburger SV	2:1	48.000
F	14.6.97	VfB - Energie Cottbus	2:0	76.436

UI-Cup

29.6.96	VfB - Aalborg BK	0:1	4.981
6.7.96	Cliftonville FC - VfB	1:4	750
13.7.96	VfB - Standard Lüttich	0:2	6.400
20.7.96	Hapoel Haifa - VfB	0:4	4.000

1. Standard Lüttich	4	3	1	0	8:2	10
2. Aalborg BK	4	3	0	1	10:5	9
3. VfB Stuttgart	4	2	0	2	8:4	6
4. Hapoel Haifa	4	0	2	2	7:12	2
5. Cliftonville FC	4	0	1	3	2:12	1

Bundesligakader

Abgänge: Bochtler (im September ausgeliehen an den FC St. Pauli), Büttner (TSF Ditzingen), Dubajic (Zeytinburnuspor), Foda (im Januar zum FC Basel), Kögl (FC Luzern), Kruse (Hertha BSC Berlin), Maier (SSV Reutlingen 05), Oelkuch (im Januar zur SpVgg Greuther Fürth), Schäfer (im Oktober zu Arminia Bielefeld), Sigurdsson (im August zu Tennis Borussia Berlin), Walther (im Januar zu Fortuna Düsseldorf)
Zugänge: Djordjevic (SSV Reutlingen 05), Fournier (FC Sion), Hagner (Eintracht Frankfurt), Lisztes (im Januar von Ferencváros Budapest), Maric (TSF Ditzingen), Ristic (im Januar vom SSV Reutlingen 05), Soldo (Croatia Zagreb) Wohlfahrt (Austria Wien)
Trainer: Rolf Fringer (bis zum 14. August 1996), Joachim Löw (ab 14. August 1996)

Tor

1	Franz Wohlfahrt	33/0
25	Marc Ziegler	1/0
27	E. Trautner (VA)	0/0
26	Thorsten Walther	0/0

Feld

11	Fredi Bobic	33/19
7	Matthias Hagner	32/9
10	Krassimir Balakov	31/13
9	Giovane Elber	31/17
4	Thomas Berthold	28/2
16	Gerhard Poschner	28/1
20	Zvonimir Soldo	27/3
5	Frank Verlaat	27/4
8	Marco Haber	26/1
14	Thomas Schneider	23/3
15	Radoslav Gilewicz	21/1
3	Thorsten Legat	19/0
22	Andreas Buck	18/1
2	Hendrik Herzog	14/0
33	Krisztian Lisztes	12/1
21	Sebastién Fournier	11/0
17	Marco Grimm	11/0
6	Franco Foda	8/0
12	D. Schwarz (VA)	7/1
35	Sreto Ristic (VA)	7/1
23	Kristijan Djordjevic	5/0
29	J. Endreß (VA)	5/0
30	Frank Posch (VA)	4/0
18	Michael Oelkuch	1/0
13	Günther Schäfer	1/0
19	Michael Bochtler	0/0
24	Marijo Maric	0/0
28	H. Sigurdsson (VA)	0/0

+ ein Eigentor

[EREIGNIS]

Wie tief der VfB im Frühjahr 1998 in der Krise steckte, wurde vor allem beim peinlichen 0:3-Pokal-Aus in München deutlich. Die Spieler brüllten sich gegenseitig an, jeder schob die Verantwortung auf den anderen, und Trainer Löw stand ratlos daneben. Die Autorität des ehemaligen Fringer-Assistenten war im Verlauf der Saison systematisch zerbrochen. Beispiel Murat Yakin: Löw hatte den 6,5 Mio. DM teuren Defensivmann stets als seinen „Wunschspieler" bezeichnet und hielt auch an ihm fest, als Teile der Mannschaft forderten, statt Yakin den in der Vorsaison bewährten Poschner aufzustellen. Vor allem Krassimir Balakov kam mit dem aus Zürich verpflichteten Schweizer Nationalspieler nicht zurecht. Der erfolgsbesessene Bulgare bemängelte, Yakin würde zu zurückgezogen agieren, wodurch ihm die Unterstützung für das Spiel nach vorne fehle. Als Balakov im Januar aus Protest den Mannschaftsrat verließ und unmissverständlich erklärte: „Entweder Poschner spielt hinter mir, oder ich spiele nicht mehr für den VfB", beugte sich Löw dem Diktat seines Führungsspielers, der mit Verlaat und Berthold zwei weitere Leistungsträger auf seiner Seite hatte. Spätestens in diesem Moment hatte Löws Demontage und Stuttgarts Niedergang bedrohliche Formen angenommen. Präsident Mayer-Vorfelder war nicht zu beneiden. Da warnte er als Vorsitzender des DFB-Ligaausschusses ständig davor, dass die Bundesliga bei „ihrem derzeitigen Finanzgebaren gegen die Wand fährt" – und dann wurde ausgerechnet sein eigener Klub zum „Paradebeispiel" in Sachen Misswirtschaft. Obwohl der VfB seit Jahren über eine der teuersten Mannschaften der Bundesliga verfügte, kam er einfach nicht aus dem Mittelmaß und türmte einen massiven Schuldenberg auf. Hinzu kam das in ein professionelleres Umfeld investierte Geld für Karlheinz Förster als Sportdirektor sowie dem u. a. von Balakov geforderten medizinischen Zentrum.

VfB tritt auf der Stelle

„MV" kündigt „harte Welle" an

Nach dem spielerisch wenig überzeugenden 2:1-Europacupsieg über Lokomotive Moskau hatte „MV" genug und kündigte eine „harte Welle" an: „Wir werden diejenigen aussortieren, die sich nicht an ihre Pflichten erinnern", giftete er – und meinte damit neben Spielern wie Haber, Schwarz, Raducioiu, Yakin, Spanring, Grimm und Becker auch Trainer Löw, der zum Saisonende gehen sollte. Auf der Suche nach dem gewünschten „harten Hund" dachte der VfB-Boss zunächst an Felix Magath und Werner Lorant, ehe er mit „Winnie" Schäfer einen Mann verpflichtete, der nach Ansicht vieler Experten nun wirklich nicht der „richtige" war.

Krassimir Balakov und Trainer „Jogi" Löw hatten in der Rückrunde Verständigungsprobleme.

[SAISON]

Europacupfinale zur Entlassung

„Cleverer, rationeller" als in der Vorsaison müsse man spielen, forderte Matthias Hagner im Sommer 1997: „Lieber einmal nicht ganz so attraktiv und dafür noch einen Tick erfolgreicher." Hagners Wünsche wurden nur einseitig erfüllt. Nach dem mühsamen 1:1 gegen Slavia Prag haderte Präsident Mayer-Vorfelder im März 1998 stellvertretend für die gesamte Saison: „Was haben die Jungs im letzten Jahr gezaubert! Und heute, wie spielen sie heute?"

Der Abgang von Giovane Elber hatte nicht nur das „magische Dreieck" gesprengt, sondern ein spielerisches Vakuum hinterlassen. Zwar war mit Jonathan Akpoborie und Murat Yakin hochkarätiger Ersatz gekommen, ihre Integration misslang jedoch. Nach einem durchwachsenen Saisonstart war rasch Feuer unterm Dach, und nur Krassimir Balakov sorgte dank sensationeller Form für Begeisterung.

Durch ein 1:6-Debakel in Leverkusen ernüchtert in die Winterpause gegangen, geriet der VfB im Frühjahr 1998 vollends in die Krise. Plötzlich schwächelte auch Balakov und verbreitete mit Abwanderungsdrohungen Unruhe. Das Team zerbrach in Grüppchen und entnervte die Fans mit unattraktivem Gekicke. Nach dem vorzeitigen Aus im Titelrennen (22. Spieltag, 1:3 in Dortmund) platzten mit einem indiskutablen 0:3 im Halbfinale gegen den FC Bayern auch die Pokalträume. Tiefpunkt der Saison war das 2:4 beim abstiegsbedrohten KSC, dessen langjähriger Trainer Winfried Schäfer inzwischen als Löw-Nachfolger gehandelt wurde.

Weder die Qualifikation für den UEFA-Cup (nach einem abschließenden 1:0 über Werder Bremen) noch der Einzug ins Endspiel um den Europapokal der Pokalsieger (0:1 gegen Chelsea) vermochte die Gemüter zu beruhigen. Nach dem Europacupfinale wurde Löw tatsächlich gefeuert und mit „Winnie" Schäfer ein Mann geholt, der für die VfB-Fans wie ein rotes Tuch war. Wie wollte man unter diesen Umständen bloß zur Ruhe kommen?

[SPIEL]

VfB
0:1
FC Chelsea

Zola kam und siegte

Zweites Europacupfinale des VfB

Zum zweiten Mal in seiner Geschichte steht der VfB in einem europäischen Cupfinale. Wie 1989 mit dem SSC Neapel sieht man sich auch diesmal einer italienischen Übermacht gegenüber: Zwar kommt der Gegner aus England, doch der Multikulti-klub aus dem Londoner Yuppiequartier Chelsea wird vom italienischen Spielertrainer Gianluca Vialli angeführt und hat mit Di Matteo und Zola zwei weitere Azzurri in seinen Reihen.

VfB-Trainer Löw plagen in Stockholm nicht nur die Sorgen um seinen Job, der Presseberichten zufolge extrem gefährdet ist. Libero Verlaat, im Halbfinale gegen Moskau mit einer Energieleistung einer der Matchwinner, fehlt ebenso wie Manndecker Spanring wegen einer Gelbsperre. Ausgerechnet der umstrittene Murat Yakin übernimmt daraufhin die Liberoposition und freut sich auf das Finale: „Davon spielst du im Leben nur ein oder zwei."

Auf den Rängen des Stockholmer Råsunda-Stadions ist der VfB deutlich in der Minderheit. Mehr als 15.000 Engländer stehen kaum 4.000 Schwaben gegenüber. Weil der VfB lediglich teure VIP-Arrangements angeboten hat, war es vielen Fans nicht möglich, die Reise in die schwedische Hauptstadt anzutreten.

Das Spiel beginnt mit einem starken VfB. Chelsea nimmt Regisseur Balakov nicht wie erwartet in Manndeckung, und so

kann der Bulgare das VfB-Spiel zunächst ungestört aufziehen. Die wenigen Torchancen bleiben allerdings ungenutzt, und noch im Verlauf der ersten Halbzeit erobern sich die Engländer mit ihrer aggressiven Spielweise allmählich Feldvorteile. Prompt treten die bekannten VfB-Probleme auf den beiden Außenbahnen wieder auf, hat vor allem Hagner große Probleme mit Petrescu. Nach dem Seitenwechsel übernehmen die Briten vollends die Regie. Als Spielertrainer Vialli in der 71. Minute seinen Landsmann Gianfranco Zola einwechselt, naht die Entscheidung. Keine 30 Sekunden später bringt Zola das Spielgerät schon bei seiner ersten Ballberührung zum Tor des Tages im VfB-Gehäuse unter. „Eine Siegeschance gab es, wenn wir vor der Pause eine der gut herausgespielten Chancen genutzt hätten. Mit hohen Bällen, wie später, hatten wir gegen diese Chelsea-Deckung keine Chance", resümiert Trainer Löw nach Spielschluss – und muss sich fragen lassen, warum er den druckvollen Djordjevic dann erst nach dem Rückstand gebracht hat…

Begrüßung der Kapitäne.

VfB: Wohlfahrt - Schneider (53. Endreß), Yakin, Berthold, Haber (75. Djordjevic), Soldo, Poschner, Hagner (78. Ristic), Balakov, Bobic, Akpoborie ◆

Chelsea: De Goey - Clarke, Duberry, Lebœuf, Granville, Petrescu, Wise, Di Matteo, Poyet (81. Newton), Flo (71. Zola), Vialli ◆ Tor: 0:1 Zola (71.) ◆

Rote Karten: Poschner (90., Schiedsrichterbeleidigung) - Petrescu (85., Foulspiel) ◆ SR: Braschi (Italien) ◆ ZS: 30.216 in Stockholm

■ Ein Jahr nach den UI-Cup-Spielen durfte der VfB als Pokalsieger 1997 die „wirkliche" internationale Bühne betreten. Angesichts der Gegner ÍBV Vestmannaeyjar, Germinal Ekeren, Slavia Prag und Lokomotive Moskau erwies sich der Europapokal der Pokalsieger allerdings nicht als die erhoffte Goldgrube. „Bis jetzt haben wir keine Mark verdient. Im Gegenteil", stöhnte Geschäftsführer Ulrich Schäfer nach dem Achtelfinalrückspiel gegen Belgiens Cupsieger Ekeren, dem ganze 10.800 Zuschauer beiwohnten. Das sollte sich im weiteren Verlauf auch nicht mehr ändern, denn selbst das Halbfinale gegen Lokomotive Moskau lockte nur 15.000 Neugierige an.

■ VfB-Kapitän Fredi Bobic war nach der Finalniederlage gegen Chelsea doppelt traurig. Kurz zuvor hatte er erfahren, dass Bundestrainer Berti Vogts ihn aus dem Kader für die WM 1998 gestrichen hatte. „Das muss ich akzeptieren", bekannte der wochenlang verletzte Torjäger gefasst. „Natürlich bin ich ziemlich enttäuscht, aber trotzdem gebe ich mich nicht geschlagen. Ich war absolut fit, habe extra Sonderschichten eingelegt, nach meinem Außenbandriss im Knöchel." Auch für Bobic sollte es jedoch noch Grund zur Freude geben, denn drei Tage nach dem Europapokalfinale führte er seine langjährige Freundin Britta vor den Traualtar.

Der Traum vom Europapokalsieg zerbrach an Zolas Tor.

[EREIGNIS]

Commando Cannstatt

VfB-Fanszene organisiert sich neu

Während die VfB-Bundesligaelf von einer Peinlichkeit in die nächste schlitterte, rappelte sich die seit einigen Jahren lethargische Fanszene der Weiß-Roten allmählich wieder auf. Anlass waren die Begegnungen im Europapokal der Pokalsieger.
Schon bei den UI-Cup-Spielen 1996 waren viele VfB-Fans begeistert nach Belfast und Haifa gereist und hatten dies als wohltuende Abwechslung vom drögen Ligaalltag à la Leverkusen oder Bremen empfunden.
Anfang 1997 entstand mit dem „Commando Cannstatt" Stuttgarts erste Ultra-Gruppierung, die heute eine der einflussreichsten Bestandteile der Stuttgarter Fanszene darstellt. Das „CC" orientierte sich an italienischen Vorbildern und strebte „modernen" Support mit Leuchteffekten und Choreographien an.
Teile der alteingesessenen Fanszene hatten allerdings ebenso wie die Vereinsführung zunächst gewisse Berührungsängste. Die VfB-Führung warf dem „CC" absurderweise sowohl Rechtsradikalismus (wegen der altdeutschen Schrift im Logo) als auch RAF-Nähe (wegen des gerne verwendeten fünfzackigen Sterns) vor und betrachtete seine Mitglieder anfänglich kollektiv als Hooligans, was sie keinesfalls waren. Begünstigt von den Europapokalspielen auf Island, in Belgien, Tschechien sowie Russland schnellte die Mitgliederzahl des „CC" im Verlauf der Saison 1997/98 rasch auf rund 200 an, und das „Commando" übernahm die Regie in der Kurve. „CC"-Mitglieder steuerten per Megaphon den Gesang und machten mit vielfältigen Aktionen auf sich und die wiedererwachte Stuttgarter Fanszene aufmerksam. Erstes Highlight war eine große Choreographie beim DFB-Pokalhalbfinalspiel 1997 gegen den Hamburger SV, bei dem mehr als 35.000 Papptafeln über die gesamte Cannstatter Kurve zum Einsatz gekommen waren.

■ Mit Karlheinz Förster kam eine VfB-Legende auf den Wasen zurück. „Der VfB war schon immer meine sportliche Heimat", freute sich der Ex-Nationalspieler, der zunächst als „Sportlicher Ratgeber der Vereinsführung" fungierte und eine Funktion im Marketingbereich übernahm. Im Verlauf der Saison stieg Förster dann zum „Teammanager" auf. Der von vielen Spielern für diese Position bevorzugte Hansi Müller war von VfB-Boss Mayer-Vorfelder abgelehnt worden, weil er als Spielerberater „befangen" sei.

■ Ausgerechnet dem abstiegsbedrohten Karlsruher SC schloss sich der im Januar 1998 aus Japan zurückgekehrte Guido Buchwald an. Auch „Diego" vermochte den KSC-Sturz in die Zweitklassigkeit jedoch nicht mehr aufzuhalten.

■ Nach dem spektakulären 3:3 gegen den FC Bayern München im Oktober 1997 schwärmte die »Stuttgarter Zeitung« bereits von einem neuen „magischen Dreieck mit Yakin als neuem Eckpunkt". In der 15. Minute hatte der Schweizer einen doppelten Doppelpass mit Balakov gespielt und mit dem Kopf das 1:1 erzielt. Doch die Euphorie um das vermeintliche neue Traumtrio (zu dem natürlich noch Fredi Bobic gehörte), sollte nicht lange anhalten…

■ Nach dem 1:0-Erfolg im „Endspiel" um einen UEFA-Cup-Platz über Werder Bremen fiel den Verantwortlichen ein Stein vom Herzen. „Das Schicksal des Vereins hängt nicht mehr von Stockholm ab", zeigte sich Präsident Mayer-Vorfelder sichtlich erleichtert darüber, dass der VfB schon vor dem Europapokalendspiel gegen Chelsea einen internationalen Wettbewerb erreicht hatte.

■ Dass Präsident Mayer-Vorfelder ausgerechnet Winfried Schäfer zum VfB holen wollte, brachte viele Fans auf die Palme. Beim letzten Saisonspiel sah sich „MV" zahlreichen ablehnenden Fanplakaten gegenüber. „Löw ist o.k., MV zum KSC", stand da geschrieben, oder „Alle gegen Schäfer". Kommentar Mayer-Vorfelder: „Verantwortung tragen ist schwerer, als Plakate zu schreiben."

■ Sichtlich enttäuscht war VfB-Libero Frank Verlaat. Obwohl er über die gesamte Saison überzeugende Leistungen geboten und mit dem VfB sogar das Europapokalfinale erreicht hatte, überging ihn Hollands Bondscoach Guus Hiddink bei seinen Planungen für die WM 1998 in Frankreich.

Der VfB Stuttgart 1997/98. Hinten v. l.: Berthold, Bobic, Spanring, Yakin, Schneider, Legat, Soldo, Grimm, Schwarz, Ristic. Mitte: Trainer Löw, Co-Trainer Adrion, Torwarttrainer Rücker, Verlaat, Djordjevic, Hagner, Becker, Physiotherapeuten Egger, Wörn und Kraft, Zeugwart Seitz. Vorn: Akpoborie, Haber, Balakov, Ziegler, Wohlfahrt, Trautner, Bochtler, Lisztes, Endreß, Poschner.

1. Bundesliga

1	1.8.1997	VfB - TSV München 1860	1:1	46.000
2	5.8.1997	Arminia Bielefeld - VfB	2:1	22.512
3	8.8.1997	VfB - Bayer Leverkusen	1:0	32.000
4	23.8.1997	MSV Duisburg - VfB	0:3	16.000
5	30.8.1997	VfB - Borussia Dortmund	0:0	48.500
6	14.9.1997	1. FC Kaiserslautern - VfB	4:3	38.000
7	21.9.1997	VfB - Bor. M'gladbach	3:0	42.000
8	27.9.1997	VfL Wolfsburg - VfB	1:0	14.741
9	5.10.1997	VfB - Hamburger SV	5:2	40.000
10	15.10.1997	Bayern München - VfB	3:3	62.000
11	18.10.1997	VfB - Hertha BSC Berlin	4:1	40.000
12	26.10.1997	1. FC Köln - VfB	4:2	25.500
13	1.11.1997	VfB - Schalke 04	0:0	52.900
14	9.11.1997	VfL Bochum - VfB	0:2	24.039
15	19.11.1997	VfB - Hansa Rostock	2:1	25.000
16	22.11.1997	VfB - Karlsruher SC	3:0	44.000
17	29.11.1997	Werder Bremen - VfB	2:2	29.200
18	6.12.1997	TSV München 1860 - VfB	1:3	24.500
19	13.2.1997	VfB - Arminia Bielefeld	1:0	35.000
20	20.12.1997	Bayer Leverkusen - VfB	6:1	22.500
21	30.1.1998	VfB - MSV Duisburg	1:1	20.500
22	7.2.1998	Borussia Dortmund - VfB	3:1	54.500
23	14.2.1998	VfB - 1. FC Kaiserslautern	0:1	53.000
24	28.2.1998	Bor. M'gladbach - VfB	0:0	24.000
25	8.3.1998	VfB - VfL Wolfsburg	2:1	23.000
26	14.3.1998	Hamburger SV - VfB	0:0	30.156
27	22.3.1998	VfB - Bayern München	0:3	53.000
28	28.3.1998	Hertha BSC Berlin - VfB	3:0	50.396
29	5.4.1998	VfB - 1. FC Köln	1:1	33.500
30	11.4.1998	Schalke 04 - vfB	3:4	56.200
31	19.4.1998	VfB - VfL Bochum	2:0	32.000
32	25.4.1998	Hansa Rostock - VfB	1:1	24.500
33	2.5.1998	Karlsruher SC - VfB	4:2	33.600
34	9.5.1998	VfB - Werder Bremen	1:0	53.000

Abschlusstabelle

1.	1. FC K'lautern (N)	34	19	11	4	63:39	68
2.	Bayern München (M)	34	19	9	6	69:37	66
3.	Bayer Leverkusen	34	14	13	7	66:39	55
4.	VfB Stuttgart	34	14	10	10	55:49	52
5.	Schalke 04	34	13	13	8	38:32	52
6.	Hansa Rostock	34	14	9	11	54:46	51
7.	Werder Bremen	34	14	8	12	43:47	50
8.	MSV Duisburg	34	11	11	12	43:44	44
9.	Hamburger SV	34	11	11	12	38:46	44
10.	Borussia Dortmund	34	11	10	13	57:55	43
11.	Hertha BSC Berlin (N)	34	12	7	15	41:53	43
12.	Vfl Bochum	34	11	8	15	41:49	41
13.	TSV München 1860	34	11	8	15	43:54	41
14.	VfL Wolfsburg (N)	34	11	6	17	38:54	39
15.	Bor. M'gladbach	34	9	11	14	54:59	38
16.	Karlsruher SC ▽	34	9	11	14	48:60	38
17.	1. FC Köln ▽	34	10	6	18	49:64	36
18.	Arminia Bielefeld ▽	34	8	8	18	43:56	32

DFB-Pokal

1. HR	15.8.97	Bor. M'gladbach Am. - VfB	0:1	5.300
2. HR	24.9.97	VfB - Hertha BSC Berlin	2:0	16.000
AF	2.12.97	SSV Ulm 1846 - VfB	1:3	25.100
VF	16.12.97	KFC Uerdingen 05 - VfB	0:4	8.764
HF	17.2.98	Bayern München - VfB	3:0	32.000

Europapokal der Pokalsieger

1. R	18.9.98	IB Vestmannaeyjar - VfB	1:3	3.148
	2.10.98	VfB - IB Vestmannaeyjar	2:1	12.483
AF	23.10.98	Germinal Ekeren - VfB	0:4	4.750
	6.11.98	VfB - Germinal Ekeren	2:4	10.800
VF	5.3.99	Slavia Prag - VfB	1:1	8.712
	19.3.99	VfB - Slavia Prag	2:0	18.921
HF	2.4.99	VfB - Lokomotive Moskau	2:1	14.416
	16.4.99	Lokomotive Moskau - VfB	0:1	18.650
F	13.5.98	Chelsea FC London - VfB	1:0	30.216

Bundesligakader

Abgänge: Buck (1. FC Kaiserslautern), Elber (Bayern München), Fournier (Servette Genf), Gilewicz (Karlsruher SC), Herzog (Hertha BSC Berlin), Maric (SV Waldhof-Mannheim)

Zugänge: Akpoborie (Hansa Rostock), Becker (Eintracht Frankfurt), Bochtler (zurück vom FC St. Pauli, war ausgeliehen), Spanring (SC Freiburg), Yakin (Grashopper Zürich)

Abgänge im Saisonverlauf: Bochtler (im Januar zu Sturm Graz).

Zugänge im Saisonverlauf: Raducioiu (im August von Español Barcelona), Stojkovski (im Januar von Real Oviedo)

Trainer: Joachim Löw

Tor

1	Franz Wohlfahrt	32/0
25	Marc Ziegler	2/0
28	E. Trautner (VA)	0/0

Feld

10	K. Balakov	31/11
4	Thomas Berthold	31/1
23	Gerhard Poschner	31/4
5	Frank Verlaat	30/1
27	J. Akpoborie	30/10
20	Zvonimir Soldo	29/0
11	Fredi Bobic	29/13
8	Marco Haber	26/0
6	Murat Yakin	23/2
7	Matthias Hagner	21/1
18	Florin Raducioiu	19/4
14	Thomas Schneider	18/0
21	J. Endreß (VA)	17/0
16	K. Djordjevic	17/3
22	Krisztian Lisztes	14/2
9	Sreto Ristic	13/1
12	D. Schwarz (VA)	12/0
2	Martin Spanring	11/0
	Mitko Stojkovski	8/0
15	Matthias Becker	8/0
3	Thorsten Legat	5/0
19	Michael Bochtler	1/0
17	Marco Grimm	0/0
30	Frank Posch (VA)	0/0

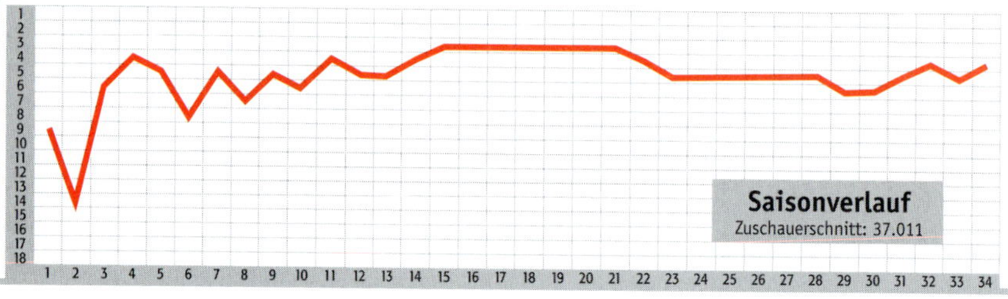

[LEGENDEN]

KRASSIMIR BALAKOV

Die Frage nach dem größten Spieler der VfB-Geschichte ist leicht zu beantworten: Das kann nur Robert Schlienz sein. Die Frage nach dem technisch perfektesten Spieler der Vereinsgeschichte ist ähnlich leicht zu beantworten: Das kann nur Krassimir Balakov sein. Der Bulgare war knapp 30 Jahre alt, als er im Sommer 1995 zum VfB kam. Ein Jahr zuvor hatte er bei der WM in den USA seinen sportlichen Höhepunkt erreicht, und die Experten mutmaßten, er wolle seine Karriere nun gemütlich ausklingen lassen. Doch weit gefehlt! „Bala" schwang sich noch einmal zu Hochform auf, führte den VfB 1997 in brillanter Manier zum deutschen Pokalsieg und begeisterte auch in der Hinrunde 1997/98. Eine computergesteuerte »kicker«-Analyse der Leistungen aller Bundesligaspieler sah Balakov mit 91,6 von 100 möglichen Punkten einsam an der Spitze liegen. Technisch herausragend, ein gefürchteter Freistoßexperte, unglaublich engagiert und dazu ein mitreißendes Energiebündel – Balakov war ein „perfekter" Spieler, den sein Landsmann Yordan Letchkov sogar mit Maradona verglich. Doch wie der Argentinier hatte auch „Bala" seine schwierige Seite: die des problematischen Stars und Exzentrikers, der sich gerne mit Trainern anlegte und bei den Entlassungen von Fringer, Löw, Schäfer und Rangnick die Fäden zog. „Er braucht das volle Vertrauen und die Rückendeckung eines Trainers, um Top-Leistungen zu bringen. Sobald er Widerstände spürt, leidet die Unbekümmertheit, die er für sein Spiel braucht", urteilte Ex-Trainer Fringer. Neben vielen Tagen, an denen „Bala" die Tür zum Erfolg öffnete, durchlitt der bisweilen „Verein für Balakov" genannte VfB somit auch diverse Momente, in denen der Bulgare den ganzen Klub zu lähmen schien. Diese häuften sich, nachdem er 1997 einen Vertrag unterschrieben hatte, der ihn mit sechs Mio. DM Jahresgehalt zum bestbezahlten Profi der 1. Bundesliga machte. Als der VfB wenig später in wirtschaftliche Nöte geriet und Balakovs kongenialen Partner Giovane Elber an Bayern München abgab, geriet „Balas" Vision, mit dem VfB an die europäische Spitze vorzustoßen, in Gefahr, und der Bulgare drohte mit seinem Abgang. Nach den Turbulenzen um Löw, Schäfer und Rangnick arrangierte er sich erst unter Felix Magath wieder besser und wurde zum „Häuptling" der „jungen Wilden". 2003 beendete er seine Karriere und wurde Assistent unter Magath.

[SPIEL]

VfL Bochum 0:2 VfB

Die Wende

Trainer Löw greift durch

Nach nur 13 Saisonspielen steht der VfB am Wendepunkt. Die Alternativen vor dem Spiel im Bochumer Ruhrstadion lauten: Anschluss an die obere Tabellenhälfte finden oder Absturz ins Mittelmaß. Drei Tage zuvor haben die Weiß-Roten im Europacup gegen Ekeren eine desolate Vorstellung abgeliefert und nach einer 2:0-Führung noch mit 2:4 verloren. „Wie Gummibärchen" sei man über das Feld gelaufen, hatte Fredi Bobic nach dem Schlusspfiff gespottet. „Jetzt müssen sich endlich alle Gedanken machen, was notwendig ist, um Erfolg zu haben", stänkerte Kapitän Berthold, während die Stuttgarter Presse spekulierte, ob sich Trainer Löw und Präsident Mayer-Vorfelder womöglich bereits „aus dem Weg gehen" würden.

„Es gibt nicht die geringsten Dissonanzen zwischen ‚MV' und mir", beteuert Löw und lässt in Bochum die Muskeln spielen: Hagner darf gar nicht mitfahren, Haber und Akpoborie schmoren auf der Bank, der gegen Ekeren verletzte Balakov ersetzt Lisztes, und Djordjevic kommt zu seinem ersten Einsatz von Beginn an. „Einige brauchen offenbar die harte Hand", giftet der VfB-Coach – und erntet reichen Lohn. Agil und kampfstark reißt sein Team das Spiel sofort an sich, geht in der 74. Minute durch den kurz zuvor eingewechselten Akpoborie in Führung und befreit sich mit ihrem 2:0-Erfolg selbst aus der Krise. „Der Sieg wirkte wie ein Trampolin für uns", wird Krassimir Balakov, Schütze des 2:0, später sagen.

[SAISON]

Der Feind in meinem Bett

So ziemlich jeden hätte VfB-Boss Mayer-Vorfelder als Übungsleiter verpflichten können – das Murren hätte sich in Grenzen gehalten. Bei Winfried Schäfer jedoch ging ein Aufschrei der Empörung durchs Ländle. Ungeliebter als der langjährige KSC-Coach war am Neckar niemand, und als die Ära Schäfer am 4. Dezember nach nur 157 Tagen vorzeitig endete, stöhnte selbst „MV“ erleichtert auf. Warum war Schäfer trotz vielfältiger Warnungen überhaupt gekommen? Nun, der VfB wollte nach den eher didaktisch geprägten Röber und Löw einen „Schleifer“, weil seinem Team eine gewisse „Sattheit“ nachgesagt wurde. Ein „Schleifer“ war Schäfer zweifelsohne, und wenn sein Ruf in Stuttgart ein wenig besser gewesen wäre, hätte er möglicherweise sogar eine Chance gehabt. So aber musste sein Engagement auf dem Wasen schief gehen, nahm Schäfers Zielsetzung – „meine Hauptaufgabe ist es, eine homogene Einheit zu formen. Das Wir-Gefühl, das im Vorjahr nicht so stark war, muss wieder her. Alle brauchen den unbedingten Willen, ein gemeinsames Ziel zu erreichen“ – eine pikante Wende: Ausgerechnet *sein* Abschuss wurde nämlich zum „gemeinsamen Ziel“, das eine „homogene Einheit“ schuf…

Das mit den Zugängen Keller, Zeyer, Thiam und Markovic ergänzte Team begann gut. Vor allem das 4:0 gegen Kaiserslautern begeisterte. Aggressiv, leidenschaftlich, voller Kampfgeist und mit viel Herz – der VfB hatte Schäfers Parole: „Ihr müsst so auftreten, dass die Leute das nächste Spiel kaum erwarten können“, glänzend umgesetzt. Mit der 0:1-Heimniederlage gegen München 1860 begann am fünften Spieltag der Absturz. „Gegenwind für Schäfer“, hieß es nun, zumal der VfB auch drei Tage zuvor bei seiner 1:3-Europapokalniederlage gegen Rotterdam schon bitter enttäuscht hatte. Anschließend ging alles ganz schnell:

[EREIGNIS]

VfB untrainierbar?

Schäfers Scheitern

Bei aller Kritik an der Verpflichtung von „Winnie“ Schäfer: Stuttgarts Fußballkrise war nicht nur eine Trainerkrise!

„Was war es denn nun tatsächlich? Ein gnadenloser Machtkampf, den die charakterlose und untrainierbare Spieler-Mafia des VfB Stuttgart gewonnen hat? Ein rücksichtsloses Mobbing, mit dem der Fußballlehrer Winfried Schäfer von ichsüchtigen Millionären weggeekelt wurde?“, fragte der »kicker« nach Schäfers Aus und zitierte Vereinschef Mayer-Vorfelder, der sich fragte, ob die Mannschaft „überhaupt noch trainierbar“ sei.

Eine brisante Frage, denn seit dem Bosman-Urteil war die Macht der Spieler – nicht nur in Stuttgart – spürbar größer geworden. Die Profis verdienten enorme Summen, und in ihrem Windschatten tummelten sich windige Berater. Die Vereine reagierten mit langfristigen Verträgen, was einige Spieler „satt“ machte und den Teamgeist zerstörte – wie beim VfB, wo seit Balakovs „Traumvertrag“ Neid und Missgunst herrschten. Schäfers Situation war freilich eine besondere. Wäre es ohnehin für jeden Trainer schwer gewesen, die Nachfolge des bei den Fans beliebten „Jogi“ Löw anzutreten, so war dies für den Ex-KSC-Coach nahezu unmöglich. Zudem leistete sich Schäfer unverzeihliche Fehltritte: Er blieb in Ettlingen wohnen, er verglich die Situation beim VfB ständig mit der beim KSC, und er drängte sich derart in den Vordergrund, dass sich seine sensiblen Stars von der „Showbühne Bundesliga“ gestoßen fühlten.

Schäfers Aufgabe war klar umrissen: Er sollte die Mannschaft verjüngen und Nachfolger für Leistungsträger wie Balakov, Bobic, Verlaat und Berthold aufbauen, die den klammen VfB-Etat mit ihren Spitzengehältern erheblich belasteten. Schäfer war gewillt, diese Aufgabe gegen alle Widerstände umzusetzen. Es sah auch gut aus, denn mit Ziegler, Thiam, Rost, Lisztes, Carnell, Djordjevic und Ristic standen ihm gleich sieben Spieler zur Verfügung, die unter 25 Jahre alt waren. Doch das, was im beschaulichen Karlsruhe noch funktionierte, ging in der Weltstadt Stuttgart daneben. Wo Schäfer im Wildpark Alleinherrscher gewesen war, stand er am Neckar im kritischen Focus. Dass er nie eine klare taktische Linie erkennen ließ, ein Torwartproblem schuf (Wohlfahrt/Ziegler) und mannigfache psychologische Defizite offenbarte, wurde ebenso bemängelt wie sein unnötig vom Zaun gebrochener Machtkampf mit Fredi Bobic. Stück für Stück zerstörte er damit seine schmale Basis, die sich ohnehin nur im Falle des Erfolgs verbreitert hätte. Ob sie jemals breit genug geworden wäre, sei angesichts der geballten Ablehnung noch dahingestellt. Lediglich peinlich war sein Rassismusvorwurf an die VfB-Fans – schließlich war Vorgänger Löw trotz seiner badischen Herkunft Fan-Liebling gewesen und Schäfer ohnehin Rheinländer…

Schäfer machte ausgerechnet die Leitfiguren Balakov und Bobic für die Probleme verantwortlich, taumelte mit dem sich dramatisch von ihm abwendenden Team von einer Pleite in die nächste und wurde für die Fans vollends zum „Feind in meinem Bett". Nach dem 0:2 in Freiburg und dem 0:3 im DFB-Pokal gegen den FC Bayern vier Tage später war seine Zeit abgelaufen.

Co-Trainer Wolfgang Rolff übernahm übergangsweise die Leitung und stabilisierte die verunsicherte Mannschaft. Im Dezember gab der Klub dann die Verpflichtung des Ulmer Erfolgstrainers Ralf Rangnick bekannt, der allerdings erst im Sommer aus seinem Vertrag bei den „Spatzen" herauskam. Jugend- und Amateurkoordinator Rainer Adrion sollte bis dahin die Trainingsgeschäfte leiten und den VfB schon mal auf das Rangnick'sche System umstellen.

Adrion startete mit einem 2:1 gegen Schalke, ließ die VfB-Fans kurzzeitig vom Erreichen des UEFA-Cups träumen – und geriet anschließend erneut in die Krise. Auslöser war ein 1:1 bei München 1860, bei dem der VfB in der Schlussminute noch den Ausgleich einfing. Während Bobic seinen Wechsel nach Dortmund bekannt gab und Balakov eine neunwöchige Sperre wegen einer Tätlichkeit gegen den Freiburger Baya verbüßte, rutschte der VfB mit zehn sieglosen Spielen in Folge immer tiefer in den Keller. Nach dem 2:3 in Wolfsburg (nach 2:0-Führung!) war man nur noch vier Punkte von einem Abstiegsplatz entfernt, als auch Adrion aufgab und bekannte: „Ich bin vor allem enttäuscht, dass es mir nicht gelungen ist, die Führungsspieler so in die Verantwortung zu nehmen, dass sie sich in kritischen Spielsituationen selbst geholfen haben."

Ein wenig unwillig übernahm daraufhin der zwischenzeitlich in Ulm geschasste Rangnick vorzeitig die Leitung, debütierte mit einem 0:2 gegen Bayern (Libero Verlaat sah Rot) und führte den VfB mühsam zum Klassenerhalt.

„Es war das katastrophalste Jahr meiner Amtszeit", stöhnte „MV" – und wusste, dass er mit der Schäfer-Verpflichtung den Auslöser dazu gegeben hatte...

[SPIEL]

Matchwinner Bobic

Siegtor in der Schlusssekunde

Eigentlich ist es nur noch eine bessere Urlaubsreise. Nach dem 1:3 im Hinspiel der UEFA-Cup-Erstrundenbegegnung gegen Feyenoord Rotterdam steht der VfB quasi vor dem Aus. Vor 18.000 gefrusteten Fans im Daimler-Stadion hatten sich die Schwaben in desolater Verfassung präsentiert und laut Trainer Schäfer einen „katastrophalen Abend" erlebt.

Vor dem Rückspiel im Rotterdamer Stadion „De Kuip" plagen den umstrittenen Coach zudem Verletzungssorgen. Torhüter Wohlfahrt und Akpoborie fallen verletzt aus, Poschner ist gesperrt und Carnell darf im UEFA-Cup nicht spielen.

Dennoch sind die Schwaben entschlossen, in Rotterdam keinen gemütlichen Urlaubsabend zu verbringen. Die von Verlaat organisierte Viererkette steht bombensicher, Ziegler ist ein glänzender Vertreter für Wohlfahrt, Berthold hat Feyenoords einzige Spitze Cruz fest im Griff und Soldo überzeugt als Staubsauer vor der Abwehr. Mann des Tages auf Stuttgarter Seite ist aber Krassimir Balakov. Lauf- und spielfreudig wie in seinen besten Tagen treibt der Bulgare das VfB-Spiel an und sorgt in der 35. Minute höchstpersönlich für die 1:0-Führung, die den Weiß-Roten den nötigen Schwung für eine Sensation verleiht.

Feyenoord hingegen ist merkwürdig passiv. Mit dem hohen Hinspielsieg im Rücken scheinen die Holländer mental nicht mehr auf Kampf eingestellt zu sein und reizen den VfB zudem durch gezielte Provokationen. So stehen nicht genügend Bälle zur Verfügung, wodurch das Spiel immer wieder verzögert wird.

Nach dem Seitenwechsel treiben Balakov und Abwehrchef Verlaat den VfB vehement nach vorne. Als Djordjevic in der 70. Minute auf 2:0 erhöht, ist die Sensation plötzlich zum Greifen nahe.

Doch die verbleibenden Minuten verrinnen, ohne dass der VfB das benötigte dritte Tor markiert. Glücklos ackert und rackert Torjäger Bobic im Sturmzentrum. Als er in der 90. Minute nur den Pfosten trifft, stöhnen die Fans verzweifelt auf. Schiedsrichter Garcia-Aranda schaut bereits auf die Uhr, als der eingewechselte Blessin Bobic das Leder noch einmal zuspielt und der VfB-Stürmer mit einem Rechtsschuss doch noch das erlösende 3:0 erzielt. Als Kalou im Gegenzug am Pfosten scheitert, enden die „dramatischten Minuten, die ich je in einem Spiel erlebt habe" (Bobic) mit einem verdienten 3:0 des VfB Stuttgart!

Der VfB Stuttgart in der Spielzeit 1998/99. Hinten v. l.: Berthold, Bobic, Iseli, Keller, Schneider, Legat, Thiam, Akpoborie, Ristic. Mitte: Trainer Schäfer, Co-Trainer Rolff, Torwarttrainer Rücker, Verlaat, Djordjevic, Stojkovski, Physiotherapeuten Egger, Wörn und Kraft, Zeugwart Seitz. Vorn: Yakin, Spanring, Endreß, Kies, Ziegler, Trautner, Frommer, Lisztes, Zeyer, Poschner (es fehlen die WM-Teilnehmer Wohlfahrt, Soldo und Balakov).

1. Bundesliga

1	14.8.1998	VfB - Borussia Dortmund	2:1	43.500
2	22.8.1998	Schalke 04 - VfB	1:0	48.248
3	8.9.1998	VfB - 1. FC Kaiserslautern	4:0	39.000
4	11.9.1998	Eintracht Frankfurt - VfB	1:1	31.500
5	19.9.1998	VfB - TSV München 1860	0:1	32.000
6	26.9.1998	Bor. M'gladbach - VfB	2:3	30.000
7	4.10.1998	MSV Duisburg - VfB	2:0	12.922
8	17.10.1998	VfB - Hertha BSC Berlin	0:0	28.100
9	24.10.1998	1. FC Nürnberg - VfB	2:2	44.000
10	31.10.1998	VfB - VfL Bochum	4:2	22.000
11	8.11.1998	Bayer Leverkusen - VfB	0:0	22.200
12	11.11.1998	VfB - VfL Wolfsburg	1:2	13.000
13	14.11.1998	Bayern München - VfB	2:0	63.000
14	27.11.1998	VfB - Hansa Rostock	1:1	22.200
15	28.11.1998	SC Freiburg - VfB	2:0	22.500
16	5.12.1998	VfB - Hamburger SV	3:1	32.000
17	12.12.1998	Werder Bremen - VfB	2:2	26.377
18	18.12.1998	Borussia Dortmund - VfB	3:0	61.000
19	20.2.1999	VfB - Schalke 04	2:1	26.500
20	26.2.1999	1. FC Kaiserslautern - VfB	1:1	41.500
21	6.3.1999	VfB - Eintracht Frankfurt	2:0	23.500
22	13.3.1999	TSV München 1860 - VfB	1:1	38.400
23	20.3.1999	VfB - Bor. M'gladbach	2:2	28.500
24	3.4.1999	VfB - MSV Duisburg	0:0	24.500
25	10.4.1999	Hertha BSC Berlin - VfB	2:0	57.489
26	13.4.1999	VfB - 1. FC Nürnberg	0:0	21.000
27	17.4.1999	VfL Bochum - VfB	3:3	21.283
28	23.4.1999	VfB - Bayer Leverkusen	0:1	28.000
29	1.5.1999	VfL Wolfsburg - VfB	3:2	17.016
30	4.5.1999	VfB - Bayern München	0:2	52.000
31	7.5.1999	Hansa Rostock - VfB	3:0	21.000
32	15.5.1999	VfB - SC Freiburg	3:1	46.000
33	22.5.1999	Hamburger SV - VfB	3:1	26.917
34	29.5.1999	VfB - Werder Bremen	1:0	38.000

Abschlusstabelle

1. Bayern München	34	24	6	4	76:28	78
2. Bayer Leverkusen	34	17	12	5	61:30	63
3. Hertha BSC Berlin	34	18	8	8	59:32	62
4. Borussia Dortmund	34	16	9	9	48:34	57
5. 1. FC K'lautern (M)	34	17	6	11	51:47	57
6. VfL Wolfsburg	34	15	10	9	54:49	55
7. Hamburger SV	34	13	11	10	47:46	50
8. MSV Duisburg	34	13	10	11	48:45	49
9. TSV München 1860	34	11	8	15	49:56	41
10. Schalke 04	34	10	11	13	41:54	41
11. VfB Stuttgart	34	9	12	13	41:48	39
12. SC Freiburg (N)	34	10	9	15	36:44	39
13. Werder Bremen	34	10	8	16	41:47	38
14. Hansa Rostock	34	9	11	14	49:58	38
15. Eintr. Frankfurt (N)	34	9	10	15	49:58	38
16. 1. FC Nürnberg (N) ▽	34	7	16	11	40:50	37
17. VfL Bochum ▽	34	7	8	19	40:65	29
18. Bor. M'gladbach ▽	34	4	9	21	41:79	21

DFB-Pokal

1. HR	29.8.98	VfB Lübeck - VfB	1:2	13.000
2. HR	22.9.98	VfB - Eintracht Frankfurt	3:2	8.000
AF	27.10.98	VfB - Borussia Dortmund	3:1	21.500
VF	1.12.98	Bayern München - VfB	3:0	11.000

UEFA-Cup

1. R	15.9.98	VfB - Feyenoord R'dam	1:3	18.000
	29.9.98	Feyenoord R'dam - VfB	0:3	36.500
2. R	20.10.98	VfB - Club Brugge KV	1:1	12.500
	3.11.98	Club Brugge KV - VfB	3:2 n.V.	13.000

Bundesligakader

Abgänge: Becker (Hannover 96), Grimm (Grazer AK), Haber (UD Las Palmas), Hagner (Borussia Mönchengladbach), Posch (VfB-Amateure), Raducioiu (Espanyol Barcelona), Schwarz (Karlsruher SC), Yakin (Fenerbahçe Istanbul). **Abgänge im Saisonverlauf:** Poschner (im Dezember zum AC Venedig). **Zugänge:** Frommer (VfB-Amateure), Hosny (Al Ahly Kairo), Iseli (VfB-Amateure), Keller (VfL Wolfsburg), Kies (VfB-Amateure), Markovic (Roter Stern Belgrad), Rost (1. FC Nürnberg), Thiam (1. FC Köln), Zeyer (MSV Duisburg). **Abgänge im Saisonverlauf:** Carnell (im September von Kaizer Chiefs Johannesburg), Zaharievski (im Dezember von Sileks Kratovo)
Trainer: Winfried Schäfer (1.7. - 4.12.1998), Wolfgang Rolff (4.12. - 31.12. 1998), Rainer Adrion (1.1. - 3.5. 1999), Rolf Rangnick (ab 3.5. ab1999)

Tor

1	Franz Wohlfahrt	26/0
25	Marc Ziegler	9/0
28	E. Trautner (VA)	1/0

Feld

22	Krisztian Lisztes	31/2
20	Zvonimir Soldo	29/1
5	Frank Verlaat	29/0
27	J. Akpoborie	28/11
11	Fredi Bobic	28/8
18	Pablo Thiam	27/2
8	Michael Zeyer	26/0
10	K. Balakov	24/5
12	Jens Keller	24/1
9	Sreto Ristic	24/3
7	K. Djordjevic	23/2
4	Thomas Berthold	22/0
16	Bradley Carnell	20/2
17	Timo Rost	16/1
14	Thomas Schneider	12/1
2	Martin Spanring	12/0
21	J. Endreß (VA)	11/0
23	Gerhard Poschner	11/0
26	Nico Frommer	8/0
32	A. Blessin (Am)	7/0
37	R. Pinto (Am)	6/0
	Kai Oswald (AM)	5/0
13	Sasa Markovic	4/1
15	Mitko Stojkovski	4/0
29	Thomas Kies	3/1
35	Ahm. Hosny (VA)	2/0
3	Thorsten Legat	1/0
31	Tobias Iseli	0/0
	Zrgjan Zaharievski	0/0

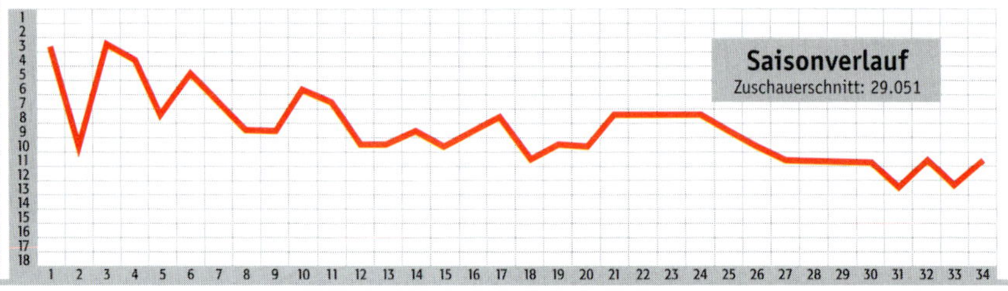

■ Die Stürmersuche des VfB war nicht von Erfolg gekrönt. Schäfers Wunschkandidat Sean Dundee (Liverpool, früher Karlsruhe) sagte dem VfB ab, und der Schweizer Stéphane Chapuisat erhielt von Borussia Dortmund keine Freigabe.

■ Einer der wenigen Akteure, die loyal zu „Winnie" Schäfer standen, war Bradley Carnell. Für 600.000 DM von den Kaizer Chiefs aus Johannesburg gekommen, überzeugte der Kapitän der südafrikanischen U23-Nationalelf aber auch die VfB-Fans mit guten Leistungen. Pech für den schnellen Linksfuß, dass er zweimal mit Bänderriss ausfiel.

■ Franz Wohlfahrt war nicht mehr glücklich am Neckar. Der österreichische Nationalkeeper hatte nach dem 0:1 gegen 1860 überraschend Marc Ziegler weichen müssen. Schäfers Begründung: „Weil Ziegler uns die Spiele im Pokal gegen Frankfurt und in Rotterdam gewonnen hat und weil er der Mann der Zukunft ist". Während Wohlfahrt nach Schäfers Demission wieder ins Tor zurückkehrte, sah Gerhard Poschner, dem der junge Timo Rost vorgezogen worden war, beim VfB keine Zukunft mehr und wechselte in der Winterpause zum italienischen Erstligisten AC Venedig.

■ Verflixtes Jahr 1998 für Fredi Bobic. Nach einem Bänderriss in der Schulter, einem Muskelfaserriss im Oberschenkel, einem Platzverweis, dem Aus im WM-Rennen und dem Ärger mit Trainer Schäfer erwischte den Torjäger beim 2:1 gegen Dortmund auch noch ein Hexenschuss. „Plötzlich ging nichts mehr. Ich war wie vom Blitz getroffen, konnte mein linkes Bein nicht mehr bewegen", stöhnte der nach 26 Minuten für Blessin ausgewechselte VfB-Stürmer.

■ In der Ära „Jogi" Löw war mit Mitko Stojkovski ein Akteur allein aufgrund von Videoaufnahmen verpflichtet worden. Obwohl der Mazedonier floppte, hatte der VfB offensichtlich nichts gelernt: Mit Sasa Markovic wurde erneut ein Spieler unter Vertrag genommen, ohne dass man ihn in „natura" gesehen hatte. Der Transfer führte zum Krach zwischen Trainer Schäfer und Teammanager Karlheinz Förster. Während Förster beteuerte, nicht „an der Entscheidung beteiligt" gewesen zu sein („Ich kann nur beobachten und beraten. Ich habe aber nichts zu entscheiden"), behauptete Schäfer, den zwei Mio. DM teuren jugoslawischen Torjäger gar nicht gewollt zu haben.

[LEGENDEN]

FRANK VERLAAT

Bei allen Turbulenzen, die den VfB in den ausklingenden 1990er Jahren begleiteten: Auf ihren Abwehrchef Frank Verlaat konnten sich die Weiß-Roten stets verlassen. Der Niederländer war während seiner vier Jahre auf dem Wasen einer der herausragenden Feldspieler und zudem Leitfigur. Als Kapitän führte er den VfB 1997 ins Pokalfinale, erreichte ein Jahr später das Finale um den Europapokal der Pokalsieger (was er selbst gelbgesperrt verpasste) und war mit seinem herausragenden Stellungsspiel sowie seiner vorzüglichen Balltechnik auch im Bundesligaalltag eine solide Größe. 1999 wechselte der einst aus Auxerre gekommene Holländer für acht Mio. DM zu Ajax Amsterdam, wo er seine Karriere einst begonnen hatte, nun aber auf der Bank versauerte. Versuche, ihn nach Stuttgart zurückzuholen, scheiterten an der zu hohen Ablösesumme, so dass sich Frank Verlaat schließlich Ligakonkurrent Werder Bremen anschloss.

[SPIEL]

SC Freiburg 2:0 VfB

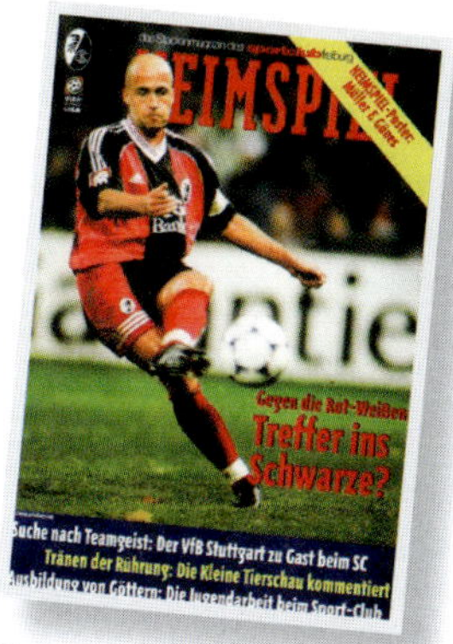

Mit der Säge angereist

Leistung grenzt an Arbeitsverweigerung

Die Stimmung im Ländle nähert sich unaufhaltsam dem Siedepunkt. Seit vier Wochen ist der VfB sieglos und in der Tabelle auf Position neun abgerutscht. Die Fans stimmen mit den Füßen ab. Bei der 1:2-Heimpleite gegen Wolfsburg zahlten kaum 13.000 Zuschauer ihren Obolus, dem 3:2 im Pokal gegen Frankfurt wohnten gar nur 8.000 Zahlende bei, und nach dem 1:1 gegen Rostock entlud sich der Fanfrust in nie zuvor erlebten Protesten. Der Schuldige steht längst fest: Trainer „Winnie" Schäfer. Vor dem brisanten Landesderby in Freiburg haben VfB-Fans eine überdimensionale Säge gebastelt, mit der sie Schäfers Trainerstuhl absägen wollen. „Erst wenn der schwäbische Traum ausgeträumt, das letzte Spiel verloren und wir abgestiegen sind, werdet ihr merken, dass W.S. seinen Auftrag erfüllt hat", haben sie eine alte Indianerweisheit abgewandelt und fordern im Dreisamstadion nur eins: „Schäfer raus". Auch die Mannschaft scheint dieses Ziel zu verfolgen, denn eine nie zuvor erlebte „Leistung", die an Arbeitsverweigerung grenzt und zu einer 0:2-Niederlage führt, heizt die Stimmung weiter an. Beim VfB läuft gar nichts. Der Versuch, den Freiburgern bereits an deren Strafraumgrenze mit Pressing das Leben schwer zu machen, misslingt völlig, weil sich die Schwaben naiv wie C-Jugendliche anstellen. Zwischen allen Mannschaftsteilen klaffen große Lücken, der Sturm bewegt sich im Schneckentempo, und von Eigenschaften wie „Aggressivität", „Siegeswillen" oder „Kampfkraft" scheint man in Stuttgart noch nie etwas gehört zu haben. Lediglich Abwehrchef Verlaat, Manndecker Schneider und Torhüter Wohlfahrt können einigermaßen überzeugen. Völlig außer Rand und Band ist Regisseur Balakov, der seine miserable Darbietung in der 16. Minute mit einer brutalen Attacke gegen den Freiburger Baya hinter dem Rücken von Schiedsrichter Aust krönt. Aufgrund von TV-Bildern wird der Bulgare später mit einer neunwöchigen Sperre belegt.
Nach Spielschluss ist die Ratlosigkeit im VfB-Lager groß. „Eine Mannschaft ohne Herz und Seele" hat Präsident Mayer-Vorfelder gesehen, während Trainer Schäfer unverändert an die Sprache des Knüppels glaubt. „Ich kneife doch nicht vor ein paar Spielern, die trotz schlechter Leistungen in jedes Mikrophon reinquatschen. Das ist das Problem, das der VfB seit Jahren hat. Einem anderen Trainer würde es auch nicht besser ergehen. Ich ziehe weiter meine Linie durch", kündigt er an – und setzt drei Tage später im Pokalspiel gegen Bayern München mit Fredi Bobic seinen besten Stürmer auf die Bank. Nach der 0:3-Pleite muss Schäfer gehen…

Für die VfB-Fans stand der Schuldige längst fest.

[SAISON]

Der Tiefpunkt war Bielefeld

Nach dem chaotischen „Vier-Trainer-Jahr" und Beinaheabstieg aus der Bundesliga stand für den VfB die Suche nach Kontinuität im Vordergrund. Mit Bordon, Todt, Kuka und Gerber fand sich weniger spektakuläres als vielmehr kostengünstiges Personal, das die nicht zuletzt der klammen Kasse geschuldeten Verluste von Verlaat, Bobic und Akpoborie kompensieren sollte.

Die Saison war noch keinen Monat alt, da brachen die alten Konfliktherde wieder auf. Nach dem 0:2 in Unterhaching dümpelte der VfB mit lediglich einem Zähler am Tabellenende und drohte an seinen Turbulenzen zu zerbrechen. Der im Profigeschäft unerfahrene Trainer Rangnick musste ständig um seinen Posten fürchten, sein Dauerstreit mit Regisseur Balakov eskalierte drei Monate später beim 2:1 in Bielefeld, als „Bala" erstmals für 90 Minuten auf der Bank saß, und das Daimler-Stadion verkam zum Selbstbedienungsladen: Neun Heimniederlagen bedeuteten Negativrekord für den VfB und wurden nur aufgrund der mit acht Siegen und 28 Punkten besten Auswärtsbilanz seit 1982/83 nicht mit dem Abstieg bestraft.

Den größten Knall aber gab es im Februar 2000, als Gerhard Mayer-Vorfelder nach 25 Dienstjahren Amtsmüdigkeit zeigte. Dem VfB-Patriarchen blies schon seit geraumer Zeit der Wind ins Gesicht. Neben dem zusehends kritischeren Aufsichtsrat sägte vor allem das Direktoren-Duo Hansi Müller/Karlheinz Förster an seinem Thron.

Während „MV" mit einem raschen Dementi etwaiger Rückzugspläne für neue Aufregung sorgte, setzte die Rangnick-Elf ihre sportliche Berg- und Talfahrt fort. Die turbulente Saison fand ihren „passenden" Abschluss, als der VfB am letzten Spieltag nach 38 Minuten gegen Absteiger Bielefeld souverän mit 3:0 führte und auf UEFA-Cup-Kurs steuerte, diesen Vorsprung aber binnen 38 Minuten fahrlässig verspielte. Das Schlussresultat von 3:3 reichte nur zum UI-Cup. Die Querelen konnten weitergehen...

[EREIGNIS]

Das deutsche Ajax

Rangnick will Revolution

Mit der Person von Ralf Rangnick war im VfB-Lager nicht nur die Hoffnung auf eine erfolgreichere, sondern auch auf eine attraktivere Zukunft verbunden: „Wichtig ist es im Fußball nicht, gute Einzelspieler auf dem Platz zu haben, sondern eine funktionierende Mannschaft", philosophierte der Fußballlehrer und sprach den VfB-Fans damit aus der Seele: War nicht eine „funktionierende Mannschaft" im Zeitalter der auf Selbstdarstellung ausgerichteten Spieler das Hauptmanko des VfB? „Damit ein Team funktioniert, darf Kritik nur hinter verschlossenen Türen geäußert werden", forderte Rangnick zudem ein Ende der Neidgesellschaft im Schwaben-Lager. Seine eigentliche Aufgabe war es, aus dem VfB ein „deutsches Ajax" zu machen. Getreu der von Ajax Amsterdam vorgelebten Akzentuierung auf den eigenen Nachwuchs sollte auch auf dem Wasen eine sportliche wie wirtschaftliche Zukunft entstehen. Rangnick, der von 1990-94 als Jugendkoordinator schon einmal in VfB-Diensten gestanden hatte, galt als exzellenter Fachmann für Taktik und Trainingslehre. Der VfB-A-Jugend hatte er seinerzeit Raumdeckung und Auslaufen nach dem Spiel gelehrt und sie damit 1991 zum Deutschen Meister gemacht. Nach einem Krach mit Mayer-Vorfelder (der ihm keine Perspektive im Profifußball einräumen wollte) ausgeschieden, hatte er anschließend beim Regionalligisten SSV Ulm 1846 seine Vorstellungen umgesetzt und den Klub an die Pforte zur 1. Liga geführt. Rangnicks Vorstellungen waren revolutionär: Anstelle des klassischen Liberos mit zwei Manndeckern installierte er eine Viererkette und forderte „ballorientierte Raumdeckung": „Hat der Gegner den Ball, werden wir versuchen, ihn möglichst weit von unserem Tor entfernt zurückzuerobern."

Der Clou: Alle Jugend- und Amateurmannschaften des VfB sollten mit diesem System spielen, um „eine durchgängige Gesamtlösung" zu schaffen. Skeptiker fragten sich allerdings, ob ausgerechnet der VfB bzw. dessen Boss „MV" die nötige Geduld für das in Deutschland einzigartige Modell aufbringen würde...

Nach Saisonende waren die Zweifel größer geworden. Das Bundesligateam des VfB hatte extreme Leistungsschwankungen gezeigt, die Heimschwäche hatte Rangnicks Position geschwächt, und im Umgang mit ausgebufften Profis wie Balakov und Berthold zeigte der Fußballlehrer bedenkliche psychologische Defizite.

Höhepunkten wie dem 2:0 über den FC Bayern, bei dem Rangnick seiner Elf im eigenen Stadion die Auswärtskabine zugewiesen und damit den Heimkomplex überwunden hatte, standen diverse Fehltritte gegenüber. Diskussionen um sein Spielsystem, das Theater um den abgesetzten Kapitän Balakov und ständige Nörgeleien der ausgemusterten Spieler erschwerten ihm die Arbeit. Mayer-Vorfelder, der sich schon bei der Rangnick-Verpflichtung dem Verwaltungsrat hatte beugen müssen, wollte den „Professor" nach dem 0:2 in Unterhaching prompt feuern. Doch das Direktorenduo Förster/Müller agierte stattdessen gegen „MV" und stärkte Rangnick den Rücken. Es brodelte beim VfB...

■ Modifiziertes Vereinslogo: Nur fünf Jahre nach dem letzten „Relaunch“ erhielt der VfB schon wieder ein neues Wappen. Anstelle des Gründungsjahres „1893“ stand nun der Schriftzug „Stuttgart“, was die Identifikation des Vereins auf internationaler Ebene erleichtern sollte. Viele Fans standen dem Traditionsbruch allerdings skeptisch gegenüber und forderten die Jahreszahl zurück.

■ Mit Saisonbeginn gab es auch einen neuen Werbepartner. Der noch bis 2000 laufende Vertrag mit der ins Visier von Verbraucherschützern geratenen „Göttinger Gruppe“ wurde im beiderseitigen Einvernehmen gekündigt. Nachfolger war das Telekommunikationsunternehmen „debitel“, das für einen Dreijahresvertrag 21 Mio. DM zahlte.

■ Wenn ein Torjäger 20 Monate ohne Treffer bleibt, wird er zum Nervenbündel. Entsprechend glücklich war Sean Dundee, als seine Torflaute am 20. November 1999 im Württemberg-Derby gegen Bundesligaaufsteiger SSV Ulm 1846 endlich endete. In der 16. Minute traf das „Krokodil“ zum 1:0 für den VfB, der als 2:0-Sieger vom Feld ging.

■ Mittelfeldspieler Thorsten Legat hatte sich schon einige Eskapaden geleistet. Diesmal aber überzog der Modellathlet. „Negersaft“ hatte er auf ein im VfB-Kraftraum hängendes Poster geschmiert, das seinen Vereinskollegen Pablo Thiam mit einer Trinksaftflasche zeigte. Obwohl Legat beteuerte, nur „Spaß“ gemacht zu haben, war seine Zeit in Stuttgart abgelaufen, und er wechselte zu Schalke 04.

■ Erstaunlich: Mit neun Heimniederlagen war in der Geschichte der Bundesliga noch jeder Klub abgestiegen – der VfB aber hätte es aufgrund seiner Auswärtsstärke fast in den UEFA-Cup geschafft...

■ Weil Franz Wohlfahrt dem VfB mit gehaltenen Elfmetern gegen Hertha und Kaiserslautern zu Punkten verholfen hatte, erhielten zum Heimspiel gegen Wolfsburg 700 Besucher freien Eintritt. Bedingung: Sie mussten „Franz“ oder „Franziska“ heißen. Pech für den Original-Franz, dass der VfB trotz Wohlfahrts überzeugender Leistung Heimniederlage Nummer acht kassierte.

Betroffene Gesichter: Als sich auch Heinz Bandke (zweiter v. l.) von „MV“ abwandte, wurden PR-Direktor Müller (links) und Sportdirektor Förster (rechts) endgültig zur neuen VfB Streitmacht.

[EREIGNIS]

„MV“: Das Aus

Präsident geht nach 25 Jahren

Das Ende der Ära Mayer-Vorfelder kündigte sich mit Donnergrollen an. Nach dem 0:1 in Leverkusen kanzelte der VfB-Boss Trainer Rangnick unerbittlich ab und erntete auf der darauffolgenden Präsidiumssitzung prompt einen Sturm der Entrüstung: „Wir haben dem Trainer den Rücken gestärkt, und dass die Aussagen des Präsidenten nicht gut waren, ist auch richtig. Ich habe gesagt, dass das in Zukunft nicht mehr vorkommen darf“, teilte Sportdirektor Karlheinz Förster im Anschluss ein wenig steif der Presse mit. Weitere 24 Stunden später deutete „MV“ gegenüber dem »kicker« und der »FAZ« an, bei den Neuwahlen im Herbst nicht mehr kandidieren zu wollen, sondern das Amt des DFB-Präsidenten anzustreben. „Ich habe die Lust verloren“, wurde er zitiert, denn „wenn man als Präsident nach 25 Jahren nicht einmal mehr seine Meinung sagen darf, ohne dass man aus den eigenen Reihen von hinten angeschossen wird, dann hat das Ganze keinen Sinn mehr.“ Wenngleich der VfB-Boss eilig zurückruderte und von „Rückzug“ nichts mehr wissen wollte – das Ende der Ära „MV“ war eingeläutet.

Es kam keinesfalls so überraschend, wie es schien. Schon im Herbst 1999 hatte der Berufspolitiker eine herbe Niederlage einstecken müssen, als sein Intimfeind Hansi Müller („MV“: „Solange ich in diesem Verein das Sagen habe, wird Hansi Müller nie ein Amt beim VfB bekleiden“) auf der Jahreshauptversammlung mit Ovationen gefeiert worden war. Auf massiven Druck des Aufsichtsrates hatte er den 42-jährigen Ex-Profi sogar ins Päsidium berufen müssen und ihn zum „Direktor für Marketing und Öffentlichkeitsarbeit“ ernannt.

Gemeinsam mit Sportdirektor Karlheinz Förster und Trainer Rangnick hatte Müller eine verschworene Einheit gebildet, die sich gegen das alte Machtduo „MV“ und Geschäftsführer Ulrich Schäfer stellte. Als selbst der langjährige „MV“-Getreue und Verwaltungsratsvorsitzende Heinz Bandke die Seiten wechselte und Finanzdirektor Ulrich Ruf dem Treiben stumm zuschaute, wurde deutlich, dass der Aufsichtsrat Mayer-Vorfelder im Oktober nicht mehr für das Amt des Präsidenten vorschlagen würde: Das Aus war besiegelt!

Der omnipotente Multi-Funktionär war über seine eigenen Fallstricke gestolpert. Ständige Trainerdiskussionen (18 Wechsel in 25 „MV“-Jahren!), zahlreiche Transferflops seit Mitte der 1990er Jahre, ein wirtschaftlich verantwortungsloser Vertrag mit Krassimir Balakov sowie ein Schuldenberg in Höhe von rund 37 Mio. DM hatten das Vertrauen in seine Führungskraft schwinden lassen. Mit zahlreichen Alleingängen hatte „MV“ sein eigenes Denkmal demontiert und ließ dem VfB quasi keine andere Wahl.

Am 30. Oktober 2000 wählte die Mitgliederversammlung des VfB mit Manfred Haas den Vorstandschef der Sparkassen-Versicherung zum neuen VfB-Präsidenten.

Der VfB-Kader im Spieljahr 1999/00. Hinten v. l.: Berthold, Bordon, Iseli, Ristic, Legat, Keller, Soldo, Lisztes, Djordjevic, Hosny, Todt, Schneider. Mitte: Zeugwart Seitz, Teammanager Förster, Co-Trainer Starzmann, Trainer Rangnick, Torwarttrainer Rücker, Konditionstrainer Stock, Kuka, Ganea, Catizone, Thiam, Endreß, Stojkovski, Masseure Egger, Wörn und Kraft. Vorn: Spanring, Markovic, Kies, Balakov, Hildebrand, Wohlfahrt, Hollerieth, Trautner, Pinto, Gerber, Carnell, Rost, Zaharievski.

1. Bundesliga

1	14.8.1999	VfB - Werder Bremen	0:0	33.000
2	21.8.1999	Hamburger SV- VfB	3:0	34.487
3	28.8.1999	VfB - Bayer Leverkusen	1:2	27.000
4	11.9.1999	SpVgg Unterhaching - VfB	2:0	10.300
5	18.9.1999	VfB - MSV Duisburg	4:2	18.000
6	24.9.1999	Bayern München - VfB	0:1	62.000
7	1.10.1999	Eintracht Frankfurt - VfB	0:1	30.000
8	17.10.1999	VfB - Schalke 04	0:2	35.000
9	23.10.1999	Hertha BSC Berlin - VfB	1:1	40.129
10	31.10.1999	VfB - 1. FC Kaiserslautern	0:1	37.000
11	6.11.1999	VfL Wolfsburg - VfB	0:2	15.668
12	20.11.1999	VfB - SSV Ulm 1846	2:0	42.000
13	26.11.1999	SC Freiburg - VfB	0:2	25.000
14	4.12.1999	VfB - TSV München 1860	1:3	37.500
15	11.12.1999	Borussia Dortmund - VfB	1:1	60.500
16	14.12.1999	VfB - Hansa Rostock	3:1	14.000
17	17.12.1999	Arminia Bielefeld - VfB	1:2	13.071
18	5.2.2000	Werder Bremen - VfB	2:1	26.000
19	9.2.2000	VfB - Hamburger SV	1:3	17.500
20	12.2.2000	Bayer Leverkusen - VfB	1:0	22.500
21	19.2.2000	VfB - SpVgg Unterhaching	0:2	18.500
22	26.2.2000	MSV Duisburg - VfB	1:3	12.126
23	4.3.2000	VfB - Bayern München	2:0	46.500
24	10.3.2000	VfB - Eintracht Frankfurt	0:2	25.000
25	18.3.2000	Schalke 04 - VfB	3:0	33.320
26	25.3.2000	VfB - Hertha BSC Berlin	1:0	23.000
27	2.4.2000	1. FC Kaiserslautern - VfB	1:2	41.500
28	8.4.2000	VfB - VfL Wolfsburg	2:5	21.000
29	11.4.2000	SSV Ulm 1846 - VfB	1:1	23.000
30	15.4.2000	VfB - SC Freiburg	1:0	26.000
31	22.4.2000	TSV München 1860 - VfB	1:1	36.500
32	29.4.2000	VfB - Borussia Dortmund	1:2	45.000
33	13.5.2000	Hansa Rostock VfB	1:4	16.000
34	20.5.2000	VfB - Arminia Bielefeld	3:3	23.000

Abschlusstabelle

1. Bayern München (M)	34	22	7	5	73:28	73
2. Bayer Leverkusen	34	21	10	3	74:36	73
3. Hamburger SV	34	16	11	7	63:39	59
4. TSV München 1860	34	14	11	9	55:48	53
5. 1. FC Kaiserslautern	34	15	5	14	54:59	50
6. Hertha BSC Berlin	34	13	11	10	39:46	50
7. VfL Wolfsburg	34	12	13	9	51:58	49
8. VfB Stuttgart	34	14	6	14	44:47	48
9. Werder Bremen	34	13	8	13	65:52	47
10. Unterhaching (N)	34	12	8	14	40:42	44
11. Borussia Dortmund	34	9	13	12	41:38	40
12. SC Freiburg	34	10	10	14	45:50	40
13. Schalke 04	34	8	15	11	42:44	39
Eintracht Frankfurt*	34	12	5	17	42:44	39
15. Hansa Rostock	34	8	14	12	44:60	38
16. SSV Ulm 1846 (N) ▽	34	9	8	17	36:62	35
17. A. Bielefeld (N) ▽	34	7	9	18	40:61	30
18. MSV Duisburg ▽	34	4	10	20	37:71	22

* Frankfurt wurden wegen Verstößen gegen die Lizenzauflagen zwei Punkte abgezogen

DFB-Pokal

1. HR		Freilos		
2. HR	6.8.99	1. SC Norderstedt - VfB	0:3	4.200
3. HR	13.10.99	Werder Bremen Am. - VfB	0:1	1.600
AF	30.11.99	VfB - 1. FC Köln	4:0	15.000
VF	22.12.99	Hansa Rostock - VfB	2:1	12.500

Bundesligakader

Abgänge: Akpoborie (VfL Wolfsburg), Blessin (Stuttgarter Kickers), Bobic (Borussia Dortmund), Frommer (Borussia Mönchengladbach), Oswald (Hansa Rostock), Verlaat (Ajax Amsterdam), Zeyer (MSV Duisburg), Ziegler. **Abgänge im Saisonverlauf:** Didi (im März zum FC Ituano), Iseli (im Januar zur SpVgg Unterhaching), Legat (im Dezember zu Schalke 04), Markovic (im März zum FK Obilic), Marc Ziegler (im Januar zu Arminia Bielefeld).
Zugänge: Bordon (FC São Paulo), Catizone (VfB-Amateure), Didi (Portuguesa São Paulo), Dundee (FC Liverpool), Ganea (Rapid Bukarest), Gerber (1. FC Nürnberg), Hildebrand (VfB-Amateure), Hollerieth (KFC Uerdingen 05), Kuka (1. FC Nürnberg), Pinto (VfB-Amateure), Todt (Werder Bremen)
Trainer: Ralf Rangnick

Tor
1 Franz Wohlfahrt 27/0
30 Timo Hildebrand 6/0
25 Achim Hollerieth 1/0
E. Trautner (VA) 0/0

Feld
6 Pablo Thiam 33/3
20 Zvonimir Soldo 31/2
10 K. Balakov 30/6
12 Heiko Gerber 29/4
22 Krisztian Lisztes 29/4
11 Viorel Ganea 29/7
36 Sean Dundee 28/8
33 Roberto Pinto 27/2
16 Bradley Carnell 24/1
2 Jens Keller 24/0
4 Thomas Berthold 23/0
5 Marcelo Bordon 23/2
14 T. Schneider 22/0
21 J. Endreß (VA) 20/1
9 Pavel Kuka 20/1
23 Ahm. Hosny (VA) 16/2
7 K. Djordjevic 9/0
29 Thomas Kies 6/0
8 Jens Todt 6/0
18 Giuseppe Catizone 5/0
27 Sreto Ristic 3/0
32 Rüdiger Kauf (Am) 2/0
37 Didi 2/0
26 Tobias Iseli 0/0
3 Thorsten Legat 0/0
13 Sasa Markovic 0/0
17 Timo Rost 0/0
24 Martin Spanring 0/0
15 Mitko Stojkovski 0/0
19 Srgjan Zaharievski 0/0
\+ ein Eigentor

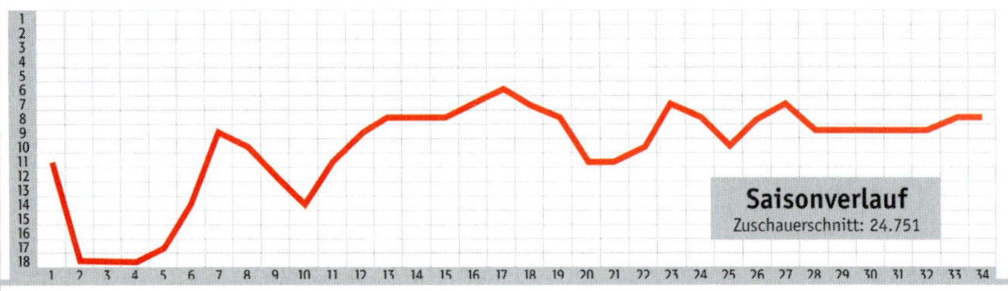

■ Gewinner Jonathan Akpoborie: Beim 5:2-Sieg des VfL Wolfsburg im Gottlieb-Daimler-Stadion antwortete der nunmehr in Wolfsburger Diensten stehende Nigerianer auf die Schmährufe der VfB-Fans mit drei Treffern. „Ich habe hier nicht schlecht gespielt, aber man hat mir kein Vertrauen geschenkt", kommentierte der einstige VfB-Hoffnungsträger.

■ Gewinner Timo Hildebrand: Eigentlich war der aus Uerdingen verpflichtete Achim Hollerieth als Nachfolger für Frank Wohlfahrt vorgesehen. Doch der 21-jährige Hildebrand nutzte die Gunst der Stunde und spielte sich beim 2:0 in Freiburg und beim 1:1 in Ulm in den Favoritenkreis für die künftige Nummer eins zwischen den VfB-Pfosten.

■ Der „Fall Didi“ erregte bundesweit Aufsehen: Erst von einer brasilianischen Rundfunkreporterin erfuhr Trainer Rangnick, dass der VfB den 24-jährigen Stürmer von Portuguesa São Paulo keineswegs wie abgesprochen nur ausgeliehen, sondern fest verpflichtet hatte. 3,5 Mio. DM hatte Vorstandsmitglied Ulrich Schäfer für den Transfer auf den Tisch gelegt und den Brasilianer zudem mit einem Dreijahresvertrag ausgestattet, der ihm ein neunmal höheres Salär als ursprünglich vereinbart garantierte! Vollends zur Provinzposse wurde der „Fall Didi“, als sich herausstellte, dass die Sportmediziner einen alten Kreuzbandriss übersehen hatten, der die Profitauglichkeit des Brasilianers entscheidend einschränkte. Das Ende vom Lied: Didi bestritt ganze zwei Spiele für den VfB, der sowohl Ablösesumme als auch Gehalt abschreiben musste…

[LEGENDEN]

THOMAS BERTHOLD

Mit Thomas Bertholds Abschied im Sommer 2000 endete eine weitere Ära beim VfB.
1993 aus seinem Reservistendasein beim FC Bayern erlöst, hatte der umstrittene frühere Nationalspieler in Stuttgart seine gewohnte Form wiedergefunden und war 1994 sogar mit zur WM in die USA gereist. Als ein Spieler, der mit seiner Meinung nie hinter dem Berg hielt, stand Berthold allerdings auch häufig außerhalb des Platzes im Blickpunkt und polarisierte bei zahlreichen Gelegenheiten.
So im September 1999, als er nach dem 0:2 in Unterhaching ins Team zurückkehrte und nach dem anschließenden 1:0-Sieg beim FC Bayern frech posaunte: „Vor zwei Wochen in Unterhaching standen zehn Chorknaben auf dem Platz. Ich bin ein Spieler mit Ausstrahlung.“
Dennoch: Mit großem Engagement setzte sich Berthold stets für die Beseitigung der Missstände im VfB-Lager ein und ergriff auch in diversen Trainerdebatten das Wort. Fünf Platzverweise in sieben Jahren (VfB-Rekord) künden zudem von einem enormen Engagement auf dem Spielfeld. Nach 191 Bundesligaspielen (vier Tore) wechselte Thomas Berthold im Sommer 2000 zum türkischen Erstligisten Adanaspor.

[SPIEL]

VfB 3:3 Bielefeld

Nur 3:3 nach 3:0!

UEFA-Cup-Platz verspielt

Nach dem 4:1-Sieg in Rostock hat der VfB plötzlich die Gelegenheit, seine verkorkste Saison immerhin noch mit der Qualifikation für den UEFA-Cup abzuschließen. „Das ist eine neue Situation für uns“, frohlockt Kapitän Soldo, während Trainer Rangnick „die Mini-Chance wahren“ will. Voraussetzung: ein eigener Sieg im Gottlieb-Daimler-Stadion gegen den bereits feststehenden Absteiger Arminia Bielefeld und gleichzeitig Punktverluste der Konkurrenz aus Kaiserslautern, Berlin und Bremen.
Rangnick muss umbauen. Für den verletzten Balakov und den gelbgesperrten Bordon kommen Pinto und Keller, während Franz Wohlfahrt zum letzten Mal zwischen den VfB-Pfosten steht. 23.000 Fans sind mit guter Laune zum Wasen gekommen. Trotz der fatalen Heimschwäche gibt es kaum jemanden, der an einem VfB-Sieg zweifelt. Gebangt wird lediglich, ob die Konkurrenz wohl mitspielen wird.
Der VfB beginnt offensiv. Lauffreudig und aggressiv setzen die Weiß-Roten ihren Gast unter Druck und zwingen ihn zu Fehlern. Einen davon nutzt Thiam nach nur fünf Minuten zur 1:0-Führung, der Gerber neun Minuten später bereits das 2:0 anfügt. Das Stuttgarter Spiel läuft nun wie am Schnürchen. Gerber und Thiam sorgen für Schwung über die Außen, in der Sturmmitte wirbeln Dundee und Ganea. Als letzterer in der 38. Minute auf 3:0 erhöht, richtet sich die Aufmerksamkeit endgültig auf die Konkurrenz, die „für“ den VfB zu spielen scheint.
Selbst als Meißner zwei Minuten vor dem Pausenpfiff auf 1:3 verkürzt, macht sich niemand im Schwabenlager ernsthaft Gedanken um den VfB. Der erlebte in der zweiten Halbzeit jedoch sein Waterloo. „Als die positiven Zwischenstände aus den anderen Stadien bekannt wurden, kam die Mannschaft plötzlich ins Flattern. Offensichtlich kam sie mit dem Druck nicht zurecht“, versucht Trainer Rangnick, die Geschehnisse zu erklären. Völlig orientierungslos hat sich sein Team binnen 20 Minuten zwei Treffer eingefangen und war nach dem Bielefelder Ausgleich nicht mehr zu einer weiteren Wende in der Lage gewesen.
Obwohl die Konkurrenz aus Berlin (0:3), Kaiserslautern (1:1) und Bremen (1:3) mitgespielt hat, ist der UEFA-Cup-Platz verspielt!

Jens Keller kann es nicht fassen – der UEFA-Cup-Platz ist verspielt. Links Bruno Labbadia.

[SAISON]

Zittern bis zum Schluss

Nach dem Ende der Ära Mayer-Vorfelder sollte nicht nur vieles anders werden beim VfB, angesichts des „MV-Erbes" in Form von 30 Mio. DM Schulden *musste* auch vieles anders werden. „MVs" präsidiale Machtfülle wurde auf mehrere Schultern verteilt. Am Trainer und dessen Konzept wollte man künftig auch in schweren Tagen festhalten. Und statt teuren Fußball-Legionären sollte verstärkt hungrigen Akteuren aus der eigenen Nachwuchsarbeit eine Chance gegeben werden.

Die Ära der neuen Bescheidenheit begann prima. Über die Hintertür UI-Cup schaffte die drastisch verjüngte Elf den Sprung in den UEFA-Cup, was vor allem die leere Kasse erfreute. Nach einem 2:1 gegen den FC Bayern blickten die Fans auch in der Bundesliga gerade wieder zuversichtlicher in die Zukunft, als die Krise mit voller Wucht über ihren Klub hereinbrach. Sechs sieglose Spiele in Folge ließen Mannschaft und Stimmung in den Keller stürzen. Tiefpunkt war die 0:2-Heimpleite gegen Dortmund, mit der die Weiß-Roten die „Rote Laterne" übernahmen und 30.000 Zuschauer mit dem Gefühl nach Hause gingen, dass der VfB vor einer schweren Saison stehen würde. Begleitet wurde die Talfahrt von Tohuwabohu auf der Führungsebene, die sich nach dem Abgang von „MV" noch gar nicht richtig sortiert hatte. Mitte Januar trat Sportdirektor Karlheinz Förster zurück, weil er sich in seinen Kompetenzen beschnitten sah. Sieben Tage später folgte PR-Direktor Hansi Müller, dem vorgeworfen wurde, er habe Förster „gemobbt", weil er auf dessen Posten spekulierte. „MV"-Nachfolger Manfred Haas heuerte daraufhin den langjährigen Gladbacher Manager Rolf Rüssmann an, der als erstes die Verträge mit den Schlüsselspielern Soldo, Hildebrand und Bordon verlängerte und so zumindest für etwas Ruhe sorgte.

Als sich der erschreckend auswärtsschwache VfB nach 22 Spielen noch immer auf einem Abstiegsplatz befand und zudem in Vigo aus dem UEFA-Cup flog, warf auch Trainer Rangnick die Brocken hin und machte den Weg frei für einen Neuanfang. Der war bitter nötig, denn Nachfolger Felix Magath traf auf eine Mannschaft ohne Hierarchie und Selbstvertrauen, die körperlich wie mental ausgebrannt war. Den Abstieg und die drohende Insolvenz vor Augen riss sich das Team unter dem gefürchteten „Schleifer" zusammen, schaffte mit einem 2:1 über Bremen und einem 0:0 in Dortmund den Anschluss, ehe der Klassenerhalt mit einem Last-Minute-Sieg über Titelaspirant Schalke 04 besiegelt wurde.

[EREIGNIS]

VIP-Komfort

VfB finanziert Stadionumbau

In Sachen Stadionkomfort war Stuttgart ernsthaft in Rückstand geraten. VIP-Logen und Business-Seats, wichtige Bestandteile des „modernen" Fußballs, suchte man im Daimler-Stadion vergeblich. VfB-Boss Mayer-Vorfelder hatte deshalb wiederholt städtische Unterstützung angemahnt und sogar mit dem Bau einer reinen Fußballarena in Böblingen gedroht. Im Oktober 1996 hatten sich VfB-Finanzdirektor Ulrich Ruf und Sportamtsleiter Aupperle schließlich auf einen gemeinsamen Modernisierungsplan geeinigt. Der betraf in erster Linie die Haupttribüne, auf der ein weiterer Rang mit 5.750 Einzelsitzen eingezogen wurde. Der Clou waren 44 VIP-Logen in einer Größe zwischen 23 und 89 Quadratmetern, von denen aus die Besucher direkten Zugang zu 678 Außenplätzen bzw. 1.500 gepolsterten Business-Seats hatten. Ein Business-Center auf drei Ebenen sowie moderne Presse-, Regie- und Sicherheitsbereiche rundeten die Kernplanungen ab. Darüber hinaus entstand vor der Haupttribüne ein vierstöckiges Eingangsgebäude, das über einen gläsernen Steg mit einem auf der gegenüberliegenden Seite entstehenden Parkhaus verbunden war. In den Kurven wurden unterdessen die Bankreihen durch 27.500 Einzelklappsitze ersetzt, wodurch die Stadionkapazität auf 53.900 Plätze (davon 50.100 Sitzplätze) stieg. Die Finanzierung übernahm weitestgehend der VfB. Mercedes-Benz als Mitbenutzer des Parkhauses steuerte zehn Mio. DM bei, die Stadt beteiligte sich mit 2,25 Mio. DM. 70 Mio. der Gesamtkosten von 86,7 Mio. DM wurden dem VfB von der Stadt vorgestreckt und sollten in 20 Raten von 5,25 Mio. DM jährlich abgestottert werden. Im Gegenzug erhielt der Klub dafür große Teile der Vermarktungsrechte, was ihm die Refinanzierung ermöglichen sollte. Das war allerdings durch die prekäre sportliche Situation gefährdet, denn im Falle des Abstiegs in die 2. Liga hätten die Logen deutlich an Attraktivität verloren. Umso größer war die Erleichterung, als der VfB beim Einweihungsfest im Juli 2001 seinen Erstligastatus erfolgreich verteidigt hatte.

■ Doppelte Freude für Gerhard Mayer-Vorfelder: Während der VfB am 28. April beim 2:1 über Werder Bremen einen wichtigen Schritt in Richtung Klassenerhalt machte, löste der langjährige VfB-Patriarch auf dem DFB-Bundestag in Magdeburg Egidius Braun als Präsident des Deutschen Fußball-Bundes ab.

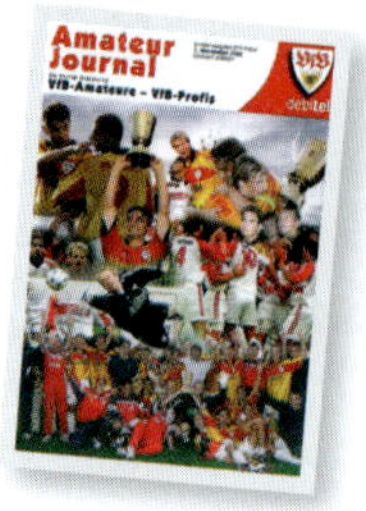

■ Zu einem Kuriosum kam es in der zweiten Hauptrunde des DFB-Pokals: VfB Stuttgart gegen VfB Stuttgart lautete die Paarung! Ein „Witz" sei das, grollte (Profi-) Trainer Rangnick, während (Amateure-) Trainer Adrion, dessen Team in der ersten Runde den von Felix Magath trainierten Erstligisten Eintracht Frankfurt sensationell mit 6:1 abgekanzelt hatte, die Stimmung mit „depressiv, ja nachdenklich" umschrieb. Immerhin 4.000 Zuschauer wohnten bei einem bunten Rahmenprogramm im Schlienz-Stadion dem VfB internen Derby bei, das die Profis mit 3:0 gewannen. Zum Kader der Amateure zählten mit Kuranyi, Hinkel, Morena, Hleb, Vujevic und Amanatidis sechs „junge Wilde".

■ Späte Rehabilitation. Mit einem 2:0 bzw. 1:1 in den UI-Cup-„Endspielen“ gegen den französischen Klub AJ Auxerre qualifizierte sich der VfB doch noch für den UEFA-Cup-Wettbewerb 2000/01, den er am 20. Mai 2000 mit dem 3:3 gegen Arminia Bielefeld so fahrlässig verspielt hatte.

■ Nach der 0:2-Heimniederlage gegen Borussia Dortmund platzte einigen VfB-Fans der Kragen. Eine Gruppe wütender Anhänger drohte sogar die Umzäunung vor der Gegengerade zu stürmen und in den Innenraum einzudringen. Polizei- und Ordnungskräfte konnten dies nur mit Mühe verhindern. Schon während des Spiels war die völlig leblos wirkende Mannschaft mit wütenden „Scheiß-Millionäre“-Rufen bedacht worden. Weil die Begegnung zuvor zum „Schicksalsspiel“ erklärt worden war, hatte sich die Stimmung allerdings auch extrem aufgeheizt. „Wir sind in einer ganz heiklen Situation“, befand der geschockte PR-Direktor Hansi Müller und untersagte den VfB-Profis Soldo, Schneider, Lisztes, Meißner und Amanatidis „aus Sicherheitsgründen“ den geplanten Besuch der Weihnachtsfeier der 180 offiziellen VfB-Fan-Clubs in der Schleyerhalle. Torhüter Timo Hildebrand indes durfte sich den Fanfragen stellen.

■ Wenige Tage nach dem Dortmund-Debakel präsentierte sich der VfB im UEFA-Cup gegen Feyenoord Rotterdam in deutlich besserer Verfassung. Statt des zerstrittenen Haufens lustloser Individualisten, der noch gegen den BVB aufgelaufen war, stand jetzt ein konzentriert und diszipliniert agierendes Kollektiv auf dem Feld, das mit einem verdienten 2:1-Sieg das Achtelfinale erreichte.

■ Pavel Kuka hatte genug. Nach dem 1:0 über Heart of Midlothian Edinburgh kündigte der 32-jährige Tscheche an, den VfB so schnell wie möglich verlassen zu wollen. Grund: Trainer Rangnick und dessen Taktik, in der es für den lange verletzten Torjäger keinen Platz gab. „Es hat keinen Sinn mehr. Wir passen nicht zusammen“, klagte Kuka – und wechselte nach insgesamt nur 22 Spielen im VfB-Dress zu Slavia Prag.

■ Adhemar Ferreira de Camargo Neto hieß der zur Winterpause verpflichtete neue Hoffnungsträger. Der 28-jährige Torjäger kostete den VfB 3,3 Mio. DM und machte sich rasch bezahlt. Bei seinem Debüt traf der nur 1,68 m große Stürmer beim 6:1 gegen Kaiserslautern gleich dreimal ins Schwarze.

Der neue und der alte Hoffnungsträger: Links Manager Rüssmann, rechts Trainer Rangnick.

[EREIGNIS]

Keine Ruhe in Sicht

Duo Förster/Müller tritt zurück

„Ich hätte mir einen schöneren Abschied gewünscht“, sinnierte Gerhard Mayer-Vorfelder am 29. Oktober 2000. Kein Wunder: Sein letztes Spiel als VfB-Präsident endete mit einer 2:3-Niederlage in Köln, und in seinem neuen Job als DFB-Boss kämpfte er mit dem Skandal um den rauschgiftsüchtigen „Beinahe-Bundestrainer“ Christoph Daum.

„Ich habe den VfB quasi aus dem Nichts heraus zu einer sehr guten Adresse im deutschen Fußball gemacht“, fand der scheidende VfB-Patriarch rückblickend lobende Worte über seine Amtszeit, deren Ende von Lethargie geprägt war. Frustriert von den Angriffen auf seine Person überließ er anderen die Arbeit, ehe er am 30. Oktober 2000 auch offiziell Manfred Haas die Führung übergab.

„Ich stehe für Ruhe und Kontinuität“, gab der Vorstandsvorsitzende der SV-Versicherungen die neue Richtung vor.

Doch mit Ruhe und Kontinuität war es bald vorbei, denn im Januar brodelte es beim VfB schon wieder. Grund war der Rücktritt von Sportdirektor Karlheinz Förster.

Der fühlte sich in seinen Kompetenzen beschnitten, weil er jeden Transfer nicht nur vom kompletten Vorstand abnicken lassen musste, sondern sich vor Verhandlungen zudem obligatorisch grünes Licht von Finanzboss Ruf einzuholen hatte. Zudem war er mehrfach mit PR-Direktor Hansi Müller aneinander geraten, deren Verantwortungsbereiche nicht sauber getrennt waren.

Eine Woche nach Förster nahm auch Müller seinen Hut. Ihm wurde vorgeworfen, Förster „weggemobbt“ zu haben.

Als Nachfolger waren die VfB-Legenden Guido Buchwald und Karl Allgöwer sowie Ex-Präsidiumsmitglied Reinhold Zech im Gespräch, die aber trotz ihrer signalisierten Bereitschaft nicht in Betracht gezogen wurden. Stattdessen kam mit dem früheren Gladbacher Manager Rolf Rüssmann ein Außenstehender, während der schon länger in VfB-Diensten stehende Peter Godenrath PR- und Marketingdirektor wurde.

Wenig später stand die nächste Personalie auf dem Programm: Trainer Rangnick. Schon in der Winterpause hätte der VfB am liebsten Klaus Toppmöller verpflichtet, davon aber schließlich Abstand genommen. Nach dem 0:1 gegen Hertha BSC und dem Europapokalaus in Vigo war Rangnicks Uhr abgelaufen. Seine taktische Unentschlossenheit, seine Defizite im Umgang mit Stars wie Balakov und die erschreckende Art, mit der die leblos wirkende Mannschaft dem Abstieg entgegentaumelte, waren untragbar geworden. Nachfolger sollte Christoph Daum werden, was sich nach einem Hinweis des DFB wegen der offenen Anschuldigungen zerschlug. Mit Felix Magath kam daraufhin ein Mann, dem der Ruf eines „Quälix“ vorauseilte. Magath brachte das Team körperlich und geistig wieder in Form, stärkte das Selbstvertrauen seiner Leitwölfe Balakov und Soldo – und führte den VfB zum Klassenerhalt.

Der VfB 2000/01. Hinten v. l.: Trainer Rangnick, Co-Trainer Starzmann, Torwarttrainer Rücker, Konditionstrain Stock, Masseure Egger, Kraft und Wörn, Zeugwart Seitz. 2. Reihe v. h.: Blank, Bordon, Wenzel, Soldo, Todt, Hi Hosny, Kuka, Dangelmayr, Seitz. 2. Reihe v. u.: Ganea, Amanatidis, Lisztes, Gerber, Djordjevic, Hleb, Dundee, Thiam, Schneider. Vorn: Catizone, Meißner, Pinto, Miller, Hildebrand, Trautner, Chvalovsky, Kauf, Carnell, Balak

1. Bundesliga

1	12.8.2000	SC Freiburg - VfB	4:0	25.000
2	19.8.2000	VfB - Bayer Leverkusen	4:1	25.000
3	5.9.2000	1. FC Kaiserslautern - VfB	1:0	37.594
4	9.9.2000	VfB - Bayern München	2:1	51.200
5	17.9.2000	Hertha BSC Berlin - VfB	2:0	32.980
6	23.9.2000	VfB - VfL Bochum	1:1	18.000
7	1.10.2000	VfL Wolfsburg - VfB	2:2	15.378
8	14.10.2000	VfB - Hamburger SV	3:3	26.000
9	21.10.2000	VfB - SpVgg Unterhaching	2:2	17.000
10	29.10.2000	1. FC Köln - VfB	3:2	32.000
11	4.11.2000	VfB - Hansa Rostock	1:0	19.000
12	12.11.2000	Energie Cottbus - VfB	2:1	16.296
13	17.11.2000	VfB - TSV München 1860	2:2	22.000
14	26.11.2000	Werder Bremen - VfB	1:0	26.189
15	2.12.2000	VfB - Borussia Dortmund	0:2	30.000
16	9.12.2000	Schalke 04 - VfB	2:1	31.281
17	12.12.2000	VfB - Eintracht Frankfurt	4:1	18.000
18	16.12.2000	VfB - SC Freiburg	0:0	29.500
19	28.1.2001	Bayer Leverkusen - VfB	4:0	22.500
20	3.2.2001	VfB - 1. FC Kaiserslautern	6:1	18.000
21	10.2.2001	Bayern München - VfB	1:0	41.000
22	18.2.2001	VfB - Hertha BSC Berlin	0:1	18.500
23	25.2.2001	VfL Bochum - VfB	0:0	18.880
24	3.3.2001	VfB - VfL Wolfsburg	2:1	15.000
25	11.3.2001	Hamburger SV - VfB	2:2	40.065
26	18.3.2001	SpVgg Unterhaching - VfB	0:0	12.000
27	31.3.2001	VfB - 1. FC Köln	0:3	32.000
28	8.4.2001	Hansa Rostock - VfB	1:1	15.500
29	12.4.2001	VfB - Energie Cottbus	1:0	36.000
30	22.4.2001	TSV München 1860 - VfB	2:1	24.100
31	28.4.2001	VfB - Werder Bremen	2:1	34.000
32	4.5.2001	Borussia Dortmund - VfB	0:0	67.500
33	12.5.2001	VfB - Schalke 04	1:0	51.000
34	19.5.2001	Eintracht Frankfurt - VfB	2:1	34.000

Abschlusstabelle

1. Bayern München (M)	34	19	6	9	62:37	63
2. Schalke 04	34	18	8	8	65:35	62
3. Borussia Dortmund	34	16	10	8	62:42	58
4. Bayer Leverkusen	34	17	6	11	54:40	57
5. Hertha BSC Berlin	34	18	2	14	58:52	56
6. SC Freiburg	34	15	10	9	54:37	55
7. Werder Bremen	34	15	8	11	53:48	53
8. 1. FC Kaiserslautern	34	15	5	14	49:54	50
9. VfL Wolfsburg	34	12	11	11	60:45	47
10. 1. FC Köln (N)	34	12	10	12	59:52	46
11. TSV München 1860	34	12	8	14	43:55	44
12. Hansa Rostock	34	12	7	15	34:47	43
13. Hamburger SV	34	10	11	13	58:58	41
14. Energie Cottbus (N)	34	12	3	19	38:52	39
15. VfB Stuttgart	34	9	11	14	42:49	38
16. Unterhaching ▽	34	8	11	15	35:59	35
17. Eintr. Frankfurt ▽	34	10	5	19	41:68	35
18. VfL Bochum (N) ▽	34	7	6	21	30:67	27

DFB-Pokal

1. HR	26.8.00	Wuppertaler SV - VfB	1:3	9.973
2. HR	1.11.00	VfB Stuttgart Am. - VfB	0:3	4.000
AF	29.11.00	VfB - Hannover 96	2:1	4.500
VF	20.12.00	VfB - SC Freiburg	2:1 n.V.	13.000
HF	7.2.01	VfB - Schalke 04	0:3	35.000

UI- bzw. UEFA-Cup

UI-Cup

1. R		Freilos		
2. R	1.7.00	Xamax Neuchâtel - VfB	1:6	1.200
	9.7.00	VfB - Xamax Neuchâtel	4:1	1.085
3. R	15.7.00	Racing Lens - VfB	2:1	7.729
	22.7.00	VfB - Racing Lens	1:0	1.792
HF	26.7.00	VfB - Standard Lüttich	1:1	1.516
	2.8.00	Stanard Lüttich - VfB	0:1	9.000
F	8.8.00	AJ Auxerre - VfB	0:2	8.000
	22.8.00	VfB - AJ Auxerre	1:1	10.319

UEFA-Cup

1. R	14.9.00	VfB - Heart of M. E'burgh	1:0	12.000
	28.9.00	Heart of M. E'burgh - VfB	3:2	16.000
2. R	26.10.00	Tirol Innsbruck - VfB	1:0	15.200
	9.11.00	VfB - Tirol Innsbruck	3:1	15.000
3. R	23.11.00	Feyenoord R'dam - VfB	2:2	30.000
	5.12.00	VfB - Feyenoord R'dam	2:1	15.000
AF	15.2.01	VfB - Celta Vigo	0:0	18.000
	22.2.01	Celta Vigo - VfB	2:1	19.000

Bundesligakader

Abgänge: Berthold (Adanaspor), Hollerieth (SVW Mannheim), Keller (1. FC Köln), Kies (SVW Mannheim), Ristic (SC Campomaiorense), Rost (Austria Wien), Spanring (Bursaspor), Stojkovski (Pelister Bitola), Wohlfahrt (Austria Win), Zaharievski (SC Campomaiorense). **Abgänge im Saisonverlauf:** Amanatidis (im Dezember ausgeliehen an die SpVgg Greuther Fürth), Chvalovsky (im Januar zu Chmel Blšany), Kuka (im September zu Slavia Prag)
Zugänge: Amanatidis (VfB-Amateure), Blank (Hannover 96), Chvalovsky (Chmel Blšany), Dangelmayr (VfB-Amateure), Hinkel (VfB-Jugend), Hleb (BATE Borisov), Kauf (VfB-Amateure), Meißner (Arminia Bielefeld), Seitz (SpVgg Unterhaching), Wenzel (VfB-Amateure).
Zugänge im Saisonverlauf: Adhemar (im Januar von AD São Caetano), Ernst (im Januar vom VfL Bochum), Rui Marques (im Januar von Hertha BSC Berlin), Tiffert (im September von Tennis Borussia Berlin)
Trainer: Ralf Rangnick (bis zum 23. Februar 2001), Felix Magath (ab 24. Februar 2001)

Tor

1	Timo Hildebrand	32/0
24	Thomas Ernst	2/0
25	A. Chvalovsky (VA)	0/0
28	E. Trautner (VA)	0/0

Feld

11	Viorel Ganea	32/8
6	Pablo Thiam	29/4
10	K. Balakov	28/6
5	Marcelo Bordon	28/0
36	Sean Dundee	28/6
20	Zvonimir Soldo	28/2
17	Jochen Seitz	25/1
22	Krisztian Lisztes	23/3
2	Silvio Meißner	22/0
16	Bradley Carnell	20/0
12	Heiko Gerber	20/2
33	Roberto Pinto	19/0
14	Th. Schneider	18/0
8	Jens Todt	14/0
7	K. Djordjevic	12/0
32	Rüdiger Kauf (VA)	12/0
4	Rui M. Marques	12/0
19	Adhemar	11/7
21	J. Endreß (VA)	10/0
26	Andreas Hinkel	10/0
23	A. S. Hosny (VA)	8/0
3	Stefan Blank	7/0
27	Timo Wenzel	7/0
30	Aliaksandr Hleb	6/0
13	Christian Tiffert	6/0
44	A. Vaccaro (Am)	2/0
35	I. Amanatidis	0/0
18	G. Catizone	0/0
29	S. Dangelmayr	0/0
9	Pavel Kuka	0/0

+ drei Eigentore

■ Zehn Jahre lang war Wolfgang Geiger als Chef-Scout für den VfB im Einsatz gewesen, als er im Januar 2001 überraschend zum 1. FC Saarbrücken wechselte. Geiger war enttäuscht, dass Cheftrainer Rangnick seine Vision vom „deutschen Ajax" mit einem durchgängigen System von der Bundesligamannschaft bis zur F-Jugend im Zeichen des Abstiegskampfes fallengelassen hatte. Er wisse nicht mehr, was er beim VfB „noch bewegen soll" und fühle sich „nicht mehr gebraucht".

■ Gerangel um Pablo Thiam. Zunächst hieß es, der Guineaner habe einen Vorvertrag in Dortmund unterschrieben. Nachdem sich das als Falschmeldung herausgestellt hatte, verkündete der Mittelfeldspieler dann im Dezember überraschend, dass er in der kommenden Saison beim FC Bayern spielen würde. Die Fans wandten sich daraufhin von ihrem ehemaligen Liebling ab und begleiteten seine Aktionen beim 4:1 gegen Frankfurt mit „Thiam-Raus"-Rufen. Thiams Kommentar: „Ich verstehe, dass einige enttäuscht sind, weil ich wechsele." Die Reaktionen seien dennoch „nicht fair".

[LEGENDEN]

MARCELO BORDON

Ungeachtet einer vom Fachblatt »kicker« ausgestellten und eher beschaulichen Durchschnittsnote von 3,3 war Marcelo Bordon 2000/01 unbestrittener Leistungsträger im VfB-Team. Nur Soldo und Gerber erhielten bessere Gesamtnoten (jeweils 3,2). Wie wichtig der 1999 für 4,5 Mio. DM vom FC São Paulo gekommene Abwehrchef war, bewies er nicht zuletzt beim entscheidenden 1:0 über Schalke 04, als er die königsblauen Angriffe souverän entschärfte und damit zum Garanten für den Klassenerhalt wurde. Mit seinem überragenden Kopfballspiel, seiner Zweikampfstärke und seinem Spielverständnis zählte Bordon während seiner Zeit beim VfB stets zu den besten Abwehrspielern der Liga. Dabei agierte er ungewöhnlich bescheiden und zurückhaltend, was ihm prompt den Beinamen „deutscher Brasilianer" einbrachte. „Die Show wird vorn gemacht. Ich bin Abwehrspieler", kommentierte der Mann, der bis zu seinem Wechsel zu Schalke 04 im Sommer 2004 in 129 Bundesligaspielen für den VfB verteidigte.

[SPIEL]

VfB 1:0 Schalke 04

Die Rettung

Magath führt VfB zum Klassenerhalt

Mai 2001. In Stuttgart geht die Angst um. Die Angst vor der 2. Liga und einer unsicheren Zukunft. „Wenn wir absteigen, kommen wir nicht mehr nach oben. Dann geht es uns wie den Stuttgarter Kickers und dem KSC", fürchtet VfB-Marketingdirektor Peter Godenrath angesichts der desolaten wirtschaftlichen Lage. Ausgerechnet Meisterschaftsaspirant Schalke 04 heißt der Gegner im letzten Heimspiel. Um nicht im Schlussspiel beim Mitkonkurrenten Eintracht Frankfurt um „alles oder nichts" spielen zu müssen, soll gegen die Königsblauen ein Punkt her – besser natürlich wäre ein Sieg. Die Stimmung beim VfB ist gut. Nach der 1:2-Niederlage bei München 1860 sind Trainer und Spieler in Klausur gegangen. Felix Magath hat sich mit seiner Elf ausgesprochen und seine Neigungen als „Quälix" ein wenig beiseite gelegt. Engagiert wie selten zuvor fiebert er mit seiner Mannschaft und gibt ihr den Rückhalt, den sie in dieser schwierigen Situation benötigt. 51.000 Fans im ausverkauften Daimler-Stadion bilden eine eindrucksvolle Kulisse, die dem VfB zusätzlich den Rücken stärkt. Diszipliniert und konzentriert macht der VfB geschickt die Räume eng und entnervt die nervösen Schalker mit stoischer Ruhe. Ratlos stehen die Königsblauen vor dem von Bordon glänzend organisierten Stuttgarter Abwehrbollwerk. Möller fällt nichts ein, seine Nebenleute zeigen kaum Laufbereitschaft, und von Siegeswillen ist beim Titelanwärter nicht viel zu erkennen. Von Minute zu Minute wird der Abstiegskandidat VfB frecher. Kurz vor der Pause registrieren die Berichterstatter erste Stuttgarter Chancen, die aber ungenutzt bleiben. Nach dem Seitenwechsel neutralisieren sich beide Teams und alles läuft ein Unentschieden hinaus. Nur der unter Magath wieder aufgeblühte Balakov gibt sich damit nicht zufrieden. Er drängt auf das „goldene" Tor, das dem VfB vorzeitig den Klassenerhalt bescheren würde. In der Nachspielzeit ist es so weit: Balakov nimmt einen Abpraller von Hajto auf und donnert das Leder aus 18 Metern wuchtig ins Schalker Gehäuse. Die Zittersaison ist beendet – der VfB bleibt im Oberhaus!

Krassimir Balakov erzielte in der Nachspielzeit das goldene Tor zum vorzeitigen Klassenerhalt.

[SAISON]

Schwäbischer Jugendstil

Nach vielen Turbulenzen und Querelen in der Vergangenheit sehnte man sich beim VfB in erster Linie nach Ruhe und Kontinuität. Zehn Jahre nach der letzten Meisterschaft sollten auf dem Wasen endlich wieder sportliche Belange im Mittelpunkt stehen.
Die Voraussetzungen waren so gut wie lange nicht mehr. Mit Manager Rüssmann und Trainer Magath trugen verlässliche Männer die Verantwortung für den sportlichen Bereich. Der neue Vorstandschef Haas bestach durch angenehme Gelassenheit. Die Erwartungshaltung der Fangemeinde fiel nach einer turbulenten Saison, in der man um ein Haar in der 2. Liga gelandet wäre, zwangsläufig klein aus. Allerdings sorgte ein Schuldenberg in Höhe von rund 18 Mio. Euro dafür, dass der VfB ohne nennenswerte Neuzugänge und mit einer der jüngsten Mannschaften der Liga in die Saison gehen musste. Platz acht bis zwölf lautete die unter diesen Voraussetzungen geäußerte Vorgabe, die nach 34 Spieltagen mit Rang acht exakt erfüllt wurde. Obwohl der VfB damit sogar die Qualifikation für den UI-Cup geschafft hatte, fiel das Saisonfazit dennoch durchwachsen aus. Gleich zweimal hatte die erfrischend frech auftretende Elf nämlich einen UEFA-Cup-Platz in greifbarer Nähe gehabt. Doch sowohl beim 2:3 gegen Nürnberg (21. Spieltag) als auch beim 0:0 gegen Cottbus (31. Spieltag) waren die Nerven nicht stark genug gewesen. Größtes VfB-Manko war die mangelnde Durchschlagskraft: Im Saisonverlauf verbuchten die Magath-Schützlinge lediglich 47 Tore. Insgesamt überwog trotz allem Zufriedenheit. Jungspunde wie Hleb, Kuranyi, Hinkel, Hildebrand und Tiffert hatten gut mit den Routiniers Balakov und Soldo harmoniert, taktisch und spielerisch gab es viel Anlass zur Zuversicht, und auch die Hoffnung auf eine Saison ohne außersportliche Zwischenfälle wurde erfüllt. Beweis: Als der UEFA-Cup-Traum nach dem 0:0 gegen Cottbus endgültig platzte und man auf die übliche Trainerdiskussion wartete, blieb der Vorstand gelassen!

[EREIGNIS]

Bilanz einer Ära

„MV" hinterlässt Schuldenberg

Nachdem sich die erste Aufregung um das Dienstzeitende von Gerhard Mayer-Vorfelder gelegt hatte, wurde es Zeit für eine Bilanz.
Die fiel verheerend aus: Auf rund 18 Mio. Euro taxierte man die Verbindlichkeiten, nachdem alle in 25 Jahren anfallenden Akten und Papiere gesichtet und sortiert worden waren. Die VfB-Gemeinde zeigte sich entsetzt über das Erbe eines Mannes, dessen Bild ohnehin stets zwischen dem eines umjubelten Sonnenkönigs und dem eines verhassten Patriarchen geschwankt hatte. „MV" polarisierte eben – sowohl als VfB-Präsident wie auch als Politiker, der 1998 als baden-württembergischer Finanzminister hatte zurücktreten müssen.
Das Entsetzen wurde noch größer, als im Mai 2002 plötzlich die Staatsanwaltschaft beim VfB anklopfte. Ermittlungen gegen „MV" wegen des Verdachts auf Untreue, Betrug und Steuerhinterziehung hatten die Zivilfahnder auch zur VfB-Geschäftsstelle geführt. Insgesamt ging es um mehrere hunderttausend Euro, die „MV" während der 1990er Jahre teils als Aufwandsentschädigung, teils als Kredit erhalten und nicht versteuert hatte. Später wurden zudem Vorwürfe laut, er habe sich am Verein bereichert und auf dessen Kosten Möbel und Gemälde erworben. Im August 2002 schließlich berichtete das TV-Magazin „Frontal 21", der ehemalige VfB-Boss habe im Sommer 1999 einen Millionenbetrag für den Brasilianer Didi an eine dubiose Briefkastenfirma auf den Britischen Jungferninseln überwiesen.
Wenngleich sich die Vorwürfe nicht bestätigen sollten, war die Stimmung im VfB-Lager zu diesem Zeitpunkt längst zu Ungunsten von „MV" gekippt. Der neue Vereinschef Haas, der als Mitglied des Personal- und Finanzausschusses die umstrittenen „MV"-schen Aufwandsentschädigungen einst mitgetragen hatte, gab via Stadionpostille sogar Interna aus der „MV"-Ära preis. Bei der Jahreshauptversammlung im Oktober holte dann der langjährige Aufsichtsratsvorsitzende Heinz Bandke zu einem Rundumschlag gegen „MV" aus. „Seine total verfehlte Transferpolitik hat uns ungeheure Summen gekostet", klagte der 72-Jährige, der sich nach 32 Jahren in diversen Vereinsämtern verabschiedete und Arbeitgeberpräsident Dr. Hundt die Führung des Aufsichtsrat übergab. Die späte Kritik des langjährigen „MV"-Getreuen kam nicht gut an: 98 Prozent der Mitglieder verweigerten Bandke die Entlastung und warfen ihm „Ja-Sager- und Abnickermentalität" vor.
Wenngleich sich der 2000 zum Ehrenpräsidenten gekürte Mayer-Vorfelder während seiner Amtszeit unstrittig zahlreiche Meriten um den VfB erworben hatte, blieb am Ende ein schaler Beigeschmack. Sein rüder Umgang in Trainerfragen (19 Wechsel in 25 Jahren) und seine in den 1990er Jahren bedenklich wachsende Neigung zu „einsamen Entscheidungen" hatten den VfB zweifelsohne erschüttert. Der durch zahlreiche Fehleinkäufe angehäufte Schuldenberg sowie das mangelnde Vertrauen der Wirtschaft in den VfB waren ein Erbe, mit dem der Klub nur schwer leben konnte.

25 Jahre liegen zwischen diesen Bildern – und eine Bilanz, die einige Flecken hat.

■ Während die Bundesligakonkurrenz angesichts der reichlich fließenden TV-Gelder fast 200 Mio. DM für neue Spieler ausgab, musste der hoch verschuldete VfB zum Sparstrumpf greifen. Erst sieben Mal war ein Bundesligist seit 1963 ohne Neuzugang von einem anderen Verein in die Saison gegangen – der VfB wurde 2001/02 der achte. Die frischen Gesichter Morena, Vujevic und Kuranyi kamen allesamt aus dem eigenen Nachwuchspool.

■ Erst in der Winterpause durfte auch Trainer Magath auf dem Spielermarkt tätig werden und mit Fernando Meira sogleich den teuersten Transfer der VfB-Geschichte tätigen. Der sieben Mio. Euro teure Portugiese hatte eigentlich schon im Sommer kommen sollen und war perspektivisch als Nachfolger für Zvonimir Soldo gedacht. Sein Einstand im VfB-Dress fiel durchwachsen aus. „Meira war an sieben der zehn Gegentore, die der VfB 2002 hinnehmen musste, beteiligt“, krittelte der »kicker« im März.

■ Die Finanzierung des Meira-Transfers übernahm die „VfB Stuttgart Beteiligungs-GmbH“, die zwischenzeitlich von Päsident Haas ins Leben gerufen worden war. Wirtschaftsunternehmen aus der Region stellten dabei Kapital zur Verfügung, ohne dass eine Rückzahlungsverpflichtung vereinbart bzw. Zinsen gezahlt wurden. „Dabei geht es nicht um fünf oder zehn Mio. Mark, sondern um ganz andere Größenordnungen“, hatte Präsident Haas bei der Gründung betont und von einem „Königsweg“ zwischen der Abhängigkeit von einem Rechteverwerter wie ISPR (der übrigens 24,5 Prozent der Anteile an der VfB-Marketing GmbH hielt) und dem Gang an die Börse gesprochen.

■ Die Sturmschwäche war Stuttgarts größtes Problem: Sean Dundee klebte das Pech an den Stiefeln und Viorel Ganea war zwar nach Ansicht von Trainer Magath „im Strafraum am cleversten“, fiel aber immer wieder durch Jähzorn und Unbeherrschtheiten auf. Die Vorjahresentdeckung Adhemar wartete unterdessen lustlos auf einen neuen Arbeitgeber, während Kuranyi auf Magaths Anweisung hin helfen sollte, die personell ausgebluteten Amateure in der Regionalliga zu halten.

■ Schwarze Serie gegen Bayern: Sowohl Nürnberg (3:2), München 1860 (1:0) als auch Bayern München (2:0) entführten sämtliche Punkte aus dem Daimler-Stadion. Darüber hinaus gelang dies nur noch Leverkusen – und auch in dessen Vereinsnamen steckt ja irgendwie ein „Bayer(n)“…

[EREIGNIS]

Geläuterter Quälix

Magath und Rüssmann bringen Erfolg

In jeder Krise steckt eine Chance. So auch beim VfB Stuttgart, dem angesichts des Schuldenbergs in Höhe von rund 37 Mio. DM (bzw. 18 Mio. Euro) finanziell die Hände gebunden waren. Da traf es sich gut, dass der Verein über eine hochgelobte Jugendabteilung verfügte, die ihm nun aus der Patsche half.

„Der VfB hat die beste Nachwuchsarbeit der Bundesliga. Das zeigt sich besonders bei unserer Amateurmannschaft, in der lauter junge Talente spielen und die in der Regionalliga Süd Zweiter wurde. Wir wollen ein stabiles Fundament schaffen, um auf Sicht wieder eine führende Rolle zu übernehmen“, verkündete Trainer Magath vor Saisonbeginn und begrüßte mit Kuranyi, Morena und Vujevic weitere Talente zu den bereits in der Vorsaison eingesetzten Hleb, Hinkel und Tiffert.

Der VfB-Nachwuchs hatte seit Beginn der Rangnick-Ära einen enormen Sprung nach vorne gemacht. Unter Obhut von Nachwuchstrainer Peter Starzmann waren mit den erwähnten Akteuren Auswahlspieler herangewachsen, die nicht nur Stuttgarts Hoffnungen trugen, sondern auch die des DFB im Hinblick auf die WM 2006.

Neben der gelungenen Verbindung zwischen unverbrauchten Jungprofis und Routiniers war es der Wandel von Felix Magath, der die Weichen in Richtung Erfolg stellte.

Der VfB-Coach erkannte die günstige Gelegenheit, beim VfB sein ungeliebtes Image vom „besten Feuerwehrmann der Liga“ abzustreifen, und wollte in Stuttgart beweisen, dass er eine Mannschaft durchaus auch langfristig zum Erfolg führen konnte.

Indem er den Sprung vom gefürchteten „Quälix“ zum souveränen Chefcoach meisterte, gelang es ihm, die seit Jahren bestehende Neid-Gesellschaft beim VfB endlich aufzubrechen und zudem eine lange vermisste Hierarchie zu installieren: Soldo und Balakov waren die unumstrittenen „Anführer“, mit denen Magath sämtliche taktischen und personellen Entscheidungen besprach.

Weiterer Erfolgsfaktor war Manager Rolf Rüssmann, der sich vorzüglich mit Magath verstand und sich notfalls selbst in den Wind stellte, um die Kritik abzufangen.

Als allmählich deutlich wurde, dass statt einer erneuten Zittersaison unverhoffte sportliche Erfolge auf den VfB zukommen sollten, machte sich Erleichterung breit. Nach dem 3:0 über Freiburg frohlockte Präsident Haas: „Zwei, drei Jahre lang sind wir durch ein Tal der Tränen gegangen. Nun sind wir auf dem richtigen Weg.“

Weil man diesen nach den Enttäuschungen der Vorjahre auch künftig gehen wollte, wurden frühzeitig Weichen gestellt. Bereits im Januar kündigte der von Schalke und Berlin umworbene Magath an, beim VfB zu bleiben und „in zwei, spätestens drei Jahren um den Titel mitspielen“ zu wollen: „Ich bin in Stuttgart froh und glücklich, weil hier alles stimmt, und wer sich so fühlt, der schaut auch nirgendwo anders hin. Es wäre Harakiri, das alles aufzugeben. Wo in der Bundesliga gibt es eine bessere Perspektive als hier in Stuttgart?“

Ein perfektes Signal: Wenig später unterschrieb nach Co-Trainer Seppo Eichkorn und Torwarttrainer Jochen Rücker auch Aliaksandr Hleb, einer der Eckpfeiler der entstehenden „jungen Wilden“, einen längerfristigen Vertrag. Der VfB hatte seinen Weg gefunden!

Der VfB Stuttgart 2001/02. Hinten v. l.: Seitz, Kuranyi, Dundee, Bordon, Soldo, Todt, Schneider. Mitte: Zeugwart Meusch, Physiotherapeuten Egger und Wörn, Wenzel, Tiffert, Gerber, Endreß, Marques, Hinkel, Torwarttrainer Rücker, Trainer Magath. Vorn: Carnell, Ganea, Morena, Balakov, Hildebrand, Ernst, Vujevic, Meißner, Adhemar.

1. Bundesliga

1	28.7.2001	VfB - 1. FC Köln	0:0	32.000
2	4.8.2001	Hamburger SV - VfB	2:0	39.036
3	11.8.2001	VfB - Werder Bremen	0:0	22.000
4	18.8.2001	1. FC Nürnberg - VfB	2:4	40.000
5	8.9.2001	VfB - Hertha BSC Berlin	0:0	22.500
6	15.9.2001	VfL Wolfsburg - VfB	0:2	12.476
7	22.9.2001	VfB - Hansa Rostock	2:1	19.500
8	30.9.2001	Bayern München - VfB	4:0	61.000
9	13.10.2001	VfB - Schalke 04	3:0	34.000
10	20.10.2001	Bayer Leverkusen - VfB	4:1	22.500
11	27.10.2001	VfB - FC St. Pauli	2:0	23.000
12	3.11.2001	Borussia Dortmund - VfB	1:0	66.000
13	17.11.2001	VfB - SC Freiburg	3:0	33.000
14	24.11.2001	Energie Cottbus - VfB	0:0	13.780
15	1.12.2001	VfB - Bor. M'gladbach	1:1	31.000
16	8.12.2001	VfB - TSV München 1860	0:1	22.000
17	16.12.2001	1. FC Kaiserslautern - VfB	2:2	39.030
18	19.12.2001	1. FC Köln - VfB	0:0	28.000
19	26.1.2002	VfB - Hamburger SV	3:0	23.000
20	2.2.2002	Werder Bremen - VfB	1:2	26.000
21	5.2.2002	VfB - 1. FC Nürnberg	2:3	21.000
22	9.2.2002	Hertha BSC Berlin - VfB	2:0	25.329
23	16.2.2002	VfB - VfL Wolfsburg	2:1	16.000
24	23.2.2002	Hansa Rostock - VfB	1:1	12.000
25	2.3.2002	VfB - Bayern München	0:2	54.300
26	10.3.2002	Schalke 04 - VfB	2:1	60.683
27	16.3.2002	VfB - Bayer Leverkusen	0:2	25.000
28	23.3.2002	FC St. Pauli - VfB	1:2	20.269
29	30.3.2002	VfB - Borussia Dortmund	3:2	44.500
30	7.4.2002	SC Freiburg - VfB	0:2	25.000
31	13.4.2002	VfB - Energie Cottbus	0:0	21.000
32	21.4.2002	Bor. M'gladbach - VfB	2:2	28.805
33	27.4.2002	TSV München 1860 - VfB	3:3	30.000
34	3.5.2002	VfB - 1. FC Kaiserslautern	4:3	34.000

Abschlusstabelle

1. Borussia Dortmund	34	21	7	6	62:33	70
2. Bayer Leverkusen	34	21	6	7	77:38	69
3. Bayern München (M)	34	20	8	6	65:25	68
4. Hertha BSC Berlin	34	18	7	9	61:38	61
5. Schalke 04	34	18	7	9	52:36	61
6. Werder Bremen	34	17	5	12	54:43	56
7. 1. FC Kaiserslautern	34	17	5	12	62:53	56
8. VfB Stuttgart	34	13	11	10	47:43	50
9. TSV München 1860	34	15	5	14	59:59	50
10. VfL Wolfsburg	34	13	7	14	57:49	46
11. Hamburger SV	34	10	10	14	51:57	40
12. Bor. M'gladbach (N)	34	9	12	13	41:53	39
13. Energie Cottbus	34	9	8	17	36:60	35
14. Hansa Rostock	34	9	7	18	35:54	34
15. 1. FC Nürnberg (N)	34	10	4	20	34:57	34
16. SC Freiburg ▽	34	7	9	18	37:64	30
17. 1. FC Köln ▽	34	7	8	19	26:61	29
18. FC St. Pauli (N) ▽	34	4	10	20	37:70	22

DFB-Pokal

1. HR	26.8.01	FC Schönberg 95 - VfB	2:4	4.500
2. HR	27.11.01	Hamburger SV - VfB	0:2	19.025
AF	11.12.01	VfB - TSV München 1860	2:4 n.E., 2:2 n.V.	9.500

Bundesligakader

Abgänge: Blank (Werder Bremen), Catizone (1. FC Saarbrücken), Djordjevic (Schalke 04), Kauf (Arminia Bielefeld), Lisztes (Werder Bremen), Pinto (Hertha BSC Berlin), Thiam (Bayern München), Trautner (Laufbahnende, Torwarttrainer beim VfB). **Abgänge im Saisonverlauf:** Hosny (im August zu AA Gent) **Zugänge:** Kuranyi (VfB-Jugend), Morena (VfB-Amateure), Vujevic (VfB-Amateure). **Zugänge im Saisonverlauf:** Meira (Benfica Lissabon)
Trainer: Felix Magath

Tor
1 Timo Hildebrand 31/0
24 Thomas Ernst 3/0
Feld
20 Zvonimir Soldo 33/0
15 Aliaksandr Hleb 32/2
3 Timo Wenzel 32/1
10 K. Balakov 30/4
2 Andreas Hinkel 30/0
19 Adhemar 28/2
5 Marcelo Bordon 28/3
17 Jochen Seitz 28/2
13 Christian Tiffert 27/3
7 Silvio Meißner 26/8
9 Viorel Ganea 23/10
4 Rui Marques 23/0
8 Jens Todt 19/1
12 Heiko Gerber 15/0
6 Fernando Meira 14/2
16 Bradley Carnell 12/0
36 Sean Dundee 12/5
21 J. Endreß (VA) 9/1
22 Kevin Kuranyi 5/1
M. Braun (Am) 1/0
33 S. Handschuh (Am) 1/1
43 S. Kocholl (Jug) 1/0
44 M. Rundio (Jug) 1/0
26 Robert Vujevic 1/0
14 Thomas Schneider 0/0
23 Ahm. Hosny (VA) 0/0
+ ein Eigentor

■ Nach 15 Jahren endete die Ära Jochen Endreß beim VfB zum Saisonende. „Der Trainer sagte, er plant nicht mehr mit mir", teilte der 1987 aus Reutlingen gekommene Verteidiger im April 2002 nach dem 0:0 gegen Cottbus mit. Endreß hatte 78 Bundesligaeinsätze für den VfB bestritten, die meisten davon als Einwechselspieler.

■ Die sich anbahnende Kirch-Krise mit dem drohenden Einbruch der TV-Gelder betrachtete man auch in Stuttgart mit wachsender Sorge. „Rüssmann dreht den Geldhahn zu", meldete der »kicker« am 28. März 2002 und zitierte den VfB-Manager mit den Worten: „Die Einnahmen gehen nach unten, das wirkt sich auch auf die Verträge aus. Das müssen die Spieler kapieren." Jenen Spielern, deren Verträge im Sommer 2003 ausliefen, legte Rüssmann deutlich leistungsbezogenere Kontrakte vor. Für sämtliche Profis galt derweil die ebenfalls dem Sparzwang geschuldete Neuerung, ab der Saison 2002/03 höchstens fünf Jerseys pro Spieljahr an Fans und Freunde verschenken zu dürfen – jedes weitere mussten die Spieler aus eigener Tasche bezahlen…

■ Die Selbstreinigungskräfte beim VfB funktionierten wieder. Das zeigte sich im März 2002, als Soldo und Balakov nach dem 0:2 gegen Leverkusen eine mannschaftsinterne Aussprache arrangierten. Mit Erfolg: Anschließend gewann der VfB mit 2:1 gegen den FC St. Pauli am gefürchteten Millerntor.

■ Dauerärger um Adhemar. Der letztjährige Glücksgriff (sieben Tore in elf Spielen) avancierte zur Enttäuschung und fand sich auf der Tribüne wieder. Ein erhoffter Verkauf zerschlug sich – es fand sich kein Abnehmer für den rund 3,5 Mio. Euro teuren Brasilianer. Immerhin: Im Januar 2002 sicherte sich Adhemar beim Bremer Hallenturnier mit fünf Treffern die Torjägerkrone…

■ Das Motto „Schwäbischer Jugendstil" galt 2001/02 auch in der „richtigen" Jugend: Sowohl der A- als auch der B-Nachwuchs des VfB erreichte das Endspiel um die Deutsche Meisterschaft. Pech für die Weiß-Roten: Weder die von Hansi Kleitsch trainierte A- noch die unter Obhut von Thomas Albeck stehende B-Jugend vermochte ihren jeweiligen Endspielgegner Schalke 04 zu bezwingen.

[LEGENDEN]

ALIAKSANDR HLEB

Als Felix Magath im Februar 2001 nach Stuttgart kam, gab es für Aliaksandr Hleb eine Enttäuschung: Magath schickte den designierten Balakov-Nachfolger zunächst zur Stärkung der VfB-Amateure in die Regionalliga! Nach dem Fehlstart in die Saison 2001/02 mit null Toren in drei Spielen erinnerte sich Magath an den weißrussischen U21-Nationalspieler – und musste es nicht bereuen. Drei der vier VfB-Tore beim 4:2 in Nürnberg bereitete der 1,78 m große Techniker vor und spielte sich damit in die Stammelf. Selbst Felix Magath staunte nun und lobte: „Er hat mich überrascht, war der entscheidende Mann, mit dem wir das Blatt nach unserem schwachen Saisonstart gewendet haben. Ohne ihn wäre es sicher anders gelaufen." Balakovs Nachfolger wurde der 2002 in Weißrussland zum Sportler des Jahres gewählte Hleb dennoch nicht. Stattdessen erwarb er sich den Ruf einer „launischen Diva", die dem VfB 2005 bei seinem Wechsel zu Arsenal London immerhin stolze 15 Mio. Euro einbrachte.

[SPIEL]

Hleb beendet Torflaute

Sieg in Nürnberg bringt Wende

1. FCN Nürnberg 2:4 VfB

Die Angst geht um beim VfB. Drei Spiele sind bereits absolviert, und noch immer steht kein einziges Tor auf dem VfB-Konto. Dabei hat Trainer Magath alles probiert. Beim 0:0 gegen Köln versuchten es Adhemar und Kuranyi – erfolglos. Beim 0:2 in Hamburg gingen Ganea und Seitz leer aus, und beim 0:0 gegen Bremen versagten Adhemar und Dundee.

„Heute probiere ich es mit Hleb", kündigt Magath vor der richtungsweisenden Partie in Nürnberg an, während Manager Rüssmann tief in die Psychokiste greift und fordert: „Es ist zu einfach, immer nur zu weinen. Wir fahren jetzt nach Nürnberg und hauen das Ding um!"

Keine vier Minuten sind gespielt, da „hauen" Magaths Mannen das „Ding" tatsächlich um: Auf Vorarbeit von Aliaksandr Hleb duchbricht Viorel Ganea die Torflaute und beendet insgesamt 302 VfB-Auswärtsminuten ohne Tor mit der 1:0-Führung für die Weiß-Roten!

Danach spielt die Magath-Elf wie befreit auf. Basierend auf einer soliden Defensive um Marcelo Bordon werden die Nürnberger Angriffsbemühungen im Keim erstickt. Im Mittelpunkt nahezu jeden VfB-Angriffs steht der junge Aliaksandr Hleb. Der Weißrusse narrt seinen Gegenspieler auf der rechten Seite nach Belieben, weicht immer wieder geschickt in die Mitte aus und legt schon in der ersten Halbzeit noch zweimal prächtig für Ganea auf, der jedoch jeweils an FCN-Keeper Kampa scheitert.

Selbst als Nürnberg mit Treffern kurz vor bzw. kurz nach dem Seitenwechsel den Spielverlauf mit dem 2:1-Zwischenstand völlig auf den Kopf stellt, behält die junge VfB-Elf die Ruhe. In der 58. Minute gleicht Jens Todt zum 2:2 aus, und nur drei Minuten später dreht Ganea abermals jubelnd ab. Vorbereiter in beiden Fällen: Aliaksandr Hleb, der für die Nürnberger Grobmotoriker einfach nicht zu stoppen ist. Für den 4:2-Schlusspunkt sorgt dann zwei Minuten vor Schluss der eingewechselte Brasilianer Adhemar.

Der erste Stuttgarter Auswärtssieg seit 18 Monaten erweist sich für den VfB als die Wende zum Guten. Anschließend preschen die „jungen Wilden" ins obere Tabellendrittel vor und erreichen schließlich den UI-Cup.

Shootingstar der Saison: Aliaksandr Hleb.

[SAISON]

VfB stürmt in „Königsklasse"

Nahezu alles, was Fußball so reizvoll macht, verkörperte der VfB Stuttgart in der Saison 2002/03: rasantes Tempospiel, hohe Kampf- und Laufbereitschaft, giftige Aggressivität in den Zweikämpfen, spektakuläre Tore und „Typen" zum „Anfassen". Der VfB Stuttgart und seine „jungen Wilden" waren das Maß der Dinge in der Bundesliga und wurden sensationell Vizemeister – wenn auch mit 16 Punkten Rückstand auf Meister Bayern München.

Der Überraschungserfolg war aus der Not heraus geboren. Durch die im Zuge der „Kirch-Krise" einbrechenden TV-Gelder musste sich der finanziell ohnehin schwer angeschlagene Klub auch 2002/03 auf dem Transfermarkt zurückhalten und konnte seinen Kader abermals nur mit Talenten auffüllen. Trainer Magath war davon alles andere als begeistert. „Unser Ziel war es, die eigene Mannschaft kontinuierlich weiterzuentwickeln und uns zusätzlich jedes Jahr mit einem hochkarätigen Spieler von außerhalb zu verstärken. Dies ist nun nicht mehr möglich, deshalb werden wir unsere Ziele auch nicht so schnell erreichen wie geplant", gallte er frustriert und peilte einen Platz zwischen „acht und zwölf" an. „Der VfB 2002 – ein Verein backt weiter kleine Brötchen. Fragt sich nur, ob sich die Zuschauer damit begnügen", kommentierte der »kicker« daraufhin süffisant.

Doch die von den Oldies Balakov (37) und Soldo (35) angeführten „jungen Wilden" belehrten sämtliche Experten eines Besseren. Schon im „Strohhalmcup" UI-Cup überzeugte der VfB und zog als Sieger in den UEFA-Cup ein, wo sein Siegeszug erst im Achtelfinale von Celtic Glasgow gestoppt wurde. In der Bundesliga feierte er nach einem holprigen Start mit vier Unentschieden in fünf Spielen durch ein 4:1 gegen München 1860 den Durchbruch und kletterte nach einem 3:0 gegen Aufsteiger Hannover 96 am 14. Spieltag bis auf Platz drei.

Mit einer nie vermuteten Konstanz nisteten sich die Weiß-Roten anschließend

[EREIGNIS]

Personelle Baustellen

Rüssmann und Haas gehen

Kurz nach Beginn der Winterpause drohte das frischgebackene Idyll Stuttgart plötzlich zu zerbrechen. Wie aus heiterem Himmel geriet Manager Rüssmann in die Kritik und wurde am 19. Dezember 2002 entlassen. Präsident Haas hatte sich schon seit längerem von Rüssmann abgewandt. Er wollte ihn bereits im Sommer entmachten, war seinerzeit aber noch vom Aufsichtsrat gestoppt worden. Rüssmann war unter Druck geraten, nachdem er zusätzlich zu seiner Tätigkeit als Manager auch noch die des zurückgetretenen PR- und Marketingdirektors Peter Godenrath übernommen hatte. Godenrath hatte sich zuvor vehement für den Verkauf von Marcelo Bordon ausgesprochen, um die bedrohliche Finanzsituation etwas zu entschärfen.

Neben dem Vorwurf, er würde seine ureigene Arbeit vernachlässigen, wurde Rüssmann ungeschicktes Verhalten gegenüber den Profis nachgesagt. Ihm war allerdings auch die unangenehme Aufgabe zugefallen, Balakov und Co. diverse Hiobsbotschaften in Zeiten der Kirch-Krise zu unterbreiten. So forderte er von ihnen einen zehnprozentigen Gehaltsverzicht und strich, nachdem die Spieler sein Ansinnen zurückgewiesen hatten, die Siegprämien. Weil der in Aktivenkreisen ohnehin umstrittene Rüssmann zuvor bei Vertragsverlängerungen Wert auf geringe Grund- und hohe Leistungsprämien gelegt hatte, kam dies für einige Akteure faktisch einer Gehaltskürzung gleich.

Die Situation eskalierte, als Rüssmann der VfB-Führung im Dezember einen mit Zvonimir Soldo ausgehandelten Vertrag vorlegte, der dem 35-jährigen VfB-Kapitän ein überraschend üppiges Gehalt bescheren sollte. Präsident Haas platzte daraufhin der Kragen, was zu Rüssmanns Entlassung führte. Grund: Das Vertrauen von Aufsichtsrat und Vorstand sei „nachhaltig gestört". Rüssmann sei nach „guter Anfangszeit" zuletzt „nicht mehr teamfähig" gewesen und habe „jede Menge Baustellen" hinterlassen, so der Tenor.

Weil sich zunächst kein Nachfolger fand, übernahm kommissarisch Trainer Magath Rüssmanns Aufgaben, erklärte aber vorsorglich: „Dass ich an diesem Job Gefallen finde, schließe ich aus." Im Verlauf der Zeit fand Magath offenbar doch Gefallen an seiner Doppeltätigkeit, die ihm eine enorme Machtfülle verlieh. Doch auch er stieß bald auf die strukturellen Defizite des im Umbruch befindlichen Vereins. Da der beruflich überlastete Präsident Haas IBM-Chef Erwin Staudt perspektivisch die Führung überlassen wollte, erfuhr Magath im Sommer 2003 zunächst nicht, wie viel Geld er für Neuzugänge ausgeben durfte – das sollte nämlich der neue Präsident entscheiden, der aber erst am 26. Juni 2003 sein Amt übernahm…

Ein Trainer und seine „Wilden". Soldo, Hildebrand, Seitz, Magath, Balakov, Benaglio und Ganea feiern den Einzug in die Champions League.

■ Phantastisches Karriereende für Krassimir Balakov. Ausgerechnet beim letzten Bundesligaspiel des Bulgaren feierte der VfB mit dem 2:0 über den VfL Wolfsburg den Einzug in die Champions League. Balakov wollte fortan Felix Magath als Assistent zur Hand gehen und für eine anvisierte Cheftrainertätigkeit Erfahrungen sammeln. Sein offizielles Abschiedsspiel wurde am 29. Mai gefeiert und geriet zu einem rauschenden Fest, an dem hochkarätige Fußballgäste wie Jürgen Klinsmann, Yordan Letchkov, Guido Buchwald und Fredi Bobic teilnahmen.

in der Spitzengruppe ein. Unbeschadet überstanden sie dabei sowohl eine „Mini-Krise" mit zwei Niederlagen in Folge (1:3 gegen Werder, 0:3 gegen Bayern) als auch die Querelen um den entlassenen Manager Rüssmann. Nachdem bereits zur Winterpause das ursprüngliche Ziel „50 Punkte plus X" in „UEFA-Cup" umdefiniert worden war, träumte die VfB-Führung von der Champions League, die vor allem finanziell eine enorme Chance für den mit rund 16 Mio. Euro verschuldeten Klub bot.
Doch kaum erkannte selbst der lange Zeit zurückhaltende Trainer Magath nach einem 2:1 in Hannover eine realistische Chance für die direkte Qualifikation zur „Königsklasse", fiel seine in über 50 Pflichtspielen überproportional beanspruchte Mannschaft mit Niederlagen gegen Werder und den FC Bayern auf Platz drei zurück. „Die Spieler sind mit dem Druck doch nicht so fertig geworden", konstatierte Magath und beschränkte sich wieder auf das „Ziel UEFA-Cup".
Vom Druck befreit, brillierten die „jungen Wilden" nun wieder in gewohnter Form. Ein 2:0-Heimerfolg gegen Wolfsburg lieferte am letzten Spieltag schließlich die Pflicht, die dank eines Cottbusser Unentschiedens in Dortmund zur Kür wurde: Der VfB war Vizemeister und Teilnehmer an der Champions League! „Bei uns hat alles optimal gepasst. Die Mischung zwischen jungen und älteren Spielern. Das Verhältnis zum Trainer, der klare Vorgaben gemacht hat. Jeder wusste, woran er war", resümierte Verteidiger Andreas Hinkel begeistert.

■ Stürmerpech: Wie im Vorjahr verzweifelte der VfB an seinen Angreifern. Sean Dundee, der die Weiß-Roten im UI-Cup-Halbfinalrückspiel beim kroatischen Vertreter Slaven Belupo Koprivnica ins Finale schoss, haderte mit seinem Verletzungspech und wurde zum Edelreservisten. Sein rumänischer Kollege Viorel Ganea entwickelte sich immerhin zum „Edeljoker", der mit neun Treffern einer der effektivsten Spieler der Liga war.

■ Der im Saisonverlauf aus Graz verpflichtete Horst Heldt sollte übergangsweise in Balakovs Fußstapfen treten, weil Aliaksandr Hleb noch die Erfahrung fehlte. Heldts Einstand gelang: Beim 4:0 gegen Mönchengladbach war er Wegbereiter für Ganeas 3:0.

[SPIEL]

VfB 2:0 Wolfsburg

Balakovs Abschied

Champions League erreicht

Eins ist schon vor dem Anpfiff klar: Der VfB darf stolz sein auf seine Saisonleistung. Ob nun Vizemeister oder „nur" Dritter – damit hatte vor Saisonbeginn niemand gerechnet. Auch die 49.000 Zuschauer nicht, die der VfL Wolfsburg ins Gottlieb-Daimler-Stadion lockt. Oder besser die „jungen Wilden" um Kevin Kuranyi, Andreas Hinkel und Aliaksandr Hleb, die sich gegen die „Wölfe" ihren Traum von der Champions League erfüllen wollen.
Vor dem großen Spiel gibt es jedoch Unruhe im Schwabenlager. Schalke 04 hat Felix Magath im Visier und bedroht das Stuttgarter Erfolgsgebilde durch den Entzug seines Baumeisters. Für den darauffolgenden Montag ist bereits ein Gespräch zwischen Magath und Präsident Haas anberaumt. Magath versichert zwar, dass der VfB sein „erster Gesprächspartner" sei, freut sich aber dennoch über die Schalker Offerte, denn sie verleiht dem inzwischen auch zum Manager aufgestiegenen Trainer eine deutlich stärkere Position. Das Ziel Champions League vor Augen will der Erfolgscoach endlich hochkarätige Verstärkungen bekommen, um das Stuttgarter Fußballhoch fortsetzen zu können.
Es gibt noch einen weiteren Wermutstropfen: Krassimir Balakov läuft zum letzten Mal in einem Pflichtspiel für den VfB auf. Nach acht Jahren im Brustring will der Bulgare auf die Trainerbank wechseln und Magath in der Folgesaison assistieren. Seine Leistung gegen den jenseits von gut und böse stehenden VfL Wolfsburg macht noch einmal deutlich, wie groß der Verlust sein wird. Balakov ist unermüdliche Antriebsfeder des VfB-Spiels und sorgt, nachdem Kuranyi bereits in der zwölften Minute das 1:0 erzielt

hat, nach 23 Minuten mit einem verwandelten Foulelfmeter für das vorentscheidende 2:0.
Während der VfB anschließend einem ungefährdeten Sieg entgegensteuert, sind die Ohren der Fans an den Radios und auf das Dortmunder Westfalenstadion gerichtet, wo VfB-Kontrahent BVB mit 1:0 gegen Cottbus in Führung liegt. Die Uhr im Daimler-Stadion zeigt exakt 17.01 Uhr, als ein Raunen durch das weite Rund geht. Sekunden später wird daraus tosender Jubel, als auf der Anzeigetafel das 1:1 des Ex-Stuttgarters Rost für Cottbus aufleuchtet. Nach weiteren 15 Minuten Bangen und Hoffen ist die Champions League tatsächlich erreicht!

Der VfB-Kader zur Saison 2002/03. Hinten v. l.: Tiffert, Hinkel, Dundee, Kuranyi, Soldo, Bordon, Meira, Todt, Gerber, Seitz, Schneider. Mitte: Physiotherapeuten Wörn und Egger, Marques, Meißner, Mutzel, Amanatidis, Ganea, Adrion, Wenzel, Famewo, Carnell, Torwarttrainer Rücker und Trautner. Vorn: Zeugwart Meusch, Konditionstrainer Leuthard, Adhemar, Handschuh, Ernst, Hildebrand, Benaglio, Hleb, Balakov, Co-Trainer Eichkorn, Trainer Magath.

1. Bundesliga

1	10.8.2002	VfB - 1. FC Kaiserslautern	1:1	28.000
2	17.8.2002	Hertha BSC Berlin - VfB	1:1	49.202
3	24.8.2002	Borussia Dortmund - VfB	3:1	66.000
4	11.9.2002	VfB - Schalke 04	1:1	26.500
5	14.9.2002	Bor. M'gladbach - VfB	1:1	27.700
6	22.9.2002	VfB - Arminia Bielefeld	3:0	17.500
7	28.9.2002	Hamburger SV - VfB	3:2	36.740
8	6.10.2002	VfB - TSV München 1860	4:1	23.000
9	20.10.2002	1. FC Nürnberg - VfB	1:2	29.500
10	26.10.2002	VfB - Energie Cottbus	0:0	23.000
11	2.11.2002	Bayer Leverkusen - VfB	0:1	22.500
12	9.11.2002	VfB - VfL Bochum	3:2	21.000
13	16.11.2002	Hansa Rostock - VfB	1:1	13.800
14	23.11.2002	VfB - Hannover 96	3:0	46.000
15	1.12.2002	Werder Bremen - VfB	3:1	32.437
16	7.12.2002	VfB - Bayern München	0:3	53.400
17	15.12.2002	VfL Wolfsburg - VfB	1:2	24.147
18	25.1.2003	1. FC Kaiserslautern - VfB	1:2	36.692
19	1.2.2003	VfB - Hertha BSC Berlin	3:1	23.000
20	9.2.2003	VfB - Borussia Dortmund	1:0	43.000
21	15.2.2003	Schalke 04 - VfB	2:0	60.678
22	23.2.2003	VfB - Bor. M'gladbach	4:0	25.500
23	2.3.2003	Arminia Bielefeld - VfB	0:1	22.150
24	8.3.2003	VfB - Hamburger SV	1:1	37.000
25	16.3.2003	TSV München 1860 - VfB	0:1	28.000
26	23.3.2003	VfB - 1. FC Nürnberg	0:2	35.000
27	5.4.2003	Energie Cottbus - VfB	2:3	12.597
28	12.4.2003	VfB - Bayer Leverkusen	3:0	44.500
29	20.4.2003	VfL Bochum - VfB	3:1	25.177
30	26.4.2003	VfB - Hansa Rostock	1:1	38.000
31	3.5.2003	Hannover 96 - VfB	1:2	30.724
32	10.5.2003	VfB - Werder Bremen	0:1	51.000
33	17.5.2003	Bayern München - VfB	2:1	63.000
34	24.5.2003	VfB - VfL Wolfsburg	2:0	49.000

Abschlusstabelle

1. Bayern München	34	23	6	5	70:25	75
2. VfB Stuttgart	34	17	8	9	53:39	59
3. Bor. Dortmund (M)	34	15	13	6	51:27	58
4. Hamburger SV	34	15	11	8	46:36	56
5. Hertha BSC Berlin	34	16	6	12	52:43	54
6. Werder Bremen	34	16	4	14	51:50	52
7. Schalke 04	34	12	13	9	46:40	49
8. VfL Wolfsburg	34	13	7	14	39:42	46
9. VfL Bochum (N)	34	12	9	13	55:56	45
10. TSV München 1860	34	12	9	13	44:52	45
11. Hannover 96 (N)	34	12	7	15	47:57	43
12. Bor. M'gladbach	34	11	9	14	43:45	42
13. Hansa Rostock	34	11	8	15	35:41	41
14. 1. FC Kaiserslautern	34	10	10	14	40:42	40
15. Bayer Leverkusen	34	11	7	16	47:56	40
16. Arm. Bielefeld (N) ▽	34	8	12	14	35:46	36
17. 1. FC Nürnberg ▽	34	8	6	20	33:60	30
18. Energie Cottbus ▽	34	7	9	18	34:64	30

DFB-Pokal

1. HR	31.8.02	SC Paderborn 07 - VfB	1:4	4.000
2. HR	6.11.02	Bayer Leverkusen - VfB	3:0	22.500

UI- bzw. UEFA-Cup

UI-Cup

1. R		Freilos		
2. R	7.7.02	VfB - KSC Lokeren	2:0	5.500
	13.7.02	KSC Lokeren - VfB	0:1	2.500
3. R	20.7.02	VfB - AC Perugia	3:1	7.000
	27.7.02	AC Perugia - VfB	2:1	3.000
HF	31.7.02	VfB - Slaven Belupo Kop.	2:1	5.120
	7.8.02	Slaven Belupo Kop. - VfB	0:1	3.500
F	13.8.02	OSC Lille - VfB	1:0	10.695
	27.8.02	VfB - OSC Lille	2:0	16.000

UEFA-Cup

1. R	19.9.02	VfB - FK Ventspils	4:1	6.000
	3.10.02	FK Ventspils - VfB	1:4	2.000
2. R	31.10.02	Ferencvaros Budap. - VfB	0:0	14.000
	12.11.02	VfB - Ferencvaros Budap.	2:0	15.000
3. R	28.11.02	Club Brugge KV - VfB	2:1	18.000
	12.12.02	VfB - Club Brugge KV	1:0	34.000
AF	20.2.03	Celtic Glasgow - VfB	3:1	60.832
	27.2.03	VfB - Celtic Glasgow	3:2	50.348

Bundesligakader

Abgänge: Braun (Stuttgarter Kickers), Endreß (SSV Reutlingen 05), Morena (Hercules Alicante), Vujevic (VfB-Amateure)
Zugänge: Adrion (VfB-Amateure), Amanatidis (SpVgg Greuther Fürth, ar ausgeliehen), Benaglio (Grasshopper Zürich), Handschuh (VfB-Amateure), Mutzel (Eintracht Frankfurt)
Abgänge im Saisonverlauf: Adhemar (im August zu AD São Caetano), Todt (im März Laufbahnende)
Zugänge im Saisonverlauf: Heldt (im Januar von Sturm Graz)
Trainer: Felix Magath

Tor		17 Jochen Seitz	21/1
1 Timo Hildebrand	20/0	13 Christian Tiffert	18/0
21 Thomas Ernst	14/0	3 Timo Wenzel	18/0
31 Diego Benaglio	0/0	25 M. Mutzel (VA)	16/0
Feld		4 Rui Marques	12/0
15 Aliaksandr Hleb	34/4	18 Sean Dundee	9/6
2 Andreas Hinkl	33/0	16 Bradley Carnell	6/0
22 Kevin Kuranyi	32/15	29 S. Dangelmayr	5/0
6 Fernando Meira	31/1	19 Horst Heldt	4/1
7 Silvio Meißner	28/4	14 Thomas Schneider	4/1
11 I. Amanatidis	27/5	44 M. Rundio (Am)	3/0
10 K. Balakov	28/2	8 Jens Todt	3/0
12 Heiko Gerber	28/0	19 Adhemar	0/0
20 Zvonimir Soldo	28/1	24 Benjamin Adrion	0/0
5 Marcelo Bordon	26/2	33 S. Handschuh	0/0
9 Viorel Ganea	23/9	+ ein Eigentor	

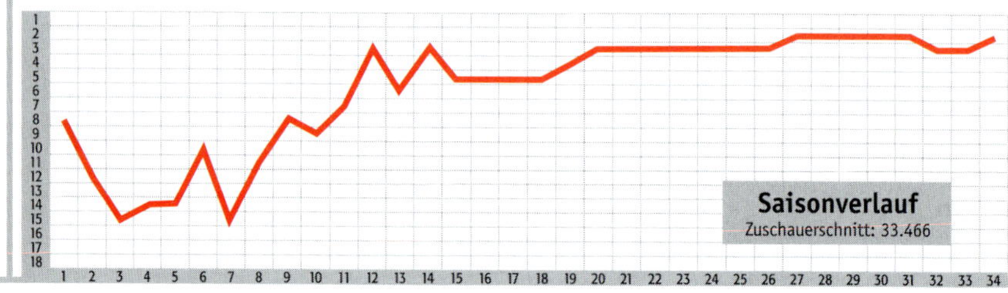

[LEGENDEN]

KEVIN KURANYI

Ihn hatte vor der Saison wohl niemand auf der Liste gehabt. „VfB-Amateure oder Profikader?", hatte die Frage gelautet – oder gar „Transferliste"? Das überraschte wenig, denn der einst mit der VfB-B-Jugend zur Deutschen Meisterschaft stürmende Kevin Kuranyi war von Felix Magath schon einmal (2001) zu den Amateuren geschickt worden und galt lediglich als „Talent".
Doch schon in der Saisonvorbereitung deutete der Mann mit dem charakteristischen Kinnbart sein enormes Potenzial an. Als Sean Dundee verletzt ausfiel und Viorel Ganea mal wieder Formschwächen zeigte, war es Kuranyi, der den VfB gegen Lille in den UEFA-Cup schoss und ihm in der Bundesliga mit 15 Saisontreffern zur Qualifikation für die Champions League verhalf. 17,2 Prozent aller Bundesligaprofis wählten Kevin Kuranyi daraufhin zum „Aufsteiger der Saison", während ihm der »kicker« einen seiner berühmten Starschnitte widmete und auch DFB-Teamchef Rudi Völler anklopfte: Am 29. März 2003 debütierte der Stuttgarter Shootingstar beim EM-Qualifikationsspiel gegen Litauen im Nationalteam.
Die atemberaubende Karriere des 20-Jährigen war nicht nur aus sportlichen Gründen Thema der Berichterstattung. Als in Rio de Janeiro geborener und in Panama aufgewachsener Sohn eines in Frankreich geborenen Vaters und einer panamesischen Mutter stand Kevin Kuranyi exemplarisch für die „Globalisierung" und hätte theoretisch gleich für drei Länder spielen können. „Ich habe mich für Deutschland entschieden, weil ich hier meinen Lebensmittelpunkt habe. Tief im Herzen bin ich Brasilianer, dem Sonne und Copacabana über alles gehen", sagte der 2005 für sieben Mio. Euro zu Schalke 04 gewechselte Publikumsliebling und zollte seiner Wahlheimat Respekt.

[EREIGNIS]

Junge und alte Wilde

Die Wende kam gegen Lille

Nach seinem holprigen Saisonauftakt kam der VfB schon im Verlauf der Hinrunde zusehends auf Touren. Spätestens nach drei Siegen zum Rückrundenstart war er dann in aller Munde. Staunend stand die ganze Liga vor einer Mannschaft, der man bestenfalls einen Mittelfeldplatz zugetraut und die Skeptiker sogar im Abstiegskampf vermutet hatten – nun wurden sie als letzter „Bayern-Jäger" gefeiert…
Wegweisend aus VfB-Sicht waren die UI-Cup-Finals gegen den OSC Lille. Nach dem 0:1 im Hinspiel drohte die Stimmung im VfB-Lager noch umzukippen: Ein Prämienstreit mit Manager Rüssmann, neue Enthüllungen in Sachen „MV" sowie Ärger mit enttäuschten Fans ließen befürchten, dass der VfB vor einer weiteren Saison der Turbulenzen stehen könnte.
Der 2:0-Rückspielsieg und die damit verbundene Qualifikation zum UEFA-Cup setzte jedoch neue Kräfte frei, die in der Rückrunde vollends zur Geltung kamen.
Nachdem im Februar 2003 mit Hertha BSC (3:1) und Meister Borussia Dortmund (1:0) zwei Champions-League-Aspiranten geschlagen worden waren, träumte man in Stuttgart plötzlich selbst von der „Königsklasse". Während Präsident Haas das Saisonziel neu definierte und es nun mit „UEFA-Cup" umschrieb, blieb Trainer Magath jedoch zurückhaltend und meinte: „Wie viele Klubs am Ende vor uns stehen, wird man sehen."

Der Unterschied zum VfB der Vorsaison war enorm. Wo man 2001/02 im entscheidenden Moment stets Punkte abgegeben hatte, bewies die junge und unerfahrene Elf (von der Stammelf wiesen lediglich Soldo, Balakov, Gerber und Meißner mehr als 100 Bundesligaspiele auf!) nun Nervenstärke. „Das ist Folge der internationalen Spiele dieser Saison, die uns weitergebracht haben", dozierte Chefcoach Magath und behauptete: „Ein Erfolgsgeheimnis gibt es nicht."
In der Tat: Es war kein Geheimnis, sondern ein ganzes Bündel von Facetten, das den VfB auf Erfolgskurs gebracht hatte.
Stichwort Mannschaft: Neben den „jungen Wilden" Hinkel, Hleb, Kuranyi und Amanatidis standen mit Soldo und Balakov zwei erfahrene Kräfte zur Verfügung, die im Herbst ihrer Karriere noch einmal zu Glanzform aufliefen und zudem dafür sorgten, dass die Himmelsstürmer auf dem Boden blieben.
Stichwort Harmonie: Die Brasilianer und Portugiesen im VfB-Team besuchten gemeinsam Gottesdienste, die drei Torhüter und Andreas Hinkel büffelten zusammen Spanisch – das alte Herberger-Motto von den „elf Freunden" war beim VfB zu neuem Leben erweckt worden.

Stichwort Fitness: Obwohl der VfB mit 52 Begegnungen die meisten Pflichtspiele aller Bundesligisten bestritt, war er seinen Gegnern konditionell zumeist überlegen. Das war Resultat einer akribischen Vorbereitung seitens des mit modernen Erkenntnissen arbeitenden Trainertrios Magath, Eichkorn (Co-Trainer) und Leuthard (Konditionstrainer).
Stichwort Defensive: Mit dem Duo Soldo/Meißner stellte der VfB das beste defensive Mittelfeld der Liga und besaß in Timo Hildebrand eines von Deutschlands größten Torhütertalenten.
Stichwort Trainer: „Ich habe gelernt, mich zu überwinden und Dinge mit weniger Druck durchzusetzen", bekannte Ex-„Quälix" Felix Magath – und wurde mit deutlichem Vorsprung auf Eric Gerets zum „Trainer der Saison" gewählt…

Genialer „Häuptling" der „jungen Wilden": Krassimir Balakov.

[SAISON]

Stuttgarter Traumfußball

Obwohl Krassimir Balakov nach seinem Laufbahnende ersetzt werden musste, verzauberte der VfB auch 2003/04 die Liga und eroberte nebenbei Europa. Als die Schwaben nach 15 Spielen noch immer ungeschlagen und mit sechs Punkten Vorsprung auf den FC Bayern auf Platz eins rangierten und sich in der Champions League gegen Manchester United und die Glasgow Rangers eindrucksvoll Respekt verschafften, träumte das ganze Ländle vom Durchbruch. Selbst die erste Saisonniederlage (0:1 beim FC Bayern), der gegen Leverkusen prompt die erste Heimniederlage folgte, warf die gereiften „jungen Wilden" nur kurz aus der Bahn. Trainer-Manager Magath erhielt zur Winterpause mit den Schweizer Auswahlspielern Yakin und Streller zusätzliches Personal und durfte sich in der Rückrunde über ein stabil auf Position drei rangierendes Team freuen.
Doch die glanzvolle Saison endete mit Tränen, als die Champions-League-Träume am letzten Spieltag mit einem 0:2 im direkten Duell beim Mitkonkurrenten Leverkusen zerplatzten. So stand der VfB trotz einer der attraktivsten Mannschaften seiner Geschichte am Ende mit (fast) leeren Händen da. Die Statistik verrät, woran es lag: Mit 24 Gegentreffern stellte man zwar die mit Abstand beste Abwehr – wies aber mit nur 52 Toren zugleich den schlechtesten Sturm aller Spitzenklubs auf.
Es sollte noch schlimmer kommen. „Zerbricht der VfB?", hatte »kicker« schon im November 2003 gefürchtet, denn die „jungen Wilden" hatten anderenorts Begehrlichkeiten geweckt. Weil die Kassenlage in Stuttgart trotz Champions League nicht wettbewerbsfähig war, drohte die Erfolgself auseinanderzufallen. Während die umworbenen Jungsprofis Kuranyi, Hinkel und Hildebrand schließlich doch blieben, war es ausgerechnet Trainer Felix Magath, der den Klub verließ und zum FC Bayern wechselte. Die Vereinsführung um den neuen Präsidenten Erwin Staudt war nicht zu beneiden.

[SPIEL]

Leverkusen 2:0 VfB

Enttäuscht, aber stolz

0:2 im Champions-League-Duell

Leverkusen am letzten Spieltag – da war doch was? Richtig! 1992 errang der VfB in buchstäblich letzter Minute die Deutsche Meisterschaft. Wo? Natürlich in in Leverkusen!
War das ein gutes Omen für ein erneutes „Finalduell" zwischen den Rot-Weißen vom Rhein und den Weiß-Roten vom Neckar? Beide Mannschaften kämpfen um ihre letzte Qualifikationschance für die Champions League. Der VfB geht mit dem Schwung eines 3:1-Erfolgs über den FC Bayern ins Rennen, Leverkusen hat sich mit einem 6:2 beim bereits feststehenden Meister Werder Bremen warmgeschossen.
Im Mittelpunkt steht freilich ein anderer: VfB-Trainer Magath. Sechs Tage zuvor wurde bekannt, dass er in der kommenden Saison den FC Bayern München trainieren wird. Während der VfB bereits auf der Suche nach einem Nachfolger ist (im Gespräch: Gernot Rohr, Wolfgang Wolf, Walter Schachner, Jürgen Kohler und Matthias Sammer), klagt VfB-Chef Staudt die Führung des FC Bayern an, die den Wechsel vorzeitig bekannt gegeben hatte: „Das war nicht vereinbart. Ausgerechnet vor einem so wichtigen Spiel." Selbst die VfB-Spieler haben von der Entscheidung ihres Trainers nur aus den Medien erfahren, und laut Andreas Hinkel kann es die Mannschaft „irgendwie noch nicht so richtig einordnen".
An 29 der 33 absolvierten Spieltage hat der VfB einen der ersten drei Plätze belegt. Zwei Punkte beträgt sein Vorsprung auf Bayer Leverkusen – ein Unentschieden genügt also.
Magath schickt dieselbe Elf ins Rennen, die den FC Bayern geschlagen hat. Zum letzten Mal spielt Abwehrchef Bordon, der zum FC Schalke 04 wechseln wird.
Der VfB beginnt offensiv und engagiert. Zwei-

kampfstärker als die Westdeutschen, sind die Schwaben in der ersten halben Stunde drückend überlegen, nutzen ihre Torchancen aber nicht. Nach dem Seitenwechsel geht die Ruhe im Stuttgarter Mittelfeld verloren. Schwächen in der Innenverteidigung und eine schwache Sturmleistung des VfB bringen Bayer allmählich nach vorn. Als Franca nach 63 Minuten Berbatov den Ball zum 1:0 vorlegt, sind die Champions-League-Träume zerplatzt, zumal Bernd Schneider fünf Minuten vor Schluss sogar auf 2:0 erhöht.
„Natürlich sind wir enttäuscht. Aber wir wollen trotzdem stolz auf das Erreichte sein. Uns hat vor der Saison niemand zugetraut, dass wir oben mitspielen würden", spendet Präsident Staudt Trost – und sucht weiter nach einem Magath-Nachfolger.

Entgeistert blickt Timo Hildebrand in der BayArena dem Ball hinterher – Champions League ade.

■ Unglaubliche Euphorie um die „jungen Wilden": Mehrere 10.000 Menschen strömten im Juli zur Saisoneröffnungsparty an die Mercedesstraße, um das einstündige Showtraining zu beobachten. Über 20.000 Fans erwarben eine Dauerkarte für die Champions-League-Gruppenspiele, und auch die Mitgliederzahl schnellte nach oben. Im Dezember überschritt der VfB die 15.000er Marke und löste damit Ulm 46 (13.800) als größten Verein in Baden-Württemberg ab. Im Rahmen der Aktion „www.wirpackenschalke.de" visierte der VfB nun die 41.000er Mitgliedermarke von Schalke 04 an.

■ Frische Kräfte zur Winterpause. Mit Marco Streller und Hakan Yakin begrüßte der VfB im Januar gleich zwei Akteure vom FC Basel. „Ich lege mich schon fest: Mit Streller wird der VfB – wenn nicht in dieser Saison, dann in der nächsten – Deutscher Meister", lobte Basels Trainer Christian Gross vor allem den 1,95 m großen Stürmer. In Stuttgart fragte man sich allerdings, ob Streller wohl mit Kuranyi harmonieren würde, der sein Haupteinsatzgebiet ebenfalls im Sturmzentrum sah. Edelreservist Ioannis Amanatidis wechselte unterdessen zu Eintracht Frankfurt.

■ In der Winterpause bestritt der VfB gegen den iranischen Erstligisten Esteghlal Teheran ein Freundschaftsspiel zugunsten der Erdbebenopfer im iranischen Bam. Die Partie an der Reutlinger Kreuzeiche (3:0) wurde live im iranischen TV übertragen und brachte rund 120.000 Euro ein.

■ Jubiläum verdorben. In seinem 100. Bundesligaspiel als VfB-Trainer trat Felix Magath am 14. Februar 2004 gegen Borussia Mönchengladbach extra im neuen Anzug mit cremefarbener Krawatte auf. Zu feiern gab es wenig. Nach dem mageren 1:1 sprach der »kicker« sogar vom „Abschied von den jungen Wilden".

■ Ende einer Ära: Nach 20 Jahren beim VfB wechselte Thomas Schneider im August 2003 zu Hannover 96. Seit der D-Jugend hatte der 30-jährige Abwehrspieler den Brustring getragen. Technisch beschlagen und kopfballstark war der verletzungsanfällige Schneider in zwölf Bundesligajahren allerdings nur auf 133 Einsätze gekommen.

■ Erlösung für Kevin Kuranyi. Beim 5:1 in Wolfsburg endete am 3. April 2004 endlich seine exakt 799 Minuten währende Torflaute. In der 75. Minute erhöhte der Nationalspieler auf 4:1 für den VfB.

[EREIGNIS]

Chef über Bord

Magath verlässt den VfB

Die Gerüchteküche brodelte schon seit Wochen, als es am 15. Mai offiziell wurde: Felix Magath verlässt den VfB Stuttgart! Grund war das verlockende Angebot, beim FC Bayern Nachfolger von Ottmar Hitzfeld zu werden und den wohl attraktivsten Trainerposten der Republik zu übernehmen. Davon abgesehen war die Liaison Magath/VfB aber längst keine rein glückliche mehr. Obwohl Magath mit der Doppelfunktion als Trainer und Manager eine unvergleichliche Machtfülle angehäuft hatte, war er mehrfach an seine Grenzen gestoßen.
„Ich habe immer gesagt: Wir können den Bayern nur den Kampf ansagen, wenn wir in der Lage sind, Qualität von außen hinzuzukaufen. Diese Situation haben wir nicht, also sehe ich in der neuen Saison nicht die Möglichkeit, die Bayern anzugreifen", hatte er zu Saisonbeginn bilanziert – der Frust darüber, dass die finanziellen Rahmenbedingungen beim VfB nach wie vor nicht optimal waren, war ihm deutlich anzumerken. Seine Vision von einem reformierten und umstrukturierten Verein wurden derweil vom mitunter etwas schwerfällig wirkenden Vereinsschiff bedroht. „Es gibt einige beim VfB, die ein Problem mit mir haben, die es ungern sehen, dass ich Trainer und Manager in einem bin", erklärte Magath im Februar 2004 gegenüber dem »kicker« und sprach von „Widerständen im Klub".
Der wiederum war unverändert mit den Aufräumarbeiten der „MV"-Ära beschäftigt und zudem vom finanziellen Beinahecrash im Jahr 2001 gezeichnet. Wenngleich der Posten „Personalaufwand" inzwischen von 30 auf 22 Mio. Euro abgesenkt worden war und im Rahmen der Champions League allein aus dem Marketingpool der UEFA rund 13,5 Mio. Euro in die VfB-Kassen flossen, war man noch längst nicht über dem Berg. „Wir müssen noch drei, vier Jahre in Folge an der Champions League teilnehmen, um wirklich aus dem Gröbsten herauszukommen", betonte Finanzchef Ulrich Ruf – und wurde von Magath wiederholt für seine zurückhaltende Finanzpolitik abgewatscht.
Offen war unter diesen Umständen auch der Umgang mit den allmählich flügge werdenden „jungen Wilden". Schalke 04 hatte Kevin Kuranyi bereits mit einem 3,5-Mio.-Euro-Vertrag gelockt – der VfB indes konnte höchstens zwei Mio. Euro pro Jahr zahlen. Zusätzliches Problem: Gab man Kuranyis Drängen nach, könnte es eine Lawine nach sich ziehen, weil andere Spieler dann ebenfalls Forderungen stellen würden. „Es ist klar, dass andere mehr zahlen können. Unser Weg muss es dann eben sein, wieder neue Spieler herauszubringen", kommentierte Magath, der Kuranyi und Hinkel durch sportliche Perspektiven in Stuttgart halten wollte.
Magath hatte sich freilich auch mehrfach selbst in die Nesseln gesetzt. Dass er langjähriges Personal wie etwa Amateur- und Nachwuchstrainer Starzmann durch ihm genehme Männer ersetzte, hatte man ebenso mit Argwohn beobachtet wie seine Neigung zu Alleingängen. Auch dass er mitten in der Vorbereitung zur Saison 2003/04 zu einem dreiwöchigen Karibikurlaub aufgebrochen und erst zwei Tage vor dem Trainingsauftakt heimgekehrt war, hatte der VfB-Führung keinesfalls gefallen. Vor allem als Manager wurde Magath vermisst. „Zurzeit hat man das Gefühl, dass es nicht weitergeht", wunderte sich Andreas Hinkels Vater, der als Berater seines Sohnes Vertragsverhandlungen hatte führen wollen...
Auch Magaths Wechselgelüste waren bekannt. Schalke 04 hatte ihm 2003 sogar „Wortbruch" vorgeworfen und behauptet, er habe bereits bei den Königsblauen unterschrieben. Im Januar 2004 flirtete der VfB-Coach dann unverholen mit dem FC Bayern, betonte aber zugleich, dass er, sobald die Leistungsträger beim VfB verlängert hätten, das Gespräch mit Präsident Staudt suchen würde.
Während der Trainer Magath noch taktierte, ging der Manager Magath fröhlich auf Einkaufstour. Mit Hakan Yakin, Zivkovic, Streller und Centurión kamen Spieler, die Magath als eine angesichts der hohen Spielebelastung notwendige Kadererweiterung betrachtete, deren Potenzial von Kritikern jedoch heftig angezweifelt wurde. Nein, glücklich waren Magath und der VfB längst nicht mehr...

Der VfB Stuttgart 2003/04. Hinten v. l.: Vranjes, Kuranyi, Soldo, Bordon, Meira, Wenzel, Dangelmayr, Schneider, „Fritzle“. Mitte: Co-Trainer Eichkorn und Balakov, Marques, Mutzel, Amanatidis, Benaglio, Hleb, Gerber, Hinkel, Szabics, Zeugwart Meusch, Trainer Magath. Vorn: Physiotherapeuten Wörn und Egger, Lahm, Cacau, Heinen, Hildebrand, Tiffert, Meißner, Heldt, Torwarttrainer Rücker und Trautner.

1. Bundesliga

1	3.8.2003	Hansa Rostock - VfB	0:2	26.000
2	10.8.2003	VfB - Hertha BSC Berlin	0:0	37.000
3	16.8.2003	Bor. M'gladbach - VfB	0:1	30.700
4	23.8.2003	VfB - 1. FC Kaiserslautern	2:0	34.000
5	13.9.2003	Schalke 04 - VfB	0:0	61.266
6	20.9.2003	VfB - Borussia Dortmund	1:0	50.000
7	27.9.2003	TSV München 1860 - VfB	0:3	38.000
8	4.10.2003	VfB - 1. FC Köln	0:0	52.000
9	18.10.2003	Werder Bremen - VfB	1:3	41.100
10	25.10.2003	VfB - VfL Wolfsburg	1:0	35.000
11	1.11.2003	VfB - SC Freiburg	4:1	54.088
12	8.11.2003	Eintracht Frankfurt - VfB	0:2	26.000
13	22.11.2003	VfB - Hannover 96	3:1	36.000
14	29.11.2003	VfL Bochum - VfB	0:0	30.088
15	6.12.2003	VfB - Hamburger SV	0:0	41.000
16	13.12.2003	Bayern München - VfB	1:0	63.000
17	17.12.2003	VfB - Bayer Leverkusen	2:3	47.000
18	31.1.2004	VfB - Hansa Rostock	2:0	42.000
19	8.2.2004	Hertha BSC Berlin - VfB	1:0	39.153
20	14.2.2004	VfB - Bor. M'gladbach	1:1	33.500
21	21.2.2004	1. FC Kaiserslautern - VfB	1:0	41.200
22	28.2.2004	VfB - Schalke 04	0:0	43.000
23	6.3.2004	Borussia Dortmund - VfB	0:2	83.000
24	14.3.2004	VfB - TSV München 1860	2:0	41.000
25	20.3.2004	1. FC Köln - VfB	2:2	50.200
26	28.3.2004	VfB - Werder Bremen	4:4	48.000
27	3.4.2004	VfL Wolfsburg - VfB	1:5	25.396
28	11.4.2004	SC Freiburg - VfB	0:1	25.000
29	17.4.2004	VfB - Eintracht Frankfurt	3:1	48.000
30	24.4.2004	Hannover 96 - VfB	0:1	27.537
31	2.5.2004	VfB - VfL Bochum	1:1	48.000
32	8.5.2004	Hamburger SV - VfB	2:1	55.128
33	15.5.2004	VfB - Bayern München	3:1	48.400
34	22.5.2004	Bayer Leverkusen - VfB	2:0	22.500

Abschlusstabelle

1.	Werder Bremen	34	22	8	4	79:38	74
2.	Bayern München (M)	34	20	8	6	60:39	68
3.	Bayer Leverkusen	34	19	8	7	73:39	65
4.	VfB Stuttgart	34	18	10	6	52:24	64
5.	VfL Bochum	34	15	11	8	57:39	56
6.	Borussia Dortmund	34	16	7	11	59:48	55
7.	Schalke 04	34	13	11	10	49:42	50
8.	Hamburger SV	34	14	7	13	47:60	49
9.	Hansa Rostock	34	12	8	14	55:54	44
10.	VfL Wolfsburg	34	13	3	18	56:61	42
11.	Bor. M'gladbach	34	10	9	15	40:49	39
12.	Hertha BSC Berlin	34	9	12	13	42:59	39
13.	SC Freiburg (N)	34	10	8	16	42:67	38
14.	Hannover 96	34	9	10	15	49:63	37
15.	1. FC Kaiserslautern	34	11	6	17	39:62	36
16.	E. Frankfurt (N) ▽	34	9	5	20	36:53	32
17.	München 1860 ▽	34	8	8	18	32:55	32
18.	1. FC Köln (N) ▽	34	6	5	23	32:57	23

DFB-Pokal

1. HR	30.8.03	B. Leverkusen Am. - VfB	0:4	4.600
2. HR	28.10.03	Wacker Burghausen - VfB	0:1	8.700
AF	2.12.03	Bor. M'gladbach - VfB	4:2	22.600

Ligapokal

1. R	16.7.03	Freilos		
HF	21.7.03	VfB - Borussia Dortmund	0:1	11.211

Champions League

Gruppenspiele, Gruppe E

16.9.03	Glasgow Rangers - VfB	2:1	41.591
1.10.03	VfB - Manchester United	2:1	50.348
22.10.03	VfB - Panathinaikos Athen	2:1	50.348
4.11.03	Panathinaikos Athen - VfB	1:3	6.018
26.11.03	VfB - Glasgow Rangers	1:0	50.348
9.12.03	Manchester United - VfB	2:0	64.000

Abschlusstabelle

1.	Manchester United	6	4	0	1	13:2	15
2.	VfB Stuttgart	6	4	0	2	9:6	12
3.	Panathinaikos Athen	6	1	1	4	5:13	4
4.	Glasgow Rangers	6	1	1	4	4:10	4

ZR	25.2.04	VfB - Chelsea FC	0:1	42.000
	9.3.04	Chelsea FC - VfB	0:0	36.657

Bundesligakader

Abgänge: Adrion (Eintracht Braunschweig), Balakov (Laufbahnende, Co-Trainer VfB), Carnell (Borussia Mönchengladbach), Dundee (Austria Wien), Ernst (1. FC Kaiserslautern), Ganea (Bursaspor), Handschuh (VfB-Amateure), Seitz (Schalke 04), Todt (Laufbahnende). **Abgänge im Saisonverlauf:** Amanatidis (im Januar zu Eintracht Frankfurt), Rundio (im Januar zur SpVgg Greuther Fürth), Schneider (im August zu Hannover 96), Wenzel (im Januar zum 1. FC Kaiserslautern)

Zugänge: Berger (VfB-Amateure), Cacau (1. FC Nürnberg), Centurión (Vélez Sársfield), Heinen (Denizlispor), Lahm (Bayern München Amateure), Rundio (VfB-Amateure), Stojanov (FK Sliven), Szabics (Sturm Graz), Vranjes (Bayer Leverkusen). **Zugänge im Saisonverlauf:** Branco (im August von Eintracht Frankfurt), Husterer (im August von Bayern München Amateure), Streller (im Januar vom FC Basel), Yakin (im Februar vom FC Basel), Zivkovic (im Januar vom FC Portsmouth)

Trainer: Felix Magath

Tor

1	Timo Hildebrand	34/0
23	Dirk Heinen	0/0
31	Diego Benaglio	0/0

Feld

22	Kevin Kuranyi	33/11
20	Zvonimir Soldo	33/4
6	Fernando Meira	32/1
16	Horst Heldt	31/1
15	Aliaksandr Hleb	31/5
21	Philipp Lahm	31/1
2	Andreas Hinkel	28/0
13	Christian Tiffert	27/2
7	Silvio Meißner	26/5
19	Imre Szabics	26/9
5	Marcelo Bordon	24/3
8	Jurica Vranjes	22/0
12	Heiko Gerber	19/1
18	Cacau	16/4
9	Marco Streller	13/3
3	Boris Zivkovic	12/0
11	I. Amanatidis	8/1
3	Timo Wenzel	8/0
11	Hakan Yakin	8/0
14	Emanuel Centurión	5/0
33	Serge Branco	3/0
35	M. Husterer (VA)	2/0
45	Mario Gomez (Am)	1/0
29	S. Dangelmayr	0/0
4	Rui Marques	0/0
24	M. Rundio (VA)	0/0
30	Denis Berger (VA)	0/0
25	M. Mutzel (VA)	0/0
14	Thomas Schneider	0/0
37	Ivan Stojanov	0/0

+ ein Eigentor

[LEGENDEN]

TIMO HILDEBRAND

Das hatte es noch nie gegeben: 779 Minuten lang blieb VfB-Keeper Timo Hildebrand nach dem Saisonstart unbezwungen – und als ihn der Bremer Charisteas am 18. Oktober 2003 erstmals überwandt, war es ein irregulärer Treffer! Insgesamt war Hildebrand sogar 884 Minuten in Folge ohne Gegentor geblieben (das letzte hatte er am 17. Mai 2003 beim 1:2 gegen Bayern München kassiert) und hatte damit Oliver Kahn als Rekordhalter abgelöst.
Dass der VfB in der Hinrunde lediglich sieben und in der gesamten Saison nur 24 Treffer kassierte, verdankte er neben der stabilen Defensivformation um Soldo, Meira und Bordon vor allem seinem Schlussmann. Enorm ehrgeizig hatte der sich durch ein spezielles Muskel- und Koordinationstraining engagiert auf die Saison vorbereitet. Hildebrands Ziele: mit dem VfB in der Meisterschaft und der Champions League erfolgreich sein, mit der Nationalmannschaft zur EM nach Portugal reisen.
Mit einer angesichts seines recht jungen Alters erstaunlichen Ruhe, einer tollen Reaktionsschnelligkeit auf der Linie sowie einer bemerkenswerten Nervenstärke in Eins-gegen-eins-Situationen konnte der Zerberus schließlich in allen Bereichen Erfolge feiern, obgleich der erhoffte Titel ausblieb. Hildebrands am 26. November 1999 beim 2:0 in Freiburg etwas überraschend begonnene Karriere erfuhr im Oktober 2003 einen weiteren Höhepunkt, als er gegen den SC Freiburg bereits sein 100. Bundesligaspiel bestritt – dabei war der aus Hofheim/Ried stammende Keeper zu jenem Zeitpunkt gerade erst 24 Jahre alt!
Seit 2004 läuft es weniger gut. Der Publikumsliebling verscherzte sich mit einem überlangen Vertragspoker viele Sympathien, und seine sportliche Entwicklung stagnierte ein wenig. So blieb sein Traum: „Nach der WM 2006 möchte ich Oliver Kahn als Nationalkeeper ablösen“, bisher nur eine Hoffnung.

[EREIGNIS]

Der europäische Traum

VfB brilliert in Champions League

Die zwölf Wochen zwischen dem 16. September und dem 9. Dezember 2003 werden Stuttgarts Fußballfans wohl nie vergessen. Grund: Der VfB spielte erstmals in der Champions League und setzte eine beeindruckende Duftmarke!
Das begann schon im Auftaktspiel, das der VfB zwar mit 1:2 in Glasgow verlor, in dem er aber bis zur 74. Minute führte und einen blendenden Eindruck hinterließ. „Manchester wird diese Gruppe dominieren. Die anderen drei Vereine kämpfen um den zweiten Platz, da ist weiter alles möglich“, tröstete Trainer Magath seine Mannen anschließend und setzte auf das erste Heimspiel gegen Manchester United.
Das geriet zu einem der legendärsten Spiele der Vereinsgeschichte. Vor ausverkauftem Haus (Geschäftsführer Thomas Weyhing: „Wir hätten gut und gerne 150.000 Karten verkaufen können“) bestätigten die Weiß-Roten die Einschätzung ihres Trainers („wir haben genug Selbstvertrauen, um Manchester zu schlagen“) und lieferten eine famose Partie ab. Nach einer torlosen ersten Halbzeit, in der die Schwaben mit hohen Bällen immer wieder an der kopfballstarken ManU-Innenverteidigung gescheitert waren, brachte Imre Szabics den VfB fünf Minuten nach dem Seitenwechsel schließlich in Führung. Als Kevin Kuranyi nur 120 Sekunden später gar auf 2:0 erhöhte, ertrank ganz Schwaben im VfB-Jubel, war die Sensation greifbar. Am Ende konnte sich der VfB sogar einen verschossenen Elfmeter durch Fernando Meira leisten und durfte nach dem 2:1-Überraschungssieg vom Achtelfinale träumen.
Als nach zwei Siegen über Panathinaikos Athen am 26. November die Glasgow Rangers zum „Endspiel“ um Platz zwei nach Stuttgart kamen, stand das Ländle abermals Kopf. Timo Wenzel schoss sich in die Vereinsannalen, als er in der Nachspielzeit der ersten Halbzeit das Tor des Tages erzielte, das den VfB ins Achtelfinale brachte! Dort endete der europäische Traum. Ein Eigentor von Fernando Meira bescherte Abramovich' FC Chelsea einen glücklichen Sieg im Daimler-Stadion. Auch das achtbare 0:0 im Rückspiel an der Stamford Bridge konnte nicht trösten: Der VfB war ausgeschieden.

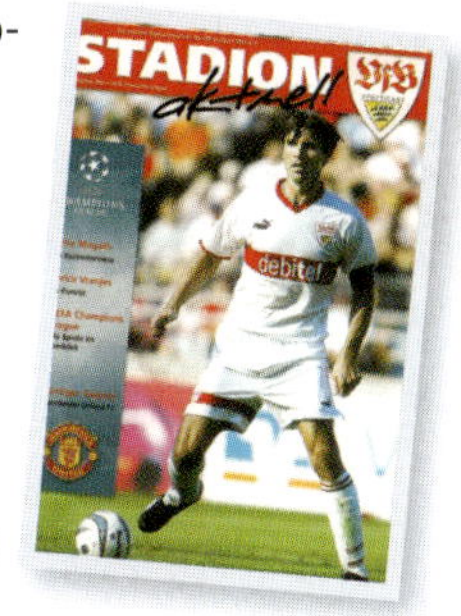

Die Sensation ist perfekt: ManU ist geschlagen!

[SAISON]

Am Ende wurde es bitter

Das letzte Mal war der VfB Stuttgart 1992 Deutscher Meister. Leitfigur damals: Matthias Sammer. Zwölf Jahre später kehrte Sammer als Trainer zurück und trat das Erbe von Felix Magath an. Mit dem 37-jährigen Ex-Nationalspieler schien der VfB einen idealen Nachfolger gefunden zu haben. Wo „Quälix" Magath für die „alte Schule" stand und auf Distanz und Disziplin setzte, wandte „Feuerkopf" Sammer („Ein bisschen Herzblut ist beim VfB natürlich dabei") moderne wissenschaftliche Methoden an und kümmerte sich um den Einzelnen.

Trotz des erneuten Verlusts eines Schlüsselspielers (Bordon) gab der VfB das Ziel aus: „Teilnahme am internationalen Geschäft sichern und dann schauen, ob mehr drin ist." Mit dem Franzosen Mathieu Delpierre, dem aus England zurückgekehrten Markus Babbel sowie Martin Stranzl von München 1860 begrüßte man dazu namhafte auswärtige Kräfte.

Sportlich lief es über weite Strecken der Saison prächtig. In der Bundesliga stand der VfB nie schlechter als auf Rang sechs, erreichte im DFB-Pokal das Achtelfinale und scheiterte im UEFA-Cup erst in der Verlängerung am FC Parma. Doch den nüchternen Zahlen standen ernüchternde Begleitumstände gegenüber. Die Mannschaft agierte weder attraktiv noch konstant, versagte insbesondere bei Auswärtsspielen in erschreckender Regelmäßigkeit und erinnerte emotional nur noch rudimentär an die so herzerfrischenden „jungen Wilden".

Trainer Sammer bewies mit häufigen Umstellungen kein glückliches Händchen und hatte zudem Probleme mit Spielern wie Hleb, Meira und Meißner. Dazu kam die hohe Abhängigkeit des VfB von den Launen seines Spielmachers Aliaksandr Hlebs, die fatale Folgen hatte.

Nach einem 2:1 in Bremen und einem 3:0 gegen Schalke hegten die Schwaben dennoch berechtigte Titelambitionen, als ein 1:2 bei Absteiger Rostock am 28. Spieltag die Wende einläutete. Ganze drei Tore und vier Punkte aus den verbliebenen sechs Spielen führten zum Absturz auf Platz fünf und leiteten eine personelle Zäsur ein, an deren Ende neben Trainer Sammer auch Kuranyi (zu Schalke) und Hleb (zu Arsenal) den VfB verließen.

Die Ära der „jungen Wilden" war vorbei.

[EREIGNIS]

Mythos VfB auf Reisen

Große Ausstellung zur VfB-Geschichte

Seit 2001 existiert im VfB eine „Historische Abteilung", die sich um die Aufarbeitung der Vereinsgeschichte kümmert. Angeführt von Harald Jordan und Peter Schmid (Sohn des legendären „Gummi-Schmid", der 1950 mit dem VfB Deutscher Meister wurde), versuchen engagierte Historiker und VfB-Fans, das spärliche noch vorhandene Material zu sichten und zu einem Gesamtbild zusammenzufügen.

Durch die Kriegsereignisse war das VfB-Archiv zerstört worden, und es existieren nur rudimentäre Restbestände.

Nach vielen Monaten akribischer Arbeit trat die Historische Abteilung am 3. Mai 2005 erstmals ans Licht der Öffentlichkeit. Im Theaterhaus eröffnete sie eine Wanderausstellung unter dem Titel „Mythos VfB. Aufstieg. Tradition. Erfolg", die in den darauffolgenden Monaten an zahlreichen Orten in der Region zu sehen war. Die Ausstellung sollte ein „Vorgeschmack" auf das geplante VfB-Museum sein. Anhand von rund 150 Exponaten, darunter die Nachbildung der Meisterschale von 1992 und das von Bundespräsident Theodor Heuss überreichte Silberne Lorbeerblatt zur Meisterschaft 1950, wurde die über 110-jährige Geschichte des VfB „greifbar".

Zur Ausstellung gab es auch ein Buch, das sich auf 208 Seiten mit „dem Aufstieg des VfB zu einer kulturellen Institution der Region der Landeshauptstadt" beschäftigte. Verfasser Harald Jordan ging es dabei weniger um eine lückenlose Vereinschronik als vielmehr um eine anschauliche Rekonstruktion der Bedingungen, aus denen der „Mythos VfB" entstand. „In der Tradition steckt auch immer Wertigkeit, die wir präsentieren wollen. Für die Menschen hier, die Region und die Stadt hat der Verein eine große Bedeutung. Er ist Teil der Heimat", erläuterte Jordan bei der Buchpräsentation.

Das symbolische 18,93 Euro kostende Werk fand großen Anklang in der VfB-Gemeinde.

■ Er gehörte zu den wenigen Gewinnern der Saison: Jeronime Barreto, Künstlername „Cacau". Zwölf Bundesligatore, zwei im DFB-Pokal und deren sieben im UEFA-Cup machten den 24-jährigen Brasilianer zum erfolgreichsten VfB-Torschützen nach Kevin Kuranyi. Mit seinen herrlichen Dribblings war der schnelle Cacau zudem zum Liebling der VfB-Fans geworden.

■ Zum ungeliebten Dauerbrenner entwickelte sich das Thema „Emanuel Centurión und Hakan Yakin". 2003/04 von Felix Magath verpflichtet, hatten beide in Stuttgart einen schweren Stand und sollten verkauft werden. Problem: Es fand sich kein Käufer. Centurión (Vertrag bis 2008) wurde daraufhin an Vélez Sársfield ausgeliehen, während Yakin (Vertrag bis 2007) in Istanbul unterschlüpfte. Das Problem war damit jedoch nicht gelöst, denn schon im April hieß es: „Die Rückkehr von Yakin und Centurión droht!"

■ Theater um Timo Hildebrand. Nach einem ermüdenden Vertragspoker erklärte der VfB-Keeper im Januar, den VfB verlassen zu wollen. Grund: Der Klub sei seiner Forderung nach einer Ausstiegsklausel nicht nachgekommen. Die Fans quittierten seine Entscheidung beim 3:2-Sieg in Mainz mit wütenden Pfiffen und wandten sich von ihrem einstigen Liebling ab. Selbst als der VfB-Keeper wenige Tage später doch einen neuen Kontrakt bei den Weiß-Roten unterzeichnete, fiel der Beifall eher gedämpft aus. Hildebrand hatte jedoch die richtige Antwort parat und überzeugte in der Rückrunde vor allem durch Leistung.

Zvonimir Soldo im Duell mit Marcelo Bordon.

■ Bundesweite Aufmerksamkeit genoss VfB-Fan Julius Weller, als er vom Magazin »Sport-Bild« im Sonderheft „Fan-Report" vorgestellt wurde. Der in Alfdorf bei Schwäbisch Gmünd wohnende 65-Jährige hat seit dem 23. April 1966 kein VfB-Pflichtspiel mehr verpasst. Der Clou: Weller hatte jedes der rund 1.600 VfB-Spiele, bei denen er live dabei gewesen war, an seiner Wohnzimmerwand verewigt. Das auch außen ganz in Weiß und Rot bemalte elterliche Haus lockt verständlicherweise viele Neugierige an.

■ Für Matthias Sammer schloss sich mit seiner Rückkehr nach Stuttgart ein Kreis: Während seiner Tätigkeit als VfB-Spieler hatte er Ehefrau Karin kennengelernt, die die Nichte von Torwarttrainer Jochen Rücker ist. Rücker zählte selbstverständlich zu Sammers Trainerstab, während der von Vorgänger Magath angeheuerte Reinhold Fanz gehen musste bzw. Seppo Eichkorn Magath zum FC Bayern folgte. Zum Sammer'schen Trainerstab gehörten außerdem Krassimir Balakov (der als „teuerster Hütchen-Aufsteller der Liga" verspottete Bulgare verließ den VfB im Übrigen nach Saisonende), Eberhard Trautner, Ex-Fanbetreuer und Publikumsliebling Günther Schäfer sowie die aus Dortmund mitgebrachten Christian Kolodziej (Konditionstrainer) und Ralph Frank (Physiotherapeut). Die unter Magath von Reinhold Fanz trainierten Regionalliga-Amateure kehrten derweil in die bewährten Hände von Rainer Adrion zurück.

[SPIEL]

VfB 3:0 Schalke 04

Kuranyi is back

Torjäger trifft dreimal gegen Schalke

„Wir haben noch sieben schwere Spiele. Deshalb wäre es nicht in Ordnung, von der Meisterschaft zu reden", wiegelt Matthias Sammer nach dem 2:1 in Bremen ab.
Die Fans sehen das anders, denn mit 16 von 18 möglichen Punkten seit Ende der Winterpause hat der VfB bei ihnen Titelhoffnungen aufkommen lassen.
Markus Babbel, der 1996 gemeinsam mit Trainer Sammer Europameister wurde, lobt unterdessen den Teamgeist: „Es ist positiv, wie sich jeder reinhaut, diesen Abnutzungskampf betreibt. Am Ende wird der Gegner müde, und wir machen die Kiste."
Nun kommt mit Schalke der Tabellenzweite. Erneut ein „Sechs-Punkte-Spiel" für den VfB, der den Rückstand auf die Königsblauen auf zwei Zähler verkürzen will. Einer ist besonders motiviert: Kevin Kuranyi. Seit 554 Minuten wartet der Nationalspieler auf einen Treffer und ärgert sich über Trainer Sammer, weil der in Bremen zum wiederholten Mal nur eine Spitze aufbot. Eine Taktik, die Kuranyi gar nicht behagt. Psychologisch geschickt hat Sammer seinem Torjäger jedoch „einen Freifahrtschein" ausgestellt und ihm versichert, „auch wenn du nicht triffst, hast du deinen Stammplatz sicher."

Gegen die Königsblauen ist Kuranyi erneut einzige echte Spitze, die von der offensiven Dreierreihe um Tiffert, Hleb und Cacau „gefüttert" werden soll. Stuttgart geht aggressiv zur Sache. Laufstark werden die Schalker ständig beschäftigt, in der Defensive knöpft man dem Gegner mit frühem Pressing die Bälle ab, und vorne wirbelt Kevin Kuranyi wie ein Derwisch.

Bereits nach 15 Minuten darf der Torjäger auf Vorlage von Tiffert das Ende seiner Torflaute bejubeln und ist anschließend nicht mehr zu bremsen. Zwei weitere Treffer des angehenden Vaters (Freundin Vicky wartet stündlich auf die Niederkunft) schrauben den Spielstand auf 3:0.
Nach dem Schlusspfiff werden der erleichterte Kuranyi sowie der überragende Regisseur Hleb gefeiert.
Die beiden wissen, wofür sie kämpfen, denn Präsident Staudt hat bereits deutlich gemacht, dass Einschnitte drohen, sollte die Champions League nicht erreicht werden.

Der VfB Stuttgart in der Saison 2004/05. Hinten v. l.: Vranjes, Soldo, Meira, Delpierre, Stranzl, Streller, Dangelmayr, Hleb. 2. Reihe von hinten: Torwarttrainer Rücker und Trautner, Konditionstrainer Kolodziej, Physiotherapeuten Wörn, Egger und Frank, Zeugwart Papandrafillis, „Fritzle". 2. Reihe von unten: Trainer Sammer, Co-Trainer Balakov und Schäfer, Tiffert, Meißner, Gerber, Hinkel, Yakin, Caligiuri. Vorn: Lahm, Cacau, Rathgeb, Heinen, Hildebrand, Benaglio, Centurión, Heldt, Szabics. (Es fehlen die EM-Teilnehmer Kuranyi und Zivkovic.)

1. Bundesliga

1	8.8.2004	VfB - Mainz 05	4:2	45.000
2	14.8.2004	1. FC Nürnberg - VfB	1:1	41.384
3	28.8.2004	1. FC Kaiserslautern - VfB	2:3	37.828
4	11.9.2004	VfB - Hamburger SV	2:0	45.000
5	19.9.2004	Hertha BSC Berlin - VfB	0:0	45.349
6	25.9.2004	VfB - Bayer Leverkusen	3:0	44.000
7	3.10.2004	Arminia Bielefeld - VfB	0:2	22.748
8	16.10.2004	VfB - Borussia Dortmund	2:0	48.000
9	24.10.2004	SC Freiburg - VfB	2:0	25.000
10	27.10.2004	VfB - Werder Bremen	1:2	41.000
11	30.10.2004	Schalke 04 - VfB	3:2	61.524
12	7.11.2004	VfB - Hansa Rostock	4:0	46.000
13	13.11.2004	VfL Wolfsburg - VfB	3:0	29.076
14	20.11.2004	VfB - Bor. M'gladbach	1:0	46.000
15	28.11.2004	Hannover 96 - VfB	0:0	33.598
16	4.12.2004	VfB - VfL Bochum	5:2	35.000
17	11.12.2004	Bayern München - VfB	2:2	63.000
18	22.1.2005	Mainz 05 - VfB	2:3	20.300
19	29.1.2005	VfB - 1. FC Nürnberg	2:4	46.765
20	5.2.2005	VfB - 1. FC Kaiserslautern	1:1	32.000
21	12.2.2005	Hamburger SV - VfB	2:1	48.214
22	20.2.2005	VfB - Hertha BSC Berlin	1:0	29.000
23	27.2.2005	Bayer Leverkusen - VfB	1:1	22.500
24	5.3.2005	VfB - Arminia Bielefeld	2:1	28.000
25	13.3.2005	Borussia Dortmund - VfB	0:2	75.000
26	20.3.2005	VfB - SC Freiburg	1:0	41.000
27	2.4.2005	Werder Bremen - VfB	1:2	40.710
28	9.4.2005	VfB - Schalke 04	3:0	48.600
29	16.4.2005	Hansa Rostock - VfB	2:1	20.500
30	23.4.2005	VfB - VfL Wolfsburg	0:0	45.000
31	30.4.2005	Bor. M'gladbach - VfB	2:0	53.466
32	7.5.2005	VfB - Hannover 96	1:0	45.000
33	14.5.2005	VfL Bochum - VfB	2:0	30.980
34	21.5.2005	VfB - Bayern München	1:3	48.600

Abschlusstabelle

1. Bayern München	34	24	5	5	75:33	77
2. Schalke 04	34	20	3	11	56:46	63
3. Werder Bremen (M)	34	18	5	11	68:37	59
4. Hertha BSC Berlin	34	15	13	6	59:31	58
5. VfB Stuttgart	34	17	7	10	54:40	58
6. Bayer Leverkusen	34	16	9	9	65:44	57
7. Borussia Dortmund	34	15	10	9	47:44	55
8. Hamburger SV	34	16	3	15	55:50	51
9. VfL Wolfsburg	34	15	3	16	49:51	48
10. Hannover 96	34	13	6	15	34:36	45
11. Mainz 05 (N)	34	12	7	15	50:55	43
12. 1. FC Kaiserslautern	34	12	6	16	43:52	42
13. Arm. Bielefeld (N)	34	11	7	16	37:49	40
14. 1. FC Nürnberg (N)	34	10	8	16	55:63	38
15. Bor. M'gladbach	34	8	12	14	35:5	36
16. VfL Bochum ▽	34	9	8	17	47:68	35
17. Hansa Rostock ▽	34	7	9	18	31:65	30
18. SC Freiburg ▽	34	3	9	22	30:75	18

DFB-Pokal

1. HR	21.8.04	TuS Mayen - VfB	0:6	6.500
2. HR	22.9.04	RW Oberhausen - VfB	0:2	7.420
AF	10.11.04	Bayern München - VfB	3:0	24.000

Ligapokal

VR	22.7.04	VfB - VfL Bochum	3:0	11.198
HF	29.7.04	Werder Bremen - VfB	2:0	12.900

UEFA-Cup

1. R	16.9.04	Újpestí Budapest - VfB	3:1	11.488
	30.9.04	VfB - Újpestí Budapest	4:0	23.000
Gruppenspiele Gruppe G				
	21.10.04	KSK Beveren - VfB	1:5	8.000
	4.11.04	VfB - Benfica Lissabon	3:0	46.700
	25.11.04	SC Heerenveen - VfB	1:0	17.500
	15.12.04	VfB - Dinamo Zagreb	2:1	41.000
3. R	16.2.05	FC Parma - VfB	0:0	5.846
	24.2.05	VfB - FC Parma	0:2 n.V.	40.000

Abschlusstabelle Gruppe G

1. VfB Stuttgart	4	3	0	1	10:3	9
2. Benfica Lissabon	4	3	0	1	9:5	9
3. SC Heerenveen	4	2	1	1	6:6	7
4. Dinamo Zagreb	4	1	1	2	9:7	4
5. KSK Beveren	4	0	0	4	2:15	0

Bundesligakader

Abgänge: Berger (VfB-Amateure), Branco (Leeds United), Bordon (Schalke 04), Husterer (Eintracht Frankfurt), Rui Marques (Marítimo Funchal), Mutzel (Karlsruher SC). **Abgänge im Saisonverlauf:** Centurión (im Januar zu Vélez Sársfield), Rathgeb (im August ausgeliehen zum FC St. Gallen), Yakin (im Januar ausgeliehen zu Galatasaray Istanbul)
Zugänge: Babbel (Blackburn Rovers), Caligiuri (VfB-Amateure), Delpierre (OSC Lille), Gomez , Rathgeb (beide VfB-Amateure), Stranzl (TSV München 1860).
Zugänge im Saisonverlauf: Élson (im Januar Palmeiras São Paulo)
Trainer: Matthias Sammer

Tor		8 Jurica Vranjes	17/0
1 Timo Hildebrand	34/0	6 Fernando Meira	16/1
23 Dirk Heinen	0/0	12 Heiko Gerber	11/0
31 Diego Benaglio	0/0	4 Boris Zivkovic	11/0
Feld		17 Mathieu Delpierre	10/1
10 Aliaksandr Hleb	34/2	33 Mario Gomez	8/0
5 Markus Babbel	32/2	9 Marco Streller	8/0
18 Cacau	32/12	15 Élson	3/0
20 Zvonimir Soldo	32/2	14 Emanuel Centurión	1/0
13 Christian Tiffert	30/1	40 C. Gentner (Am)	1/0
2 Andreas Hinkel	29/1	11 Hakan Yakin	1/0
22 Kevin Kuranyi	29/13	26 M. Caligiuri (VA)	0/0
3 Martin Stranzl	29/1	29 S. Dangelmayr	0/0
7 Silvio Meißner	28/9	28 Tobias Rathgeb	0/0
19 Imre Szabics	23/5	37 Ivan Stojanov	0/0
21 Philipp Lahm	22/1	+ zwei Eigentore	
16 Horst Heldt	19/1		

Saisonverlauf
Zuschauerschnitt: 38.350

[LEGENDEN]

PHILIPP LAHM

Felix Magath zum Staunen zu bringen, ist eine schwierige Aufgabe. Philipp Lahm bewältigte sie, als er im VfB-Trainingslager das Magath'sche „Quälix-Programm" mit großem Eifer absolvierte und nach dessen Ende noch immer fit für weitere Aufgaben war.
Von den Amateuren des FC Bayern München lediglich als potenzielle Alternative für Außenverteidiger Hinkel gekommen, entpuppte sich der unermüdliche Irrwisch in Stuttgart als unerwartete Allroundkraft. Aufgrund von Personalsorgen musste Lahm die linke Abwehrhälfte übernehmen und gab den Gegnern mit seinem unorthodoxen Stil als Rechtsfüßer regelmäßig Rätsel auf. Am sechsten Spieltag der Saison 2003/04 beim 1:0 gegen Borussia Dortmund in die Stammelf aufgerückt begeisterte der einsatzfreudige Verteidiger die Fans mit frechen Dribblings, gutem Zweikampfverhalten und sicherem Passspiel. Verdienter Lohn: Lahm fuhr 2004 mit der deutschen Nationalmannschaft (Debüt im Februar 2004 beim 2:1 gegen Kroatien) zur EM nach Portugal, wo er als einer der wenigen aus einem desolaten deutschen Team herausstach. Wie wichtig das erst 20-jährige Energiebündel für den VfB war, zeigten die (vergeblichen) Bemühungen des Vereins, den lediglich ausgeliehenen Lahm im Austausch für Magath im Ländle zu halten. 2004/05 wurde Lahms Bedeutung für den VfB erneut deutlich, als er nach der Winterpause mit einem Ermüdungsbruch ausfiel und die Sammer-Elf prompt Probleme bekam. Nach Saisonende kehrte er wie vereinbart zu den Bayern zurück und erwarb sich trotz eines zwischenzeitlichen Kreuzbandrisses bei der WM 2006 weiteren Ruhm. Vor allem seine läuferischen Qualitäten weiß man seitdem weltweit zu würdigen.

[EREIGNIS]

Umbau eines Vereins

Staudt erster hauptamtlicher Präsident

Mit dem Abgang von Felix Magath musste der VfB nicht nur seinen Übungsleiter ersetzen, sondern auch seinen Manager. Das erwies sich als problematisch, denn Magath hatte personelle Strukturen geschaffen, die erst mühsam aufgebrochen werden mussten. „So was passiert automatisch. Wenn Leute in Führungspositionen kommen, bauen sie sich eine Infrastruktur auf mit Mitarbeitern, denen sie vertrauen. Das war bei Felix Magath nicht anders, auch wenn er etwas extremer an dieser Leistungsumgebung gebaut hat", zeigte Präsident Erwin Staudt Verständnis für Magaths „Erbe".
Durch den notwendigen personellen Umbruch kehrten einige unter Magath aussortierte Gesichter wieder ins Rampenlicht zurück. Jochen Schneider, der zwischenzeitlich zum Sachbearbeiter ohne festen Aufgabenbereich degradiert worden war, bildete fortan mit Herbert Briem, seit vielen Jahren als Chefscout für den VfB im Einsatz, ein Managergespann für den sportlichen Bereich.
Ein weiterer Umwandlungsprozess befand sich derweil unmittelbar vor seinem Abschluss. Nach zweieinhalb Jahrzehnten unter der Führung des Berufspolitikers Gerhard Mayer-Vorfelder war der zwischenzeitlich von Sparkassen- und Versicherungsexperte Manfred Haas geführte VfB im September 2003 mit der Übernahme der Präsidentschaft durch Ex-IBM-Chef Erwin Staudt unter die Führung eines Industriellen gelangt.
Staudt wurde zudem erster hauptamtlicher Präsident in der Vereinsgeschichte – eine Konsequenz aus der Haas-Episode, die gezeigt hatte, dass ein Verein von der Größe des VfB nicht mehr ehrenamtlich geführt werden konnte. „Ein Bundesligaverein ist kein Verein im herkömmlichen Sinne. Man könnte sagen, er ist ein mittelständisches Unternehmen der Unterhaltungsindustrie", erläuterte Staudt.
Im Hintergrund wirkte mit Arbeitgeberpräsident Dr. Dieter Hundt noch ein weiterer Top-Manager. Hundt fungierte seit Oktober 2002 als Vorsitzender des VfB-Aufsichtsrats. Im Gegensatz zum stets abwägenden Staudt war Hundt ein emotionaler Typ, der mit seiner Meinung nicht hinter dem Berg hielt.
Er war daher auch einer der ersten, der die latent spürbare Kritik in VfB-Kreisen an Trainer Sammer offen aussprach und damit Sammers Demission einleitete.
Der Arbeitgeberpräsident handelte im guten Willen, denn er machte sich große Sorgen um den VfB. Grund: Der unattraktive und emotions- wie freudlose Fußball unter Sammer hatte zu zurückgehenden Besucherzahlen und einer stagnierenden Mitgliederbewegung geführt.

Neue Führungstroika beim VfB: Trainer Matthias Sammer, Präsident Erwin Staudt und Aufsichtsratsvorsitzender Dr. Dieter Hundt.

[SAISON]

Das italienische Missverständnis

Im April 2006 erfuhr die Entfremdung zwischen den Spielern und den Fans des VfB Stuttgart eine neue Dimension: „Wir sind für unsere Farben, unsere Ehre, nicht mehr für euch Fußball-Millionäre", hatten die treuen Anhänger der Cannstatter Kurve auf ein Transparent gemalt. Während sich die angesprochenen „Fußball-Millionäre" auf dem Rasen des Daimler-Stadions zu einem 1:0-Sieg über Nürnberg quälten, protestierten die Fans gegen eine Entwicklung, die die positive Aufbruchstimmung um die „jungen Wilden" zerstört hatte und die einen herben Rückfall in die „Söldner-Mentalität" darstellte.

Dabei begann die Saison 2005/06 so aufregend wie lange keine mehr. Nachdem Krassimir Balakov eine Zeitlang als Favorit für den Cheftrainer-Posten gegolten hatte, präsentierte die VfB-Führung mit Giovanni Trapattoni den mit 19 Vereinstiteln erfolgreichsten Trainer der Welt! „Gute Tag, iche schon wieder da", strahlte der 66-jährige Ex-Bayern-Coach bei seiner Vorstellung und wurde von Präsident Staudt geradezu als Heilsbringer gefeiert.

Unter „Trap" sollte alles besser werden, wollte der VfB endlich den Aufstieg zum internationalen Topverein realisieren.

Dass man mit Kuranyi, Hleb und Lahm drei Leistungsträger verloren hatte, konnte die Aufbruchstimmung nicht trüben. Kuranyi und Hleb hatten in der Rückrunde der abgelaufenen Saison ohnehin viel Kredit verspielt, und Finanzchef Ruf freute sich lieber über die eingenommenen 22 Mio. Euro. Die sollten übrigens keinesfalls gleich wieder ausgegeben werden, sondern vor allem

[EREIGNIS]

Neue Gegengerade

Daimler-Stadion bleibt multifunktional

Mit der Vergabe der WM 2006 an Deutschland lebte in Stuttgart die Hoffnung auf ein reines Fußballstadion wieder auf. Das Weltturnier stellte eine glänzende Gelegenheit dar, die Vielzweckarena Gottlieb-Daimler-Stadion in einen modernen Fußballtempel ohne Laufbahn umzuwandeln, wie sie inzwischen überall in der Republik entstanden waren. Nicht so in Stuttgart. Das Daimler-Stadion müsse als „Mekka der Leichtathletik" erhalten bleiben, forderte Clemens Prokop, der Präsident des Deutschen Leichtathletik-Verbandes, und fand reichlich Fürsprecher, obwohl Veranstaltungen wie die Leichtathletik-WM 1993 mit einem dicken Minus für die Stadt abgeschlossen hatten.

Der VfB versuchte es derweil auf eigene Faust und stellte im Frühjahr 2003 Umbaupläne vor, nach denen eine reine Fußballarena mit 45.000 Sitzplätzen entstehen sollte. Problem: Die Finanzierung, die nicht zuletzt durch den bereits Jahre zuvor festgelegten, unbefristeten Verkauf der Namensrechte an DaimlerChrysler erschwert wurde.

Am 22. Mai 2003 erteilte der Stuttgarter Gemeinderat den Plänen wegen der ungeklärten Finanzierung prompt eine Absage, womit die Pläne in der Schublade verschwanden.

Wenige Wochen später stimmte derselbe Gemeinderat dann dem WM-gerechten Umbau der Mehrzweckarena zu. Für rund 51 Mio. Euro sollte die Gegengerade durch einen Oberrang mit 2.150 zusätzlichen Sitzplätzen aufgestockt werden und durch die Installation moderner Videoleinwände in den Kurven weitere 1.815 Plätze geschaffen werden. Mit dann 54.000 Plätzen war das Daimler-Stadion zwar zu klein für ein WM-Halbfinale (Voraussetzung: 60.000), wurde aber immerhin mit vier Vorrundenspielen, einem Achtelfinale sowie dem Spiel um Platz drei bedacht. Dass bei Letzterem „Klinsis Jungs" ausgerechnet in Stuttgart ihr viel umjubeltes „Tschüss" vom Turnier nahmen, bescherte Stuttgarts WM-Wochen ein unvergessenes Highlight.

Anlässlich der Vollendung der „dritten Bauphase" erschien im Herbst 2006 ein Buch über die Geschichte des Stadions, das anschaulich die verschiedenen Etappen der „ewigen Baustelle" Daimler-Stadion nachzeichnet. Sinnigerweise „Auf Ballhöhe" getauft, unterstrich auch Verfasser Gerhard Hörner den Wunsch nach einer reinen Fußballarena, der zudem von der Initiative „www.pro-vfb-stadion.de gefördert wird.

■ Mit dem Energieunternehmen „EnBW" präsentierte der VfB zu Saisonbeginn einen neuen Trikotsponsor. Der bis 2010 laufende Vertrag garantiert den Weiß-Roten pro Saison 6,5 Mio. Euro.

■ Trauer beim VfB. Am 23. Mai 2006 verstarb der langjährige Parkplatzchef Otto Münzinger, der dem VfB 1947 beigetreten war und sein Amt zwanzig Jahre lang bekleidet hatte.

■ Horst Heldt wechselte in der Winterpause die Arbeitskleidung. Statt des weißen Jerseys mit dem roten Brustring trug der 36-jährige Mittelfeldspieler nun feinen Zwirn. Er löste am 3. Januar Sportmanager Herbert Briem ab, der wieder auf seinen alten Posten als Scout zurückkehrte. Offiziell „Teammanger" getauft, setzte sich Heldt nach der Entlassung von Trapattoni vehement für Armin Veh als Nachfolger ein.

■ Kurz nach Saisonbeginn heuerte der VfB mit Danijel Ljuboja einen weiteren Stürmer an. Der aus Paris ausgeliehene Serbe erregte Aufsehen wegen seines auffälligen Irokesenstreifens im Kopfhaar. Einst im Rahmen einer Wette entstanden, hatte sich der „Iro" für Ljuboja als Glücksbringer erwiesen und war zum Markenzeichen geworden. Auch in Stuttgart brachte er Glück, denn Ljuboja erzielte im Saisonverlauf immerhin acht Tore und erhielt daraufhin einen Festvertrag. Kaum war der unterschrieben, gab es jedoch Ärger. Der Serbe verlangte plötzlich eine Gehaltsverdopplung und fiel dadurch in Ungnade. Der Fall Ljuboja: irgendwie typisch für den VfB 2005/06.

der Schuldentilgung dienen. „Warum soll ich einen Star kaufen. Viel besser ist es, ich mache jemanden zum Star", gab sich Trapattoni großmütig als Talentförderer – um nur wenig später den Kauf von Jon Dahl Tomasson, Jesper Grønkjær, Danijel Ljuboja und Mario Carevic in die Wege zu leiten…

Nach einem rauschenden Auftakttraining begann der Ligaalltag – und der war bitter wie lange nicht mehr. Trapattoni legte sich ausgerechnet mit den verbliebenen Integrationsfiguren Hildebrand und Soldo an, verbannte Letzteren im ersten Heimspiel gegen Aufsteiger Köln auf die Bank und fand prompt eine unsortierte Abwehr vor. Nach 0:3-Rückstand ging der VfB als 2:3-Verlierer vom Platz. Was folgte, war ähnlich uninspirierter Zweckfußball, wie er Matthias Sammer in der Vorsaison den Kopf gekostet hatte. Im Unterschied zu Sammer konnte Trapattoni aber nicht einmal Erfolge verbuchen, denn mit 16 Unentschieden im Saisonverlauf war der VfB von seinem Saisonziel „internationaler Wettbewerb" meilenweit entfernt.

Als es zum Rückrundenstart nach einem 0:1 gegen Duisburg und einem 0:0 in Köln auch gegen Bremen kein VfB-Tor zu bejubeln gab, wurde das inzwischen als „Missverständnis" betitelte Engagement des Italieners beendet und Armin Veh als neuer Trainer vorgestellt. Der von Aufsichtsratsvorsitzender Dr. Hundt wenig galant als „Übergangslösung" bezeichnete Ex-Reutlinger startete mit einer Niederlage in Bielefeld und vermochte den Karren nicht mehr aus dem Dreck zu ziehen. Nach einer indiskutablen Leistung beim 0:2 in Berlin kündigten die Fans den „Millionären" im VfB-Dress endgültig die Freundschaft und warteten mit resignierter Gelassenheit auf das Saisonende, das den VfB auf Rang neun einlaufen sah. Der Wandel zum internationalen Topverein war erneut misslungen, doch die Hoffnung auf größere Zeiten blieb.

[EREIGNIS]

„Iche wieder da"

Wirbel um „Mister" Trapattoni

Einen schillernderen Namen als den von Giovanni Trapattoni hätte man kaum finden können. Als VfB-Chef Staudt am Freitag den 17. Juni 2005 um 14.30 Uhr den neuen Trainer vorstellte, ging ein Raunen durch die VfB-Gemeinde. Zehn Tage später marschierte der Lombarde beim Trainingsauftakt mit stolzgeschwellter Brust über das VfB-Gelände, gab bereitwillig Autogramme und ließ sich lächelnd fotografieren. Seine Frau habe gesagt, „du liebst den Fußball mehr als mich", woraufhin der bei Benfica Lissabon offiziell wegen „Heimweh" (inoffiziell wegen unattraktiver Spielweise…) vorzeitig ausgeschiedene Erfolgstrainer in Stuttgart unterschrieben hatte. „Ich bin sehr stolz, Trainer beim VfB zu sein", bekannte der 66-Jährige, der dem Vernehmen nach beim VfB 1,8 Mio. Euro per anno verdiente.

Dass Trapattoni für zweckorientierten Ergebnisfußball stand und die Forderungen nach attraktivem Offensivspiel schon aufgrund seiner italienischen Fußballmentalität nicht würde erfüllen können, störte ebenso wenig wie die auf den ersten Blick so lustigen Sprachschwierigkeiten des Italieners. Ersteres konterte „Trap" mit den Worten: „Real Madrid spielt mit fünf Spitzen und gewinnt nie", für Letzteres hatte er mit Andreas Brehme einen Übersetzer im Gepäck.

Es dauerte nur wenige Wochen, da war der Glanz des „Misters" ermattet. „Schlappattoni" spottete die »Bild«-Zeitung über die leblosen Darbietungen des VfB-Ensembles und charakterisierte jene mit „Rumpelfußball". Auch aus Spielerkreisen wurde Kritik laut. Timo Hildebrand, dem Trapattoni vor Saisonbeginn Torwarttrainer Trautner weggemobbt hatte, fand nie einen Draht zu dem Italiener. Andere VfB-Profis belächelten „Trap" und bezeichneten seine Trainingsmethoden als nicht mehr zeitgemäß. In der Vorbereitung habe man „viel zu wenig" für die Grundlagenausdauer getan, es gingen keine „klaren taktischen Anweisungen" vom Trainer aus, der sie „wie Kleinkinder" behandele. Vor allem Tomasson und Grønkjær, nur aufgrund Trapattonis Werben nach Stuttgart gekommen, klagten über die sie nicht ausreichend berücksichtigende Taktik des Italieners und fragten sich, warum er sie überhaupt geholt hatte.

Präsident Staudt, vehementer Verfechter Trapattonis, entrüstete sich derweil über diese „Unverschämtheit sondergleichen", mit der „so eine Persönlichkeit mit Stil und Charisma teilweise ohne Respekt einfach attackiert wird" und mahnte „Geduld" an. Die hatte zumindest Aufsichtsratschef Dr. Hundt nicht, der schon bald eine Ablösung verlangte. Nachdem Siege über Wolfsburg und Schalke Trapattoni kurz vor Weihnachten noch den Kopf gerettet hatten, war nach dem missratenen Rückrundenstart Schluss. Am 9. Februar verkündete der VfB seine Entlassung, die eine teure Angelegenheit war. Im Vertrag stand zwar, dass Trapattoni ohne Abfindung gefeuert werden konnte – allerdings erst ab Platz zehn.

Und der VfB war Siebter…

Der VfB 2005/06. Hinten v. l.: „Fritzle", Delpierre, Meira, Babbel, Soldo, Gentner, Gomez, Magnin, Tiffert, Stranzl, Streller. Mitte: Trainer Trapattoni, Co-Trainer Brehme, Torwarttrainer Bardin, Fitnesstrainer Rossi, Hinkel, Gerber, Zivkovic, Caligiuri, Hitzlsperger, Physiotherapeuten Wörn und Egger, Zeugwart Papandrafillis. Vorn: Torwarttrainer Trautner, Teambetreuer Rücker, Meißner, Cacau, Hildebrand, Heinen, Bierofka, Rathgeb, Heldt, Elson.

1. Bundesliga

1	6.8.2005	MSV Duisburg - VfB	1:1	28.443
2	14.8.2005	VfB - 1. FC Köln	2:3	49.000
3	27.8.2005	Werder Bremen - VfB	1:1	38.440
4	10.9.2005	VfB - Arminia Bieleeld	1:1	34.000
5	17.9.2005	Mainz 05 - VfB	1:2	20.300
6	21.9.2005	VfB - Hamburger SV	1:2	34.000
7	25.9.2005	VfB - 1. FC Kaiserslautern	1:0	35.000
8	2.10.2005	Borussia Dortmund - VfB	0:0	73.100
9	15.10.2005	VfB - Bor. M'gladbach	1:1	45.000
10	23.10.2005	Bayer Leverkusen - VfB	1:1	22.500
11	29.10.2005	VfB - Hertha BSC Berlin	3:3	40.000
12	6.11.2005	1. FC Nürnberg - VfB	0:1	25.860
13	20.11.2005	VfB - Hannover 96	2:2	36.000
14	27.11.2005	Eintracht Frankfurt - VfB	1:1	41.500
15	3.12.2005	VfB - Bayern München	0:0	55.000
16	10.12.2005	VfL Wolfsburg - VfB	0:1	23.686
17	17.12.2005	VfB - Schalke 04	2:0	48.000
18	28.1.2006	VfB - MSV Duisburg	0:1	31.000
19	4.2.2006	1. FC Köln - VfB	0:0	47.500
20	8.2.2006	VfB - Werder Bremen	0:0	30.000
21	11.2.2006	Arminia Bielefeld - VfB	2:1	17.728
22	19.2.2006	VfB - Mainz 05	2:1	28.000
23	26.2.2006	Hamburger SV - VfB	0:2	51.281
24	7.3.2006	1. FC Kaiserslautern - VfB	1:1	30.593
25	11.3.2006	VfB - Borussia Dortmund	0:0	45.000
26	18.3.2006	Bor. M'gladbach - VfB	1:1	45.552
27	25.3.206	VfB - Bayer Leverkusen	0:2	32.000
28	1.4.2006	Hertha BSC Berlin - VfB	2:0	51.436
29	8.4.2006	VfB - 1. FC Nünberg	1:0	35.000
30	16.4.2006	Hannover 96 - VfB	3:3	36.298
31	22.4.2006	VfB - Eintracht Frankfurt	0:2	56.000
32	3.5.2006	Bayern München - VfB	3:1	69.000
33	6.5.2006	VfB - VfL Wolfsburg	2:1	31.000
34	13.5.2006	Schalke 04 - VfB	3:2	61.524

Abschlusstabelle

1. Bayern München (M)	34	22	9	3	67:32	75
2. Werder Bremen	34	21	7	6	79:37	70
3. Hamburger SV	34	21	5	8	53:30	68
4. Schalke 04	34	16	13	5	47:31	61
5. Bayer Leverkusen	34	14	10	10	64:49	52
6. Hertha BSC Berlin	34	12	12	10	52:48	48
7. Borussia Dortmund	34	11	13	10	45:42	46
8. 1. FC Nürnberg	34	12	8	14	49:51	44
9. VfB Stuttgart	34	9	16	19	37:39	43
10. Bor. M'gladbach	34	10	12	12	42:50	42
11. Mainz 05	34	9	11	14	46:47	38
12. Hannover 96	34	7	17	10	43:47	38
13. Arminia Bielefeld	34	10	7	17	32:47	37
14. Eintr. Frankfurt (N)	34	9	9	16	42:51	36
15. VfL Wolfsburg	34	7	13	14	33:55	34
16. 1. FC K'lautern ▽	34	8	9	17	47:71	33
17. 1. FC Köln (N) ▽	34	7	9	18	49:71	30
18. MSV Duisburg (N) ▽	34	5	12	17	34:63	27

DFB-Pokal

1. HR	21.8.05	TSG Hoffenheim - VfB	3:4 n.V.	5.000
2. HR	26.10.05	Hansa Rostock - VfB	3:2	13.000

Ligapokal

VR	23.7.05	Hertha BSC Berlin - VfB	0:0 3:4 i. E.	20.395
HF	26.7.05	Bayern München - VfB	1:2	40.000
F	2.8.05	Schalke 04 - VfB	1:0	40.000

UEFA-Cup

1. R	15.9.05	VfB - NK Domžale	2:0	12.000
	29.9.05	NK Domžale - VfB	1:0	2.500
Gruppenspiele, Gruppe G				
	20.10.05	Stade Rennes - VfB	0:2	22.847
	3.11.05	VfB - Schachtjor Donezk	0:2	15.200
	24.11.05	PAOK Saloniki - VfB	1:2	29.000
	14.12.05	VfB - Rapid Bukarest	2:1	14.000

Abschlusstabelle Gruppe G

1. Rapid Bukarest	4	3	0	1	5:2	9
2. Schachtjor Donezk	4	3	0	1	4:1	9
3. VfB Stuttgart	4	3	0	1	6:4	9
4. PAOK Saloniki	4	1	0	3	6:5	3
5. Stade Rennes	4	0	0	4	1:10	0

ZR	16.2.06	VfB - FC Middlesbrough	1:2	21.000
	23.2.06	FC Middlesbrough - VfB	0:1	23.000

Bundesligakader

Abgänge: Benaglio (Nacional Funchal), Élson (AA Ponte Preta), Hleb (Arsenal London), Kuranyi (Schalke 04), Lahm (Bayern München), Stojanov (FK Sliven), Szabics (1. FC Köln), Vranjes (Werder Bremen). **Abgänge im Saisonverlauf:** Caligiuri (im Januar zum MSV Duisburg), Heldt (im Januar Laufbahnende, VfB-Teammanager), Rathgeb (im Januar zu Hansa Rostock), Stranzl (im März zu Spartak Moskau), Streller (im Januar ausgeliehen an den 1. FC Köln), Zivkovic (im Januar ausgeliehen an den 1. FC Köln)
Zugänge: Bierofka (Bayer Leverkusen), Carevic (Al-Ittihad Jeddah), Gentner (VfB-Amateure), Grønkjær (Atlético Madrid), Hitzlsperger (Aston Villa), Magnin (Werder Bremen), Rathgeb (FC St. Gallen, war ausgeliehen),Tomasson (AC Mailand). **Zugänge im Saisonverlauf:** Ljuboja (im August von Paris SG)
Trainer: Giovanni Trapattoni (bis zum 9. Februar 2006), Armin Veh (ab 9. Februar 2006)

Tor
1 Timo Hildebrand 31/0
23 Dirk Heinen 3/0
41 M. Langer (Am) 0/0

Feld
6 Fernando Meira 32/0
20 Zvonimir Soldo 31/0
33 Mario Gomez 30/6
17 M. Delpierre 29/0
13 Christian Tiffert 28/3
2 Andreas Hinkel 26/0
11 T. Hitzlsperger 26/2
38 Danijel Ljuboja 26/8
10 Jon D. Tomasson 26/8
22 Jesper Grønkjær 25/0
21 Ludovic Magnin 25/1
7 Silvio Meißner 25/2
40 Chr. Gentner 23/1
18 Cacau 20/4
3 Martin Stranzl 15/0
5 Markus Babbel 12/0
12 Heiko Gerber 10/0
9 Marco Streller 7/1
14 Mario Carevic 6/0
32 Andreas Beck (Am) 5/0
8 Daniel Bierofka 1/0
4 Boris Zivkovic 0/0
16 Horst Heldt 0/0
26 Marco Caligiuri 0/0
27 Tobias Rathgeb 0/0
+ ein Eigentor

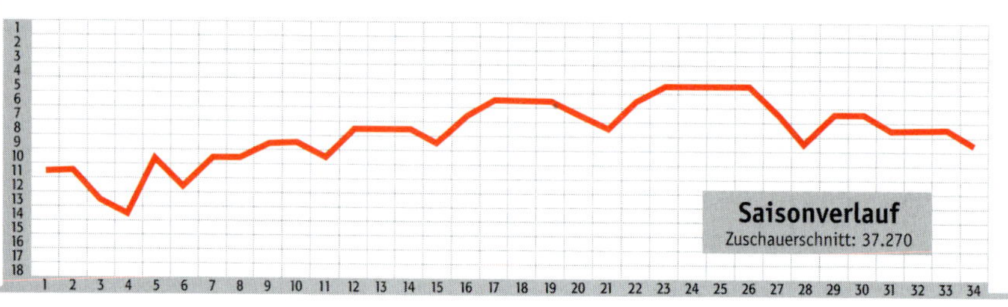

[LEGENDEN]

ZVONIMIR SOLDO

Er war eine der letzten Symbolfiguren aus besseren Tagen: Zvonimir Soldo. In rund 400 Pflichtspielen bewährter defensiver Mittelfeldakteur des VfB, der nach dem Willen der Vereinsführung zum Saisonende ausscheiden musste. Für viele VfB-Fans war Soldo die letzte Identifikationsfigur. Entsprechend enthusiastisch wurde er am 6. Mai 2006 beim 2:1 gegen den VfL Wolfsburg verabschiedet und bei seiner Ehrenrunde mit langanhaltendem Beifall gefeiert. Soldo stand für vieles, was dem VfB 2005/06 fehlte: Einsatzwille, Kampfbereitschaft und Leidenschaft. Darüber hinaus war der 1996 von Croatia Zagreb (heute Dinamo) gekommene Kroate aber auch ein vorzüglicher Ballkünstler, der zwar unscheinbar, zugleich aber enorm effektiv konstanter Leistungsträger im weiß-roten Dress war. Seine größten Erfolge feierte der langjährige Kapitän und Publikumsliebling in den Jahren 1997 und 1998, als er mit dem VfB Pokalsieger wurde und ins Europacupfinale einzog, während er mit Kroatien bei der WM in Frankreich Dritter wurde.

[SPIEL]

VfB 0:2 Frankfurt

Gewitter über Stuttgart

Frankfurt düpiert Veh-Elf

Trotz Krise und karger Leistungen: Stuttgart hat offenbar noch immer „Lust" auf den VfB. Dass die Partie gegen Abstiegskandidat Eintracht Frankfurt ausverkauft ist, liegt aber auch an 8.000 Discountkarten, die der Verein offeriert hat. Die Stimmung im Schwabenlager ist kämpferisch. Wenige Tage zuvor hat man „Übergangslösung" Armin Veh zur „Dauerlösung" gemacht. „Armin Veh erfüllt alle Voraussetzungen, um unsere Mannschaft auch über das Saisonende hinaus als Cheftrainer zu betreuen", begründet Präsident Erwin Staudt die Entscheidung. Aufsichtsratsboss Dr. Hundt ist sich dessen nicht so sicher. Er gilt als Gegner der Weiterverpflichtung. Veh selbst zeigt sich erleichtert. „Es war wichtig, dass das Thema vom Tisch kommt. Jetzt wissen alle, wie es weitergeht", erklärt er und fordert gegen Pokalfinalist Frankfurt volle Konzentration. Ohne den aus disziplinarischen Gründen auf die Tribüne verbannten Schweizer Nationalspieler Ludovic Magnin plätschert die Partie in der ersten Halbzeit dahin. Der VfB bemüht sich zwar, Druck aufzubauen, doch die Hessen stehen stabil und lassen keine Torchance zu. Zahlreiche Fehlpässe erzürnen das Publikum, das rasch ungeduldig wird. Schon zur Pause wird die Veh-Elf mit einem gellenden Pfeikonzert verabschiedet, droht abermals Streit mit dem eigenen Publikum. Als kurz nach dem Wiederanpfiff eine schwarze Gewitterfront am Firmament aufzieht, wirkt dies wie ein böses Omen. In der 59. Minute passiert es. Just als ein erneuter Donnerschlag die Luft vibrieren lässt, schlägt das Spielgerät zum 0:1 hinter Timo Hildebrand ein. Der VfB gerät nun vollends aus den Fugen. Als die Hessen drei Minuten später ausgerechnet durch den ehemaligen „jungen Wilden" Amanatidis auf 2:0 erhöhen, stöhnt das Publikum kollektiv auf und wendet sich frustriert ab. Tiefpunkt: Tomasson und Hitzlsperger verschwinden nach ihren Auswechslungen Hals über Kopf aus dem Stadion und werden dafür später mit einer Geldbuße bestraft. Quo vadis, VfB?

Fernando Meira versucht am Frankfurter Lexa vorbeizukommen.

Der VfB in Zahlen

VfB Stuttgart

Anschrift
Mercedesstraße 109
70372 Stuttgart
Telefon: 0 18 05 – 8 32 54 63 (0,12 Euro)
Fax: 07 11 - 5 50 07 33
info@vfb-stuttgart.de
www.vfb-stuttgart.de oder www.vfb.de

Vereinsfarben Weiß-Rot
Vereinsgründung 2. April 1912
durch Fusion zwischen FV Stuttgart 1893 (gegründet 9. September 1893) und FC Krone Cannstatt (1897)

Mitglieder 30.960

Deutscher Meister 1950, 1952, 1984, 1992
Deutscher Pokalsieger 1958, 1958, 1997
Deutscher Supercupsieger 1992
Europapokalfinalist 1989 (UEFA-Cup) 1998 (Pokalsieger)
Deutscher Amateurmeister 1963, 1980
Deutscher A-Jugend-Meister 1973, 1975, 1981, 1984, 1988, 1989, 1990, 1991, 2003
Deutscher-B-Jugend-Meister 1986, 1994, 1995, 1999, 2004

Präsident Senator h.c. Erwin Staudt
Vorstandsmitglied Ulrich Ruf
Vorsitzender des Aufsichtsrates Dr. Dieter Hundt
Ehrenpräsident Gerhard Mayer-Vorfelder
Erweiterter Vorstand/Management
Horst Heldt (Team), Jochen Schneider (Sport, Verwaltung), Thomas Weyhing (Verwaltung, Personal, Organisation), Stefan Heim (Stab), Markus Schmidt (Rechnungswesen, Controlling), Oliver Schraft (Medien, Kommunikation)
Geschäftsführer VfB Stuttgart Marketing GmbH
Jochen Röttgermann, Rainer Mutschler
Vereinsärzte Dr. Thomas Frölich, Dr. Heiko Striegel, Dr. Raymond Best
Physiotherapeuten Gerhard Wörn, Hagen Stroh, Detlef Müller
Teambetreuer Jochen Rücker
Zeugwart Kostas Papandrafillis
Konditions- und Rehatrainer Christian Kolodziej
Co-Trainer Alfons Higl
Torwarttrainer Eberhard Trautner
Busfahrer Rolf Geißler

Fanbeauftragte Ralph Klenk und Peter Reichert
Vereinszeitung »Stadion aktuell« kostenlos zu jedem Heimspiel

Maskottchen Fritzle

Nachstehend alle namentlich bekannten Spieler, die von 1911/12 bis 2005/06 für den VfB Stuttgart Pflichtspiele bestritten haben. Für den Zeitraum 1911/12-24/25 bzw. 1941/42-44/45 waren die Einsätze nur rudimentär zu eruieren. Die betroffenen Spieler sind mit einem „*" (= Anzahl der Einsätze unbekannt) bzw. „+" (= weitere Einsätze wahrscheinlich) gekennzeichnet.

Stichtag der statistischen Daten: 30. Juni 2006

	Name, Vorname	geboren	von-bis	gesamt	1. BL	OL	2. BL	BezL	GL	DM-ER	Pokal	LP	EC	UI
A	Adhemar	27.4.1972	2000-02	44/11	39/9						3/2		1/0	1/0
	Adrion, Rainer	10.12.1953	1980-82	26/0	22/0						2/0	2/0		
	Aeckerle		1913-25	*				*						
	Ahrendt, Dieter	16.2.1936	1957-61	30/0		29/0					1/0			
	Akpoborie, Jonathan	20.10.1968	1997-99	80/32	58/21						7/3	4/1	11/7	
	Allgöwer, Karl	5.1.1957	1980-91	410/166	338/129						41/22		31/15	
	Allgöwer, Ralf	4.4.1964	1986-87	2/1	2/1									
	Amanatidis, Ioannis	3.12.1981	2002-04	58/13	35/6						5/2	1/0	10/3	7/2
	Arnold, Hans	8.10.1941	1963-71	221/11	204/11						12/0		5/0	
	Autenrieth, Johannes	11.4.1921	1947-48	1/0		1/0								
B	Babbel, Markus	8.9.1972	2004-06	61/2	44/2						5/0	2/0	10/0	
	Baitinger, Otto	27.10.1926	1949-55	203/99		174/78				20/15	9/6			
	Balakov, Krassimir	29.3.1966	1995-03	298/73	236/54						19/7	5/2	25/6	13/4
	Barufka, Karl	15.5.1921	1945-55	240/42		217/41				19/1	4/0			
	Basualdo, José Horacio	20.6.1963	1989-91	57/2	44/2						7/0	6/0		
	Bauer		1935-36	1/0				1/0						
	Bauer, Lothar		1946-47	1/0		1/0								
	Baumann, Rolf	14.6.1963	1987-88	3/0	3/0									
	Baumgart, Otto	19.11.1929	1951-52	4/1		4/1								
	Baun, Karl		1934-43	8/0+					8/0+					
	Bausch, Theophil		1933-34	3/2					3/2					
	Bechtle		1913-14	*				*						
	Beck, Andreas	13.3.1987	2005-06	5/0	5/0								1/0	
	Beck, Harald	29.7.1957	1975-82	59/7	32/4		16/1				5/2		6/0	
	Becker, Karl		1923-41	173/47				153/33	20/14					
	Becker, Matthias	19.4.1974	1997-98	13/0	8/0						2/0	1/0	2/0	
	Beierlorzer, Bertram	31.5.1957	1986-88	35/0	31/0						2/0		2/0	
	Benaglio, Diego	8.9.1983	2002-03	1/0									1/0	
	Benkes		1920-21	*				*						
	Berger, Karl	13.6.1951	1971-73	37/6	29/4						5/2	3/0		
	Bermanseder, Hans		1912-13	*				*						
	Berthold, Thomas	12.11.1964	1993-00	227/5	191/4						19/1	5/0	10/0	2/0
	Bethmann (TW)		1919-20	*				*						
	Bialon, Uwe	20.8.1963	1982-83	1/0	1/0									
	Bierofka, Daniel	7.2.1979	2005-06	1/0	1/0									
	Binkert, Herbert	3.9.1923	1946-48	68/32		68/32								
	Blank, Stefan	10.3.11977	2000-01	18/1	7/0						3/0		3/1	5/0
	Blessin, Alexander	28.5.1973	1998-99	10/0	7/0						2/0		1/0	
	Blessing		1922-23	*				*						
	Blessing, Rolf	21.7.1929	1948-62	384/140		348/125				27/13	9/2			
	Blum, Ernst	25.1.1904	1922-35	125/2				110/2	15					
	Bluthardt, Willi		1931-32	6/1				6/1						
	Bobic, Fredi	30.10.1971	1994-99	182/87	148/69						17/8	5/1	12/9	
	Bochtler, Michael	15.10.1975	1993-98	40/1	35/1						3/0		1/0	1/0
	Böckler		1923-24	*				*						
	Bögelein, Karl (TW)	28.1.1927	1951-57	198/0		166/0				23/0	8/0			
	Böhringer, Siegfried	26.10.1940	1963-67	21/2	16/1						1/1	4/0		
	Bökle, Otto	17.2.1912	1932-49	204/93+		79/27		15/6	100/52+	10/8				
	Böklen, Max		1923-27	17/1+				17/1+						
	Bonne		1920-21	*				*						
	Bordon, Marcelo José	7.1.1976	1999-04	171/13	129/11						8/0	1/0	15/1	
	Boß		1939-41	14/3					14/3					
	Branco, Serge	11.10.1980	2003-04	4/0	4/0							1/0		
	Braun		1942-43	*					*					
	Braun, Marvin	11.1.1982	2001-02	1/0	1/0									
	Brdaric, Thomas	23.1.1975	1993-94	10/1	10/1									
	Brenninger, Dieter	16.2.1944	1972-76	114/24	81/15		18/1				6/3	1/0	8/5	
	Briem, Herbert	12.6.1957	1984-85	3/0	2/0								1/0	
	Brodbeck, Albert		1928-29	9/0				9/0						
	Bucher		1930-31	3/2				3/2						
	Buchwald, Guido	24.1.1961	1983-94	387/45							34/13		27/3	
	Buck, Andreas	29.12.1967	1990-97	185/12	165/10						13/0		6/2	
	Buck, Heinrich		1928-36	136/19				100/18	28/1	8/0				
	Buggle, Max		1912-14	*				*						
	Bühler, Walter	29.6.1926	1949-57	124/25		109/20				9/4	6/1			
	Bunk, Leo	23.10.1962	1986-87	28/1	23/1						1/0	4/0		
	Burger		1921-22	*				*						
	Busch, Karl	17.8.1934	1956-58	18/3		18/3								
C	Cacau	27.3.1981	2003-06	98/33	68/20						7/4	6/2	17/7	
	Carevic, Mario	29.3.1982	2005-06	10/1	6/0						1/1		3/0	
	Carnell, Bradley	22.1.1977	1998-03	107/4	82/3						10/1		11/0	4/0
	Catizone, Giuseppe	20.9.1977	1999-00	9/0	5/0						4/0			
	Centuirón, Emanuel	25.8.1982	2003-06	10/1	6/0						2/1		2/0	
	Christ, Josef	16.12.1939	1961-62	3/0		3/0								
	Claesen, Nicolaas	1.10.1962	1984-86	34/12	29/11						3/1		2/0	
	Coordes, Egon	13.7.1944	1971-76	139/8	107/8		20/0				8/0		4/0	
	Corneliusson, Dan	2.10.1961	1983-84	35/13	28/12						5/1		2/0	
	Covic, Ante	31.8.1975	1994-95	14/2	13/2						1/0			
	Czaika, Edmund	15.7.1909	1942-43	*					*					
D	Dachtler		1939-43	4/3+					4/3+					
	Dangelmayr, Steffen	9.9.1978	2002-03	7/0	5/0								2/0	

Name, Vorname	geboren	von-bis	gesamt	1. BL	OL	2. BL	BezL	GL	DM-ER	Pokal	LP	EC	UI
Deck, René (TW)	8.6.1945	1975-76	6/0			5/0				1/0			
Delpierre, Mathieu	26.4.1981	2004-06	54/1	39/1						1/0		2/0	12/0
Deyhle, Erwin (TW)	19.1.1914	1948-49	2/0		2/0								
Didi	24.2.1976	1999-00	2/0	2/0									
Dietterle, Helmut	2.6.1951	1974-78	72/6	42/2		26/4				4/0			
Dietz, Eugen (TW)		1934-35	1/0					1/0					
Dinzey, Michél	15.10.1972	1994-95	14/0	14/0									
Djordjevic, Kristijan	6.1.1976	1996-01	89/7	66/5						11/1	2/0	8/1	2/0
Dobler, Heinz	12.11.1933	1954-55	1/0		1/0								
Doderer		1944-45	*					*					
Dornhecker, Karl	7.4.1928	1955-57	67/4		60/4				6/0				
Dörtenbach, Otto		1920-28	57/0+				57/0+						
Dubajic, Slobodan	19.2.1963	1991-95	134/8	116/7						10/1		7/0	
Dundee, Sean	7.12.1972	1999-03	105/33	77/25						5/2		9/2	14/4
Dunga, Carlos	31.10.1963	1993-95	56/8	54/7						2/1			
E													
Eckert		1940-41	1/0					1/0					
Effinger, Herbert (TW)		1949-51	4/0		4/0								
Efinger, Max		1912-24	*				*						
Eisele, Günther	30.6.1946	1967-74	66/0	52/0						5/0	5/0	4/0	
Eisele, Hans	7.8.1940	1960-71	272/12	197/4	49/1					12/1		7/0	
Eisele, Rolf	27.12.1933	1956-62	89/0		86/0					3/0			
Eisenhardt, Robert		1912-14	*				*						
Elber, Giovane	23.7.1972	1994-97	98/47	87/41						8/3			3/3
Ellwanger, Karl		1931-34	23/0				18/0	5/0					
Elmer, Markus	21.12.1952	1973-80	187/15	105/4		55/11				7/0		20/0	
Elser, Frank	5.10.1958	1989-81	3/0	2/0								1/0	
Elson	16.11.1981	2004-06	3/0	3/0									
Ender, Karl	17.11.1938	1962-63	2/0		2/0								
Endreß, Jochen	3.11.1972	1993-02	96/3	78/2						5/1		9/0	4/0
Endreß, Robert		1912-14	*				*						
Engel		1941-42	*					*					
Engelhardt (TW)		1929-32	5/0				5/0						
Entenmann, Rudi	19.5.1940	1961-69	141/9	86/5		37/2				9/1		3/0	
Entenmann, Willi	25.9.1943	1965-76	277/33	237/28		8/0				17/2		15/3	
Ernst, Thomas (TW)	23.12.1967	2000-03	24/0	19/0						1/0		4/0	
Ettmayer, Johann	23.7.1946	1971-75	115/39	97/34						4/1	6/1	8/3	
F													
Feller, Dieter (TW)	1.12.1942	1967-70	28/0	23/0						2/0		3/0	
Feßler		1919-20	*				*						
Feth, Werner	20.11.1910	1946-48	23/0		23/0								
Feyl, Achim	4.9.1960	1984-85	1/0									1/0	
Feyler		1943-44	*					*					
Fischer, Lorenz (TW)	2.11.1934	1960-64	10/0	1/0		4/0				2/0			
Foda, Franco	23.4.1966	1994-97	80/0	69/0						7/0			4/0
Förster, Bernd	3.5.1956	1978-86	270/22	222/20						27/2		21	
Förster, Karlheinz	25.7.1958	1975-86	365/28	272/17		39/5				32/4		22/2	
Fournier, Sebastién	27.6.1971	1996-97	17/0	11/0						4/0			2/0
Frank		1920-21	*				*						
Frank, Wolfgang	21.2.1951	1971-73	67/30	55/23						8/2	4/5		
Freitag, Eugen		1941-43	*					*					
Frick, Bernd	20.3.1958	1976-77	1/0			1/0							
Fritz, Martin	18.8.1966	1984-86	8/0	7/0						1/0			
Friz, Emil		1912-14	*				*						
Frommer, Nico	8.4.1978	1998-99	8/0	8/0									
Frontzeck, Michael	26.3.1964	1989-94	191/17	163/16						14/0	1/0	13/1	
Funk, Klaus	21.2.1954	1975-77	4/0			4/0							
Funke		1943-44	*					*					
G													
Gabriel, Werner (TW)	20.8.1907	1925-31	86/0				86/0						
Gack, Walter (TW)	2.7.1924	1946-47	2/0		2/0								
Ganea, Ioan Viorel	10.8.1973	1999-03	138/47	107/34						12/7	9/2	10/4	
Gärtner, Manfred	17.12.1939	1967-68	4/0	4/0									
Gass, Werner	14.5.1954	1975-77	36/1			33/1				3/0			
Gaudino, Maurizio	12.12.1966	1987-93	209/38	171/30						16/3	1/1	21/4	
Geiger		1943-44	*					*					
Geiger, Rolf	16.10.1934	1957-67	216/94	70/19	116/59					8/5		3/1	
Geiser		1937-41	27/8					23/6	4/2				
Gellesch, Rudolf	1.5.1914	1942-43	*					*					
Gentner, Christian	14.8.1985	2004-06	35/2	24/1						2/0	2/0	7/1	
Gerber, Heiko	11.7.1972	1999-06	174/8	132/7						12/1	1/0	17/0	12/0
Gerlinger, Erwin	6.6.1906	1925-32	77/9				77/9						
Giersch, Willi		1912-13	*				*						
Gilewicz, Radoslaw	8.5.1971	1995-97	54/6	44/6						6/0			4/0
Glenk, Rolf		1923-33	23/1				23/1						
Glückler, Achim	10.8.1964	1983-84	1/0	1/0									
Golke, André	15.8.1964	1992-93	29/5	25/1						2/3	1/0	1/1	
Gomez, Mario	10.7.1985	2003-06	50/8	39/6						1/0	3/0	7/2	
Gomminginger, Thomas	3.3.1966	1985-87	13/0	12/0						1/0			
Grau, Fritz		1927-31	49/0				49/0						
Greiner, Uwe (TW)	9.8.1959	1979-81	30/0	24/0						1/0		5/0	
Gress, Gilbert	17.12.1941	1966-71	164/26	149/25						9/1		6/0	
Grimm, Marco	16.6.1972	1995-97	39/1	32/0						5/0			2/1
Grønkjær, Jesper	12.8.1977	2005-06	35/0							2/0	1/0	7/0	
Groß (TW)		1943-44	*					*					
Grüninger, Siegfried (TW)	28.6.1959	1982-83	5/0	5/0									
Günther, Manfred	4.9.1956	1975-76	4/0			4/0							
H													
Haaga, Eberhard	6.10.1907	1932-40	11/2				8/2	3/0					
Haaga, Erwin	3.2.1914	1930-47	127/41+		4/0		34/15	73/26	16/3				
Haaga, Werner	3.3.1947	1968-71	41/5	39/3						2/2			
Haas, Josef (TW)	19.2.1933	1954-55	7/0		6/0					1/0			
Haber, Marco	21.9.1971	1995-98	97/3	77/3						6/0	2/0	8/0	4/0

Gottlieb-Daimler-Stadion

GOTTLIEB-DAIMLER-STADION STUTTGART

Anschrift
Mercedesstraße, 70372 Stuttgart
www.gottlieb-daimler-stadion.de

Eröffnet 23. Juli 1933
Fassungsvermögen 55875 überdachte Plätze (davon 3000 Stehplätze)
Zuschauerrekord 103000 - 115000 beim Länderspiel Deutschland - Schweiz am 22. November 1949

Führungen Montags, 16.30 Uhr.
Nur mit Voranmeldungen unter 0711-216-4661
Stadionchef Roland Haas
Stadionmanager Thomas Stojka
Stadionsprecher Christian Pitschmann
Stadionschlosser Dieter Ruben, José Alves
Stadiongärtner Jens Oppenländer, Dieter Butz

1933

1974

Ligaübersicht

AR = Aufstiegsrunde, C = Cannstatt, DM-ER = Endrunde um die Deutsche Meisterschaft, ER = Endrunde, W = Württemberg, WB = Württemberg-Baden

Jahr	Liga	Platz	Sp	g	u	v	Tore	Punkte
1912/13	Südkreisliga	6.	14	5	2	7	23:32	12-16
1913/14	Südkreisliga	7.	14	3	2	9	18:33	8-20
1914/15-1918/19: kein Ligaspielbetrieb								
1929/20	Kreisliga W	5.	18	7	3	8	28:26	17-19
1920/21	Kreisliga W	5.	18	9	2	7	38:21	20-16
1921/22	Kreisliga W	2.	14	9	4	1	29:13	22-6
1922/23	Kreisliga W	6.	14	5	4	5	19:17	14-14
1923/24	Kreisliga C (2)	1.	12	7	3	2	34:10	17-7
	AR Bezirksliga	2.	8	5	1	2	15:11	11-5
1924/25	Bezirksliga WB	5.	14	5	3	6	19:25	13-15
1925/26	Bezirksliga WB	2.	14	7	3	4	34:19	17-11
1926/27	Bezirksliga WB	1.	18	14	3	1	49:20	31-5
	Süddeutsche ER	5.	10	3	1	6	24:28	7-13
1927/28	Bezirksliga W	3.	16	10	1	5	52:24	21-11
	Süddeutsche ER	4.	14	6	3	5	35:33	15-13
1928/29	Bezirksliga W	3.	14	7	4	3	31:19	18-10
	Süddeutsche ER	5.	14	6	0	8	38:32	12-16
1929/30	Bezirksliga W	1.	14	10	0	4	36:21	20-8
	Süddeutsche ER	5.	14	6	2	6	42:39	14-14
1930/31	Bezirksliga W	2.	14	8	3	3	35:16	19-9
1931/32	Bezirksliga W	2.	18	8	6	4	42:28	22-14
	Süddeutsche ER	8.	14	3	2	9	26:42	8-20
1932/33	Bezirksliga W	3.	18	10	6	2	46:27	26-10
1933/34	Gauliga W	3.	16	6	5	5	45:35	17-15
1934/35	Gauliga W	1.	18	11	3	4	53:31	25-11
	DM-ER	1.	6	4	0	2	13:11	8-4
	Deutscher Vizemeister							
1935/36	Gauliga W	3.	18	8	5	5	48:33	21-15
1936/37	Gauliga W	1.	18	12	3	3	50:27	27-9
	DM-ER	1.	6	4	1	1	12:3	9-3
	Platz 3							
1937/38	Gauliga W	1.	18	14	3	1	58:14	31-5
	DM-ER	3.	6	2	1	3	14:9	5-7
1938/39	Gauliga W	2.	18	10	4	4	38:30	24-12
1939/40	Gauklasse W	1.	10	9	1	0	43:12	19-1
	ER Württemberg	2.	6	4	1	1	18:12	9-3
1940/41	Bereichskl. W	2.	22	16	5	1	88:28	37-7
1941/42	Bereichskl. W	2.	18	14	1	3	58:24	29-7
1942/43	Bereichskl. W	1.	18	15	0	3	67:25	30-6
	DM-ER: VfB - München 1860 0:3							
1943/44	Bereichskl. W	4.	18	8	3	7	39:35	19-17
1944/45	Bereichskl. Wabgebrochen							
1945/46	Oberliga Süd	1.	30	21	4	5	91:34	46-14
1946/47	Oberliga Süd	6.	38	17	9	12	64:58	43-33
1947/48	Oberliga Süd	5.	38	21	3	14	96:60	45-31
1948/49	Oberliga Süd	6.	30	13	5	12	56:51	31-29
1949/50	Oberliga Süd	2.	30	15	8	7	50:39	38-22
	DM-Finale: VfB - Kickers Offenbach 2:1							
	DEUTSCHER MEISTER							
1950/51	Oberliga Süd	4.	34	19	5	10	82:55	43-25
1951/52	Oberliga Süd	1.	30	17	10	3	60:24	4416
	DM-ER	1.	6	3	2	1	14:8	8-4
	DM-Finale: VfB 1. FC Saarbrücken 3:2							
	DEUTSCHER MEISTER							
1952/53	Oberliga Süd	2.	30	15	8	7	69:33	38-22
	DM-ER	1.	6	5	0	1	16:6	10-2
	DM-Finale: 1. FC Kaiserslautern - VfB 4:1							
1953/54	Oberliga Süd	1.	30	18	7	5	64:39	43-17
1954/55	Oberliga Süd	13.	30	11	4	15	58:60	26-34
1955/56	Oberliga Süd	2.	30	14	10	6	52:29	38-22
	DM-ER	3.	6	1	2	3	9:14	4-8
1956/57	Oberliga Süd	4.	30	17	5	8	69:44	39-21
1957/58	Oberliga Süd	9.	30	11	6	13	55:46	28-32
1958/59	Oberliga Süd	5.	30	11	8	11	61:49	30-30
1959/60	Oberliga Süd	7.	30	13	7	10	66:57	33-27
1960/61	Oberliga Süd	7.	30	14	2	14	57:53	30-30
1961/62	Oberliga Süd	5.	30	13	8	9	66:53	34-26
1962/63	Oberliga Süd	6.	30	12	8	10	49:40	32-28
1963/64	1. Bundesliga	5.	30	13	7	10	48:40	33-27
1964/65	1. Bundesliga	12.	30	9	8	13	46:50	26-34
1965/66	1. Bundesliga	11.	34	13	6	15	42:48	32-36
1966/67	1. Bundesliga	12.	34	10	13	11	48:54	33-35
1967/68	1. Bundesliga	8.	34	14	7	13	65:54	36-33
1968/69	1. Bundesliga	5.	34	14	8	12	60:54	36-32
1969/70	1. Bundesliga	7.	34	14	7	13	59:62	35-33
1970/71	1. Bundesliga	12.	34	11	8	15	49:49	30-38
1971/72	1. Bundesliga	8.	34	13	9	12	52:56	35-33
1972/73	1. Bundesliga	6.	34	17	3	14	71:65	37-31
1973/74	1. Bundesliga	9.	34	12	7	15	58:57	31-37
1974/75	1. Bundesliga	16.	34	8	8	18	50:79	24-44
1975/76	2. Bundesl.-Süd	11.	38	16	4	18	67:60	36-40
1976/77	2. Bundesl.-Süd	1.	38	24	9	5	100:36	57-19
1977/78	1. Bundesliga	4.	34	17	5	12	58:40	39-29
1978/79	1. Bundesliga	2.	34	20	8	6	73:34	38-20
1979/80	1. Bundesliga	4.	34	17	7	10	75:53	41-27
1980/81	1. Bundesliga	3.	34	19	8	7	70:44	46-22
1981/82	1. Bundesliga	9.	34	13	9	12	62:55	35-33
1982/83	1. Bundesliga	3.	34	20	8	6	80:47	48-20
1983/84	1. Bundesliga	1.	34	19	10	5	79:33	48-20
	DEUTSCHER MEISTER							
1984/85	1. Bundesliga	10.	34	14	5	15	79:59	33-35
1985/86	1. Bundesliga	5.	34	17	7	10	69:45	41-27

	Name, Vorname	geboren	von-bis	gesamt	1. BL	OL	2. BL	BezL	GL	DM-ER	Pokal	LP	EC	UI
	Habiger, Werner	3.11.1957	1981-83	34/1	29/1						5/0			
	Häckler		1942-43	*					*					
	Hadewicz, Erwin	2.4.1951	1974-83	270/20	184/9		49/9				22/1		15/1	
	Hagner, Matthias	15.8.1974	1996-98	75/15	53/10						10/2	2/1	6/0	4/0
	Hahn, Hermann	5.8.1907	1933-39	79/2					59/2	20/0				
	Hahn, Max		1931-33	22/0				22/0						
	Handschuh, Karl-Heinz	30.11.1947	1966-74	210/73	185/65						11/2	5/3	9/3	
	Handschuh, Steffen	26.4.1980	2001-02	1/1	1/1									
	Hänle, Hans	1914	1946-47	8/2		8/2								
	Happold, Otto		1920-21	*				*						
	Hartl, Oskar	24.4.1930	1956-63	126/7		105/4					4/0			
	Hartmann, Jürgen	27.10.1962	1985-91	215/12	174/10						20/2		21/0	
	Hattenberger, Roland	7.12.1948	1977-81	125/10	99/9						7/1		19/0	
	Haug, Horst	12.5.1946	1967-73	150/34	135/32						11/1		4/1	
	Hauser, Hans (TW)	17.5.1949	1970-71	2/0	2/0									
	Häusler		1926-28	2/0				2/0						
	Häußermann, Karl		1931-33	16/0				16/0						
	Hecht, Dr. Eugen (TW)		1913-14	*				*						
	Hecht, Kurt		1912-13	*				*						
	Heckeler		1943-44	*					*					
	Heinen, Dirk (TW)	3.12.1970	2003-06	9/0	3/0						3/0		3/0	
	Heinze, Gerhard (TW)	30.11.1948	1967-75	220/0	193/0						11/0	5/0	11/0	
	Heldt, Horst	9.12.1969	2002-06	75/5	54/3						3/1	4/0	14/1	
	Helmerich		1928-29	1/0				1/0						
	Henzler, Hubert	13.3.1938	1960-61	1/0		1/0								
	Herberger, Johannes	9.11.1919	1947-49	62/8		62/8								
	Herzog, Hendrik	2.4.1969	1995-97	48/2	44/2						3/0			1/0
	Heß, Hermann		1919-29	48/11+				48/11+						
	Heß, Paul		1919-21	*				*						
	Hildebrand, Timo (TW)	5.4.1979	1999-06	188/0	188/0						14/0	6/0	33/0	16/0
	Hilkes, Lorenz	31.8.1950	1974-76	13/2	8/1		4/0				1/1			
	Hinkel, Andreas	26.3.1982	2000-06	206/3	156/1						12/0	5/0	27/2	6/0
	Hinterstocker, Ludwig	11.4.1931	1953-58	134/34		122/32				3/0	5/1			
	Hitzfeld, Ottmar	12.1.1949	1975-78	82/43	22/5		55/33				5/5			
	Hitzlsperger, Thomas	5.4.1982	2005-06	38/4							2/1	3/1	7/0	
	Hleb, Aliaksandr	1.5.1981	2000-05	185/20	137/13						12/3	3/0	25/3	8/1
	Höbusch, Herbert	29.1.1949	1969-73	96/5	81/3						6/0	6/2	3/0	
	Hoeneß, Dieter	7.1.1953	1975-79	117/57	64/25		41/19				6/11		6/2	
	Hoffmann, Rudolf	11.2.1935	1957-60	58/1		56/1					2/0			
	Hoffmann, Theodor	5.7.1940	1960-70	233/16	160/10	56/4					11/1		6/1	
	Hofmann II		1942-43	*					*					
	Holcer, Dragan	19.1.1945	1975-81	214/5	106/1		73/1				17/3		18/0	
	Höller, Dieter	3.9.1938	1960-66	148/62	60/23	70/29					7/3		2/2	
	Hollerieth, Achim (TW)	24.9.1973	1999-00	2/0	1/0						1/0			
	Hörtig, Martin		1930-35	28/0				16/0	12/0					
	Hosny, Ahmed Aalah	11.7.1979	1998-01	40/6	26/2						6/2	6/2	2/0	
	Hotic, Demir	9.7.1962	1989-90	18/4	11/3						2/1		5/0	
	Husterer, Markus	16.6.1983	2003-04	2/0	2/0									
	Hütt, Michael	16.9.1953	1974-75	1/0	1/0									
	Huttary, Helmut	28.2.1944	1964-68	94/7	87/7						3/0		4/0	
I	Imberger		1913-14	*				*						
	Immel, Eike (TW)	27.11.1960	1986-95	340/0	287/0						23/0	1/0	29/0	
J	Jäger, Armin (TW)	19.9.1962	1983-86	14/0	13/0						1/0			
	Jahn, Helmut (TW)	20.10.1917	1945-46	6/0		6/0								
	Janetzki, Josef		1942-50	1/0+		1/0			*					
	Jank, Klaus-Dieter	23.11.1952	1973-80	94/13	44/4		38/6				6/3		6/0	
	Jene (TW)		1942-43	*					*					
	Jeske, Arthur	12.9.1962	1982-83	3/0	2/0						1/0			
	Jopp, Bodo (TW)	12.11.1952	1970-73	2/0	2/0									
	Juert, Fredi	16.1.1920	1947-48	20/2		20/2								
	Junginger		1931-32	2/1				2/1						
	Jüptner, Axel	26.4.1969	1988-91	30/0	25/0						2/0		3/0	
K	Kaiser, Jürgen	10.4.1941	1962-63	1/0		1/0								
	Kakoko, Etepe	22.11.1950	1981-82	2/0	1/0								1/0	
	Kaniber, Erich	29.1.1934	1957-60	41/1		41/1								
	Kapp, Oskar (TW)	24.9.1912	1933-40	50/1					42/1	8/0				
	Karch		1940-41	3/0					3/0					
	Kastl, Manfred	23.9.1965	1989-92	72/14	59/8						8/6		5/0	
	Katanec, Srecko	16.7.1963	1988-89	41/3	26/1						4/2		11/0	
	Katzenmaier, E.		1912-14	*				*						
	Kauf, Rüdiger	1.3.1975	1999-01	19/0	14/0						3/2		2/0	
	Keim, Otto	1895	1913-21	*				*						
	Keller, Jens	24.11.1970	1990-00	62/1	49/1						7/0	2/0	4/0	
	Kelsch, Walter	3.9.1955	1977-84	251/65	202/51						25/6		24/8	
	Kempe, Thomas	17.3.1960	1982-85	81/16	69/13						8/3		4/0	
	Kenner (TW)		1942-43	*					*					
	Keppel, Fritz		1912-14	*				*						
	Kienle, Marc	22.10.1972	1991-95	73/7	67/7						6/0		1/0	
	Kies, Thomas	16.10.1975	1998-00	9/1	9/1									
	Kirsch		1912-21	*				*						
	Kläger, Günther	6.6.1934	1956-59	3/0		3/0								
	Klein, Guido	21.3.1923	1947-49	21/10		21/10								
	Klinsmann, Jürgen	30.7.1964	1984-89	186/94	156/79						16/10		14/5	
	Klotz, Bernd	8.9.1958	1978-81	75/26	54/13						7/7		14/6	
	Kneer		1936-44	41/2+					41/2+					
	Knödler		1913-14	*				*						
	Knörzer		1944-45	*					*					
	Knup, Adrian	2.7.1968	1992-94	59/20	53/20						2/0	1/0	3/0	
	Kober		1944-45	*					*					
	Koch, Erich	5.11.1907	1926-47	288/130		12/2		138/68	117/53	21/7				
	Koch, Hans-Dieter	19.4.1944	1967-70	12/0	12/0									
	Kocher		1920-21	*				*						
	Kocholl, Steffen	10.5.1983	2001-02	1/0	1/0									
	Kögl, Ludwig	7.3.1966	1990-96	152/16	139/14						9/1	1/0	3/0	
	Kohler (TW)		1938-39	1/0					1/0					
	Kohnle, Dieter	3.4.1957	1980-81	2/0	2/0									
	Komorowski, Gerd	18.6.1949	1971-73	22/0	16/0						1/0	5/0		
	Köppel, Horst	17.5.1948	1966-73	139/48	124/43						11/4	3/0	1/0	
	Koppenhöfer, Herward	25.5.1946	1972-73	11/1	5/0							6/1		

	Name, Vorname	geboren	von-bis	gesamt	1. BL	OL	2. BL	BezL	GL	DM-ER	Pokal	LP	EC	UI
	Kotz, Walter	19.8.1911	1932-47	121/3+		7/0			98/3+	16/0				
	Kracht, Torsten	4.10.1067	1993-94	14/0	13/0						1/0			
	Kraft, Paul	13.9.1914	1933-50			70/1				13/0				
	Krämer, August	2.9.1897	1919-25	*				*						
	Krämer, Eugen		1920-24	*				*						
	Kramny, Jürgen	18.10.1971	1990-92	20/0	14/0						4/0		2/0	
	Krauß, Hans	28.5.1943	1964-66	2/0	2/0									
	Krauß, Rolf	21.10.1930	1950-56	78/11		68/11				6/0	4/0			
	Krieger, Peter	30.11.1929	1949-54	104/20		82/18				16/2	6/0			
	Kronenbitter, Leo	8.3.1921	1950-56	149/15		125/14				16/0	8/1			
	Kronmüller		1924-25	*				*						
	Kruse, Axel	28.9.1967	1993-96	69/14	64/14						5/1			
	Kuka, Pavel	9.7.1968	1999-00	24/1	20/1						2/1		2/0	
	Kuranyi, Kevin	2.3.1982	2001-05	132/57	99/40						7/6	3/0	22/10	1/1
	Kurz		1936-37	1/0					1/0					
	Kurz, Helmut	11.8.1930	1952-55	16/0		12/0					4/0			
	Kurz, Marco	16.5.1969	1989-90	1/0	1/0									
	Kuzan, Boldan	12.3.1922	1948-49	9/2		9/2								
L	Lahm, Philipp	11.11.1983	2003-05	71/3	53/2						3/0	2/0	13/1	
	Langjahr, Erich	7.11.1920	1944-49	105/19+		105/19			*					
	Läpple, Erwin	26.3.1925	1942-52	216/56+		210/53			*	6/3				
	Larsson, Bo	5.5.1944	1966-69	95/21	88/21						5/0		2/0	
	Ledl, Josef	14.11.1918	1948-51	75/0		71/0				4/0				
	Legat, Thorsten	7.11.1968	1995-99	51/0	40/0					6/0		2/0		3/0
	Lehmann II		1937-38	1/0					1/0					
	Lehmann, Alfred	19.12.1911	1934-50	200/86		75/29			103/48+	22/9				
	Leitgeb, Franz		1942-43	*					*					
	Leonberger, Otto		1929-32	34/0				34/0						
	Liebschwager, Werner	2.5.1927	1952-58	152/0		133/0				14/0	5/0			
	Lindner, Hermann	16.1.1953	1972-74	16/1	7/1						2/0	6/0	1/0	
	Lisztes, Krisztian	2.7.1976	1996-01	146/15	109/12						19/3	4/0	15/0	5/0
	Ljuboja, Danijel	4.9.1978	2005-06	33/13							1/1		6/4	
	Löhle		1920-21	*				*						
	Lopes, Victor	10.9.1964	1984-85	2/0	2/0									
	Lorch, Rudi	20.1.1966	1983-86	27/0	24/0						2/0		1/0	
	Loß, Arno	20.7.1935	1956-60	29/7		25/7					1/0			
	Löw, Joachim	3.2.1960	1980-81	4/0	4/0									
	Luik, Walter	20.6.1920	1936-47	49/0+		30/0			19/0+					
M	Mack, Rudolf	1901	1919-27	6/0+				6/0+						
	Magnin, Ludovic	20.4.1979	2005-06	35/1							2/0	3/0	5/0	
	Maher		1912-13	*				*						
	Maier, Heinrich (TW)		1924-28	44/0+				44/0+						
	Maier, Paul	3.3.1928	1943-52	50/0+		49/0			*	1/0				
	Maier, Sascha	2.1.1974	1994-95	1/0	1/0									
	Maile		1943-44	*					*					
	Makan, Hans-Peter	1.1.1960	1982-85	62/3	52/1						8/0		2/0	
	Mall, Roland	17.4.1951	1971-76	81/1	58/0		7/0				6/0	4/0	6/1	
	Markovic, Sasa	17.9.1971	1998-99	4/1	4/1									
	Marques, Rui Manuel	3.9.1977	2000-04	57/0	47/0						4/0		1/0	5/0
	Martin, Bernd	10.2.1955	1973-82	269/31	154/12		65/11				20/4		30/4	
	Martin, Jürgen	1.2.1949	1970-71	3/0	3/0									
	Marx, Gerhard	5.6.1935	1958-61	35/11		30/11				1/0				
	Mattes		1936-39	7/0					5/0	2/0				
	Mauch, Paul (TW)	8.5.1897	1921-23	*				*						
	Maurer, Reiner	16.2.1960	1984-75	12/0	11/0						1/0			
	Maushardt (TW)		1931-32	7/0				7/0						
	Mayer, Hans	9.2.1945	1968-70	53/1	48/1						2/0		3/0	
	Mayer, Michael	17.10.1970	1991-92	2/0	1/0								1/1	
	Meira, Fernando	5.6.1978	2001-06	168/7	125/5						8/0	6/0	23/2	6/0
	Meißner, Silvio	19.1.1973	2000-06	216/31	155/28						13/1	4/0	31/2	13/0
	Menne, Gerd	14.12.1939	1963-69	132/8	121/8						8/0			
	Merkle, Andreas	17.4.1962	1986-88	46/8	41/8						1/0		4/0	
	Merz		1924-25	*				*						
	Mirwald, Klaus	11.9.1968	1987-89	26/1	25/1						1/0			
	Mohn		40-43	3/0+					3/0+					
	Molsch		1924-25	*				*						
	Morena, Fabio	19.3.1980	2000-02	1/0							1/0			
	Müller		1940-41	16/0					16/0					
	Müller, Andreas	13.12.1962	1983-87	129/14	111/13						11/1		7/0	
	Müller, Dieter	1.4.1954	1981-82	35/20	30/14						3/5		7/1	
	Müller, Eckhard	12.8.1950	1972-75	26/3	22/1								4/2	
	Müller, Hansi	27.7.1957	1977-82	224/82	143/54		43/11				17/9		21/7	
	Müllner, Georg	24.10.1053	1974-75	3/1	3/1									
	Mutzel, Michael	27.9.1979	2002-03	25/1	16/0						2/0		5/1	2/0
N	Nagel, Emil		1928-30	17/8				17/8						
	Neupert, Erich	9.11.1934	1960-63	19/1		19/1								
	Niedermayer, Kurt	25.11.1955	1982-85	85/8	73/7						10/1		2/0	
	Nushöhr, Michael	14.8.1962	1985-87	45/5	38/4						5/1		2/0	
O	Oelkuch, Michael	5.2.1973	1995-97	15/1	12/1									3/0
	Ohlicher, Hermann	2.11.1949	1973-75	460/157	318/96		72/30				35/18		35/13	
	Olsson, Jan	18.3.1944	1969-71	70/21	64/20						2/0		4/1	
	Oswald, Kai	29.11.1977	1998-99	5/0	5/0									
	Otterbach, Ernst	26.6.1920	1942-52	82/9		77/9			*	5/0				
	Otto, Oliver	21.11.1972	1993-94	6/1	6/1									
P	Pasic, Predrag	18.10.1958	1985-87	53/9	46/7						5/1		2/1	
	Perfetto, Klaus	13.9.1964	1986-88	13/3	13/3									
	Peters, Hans-Otto	10.9.1941	1965-67	43/15	40/14						3/1			
	Pfeifer, Werner (TW)	9.9.1941	1965-67	6/0	4/0								2/0	
	Pfisterer, Eberhard	5.1.1938	1960-67	119/12	55/3	50/5					4/2		5/0	
	Pinto, Roberto	22.8.1978	1998-01	73/74	52/2						5/1		8/0	7/1
	Pletsch, Albert (TW)		1945-46	1/0		1/0								
	Popovic, Vladimir	17.3.1935	1965-66	2/0	2/0									
	Posch, Frank	21.2.1973	1994-97	5/0	5/0									
	Poschner, Gerhard	23.9.1969	1987-90	222/12	176/8							4/2		3/0
	Praxl, Dieter	12.12.1935	1957-58	78/21		77/20					1/1			
	Pröfrock, Werner	19.1.1911	1928-47	151/47		7/1		70/21	61/19	13/6	1/1			
	Puhane, Walter		1942-43	*					*					
R	Rädle		1939-40	3/0					3/0					
	Radtke (TW)		1942-43	*					*					

1986/87	1. Bundesliga	12.	34	13	6	15	55:49	32-36
1987/88	1. Bundesliga	4.	34	16	8	10	69:49	40-28
1988/89	1. Bundesliga	5.	34	16	7	11	58:49	39-29
1989/90	1. Bundesliga	6.	34	15	6	13	53:47	36-32
1990/91	1. Bundesliga	6.	34	14	10	10	57:44	38-30
1991/92	1. Bundesliga	1.	38	21	10	7	62:32	52-24
	DEUTSCHER MEISTER							
1992/93	1. Bundesliga	7.	34	12	12	10	56:50	36-32
1993/94	1. Bundesliga	7.	34	13	11	10	51:43	37-31
1994/95	1. Bundesliga	12.	34	10	10	14	52:66	30-38
1995/96	1. Bundesliga	10.	34	10	13	11	59:62	43
1996/97	1. Bundesliga	4.	34	18	7	9	78:40	61
1997/98	1. Bundesliga	4.	34	14	10	10	55:49	52
1998/99	1. Bundesliga	11.	34	9	12	13	41:48	39
1999/00	1. Bundesliga	8.	34	14	6	14	49:47	48
2000/01	1. Bundesliga	15.	34	9	11	14	42:49	38
2001/02	1. Bundesliga	8.	34	13	11	10	47:43	50
2002/03	1. Bundesliga	2.	34	17	8	9	53:39	59
2003/04	1. Bundesliga	4.	34	18	10	6	52:24	64
2004/05	1. Bundesliga	5.	34	17	7	10	54:40	58
2005/06	1. Bundesliga	9.	34	9	16	9	37:39	43

VfB-Trainer

Name	von	bis
Grünwald	1920	unbekannt
Hanney, Tom	1.7.1924	Januar 1927
Kovacs, Lajos	September 1927	31.12.1929
Friz, Emil	1.1.1930	15.6.1930
Preuß, Karl	15.6.1930	unbekannt
Rutz, Willi	1933	1934
Gröner, Emil	1934	1935
Teufel, Fritz	1935	1936
Seiderer, Lony	1.7.1936	März 1939
Becker, Karl	März 1939	April 1939
Pöttinger, Josef	1.5.1939	Okt. 1939
Teufel, Fritz	1945	1947
Wurzer, Georg	1947	30.4.1960
Baluses, Kurt	1.5.1960	24.2.1965
Seybold, Franz	24.2.1965	8.3.1965
Gutendorf, Rudi	8.3.1965	6.12.1966
Sing, Albert	7.12.1966	30.6.1967
Baumann, Gunther	1.7.1967	30.6.1969
Seybold, Franz	1.7.1969	30.6.1970
Zebec, Branko	1.7.1970	18.4.1972
Bögelein, Karl	19.4.1972	30.6.1972
Eppenhoff, Hermann	1.7.1972	1.12.1974
Sing, Albert	14.12.1974	30.6.1975
Sztani, Istvan	1.7.1975	31.3.1976
Bögelein, Karl	1.4.1976	30.6.1976
Sundermann, Jürgen	1.7.1976	30.6.1979
Buchmann, Lothar	1.7.1979	30.6.1980
Sundermann, Jürgen	1.7.1980	30.6.1982
Benthaus, Helmut	1.7.1982	30.6.1985
Baric, Otto	1.7.1985	4.3.1986
Entenmann, Willi	5.3.1986	30.6.1986
Coordes, Egon	1.7.1986	30.6.1987
Haan, Arie	1.7.1987	26.3.1990
Entenmann, Willi	27.3.1990	19.11.1990
Daum, Christoph	20.11.1990	10.12.1993
Röber, Jürgen	15.12.1993	25.4.1995
Sundermann, Jürgen	25.4.1995	30.6.1995
Fringer, Rolf	1.7.1995	13.8.1996
Löw, Joachim	14.8.1996	20.5.1998
Schäfer, Winfried	21.5.1998	4.12.1998
Rolff, Wolfgang	4.12.1998	31.12.1998
Adrion, Rainer	1.1.1999	3.5.1999
Rangnick, Ralf	3.5.1999	23.2.2001
Magath, Felix	24.2.2001	30.6.2004
Sammer, Matthias	1.7.2004	3.6.2005
Trapattoni, Giovanni	1.7.2005	9.2.2006
Veh, Armin	seit dem 10.2.2006	

Vorstände

FV STUTTGART 1893

Karl Kaufmann 1893-94
Alexander Gläser 1894-1908
Julius Dempf.........................1908-10
Fritz Hengerer 1910-11
Wilhelm Hinzmann 1911-12

FC KRONE CANNSTATT

Hermann Schmid.................1897-1901
Karl Hahn 1901-05
Hans Bittner 1905-08
Richard Reißner..................... 1909-10
Eugen Imberger..................... 1910-12

VFB STUTTGART

Wilhelm Hinzmann 1912-14
Julius Lintz..1914-18
Dr. Gustav Schumm 1919-21
Egon Reichsgraf von Beroldingen................1921-23
Dr. Adolf Deubler 1923-28
Albert Bauer 1928-31
Hans Kiener 1931-44
Dr. Fritz Walter 1944-7.8.1969
Hans Weitpert 7.8.1969-19.4.1975
Gerhard Mayer-Vorfelder........ 19.4.1975-30.10.2000
Manfred Haas 30.10.2000-26.6.2003
Erwin Staudt .... seit dem 26.6.2003

Heraldik

FV Stuttgart 1893

FC Krone Cannstatt

1912 bis 1949

1949 bis 1994

1994 bis 1999

seit 1999

Name, Vorname	geboren	von-bis	gesamt	1. BL	OL	2. BL	BezL	GL	DM-ER	Pokal	LP	EC	UI
Raducioiu, Florin	17.3.1970	1997-98	26/4	19/4						4/0		3/0	
Rasmussen, Peter	16.5.1967	1989-91	17/1	16/1								1/0	
Rauser, Egon	25.2.1935	1960-62	12/2	12/2									
Rebmann, Gustav	13.7.1910	1927-36	110/3				83/3	19/0	8/0				
Regitz, Gerd	3.5.1945	1970-72	32/1	28/1						4/0			
Reichert, Peter	4.8.1961	1981-86	160/50	139/42						16/7		5/1	
Reim		1913-14	*				*						
Reiner, Manfred	16.9.1937	1961-67	123/46	52/6	55/26					7/5		4/0	
Reinhardt		1944-45	*					*					
Reinhardt, Willi		1926-29	53/2				53/2						
Retter, Erich	17.2.1925	1947-62	383/9		354/6				21/3	8/0			
Retter, Fritz	2.7.1896	1925-28	63/4				49/4				14/0		
Richt, Willi	9.9.1912	1937-47	110/5+		45/0			59/5+	6/0				
Rieger		1920-23	*				*						
Rieger		1940-41	2/0					2/0					
Ristic, Sreto	7.2.1976	1996-00	63/7	47/5						7/2	3/0	6/0	
Roleder, Helmut (TW)	9.10.1953	1972-86	411/0	280/0		67/0				39/0	1/0	24/0	
Rost, Timo	29.8.1978	1998-99	21/3	16/1						3/2	1/0	1/0	
Ruf		1940-41	1/0					1/0					
Rühle, Rainer	10.6.1956	1978-80	12/0	10/0								2/0	
Rundio, Michael	21.1.1983	2001-03	5/0	4/0								1/0	
Rutz, Willi	7.1.1907	1925-40	153/68+				69/21	70/41+	14/6				
Sammer, Matthias	5.9.1967	1990-92	72/23	63/20						6/2	3/1		
Sautter, Max		1913-14	*				*						
Sawitzki, Günther (TW)	22.11.1932	1956-71	330/0	146/0	184/0					12/0		7/0	
Schäfer, Arno	31.8.1954	1973-79	100/0	33/0		52/0				8/0		7/0	
Schäfer, Günther	9.6.1962	1980-97	399/10	331/9						31/1	1/0	34	2/0
Schäfer, Kurt	2.8.1915	1935-44	112/77+				43/33+	55/34+	14/10				
Schaible		1929-30	1/0				1/0						
Schaich		1912-13	*				*						
Schauffele, Richard	26.1.1903	1920-27	1/0+				1/0+						
Schee		1944-45	*					*					
Scheer, Willi		1946-47	1/0		1/0								
Scheidle		1931-32	1/0				1/0						
Scherzer		1942-44	*					*					
Schlegel, Dirk	14.6.1961	1985-86	13/1	12/0						2/1			
Schlienz, Robert	3.2.1924	1944-58	391/143+		391/143			*	24/2	10/1			
Schlierer, Horst-Werner	29.6.1960	1982-83	4/0	4/0									
Schmäler, Nils	10.11.1969	1988-92	83/2	64/2						8/0		11/0	
Schmäler, Olaf	10.11.1969	1988-91	39/8	29/5						5/2		5/1	
Schmid, Eugen		1912-13	*				*						
Schmid, Josef		1919-21	*				*						
Schmid, Otto (TW/Feld)	9.1.1922	1940-51	208/2+		189/2			19/2+	4/0				
Schmider, Bernd	3.5.1955	1975-81	134/11	49/4		61/7				11/0		13/0	
Schmitt, Stefan	26.6.1961	1986-88	17/1	15/1						1/0		1/0	
Schnaitmann, Ernst (TW)	29.1.1915	1935-47	84/0+		2/0			68/0+	14/0				
Schnalke, Manfred	9.3.1965	1989-91	22/1	19/1						3/0			
Schneider, Günther	2.8.1922	1947-48	1/0		1/0								
Schneider, Thomas	24.11.1972	1991-03	178/13	133/7						19/1		12/1	
Schneider, Uwe	28.8.1971	1990-94	85/0	72/0						8/0		4/0	
Schopf, „Wiener“		1923/24	*				*						
Schöpfer		1942-43	*					*					
Schröder, Michael	10.11.1959	1986-89	93/6	72/4						6/1		15/1	
Schumm, Gustav	31.7.1888	1912-14, 19-21		*				*					
Schunk		1944-45	*					*					
Schütterle, Rainer	21.3.1966	1987-89	63/5	57/5						2/0		4/0	
Schwagerick, Heinz	26.12.1923	1946-48	15/0		15/0								
Schwarz, Danny	11.5.1975	1995-98	37/1	28/1						5/0	1/0	2/0	1/0
Schwarz, K. (II)		1924-25	*				*						
Schwarz, Paul (I)		1923-27	9/1+				9/1+						
Schwemmle, Dieter	28.7.1949	1972-73	40/8	33/6						4/2	3/0		
Seeger		1944-45	*					*					
Seibold, Günter	11.12.1936	1958-68	255/2	133/1	122/1					10/0		5/0	
Seider		1944-45	*					*					
Seitz		1927-29	23/0				23/0						
Seitz, Hermann		1939-43	23/23+					23/23+					
Seitz, Jochen	11.10.1976	2000-03	108/10	74/4						8/1		12/0	14/5
Seybold, Franz	9.4.1912	1928-39	189/6+				90/5	85/1	14/0				
Siebert, Helmut	17.3.1942	1964-66	13/3	10/3						1/0		2/0	
Siegmann, Norbert	20.5.1953	1972-74	33/0	28/0						3/0		2/0	
Sieloff, Klaus-Dieter	27.2.1942	1960-69	198/22	141/21	40/1					14/0		3/0	
Sigurdsson, Helgi	17.9.1974	1994-95	6/1	2/0									4/1
Sigurvinsson, Asgeir	8.5.1955	1982-90	241/42	194/38						24/0		23/4	
Simanic, Jovica	8.8.1965	1992-93	1/0								1/0		
Simon, Wolfgang	18.11.1933	1953-58	99/21		99/21				7/2	1/0			
Six, Didier	21.8.1954	1981-83	67/26	59/23						6/3		2/0	
Skoric, Zlatko (TW)	27.7.1943	1971-72	27/0	24/0						3/0			
Soldo, Zvonimir	20.11.1967	1996-06	399/19	301/25						31/1	9/0	47/1	11/1
Spanring, Martin	14.10.1969	1997-99	34/1	23/0						2/1	3/0	6/0	
Speidel, Eugen		1933-37	43/18					34/18	9/0				
Spies, Michael	9.7.1965	1985-87	7/1	5/1						2/0			
Stache, Harry		1954-55	1/1		1/1								
Stadelmann, Willy	1912	1928-32	52/32				52/32						
Steimle, Richard	18.12.1923	1945-54	269/0		243/0				20/0	6/0			
Steinbrunner		1938-41	21/7					21/7					
Stelzenmüller		1924-25	*				*						
Stickel, Heinz	9.5.1949	1973-75	74/19	65/16						2/1	7/2		
Stojkovski, Mitko	18.12.1972	1997-99	20/0	12/0							3/0	5/0	
Stranzl, Martin	16.6.1980	2004-06	65/2	44/1						4/0	3/1	14/0	
Strehle, Karl		1925-28	35/2				35/2						
Strehmel, Alexander	20.3.1968	1986-94	184/6	157/5						13/0		14/1	
Streller, Marco	18.6.1981	2003-06	35/4	28/4						2/0	2/0	3/0	
Strohmeier, Gerhard	17.9.1933	1954-63	211/61		200/59				6/1		5/2		
Strunz, Thomas	25.4.1968	1992-95	89/11	79/9						6/2	1/0	3/0	
Sturm		1928-29	1/0				1/0						
Susann (TW)		1938-39	5/0					5/0					
Sverrissson, Eyjölfur	3.8.1968	1989-94	120/23	110/21						5/1		5/1	
Szabics, Imre	22.3.1981	2003-05	73/22	49/14						6/4	3/1	15/3	
Szatmari, Alexander	8.3.1952	1980-82	38/5	32/3						4/2		2/0	

Name, Vorname	geboren	von-bis	gesamt	1. BL	OL	2. BL	BezL	GL	DM-ER	Pokal	LP	EC	UI
T													
Tagliaferri, Knut	21.3.1935	1955-60	39/14	45/17	39/14				6/3				
Thiam, Pablo	3.1.1974	1998-01	89/9	118/11						10/0	3/0	9/0	7/2
Thoma, Axel	5.9.1964	1984-85	2/1	2/1									
Thräne, Oswald	10.3.1909	1928-34	30/8				29/8	1/0					
Tiffert, Christian	18.2.1982	2000-06	188/15	136/9						13/1	4/0	28/5	7/0
Tochtermann, Heinz	22.1.1956	1974-75	6/1	6/1									
Todt, Jens	5.1.1970	1999-03	52/1	42/1						3/0		2/0	5/0
Tomasson, Jon Dahl	29.8.1976	2005-06	37/11							2/1	3/0	6/2	
Trautner, Eberhard (TW)	7.2.1967	1986-99	37/0	32/0						4/0			1/0
Trompetter, Richard		1930-31	1/0				1/0						
Tüfekci, Ilyas	3.2.1960	1980-82	34/17	27/13						3/1		4/3	
U													
Unkel, Helmut		1945-46	2/0		2/0								
V													
Vaccaro, Angeloq	4.10.1981	2000-01	2/0	2/0									
Valentin, Willi	3.9.1929	1946-47	3/0		3/0								
Vallendor, Max		1926-29	70/30				70/30						
Verlaat, Frank	5.3.1968	1995-99	138/8	104/6						16/0	4/0	12/2	2/0
Vogelmann, Gerhard (TW)		1931-33	64/0				52/0	12/0					
Volkert, Georg	28.11.1945	1978-80	78/35	60/26						5/3		13/6	
Vollmer, Otto	18.3.1904	1922-35	187/3+				173/3+	14/0					
Vollmer, Wilhelm (TW)	1.11.1899	1923-25			*								
Vranjes, Jurica	31.1.1980	2003-05	54/0	39/0						4/0	2/0	9/0	
Vujevic, Robert	26.11.1980	2001-02	1/0	1/0									
W													
Wäckerle		1919-20	*				*						
Waldner, Erwin	24.1.1933	1952-67	277/97	63/12	214/85					16/7		11/9	
Waldvogel		1939-40	7/0					7/0					
Wallat, Manfred	17.4.1933	1955-58	15/1		15/1				7/3				
Walter, Fritz		1941-44	*					*					
Walter, Fritz	21.7.1960	1987-94	258/123	216/102						18/11		23/10	
Walter, Werner	19.3.1939	1960-65	75/0	16/0	59/0					4/0		1/0	
Walther, Thorsten	20.9.1972	1995-97	3/0										3/0
Wanner, Gerhard	27.3.1939	1962-65	47/17	18/4	26/12					2/1		1/0	
Weber		1924-25	*				*						
Wegele		1912-13	*				*						
Wehrle, Roland	4.1.1927	1950-55	103/50		89/44					11/4		3/2	
Weidle, Roland	1.1.1949	1967-71	29/2	27/2						1/0		1/0	
Weidmann, Manfred	15.1.1945	1967-76	303/37	234/32		34/1				17/2	6/0	12/2	
Weidner, Eugen	9.11.1911	1931-38	118/21				44/21	65/0	9/0				
Weiler		1922-23	*				*						
Weise, Lothar	6.9.1934	1958-63	88/31		88/31					2/2			
Weiß, Gunnar	15.4.1956	1981-83	9/0	6/0						3/0			
Weiß, Hartmut	13.1.1942	1964-71	117/44	108/38						7/5		2/1	
Weller, Hans-Joachim	2.7.1946	1974-76	72/22	32/10		37/11				3/1			
Welz, Gerhard (TW)	1.2.1945	1979-80	1/0	1/0									
Wendling, Copé		1912-14	*				*						
Wenzel, Timo	30.11.1977	2000-04	86/2	65/1						7/0	1/0	7/1	6/0
Wieczorek, Walter		1926-30	100/0				100/0						
Wildmann, Mario	17.11.1975	1994-95	4/0	4/0									
Will, Manfred	8.8.1938	1960-61	11/2		11/2								
Wittfoht, Hans-Jürgen	29.1.1948	1969-71	15/0	12/0						1/0		2/0	
Wladek, Walter		1948-49	1/0		1/0								
Wohlfahrt, Franz (TW)	1.7.1964	1996-00	146/0	118/0						16/0	4/0	8/0	
Wöhrle (TW)		1938-39	11/0					11/0					
Wolff, Jörg	26.11.1962	1984-86	17/2	16/2						1/0			
Wörn, Gerhard	27.1.1957	1975-77	28/2			28/2							
Wurster		1938-40	4/1					4/1					
Würtele		1937-40	19/0					18/0	1/0				
Y													
Yakin, Hakan	22.2.1977	2003-05	11/0	9/0						1/0	1/0		
Yakin, Murat	15.9.1974	1997-98	34/2	23/2						4/0	1/0	6/0	
Z													
Zech, Reinhold	27.5.1948	1968-75	225/5	197/4						11/0	4/1	13/0	
Zetsche		1920-21	*				*						
Zeyer, Michael	9.6.1968	1998-99	36/0	26/0						4/0	2/0	4/0	
Ziegler		1923-24	*				*						
Ziegler, Fritz	1.12.1918	1946-47	5/0		5/0								
Ziegler, Marc (TW)	13.6.1976	1995-99	51/0	41/0						3/0	1/0	5/0	1/0
Ziegler, Marcus	10.8.1973	1992-96	8/0	8/0									
Zietsch, Rainer	21.11.1964	1983-89	160/7	134/5						13/2		13/0	
Zipperer, Friedrich	23.6.1939	1961-64	25/9	2/2	23/7								
Zivkovic, Boris	15.11.1975	2003-06	28/0	23/0							2/0	3/0	
Zwiesele		1931-32	10/0				10/0						

Abkürzungen: 1. BL = 1. Bundesliga (1963-2006), OL = Oberliga Süd (1945-63), 2. BL = 2. Bundesliga-Süd (1975-77), BezL = Bezirksliga (1911-33), GL = Gauliga (1933-45), DM-ER = Endrunde um die Deutsche Meisterschaft (1933-63), Pokal = DFB-Pokal-Hauptrunden auf Bundesebene, LP = Ligapokal (inkl. Superpokal), EC = Europapokal und UI = UI-Cup.

Zuschauer

bis 1925 nicht eruierbar

Bezirksliga (inkl. Süddeutsche Endrunde)

1925/26* 7.400
1926/27* 10.111
1927/28* 4.230
1928/29* 5.142
1929/30* 11.375
1930/31* 4.833
1931/32 .... 7.375
1932/33* 5.688

Gauliga (inkl. Endrunde Deutsche Meisterschaft)

1933/34 .... 5.437
1934/35 .... 8.500
1935/36 .... 5.000
1936/37 .... 7.500
1937/38 .... 7.090
1938/39 .... 6.857
1939/40* 4.220
1940/41* 5.100
1941-45: nicht eruierbar

Oberliga Süd

1945/46 .... 10.264
1946/47 .... 11.658
1947/48 .... 17.895
1948/49 .... 13.600
1949/50 .... 18.000
1950/51 .... 13.353
1951/52 .... 19.467
1952/53 .... 20.067
1953/54 .... 15.133
1954/55 .... 13.933
1955/56 .... 21.266
1956/57 .... 17.167
1957/58 .... 16.767
1958/59 .... 16.100
1959/60 .... 14.633
1960/61 .... 11.000
1961/62 .... 13.833
1962/63 .... 19.447

1. Bundesliga

1963/64 .... 40.959
1964/65 .... 31.167
1965/66 .... 27.190
1966/67 .... 30.558
1967/68 .... 25.948
1968/69 .... 21.440
1969/70 .... 20.735
1970/71 .... 18.654
1971/72 .... 21.252
1972/73 .... 15.185
1973/74 .... 25.533
1974/75 .... 26.504

2. Bundesliga-Süd

1975/76 .... 11.634
1976/77 .... 22.074

1. Bundesliga

1977/78 .... 54.186
1978/79 .... 39.303
1979/80 .... 33.500
1980/81 .... 30.074
1981/82 .... 25.695
1982/83 .... 27.526
1983/84 .... 31.129
1984/85 .... 22.648
1985/86 .... 21.638
1986/87 .... 20.678
1987/88 .... 26.313
1988/89 .... 26.895
1989/90 .... 24.886
1990/91 .... 28.897
1991/92 .... 34.063
1992/93 .... 27.090
1993/94 .... 30.025
1994/95 .... 32.715
1995/96 .... 35.503
1996/97 .... 38.739
1997/98 .... 37.011
1998/99 .... 29.051
1999/00 .... 24.751
2000/01 .... 21.170
2001/02 .... 25.972
2002/03 .... 31.422
2003/04 .... 30.953
2004/05 .... 38.350
2005/06 .... 37.270

* anhand vorhandener Zahlen hochgerechnet

Der Autor

Hardy Grüne

Jahrgang 1962, lebt als freier Autor und Lektor in Weißenborn bei Göttingen.
Der Verfasser zahlreicher Bücher zur Fußballgeschichte in Deutschland und Europa (u. a. „100 Jahre Deutsche Meisterschaft. Die Geschichte des Fußballs in Deutschland" und „Fußball-WM-Enzyklopädie 1930-2006") zählt zu den kompetentesten Fußballbuchautoren Deutschlands und schreibt auch für das Fußballmagazin „11 Freunde".

Weitere Informationen sind unter www.hardy-gruene.de zu finden.

Internet

VfB Stuttgart
www. vfb-stuttgart.de
VfB-Anhängerverband
(Dachverband aller VfB-Fan-Clubs)
www.vfb-anhangerverband.de

Commando Cannstatt
www.cc97.de
Initiative „pro-VfB-Stadion"
www.pro-vfb-stadion.de
Umfangreiche Seite um und über den VfB
www.hefleswetzkick.de

Fanshops

VfB Sport-Shop
Mercedesstraße 109
70372 Stuttgart
Bestell-Hotline: 07403-9208240
Telefax-Hotline: 07403-9208241
www.vfb.de
Öffnungszeiten
Mo-Fr 8.30-17.30 Uhr
Sa/So: nur an Heimspieltagen geöffnet

VfB City-Fan-Shop
Königsstraße 23-25, 70173 Stuttgart
Öffnungszeiten
Mo-Fr 10-20 Uhr
Sa 10-18 Uhr

Fanclubs

Wir sind VfB!

„Bis zum bitteren Ende" 1997 | 18FilderFront93 | Andreas Hinkel Fanclub | Badisch Sibirien Walldürn | Balu-Schönbuch 1992 | Bauze Schwoba | Beerlesklopfer Steinenbronn | Belgian Schwaben | Bermudas Cannstatt | Black Sun | Blautal Stürmer | Bodenseeschwalben Kressbronn | Boys in Red Weinstadt | Bravehearts Bualich | Bühlertalschwaben '96 e. V. | Cannstatter Mondgucker | Chinese Stuttgart, Taiwan Branch | Commando Cannstatt 1997 | Crazy VfB-Fans Amorbach | d.faens Maulbronn | de heedg`sottene VfBler | Der 12. Mann | Der Kronenklub „Ludwigsburg" | Desperados | Die Dingelder | Die Gabel (Nagold) | Die Mützen | Die Nordlichter | Die Stuttgarter Treuen `80 | Die Weisen vom Wasen | Dodge City | Dünsbach Hohenlohe | Eisener Block | Energie Metzingen 1997 e. V. | Fanclub Filder | Fauststadt Crocodiles | Feuer & Flamme Backnang e. V. | Friends Forever | Gäu-Offensive Bondorf e. V. | Geislingen 2003 | Gib`s mir Stuttgart | Götterschwaben | Groß-Glabbich e. V. | Hakebier Birkenfeld | Hegau Vulkane | Heilbronn | Heilig`s Blechle | Highlander e. V. | Hochalb Hoppers 1998 Mehrstetten | Hopp Cannstatt | Hütte Schopfloch | Inferno Heldrungen | Invasion 1893 | Kampftrinker Cannstatt | Käthchen-Rebellen | Kumpelz `97 | Laupheim | Leintal-Power | Lenningen „Kein Bier vor vier" | Limpurger Schwaben | Mad Beavers | Magic Ostalb | Mainhardter Wald Räuber | Mancha Vermelha | Michelsamt | Millennium Schwaben Murrhardt | Moofänger Kiebingen | Neckar Kings Bargau | Neckarschleif `88 Kirchheim | Neckarschwaben Sulz | No Name Boyz | Oberes Nagoldtal | Old Veterans Supporters Club | Old Warriors | Ostalb Fanatics | Otto`s Buaba | Overtime 03 | PectusOrbis Ditzingen | Picknicker | Posaunenchor Deckenpfronn | Power Alb Egelfingen | Ragazzi Biancorossi | Red Bulls Sindelfingen `95 | Red Crew Cannstatt | Red Family | Red Hots `96 | Red Power | red reed | Red Schlupf 04 e. V. | Red white Power | red white united | Red Wings Stuttgart | Red Zone | Red-Revivals | Red-White Fanatics | Red-White Flash Wüstenrot | Red-White-Tigers | Remstalschlurger | Remswelle Essingen | Rhön | Rot-Weiss-Betzingen 1978 | Rot-Weisse-Kameraden Crailsheim | Rot-Weiß 77 Merklingen | Rot-Weiß 99 Hirschmühle | Rot-Weiß-Leberkäs | Rot-Weiße Schwaben Berkheim e. V. | Rot-Weiße-Welle Urbach e. V. | Rot-Weißer Nebel Oberrot | Rot-Weißer-Planet | Rote Wölfe `90 | Ruhrpottschwaben | Schlierbachpower Neuler `97 | Schranke-Kronenstube Süssen | Schraube KWH | Schussental | Schwaben Crailsheim | Schwaben Deluxe | Schwaben Kommando Mühlacker | Schwaben Rolli Power | Schwaben-Fanatics-Allgäu | Schwabenfront Backnang | Schwabenpower Stuttgart | Schwabenrangers `95 | Schwäbisch Dynamite e. V. | Schwäbisch Empire | Schwoba Support | Schwoba-Invasion | Sektion Eck Bad Cannstatt | Semper Fidelis | Sieben Schwaben | Stammheim Alligators | Stolze Schwaben | Stuttgart kommt | Stuttgarter CVJM Buaben | Stuttgarter Junxx | Supporter Boyz | Supporters Atlantic Ehningen | Tannenzäpfle-Steinlachtal | Tauberperle | Teckschwoba | Thalheim/Erzgebirge | The Wanderers | Tragisches Dreieck ZAK `97 | Uhlbacher Jungs | Ultimative Stuttgart | United Supporters | V7 Wiesensteig 1993 | VfB - Fans Weiler i.d.B | VfB Fan-Club Weiß-Rot-Wimberg 04 | VfB Fanclub 0711 Denkendorf e. V. | VfB Fans Borchen `03 | VfB Fans Gerlingen | VfB Fans Vordere Alb | VfB Freunde Hölzerjüngs e. V. | VfB Freunde Stuttgart-Mühlhausen | VfB Freunde Südbayern | VfB Freunde Zum Schluckspecht Ohringen | VfB Freundeskreis Giengen Brenz 1894 | VfB Supporters Franken | VfB Supporters Hessen | VfB-Club 1995 G.u.S. Köngen | VfB-Fan- und Freizeitclub „Wundy" Pfäffingen e. V. | VfB-Fanclub der Neckartalwerkstätten | VfB-Fanclub Kinoklause | VfB-Fans Albstadt | VfB-Fans Oberes Filstal | VfB-Fans Reichenbach | VfB-Freunde Donau-Ries | VfB-Freunde München | VfB-Supporters Taubertal | Virngrund-Schwaben Rosenberg | WasenhopBears | Weiß-Rote Linde 05 | Weiß-Rote Spätzle | White Boyz Widdern `98 | Wild Crocodiles Welzheim | Wild VfB Boys Heuberg | Wilde Uhus Tübingen | Wildes Jagsttal | Wilife Supporters | Wodka Front | Wurmberg e. V. | You`ll never walk alone